Kryptographie

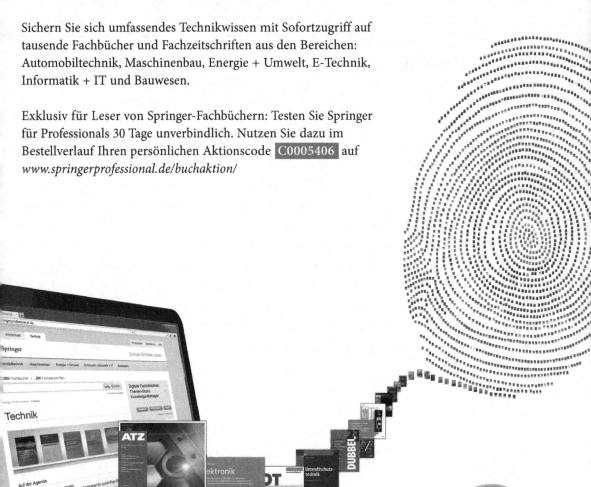 

Dietmar Wätjen

Kryptographie

Grundlagen, Algorithmen, Protokolle

3., aktualisierte und erweiterte Auflage

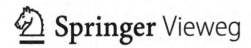

Springer Vieweg

Dietmar Wätjen
Braunschweig, Deutschland

ISBN 978-3-658-22473-8   ISBN 978-3-658-22474-5   (eBook)
https://doi.org/10.1007/978-3-658-22474-5

Die Deutsche Nationalbibliothek verzeichnet diese Publikation in der Deutschen Nationalbibliografie; detaillierte bibliografische Daten sind im Internet über http://dnb.d-nb.de abrufbar.

Springer Vieweg
© Springer Fachmedien Wiesbaden GmbH, ein Teil von Springer Nature 2003, 2008, 2018

Gedruckt auf säurefreiem und chlorfrei gebleichtem Papier

Springer Vieweg ist ein Imprint der eingetragenen Gesellschaft Springer Fachmedien Wiesbaden GmbH und ist ein Teil von Springer Nature
Die Anschrift der Gesellschaft ist: Abraham-Lincoln-Str. 46, 65189 Wiesbaden, Germany

Vorwort

Wir leben in einer Welt, in der Information eine zentrale Rolle spielt. Zunehmend werden dabei Informationen in elektronischer Form über das Internet ausgetauscht. Ihr Schutz vor unerlaubtem oder unerwünschtem Lesen und ebenso vor Verfälschungen wird immer wichtiger. Um dieses Ziel zu erreichen, muss man die Gefahren beim elektronischen Datenverkehr und geeignete Gegenmaßnahmen kennen. Das nötige Wissen stellt die Kryptographie bereit.

Kryptographie kann man als Lehre vom geheimen Schreiben bezeichnen. Sie hat schon seit langem die Menschen interessiert. Erste Anfänge gab es bereits in Ägypten und Mesopotamien. Die Kryptographie wurde benutzt, um beispielsweise Aussagen okkulten Inhalts vor den anderen, ohnehin wenigen Lesern zu verbergen und damit als noch wichtiger erscheinen zu lassen. Doch sie wurde auch schon aus geschäftlichem Interesse verwandt. In Mesopotamien hat man auf einer kleinen Schreibtafel eine verschlüsselte Anweisung entdeckt, wie man Tongefäße glasiert.

Vor allem Staaten nutzten früh die Kryptographie für diplomatische, militärische und geheimdienstliche Zwecke. Aus dem antiken Griechenland und Rom sind dazu einige Beispiele bekannt. Nach dem Zerfall des Römischen Reichs wurde in Europa erst seit der Renaissance-Zeit die Kryptographie weiter entwickelt. Es ging dabei immer um die Ver- und Entschlüsselung durch den Sender bzw. den Adressaten der Nachrichten auf der einen Seite und den Versuch des Brechens abgefangener Geheimtexte auf der anderen Seite. Diese beiden Prozesse lagen in ständigem Wettstreit miteinander. Wir wollen hier nicht genauer auf die Geschichte der Kryptographie eingehen, sondern auf die sehr interessanten Bücher von *David Kahn* [77] und *Simon Singh* [138] verweisen, in denen sie, unter anderem auch im Hinblick auf die beiden Weltkriege, sehr ausführlich dargestellt wird.

In den bisher genannten Fällen wurde die Kryptographie nur von Spezialisten angewendet. Im normalen Leben wie auch im Geschäftsleben war sie praktisch unbekannt. Im herkömmlichen Briefverkehr hat sich nichts geändert: Briefe werden nach wie vor in Umschläge gesteckt, diese dann zugeklebt und vielleicht versiegelt, empfangene Briefe werden weggeschlossen. Allerdings ist der private Briefverkehr wegen der Möglichkeiten, die beispielsweise durch Emails oder Whatsapp-Nachrichten geboten werden, sehr stark zurückgegangen. Die traditionellen Sicherheitsmaßnahmen sind also wegen der allgemeinen Verwendung von Rechnern, Smartphones und Tablets und deren Vernetzung häufig überhaupt nicht mehr anwendbar. Die Sicherheit beim elektronischen Transport der Daten muss gewährleistet sein. Es darf einem elektronischen Spion, der irgendwo die Leitung anzapft, nicht möglich sein, die eigentlichen Daten zu lesen. Die Texte müssen daher verschlüsselt werden. Dieser Schutz ist aber nicht nur beim Transport, sondern auch bei der Verwahrung der Daten erforderlich. Dies ist leicht einzusehen, denn zum einen hat der Systemadministrator immer Zugang zu allen Daten in seinem System. Vor ihm lassen sich unverschlüsselte Texte auch durch Passwörter nicht verbergen, Passwörter schützen, wenn überhaupt, höchstens vor anderen Nutzern. Zum anderen können Platten oder andere Datenträger gestohlen werden, und dann benötigt der Dieb keine Passwörter, um die gestohlenen Daten zu lesen, falls der Inhalt des Datenträgers nicht verschlüsselt wurde.

Doch Daten müssen nicht nur verschlüsselt werden. Ihre Fälschung muss ebenso ausgeschlossen sein. Wenn an einer Universität Prüfungsergebnisse zentral gespeichert werden, kann der Eintrag in die entsprechenden Listen oder auch ein Änderungseintrag von außen durch die Veranstalter der entsprechenden Lehrveranstaltungen erfolgen. Dies kann direkt oder auch durch Senden einer E-Mail geschehen. Wie wird aber sichergestellt, dass die Daten wirklich von dem behaupteten Absender stammen und nicht ein Student eine 5 in eine 1 abändern möchte? Man muss zusätzlich für die Authentizität der Nachrichten sorgen, was durch eine so genannte digitale Unterschrift erreicht werden kann. Digitale Unterschriften haben inzwischen eine rechtlich verbindliche Form erhalten.

Geheimhaltung und Authentizität von Daten sind damit die wesentlichen Ziele der Kryptographie. Wir werden in diesem Buch nach Klärung einiger grundlegender Begriffe in Kapitel 1 zunächst ältere Verfahren in Kapitel 2 besprechen, da man an ihnen schon viel über Kryptographie lernen kann. Da moderne Kryptographie ohne Zahlentheorie nicht denkbar ist, wird in Kapitel 3 ein erster Einblick in die modulare Arithmetik gegeben. Weitere notwendige zahlentheoretische Konzepte werden später gründlich im Zusammenhang mit ihrer jeweiligen kryptographischen Verwendung eingeführt.

Blockchiffren sind Verschlüsselungsverfahren, bei denen nicht einzelne Buchstaben für sich, sondern ganze Blöcke von Buchstaben oder Bits gemeinsam verschlüsselt werden. Dabei wird für Chiffrierung und Dechiffrierung im Wesentlichen derselbe Schlüssel benutzt, so dass sie auch als symmetrische Verfahren bezeichnet werden. In Kapitel 4 werden als zwei Vertreter dieser Chiffren der Data Encryption Standard (DES) und der International Data Encryption Algorithm (IDEA) besprochen. Auch der erst in Kapitel 12 behandelte Advanced Encryption Standard (AES) ist eine Blockchiffre. Da er jedoch weitere zahlentheoretische Kenntnisse erfordert, muss seine Darstellung zurückgestellt werden. Es gibt viele weitere Blockchiffren, die wir in diesem Buch nicht behandeln werden, da wir nur die wichtigsten, diese jedoch gründlich, vorstellen wollen. Zum Abschluss von Kapitel 4 betrachten wir verschiedene Betriebsarten von Blockchiffren, die vermeiden, dass gleiche Klartextblöcke zu gleichen Chiffretextblöcken führen. Dadurch werden gewisse Angriffsmöglichkeiten erschwert.

Besonderes Aufsehen haben bei ihrer Einführung Public-Key-Kryptosysteme erregt. Sie erlauben jedem Benutzer, seinen Verschlüsselungsalgorithmus, mit dem ihm jeder andere Teilnehmer Nachrichten zusenden kann, öffentlich bekannt zu machen. Allerdings kann nur der Benutzer selbst diese Nachrichten mit seinem geheimen Dechiffrieralgorithmus in angemessener Zeit wieder entschlüsseln. Man spricht daher auch von asymmetrischen Chiffren. In umgekehrter Weise, das heißt durch Anwendung des geheimen Schlüssels auf unverschlüsselte Daten, ist bei einem Public-Key-System die Signatur dieser Daten möglich. Das liegt daran, dass nur der Besitzer des geheimen Schlüssels Nachrichten so erzeugen kann, dass sie nach Anwendung des öffentlichen Schlüssels einen vernünftigen Text ergeben. In Kapitel 5 besprechen wir ausführlich das populäre RSA-Public-Key-Kryptosystem. Seine Sicherheit beruht darauf, dass es für eine gegebene Zahl, die das Produkt zweier unbekannter großer Primzahlen ist, praktisch unmöglich ist, diese Primfaktoren zu berechnen.

Die digitale Signatur großer Datenmengen durch ein Public-Key-Kryptosystem ist zeitlich zu aufwändig, so dass man es vorzieht, aus den Daten zunächst einen „Finger-abdruck" mit Hilfe einer Hashfunktion zu erzeugen, der beispielsweise nur 128 oder 256 Bits lang ist und die ursprünglichen Daten repräsentiert. Nur der „Fingerabdruck" wird mit Hilfe des Public-Key-Kryptosystems signiert. In Kapitel 6 gehen wir auf solche Hashfunktionen ein und untersuchen, welche Eigenschaften sie besitzen müssen, damit sie die genannte Aufgabe erfüllen können.

Nach der Besprechung von primitiven Wurzeln und dem diskreten Logarithmus mit seinen Eigenschaften können wir in Kapitel 7 das ElGamal-Public-Key-Kryptosystem und den damit verwandten Digital Signature Algorithm (DSA) einführen. Die Sicherheit dieser Systeme beruht auf der Schwierigkeit des Problems, den diskreten Logarithmus einer sehr großen Zahl modulo einer sehr großen Primzahl in vernünftiger Zeit zu bestimmen. Wegen desselben Problems ist auch die Sicherheit der meisten Verfahren zum Schlüsselaustausch aus Kapitel 8 gegeben. Diese Verfahren lösen die zunächst unmöglich erscheinende Aufgabe, einen Schlüssel über einen öffentlichen Kanal aus-zutauschen.

Ein weiteres Public-Key-Kryptosystem, das wir in Kapitel 9 darstellen, stammt von *M. Rabin*. Hier beruht die Sicherheit darauf, dass es praktisch unmöglich ist, die Quadratwurzel modulo einer aus zwei unbekannten Primzahlen zusammengesetzten Zahl zu bestimmen.

In Kapitel 10 besprechen wir kryptographische Protokolle, bei denen durch einen ggf. mehrmaligen Austausch von elektronischen Nachrichten zwischen zwei oder mehr Parteien Aufgaben erledigt werden können, die üblicherweise ohne Rechner durchgeführt werden, wie zum Beispiel Auktionen oder Wahlen. Außerdem können sogar Probleme gelöst werden, für die das ohne den Einsatz von Kryptographie gar nicht möglich zu sein scheint.

Sehr überraschend sind auch die Zero-Knowledge-Protokolle aus Kapitel 11. Mit ihnen kann eine Partei einer anderen Partei beweisen, dass sie über ein gewisses Geheimnis verfügt, ohne jedoch das konkrete Geheimnis preiszugeben. Als anschauliches Beispiel eines solchen Geheimnisses nennen wir die Kenntnis einer Zauberformel zum Öffnen einer Tür. Die Formel möchte man natürlich für sich behalten, aber andere Personen davon überzeugen, dass man sie tatsächlich kennt. Unter anderem wird in diesem Kapitel ein in der Praxis gebräuchliches Zero-Knowledge-Verfahren zur Benutzeridentifikation vorgestellt, mit dem eine Person ihre Identität, beispielsweise unter Verwendung einer geeigneten Smartcard, einem Rechner oder einem anderen elektronischen Zugangsgerät beweist.

Nachdem wir in Kapitel 12 mit dem AES noch eine weitere Blockchiffre eingeführt haben, wird in Kapitel 13 eine weitere Betriebsart vorgestellt, der Galois-Counter-Modus. Er ist heute weit verbreitet und wird meistens im Zusammenhang mit dem AES benutzt.

In Kapitel 14 werden elliptische Kurven und die entsprechenden endlichen Gruppen besprochen, die dann für geeignete ElGamal-Public-Key-Kryptosysteme verwendet werden.

In Kapitel 15 werden weitere Identifikationsverfahren besprochen. Ihre Sicherheit beruht auf der Schwierigkeit, den diskreten Logarithmus oder aber auch die Primfaktorisierung für eine große Zahl zu berechnen.

Secret-Sharing und gruppenorientierte Kryptographie behandeln wir in Kapitel 16. Dabei geht es um das Aufteilen eines Geheimnisses, etwa eines Schlüssels, auf mehrere Personen einer Gruppe. Jede einzelne Person soll das vollständige Geheimnis nicht kennen, sondern nur einen Teil davon. Aus diesen Teilen (Shares) kann dann das ursprüngliche Geheimnis zurückgewonnen werden. Eine Anwendung ist in Unternehmen möglich, wo zum Beispiel eine feste Mindestanzahl von Personen einer Gruppe einer Entscheidung durch ihre Signatur zustimmen muss, damit sie wirksam wird. Dabei kommt es nicht darauf an, welche konkreten Gruppenmitglieder dies sind.

Da die Anwendung der Kryptographie heute überwiegend im Internet stattfindet, beschäftigen wir uns in Kapitel 17 mit zugehöriger Kryptographie-Infrastruktur. Wir befassen uns mit dem frei verfügbaren System „Pretty Good Privacy" (PGP), mit dem sich die Benutzer verschlüsselte und authentifizierte Nachrichten per E-Mail zusenden. Außerdem behandeln wir rechtliche Regelungen der Kryptographie-Infrastruktur, wie sie durch ein Bundesgesetz, das die Durchführung einer entsprechenden EU-Verordnung regelt, gegeben sind. Weiter betrachten wir das Transport-Layer-Security-Protokoll (TLS) zur Internet-Sicherheit. Schließlich gehen wir auf staatliche Versuche ein, die im Internet versandten Daten zu kontrollieren. Das soll dadurch geschehen, dass alle Nachrichten mit einem speziellen Chip (*Clipper-* oder *Capstone*-Chip) verschlüsselt werden, der Behörden das Mitlesen der Nachrichten, allerdings erst nach richterlicher Anordnung, erlaubt.

Das vorliegende Buch ist aus Vorlesungen entstanden, die ich viele Jahre an der Technischen Universität Braunschweig gehalten habe. Der Stoff der Kapitel 1 bis 10 wurde in einer vierstündigen Vorlesung im Wintersemester (14 Wochen) behandelt, der übrige Stoff (außer Kapitel 13) in einer zweistündigen Vorlesung des Sommersemesters. Natürlich können beim Lesen des Buches wie auch bei der Konzeption einer darauf aufbauenden Vorlesung einige der Kapitel ausgetauscht oder weggelassen werden. Nicht verzichten sollte man jedoch auf die Kapitel 3 bis 7 und die Abschnitte 8.1 und 8.2. Die Kapitel 11 bis 17 können in beliebiger Reihenfolge gelesen werden. Die zahlentheoretischen Grundlagen aus Kapitel 3 müssen vor Abschnitt 4.2 bekannt sein. Die Reihenfolge der Kapitel 5, 6 und 7 zu ändern, halte ich nicht für sinnvoll. Kapitel 8 kann erst nach Einführung der primitiven Wurzeln und diskreten Logarithmen in Abschnitt 7.1 gelesen werden, und die Kapitel 10 und 11 verlangen die Kenntnis von quadratischen Resten und Quadratwurzeln aus den Abschnitten 9.1 und 9.2.

Das Ziel des Buches ist, die behandelten Gegenstände und Verfahren ausführlich und verständlich darzustellen. Das bedeutet auch, dass viele weitere Verfahren, die in der Kryptographie ebenfalls von großer Bedeutung sind, nicht besprochen werden können. Mit den Kenntnissen dieses Buches wird es dem Leser jedoch leicht fallen, sich diese bei Bedarf aus anderen Büchern anzueignen. Zur Ergänzung und Vertiefung empfehle ich die Bücher von *J. Buchmann* [24], *A. Beutelspacher, A. Schwenk* und *K.-D. Wolfenstetter* [10], *C. Paar* und *J. Pelzl* [109], *R. Wobst* [154], *A. Salomaa* [125] und *D. R. Stinson* ([142], [143]). Als hervorragendes Nachschlagewerk ist das Buch von *A. J. Menezes, P. C. van Oorschot* und *S. A. Vanstone* [98] zu nennen. Einem ähnlichen Zweck dienen auch die Bücher von *B. Schneier* [129, 130], *K. Schmeh* [128], *J. Pieprzyk, T. Hardjono* und *J. Seberry* [113] und *H. C. A. van Tilborg* [149]. Schließlich soll erwähnt werden, dass es jedes Jahr einige Krypto-Tagungen gibt (vor allem CRYPTO,

EUROCRYPT, ASIACRYPT), bei denen die neuesten Entwicklungen der Kryptographie vorgestellt werden. Die entsprechenden Tagungsbände (Proceedings) erscheinen in der Reihe *Lecture Notes in Computer Science* im Springer-Verlag, Berlin.

Für einige Einträge im Literaturverzeichnis sind auch Internet-Links angegeben. Ihre Erreichbarkeit wurde im April 2018 überprüft.

Die vorliegende 3. Auflage des Buches unterscheidet sich von der zweiten neben einigen Verbesserungen, Ergänzungen und Aktualisierungen vor allem durch die Aufnahme des Kapitels 13 über den Galois-Counter-Modus.

Für das Korrekturlesen danke ich *Dr. Mark Manulis*, *Dr. Stefan Milius*, *Dr. Werner Struckmann* (1. Auflage) und *Dr. Jürgen Koslowski* (2. und 3. Auflage). Ihre kritischen Anmerkungen haben zu vielen Verbesserungen geführt. Danken möchte ich aber auch *Dr. Andreas Rüdinger* und *Bianca Alton* vom Spektrum Akademischer Verlag für ihre Unterstützung bei der Abfassung und Veröffentlichung der 1. und 2. Auflage sowie *Sybille Thelen* vom Verlag Springer Vieweg für die Betreuung der 3. Auflage dieses Buches.

Braunschweig, im April 2018   *Dietmar Wätjen*

Inhaltsverzeichnis

1 Grundlagen

In diesem Kapitel werden nach Klärung einiger elementarer Begriffe zunächst kryptographische Systeme eingeführt und Anforderungen besprochen, die an sie zu stellen sind. In Abschnitt 1.3 gehen wir auf die informationstheoretischen Grundlagen der Kryptographie ein. Da der Zeitaufwand von Algorithmen sowohl für die schnelle Ausführung als auch für die Sicherheit moderner Kryptosysteme von Bedeutung ist, befassen wir uns in Abschnitt 1.4 mit Zeitkomplexitätsfunktionen und ihrer Klassifizierung.

1.1 Erste Grundbegriffe

Zunächst sollen einige grundlegende Begriffe der Kryptographie eingeführt und kurz erläutert werden. Unter dem Begriff *Kryptographie* ist die Wissenschaft vom geheimen Schreiben zu verstehen. Dabei ist eine *Chiffre (cipher)* eine geheime Methode des Schreibens, also eine Methode des Verschlüsselns. Der unverschlüsselte Text wird als *Klartext (plaintext, cleartext)*, der verschlüsselte als *Chiffretext (ciphertext, cryptotext, cryptogram)* bezeichnet. Wird ein Klartext verschlüsselt, so spricht man vom *Chiffrieren* (to encode, to encipher, to encrypt), beim *Dechiffrieren* (to decode, to decipher, to decrypt) wird umgekehrt ein Chiffretext entschlüsselt. Der *Schlüssel (key)* kontrolliert die Ver- und Entschlüsselung, er ist der Informationsträger für die Verschlüsselung des Klartextes bzw. Entschlüsselung des Chiffretextes.

Ein Sender chiffriert einen Klartext, ein Empfänger dechiffriert den Chiffretext, um wieder den Klartext zu erhalten. Die Zusammenhänge werden durch die folgende Abbildung verdeutlicht.

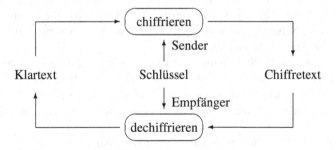

Wichtig dabei ist, dass der Schlüssel zwischen Sender und Empfänger auf eine sichere Weise (über einen sicheren Kanal) ausgetauscht wird.

Zunächst kann man zwei prinzipielle Arten des Chiffrierens unterscheiden, und zwar Transposition und Substitution. Eine *Transpositionschiffre* stellt die Bits oder Zeichen

© Springer Fachmedien Wiesbaden GmbH, ein Teil von Springer Nature 2018
D. Wätjen, *Kryptographie*, https://doi.org/10.1007/978-3-658-22474-5_1

des Textes um, eine *Substitutionschiffre* ersetzt Bits, Zeichen oder Blöcke von Zeichen durch andere Symbole. Durch ein einfaches Beispiel sollen diese Begriffe verdeutlicht werden.

Beispiel 1.1 Es sei DIESISTEINEINFACHESBEISPIEL der Klartext. Als eine Transpositionschiffre betrachten wir einen „Zaun" der Tiefe 3, in den der Klartext eingelesen wird, nämlich in der Form

$$D \quad I \quad I \quad N \quad H \quad E \quad I$$
$$I \quad S \quad S \quad E \quad N \quad I \quad F \quad C \quad E \quad B \quad I \quad P \quad E$$
$$E \quad T \quad E \quad A \quad S \quad S \quad L.$$

Durch zeilenweises Auslesen ergibt sich daraus der Chiffretext DIINHEIISSENIFCE-BIPEETEASSL.

Als Beispiel einer Substitutionschiffre betrachten wir die *Cäsar-Chiffre*. Hier wird jeder Buchstabe des Alphabets um k, $0 \leq k \leq 25$, Plätze verschoben (Verschiebechiffre). Bei $k = 3$ (dieser Fall wurde von Cäsar benutzt) wird A zu D, B zu E, usw., bis schließlich Z zu C wird. Unser Klartext wird zu GLHVLVWHLQHLQIDFKHVEHLVSLHO. $\square$

Die *Kryptoanalyse* ist die Wissenschaft des „Brechens" von Chiffren. Eine Chiffre ist dann zu brechen, wenn der Klartext bzw. der Schlüssel vom Chiffretext oder der Schlüssel von Klartext-Chiffretext-Paaren bestimmt werden kann. Der *Kryptoanalytiker*, der z. B. ein elektronischer Spion oder Lauscher sein kann, kennt im Allgemeinen das Chiffrierverfahren, etwa den Zaun aus Beispiel 1.1, aber nicht den Schlüssel dazu, d. h. die Tiefe des Zauns. Es ist nicht abwegig anzunehmen, dass der Kryptoanalytiker das Chiffrierverfahren kennt. Häufig bedingt ein bestimmtes Informationssystem auch ein bestimmtes Chiffrierverfahren.

Es gibt drei typische Anfangssituationen, denen ein Kryptoanalytiker gegenübersteht, und aus denen er versuchen muss, seine Schlüsse zu ziehen:

(a) *nur Chiffretext* (nur-Chiffretext-Angriff): In diesem Fall kann der Kryptoanalytiker den Klartext nur aus dem abgefangenen Chiffretext bestimmen. Bei einem Chiffretext, der z. B. den Weg zu einem versteckten Schatz beschreibt, sind aber Wörter wie „Schatz", „vergraben", „südlich", usw. zu erwarten. Dies geht dann schon über zum nächsten Fall.

(b) *bekannter Klartext*: Die Kenntnis von Klartext-Chiffretext-Paaren kann zum Entschlüsseln des ganzen Textes hilfreich sein. So gibt es etwa bei Briefen feststehende Anfangs- und Schlussformeln. Bei verschlüsselten Programmen kann der Kryptoanalytiker eventuell Programmsymbole wie **begin** oder **end** sofort erkennen.

(c) *gewählter Klartext*: In diesem Fall hat der Kryptoanalytiker den Vorteil, dass er den Chiffretext zu einem von ihm selbst gewähltem Klartext erhalten kann. Datenbanksysteme sind gegenüber diesem Vorgehen anfällig, da ein Benutzer etwas in die Datenbank einfügen und dann beobachten kann, wie sich der gespeicherte Chiffretext ändert.

Natürlich gibt es noch andere Vorgehensweisen eines Kryptoanalytikers, z. B. bei *Public-Key-Kryptosystemen*. Darauf werden wir später eingehen. Kryptoanalyse wird natürlich auch benutzt, um zu zeigen, dass gewisse Chiffrierverfahren „sicher" sind. Dabei gilt eine Chiffre als *uneingeschränkt sicher*, wenn unabhängig von der Menge des empfangenen Chiffretextes dieser nicht ausreichend Informationen liefert, um den Klartext eindeutig zu bestimmen. Sie gilt als *berechnungssicher*, wenn sie nicht unter vernünftigem Zeitaufwand mit tatsächlich vorhandenen Rechnern gebrochen werden kann (siehe auch Abschnitt 1.4).

Wenn neben der Absicherung der Nachrichten durch kryptographische Methoden die Kryptoanalyse eine wichtige Rolle spielt, dann spricht man insgesamt auch von *Kryptologie*.

1.2 Kryptographische Systeme

Ein *kryptographisches System* (kurz *Kryptosystem*) besteht aus fünf Komponenten, und zwar

1. einem *Klartextraum* $\mathcal{M}$,
2. einem *Chiffretextraum* $\mathcal{C}$,
3. einem *Schlüsselraum* $\mathcal{K}$,
4. einer Familie von *Chiffriertransformationen* $E_K : \mathcal{M} \longrightarrow \mathcal{C}$ mit $K \in \mathcal{K}$ und
5. einer Familie von *Dechiffriertransformationen* $D_K : \mathcal{C} \longrightarrow \mathcal{M}$ mit $K \in \mathcal{K}$.

Dabei sind $\mathcal{M}$, $\mathcal{C}$ und $\mathcal{K}$ höchstens abzählbare Mengen. Jede Chiffriertransformation E_K wird durch einen Schlüssel K und einen Chiffrieralgorithmus E definiert, der für jede Transformation der Familie gleich ist. Entsprechendes gilt für jede Dechiffriertransformation D_K. Für ein gegebenes K und für alle $M \in \mathcal{M}$ gilt

$$D_K(E_K(M)) = M.$$

Kryptosysteme sollten auf jeden Fall drei Eigenschaften erfüllen:

(1) Die Chiffrier- und Dechiffriertransformationen müssen für alle Schlüssel effizient berechnet werden können.

(2) Die Systeme müssen leicht zu benutzen sein. Das bedeutet, dass es ohne Schwierigkeiten möglich sein muss, einen Schlüssel K sowie die zugehörigen Abbildungen E_K und D_K zu finden.

(3) Die Sicherheit des Systems sollte auf der Geheimhaltung der Schlüssel und nicht auf der Geheimhaltung der Algorithmen beruhen. Die Kenntnis der Methode des Chiffrierens und Dechiffrierens soll also noch nicht den Klartext liefern.

Im Zusammenhang mit Kryptosystemen sind *Geheimhaltung* und *Authentizität* wichtige Anforderungen. Geheimhaltung verlangt, dass ein Kryptoanalytiker nicht in der Lage ist, Klartext aus einem abgefangenen Chiffretext zu bestimmen. Authentizität erfordert, dass der Kryptoanalytiker ohne Entdeckung keinen falschen Chiffretext C' für einen Chiffretext C einsetzen kann, also keinen falschen Chiffretext unterschieben kann. Wir formulieren zunächst die

Geheimhaltungsanforderungen:
Es sollte einem Kryptoanalytiker berechnungsmäßig praktisch unmöglich sein,

(1) systematisch die Dechiffriertransformation D_K aus abgefangenem Chiffretext C zu bestimmen, selbst dann, wenn der Klartext M mit $E_K(M) = C$ bekannt ist, und

(2) den Klartext M aus C zu bestimmen.

Berechnungsmäßig praktisch unmöglich bedeutet, dass eine Berechnung mit vorhandenen Rechnern in einer vernünftigen Zeitspanne nicht durchgeführt werden kann. Es ist klar, dass diese Zeitspanne von der Art der geheim zu haltenden Information abhängig gemacht werden muss und so eventuell nur Wochen oder aber auch Jahrzehnte umfassen kann. Außerdem können Aufgaben, die heute praktisch nicht zu berechnen sind, durch Fortschritte auf dem Gebiet der Hardware und der Algorithmik morgen schon berechenbar sein.

Für die Geheimhaltung muss nur die Dechiffriertransformation D_K geschützt werden, sofern E_K nicht D_K verrät. Die Chiffriertransformation E_K kann dagegen veröffentlicht werden. Wir kommen nun zu den

Authentizitätsanforderungen:
Es sollte einem Kryptoanalytiker berechnungsmäßig praktisch unmöglich sein,

(1) systematisch die Chiffriertransformation E_K aus C zu bestimmen, selbst dann, wenn der Klartext M mit $E_K(M) = C$ bekannt ist, und

(2) einen Chiffretext C' zu finden, so dass $D_K(C')$ ein gültiger Klartext aus $\mathcal{M}$ ist. Dies ist bei numerischen Daten denkbar.

Durch (1) wird gesichert, dass der Kryptoanalytiker keinen falschen Klartext M' durch $E_K(M') = C'$ einschieben kann. Für die Authentizität muss nur die Chiffriertransformation E_K geschützt werden, wenn D_K nicht E_K verrät. Die Dechiffriertransformation D_K kann also veröffentlicht werden.

Die Überlegungen zeigen, dass der Schlüssel K aufgeteilt werden kann in einen Chiffrier- und einen Dechiffrierschlüssel. Wir sprechen von einem *Ein-Schlüssel-Kryptosystem* oder auch von einer *symmetrischen Chiffre*, wenn Chiffrier- und Dechiffrierschlüssel gleich sind bzw. leicht der eine Schlüssel aus dem anderen bestimmt werden kann. Das bedeutet, dass die Geheimhaltung und die Authentizität nicht voneinander zu trennen sind. Damit ist ein solches System gut geeignet für private Dateien oder Informationen, die über ein Rechnernetz oder das Internet übertragen werden. Bei einem *Zwei-Schlüssel-Kryptosystem*, auch *asymmetrische Chiffre* genannt, sind dagegen Chiffrier- und Dechiffrierschlüssel ohne spezielle Zusatzinformationen praktisch nicht auseinander zu berechnen. Eine der Transformationen E_K oder D_K kann veröffentlicht werden, ohne die zweite Transformation zu gefährden. Asymmetrische Chiffren werden für Public-Key-Kryptosysteme benötigt (siehe Kapitel 5). Sie werden auch zur Sicherung von Datenbanken genutzt: Bei der „read-only authority" besitzt der Benutzer den Leseteilschlüssel D_K, bei der „write-only authority" den Schreibteilschlüssel E_K.

1.3 Informationstheoretische Grundlagen

Die *Shannonsche Informationstheorie* (siehe [135], [136]) behandelt zwei verwandte Probleme, nämlich das des gestörten Kanals und das der Geheimhaltung. Eine Störung entspricht dabei einer Chiffrierfunktion. Die Informationstheorie misst die Menge von Informationen in einer Nachricht, also ihren Informationsgehalt, durch die durchschnittliche Anzahl von Bits, die notwendig sind, um alle möglichen Nachrichten (einer gewissen Art bzw. einer bestimmten Nachrichtenquelle M) in einer optimalen Codierung darzustellen. Diese Anzahl von Bits wird auch als *Entropie* $H(M)$ dieser Nachrichtenquelle bezeichnet. Gibt es zum Beispiel 2^k, $k \in \mathbb{N}$ ($\mathbb{N}$ Menge der natürlichen Zahlen), gleich wahrscheinliche Nachrichten einer bestimmten Nachrichtenquelle M, so gilt offenbar $H(M) = k$. Speziell lässt sich das Geschlecht einer Person in einer Datenbank durch ein Bit darstellen, die zugehörige Entropie ist dann 1. Liefert eine Nachrichtenquelle n gleich wahrscheinliche Nachrichten, so hat die Entropie den Wert $\log_2 n$. Die Entropie einer Nachricht misst auch deren Unsicherheit und gibt die Anzahl der Bits an, die man kennen muss, um die Nachricht zu rekonstruieren, wenn sie durch einen gestörten Kanal oder durch Chiffrierung verändert wurde. Wenn beispielsweise der Chiffretext Z$Ja78 dem Klartext weiblich oder männlich entspricht, dann beträgt die Unsicherheit ein Bit. Es muss nur ein Buchstabe des Klartextes (z. B. der erste, also „w" oder „m") und davon nur das unterscheidende Bit bestimmt werden.

Definition 1.1 Es sei L eine Sprache mit l Buchstaben. X sei die Menge aller Nachrichten, die n Buchstaben lang sind. Dann bezeichnet

$$r = \frac{H(X)}{n} \text{ die } \textit{Rate} \text{ oder } \textit{Dichte} \text{ von } L \text{ für Nachrichten der Länge } n,$$

$$R = \log_2 l \text{ die } \textit{absolute Rate} \text{ oder } \textit{absolute Dichte} \text{ von } L \text{ und}$$

$$D = R - r \text{ die } \textit{Redundanz} \text{ von } L. \quad \Box$$

r misst die durchschnittliche Anzahl von Bits von Information in jedem Buchstaben. Nimmt n zu, dann nimmt die Entropie pro Buchstabe ab, da die Anzahl sinnvoller Nachrichten, relativ zur Länge gesehen, abnimmt. Die Schätzungen für die deutsche Sprache und für große n sind 1,0 bis 1,5 Bits pro Buchstaben, auch für Englisch erhält man entsprechende Werte. R ist die maximale Anzahl von Bits von Information in einem Buchstaben, die vorkommt, wenn alle Buchstabenfolgen gleichwahrscheinlich sind. Dann ist R gleich der maximalen Entropie der jeweiligen Buchstaben. Bei einem 26 Buchstaben umfassenden Alphabet ist die absolute Rate $R = 4,7$ Bits pro Buchstaben. Aus der Abschätzung $r = 1,5$ folgt, dass die Redundanz $D = 3,2$ ist; d. h., bei dieser Abschätzung ist Deutsch zu 68% redundant. Wir betrachten dazu etwa den Satz

Vrlsngn snd ncht lngwlg.

Dieser ist trotz fehlender Buchstaben leicht zu lesen. Die Redundanz einer Sprache ergibt sich aus deren Struktur und spiegelt sich in ihren statistischen Eigenschaften wider. Die Häufigkeitsverteilungen für einzelne Buchstaben, Digramme, usw. in der deutschen (englischen) Sprache sind so gegeben, dass

(1) als einzelne Buchstaben E, N und I (E, T und A) häufiger als andere auftreten,
(2) bei Digrammen (Paaren) ER, EN und CH (TH und EN) häufiger als andere erscheinen, während QZ nie in sinnvollen Nachrichten vorkommt,
(3) bei Trigrammen EIN, ICH, DER (THE und ING) häufiger als andere vorhanden sind, aber der Anteil sinnvoller Nachrichten geringer als bei Digrammen ist, und
(4) bei N-Grammen der Anteil sinnvoller Nachrichten mit wachsendem N zunehmend geringer wird.

Solche Informationen sind für Kryptoanalytiker äußerst nützlich. Entsprechende Häufigkeitstabellen befinden sich im Anhang auf den Seiten 349 bis 352.

Für die folgenden Überlegungen benötigen wir einige elementare Begriffe der Wahrscheinlichkeitstheorie. Wir stellen sie hier nur kurz zusammen. Die Wahrscheinlichkeit eines Ereignisses A wird mit $p(A)$ bezeichnet und hat einen Wert aus dem Intervall $[0, 1]$. Das sichere Ereignis hat die Wahrscheinlichkeit 1, das leere Ereignis die Wahrscheinlichkeit 0. Sind A und B Ereignisse, so wird die Wahrscheinlichkeit, dass A und B gleichzeitig eintreten, mit $p(A \cap B)$ notiert. Die bedingte Wahrscheinlichkeit $p(A|B)$ ist die Wahrscheinlichkeit für das Ereignis A unter der Annahme, dass auch das Ereignis B gilt. Es ist

$$p(A \cap B) = p(B) \cdot p(A|B).$$

Die Ereignisse A und B sind unabhängig, wenn $p(A \cap B) = p(A) \cdot p(B)$ gilt. Dann folgt auch $p(A|B) = p(A)$.

Wir treffen nun einige

Vereinbarungen:

(1) Eine Klartextnachricht M komme mit der Wahrscheinlichkeit $p(M)$ vor.
(2) Eine Chiffretextnachricht C komme mit der Wahrscheinlichkeit $p(C)$ vor.
(3) Ein Schlüssel K werde mit der Wahrscheinlichkeit $p(K)$ gewählt.

Definition 1.2 Es sei $p(M|C)$ die Wahrscheinlichkeit dafür, dass unter der Voraussetzung, dass C empfangen wurde, die Nachricht M der zugehörige Klartext ist. Ein Kryptosystem unterliegt *perfekter Geheimhaltung* (ist *absolut sicher*), wenn

$$p(M|C) = p(M)$$

für alle C und M gilt. $\square$

Perfekte Geheimhaltung bedeutet, dass der Chiffretext dem Kryptoanalytiker keine neue Information über die Nachricht M liefert, da ja M und C voneinander unabhängig sind. Es sei weiter $p(C|M)$ die Wahrscheinlichkeit, dass C empfangen wurde, falls M chiffriert worden ist. Dies kann durch

$$p(C|M) = \sum_{\substack{K \\ E_K(M)=C}} p(K)$$

ausgedrückt werden. In den meisten Fällen existiert höchstens ein Schlüssel mit der Eigenschaft $E_K(M) = C$. Aus der Unabhängigkeit von C und M folgt, dass ein Kryptosystem auch perfekter Geheimhaltung unterliegt, wenn

$$p(C|M) = p(C)$$

für alle C und M gilt. Diese Gleichung bedeutet, dass die Wahrscheinlichkeit, einen speziellen Chiffretext zu empfangen, nicht vom Klartext abhängt.

Wir stellen fest, dass perfekte Geheimhaltung dann möglich ist, wenn zufällige Schlüssel benutzt werden, die mindestens ebenso lang sind wie die Nachrichten, die sie verschlüsseln.

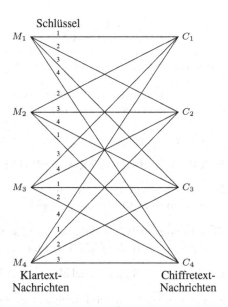

Perfekte Geheimhaltung

Beispiel 1.2 Das oben stehende Bild illustriert ein Kryptosystem, das perfekter Geheimhaltung unterliegt. Für alle M und C gilt

$$p(M|C) \;=\; p(M) = \frac{1}{4} \text{ bzw.}$$

$$p(C|M) \;=\; p(C) = \frac{1}{4}.$$

Wird z. B. der Chiffretext C_2 empfangen, so ist es völlig unklar, welche der Nachrichten M_1, M_2, M_3 oder M_4 chiffriert worden ist. Perfekte Geheimhaltung verlangt, dass die Anzahl der Schlüssel mindestens ebenso groß ist wie die Anzahl der möglichen Nachrichten. Ist dagegen die Anzahl der Schlüssel kleiner als die Anzahl der möglichen Nachrichten, so existiert eine Nachricht M, bei der es für einen gegebenen Chiffretext C offenbar keinen Schlüssel K mit $D_K(C) = M$ gibt. Für diese Nachricht folgt dann $p(M|C) = 0$. Dadurch ist es möglich, denkbare Klartexte für C auszuschließen. $\square$

Beispiel 1.3 Der Chiffretext C=JXNWWYIJWRJSXHMXTQFSLJWXYWJGY, der aus 29 Buchstaben besteht, wurde mit einem geeigneten k, $0 \le k \le 25$, durch eine Cäsar-Chiffre erzeugt. Da die Anzahl der möglichen Schlüssel (26) kleiner ist als die Anzahl der möglichen Sätze der Länge 29, gibt es keine perfekte Geheimhaltung. Die Chiffre wird durch Probieren der Schlüssel gebrochen. Wir probieren fortlaufend die Schlüssel $k = 1, 2, \ldots$ bis maximal $k = 25$, bis sich ein Klartext ergibt. In diesem Fall erhalten wir

Schlüssel	Nachricht
0	J X N W W Y I J W R J S X H M X T Q F S L J W X Y W J G Y
1	I W M V V X H I V Q I R W G L W S P E R K I V W X V I F X
2	H V L U U W G H U P H Q V F K V R O D Q J H U V W U H E W
3	G U K T T V F G T O G P U E J U Q N C P I G T U V T G D V
4	F T J S S U E F S N F O T D I T P M B O H F S T U S F C U
5	E S I R R T D E R M E N S C H S O L A N G E R S T R E B T

Mit dem Schlüssel $k = 5$ können wir abbrechen, da wir den Klartext

$$M=\text{ESIRRTDERMENSCHSOLANGERSTREBT}$$

erhalten haben. Da sich, wie man sich durch Überprüfung der weiteren Schlüssel überzeugt, nur für den Schlüssel 5 ein sinnvoller Text ergibt, gilt

$$p(M|C) = 1 \text{ und } p(M'|C) = 0 \text{ für } M' \neq M \text{ sowie}$$
$$p(C|M) = p(5) = \tfrac{1}{26} \text{ und } p(C|M') = 0 \text{ für } M' \neq M.$$

Die Forderungen der perfekten Geheimhaltung sind also nicht erfüllt. $\square$

Beispiel 1.4 Durch eine kleine Änderung wird perfekte Geheimhaltung erreicht: Jeder Buchstabe wird um ein zufälliges Stück verschoben. Der Schlüssel K ist durch einen Strom $k_1, k_2, \ldots$ gegeben, wobei jedes der k_i eine zufällige Zahl mit $0 \leq k_i \leq 25$ ist. Ein Chiffretext C kann damit aus jedem möglichen Klartext derselben Länge entstanden sein. Mit dem Schlüsselstrom

$$13, 23, 21, 14, 4, 5, 5, 5, 5, 6, 9, 5, 17, 3, 25, 6, 15, 13, 1, 8, 17, 18, 23, 19, 7, 4, 1, 19, 11$$

wird der Chiffretext aus Beispiel 1.3 zu

$$\text{WASISTDERLANGENREDEKURZERSINN}$$

dechiffriert. Der Schlüsselstrom darf nicht wiederholt oder für eine andere Nachricht verwendet werden, da sonst durch Korrelation der beiden Chiffretexte eventuell die Chiffre gebrochen werden kann. Diese Schlüsselart wird als *One-Time-Pad* bezeichnet. $\square$

Im Folgenden benötigen wir den Begriff der *Eindeutigkeitslänge* (*unicity distance*) eines Kryptosystems. Dadurch wird, etwas vereinfacht ausgedrückt, die Menge des Chiffretextes bezeichnet, die notwendig ist, um den zugehörigen Schlüssel eindeutig bestimmen zu können. Wir folgen den Überlegungen von *M. E. Hellman* [73]. Wir nehmen an, dass jeder Klartext und jeder Chiffretext mit Symbolen aus einem endlichen Alphabet von l Symbolen gebildet wird. Dann existieren 2^{Rn} Nachrichten der Länge n, die in zwei Teilmengen aufgeteilt werden, und zwar in die

(1) Menge von 2^{rn} sinnvollen Nachrichten mit der jeweiligen Wahrscheinlichkeit $\frac{1}{2^{rn}}$ und in die

(2) Menge von $2^{Rn} - 2^{rn}$ sinnlosen Nachrichten mit der Wahrscheinlichkeit 0.

Dabei ist $R = \log_2 l$ die absolute Rate und r die Rate der Sprache. Außerdem werde angenommen, dass $2^{H(K)}$ gleichwahrscheinliche Schlüssel existieren, wobei $H(K)$ die Schlüssel-Entropie ist, also die Anzahl von Bits, um die Schlüssel bei einer optimalen Codierung darzustellen.

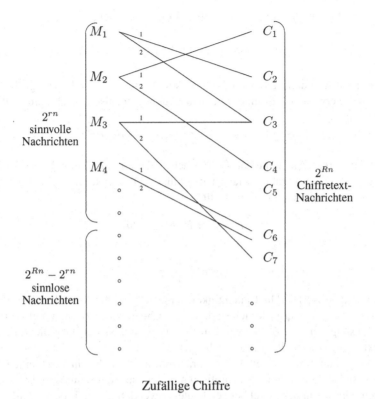

Zufällige Chiffre

Wir kommen nun zum Begriff der *zufälligen Chiffre*. Dabei sei für jeden Schlüssel K und jeden Chiffretext C die Dechiffrierung $D_K(C)$ eine unabhängige Zufallsvariable, die gleichmäßig über alle 2^{Rn} Nachrichten, ob sinnvoll oder sinnlos, verteilt ist. Intuitiv bedeutet das, dass bei zufälliger Wahl von K und C die Dechiffrierung $D_K(C)$ mit derselben Wahrscheinlichkeit den einen Klartext wie jeden anderen Klartext produziert. Tatsächlich ist sie aber nicht ganz unabhängig, da ein Schlüssel eindeutig eine gegebene Nachricht chiffrieren muss, d. h., aus $C \neq C'$ muss $D_K(C) \neq D_K(C')$ folgen.

Gegeben sei ein Schlüssel K und Klartext M mit zugehörigem Chiffretext $C = E_K(M)$. Gibt es zu diesem Chiffretext C einen Klartext M' ($M' \neq M$) und einen Schlüssel K' ($K' \neq K$) mit $C = E_{K'}(M)$ oder $C = E_{K'}(M')$, so liegt eine *falsche Schlüssel-Dechiffrierung* (spurious key decipherment) vor. Das obige Bild zeigt zwei falsche Schlüssel-Dechiffrierungen. Eine falsche Schlüssel-Dechiffrierung resultiert aus dem Chiffretext C_3, eine andere aus C_6. Ein Kryptoanalytiker, der C_3 erhält, kennt nicht den zugehörigen Klartext (war es M_1 mit Schlüssel 2 oder M_3 mit Schlüssel 1?). Bei C_6 kennt er nicht den Schlüssel (war es M_4 mit Schlüssel 1 oder mit Schlüssel 2?). Für jede richtige Lösung (Schlüssel) eines speziellen Chiffretextes C gibt es $2^{H(K)} - 1$ weitere Schlüssel. Jeder dieser Schlüssel K' hat dieselbe Wahrscheinlichkeit q, eine falsche Schlüssel-Dechiffrierung von C zu liefern. Eine falsche Schlüssel-Dechiffrierung liegt aber nur dann vor, wenn sich dabei ein sinnvoller Klartext ergibt.

Nach unserem Modell der zufälligen Chiffre ist diese Wahrscheinlichkeit

$$q = \frac{2^{rn}}{2^{Rn}} = 2^{(r-R)n} = 2^{-Dn}.$$

Da $\frac{1}{2^{Dn}}$ mit wachsendem n schnell gegen 0 strebt und $2^{H(K)}$ sehr viel größer als 1 ist, folgt für die erwartete Anzahl der Fehlentscheidungen, also der falschen Schlüssel-Dechiffrierungen,

$$F = \left(2^{H(K)} - 1\right) \frac{1}{2^{Dn}} \approx 2^{H(K)-Dn}.$$

Aufgrund der starken Abnahme von F mit wachsendem n wird durch $F = 1$ der Punkt festgelegt, ab dem die Anzahl der falschen Schlüssel-Dechiffrierungen klein genug ist, um die Chiffre zu brechen. Für $F = 1$ gilt

$$\log_2 F = 0 \approx H(K) - Dn.$$

Damit ist

$$n \approx \frac{H(K)}{D}$$

der approximative Wert für die Eindeutigkeitslänge. Das ist die Anzahl der Chiffretextzeichen, die wenigstens erforderlich sind, um die Chiffre zu brechen, um also nur eine sinnvolle Lösung erhalten zu können. Ein System wird unsicher, falls die Anzahl der Chiffretextzeichen diesen Wert n überschreitet.

Man beachte, dass es aus Zeitgründen praktisch unmöglich sein kann, eine Chiffre zu brechen, selbst dann, wenn es theoretisch möglich ist, sie mit nur wenig Chiffretext zu knacken. Dies ist in der Regel bei den heute verwendeten Verfahren der Fall.

Falls bei einem gegebenen n die Anzahl der möglichen Schlüssel mindestens so groß wie die Anzahl der möglichen Nachrichten ist, also

$$2^{H(K)} \geq 2^{Rn} \quad \text{und damit} \quad H(K) \geq \log_2\left(2^{Rn}\right) = Rn$$

gilt, dann folgt

$$H(K) - Dn \geq (R - D)n = rn \neq 0.$$

Das bedeutet, dass bei nur einmaliger Anwendung der Chiffre diese theoretisch nicht gebrochen werden kann. Dies ist das Prinzip, das hinter dem „One-Time-Pad" steckt (siehe Beispiel 1.4).

Beispiel 1.5 Im DES (Data Encryption Standard, siehe Abschnitt 4.1) werden 64-Bit-Blöcke (8 Zeichen) durch einen 56-Bit Schlüssel chiffriert. Der DES entspricht einer vernünftigen Approximation des Modells der zufälligen Chiffre mit $H(K) = 56$ und $D = 3{,}2$. Daraus folgt $n \approx \frac{56}{3,2} = 17{,}5$ Zeichen. $\square$

Beispiel 1.6 Wir betrachten die Cäsar-Chiffre mit $k, 0 \leq k \leq 25$. Dann folgt

$$H(K) = \log_2 26 = 4{,}7$$

und damit

$$n = \frac{4,7}{3,2} \approx 1{,}5 \text{ Zeichen.}$$

Wir wissen jedoch, dass keine Cäsar-Chiffre mit nur ein oder zwei Zeichen gelöst werden kann. Der Grund dafür ist hier die schlechte Approximation des Modells der zufälligen Chiffre. Die meisten Chiffretexte können nicht durch einen sinnvollen Klartext erzeugt werden. Zum Beispiel kann QQQQ nur durch AAAA, BBBB, CCCC, ... erzeugt werden. Das ist gleichbedeutend damit, dass die Dechiffrierung nicht gleichmäßig über alle Nachrichten verteilt ist. □

$\frac{H(K)}{D}$ ist nur eine Abschätzung für die Anzahl der Chiffretextzeichen, die benötigt werden, um eine Chiffre zu brechen. Allgemein haben aber Chiffren eine Eindeutigkeitslänge, die wenigstens $\frac{H(K)}{D}$ ist. Trotzdem ist dieser Wert eine gute Approximation. Strebt D gegen 0, wird selbst eine Cäsar-Chiffre unbrechbar. Dies ist unter anderem der Fall, wenn Zahlen chiffriert werden, bei denen jede Ziffer zählt. Dann ist keine Redundanz vorhanden.

1.4 Komplexität von Berechnungen

Wir haben zu Beginn dieses Kapitels davon gesprochen, dass eine Chiffre als berechnungssicher gilt, wenn sie nicht unter vernünftigem Zeitaufwand mit tatsächlich vorhandenen Rechnern gebrochen werden kann. Ähnlich war von der berechnungsmäßig praktischen Unmöglichkeit der Durchführung von Rechnungen die Rede. Wir wollen die Bedeutung dieser sehr intuitiven Aussagen genauer klären, indem wir auf die Komplexität von Berechnungen eingehen.

Ein wichtiges Maß ist die *Laufzeitkomplexität*, also die Anzahl von elementaren Schritten, die ein Algorithmus benötigt, um eine Lösung einer gegebenen Aufgabe zu erhalten. Sie wird ausgedrückt als eine Funktion, die von der Länge der Eingabe abhängt. Zeitkomplexitätsfunktionen werden meistens bezüglich ihres asymptotischen Verhaltens verglichen.

Definition 1.3 Es seien $f, g : \mathbb{N} \to \mathbb{R}^+$ zwei Funktionen, wobei $\mathbb{N}$ und $\mathbb{R}^+$ die Mengen der natürlichen bzw. der nicht-negativen reellen Zahlen sind. Wir schreiben
  (1) $g(n) = O(f(n))$, wenn Konstanten $c > 0$ und $n_0 \in \mathbb{N}$ existieren, so dass für alle n mit $n \geq n_0$ die Ungleichung $g(n) \leq c \cdot f(n)$ erfüllt ist,
  (2) $g(n) = o(f(n))$, wenn für alle $c > 0$ ein $n_0 \in \mathbb{N}$ existiert, so dass für alle n mit $n \geq n_0$ die Ungleichung $g(n) < c \cdot f(n)$ erfüllt ist,
  (3) $g(n) = \Omega(f(n))$, wenn $f(n) = O(g(n))$ gilt,
  (4) $g(n) = \omega(f(n))$, wenn $f(n) = o(g(n))$ gilt,
  (5) $g(n) = \Theta(f(n))$, wenn $g(n) = O(f(n))$ und $g(n) = \Omega(f(n))$ gilt. □

Am häufigsten wird der erste Fall der Definition verwendet, der aussagt, dass die Funktion $g(n)$ für große n höchstens so schnell wie $c \cdot f(n)$ wächst. Man beachte, dass beispielsweise $n = O(n^2)$ oder $4n^2 + 3n + 5 = O(n^2)$ gilt. Bei $g(n) = o(f(n))$ wächst $g(n)$ langsamer als $f(n)$. Offenbar ist diese Definition äquivalent zu $\lim_{n \to \infty} \frac{g(n)}{f(n)} = 0$. Speziell bedeutet $g(n) = o(1)$, dass $g(n)$ für wachsende n gegen 0 strebt. Bei den Ω-

und ω-Notationen wird „höchstens" und „langsamer" durch „mindestens" bzw. „schneller" ersetzt. Entsprechend bedeutet $g(n) = \Theta(f(n))$, dass $g(n)$, abgesehen von Konstanten, genauso schnell wächst wie $f(n)$.

Bezüglich ihres Wachstums können wir Funktionen in verschiedene Hierarchiestufen einteilen. Wir betrachten hier:

(1) *Logarithmische Funktionen*, etwa $f(n) = \log_2 n$.
(2) *Polynomiale Funktionen*, etwa $f(n) = n^\alpha$ mit $\alpha \in \mathbb{N}$.
(3) *Subexponentielle Funktionen*, das heißt Funktionen der Menge

$$\{f(n) \mid f(n) = \Omega(n^\alpha) \text{ für alle } \alpha \in \mathbb{N} \text{ und}$$
$$f(n) = o((1 + \epsilon)^n) \text{ für alle } \epsilon \in \mathbb{R}, \epsilon > 0\}.$$

Eine Funktion f dieser Menge wächst also mindestens so schnell wie n^α für alle $\alpha \in \mathbb{N}$ und langsamer als $(1 + \epsilon)^n$ für alle $\epsilon > 0$. Ein typisches Beispiel dafür ist $f(n) = 2^{p(\log n)}$, wobei $p(x)$ ein Polynom ist, aber auch $f(n) = e^{c \cdot n^{\frac{1}{3}} \cdot (\ln n)^{\frac{2}{3}}}$ mit einem $c \in \mathbb{R}^+$.

(4) *Exponentielle Funktionen*, das heißt Funktionen, für die für Konstanten $a, b \in \mathbb{N}$ die Beziehungen $f(n) = \Omega(a^n)$ und $f(n) = O(b^n)$ gelten.

Die folgende Tabelle liefert einen Eindruck vom Wachstum dieser verschiedenen Typen von Funktionen (e ist die Euler'sche Zahl).

$\log_2 n$	n	n^2	n^3	$e^{1{,}923 \cdot (n \ln 2)^{\frac{1}{3}} (\ln(n \ln 2))^{\frac{2}{3}}}$	2^n
3,32	10	10^2	10^3	$2{,}98 \cdot 10^2$	1024
6,64	10^2	10^4	10^6	$9{,}66 \cdot 10^8$	$1{,}27 \cdot 10^{30}$
9	512	$2{,}62 \cdot 10^5$	$1{,}34 \cdot 10^8$	$1{,}76 \cdot 10^{19}$	$1{,}34 \cdot 10^{154}$
10	1024	$1{,}05 \cdot 10^6$	$1{,}07 \cdot 10^9$	$1{,}32 \cdot 10^{26}$	$1{,}80 \cdot 10^{308}$
11	2048	$4{,}19 \cdot 10^6$	$8{,}59 \cdot 10^9$	$1{,}53 \cdot 10^{35}$	$3{,}23 \cdot 10^{616}$

Wir werden in diesem Buch kryptographische Verfahren kennen lernen, deren Sicherheit darauf beruht, dass gewisse Algorithmen, die auf natürliche Zahlen anzuwenden sind, im Mittel eine subexponentielle Anzahl von Schritten in Bezug auf die Eingabelänge n benötigen, und zwar mit einer Funktion, die von der Größenordnung her ungefähr der subexponentiellen Funktion der Tabelle entspricht. Man beachte, dass bei dieser Funktion für eine Zahl $m = 2^n$ der Wert $n \cdot \ln(2)$ durch $\ln(m)$ ersetzt werden kann.

Der zur Zeit (Anfang 2018) schnellste Supercomputer ist der chinesische *Sunway TaihuLight*, der über $10 \cdot 10^6$ Prozessorkerne besitzt und pro Sekunde etwa 10^{17} Gleitkommaoperationen schafft, also Operationen wie etwa Additionen oder Multiplikationen (siehe [11] für eine regelmäßig aktualisierte Liste der 500 schnellsten Supercomputer in der Welt). Bei diesem Rechner hätte ein Algorithmus mit der subexponentiellen Laufzeitfunktion der Tabelle mit Zahlen von $n = 512$ Bits einen Zeitbedarf von ungefähr $\frac{1{,}76 \cdot 10^{19}}{10^{17}} = 176$ Sekunden. Wenn auch übliche PCs diese Zeit weit verfehlen, könnte man die Aufgabe des Algorithmus geeignet zerlegen und einen verteilten Angriff mit vielen Rechnern im Internet durchführen. Wir erkennen also, dass 512 Bits nicht mehr ausreichend sind. Für 1024 Bits würde der oben genannte Rechner

$\frac{1{,}32\cdot10^{26}}{10^{17}\cdot60\cdot60\cdot24\cdot365} \approx 42$ Jahre benötigen, für 2048 Bits $4{,}85\cdot10^{10}$ Jahre. Sofern es keinen Durchbruch bei der Konstruktion von Quantencomputern gibt, kann somit bei Zahlen mit 2048 oder mehr Bits die berechnungsmäßige Sicherheit der entsprechenden kryptographischen Verfahren angenommen werden.

2 Klassische krypto-graphische Verfahren

In diesem Kapitel werden einige klassische kryptographische Verfahren besprochen. Das älteste, die auch schon in Kapitel 1 erwähnte Cäsar-Chiffre, stammt aus römischer Zeit, das jüngste, die ENIGMA, wurde im Zweiten Weltkrieg benutzt. Obwohl alle Verfahren, mit Ausnahme der One-Time-Pads aus Beispiel 2.15, gebrochen worden sind, erfährt man an ihnen schon viel über Kryptographie. Diese Verfahren sind also nicht nur aus historischen Gründen von Interesse, sondern mit ihrer Hilfe werden auch Kenntnisse vermittelt, die in den folgenden Kapiteln nützlich sind und zum Teil Grundlagen der modernen Kryptographie darstellen.

2.1 Transpositionschiffren

Transpositionschiffren ordnen die Buchstaben oder Bits des Klartextes nach irgendeinem Schema oder einer geometrischen Figur um. Häufig ist dieses Schema eine zweidimensionale Matrix. Bei einer *Spaltentransposition* wird der Klartext zeilenweise in die Matrix eingeschrieben. Der Chiffretext ergibt sich aus den Spalten, die in einer bestimmten Weise angeordnet sind.

Beispiel 2.1 Der Klartext VORLESUNGEN werde in eine 3×4-Matrix zeilenweise eingetragen:

$$\begin{pmatrix} V & O & R & L \\ E & S & U & N \\ G & E & N & \end{pmatrix}.$$

Die Spalten in der Ordnung 2-4-1-3 ergeben den Chiffretext

$$\text{OSELNVEGRUN.} \quad \Box$$

Viele Transpositionschiffren permutieren die Zeichen des Klartextes mit einer *festen Periode d*. Es sei $f : D \longrightarrow D$ mit $D = \{1, \ldots, d\}$ eine Permutation. Der Schlüssel einer Transpositionschiffre ist dann durch ein Paar $K = (d, f)$ gegeben. Aus dem Klartext

$$M = m_1 \ldots m_d\, m_{d+1} \ldots m_{2d} \ldots$$

ergibt sich der Chiffretext

$$C = E_K(M) = m_{f(1)} \ldots m_{f(d)}\, m_{d+f(1)} \ldots m_{d+f(d)} \cdots .$$

Die Dechiffrierung erfolgt durch die inverse Permutation.

© Springer Fachmedien Wiesbaden GmbH, ein Teil von Springer Nature 2018
D. Wätjen, *Kryptographie*, https://doi.org/10.1007/978-3-658-22474-5_2

Beispiel 2.2 Es sei $d = 4$ und f durch

$$
\begin{array}{c|cccc}
i & 1 & 2 & 3 & 4 \\
\hline
f(i) & 2 & 4 & 1 & 3
\end{array}
$$

gegeben. Der Klartext $M =$ VORLESUNGEN liefert den Chiffretext

$$C = E_K(M) = \text{OLVRSNEUEGN}.$$

Dasselbe Ergebnis erhalten wir, wenn wir wie folgt vorgehen. Der Klartext wird zeilenweise in eine 3×4-Matrix eingetragen:

$$
\begin{pmatrix}
V & O & R & L \\
E & S & U & N \\
G & E & N &
\end{pmatrix}.
$$

Deren Spalten werden gemäß f permutiert, also in der Reihenfolge 2-4-1-3:

$$
\begin{pmatrix}
O & L & V & R \\
S & N & E & U \\
E & & G & N
\end{pmatrix}.
$$

Zeilenweises Auslesen ergibt dann den Chiffretext $C = E_K(M)$ wie zuvor. $\square$

Durch Überprüfung der relativen Häufigkeiten der Buchstaben kann festgestellt werden, ob es sich bei einer Chiffre um eine Transpositionschiffre handelt. Der Wert muss dem erwarteten Wert der jeweiligen Buchstaben im Klartext entsprechen. Die erwarteten Werte finden sich in der Tabelle von Seite 349. Diese Chiffren werden häufig durch „anagramming" gebrochen (siehe [63], [139]). Dies ist ein Prozess, der die Buchstaben wieder an die richtige Stelle bringt. Er wird durch den Einsatz von Tafeln für die Häufigkeit von Di- und Trigrammen erleichtert (Tafeln auf den Seiten 351 bis 352).

Wir wollen nun die erwartete Anzahl von Buchstaben bestimmen, die zum Brechen einer Permutationschiffre der Periode d nötig ist, also die Eindeutigkeitslänge einer Permutationschiffre. Es sind $d!$ Schlüssel vorhanden. Aus der Annahme, dass alle Schlüssel gleichwahrscheinlich sind, folgt $H(K) = \log_2 d!$ und damit

$$n \approx \frac{H(K)}{D} = \frac{\log_2 d!}{D}.$$

Mit der Stirling'schen Approximation $d! \approx \left(\frac{d}{e}\right)^d \cdot \sqrt{2\pi d}$, wobei e die Euler'sche Zahl ist, ergibt sich die Eindeutigkeitslänge

$$n \approx \frac{d \log_2 \frac{d}{e} + \frac{1}{2} \log_2(2\pi d)}{3{,}2} \approx 0{,}3 \left(d \log_2 \frac{d}{e} + \frac{1}{2} \log_2(2\pi d) \right).$$

Beispiel 2.3 Es sei $d = 27$. Dann folgt $\frac{d}{e} \approx 10$, $\log_2 \frac{d}{e} \approx 3{,}2$, $\frac{1}{2} \log_2(2\pi d) \approx 3{,}7$ und damit die Eindeutigkeitslänge $n \approx 28$. $\square$

2.2 Chiffren mit einfacher Substitution

Es gibt vier Typen von Substitutionschiffren:
  (1) *Einfache Substitution*: Jeder Buchstabe des Klartextes wird durch einen Buchstaben des Chiffretextes ersetzt. Dabei wird eine bijektive Abbildung zwischen Klartext- und Chiffretextalphabet benutzt.
  (2) *Homophone Substitution*: Jeder Buchstabe des Klartextes kann durch verschiedene Buchstaben des Chiffretextes ersetzt werden.
  (3) *Polyalphabetische Substitution*: Die Buchstaben des Klartextes werden in irgendeiner Reihenfolge, z. B. periodisch, durch verschiedene Abbildungen chiffriert.
  (4) *Polygramm-Substitution*: Ganze Blöcke von Buchstaben des Klartextes werden gemeinsam ersetzt.
In diesem Abschnitt befassen wir uns mit Chiffren mit einfacher Substitution.

Definition 2.1 Es seien $\mathcal{A}$ und $\mathcal{C}$ Alphabete gleicher Mächtigkeit (Klartext- bzw. Chiffretextalphabet). Eine *Chiffre mit einfacher Substitution* wird durch eine bijektive Abbildung $f : \mathcal{A} \longrightarrow \mathcal{C}$ gegeben. Dabei ist f der Schlüssel der Chiffre. $\square$

Die Chiffrierung erfolgt durch den durch f eindeutig bestimmten Homomorphismus, den wir mit demselben Symbol f als $f : \mathcal{A}^* \longrightarrow \mathcal{C}^*$ schreiben, wobei $\mathcal{A}^*$ und $\mathcal{C}^*$ die Mengen der Wörter über $\mathcal{A}$ bzw. $\mathcal{C}$ sind.

Beispiel 2.4 Es sei f gegeben durch:

$$\mathcal{A}: \text{A B C D E F G H I J K L M N O P Q R S T U V W X Y Z}$$
$$\mathcal{C}: \text{C H I F R E N M T A S U B O D G J K L P Q V W X Y Z}$$

Dabei wird das Schlüsselwort CHIFFRENMITEINFACHERSUBSTITUTION verwendet, das zunächst im Chiffretextalphabet aufgelistet wird, wobei Duplikate, z. B. F, E und N, nur einmal eingetragen werden. Anschließend werden die nicht im Schlüsselwort vorkommenden Buchstaben aufgelistet. Der Klartext M=VORLESUNGEN wird zum Chiffretext $E_K(M)$=VDKURLQONRO. $\square$

Häufig werden die 26 Buchstaben des Alphabets, unter Auslassung der Umlaute und des Buchstabens ß, durch ihre Position i im Alphabet, $0 \leq i \leq 25$, gemäß der folgenden Tabelle dargestellt:

0	1	2	3	4	5	6	7	8	9	10	11	12
A	B	C	D	E	F	G	H	I	J	K	L	M

13	14	15	16	17	18	19	20	21	22	23	24	25
N	O	P	Q	R	S	T	U	V	W	X	Y	Z

Entsprechend kann man für Alphabete anderer Mächtigkeit vorgehen.
  Eine *Verschiebechiffre* wird für ein n-elementiges Alphabet durch

$$f(a) = (a + k) \bmod n$$

charakterisiert, wobei k, $0 \leq k \leq n - 1$, die Größe der Verschiebung angibt und $(a + k) \bmod n$ den Rest bei Division von $a + k$ durch n liefert (siehe auch die Einführung des mod-Operators auf Seite 38). Die Verschiebechiffre ist also gleich der Cäsar-Chiffre aus Beispiel 1.1

Durch

$$f(a) = (ak) \bmod n \text{ mit } \text{ggT}(k,n) = 1$$

wird eine *Multiplikationschiffre* definiert. Dabei ist $\text{ggT}(k, n)$ der größte gemeinsame Teiler von k und n. Wegen $\text{ggT}(k, n) = 1$ handelt es sich um eine Bijektion auf der Menge $\mathbb{Z}_n = \{0, 1, \ldots, n - 1\}$ (siehe Folgerung zu Satz 3.5).

Beispiel 2.5 Wir wählen $n = 26$ und $k = 9$ und erhalten

$$\mathcal{A}: \text{ABC DEF GHI JKL MNO PQR STU VWX YZ}$$
$$\mathcal{C}: \text{AJS BKT CLU DMV ENW FOX GPY HQZ IR} .$$

Falls jedoch $\text{ggT}(k, n) \neq 1$ gilt, werden verschiedene Buchstaben von $\mathcal{A}$ durch denselben Buchstaben aus $\mathcal{C}$ chiffriert. Für $n = 26$ und $k = 13$ ergibt sich

$$f(A)=f(C)=f(E)= \ldots =f(Y)=A \quad (= 0),$$
$$f(B)=f(D)=f(F)= \ldots =f(Z)=N \quad (= 13). \quad \square$$

Chiffren mit affiner Transformation sind durch

$$f(a) = (ak_1 + k_0) \bmod n \text{ mit } \text{ggT}(k_1, n) = 1$$

gegeben. Dies entspricht der Kombination einer Multiplikations- mit einer Verschiebechiffre. Noch allgemeiner sind *Chiffren mit polynomialer Transformation vom Grad t*, die durch

$$f(a) = (a^t k_t + a^{t-1} k_{t-1} + \cdots + a^1 k_1 + k_0) \bmod n$$

definiert sind. Eine Bedingung, die die k_i, $i = 0, \ldots, t$, erfüllen müssen, damit sich tatsächlich eine Bijektion ergibt, ist allgemein nicht bekannt. Durch Überprüfung stellt man jedoch fest, dass etwa

$$f(a) = (a^7 + k_0) \bmod 31$$

für alle $k_0 \in \{0, \ldots, 30\}$ eine Bijektion ist. Ebenso sind zum Beispiel

$$\begin{aligned}
f(a) &= (25a^5 + 25a^4 + 25a^3 + 24a^2 + 22a + k_0) \bmod 26, \\
f(a) &= (13a^6 + a^5 + a^4 + a^3 + 2a^2 + 17a + k_0) \bmod 26 \text{ und} \\
f(a) &= (13a^2 + 2a + k_0) \bmod 26
\end{aligned}$$

für alle $k_0 \in \{0, \ldots, 25\}$ Bijektionen. Man kann zeigen (siehe Satz 3.13), dass für alle Primzahlen p und Zahlen $t \in \mathbb{N}$ mit $\text{ggT}(t, p - 1) = 1$ durch

$$f(a) = (a^t + k_0) \bmod p$$

für alle $k_0 \in \{0, \ldots, p - 1\}$ eine Bijektion gegeben wird.

Einige Substitutionschiffren benutzen unübliche Chiffretext-Alphabete. So wurden auch *musikalische Symbole als Chiffre* verwendet, zum Teil ernsthaft, aber auch zum Spaß. *Johann Sebastian Bach* hat z. B. seinen Namen in der Kunst der Fuge kodiert.

Beispiel 2.6 Ein anderes Beispiel für ein unübliches Alphabet ist die *Friedhofchiffre*.

Chiffretext

A •	B •	C •		K •.	L •.	M •.		T	U	V
D •	E •	F •		N •.	O •.	P •.		W	X	Y
G •	H •	I-J•		Q •.	R •.	S •.		Z		

Die Friedhofchiffre befindet sich auf einem Grabstein des Trinity-Friedhofes in New York. Der Grabstein wurde bereits 1794 aufgestellt, die Lösung jedoch erst 1896 im *New York Herald* veröffentlicht. □

Wir wollen nun die Eindeutigkeitslänge einer allgemeinen Substitutionschiffre bestimmen, also die Anzahl der Buchstaben, die nötig sind, eine solche Chiffre theoretisch zu brechen. Es sei ein Alphabet der Größe l gegeben, so dass $l!$ Schlüssel vorhanden sind. Falls alle Schlüssel gleichwahrscheinlich sind, gilt

$$n \approx \frac{H(K)}{D} = \frac{\log_2 l!}{D}.$$

Für die deutsche Sprache ist die Eindeutigkeitslänge

$$n \approx \frac{\log_2 26!}{3{,}2} \approx \frac{88{,}4}{3{,}2} = 27{,}6.$$

Dies erkärt die Schwierigkeit, die Friedhofchiffre zu brechen, die ja ein Text von nur 13 Zeichen ist. Spezielle Substitutionschiffren können eine kleinere Eindeutigkeitslänge haben, bei der Verschiebechiffre haben wir nach Beispiel 1.6 den Wert $n \approx 1{,}5$, obwohl zum Brechen der Chiffre mehr Chiffretext erforderlich ist.

Chiffren mit einfacher Substitution sind unter Benutzung der Häufigkeitsverteilung der einzelnen Buchstaben im Allgemeinen leicht mit einem Nur-Chiffretext-Angriff zu brechen. Die zweite Spalte der Tabelle von Seite 20 zeigt die erwartete Häufigkeitsverteilung der einzelnen Buchstaben der deutschen Sprache, wobei Umlaute und der Buchstabe ß auf die übliche Weise ersetzt sind. Die dritte Spalte enthält die Häufigkeitsverteilung für einen speziellen Zeitungsartikel (Dossier aus der ZEIT vom 7.11.2002) mit 24961 Buchstaben, die auch durch die Anzahl der Sterne angedeutet wird. Aus dem aktuellen Text sind E, N und I und vielleicht auch R sicher herauszufinden, die anderen Buchstaben weisen jedoch gewisse Abweichungen auf. Di- und Trigrammverteilungen können dann helfen, die Zuordnung der Chiffretext- zu den Klartextbuchstaben zu ermitteln. Häufig hilft auch Raten weiter. Betrachtet man dagegen Computerdateien, so hat man sicher andere Häufigkeitsverteilungen zu erwarten. Jedoch sind etwa, wie wir in Beispiel 1.3 gesehen haben, Verschiebechiffren viel leichter zu brechen.

Die verschiedenen Tabellen befinden sich auch im Anhang (siehe Seite 349 bis Seite 352). Man beachte, dass in der Literatur je nach Art der benutzten Texte sehr unterschiedliche Häufigkeitstabellen angegeben werden.

Zeichen	erwartet in %	aktuell in %	
A	6,43	6,85	* * * * * * *
B	1,85	1,85	* *
C	3,26	2,52	* * *
D	5,12	4,63	* * * * *
E	17,74	17,30	* * * * * * * * * * * * * * * * * *
F	1,56	1,59	* *
G	2,69	2,90	* * *
H	5,22	3,78	* * * *
I	7,60	8,45	* * * * * * * *
J	0,23	0,38	
K	1,40	1,60	* *
L	3,49	3,96	* * * *
M	2,75	2,81	* * *
N	10,01	10,18	* * * * * * * * * *
O	2,39	3,38	* * *
P	0,64	1,02	*
Q	0,01	0,03	
R	6,98	7,36	* * * * * * *
S	6,88	5,85	* * * * * *
T	5,94	6,06	* * * * * *
U	4,27	3,86	* * * *
V	0,64	1,00	*
W	1,73	1,36	*
X	0,02	0,04	
Y	0,04	0,06	
Z	1,10	1,21	*

Jeder * repräsentiert 1% des aktuellen Textes
Anzahl der Buchstaben des aktuellen Textes = 24961

Beispiel 2.7 Es sei eine Chiffre mit affiner Transformation gegeben. Wir wollen ein Verfahren zum Brechen solcher Chiffren darstellen. Es werden t Zuordnungen von Klartext- und Chiffretextbuchstaben $(m_i \longleftrightarrow c_i, 1 \leq i \leq t)$ vermutet. Um die Vermutung zu überprüfen und die Chiffre zu brechen, versuchen wir, das Gleichungssystem

$$(m_1 k_1 + k_0) \bmod n = c_1$$
$$\vdots$$
$$(m_t k_1 + k_0) \bmod n = c_t$$

nach k_0 und k_1 aufzulösen. Als Beispiel betrachten wir die Zuordnung

Klartext	E	(4)	J	(9)	N	(13)
Chiffretext	K	(10)	T	(19)	U	(20) .

Daraus erhalten wir das Gleichungssystem

$$(4k_1 + k_0) \bmod 26 = 10 \quad (1)$$
$$(9k_1 + k_0) \bmod 26 = 19 \quad (2)$$
$$(13k_1 + k_0) \bmod 26 = 20 \quad (3).$$

Gleichung (1) von (2) subtrahiert ergibt

$$(5k_1) \bmod 26 = 9,$$

es folgt $k_1 = 7$. Wegen ggT$(5, 26) = 1$ ist, wie in Satz 3.16 gezeigt wird, k_1 eindeutig bestimmt. Anderenfalls wären mehr Gleichungen zur Berechnung von k_1 nötig. Einsetzen in (1) liefert

$$(28 + k_0) \bmod 26 = 10$$

und damit $k_0 = 8$. Jetzt muss noch überprüft werden, ob (3) erfüllt ist. Das ist hier nicht der Fall. Da (3) nicht erfüllt ist, ist eine der drei Korrespondenzen falsch oder die Chiffre ist nicht durch eine affine Transformation gegeben. $\square$

Allgemeine Verfahren zum Lösen von Substitutionschiffren finden sich in [112].

2.3 Chiffren mit homophoner Substitution

Definition 2.2 Es seien $\mathcal{A}$ und $\mathcal{C}$ Alphabete. Eine Chiffre mit *homophoner Substitution* ist durch eine Abbildung $f : \mathcal{A} \longrightarrow 2^{\mathcal{C}}$ gegeben, die für alle $a_1, a_2 \in \mathcal{A}, a_1 \neq a_2$, die Bedingungen $f(a_1) \neq \emptyset$, $f(a_2) \neq \emptyset$ und $f(a_1) \cap f(a_2) = \emptyset$ erfüllt. $\square$

Unter $2^{\mathcal{C}}$ verstehen wir die Potenzmenge von $\mathcal{C}$, also $\{\mathcal{C}' \mid \mathcal{C}' \subseteq \mathcal{C}\}$. Ein Klartext $M = m_1 m_2$ wird also chiffriert als $C = c_1 c_2$ mit zufälligem $c_i \in f(m_i)$ für $i = 1, 2$.

Beispiel 2.8 Die Buchstaben werden als Zahlen zwischen 0 und 99 chiffriert. Die Anzahl der Zahlen, die einem Buchstaben zugeordnet wird, ist proportional zur relativen Häufigkeit des Auftretens dieses Buchstabens gemäß der Tabelle auf Seite 20. Für eine Teilmenge aller Buchstaben geben wir eine Zuordnung an.

Buchst.	Homophone											
E	02	05	14	17	19	24	26	34	46	50	57	63	68
	75	80	81	91	99							
I	01	15	22	43	52	86	87	98				
K	44											
L	04	28	82									
N	08	21	42	45	53	66	72	77	92	95		
P	03											
R	07	11	12	23	30	70	85					
S	10	18	36	39	61	83	93					

Als Beispiel einer Chiffrierung erhalten wir:

$M =$	K	L	E	I	N	E	S	P	I	E	L	E	R	E	I
$C =$	44	04	24	01	66	57	36	03	98	05	82	99	30	75	52 $\square$

Man erkennt, dass die Häufigkeitsverteilung von Einzelbuchstaben bei einer homophonen Chiffre nicht hilft, die Chiffre zu brechen. Unter Umständen ist dies jedoch bei Benutzung von Digrammverteilungen möglich. Falls jedoch jedem Buchstaben des

Klartextes ein jeweils anderes Chiffresymbol zugeordnet wird, ist eine Chiffre nicht zu brechen.

Unter der Voraussetzung, dass genügend viel Chiffretext C empfangen worden ist und zusätzlich beliebig viel Zeit zur Verfügung steht, sind fast alle Chiffren zu brechen. Der Grund dafür ist, dass es in der Regel nur einen Schlüssel gibt, der C in einen sinnvollen Text dechiffriert. Man kann jedoch versuchen, eine Chiffre so zu konstruieren, dass ein Chiffretext unter verschiedenen Schlüsseln zu verschiedenen sinnvollen Nachrichten führt (siehe [71]). Wir gehen dafür von einem Klartextalphabet

$$\mathcal{A} = \{a_1, \ldots, a_n\}$$

aus und konstruieren eine Matrix K:

	$a_1 \cdot \cdot \cdot \cdot \cdot a_n$
a_1	Trage alle Zahlen
$\cdot$	von 1 bis n^2
$\cdot$	zufällig in das
a_n	Schema ein.

Zu jedem $a_i \in \mathcal{A}, 1 \le i \le n$, gibt es jetzt zwei Sätze von Homophonen, nämlich

$f_1(a_i)$ als Menge der Elemente der i-ten Zeile und
$f_2(a_i)$ als Menge der Elemente der i-ten Spalte.

Durch f_1 und f_2 sind zwei Schlüssel spezifiziert. Es seien der Klartext $M = m_1 m_2 \ldots$ und eine Dummy-Nachricht $X = x_1 x_2 \ldots$ gegeben, die ebenfalls einen sinnvollen Klartext darstellt. Dann setzen wir

$$C = c_1 c_2 \ldots \text{ mit } c_i = K[m_i, x_i], i = 1, 2, \ldots,$$

wobei $K[m_i, x_i]$ das Element von K ist, das durch die durch m_i bestimmte Zeile und durch x_i bestimmte Spalte festgelegt ist. Es gilt also $c_i = f_1(m_i) \cap f_2(x_i)$. Der Chiffretext C wird mit dem Schlüssel f_1 zu M und mit f_2 zu X dechiffriert. Nur der legale Empfänger weiß, dass f_1 der richtige Schlüssel ist.

Beispiel 2.9 Es sei $n = 5$. Im Folgenden wird eine 5×5-Matrix für das 5-elementige Klartextalphabet $\{$A, E, G, L ,R$\}$ beschrieben:

	A	E	G	L	R
A	10	22	18	02	11
E	12	01	25	05	20
G	19	06	23	13	07
L	03	16	08	24	15
R	17	09	21	14	04

Die Nachricht LEGAL wird durch die Dummy-Nachricht LAGER wie folgt chiffriert:

$$
\begin{array}{llllll}
M = & L & E & G & A & L \\
X = & L & A & G & E & R \\
C = & 24 & 12 & 23 & 22 & 15 \quad \Box
\end{array}
$$

2.4 Chiffren mit polyalphabetischer Substitution

Chiffren mit polyalphabetischer Substitution verbergen die Verteilung der Buchstaben, indem sie verschiedene Substitutionen benutzen. *Leon Battista Alberti* beschrieb bereits 1568 eine Chiffrierscheibe (siehe unten stehende Abbildung). Sie besitzt 24 mögliche Substitutionen von Klartextbuchstaben des äußeren Ringes in Chiffretextbuchstaben des inneren Ringes. Die Chiffrierung ist dabei abhängig von der Position des beweglichen inneren Ringes. Zumeist wurden speziell Chiffren mit periodischer Substitution benutzt.

Definition 2.3 Es sei $\mathcal{A}$ ein Klartextalphabet und $\mathcal{C}_1, \ldots, \mathcal{C}_d$ seien Chiffretextalphabete. Eine Chiffre mit *periodischer Substitution* ist durch bijektive Abbildungen $f_i : \mathcal{A} \longrightarrow \mathcal{C}_i, 1 \leq i \leq d$, gegeben. Ein Klartext $M = m_1 \ldots m_d \, m_{d+1} \ldots m_{2d} \ldots$ wird durch $E_K(M) = f_1(m_1) \ldots f_d(m_d) \, f_1(m_{d+1}) \ldots f_d(m_{2d}) \ldots$ chiffriert. $\square$

Für $d = 1$ heißt die Chiffre *monoalphabetisch* und ist eine Chiffre mit einfacher Substitution wie in Definition 2.1.

Beispiel 2.10 Die *Vigenère-Chiffre* beruht auf verschobenen Alphabeten. Der Schlüssel ist eine Folge von Buchstaben $K = k_1, k_2, \ldots, k_d$, wobei $k_i, 1 \leq i \leq d$, die Größe der Verschiebung im i-ten Alphabet der Größe n angibt, also

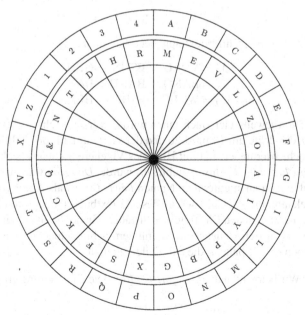

Chiffrierscheibe

	Klartext																									
	A	B	C	D	E	F	G	H	I	J	K	L	M	N	O	P	Q	R	S	T	U	V	W	X	Y	Z
A	A	B	C	D	E	F	G	H	I	J	K	L	M	N	O	P	Q	R	S	T	U	V	W	X	Y	Z
B	B	C	D	E	F	G	H	I	J	K	L	M	N	O	P	Q	R	S	T	U	V	W	X	Y	Z	A
C	C	D	E	F	G	H	I	J	K	L	M	N	O	P	Q	R	S	T	U	V	W	X	Y	Z	A	B
D	D	E	F	G	H	I	J	K	L	M	N	O	P	Q	R	S	T	U	V	W	X	Y	Z	A	B	C
E	E	F	G	H	I	J	K	L	M	N	O	P	Q	R	S	T	U	V	W	X	Y	Z	A	B	C	D
F	F	G	H	I	J	K	L	M	N	O	P	Q	R	S	T	U	V	W	X	Y	Z	A	B	C	D	E
G	G	H	I	J	K	L	M	N	O	P	Q	R	S	T	U	V	W	X	Y	Z	A	B	C	D	E	F
H	H	I	J	K	L	M	N	O	P	Q	R	S	T	U	V	W	X	Y	Z	A	B	C	D	E	F	G
I	I	J	K	L	M	N	O	P	Q	R	S	T	U	V	W	X	Y	Z	A	B	C	D	E	F	G	H
J	J	K	L	M	N	O	P	Q	R	S	T	U	V	W	X	Y	Z	A	B	C	D	E	F	G	H	I
K	K	L	M	N	O	P	Q	R	S	T	U	V	W	X	Y	Z	A	B	C	D	E	F	G	H	I	J
L	L	M	N	O	P	Q	R	S	T	U	V	W	X	Y	Z	A	B	C	D	E	F	G	H	I	J	K
M	M	N	O	P	Q	R	S	T	U	V	W	X	Y	Z	A	B	C	D	E	F	G	H	I	J	K	L
N	N	O	P	Q	R	S	T	U	V	W	X	Y	Z	A	B	C	D	E	F	G	H	I	J	K	L	M
O	O	P	Q	R	S	T	U	V	W	X	Y	Z	A	B	C	D	E	F	G	H	I	J	K	L	M	N
P	P	Q	R	S	T	U	V	W	X	Y	Z	A	B	C	D	E	F	G	H	I	J	K	L	M	N	O
Q	Q	R	S	T	U	V	W	X	Y	Z	A	B	C	D	E	F	G	H	I	J	K	L	M	N	O	P
R	R	S	T	U	V	W	X	Y	Z	A	B	C	D	E	F	G	H	I	J	K	L	M	N	O	P	Q
S	S	T	U	V	W	X	Y	Z	A	B	C	D	E	F	G	H	I	J	K	L	M	N	O	P	Q	R
T	T	U	V	W	X	Y	Z	A	B	C	D	E	F	G	H	I	J	K	L	M	N	O	P	Q	R	S
U	U	V	W	X	Y	Z	A	B	C	D	E	F	G	H	I	J	K	L	M	N	O	P	Q	R	S	T
V	V	W	X	Y	Z	A	B	C	D	E	F	G	H	I	J	K	L	M	N	O	P	Q	R	S	T	U
W	W	X	Y	Z	A	B	C	D	E	F	G	H	I	J	K	L	M	N	O	P	Q	R	S	T	U	V
X	X	Y	Z	A	B	C	D	E	F	G	H	I	J	K	L	M	N	O	P	Q	R	S	T	U	V	W
Y	Y	Z	A	B	C	D	E	F	G	H	I	J	K	L	M	N	O	P	Q	R	S	T	U	V	W	X
Z	Z	A	B	C	D	E	F	G	H	I	J	K	L	M	N	O	P	Q	R	S	T	U	V	W	X	Y

(Die Zeilenbeschriftung der Tabelle trägt die Bezeichnung **Schlüssel**.)

Vigenère-Tableau

$$f_i(a) = (a + k_i) \bmod n \text{ für } i = 1, \ldots, d.$$

Bei gleichem Klartext- und Chiffretextalphabet erhält man z. B.

$$
\begin{aligned}
M &= \text{VORL} & \text{ESUN} & \quad \text{GEN} \\
K &= \text{BAND} & \text{BAND} & \quad \text{BAN} \\
E_K(M) &= \text{WOEO} & \text{FSHQ} & \quad \text{HEA.}
\end{aligned}
$$

In jeder Gruppe von jeweils vier Buchstaben wird der erste Buchstabe um 1 mod 26, der zweite um 0, der dritte um 13 mod 26 und der vierte um 3 mod 26 Positionen verschoben. Die Dechiffrierung erfolgt mit Hilfe des Vigenère-Tableaus (siehe oben), das 1868 von *Charles Lutwidge Dodgson* publiziert wurde. *Dodgson* war Mathematikprofessor in Oxford und ist auch unter dem Namen *Lewis Carrol* als Autor von „Alice im Wunderland" bekannt. Für die Chiffrierung des Klartextbuchstabens a mit dem Schlüsselbuchstaben k findet man den Chiffretextbuchstaben c in der Spalte a der Zeile k. Die Dechiffrierung des Chiffretextbuchstabens c mit dem Schlüsselbuchstaben k liefert den Klartextbuchstaben a der Spalte a, die c in Zeile k enthält. □

Beispiel 2.11 Wir betrachten die *Beaufort-Chiffre*. Die Chiffrierung erfolgt durch

$$f_i(a) = (k_i - a) \bmod n,$$

die Dechiffrierung durch

$$f_i^{-1}(c) = (k_i - c) \bmod n.$$

Um eine Beaufort-Chiffre zu chiffrieren bzw. zu dechiffrieren, kann ebenfalls das Vigenère-Tableau benutzt werden. Für die Chiffrierung des Klartextbuchstabens a mit dem Schlüsselbuchstaben k ist der Chiffretextbuchstabe c durch die Zeile gegeben, die den Schlüsselbuchstaben k in der Spalte a enthält. Dies ergibt sich aus der Gleichung $(a + f_i(a))\bmod n = k_i$, wenn man sie mit $(a + k_i)\bmod n = f_i(a)$ bei der Vigenère-Chiffre vergleicht. Für die Dechiffrierung des Chiffrebuchstabens c mit dem Schlüsselbuchstaben k ist der Klartext a durch die Spalte a gegeben, die den Schlüsselbuchstaben k in der Zeile c enthält. $\square$

Beispiel 2.12 Die *Variante der Beaufort-Chiffre* ist durch

$$f_i(a) = (a - k_i)\bmod n$$

gegeben. Wegen $(a - k_i)\bmod n = (a + (n - k_i))\bmod n$ ist die Variante der Beaufort-Chiffre äquivalent zu einer Vigenère-Chiffre mit dem Schlüssel $n - k_i$. Sie ist damit das Inverse der Vigenère-Chiffre. Die beiden Chiffren können somit paarweise zum Chiffrieren und Dechiffrieren benutzt werden. $\square$

Wir wollen nun die Eindeutigkeitslänge für Chiffren mit periodischer Substitution bestimmen. Es sei s die Anzahl der möglichen Schlüssel für jede einfache Substitution und damit s^d die Anzahl der möglichen Schlüssel bei d benutzten Substitutionen. Daraus ergibt sich

$$n \approx \frac{H(K)}{D} = \log_2 s \cdot \frac{d}{D}.$$

Im Vergleich zu einer individuellen Substitutionschiffre werden hier also d-mal so viele Buchstaben zum Brechen benötigt. Für Vigenère-Chiffren mit der Periode d und $s = 26$ folgt

$$n \approx \frac{4{,}7d}{3{,}2} \approx 1{,}5d.$$

Um Chiffren mit periodischer Substitution zu brechen, ist es nötig, zuerst die Periode zu ermitteln. Danach kann mit Hilfe der üblichen Häufigkeitsverteilungen der Buchstaben die Lösung bestimmt werden. Dazu sind zwei Mittel hilfreich, und zwar der Koinzidenzindex und die Methode von *Kasiski*. Wir gehen zunächst auf den Koinzidenzindex ein, der von *Friedman* [61] eingeführt wurde.

Der *Koinzidenzindex* misst die Varianz oder Streuung der Häufigkeiten der Buchstaben im Chiffretext. Mit wachsender Periode wird der Koinzidenzindex kleiner. Bevor wir ihn genauer definieren, geben wir zunächst, *A. Sinkov* [139] folgend, das *Maß der Rauheit*

$$MR = \sum_{i=0}^{n-1}(p_i - \frac{1}{n})^2$$

an, welches die Varianz der Häufigkeiten der einzelnen Buchstaben relativ zu einer gleichmäßigen Verteilung misst. Dabei ist p_i die Wahrscheinlichkeit, dass ein beliebig gewählter Buchstabe aus einem zufälligen Chiffretext gleich dem i-ten Buchstaben a_i,

$i = 0, 1, \ldots, n-1$, des Chiffretextalphabetes ist. Es gilt also $\sum_{i=0}^{n-1} p_i = 1$. Für das übliche Alphabet erhalten wir

$$MR = \sum_{i=0}^{25} \left(p_i - \frac{1}{26} \right)^2 = \sum_{i=0}^{25} p_i^2 - \frac{2}{26} \sum_{i=0}^{25} p_i + 26 \cdot \left(\frac{1}{26} \right)^2$$

$$= \sum_{i=0}^{25} p_i^2 - \frac{2}{26} + \frac{1}{26} = \sum_{i=0}^{25} p_i^2 - 0{,}03846.$$

Wäre $d = 1$, so kämen alle p_i aus der Tabelle für die relativen Häufigkeiten auf Seite 20 vor, eventuell in einer anderen Reihenfolge. Da aber die Periode d unbekannt ist, sind auch die p_i unbekannt und MR kann nicht berechnet werden. Unter Benutzung der Häufigkeitsverteilung der Buchstaben im Chiffretext kann MR jedoch mit Hilfe von

$$MR + 0{,}03846 = \sum_{i=0}^{25} p_i^2$$

abgeschätzt werden. Aus der Summendarstellung ergibt sich, dass dies die Wahrscheinlichkeit ist, dass zwei beliebig gewählte Buchstaben aus einem beliebigen Chiffretext gleich sind. Es sei ein Chiffretext C mit der Länge N gegeben. Dann ist

$$\binom{N}{2} = \frac{N(N-1)}{2}$$

die Anzahl der Buchstabenpaare, die aus C gewählt werden können. Weiterhin sei F_i die Häufigkeit des i-ten Buchstabens im Chiffretext, so dass

$$\sum_{i=0}^{25} F_i = N$$

gilt. Dann ist

$$\frac{F_i \cdot (F_i - 1)}{2}$$

die Anzahl der Paare, bei denen beide Buchstaben genau dem i-ten Chiffretextbuchstaben gleichen. Der *Koinzidenzindex*

$$IC = \frac{\sum_{i=0}^{25} F_i(F_i - 1)}{N(N-1)}$$

gibt also die relative Häufigkeit dafür an, dass zwei zufällig gewählte Buchstaben aus C gleich sind. Nach der obigen Überlegung ist dies eine Approximation für $\sum_{i=0}^{25} p_i^2$. Damit ist IC auch eine Schätzung für $MR + 0{,}03846$. Der Koinzidenzindex ist aber im Gegensatz zum Maß der Rauheit aus dem Chiffretext zu berechnen.

Für $d = \infty$ hat das Maß der Rauheit MR den Wert 0, da alle Buchstaben gleichwahrscheinlich vorkommen (alle $p_i = \frac{1}{26}$). Der Wert für MR steigt für $d = 1$ auf 0,03887 für die deutsche und auf 0,02706 für die englische Sprache an. Diese Werte folgen unter Berücksichtigung der Werte p_i aus den Tabellen auf Seite 20 bzw. 349, nach denen sich $\sum_{i=0}^{25} p_i^2 = 0{,}07733$ für Deutsch bzw. $\sum_{i=0}^{25} p_i^2 = 0{,}06552$ für Englisch ergibt. Entsprechend nimmt der Koinzidenzindex IC die Werte 0,03846 für $d = \infty$ bzw. 0,07733 (Deutsch) oder 0,06552 (Englisch) für $d = 1$ an. Für Chiffren mit der Periode d kann der Erwartungswert des Koinzidenzindexes für Deutsch durch

$$\frac{1}{d} \cdot \frac{N-d}{N-1} \cdot 0{,}07733 + \frac{d-1}{d} \cdot \frac{N}{N-1} \cdot 0{,}03846$$

approximiert werden [75], für Englisch muss 0,07733 durch 0,06552 ersetzt werden. Nachfolgend sind einige Werte für den Erwartungswert ($N = 100$) angegeben:

d	IC (Deutsch)	IC (Englisch)
1	0,07733	0,06552
2	0,05770	0,05185
3	0,05115	0,04730
4	0,04788	0,04502
5	0,04592	0,04365
6	0,04461	0,04274
7	0,04368	0,04209
8	0,04297	0,04160
9	0,04243	0,04122
10	0,04199	0,04092
∞	0,03846	0,03846

Die Schätzung der Periode einer gegebenen Chiffre erfolgt nun durch
   (1) Messung der Häufigkeiten F_i der Buchstaben des Chiffretextes,
   (2) Berechnung des Koinzidenzindexes IC und danach
   (3) Vergleich mit dem oben ermittelten Erwartungswert des Koinzidenzindexes.
Da der Koinzidenzindex nur eine statistische Größe ist, ergibt sich nicht notwendigerweise die exakte Periode. Wenn außerdem eine einfache Substitution innerhalb der Periode d mehrfach auftritt, sind die obigen Überlegungen nicht mehr richtig. Im Allgemeinen wird dann der Koinzidenzindex größer ausfallen, als es der Periode entspricht. Die Schätzung der Periode wird in diesem Fall also zu klein sein. Der Koinzidenzindex liefert jedoch zumindest einen Hinweis auf die Größe der Periode.

Um die Periode genauer bestimmen zu können, betrachten wir die *Kasiski-Methode*, die 1863 von *Friedrich W. Kasiski* [79], einem preußischen Offizier, eingeführt wurde. Sie ist jedoch auch schon einige Jahre zuvor, ohne weiter Beachtung zu finden, von *Charles Babbage*, vermutlich 1854, entdeckt worden. Zur Bestimmung der exakten Periode werden alle Wiederholungen des Chiffretextes analysiert. Es sei z. B. ein Text mit der Vigenère-Chiffre und dem Schlüssel MEPH chiffriert. Die dritte Zeile liefert den Chiffretext $C = E_K(M)$.

M =	I	C	H	B	I	N	D	E	R	G	E	I	S	T	D	E	R	S	T
K =	M	E	P	H	M	E	P	H	M	E	P	H	M	E	P	H	M	E	P
C =	U	G	W	I	U	R	S	L	D	K	T	P	E	X	S	L	D	W	I

Dieser Chiffretext enthält zwei Wiederholungen der Zeichenfolge SLD mit einem Abstand von acht Buchstaben. Wiederholungen kommen im Chiffretext vor, wenn das Klartextmuster sich in einem Abstand wiederholt, der ein Vielfaches der Schlüssellänge ist. Zufällige Wiederholungen von mehr als zwei Chiffretextsymbolen sind unwahrscheinlich. Bei n Chiffretextwiederholungen mit den Intervalllängen ℓ_j, $1 \leq j \leq n$, ist die Periode wahrscheinlich die Zahl, die die meisten ℓ_j teilt. Im obigen Beispiel beträgt die Intervalllänge $\ell_1 = 8$, und daraus ergibt sich eine mutmaßliche Periode von 1, 4, oder 8 (hier 4). Zur Bestätigung der so bestimmten Periode ist der oben beschriebene Koinzidenzindex nützlich. Es sei $c_1 \, c_2 \ldots$ der Chiffretext. Man berechnet für jeden der Texte

$$1 : c_1 \quad c_{d+1} \quad c_{2d+1} \cdots$$
$$2 : c_2 \quad c_{d+2} \quad c_{2d+2} \cdots$$
$$\cdots$$
$$d : c_d \quad c_{2d} \quad c_{3d} \cdots$$

den Koinzidenzindex. Wenn jede Folge mit festem Schlüssel chiffriert worden ist, haben alle Folgen einen Koinzidenzindex $IC \approx 0{,}07733$. In diesem Fall ist die Periode richtig bestimmt worden, und jeder Teil muss als einfache Substitution einzeln analysiert werden.

Beispiel 2.13 Wir betrachten den Chiffretext:

```
ZTZAX   ZJHBH   JQVVM   RSMMC   MWXVR   TAAPP   VCMLB   CRVCR   SCRIM   VHKLT
QHTAX   SIFTQ   RXKLI   HAXAG   WMRSM   QPCJV   ZYCLF   AWWHM   VTZAP   ZXJVK
CCVPV   KTVSB   UICMR   JVHSM   QLIWS   CXPBW   PMGWT   MRPAP   PVCML   BMRZW
RCBIH   BWDEM   THAXA   GWMRT   UTUQR   SCRVC   RSDSG   AXTTP   JVKSI   RCEMG
AXSCQ   XBHTQ   RTZZT   ZOTPV   IMRBM   MCCRV   IYRPE   ATIJM   FGQKT   VWXVR
TAAPP   VCMLB   CRVMR   KMVLM   VUMRJ   VHSIQ   XBNTL   IHSVX   BIGQY   BDIGT
MTZIC
```

Daraus entnehmen wir die Häufigkeitsverteilung der Buchstaben zur Bestimmung des Koinzidenzindexes. Die entsprechende Tabelle ist oben links auf Seite 29 dargestellt. Die Berechnung des Koinzidenzindexes ergibt $IC = 0{,}0521$. Es wird daher $d = 3$ geschätzt. Wir bestimmen nun die Periode nach der Kasiski-Methode. In diesem Chiffretext treten drei Wiederholungen des Chiffretextes APPVCMLB auf. Der Abstand zwischen dem ersten und zweiten Auftreten beträgt 111, zwischen dem zweiten und dritten Auftreten 114 Buchstaben. Da 3 der einzige gemeinsame Teiler von 111 und 114 ist, ist die Größe der Periode höchstwahrscheinlich 3.

Für die Chiffretextfolgen

$$(1) \quad c_1 \quad c_4 \quad c_7 \ldots$$
$$(2) \quad c_2 \quad c_5 \quad c_8 \ldots$$
$$(3) \quad c_3 \quad c_6 \quad c_9 \ldots$$

muss jetzt jeweils der IC berechnet werden. Für die Folgen (1) bis (3) sind die Häufigkeitsverteilungen auf Seite 29 dargestellt. Jede der drei Folgen hat einen Koinzidenzindex nahe oder größer als $0{,}07733$. Dies bestätigt die Annahme, dass $d = 3$ ist.

Wir bestimmen den Typ der Chiffre. Zunächst muss festgestellt werden, ob eine Vigenère- oder Beaufort-Chiffre vorliegt. Wir probieren an Hand der Folge (2), ob es sich um eine Vigenère-Chiffre handeln kann. Wir müssen die Tabelle der Folge (2) mit

Zeichen	Prozent %	
A	5,25	* * * * *
B	4,26	* * * *
C	7,21	* * * * * * *
D	0,98	*
E	0,98	*
F	0,98	*
G	2,62	* * *
H	3,93	* * * *
I	4,92	* * * * *
J	2,62	* * *
K	2,30	* *
L	2,95	* * *
M	9,18	* * * * * * * * *
N	0,33	
O	0,33	
P	4,92	* * * * *
Q	3,61	* * * *
R	7,87	* * * * * * * *
S	4,59	* * * * * *
T	7,54	* * * * * * * *
U	1,31	*
V	8,52	* * * * * * * * *
W	3,61	* * * *
X	4,59	* * * * *
Y	0,98	*
Z	3,61	* * * *

Anzahl Zeichen = 305
Koinzidenzindex = 0,0521

Häufigkeitsverteilung aus Beispiel 2.13

Zeichen	Prozent %	
A	6,86	* * * * * * *
B	0,00	
C	0,00	
D	0,00	
E	0,98	*
F	2,94	* * *
G	2,94	* * *
H	4,90	* * * * *
I	6,86	* * * * * * *
J	1,96	* *
K	3,92	* * * *
L	4,90	* * * * *
M	5,88	* * * * * *
N	0,98	*
O	0,98	*
P	0,98	*
Q	3,92	* * * *
R	21,57	* *
S	1,96	* *
T	0,98	*
U	0,00	
V	10,78	* * * * * * * * * * *
W	5,88	* * * * * *
X	4,90	* * * * *
Y	2,94	* * *
Z	1,96	* *

Anzahl Zeichen der Folge = 102
Koinzidenzindex = 0,07998

Folge (1)

Zeichen	Prozent %	
A	1,96	* *
B	5,88	* * * * * *
C	10,78	* * * * * * * * * *
D	0,98	*
E	0,00	
F	0,00	
G	4,90	* * * * *
H	4,90	* * * *
I	2,94	* * *
J	5,88	* * * * * *
K	0,98	*
L	1,96	* *
M	0,00	
N	0,00	
O	0,00	
P	7,84	* * * * * * * *
Q	0,0	
R	1,96	* *
S	10,78	* * * * * * * * * *
T	17,65	* * * * * * * * * * * * * * * * * *
U	2,94	* * *
V	5,88	* * * * * *
W	2,94	* * *
X	8,82	* * * * * * * * *
Y	0,00	
Z	0,98	*

Anzahl Zeichen der Folge = 102
Koinzidenzindex = 0,07804

Folge (2)

Zeichen	Prozent %	
A	6,93	* * * * * * *
B	6,93	* * * * * * *
C	10,89	* * * * * * * * * * *
D	1,98	* *
E	1,98	* *
F	0,00	
G	0,00	
H	1,98	* *
I	4,95	* * * * *
J	0,00	
K	1,98	* *
L	1,98	* *
M	21,78	* *
N	0,00	
O	0,00	
P	5,94	* * * * * *
Q	6,93	* * * * * * *
R	0,00	
S	0,99	*
T	3,96	* * * *
U	1,98	* *
V	8,91	* * * * * * * * *
W	1,98	* *
X	0,00	
Y	0,00	
Z	7,92	* * * * * * * *

Anzahl Zeichen der Folge = 101
Koinzidenzindex = 0,08931

Folge (3)

der von Seite 20 vergleichen. Identifizieren wir den häufigsten Chiffretextbuchstaben T mit dem Klartextbuchstaben E und einen der zweithäufigsten, nämlich C, mit N, dann haben sie den richtigen Abstand in der Tabelle, und vor allem würden die seltenen Klartextbuchstaben J, Q, X und Y auf Chiffretextbuchstaben fallen, die in der Folge (2) nicht vorkommen. Vermutlich handelt es sich also um eine Vigenère-Chiffre mit P als zweitem Buchstaben des Schlüssels (der Klartextbuchstabe A fällt auf den Chiffretextbuchstaben P). Wird in der Folge (1) angenommen, dass der Chiffretextbuchstabe R aus E entstanden ist, dann würden die Klartextbuchstaben X und Y viel zu häufig sein. Vermutet man jedoch, dass N auf R fällt, dann kommen die den seltenen Klartextbuchstaben X, Y, Z und Q entsprechenden Chiffretextbuchstaben B, C, D und U gar nicht vor. Wir nehmen also an, dass in der Folge (1) A auf E abgebildet wurde. Mit ähnlichen Überlegungen erhalten wir, dass in der Folge (3) der Buchstabe A auf I fällt. Damit lautet das Schlüsselwort EPI (von *Epikur*, griechischer Philosoph, der um 300 v. Chr. gelebt hat). Durch die Anwendung dieses Schlüssels ergibt sich mit Hilfe des Vigenère-Tableaus (Tabelle auf Seite 24) der folgende Klartext:

> Verwirfst du irgendeine Sinneswahrnehmung und unterscheidest dabei nicht zwischen dem aufgrund blosser Erwartung nur Angenommenen und dem, was du tatsaechlich wahrnehmen konntest, sowie zwischen Empfindung und Vorstellung, dann wirst du mit deiner verkehrten Meinung auch alle uebrigen Sinneswahrnehmungen verwerfen und damit jedes Kriterium verlieren.

Dieser Text konnte nur deshalb so einfach gebrochen werden, weil der zugehörige Schlüssel sehr kurz ist. Bei längeren Perioden benötigt man mehr Chiffretext, um ihn dann mit Rechnereinsatz brechen zu können. □

Die Sicherheit einer periodischen Substitutionschiffre wächst mit zunehmender Schlüssellänge. In einer *Chiffre mit laufendem Schlüssel (running-key cipher)* ist der Schlüssel mindestens genauso lang wie der Klartext. Die Kasiski-Methode hat dann keinen Erfolg, sofern der Schlüssel nicht wiederholt wird. Gern wird der Text eines Buches als Schlüssel einer Substitutionschiffre benutzt, die auf verschobenem Alphabet beruht, die also eine nichtperiodische Vigenère-Chiffre ist. Der Schlüssel wird durch den Titel des Buches und die Startposition spezifiziert. Falls der Schlüssel jedoch noch einmal eingesetzt wird und dadurch der Chiffretext länger wird als der Schlüssel, kann die Kasiski-Methode eventuell zum Erfolg führen. Aber auch bei einmaliger Anwendung des Schlüssels ist eine perfekte Geheimhaltung nicht gewährleistet, da der Text eine sprachabhängige Redundanz aufweist.

Mit dem *Ansatz von Friedman* [60] kann unter Umständen eine solche Chiffre gebrochen werden. Bei einer Chiffre mit laufendem Schlüssel entsprechen große Teile der Buchstaben des Chiffretextes Chiffrierungen, bei denen sowohl Klartext- als auch Schlüsselbuchstaben in die Kategorie der häufigsten Buchstaben fallen. Im Deutschen sind dies die Buchstaben E, N, I, R, S, A, T und D. Ausgegangen wird von der Annahme, dass alle Chiffretextbuchstaben Paaren von Klartext- und Schlüsselbuchstaben der häufigsten Kategorie entsprechen. Diese ursprüngliche Annahme wird mit Di- bzw. Trigrammverteilungen und wahrscheinlichen Worten in Beziehung gesetzt, um daraus die tatsächlichen Paare zu bestimmen.

Beispiel 2.14 Mit dem Klartext „Steter Tropfen höhlt … " und dem Schlüsseltext „Essen und Trinken häl … " erhalten wir

$$M = \underline{S}\ \underline{T}\,\underline{E}\ \underline{T}\,\underline{E}\,R\,T\,R\,O\,P\,F\,\underline{E}\,N\,H\,O\,E\,H\,L\,T\ldots$$
$$K = \underline{E}\ \underline{S}\,\underline{S}\ \underline{E}\,N\,U\,\underline{N}\,D\,T\,R\,I\,\underline{N}\,K\,E\,N\,H\,A\,E\,L\ldots$$
$$E_K(M) = W\,L\,W\,X\,R\,L\,G\,U\,H\,G\,N\,R\,X\,L\,B\,L\,H\,P\,E\ldots$$

Die Paare der häufigsten Verteilungen sind hier unterstrichen. Wir betrachten die ersten vier Buchstaben WLWX des Chiffretextes. Bei einer (nichtperiodischen) Vigenère-Chiffre gibt es für jeden Chiffretextbuchstaben 26 mögliche Paare von Klartext- und Schlüsselbuchstaben. In der folgenden Tabelle stehen in der ersten Zeile die Klartextbuchstaben, in der zweiten die entsprechenden Schlüsselbuchstaben für den Chiffretextbuchstaben W, in der dritten und vierten die für L bzw. X.

Klartextbuchstaben →	A	B	C	D	E	F	G	H	I	J	K	L	M	N	O	P	Q	R	S	T	U	V	W	X	Y	Z
W	W	V	U	T	S	R	Q	P	O	N	M	L	K	J	I	H	G	F	E	D	C	B	A	Z	Y	X
L	L	K	J	I	H	G	F	E	D	C	B	A	Z	Y	X	W	V	U	T	S	R	Q	P	O	N	M
X	X	W	V	U	T	S	R	Q	P	O	N	M	L	K	J	I	H	G	F	E	D	C	B	A	Z	Y

Auch hier sind die Paare der häufigsten Verteilungen durch Unterstreichung der entsprechenden Schlüsselbuchstaben markiert.

Für den Chiffretext WLWX ergeben sich also folgende Paare von Klartext- und Schlüsselbuchstaben der häufigsten Kategorie:

W	L	W	X
E-S	S-T	E-S	E-T
S-E	T-S	S-E	T-E
T-D	D-I	T-D	
D-T	I-D	D-T	.

Es existieren somit $4^3 \cdot 2 = 128$ mögliche Kombinationen der Paare. Da ein normaler deutscher Satz nicht mit DD, DT, SD, SS, TD oder TT beginnt, kommen auch die zugehörigen Anfänge TI, TS, EI, ET, DI oder DS nicht in Frage. Es verbleiben die Möglichkeiten

ST, ES, SI oder ED.

Kombiniert man diese Anfänge mit den 8 Möglichkeiten, die sich aus dem Chiffretext WX ergeben, verbleiben nur zwei sinnvolle Fälle:

Klartext:	STET	ESSE
Schlüssel:	ESSE	STET
Chiffre:	WLWX	WLWX

Die Tabelle der Trigramme von Seite 352, angewendet auf die ersten 3 Buchstaben, hätte entsprechend STE mit ESS bzw. ESS mit STE als wahrscheinlichste Möglichkeiten für die ersten drei Buchstaben ergeben. Daraus lässt sich schließen, dass die ersten vier Buchstaben des Schlüssels sowie des Klartextes richtig geraten worden sind, wobei jedoch noch nicht klar ist, was der Schlüssel und was der Klartext ist. Dies kann erst festgestellt werden, wenn noch mehr Teile des Textes gebrochen und aus dem Kontext des Textes die richtige Zuordnung getroffen werden kann. □

Als *One-Time-Pad* werden, wie wir schon in Beispiel 1.4 gesehen haben, Schlüssel bezeichnet, die eine zufällige Folge von Buchstaben sind und nicht wiederholt werden. Es ist dann perfekte Geheimhaltung gegeben. In sehr speziellen Situationen, in denen der Schlüssel schon lange vor der zu sendenden Nachricht sicher ausgetauscht werden kann, können sie angewendet werden. Wahrscheinlich wird dies heute zum Beispiel im Spionagebereich gelegentlich gemacht. Wir betrachten dazu

Beispiel 2.15 Die *Vernam-Chiffre* ist wie folgt gegeben. Es sei $M = m_1 m_2 \dots$ ein Klartext und $K = k_1 k_2 \dots$ ein Schlüssel mit $m_i, k_i \in \{0,1\}$, $i = 1, 2, \dots$. Dann setzen wir

$$C = E_K(M) = c_1 c_2 \dots \text{ mit } c_i = m_i \oplus k_i, \ i = 1, 2, \dots \ ,$$

wobei $\oplus$ das exklusive Oder ist (definiert durch $0 \oplus 0 = 1 \oplus 1 = 0$ und $0 \oplus 1 = 1 \oplus 0 = 1$). Damit entspricht die Vernam-Chiffre einer Vigenère-Chiffre mit einem Klar- und Chiffretextalphabet $\mathcal{A} = \mathcal{C} = \{0,1\}$. Das exklusive Oder lässt sich direkt durch eine Hardwareschaltung realisieren und ist daher sehr schnell zu berechnen. Die Dechiffrierung erfolgt durch dieselbe Operation, es gilt ja

$$c_i \oplus k_i = m_i \oplus k_i \oplus k_i = m_i \ . \quad \square$$

Falls der Schlüssel der Vernam-Chiffre mehrmals benutzt wird, ist die Chiffre äquivalent zu einer Chiffre mit laufendem Schlüssel K. Es seien nämlich M und M' Klartexte, die mit demselben Schlüssel K die Chiffretexte C und C' liefern. Dann gilt

$$c_i = m_i \oplus k_i \text{ bzw. } c_i' = m_i' \oplus k_i \text{ für } i = 1, 2, \dots \ .$$

Wird nun C'' durch

$$c_i'' = c_i \oplus c_i' = m_i \oplus k_i \oplus m_i' \oplus k_i = m_i \oplus m_i'$$

gebildet, so ist das gleichbedeutend mit einer Chiffrierung des Klartextes M durch den Schlüssel M'. C'' kann eventuell durch den Ansatz von *Friedman* gebrochen werden. Die Berechnung des Schlüssels K erfolgt dann durch $k_i = c_i \oplus m_i$ für $i = 1, 2, \dots$.

2.5 Chiffren mit Polygramm-Substitution

Die Chiffren der vorhergehenden Abschnitte haben jeweils einen einzelnen Klartextbuchstaben chiffriert. Chiffren mit Polygramm-Substitution ersetzen dagegen zusammenhängende Folgen von Buchstaben, also Blöcke von Buchstaben. Dadurch wird die Bedeutung der Häufigkeitsverteilung der einzelnen Buchstaben verringert.

Wir betrachten zunächst die *Playfair-Chiffre* (1854). Sie wurde von den Briten noch während des Ersten Weltkriegs benutzt. Die Playfair-Chiffre ist eine Digramm-Substitutionschiffre. Der Schlüssel ist eine 5×5-Matrix, in die die Buchstaben des Alphabets (ohne J) eingetragen werden. Jedes Klartextbuchstabenpaar $m_1 m_2$ wird nach folgenden Regeln durch ein Chiffretextpaar $c_1 c_2$ chiffriert.

(1) Wenn sich m_1 und m_2 in derselben Zeile befinden, dann steht c_1 rechts neben m_1 und c_2 rechts neben m_2 (wobei die erste Spalte auch rechts neben der letzten Spalte steht).

(2) Wenn sich m_1 und m_2 in derselben Spalte befinden, dann steht c_1 unter m_1 und c_2 unter m_2 (wobei die erste Zeile auch unter der letzten Zeile steht).

(3) Wenn sich m_1 und m_2 in verschiedenen Zeilen bzw. Spalten befinden, dann bilden m_1 und m_2 zwei Ecken eines Rechtecks. Die beiden anderen Eckpunkte werden durch c_1 und c_2 bestimmt. Hierbei steht c_1 in derselben Zeile wie m_1 bzw. c_2 in derselben Zeile wie m_2.

(4) Wenn $m_1 = m_2$ gilt, dann muss ein vorher festgelegter Dummy-Buchstabe in den Klartext eingefügt werden.

(5) Wenn der Klartext eine ungerade Anzahl von Buchstaben enthält, dann muss am Ende des Klartextes ebenfalls der Dummy-Buchstabe angehängt werden.

Beispiel 2.16 Die Matrix werde zunächst durch das Schlüsselwort

CHIFFRENMITPOLYGRAMMSUBSTITUTION

zeilenweise fortlaufend von links nach rechts gefüllt. Duplikate werden nur beim ersten Auftreten eingesetzt. Der verbleibende Rest der Buchstaben wird in beliebiger Reihenfolge angehängt:

$$\begin{pmatrix} C & H & I & F & R \\ E & N & M & T & P \\ \underline{O} & L & Y & G & A \\ S & U & B & Q & K \\ D & Z & \underline{V} & X & W \end{pmatrix}.$$

Es sei M=VORLESUNGENX mit dem Dummy-Buchstaben X der Klartext. Dann ergibt sich der Chiffretext C=DYHAODZLOTTZ. Zum Beispiel muss für das erste Buchstabenpaar, also VO, die Regel (3) benutzt werden. Die entsprechenden Buchstaben sind in der obigen Matrix markiert und liefern den Chiffretext DY. $\square$

Als nächste Chiffre mit Polygrammsubstitution betrachten wir die *Hill-Chiffre* aus dem Jahre 1929 [74]. Sie führt eine lineare Abbildung auf d Klartextbuchstaben durch, um d Chifftretextbuchstaben zu erhalten. Als Schlüssel wird eine d-dimensionale quadratische Matrix A benutzt, zu der die inverse Matrix A^{-1} existiert. A und A^{-1} dürfen nur Zahlen modulo n beinhalten, wobei n die Größe des Alphabets ist. Die Chiffrierung erfolgt durch

$$C = E_K(M) = MA,$$

die Dechiffrierung durch

$$D_K(C) = CA^{-1} = MAA^{-1} = M.$$

Beispiel 2.17 Es sei $d = 2$ und $n = 26$ für das übliche Alphabet. Wir wählen

$$A = \begin{pmatrix} 3 & 2 \\ 3 & 5 \end{pmatrix}.$$

Dann ist modulo 26

$$A^{-1} = \begin{pmatrix} 15 & 20 \\ 17 & 9 \end{pmatrix}.$$

Wir betrachten den Klartext KARL, der als $M = (10, 0, 17, 11)$ kodiert wird. Man erhält

$$(10, 0) \begin{pmatrix} 3 & 2 \\ 3 & 5 \end{pmatrix} = (4, 20) \text{ und } (17, 11) \begin{pmatrix} 3 & 2 \\ 3 & 5 \end{pmatrix} = (6, 11).$$

Es folgt $C = (4, 20, 6, 11)$ und damit der Chiffretext EUGL. $\square$

Die Kryptoanalyse dieser Chiffre ist nicht leicht, wenn nur der Chiffretext bekannt ist. Die Chiffre ist jedoch oft zu brechen, falls einige Buchstaben des Klartextes bekannt sind. Diese kann der Kryptoanalytiker erhalten, wenn er z. B. die Chiffrierung eines von ihm gewählten Klartextes veranlassen kann. Hat der Kryptoanalytiker die Klartexte $M_1 = (m_1, m_2)$ und $M_2 = (m_3, m_4)$ mit den zugehörigen Chiffretexten $C_1 = (c_1, c_2)$ und $C_2 = (c_3, c_4)$, dann kann er

$$M = \begin{pmatrix} m_1 & m_2 \\ m_3 & m_4 \end{pmatrix} \text{ und } C = \begin{pmatrix} c_1 & c_2 \\ c_3 & c_4 \end{pmatrix}$$

bilden. Ist die Matrix M (modulo 26) invertierbar, so kann die Schlüsselmatrix A durch $A = M^{-1}C$ berechnet werden. Die Berechnung ist durch einen Algorithmus der Laufzeitkomplexität der Ordnung $O(d^3)$ möglich.

Abschließend wollen wir anmerken, dass auch die modernen Chiffren, die wir in späteren Kapiteln kennen lernen werden, Blockchiffren sind.

2.6 Produktchiffren und Rotormaschinen

Eine Produktchiffre ist die Komposition von t Funktionen (Chiffren) $F_1, F_2, \ldots, F_t$, also $F_t \circ \ldots \circ F_2 \circ F_1$, wobei jedes der F_i, $1 \leq i \leq t$, eine Substitutionschiffre oder Transpositionschiffre ist. Als Beispiel betrachten wir kurz die Rotormaschinen.

Eine Rotormaschine besteht aus t nebeneinander aufgebauten Rotoren R_i, $i = 1, \ldots, t$. Bei der von *Arthur Scherbius* in den Zwanzigerjahren des letzten Jahrhunderts erfundenen ENIGMA bestand jeder Rotor aus einer Scheibe von etwa 10 cm Durchmesser und 2 cm Dicke. Auf jeder Seite hat ein solcher Rotor 26 Kontakte, für jeden Buchstaben des Alphabets genau einen. Im Inneren des Rotors ist jeder Kontakt der linken Seite mit irgendeinem Kontakt der rechten Seite elektrisch verbunden. Jeder Rotor R_i realisiert somit durch die regellose Verdrahtung in seinem Inneren eine Permutation f_i der Buchstaben des Alphabets. Jeder Rotor kann innerhalb von 26 Positionen rotieren, wobei jede Position die Abbildung ändert. Wenn R_i sich in der Position j_i befindet, wird durch einen solchen Rotor die Abbildung

$$F_i(a) = (f_i((a - j_i) \bmod 26) + j_i) \bmod 26$$

realisiert. Da die Kontakte der nebeneinander aufgestellten Rotoren jeweils miteinander Berührung haben, tritt ein Klartextbuchstabe als ein elektrisches Signal bei einem entsprechenden Kontakt des ersten Rotors in die Rotormaschine ein, durchläuft die Rotoren und tritt als Chiffretextbuchtabe an einem Kontakt des letzten Rotors wieder aus. Folglich stellt eine Maschine mit t Rotoren eine Produktchiffre $F_t \circ \ldots \circ F_1$ dar. Der i-te Klartextbuchstabe einer Nachricht $M = m_1 m_2 \ldots$ wird als

$$E_{k_i}(m_i) = (F_t \circ \ldots \circ F_1)(m_i)$$

chiffriert, wobei der Schlüssel k_i aus den verdrahteten Abbildungen $f_1, \ldots, f_t$ und den Positionen $j_1, \ldots, j_t$ der Rotoren besteht. Die Verdrahtung und die initialen Positionen der Rotoren bestimmen den Startschlüssel. Nach Verschlüsselung eines Klartextbuchstabens werden einer oder mehrere Rotoren bewegt. Dadurch ergeben sich insgesamt 26^t verschiedene Schlüssel.

Bei der ENIGMA, die von den Deutschen im Zweiten Weltkrieg benutzt wurde, wurden zunächst drei und später bei der Marine auch vier Rotoren verwendet. Wenn ein Buchstabe verschlüsselt wird, rückt der erste Rotor eine Position weiter, bis schließlich alle Positionen benutzt sind. Dann rückt auch der zweite Rotor, wie bei jedem üblichen Zählwerk, eine Position weiter und ganz zuletzt der dritte. Die Anfangsstellung der Rotoren ist frei wählbar. In der Anwendung wurden diese Anfangsstellungen täglich gewechselt.

Trotzdem steckten in den von der ENIGMA produzierten Geheimnachrichten mehr Regelmäßigkeiten, als ihre Anwender ahnten. Es gelang vor allem den Engländern in Bletchley Park, diese Regelmäßigkeiten auszunutzen, wobei sie computerähnlich Spezialgeräte einsetzten. *Alan Turing* hat dabei die entscheidende Rolle gespielt. Während des Krieges entzifferte die Gruppe in Bletchley Park unter größter Geheimhaltung etwa 300 000 Meldungen der Deutschen. Diese konnten beim Afrikafeldzug, bei der Landung der Alliierten in der Normandie und vor allem beim U-Boot-Krieg ausgenutzt werden. Dies hat sicherlich zu einer Verkürzung des Krieges beigetragen. Erst 1975 wurde bekannt, dass die Alliierten die ENIGMA gebrochen hatten.

Auch einige heute gebräuchliche Verfahren sind Produktchiffren. Wir werden in Kapitel 4 auf das DES- und das IDEA-Verfahren eingehen, in Kapitel 12 auf das AES-Verfahren.

3 Zahlentheoretische Grundlagen

Moderne Kryptographie ist ohne Zahlentheorie nicht denkbar. Erste wichtige Grundlagen der Zahlentheorie, die für die Kryptographie von Bedeutung sind, werden hier zusammengefasst. Es handelt sich dabei um die modulare Arithmetik, die Bestimmung von modularen Inversen und das Lösen von modularen Gleichungen. Allerdings werden später noch weitere Konzepte der Zahlentheorie benötigt, die jeweils bei Bedarf eingeführt werden. Als ergänzende Literatur werden die Abschnitte 6.1 und 6.2 aus [144] empfohlen.

3.1 Modulare Arithmetik

Mit $\mathbb{N}$ bezeichnen wir die Menge der natürlichen Zahlen und mit $\mathbb{Z}$ die Menge der ganzen Zahlen. Weiter ist $\mathbb{N}_0 = \mathbb{N} \cup \{0\}$. Die Menge $\mathbb{Z}$ erfüllt bekanntlich die folgenden Eigenschaften: Für beliebige Elemente $a, b, c \in \mathbb{Z}$ gehören $a + b$ und ab wieder zu $\mathbb{Z}$ und es gilt

$$a + b = b + a, \quad ab = ba \text{ (Kommutativität)},$$
$$(a + b) + c = a + (b + c), \quad (ab)c = a(bc) \text{ (Assoziativität)},$$
$$a + 0 = a, \quad a \cdot 1 = a \text{ und}$$
$$a(b + c) = ab + ac \text{ (Distributivität)}.$$

Außerdem existiert zu jedem $a \in \mathbb{Z}$ das additive Inverse $-a \in \mathbb{Z}$ mit $a + (-a) = 0$. Diese Eigenschaften machen $\mathbb{Z}$ zu einem *kommutativen Ring* mit Nullelement 0 und Einselement 1. Wir schreiben auch $(\mathbb{Z}, +, \cdot)$. Beschränkt man sich auf die Addition, so ist $(\mathbb{Z}, +)$ eine (additive) *kommutative Gruppe*.

Definition 3.1 Es seien $a, b \in \mathbb{Z}$ und $n \in \mathbb{N}$. a heißt *kongruent* b modulo n (in Zeichen: $a \equiv_n b$), wenn es ein $k \in \mathbb{Z}$ gibt mit $a - b = k \cdot n$. $\quad\square$

Die Bedingung der Definition ist gleichwertig damit, dass n die Zahl $a - b$ teilt (in Zeichen: $n | (a - b)$). Dabei heißt b *Rest* von a modulo n und a *Rest* von b modulo n.

Man sieht sofort, dass $\equiv_n$ eine *Äquivalenzrelation* ist, also *reflexiv* ($a \equiv_n a$), *symmetrisch* ($a \equiv_n b \implies b \equiv_n a$) und *transitiv* ($a \equiv_n b, b \equiv_n c \implies a \equiv_n c$) ist. Darüber hinaus ist $\equiv_n$ eine *Kongruenzrelation* auf $\mathbb{Z}$, also verträglich mit der Addition und Multiplikation, was durch den folgenden Satz ausgedrückt wird.

Satz 3.1 Es seien $n \in \mathbb{N}$ und $a, a', b, b' \in \mathbb{Z}$. Aus $a \equiv_n a'$ und $b \equiv_n b'$ folgen die Relationen

$$a + b \equiv_n a' + b' \text{ und } ab \equiv_n a'b'.$$

© Springer Fachmedien Wiesbaden GmbH, ein Teil von Springer Nature 2018
D. Wätjen, *Kryptographie*, https://doi.org/10.1007/978-3-658-22474-5_3

Beweis. Nach Definition 3.1 gilt $a - a' = k_1 n$ und $b - b' = k_2 n$ mit geeigneten $k_1, k_2 \in \mathbb{Z}$. Damit ergeben sich die Gleichungen

$$(a + b) - (a' + b') = (a - a') + (b - b') = (k_1 + k_2)n \text{ und}$$
$$ab - a'b' = (k_1 n + a')b - a'b' = k_1 bn + a'(k_2 n + b') - a'b' = (k_1 b + k_2 a')n,$$

was zu beweisen war. $\square$

Die Mengen $[a] = \{a' \in \mathbb{Z} \mid a' \equiv_n a\}$ werden als Kongruenzklassen von $\equiv_n$ bezeichnet oder auch als *Restklassen* modulo n. Dabei heißt a Repräsentant der Klasse $[a]$. Jedes $a' \in [a]$ ist ein Repräsentant von $[a]$. Auf der Faktormenge $\mathbb{Z}/\equiv_n = \{[a] \mid a \in \mathbb{Z}\}$ können wir eindeutig eine Addition und Multiplikation durch

$$[a] \oplus [b] = [a + b] \text{ und } [a] \odot [b] = [a \cdot b]$$

definieren, da wegen Satz 3.1 die Definition unabhängig von den jeweils gewählten Repräsentanten der Klassen ist. Mit $\mathbb{Z}$ ist auch $\mathbb{Z}/\equiv_n$ ein kommutativer Ring. Die Gleichungen zeigen, dass durch $f_n(a) = [a]$, $a \in \mathbb{Z}$, ein Ringhomomorphismus $f_n : \mathbb{Z} \to \mathbb{Z}/\equiv_n$ definiert wird, also

$$f_n(a + b) = f_n(a) \oplus f_n(b) \text{ und } f_n(a \cdot b) = f_n(a) \odot f_n(b)$$

erfüllt ist.

Wir setzen jetzt
$$\mathbb{Z}_n = \{0, 1, \ldots, n - 1\}.$$

Für jedes Element $a \in \mathbb{Z}$ existiert genau ein $r \in \mathbb{Z}_n$ mit $a \equiv_n r$. Wir schreiben auch $r = a \bmod n$ und nennen $a \bmod n$ den *Rest von a* modulo n in $\mathbb{Z}_n$. Aus $a \bmod n = r$ folgt $a \equiv_n r$. Die Umkehrung gilt offenbar nicht, was wir an $25 \equiv_{10} 15$ erkennen. Wir erhalten jedoch

$$[a] = [b] \Longleftrightarrow a \equiv_n b \Longleftrightarrow a \bmod n = b \bmod n,$$

d. h., kongruente Zahlen haben denselben Rest in $\mathbb{Z}_n$. Wegen dieser Äquivalenz besitzen $\mathbb{Z}/\equiv_n$ und $\mathbb{Z}_n$ gleich viele Elemente. Die Addition und Multiplikation können wir von $\mathbb{Z}/\equiv_n$ auf $\mathbb{Z}_n$ übertragen, also

$$a \oplus b = (a + b) \bmod n, \ a \odot b = (a \cdot b) \bmod n \text{ für alle } a, b \in \mathbb{Z}_n$$

setzen. $\mathbb{Z}/\equiv_n$ und $\mathbb{Z}_n$ sind somit isomorphe Ringe. Im Weiteren werden wir nur noch $\mathbb{Z}_n$ verwenden.

Als Rechenbeispiele in $\mathbb{Z}_7$ geben wir $5 \oplus 6 = 4$ oder $5 \odot 6 = 2$ an. Die Gleichungen gelten wegen $11 = 4 + 1 \cdot 7$ bzw. $30 = 2 + 4 \cdot 7$. Um Missverständnisse über den Modulus zu vermeiden, schreiben wir dafür meistens $(5 + 6) \bmod 7 = 4$ oder $5 \cdot 6 \bmod 7 = 2$.

Wegen der Isomorphie von $\mathbb{Z}/\equiv_n$ und $\mathbb{Z}_n$ und der Satz 3.1 folgenden Überlegungen erhalten wir

Satz 3.2 Es sei $n \in \mathbb{N}$. Dann wird durch $f_n(a) = a \bmod n$ ein Ringhomomorphismus $f_n : (\mathbb{Z}, +, \cdot) \to (\mathbb{Z}_n, \oplus, \odot)$ definiert. $\square$

Aus Satz 3.2 ergibt sich das folgende Prinzip der modularen Arithmetik, wobei op : $\mathbb{Z} \times \mathbb{Z} \longrightarrow \mathbb{Z}$ den jeweiligen Operator $+$ oder $\cdot$ darstellt:

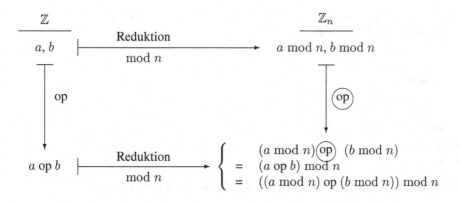

Die Gleichung $(a \bmod n) \;\text{(op)}\; (b \bmod n) = ((a \bmod n)\, \text{op}\, (b \bmod n)) \bmod n$ gilt dabei wegen der Definition von $\oplus$ und $\odot$ auf $\mathbb{Z}_n$.

Modulare Arithmetik kann auch auf die Exponentiation angewendet werden. Wir erhalten dann

$$e^t \bmod n = \left(\prod_{i=1}^{t} (e \bmod n) \right) \bmod n.$$

Man beachte, dass für $t > n$ im Allgemeinen $e^{t \bmod n} \bmod n \neq e^t \bmod n$ ist, so z. B. $(2^{5 \bmod 3}) \bmod 3 = 1 \neq 2 = 2^5 \bmod 3$.

Beispiel 3.1 Die Berechnung des Ausdrucks $3^5 \bmod 7$ kann durch wiederholtes Quadrieren und Multiplizieren auf zwei unterschiedliche Arten erfolgen:
- (a) (1) Quadriere 3: $3 \cdot 3 = 9$
  - (2) Quadriere das Ergebnis: $9 \cdot 9 = 81$
  - (3) Multipliziere mit 3: $81 \cdot 3 = 243$
  - (4) Reduziere modulo 7: $243 \bmod 7 = 5$
- (b) (1) Quadriere 3: $(3 \cdot 3) \bmod 7 = 2$
  - (2) Quadriere das Ergebnis: $(2 \cdot 2) \bmod 7 = 4$
  - (3) Multipliziere mit 3 : $(4 \cdot 3) \bmod 7 = 5$ □

Falls n aus k Bits besteht, $2^{k-1} \leq n < 2^k$, bewirkt die modulare Arithmetik, dass das Ergebnis nach der Addition, Subtraktion oder Multiplikation zweier Werte höchstens $2k$ Bits umfasst. Die Rechnungen werden damit einfacher. Wir geben einen entsprechenden Algorithmus für die Exponentiation an.

Algorithmus 3.1 (*schnelle Exponentiation*)
Eingabe: $n, z \in \mathbb{N}, a \in \mathbb{Z}$.
Ausgabe: fastexp $= a^z \bmod n$.

begin
$a_1 := a; z_1 := z;$
$x := 1;$

while $z_1 \neq 0$ **do** {Schleifeninvariante: $(x \cdot a_1^{z_1}) \bmod n = a^z \bmod n$}
   while $(z_1 \bmod 2) = 0$ **do**
      $z_1 := z_1/2;$
      $a_1 := (a_1 \cdot a_1) \bmod n$
   end;
   $z_1 := z_1 - 1;$
   $x := (x \cdot a_1) \bmod n$
  end
fastexp:= x
end □

Satz 3.3 Algorithmus 3.1 terminiert und liefert $a^z \bmod n$ als Ergebnis.

Beweis. Die äußere Schleife wird verlassen, wenn $z_1 = 0$ wird. Diese Bedingung tritt, da z_1 fortlaufend verkleinert wird, immer ein. Damit ist die Terminierung gesichert. Es muss noch die Richtigkeit der Schleifeninvariante nachgewiesen werden. Dies geschieht durch Induktion. Beim erstmaligen Eintritt in die Schleife ist die Schleifeninvariante offenbar erfüllt. Vor einem Durchlauf der äußeren Schleife habe x den Wert x', a_1 den Wert a_1' und z_1 den Wert z_1'. Die innere Schleife werde nun m-mal durchlaufen. Dann ist $z_1 = \frac{z_1'}{2^m}$ und $a_1 = (a_1')^{2^m} \bmod n$. Anschließend wird

$$z_1 := \frac{z_1'}{2^m} - 1 \quad \text{und} \quad x := x' \cdot (a_1')^{2^m} \bmod n$$

gebildet. Damit gilt nach diesem einmaligen Durchlauf der äußeren Schleife

$$
\begin{aligned}
(x \cdot a_1^{z_1}) \bmod n &= \left(x'(a_1')^{2^m} (a_1')^{2^m \cdot \left(\frac{z_1'}{2^m} - 1 \right)} \right) \bmod n \\
&= \left(x' (a_1')^{2^m + z_1' - 2^m} \right) \bmod n = \left(x' (a_1')^{z_1'} \right) \bmod n \\
&= a^z \bmod n \ \text{(laut Induktionsannahme)}.
\end{aligned}
$$

Der Abbruch der äußeren Schleife erfolgt mit $z_1 = 0$. Wegen $x < n$ schließen wir dann aus der Schleifeninvariante, dass

$$x = (x \cdot a_1^0) \bmod n = a^z \bmod n$$

als Ergebnis geliefert wird.   □

Die binäre Darstellung von z sei $z_{k-1} z_{k-2} \ldots z_0$. Der Algorithmus verarbeitet die Bits in der Reihenfolge $z_0, z_1, \ldots, z_{k-1}$. Dabei wird quadriert, wenn ein Bit 0 ist, und multipliziert und quadriert, wenn ein Bit 1 ist. In der Hardware-Implementierung können diese Bits direkt angesprochen werden, so dass die Rechnungen

$$z_1 \bmod 2, \ z_1/2 \ \text{und} \ z_1 - 1$$

entfallen können.

Satz 3.4 Es sei T die Anzahl der Multiplikationen, z der Exponent von Algorithmus 3.1 und $k = \lfloor \log_2 z \rfloor$. Dann gilt $k + 1 \le T \le 2k + 1$.

Beweis. Nach den Satz 3.4 vorangehenden Ausführungen veranlasst jedes 0-Bit eine Multiplikation, jedes 1-Bit zwei Multiplikationen. Eine Ausnahme stellt das am weitesten links gelegene 1-Bit dar, welches nur eine Multiplikation bewirkt. Es folgt $k + 1 \le T \le 2k + 1$. □

Die erwartete Anzahl von Multiplikationen ist $1{,}5 \cdot k + 1$. Ein naiver Algorithmus für die Exponentiation dagegen benötigt $z - 1$ Multiplikationen und ist somit exponentiell in der Länge von z.

3.2 Bestimmung des modularen Inversen

Im Folgenden interessieren wir uns für multiplikative Inverse in $\mathbb{Z}_n$, die in vielen Kryptosystemen benötigt werden.

Satz 3.5 Es sei $a \in \mathbb{Z}$, $n \in \mathbb{N}$, und es gelte $\mathrm{ggT}(a, n) = 1$. Dann ist für alle $i, j \in \mathbb{N}_0$, $0 \le i < j < n$, die Relation $(a \cdot i) \bmod n \ne (a \cdot j) \bmod n$ erfüllt.

Beweis. Wir nehmen das Gegenteil an. Dann folgt $n | (ai - aj) = a(i - j)$. Wegen $\mathrm{ggT}(a, n) = 1$ erhalten wir $n | (i - j)$. Dies ist ein Widerspruch zu $0 \le i < j < n$. □

Folgerung Es sei $a \in \mathbb{Z}$, $n \in \mathbb{N}$, und es gelte $\mathrm{ggT}(a, n) = 1$. Die $(a \cdot i) \bmod n$, $i = 0, 1, \ldots, n - 1$, liefern jeweils verschiedene Reste modulo n, es gilt also

$$\mathbb{Z}_n = \{(a \cdot i) \bmod n \,|\, i \in \{0, 1, \ldots, n - 1\}\}. \quad \square$$

Satz 3.6 Es sei $a \in \mathbb{Z}$, $n \in \mathbb{N}$, $n \ge 2$, und es gelte $\mathrm{ggT}(a, n) = 1$. Dann existiert genau ein $x \in \mathbb{N}$, $0 < x < n$, mit

$$(a \cdot x) \bmod n = 1 \text{ und } \mathrm{ggT}(x, n) = 1.$$

Beweis. Wegen $1 \in \mathbb{Z}_n$ liefert die Folgerung genau ein x mit $0 < x < n$ und $ax \bmod n = 1$. Diese Gleichung ist äquivalent zur Existenz eines $k \in \mathbb{Z}$ mit $ax = 1 + kn$ bzw. $1 = ax - kn$. Daher ist $\mathrm{ggT}(x, n)$ ein Teiler von 1, so dass nur $\mathrm{ggT}(x, n) = 1$ in Frage kommt. □

Der Satz liefert unter den gegebenen Voraussetzungen die Existenz eines Inversen. Wir schreiben dafür auch $x = a^{-1} \bmod n$. Die folgenden Überlegungen werden schließlich zu Algorithmen zur Berechnung von Inversen führen.

Definition 3.2 $\mathbb{Z}_n^* = \{a \in \mathbb{Z}_n \mid \mathrm{ggT}(a, n) = 1\}$ heißt die *reduzierte Menge der Reste* modulo n. □

Beispiel 3.2 Die reduzierte Menge der Reste modulo 12 ist $\mathbb{Z}_{12}^* = \{1, 5, 7, 11\}$, die reduzierte Menge der Reste modulo p, wobei p eine Primzahl ist, ist $\mathbb{Z}_p^* = \{1, 2, \ldots, p-1\}$. $\square$

Definition 3.3 $\varphi(n)$ (*Euler'sche φ-Funktion*) bezeichnet die Anzahl der Elemente der reduzierten Menge der Reste modulo n. Sie ist gleich der Anzahl der Zahlen x, $1 \leq x < n$, mit $\mathrm{ggT}(x, n) = 1$. $\square$

Für Leser ohne entsprechende algebraische Grundlagen geben wir kurz den Begriff einer *kommutativen Gruppe G* mit Multiplikation $\cdot : G \times G \to G$ und Einselement 1 an. Sie ist dadurch gegeben, dass für die Multiplikation die Regeln der Kommutativität, Assoziativität und die Gleichung $a \cdot 1 = a$ entsprechend Seite 37 erfüllt sind und außerdem zu jedem Element $a \in G$ ein inverses Element $a^{-1} \in G$ mit $a \cdot a^{-1} = 1$ existiert.

Satz 3.7 Es sei $n \in \mathbb{N}$, $n \geq 2$. Dann ist die reduzierte Menge $\mathbb{Z}_n^*$ der Reste modulo n eine kommutative multiplikative Gruppe.

Beweis. Zu zeigen ist, dass das Produkt zweier Elemente aus $\mathbb{Z}_n^*$ wieder zu $\mathbb{Z}_n^*$ gehört, dass weiter ein Einselement und zu jedem $a \in \mathbb{Z}_n^*$ ein Inverses existiert. Offenbar ist $1 \in \mathbb{Z}_n^*$ das Einselement. Für zwei Elemente $a, b \in \mathbb{Z}_n^*$ gilt $\mathrm{ggT}(a, n) = 1$ und $\mathrm{ggT}(b, n) = 1$ und damit $\mathrm{ggT}(ab, n) = 1$, so dass ihr Produkt $ab \bmod n$ wieder in $\mathbb{Z}_n^*$ liegt. Schließlich sei $a \in \mathbb{Z}_n^*$. Nach Satz 3.6 existiert ein Inverses $x \in \mathbb{Z}_n$ mit $\mathrm{ggT}(x, n) = 1$, also $x \in \mathbb{Z}_n^*$. Insgesamt ist $\mathbb{Z}_n^*$ somit eine multiplikative Gruppe. $\square$

Ist $n = p$ prim, dann besitzt nach Satz 3.7 jedes $a \in \mathbb{Z}_p$, $a \neq 0$, ein Inverses in $\mathbb{Z}_p$. Ganz allgemein ist ein kommutativer Ring K, bei dem $(K - \{0\}, \cdot)$ eine multiplikative Gruppe ist, ein *Körper*. Somit ist $\mathbb{Z}_p$ ein Körper mit der multiplikativen Gruppe $\mathbb{Z}_p^*$.

Satz 3.8 Es sei p eine Primzahl. Dann gilt:
 (a) $\varphi(p) = p - 1$.
 (b) Ist $k \in \mathbb{N}$, dann folgt $\varphi(p^k) = p^{k-1}(p - 1)$.
 (c) Ist q eine Primzahl mit $p \neq q$, dann folgt $\varphi(pq) = \varphi(p)\varphi(q) = (p - 1)(q - 1)$.

Beweis.
 (a) ist trivial.
 (b) Von den $p^k - 1$ Zahlen von 1 bis $p^k - 1$ sind genau die Zahlen $p, 2p, \ldots, p^k - p = \left(p^{k-1} - 1\right) \cdot p$ Vielfache von p. Die übrigen sind zu p teilerfremd. Daraus folgt

$$\varphi(p^k) = p^k - 1 - \left(p^{k-1} - 1\right) = p^{k-1}(p - 1).$$

 (c) Von den $pq - 1$ Zahlen von 1 bis $pq - 1$ sind genau die Zahlen $p, 2p, \ldots, (q - 1)p$ und $q, 2q, \ldots, (p - 1)q$ Vielfache von p bzw. q. Da der Primteiler p nicht in q und $1, 2, \ldots, p - 1$ vorkommt und entsprechend q nicht in p und $1, 2, \ldots, q - 1$, sind diese Zahlen paarweise verschieden. Somit ist

$$\begin{aligned} \varphi(n) &= pq - 1 - (q - 1) - (p - 1) = pq - p - q + 1 \\ &= (p - 1)(q - 1). \quad \square \end{aligned}$$

Aus der Primfaktorzerlegung $n = p_1^{l_1} p_2^{l_2} \ldots p_t^{l_t}$ einer Zahl n ergibt sich, wie man z. B. in [46] nachlesen kann, die allgemeine Form

$$\varphi(n) = \prod_{i=1}^{t} p_i^{l_i-1}(p_i - 1),$$

die wir allerdings nicht benötigen werden.

Satz 3.9 (*Fermat*) Es sei p eine Primzahl und $a \in \mathbb{Z}$ mit $\mathrm{ggT}(a, p) = 1$. Dann ist

$$a^{p-1} \bmod p = 1. \quad \square$$

Der Satz von *Fermat* folgt aus

Satz 3.10 (*Euler*) Es sei $n \in \mathbb{N}$ und $a \in \mathbb{Z}$ mit $\mathrm{ggT}(a, n) = 1$. Dann ist

$$a^{\varphi(n)} \bmod n = 1.$$

Beweis. Nach Satz 3.7 und der Folgerung zu Satz 3.5 gilt für ein festes Element $a \in \mathbb{Z}_n^*$

$$\mathbb{Z}_n^* = \{ax \bmod n \mid x \in \mathbb{Z}_n^*\}.$$

Da $\varphi(n)$ die Anzahl der Elemente von $\mathbb{Z}_n^*$ ist, erhalten wir in $\mathbb{Z}_n^*$ die Produkte

$$(a^{\varphi(n)} \bmod n) \cdot \prod_{x \in \mathbb{Z}_n^*} x = \prod_{x \in \mathbb{Z}_n^*} ((ax) \bmod n) = \prod_{x \in \mathbb{Z}_n^*} x.$$

Durch Multiplikation mit dem inversen Element von $\prod_{x \in \mathbb{Z}_n^*} x$ folgt die gewünschte Gleichung $a^{\varphi(n)} \bmod n = 1$. $\square$

Aus diesem Satz erhalten wir die beiden wichtigen folgenden Sätze.

Satz 3.11 Es seien $n \in \mathbb{N}$ und $a \in \mathbb{Z}$ mit $\mathrm{ggT}(a, n) = 1$, und für $r_1, r_2 \in \mathbb{N}_0$ gelte $r_1 \bmod \varphi(n) = r_2 \bmod \varphi(n)$. Dann folgt

$$a^{r_1} \bmod n = a^{r_2} \bmod n.$$

Beweis. Ohne Beschränkung der Allgemeinheit sei $r_1 \geq r_2$. Dann existiert nach der Voraussetzung und Definition 3.1 ein $k \in \mathbb{N}_0$ mit $r_1 = r_2 + \varphi(n) \cdot k$. Wir erhalten so

$$a^{r_1} \bmod n = a^{r_2 + \varphi(n) \cdot k} \bmod n = (a^{r_2}(a^{\varphi(n)})^k) \bmod n$$
$$= (a^{r_2}(a^{\varphi(n)} \bmod n)^k) \bmod n = (a^{r_2}(1^k)) \bmod n = a^{r_2} \bmod n,$$

da für $a \in \mathbb{Z}_n^*$ nach Satz 3.10 die Beziehung $a^{\varphi(n)} \bmod n = 1$ gilt. $\square$

Damit ist eine wichtige Rechenregel gegeben, die wir in späteren Kapiteln oft benutzen werden: Unter der Voraussetzung, dass die Basis a und der Modulus n teilerfremd sind, können Exponenten, die modulo $\varphi(n)$ gleich sind, ausgetauscht werden, ohne das Ergebnis der Exponentiation zu ändern.

Der folgende Satz ergibt sich unmittelbar aus Satz 3.10.

Satz 3.12 Es seien $n \in \mathbb{N}, n \geq 2, a \in \mathbb{Z}$ mit $\text{ggT}(a, n) = 1$ und $(ax) \bmod n = 1$. Dann gilt

$$x = a^{\varphi(n)-1} \bmod n.$$

Falls n prim ist, folgt $x = a^{n-2} \bmod n$. $\square$

Offenbar gilt $x = a^{-1} \bmod n$. Speziell betrachten wir $e, n \in \mathbb{N}$ mit $\text{ggT}(e, \varphi(n)) = 1$. Dann wird nach Satz 3.12 das Inverse von e modulo $\varphi(n)$, also $e^{-1} \bmod \varphi(n)$, durch $d = e^{\varphi(\varphi(n))-1} \bmod \varphi(n)$ bestimmt. Dieses Inverse wird in dem nächsten Satz benutzt.

Satz 3.13 Es seien $e, n \in \mathbb{N}$, und es gelte $\text{ggT}(e, \varphi(n)) = 1$. Dann ist die Abbildung $f : \mathbb{Z}_n^* \to \mathbb{Z}_n^*$ mit $f(a) = a^e \bmod n$ für alle $a \in \mathbb{Z}_n^*$ eine Bijektion. Dabei ist die inverse Abbildung durch $g(a) = a^d \bmod n$ mit $d = e^{-1} \bmod \varphi(n)$ für alle $a \in \mathbb{Z}_n^*$ gegeben.

Beweis. Wegen $ed \bmod \varphi(n) = 1$ folgt mit Hilfe von Satz 3.11 für alle $a \in \mathbb{Z}_n^*$

$$f(g(a)) = g(f(a)) = (a^e \bmod n)^d \bmod n = a^{ed} \bmod n = a^1 \bmod n = a \bmod n.$$

Folglich ist g das Inverse von f. $\square$

Falls n eine Primzahl ist, gilt $\mathbb{Z}_n = \mathbb{Z}_n^* \cup \{0\}$. Dann kann f zu einer bijektiven Abbildung auf $\mathbb{Z}_n$ erweitert werden.

Wir wollen nun $x = a^{-1} \bmod n$ praktisch berechnen. Eine erste Methode kann angewendet werden, wenn $\text{ggT}(a, n) = 1$ gilt und $\varphi(n)$ bekannt ist. Dann erhalten wir mit Hilfe der schnellen Exponentiation, also mit Hilfe von Algorithmus 3.1,

$$x = a^{\varphi(n)-1} \bmod n.$$

Eine andere Methode benutzt die iterative Version des euklidischen Algorithmus zur Bestimmung des größten gemeinsamen Teilers. Wir geben diesen zunächst an.

Algorithmus 3.2 *(euklidischer Algorithmus)*
Eingabe: $a, n \in \mathbb{N}$.
Ausgabe: $d = \text{ggT}(a, n)$.
begin
$g_0 := n;$
$g_1 := a;$
$i := 1;$
while $g_i \neq 0$ **do**
    $g_{i+1} := g_{i-1} \bmod g_i;$
    $i := i + 1$
    end;
$d := g_{i-1}$
end $\square$

Satz 3.14 Es seien $a, n \in \mathbb{N}$. Dann berechnet Algorithmus 3.2 den größten gemeinsamen Teiler von a und n.

Beweis. Es sei j derjenige Index, für den sich im Algorithmus $g_j = 0$ ergibt und die Schleife abgebrochen wird. Ohne Beschränkung der Allgemeinheit gelte $g_0 = n \geq a = g_1$ (anderenfalls gilt $g_1 = a > n = n \bmod a = g_2$). Die berechneten Werte g_i erfüllen offenbar mit geeigneten $y_i \in \mathbb{Z}$, $i \in \{1, \ldots, j-1\}$,

$$
\begin{aligned}
g_0 &= y_1 g_1 + g_2, & 0 &< g_2 < g_1, \\
g_1 &= y_2 g_2 + g_3, & 0 &< g_3 < g_2, \\
&\;\;\vdots \\
g_{j-3} &= y_{j-2} g_{j-2} + g_{j-1}, & 0 &< g_{j-1} < g_{j-2}, \\
g_{j-2} &= y_{j-1} g_{j-1}.
\end{aligned}
$$

Die letzte Gleichung liefert $g_{j-1} | g_{j-2}$, die vorletzte damit $g_{j-1} | g_{j-3}$. Diese Überlegungen können fortgeführt werden, so dass sich schließlich $g_{j-1} | g_1$ und $g_{j-1} | g_0$ ergibt, d. h., g_{j-1} ist ein gemeinsamer Teiler von $g_1 = a$ und $g_0 = n$. Ist dagegen g ein beliebiger Teiler von a und n, dann folgt aus der ersten Gleichung $g | g_2$, anschließend aus der zweiten $g | g_3$ usw., bis endlich $g | g_{j-1}$ gilt. Damit ist g_{j-1} der größte gemeinsame Teiler von a und n. $\square$

Algorithmus 3.2 wird so erweitert, wie es in [83], S. 325, beschrieben ist. Dann wird, falls a und n teilerfremd sind, $x = a^{-1} \bmod n$ berechnet.

Algorithmus 3.3 *(Berechnung des Inversen)*
Eingabe: $a, n \in \mathbb{N}$, $n > a$, mit $\mathrm{ggT}(a, n) = 1$.
Ausgabe: $x = a^{-1} \bmod n$.
begin
$g_0 := n; g_1 := a;$
$u_0 := 1; v_0 := 0;$
$u_1 := 0; v_1 := 1;$
$i := 1;$
while $g_i \neq 0$ **do** {Schleifeninvariante: $g_i = u_i n + v_i a$}
$\quad y := g_{i-1} \operatorname{div} g_i;$ {ganzzahlige Division, Rest vergessen}
$\quad g_{i+1} := g_{i-1} - y \cdot g_i;$
$\quad u_{i+1} := u_{i-1} - y \cdot u_i;$
$\quad v_{i+1} := v_{i-1} - y \cdot v_i;$
$\quad i := i + 1$
$\quad$ **end;**
$x := v_{i-1};$
if $x > 0$ **then** x **else** $x := x + n$ **end**
end $\square$

Satz 3.15 Es seien $a, n \in \mathbb{N}$, $a < n$, und $\mathrm{ggT}(a, n) = 1$. Dann berechnet Algorithmus 3.3 das Inverse $x = a^{-1} \bmod n$.

Beweis. Offensichtlich terminiert der Algorithmus, und nach Satz 3.14 gilt für $g_i = 0$ die Gleichung $g_{i-1} = \text{ggT}(a, n)$. Unter der Voraussetzung $\text{ggT}(a, n) = 1$ folgt unter Beachtung der Schleifeninvariante für $i - 1$

$$1 = g_{i-1} = u_{i-1}n + v_{i-1}a.$$

Nach Definition 3.1 ist dann $v_{i-1}a \bmod n = 1$, d. h., $v_{i-1} \bmod n$ ist das Inverse von $a \bmod n$. Es lässt sich zeigen, dass $-n < v_{i-1} < n$ gilt, so dass die letzte Zeile des Algorithmus das Ergebnis liefert. Somit muss nur noch die Schleifeninvariante überprüft werden. Dies erfolgt durch Induktion. Für $i = 0$ und $i = 1$ ist sie erfüllt. Bei Eintritt in die **while**-Schleife gilt $i = 1$. Es ist zu zeigen, dass $g_{i+1} = u_{i+1}n + v_{i+1}a$ gilt. Speziell für $y = g_{i-1} \text{ div } g_i$ gilt aufgrund der Zuweisungen in der Schleife und der Gültigkeit der Schleifeninvariante für i und $i - 1$

$$
\begin{aligned}
g_{i+1} = g_{i-1} - yg_i &= u_{i-1}n + v_{i-1}a - y(u_in + v_ia) \\
&= (u_{i-1} - yu_i)n + (v_{i-1} - yv_i)a \\
&= u_{i+1}n + v_{i+1}a. \quad \square
\end{aligned}
$$

Für beliebige Werte $a \in \mathbb{Z}$ mit $\text{ggT}(a, n) = 1$, also auch für negative a, ist die Gleichung

$$ax \bmod n = 1$$

immer durch $x = (a \bmod n)^{-1} \bmod n$ lösbar. Wenn man mit solchen Werten a und n dagegen direkt den Algorithmus 3.3 aufruft, kann man unter Umständen ein falsches Ergebnis erhalten. Für $a = -1$ ergibt sich beispielsweise immer $x = 1$, obwohl $x = n - 1$ richtig wäre, was mit $a = n - 1$ geliefert wird.

Man kann zeigen, dass die durchschnittliche Anzahl von Divisionen im Algorithmus 3.3 ungefähr gleich $0{,}843 \ln(n) + 1{,}47$ ist. Dabei ist ln der natürliche Logarithmus. Man erkennt, dass statt g_{i-1}, g_i und g_{i+1} auch drei lokale Variablen g_-, g und g_+ verwendet werden können. Für v gilt Entsprechendes. Die Variablen u können entfallen, da sie zur Berechnung von x gar nicht benötigt werden.

Beispiel 3.3 Bei der Berechnung von $x = 22^{-1} \bmod 31$ mit Algorithmus 3.3 werden folgende Werte durchlaufen:

i	g_i	u_i	v_i	y
0	31	1	0	–
1	22	0	1	1
2	9	1	−1	2
3	4	−2	3	2
4	1	5	−7	4
5	0			

Die Lösung lautet $x = -7 + 31 = 24$. $\quad \square$

3.3 Lösen modularer Gleichungen

Der Algorithmus 3.3 kann zur Lösung des folgenden Problems erweitert werden: Gegeben seien $a \in \mathbb{Z}$ und $n \in \mathbb{N}$ mit $\mathrm{ggT}(a, n) = 1$. Gesucht ist ein x mit

$$(ax) \bmod n = b \bmod n$$

für ein $b \in \mathbb{Z}$. Nach der Folgerung zu Satz 3.5 gibt es genau ein $x \in \mathbb{Z}_n$, das diese Gleichung erfüllt. Offensichtlich ist

$$x = a^{-1} b \bmod n$$

diese Lösung. Falls jedoch $\mathrm{ggT}(a, n) \neq 1$ ist, dann hat die Gleichung $(ax) \bmod n = b$ mehr als eine bzw. keine Lösung. Dieser Fall wird im folgenden Satz betrachtet.

Satz 3.16 Es seien $a \in \mathbb{Z}$ und $n \in \mathbb{N}$, $n \geq 2$. Es gelte $g = \mathrm{ggT}(a, n)$. Für $g \nmid b$ besitzt die Gleichung

$$(ax) \bmod n = b$$

keine Lösung. Für $g \mid b$ besitzt diese Gleichung genau g Lösungen der Form

$$x = \left(\frac{b}{g} \cdot x_0 + t \cdot \frac{n}{g} \right) \bmod n, \quad t = 0, 1, 2, \ldots, g - 1,$$

in $\mathbb{Z}_n$. Für $g = n$ wird dabei $x_0 = 0$ gesetzt, für $g \neq n$ gilt

$$x_0 = \left(\frac{a}{g} \right)^{-1} \bmod \left(\frac{n}{g} \right).$$

Beweis. Falls $(ax) \bmod n = b$ eine Lösung $x \in \mathbb{Z}_n$ besitzt, dann gilt $b = ax + tn$ mit einem geeigneten $t \in \mathbb{Z}$. Aus $g \mid n$ und $g \mid a$ folgt daher $g \mid b$. Wir erkennen daraus, dass für $g \nmid b$ keine Lösung existiert. Es gelte weiter $g \mid b$. Für $g = n$ gilt $b \bmod n = 0$, und offenbar sind dann alle Elemente von $\mathbb{Z}_n$ Lösungen. Für $g \neq n$ ist

$$\mathrm{ggT} \left(\frac{a}{g}, \frac{n}{g} \right) = 1.$$

Dann existiert $x_0 = \left(\frac{a}{g} \right)^{-1} \bmod \left(\frac{n}{g} \right) \in \{1, \ldots, \frac{n}{g} - 1\}$. Nach den Überlegungen, die diesem Satz vorangehen, ist damit $x_1 = \frac{b}{g} \cdot x_0 \bmod \left(\frac{n}{g} \right)$ eine eindeutige Lösung von

$$\left(\frac{a}{g} \cdot x \right) \bmod \left(\frac{n}{g} \right) = \frac{b}{g}$$

in $\{0, 1, \ldots, \frac{n}{g} - 1\}$. Es existiert also ein $k \in \mathbb{Z}$ mit

$$\frac{a}{g} \cdot x_1 - \frac{b}{g} = k \cdot \frac{n}{g}.$$

Durch Multiplikation mit g erhalten wir

$$ax_1 - b = k \cdot n,$$

d. h., x_1 ist eine Lösung von $(ax) \bmod n = b$. Jedes $x \in \{0, 1, \ldots, n-1\}$ mit $x \equiv_{\frac{n}{g}} x_1$ ist ebenfalls eine Lösung von $(ax) \bmod n = b$. Alle anderen x sind keine Lösungen, da sonst $x_1' = x \bmod \left(\frac{n}{g}\right)$, $x_1' \in \{0, 1, \ldots, \frac{n}{g} - 1\}$, $x_1' \neq x_1$, ebenfalls eine Lösung der Gleichung

$$\left(\frac{a}{g} \cdot x\right) \bmod \left(\frac{n}{g}\right) = \frac{b}{g}$$

wäre. Alle Lösungen von $(ax) \bmod n = b$ lauten also

$$x = x_1 + t \cdot \frac{n}{g}, \ t = 0, 1, \ldots, g - 1. \quad \square$$

Beispiel 3.4 Gegeben sei die Gleichung $(6x) \bmod 15 = 9$. Wegen $g = \text{ggT}(6, 15) = 3$ und $3|9$ existieren 3 Lösungen. Wir bestimmen zunächst

$$x_0 = \left(\frac{6}{3}\right)^{-1} \bmod \left(\frac{15}{3}\right) = 2^{-1} \bmod 5 = 3.$$

Damit erhalten wir die 3 Lösungen

$$x = \left(\frac{9}{3} \cdot 3 + t \cdot \frac{15}{3}\right) \bmod 15 \quad \text{für } t = 0, 1, 2,$$

der gegebenen Gleichung, also $x = 9, x = 14$ und $x = 4$. $\quad \square$

Die Lösung von $(ax) \bmod n = b$ kann auch durch eine Primfaktorzerlegung von n erfolgen. Es gelte

$$n = d_1 d_2 \ldots d_t \text{ mit } d_i = p_i^{l_i}, \ i \in \{1, \ldots, t\},$$

mit paarweise verschiedenen Primzahlen p_i, also $\text{ggT}(d_i, d_j) = 1$ für $i \neq j$. Die Lösung ergibt sich aus dem allgemeineren

Satz 3.17 Gegeben sei $n = d_1 \ldots d_t$ mit $d_i \in \mathbb{N}$, $i \in \{1, \ldots, t\}$, $t \in \mathbb{N}$ und $\text{ggT}(d_i, d_j) = 1$ für $i \neq j$. Es sei $f(x)$ ein Polynom über $\mathbb{Z}$ und $x' \in \mathbb{Z}$. Dann gilt

$$f(x') \bmod n = 0 \iff f(x') \bmod d_i = 0 \text{ für alle } i \in \{1, \ldots, t\}.$$

Beweis. Aufgrund der Voraussetzungen gilt

$$n | f(x') \iff d_i | f(x') \text{ für alle } i \in \{1, \ldots, t\}. \quad \square$$

Ist für alle $i \in \{1, \dots, t\}$ die Zahl x_i eine Nullstelle modulo d_i von $f(x)$, dann liefert nach Satz 3.17 offenbar jedes $x' \in \mathbb{Z}$ mit $x' \bmod d_i = x_i$ eine Nullstelle modulo n von $f(x)$.

Betrachten wir speziell das Polynom $f(x) = ax - b$, so zeigt der Satz, dass die Gleichung $ax \bmod n = b$ äquivalent ist zu den t Gleichungen $ax \bmod d_i = b \bmod d_i$, $i \in \{1, \dots, t\}$. Für t unabhängig voneinander berechneten Lösungen x_i dieser t Gleichungen ist also jedes $x' \in \mathbb{Z}$ mit $x' \bmod d_i = x_i$ eine Lösung von $ax \bmod n = b$. Die Bestimmung dieser Zahl x' erfolgt mit dem chinesischen Restesatz.

Satz 3.18 (*Qin Jiushao*, 1247) Gegeben seien $x_i \in \mathbb{Z}$, $n = d_1 \dots d_t$ mit $d_i \in \mathbb{N}$, $i \in \{1, \dots, t\}$, $t \in \mathbb{N}$ und $\mathrm{ggT}(d_i, d_j) = 1$ für $i \neq j$. Dann besitzt das System der Gleichungen

$$x \bmod d_i = x_i \bmod d_i, \quad i = 1, 2, \dots, t,$$

genau eine Lösung x in $\mathbb{Z}_n$.

Beweis. Für alle $i \in \{1, \dots, t\}$ gilt $\mathrm{ggT}(\frac{n}{d_i}, d_i) = 1$. Dann existiert das Inverse

$$y_i = \left(\frac{n}{d_i} \bmod d_i \right)^{-1} \bmod d_i.$$

Für y_i ist also $\frac{n}{d_i} \cdot y_i \bmod d_i = 1$ erfüllt. Wegen $d_j | \frac{n}{d_i}$ folgt $\frac{n}{d_i} \cdot y_i \bmod d_j = 0$ für $i \neq j$. Wir setzen

$$x = \left(\sum_{j=1}^{t} \frac{n}{d_j} \cdot y_j \cdot x_j \right) \bmod n.$$

Damit ergibt sich $x \bmod d_i = \frac{n}{d_i} \cdot y_i \cdot x_i \bmod d_i = x_i \bmod d_i$, d. h., $x \in \mathbb{Z}_n$ ist eine Lösung.

Wir nehmen an, dass $x, x' \in \mathbb{Z}_n, x \neq x'$, zwei verschiedene Lösungen sind. Dann erhalten wir $(x - x') \bmod d_i = 0$. Wir schließen die Gültigkeit von $d_i | (x - x')$ für alle $i \in \{1, \dots, t\}$. Da die d_i paarweise teilerfremd sind, folgt

$$n = d_1 d_2 \dots d_t | (x - x').$$

Dies stellt einen Widerspruch zu $|x - x'| < n = d_1 d_2 \dots d_t$ dar. Somit existiert genau eine Lösung in $\mathbb{Z}_n$. $\quad\square$

Aus dem Beweis ergibt sich der folgende

Algorithmus 3.4 (*Lösung eines Kongruenzsystems nach dem chinesischen Restesatz*)
Eingabe: Zahlen wie in der Voraussetzung von Satz 3.18.
Ausgabe: $x \in \mathbb{Z}_n$ mit $x \bmod d_i = x_i \bmod d_i$ für alle $i \in \{1, \dots, t\}$.
begin
for $i := 1$ **to** t **do** $y_i := \left(\frac{n}{d_i} \bmod d_i \right)^{-1} \bmod d_i$ {Algorithmus 3.3} **end**;
$x := 0$;
for $i := 1$ **to** t **do** $x := \left(x + \frac{n}{d_i} \cdot y_i \cdot x_i \right) \bmod n$ **end**;
end $\quad\square$

Beispiel 3.5 Wir betrachten die Gleichung

$$(7x) \bmod 60 = 1.$$

Wir werden sie mit Hilfe des chinesischen Restesatzes lösen. Wegen $60 = 2^2 \cdot 3 \cdot 5$ folgt $d_1 = 4$, $d_2 = 3$ und $d_3 = 5$. Die Lösung ist nach Satz 3.17 eine gemeinsame Lösung der drei Gleichungen

$$(7x) \bmod 4 = 1, \ (7x) \bmod 3 = 1 \text{ und } (7x) \bmod 5 = 1.$$

Die erste Gleichung hat die Lösung $x_1 = 3$, die zweite $x_2 = 1$ und die dritte $x_3 = 3$. Die gemeinsame Lösung wird mit dem chinesischen Restesatz konstruiert. Wir betrachten das System

$$x \bmod 4 = x_1 = 3$$
$$x \bmod 3 = x_2 = 1$$
$$x \bmod 5 = x_3 = 3.$$

Nach Algorithmus 3.4 berechnen wir

$$y_i = \left(\left(\frac{60}{d_i} \right) \bmod d_i \right)^{-1} \bmod d_i, \ i = 1, 2, 3,$$

also $y_1 = 3^{-1} \bmod 4 = 3$, $y_2 = 2^{-1} \bmod 3 = 2$ und $y_3 = 2^{-1} \bmod 5 = 3$. Wir erhalten

$$x = \left(\frac{60}{4} \cdot 3 \cdot 3 + \frac{60}{3} \cdot 2 \cdot 1 + \frac{60}{5} \cdot 3 \cdot 3 \right) \bmod 60 = 283 \bmod 60 = 43. \quad \square$$

Beispiel 3.6 Die Gleichung

$$(6x) \bmod 15 = 9$$

aus Beispiel 3.4 soll auf andere Weise gelöst werden. Lösungen sind nach Satz 3.17 gemeinsame Lösungen von

$$(6x) \bmod 5 = 4 \text{ und } (6x) \bmod 3 = 0.$$

Die erste Gleichung hat die Lösung $x_1 = 4$. Die zweite besitzt wegen $\mathrm{ggT}(6,3) = 3$ nach Satz 3.16 genau 3 Lösungen, und zwar sind dies $y_1 = 0$, $y_2 = 1$ und $y_3 = 2$. Die 3 Lösungen der gegebenen Gleichung folgen aus den Gleichungssystemen

$$
\begin{array}{lll}
x \bmod 5 = x_1 = 4 & x \bmod 5 = x_1 = 4 & x \bmod 5 = x_1 = 4 \\
x \bmod 3 = y_1 = 0, & x \bmod 3 = y_2 = 1, & x \bmod 3 = y_3 = 2.
\end{array}
$$

Das erste System liefert die Lösung $x' = 9$, das zweite $x'' = 4$ und das dritte $x''' = 14$. $\quad \square$

4 Blockchiffren und ihre Betriebsarten

Eine *Blockchiffre* ist dadurch gekennzeichnet, dass bei ihrer Anwendung der Klartext M in aufeinander folgende Blöcke $M_1, M_2, \ldots$ aufgebrochen und jedes M_i mit demselben Schlüssel K chiffriert wird, also

$$E_K(M) = E_K(M_1)E_K(M_2)\ldots$$

gebildet wird. Jeder Block ist normalerweise mehrere Zeichen oder Bits lang. Von den klassischen Verfahren kann zum Beispiel eine Permutationschiffre der Periode d als eine Blockchiffre mit einer Blockgröße von d Buchstaben aufgefasst werden, die Playfair-Chiffre ist eine Blockchiffre der Blockgröße von 2 Buchstaben. Bei den Exponentiationschiffren modulo n, die wir in Kapitel 5 betrachten werden, hat ein Block die Länge von $\log_2 n$ Bits, wobei inzwischen mindestens 2000 Bits empfohlen werden.

In diesem Kapitel werden wir uns auf die Beschreibung des *Data Encryption Standards* (*DES*) und des *International Data Encryption Algorithm* (*IDEA*) beschränken. Der *Advanced Encryption Standard* (*AES*), der den DES als Standard abgelöst hat, erfordert zu seinem Verständnis einige weitere Kenntnisse der Mathematik, so dass wir ihn erst in Kapitel 12 betrachten können. Diese drei Blockchiffren sind symmetrische Chiffren. Viele weitere Blockchiffren werden in [98] beschrieben.

Wenn die Chiffrierung tatsächlich blockweise erfolgt, dann sprechen wir vom Chiffrieren in der Betriebsart des *ECB-Modus* (*Electronic-Codebook-Modus*). Dadurch ergeben sich jedoch Angriffsmöglichkeiten, auf die wir in Abschnitt 4.3 eingehen werden. Wir stellen dort andere Betriebsarten von Blockchiffren vor, die diese Angriffe vermeiden oder jedenfalls erschweren.

4.1 Der DES

Der Data Encryption Standard (DES) wurde von der Firma IBM, in Zusammenarbeit mit dem National Bureau of Standards, entwickelt. Am 15. Januar 1977 wurde seine offizielle Beschreibung veröffentlicht [100]. Heute sollte man den DES nicht mehr verwenden, da er den aktuellen Sicherheitsanforderungen nicht mehr genügt. In einigen erweiterten Formen wie etwa als Triple-DES (siehe Abbildung 4.5) gilt er jedoch noch als sicher. Für die Konstruktion neuer symmetrischer Chiffren kann der DES aber einige Anregungen geben.

Der DES ist eine Produktchiffre, die aus einer Komposition von Substitutions- und Transpositionschiffren besteht. Außerdem ist er eine Blockchiffre, die speziell je 64-Bit-Blöcke von Daten mit einem 56-Bit-Schlüssel chiffriert. Diese Schlüssellänge

© Springer Fachmedien Wiesbaden GmbH, ein Teil von Springer Nature 2018
D. Wätjen, *Kryptographie*, https://doi.org/10.1007/978-3-658-22474-5_4

58	50	42	34	26	18	10	2		40	8	48	16	56	24	64	32
60	52	44	36	28	20	12	4		39	7	47	15	55	23	63	31
62	54	46	38	30	22	14	6		38	6	46	14	54	22	62	30
64	56	48	40	32	24	16	8		37	5	45	13	53	21	61	29
57	49	41	33	25	17	9	1		36	4	44	12	52	20	60	28
59	51	43	35	27	19	11	3		35	3	43	11	51	19	59	27
61	53	45	37	29	21	13	5		34	2	42	10	50	18	58	26
63	55	47	39	31	23	15	7		33	1	41	9	49	17	57	25

Tabelle 4.1: links: IP, rechts: IP^{-1}

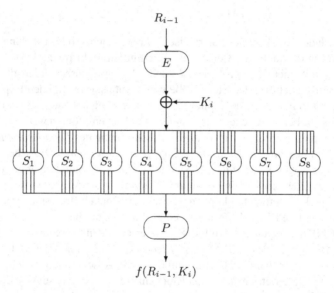

Abbildung 4.1: Berechnung von $f(R_{i-1}, K_i)$

ist aus heutiger Sicht zu klein. Wir werden darauf basierende Angriffsmöglichkeiten am
Ende dieses Abschnitts kurz vorstellen. Eine Gesamtübersicht des Verschlüsselungsal-
gorithmus wird durch die Abbildung 4.2 gegeben. Auch die Dechiffrierung erfolgt im
Wesentlichen nach diesem Schema, so dass es sich beim DES um ein symmetrisches
Verfahren handelt.

Wir wollen jetzt die jeweiligen Operationen des DES aus der Abbildung 4.2 im Einzelnen darstellen. Zunächst wird ein Eingabeblock T einer initialen Permutation IP
unterworfen, also $T_0 = IP(T)$ gebildet. IP und die später benutzte inverse Permutation IP^{-1} sind durch Tabelle 4.1 definiert. Diese müssen zeilenweise von links nach
rechts gelesen werden. So wird zum Beispiel der Eingabeblock $T = t_1 t_2 \ldots t_{64}$ durch
die initiale Permutation in $IP(T) = t_{58} t_{50} t_{42} \ldots t_{15} t_7$ überführt. Die Permutation
IP und ihr Inverses tragen allerdings nicht zur zusätzlichen Sicherheit des DES bei.

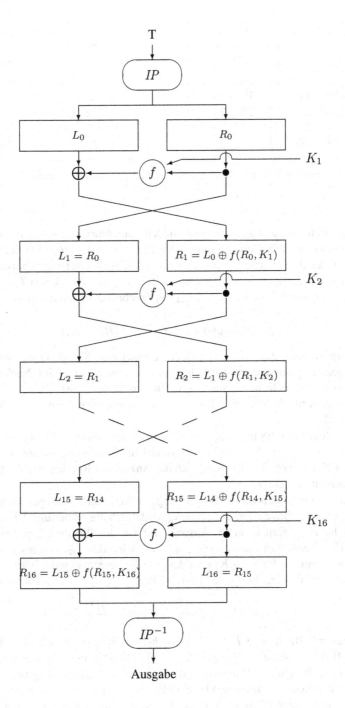

Abbildung 4.2: Der DES-Verschlüsselungsalgorithmus

32	1	2	3	4	5
4	5	6	7	8	9
8	9	10	11	12	13
12	13	14	15	16	17
16	17	18	19	20	21
20	21	22	23	24	25
24	25	26	27	28	29
28	29	30	31	32	1

16	7	20	21
29	12	28	17
1	15	23	26
5	18	31	10
2	8	24	14
32	27	3	9
19	13	30	6
22	11	4	25

Tabelle 4.2: links: Bit-Auswahl-Tafel E, rechts: Permutation P

Sie wurden wohl nur aus technischen Gründen eingeführt, um Klar- und Chiffretext byteweise in einen DES-Chip zu laden. Der Block $T_0 = L_0 R_0$ wird dann 16 Iterationen einer Funktion f unterworfen. Dabei werden die Zwischenergebnisse wie auch T_0 jeweils in die 32 linken und 32 rechten Bits aufgeteilt. Es sei also $T_i = L_i R_i$ mit $L_i = t_1 t_2 \ldots t_{32}$ und $R_i = t_{33} t_{34} \ldots t_{64}$ das Ergebnis der i-ten Iteration, $1 \le i \le 16$. Dann gilt

$$L_i = R_{i-1} \text{ und } R_i = L_{i-1} \oplus f(R_{i-1}, K_i),$$

wobei $\oplus$ die Bildung des exklusiven Oder bedeutet und K_i ein 48-Bit-Schlüssel ist, dessen Berechnung aus dem 56-Bit-Schlüssel später angegeben wird. Nach der letzten Iteration wird R_{16} nicht mehr mit L_{16} vertauscht, d. h., es ist $T_{16} = R_{16} L_{16}$. Um das Endergebnis zu erhalten, wird das letzte Zwischenresultat der inversen Permutation IP^{-1} übergeben.

Dieser Aufbau des DES ist ein Spezialfall eines *Feistel-Netzwerks*. Solche Netzwerke wurden 1973 von *Horst Feistel* [57] veröffentlicht. Auch viele andere Blockchiffren sind Feistel-Netzwerke, die sich bezüglich der Anzahl der Runden und der Funktion f voneinander unterscheiden.

Als nächstes betrachten wir die Berechnung der Funktion f. Dies geschieht mit Hilfe der so genannten S-Boxen. Die Berechnung wird durch die Abbildung 4.1 skizziert. Es wird zunächst R_{i-1} gemäß der Bit-Auswahl-Tafel E der Tabelle 4.2 zu einem 48-Bit-Block $E(R_{i-1})$ erweitert. Aus $r_1 r_2 r_3 r_4 r_5 \ldots r_{32}$ wird also $r_{32} r_1 r_2 r_3 r_4 r_5 r_4 \ldots r_{32} r_1$. Anschließend wird $E(R_{i-1}) \oplus K_i$ gebildet (wie K_i berechnet wird, wird weiter unten beschrieben) und das Ergebnis in acht 6-Bit-Blöcke $B_1, B_2, \ldots, B_8$ aufgeteilt, also

$$E(R_{i-1}) \oplus K_i = B_1 B_2 \ldots B_8.$$

Jeder dieser 6-Bit-Blöcke $B_j = b_1 b_2 b_3 b_4 b_5 b_6, 1 \le j \le 8$, wird an die entsprechende S-Box S_j übergeben. Eine S-Box ist eine Substitution, die einen 4-Bit-Block $S_j(B_j)$ als Ergebnis liefert. Dabei ist S_j durch eine 4×16-Matrix dargestellt, die in der Tabelle 4.3 der Auswahlfunktionen beschrieben ist. $S_j(B_j)$ ist die Zahl, die der 4-Bit-Darstellung desjenigen Elements in dieser Matrix entspricht, dessen Zeile aus den Bits $b_1 b_6$ (dezimal zwischen 0 und 3) und dessen Spalte aus den Bits $b_2 b_3 b_4 b_5$ (dezimal zwischen 0 und 15) berechnet wird. (Als Beispiel: Es sei $B_1 = 010011$. Daraus ergibt sich die Zeile 1 (binär 01) und die Spalte 9 (binär 1001) und damit $S_1(B_1) = 6_{10} = 0110_2$.)

								Spalte									
Zeile	0	1	2	3	4	5	6	7	8	9	10	11	12	13	14	15	
0	14	4	13	1	2	15	11	8	3	10	6	12	5	9	0	7	S_1
1	0	15	7	4	14	2	13	1	10	6	12	11	9	5	3	8	
2	4	1	14	8	13	6	2	11	15	12	9	7	3	10	5	0	
3	15	12	8	2	4	9	1	7	5	11	3	14	10	0	6	13	
0	15	1	8	14	6	11	3	4	9	7	2	13	12	0	5	10	S_2
1	3	13	4	7	15	2	8	14	12	0	1	10	6	9	11	5	
2	0	14	7	11	10	4	13	1	5	8	12	6	9	3	2	15	
3	13	8	10	1	3	15	4	2	11	6	7	12	0	5	14	9	
0	10	0	9	14	6	3	15	5	1	13	12	7	11	4	2	8	S_3
1	13	7	0	9	3	4	6	10	2	8	5	14	12	11	15	1	
2	13	6	4	9	8	15	3	0	11	1	2	12	5	10	14	7	
3	1	10	13	0	6	9	8	7	4	15	14	3	11	5	2	12	
0	7	13	14	3	0	6	9	10	1	2	8	5	11	12	4	15	S_4
1	13	8	11	5	6	15	0	3	4	7	2	12	1	10	14	9	
2	10	6	9	0	12	11	7	13	15	1	3	14	5	2	8	4	
3	3	15	0	6	10	1	13	8	9	4	5	11	12	7	2	14	
0	2	12	4	1	7	10	11	6	8	5	3	15	13	0	14	9	S_5
1	14	11	2	12	4	7	13	1	5	0	15	10	3	9	8	6	
2	4	2	1	11	10	13	7	8	15	9	12	5	6	3	0	14	
3	11	8	12	7	1	14	2	13	6	15	0	9	10	4	5	3	
0	12	1	10	15	9	2	6	8	0	13	3	4	14	7	5	11	S_6
1	10	15	4	2	7	12	9	5	6	1	13	14	0	11	3	8	
2	9	14	15	5	2	8	12	3	7	0	4	10	1	13	11	6	
3	4	3	2	12	9	5	15	10	11	14	1	7	6	0	8	13	
0	4	11	2	14	15	0	8	13	3	12	9	7	5	10	6	1	S_7
1	13	0	11	7	4	9	1	10	14	3	5	12	2	15	8	6	
2	1	4	11	13	12	3	7	14	10	15	6	8	0	5	9	2	
3	6	11	13	8	1	4	10	7	9	5	0	15	14	2	3	12	
0	13	2	8	4	6	15	11	1	10	9	3	14	5	0	12	7	S_8
1	1	15	13	8	10	3	7	4	12	5	6	11	0	14	9	2	
2	7	11	4	1	9	12	14	2	0	6	10	13	15	3	5	8	
3	2	1	14	7	4	10	8	13	15	12	9	0	3	5	6	11	

Tabelle 4.3: Auswahlfunktionen (S-Boxen)

Danach wird die Permutation P aus Tabelle 4.2 auf die Konkatenation aller 4-Bit-Blöcke angewandt. Als Ergebnis der Funktion f ergibt sich also

$$f(R_{i-1}, K_i) = P(S_1(B_1) S_2(B_2) \ldots S_8(B_8)).$$

Durch die Bit-Auswahltafel E wird erreicht, dass eine Änderung eines Klartextbits schon nach wenigen Runden alle Bits des erzeugten Chiffretextes beeinflusst. Wegen der Permutation P wirkt sich ein Klartextbit bei jeder Runde in der Regel auf eine andere S-Box aus. Zusammen sorgen E und P für Diffusion, das heißt, die Information des Klartextes wird über den gesamten Chiffretext verteilt. Die S-Box-Substitution ist der wichtigste Bestandteil des DES. Die Boxen sind so konstruiert, dass der DES einem Angriff mit der so genannten differentiellen Kryptoanalyse (siehe Bemerkungen zum Ende dieses Abschnitts) standhält.

Es fehlt noch die Berechnung der Schlüssel K_i, $1 \leq i \leq 16$, aus dem initialen Schlüssel K, der aus 56 Bits besteht. Jede Iteration benutzt einen anderen 48-Bit-Schlüssel K_i.

Die Berechnung ist durch die Abbildung 4.3 graphisch beschrieben. Zunächst wird K durch acht Parity-Bits (an den Positionen 8, 16, ..., 64) auf 64 Bits erweitert und in dieser Form an PC_1 übergeben. Die Permutation PC_1 ($PC =$ permuted choice) streicht diese Parity-Bits wieder und vertauscht die übrigen 56 Bits, wie es in der zugehörigen Tabelle 4.4 angegeben wird. Das Ergebnis $(PC_1)(K)$ wird in C_0 und D_0 zu je

57	49	41	33	25	17	9
1	58	50	42	34	26	18
10	2	59	51	43	35	27
19	11	3	60	52	44	36
63	55	47	39	31	23	15
7	62	54	46	38	30	22
14	6	61	53	45	37	29
21	13	5	28	20	12	4

14	17	11	24	1	5
3	28	15	6	21	10
23	19	12	4	26	8
16	7	27	20	13	2
41	52	31	37	47	55
30	40	51	45	33	48
44	49	39	56	34	53
46	42	50	36	29	32

Tabelle 4.4: Schlüsselpermutation PC_1 links, Schlüsselpermutation PC_2 rechts

28 Bits aufgeteilt. C_i und D_i, $i = 1, 2, \ldots, 16$, werden dann durch

$$C_i = LS_i(C_{i-1}) \text{ bzw. } D_i = LS_i(D_{i-1})$$

bestimmt. LS_i ist eine zirkuläre Linksverschiebung um eine Anzahl von Positionen, die wie folgt gegeben sind:

Iteration i	1	2	3	4	5	6	7	8	9	10	11	12	13	14	15	16
Anzahl von zirkulären Linksverschiebungen	1	1	2	2	2	2	2	2	1	2	2	2	2	2	2	1

Der Schlüssel K_i, $i = 1, 2, \ldots, 16$, ergibt sich nun durch

$$K_i = PC_2(C_i, D_i).$$

Durch PC_2 (siehe Tabelle 4.4) werden die Bits auf den Positionen 9, 18, 22, 25, 35, 38, 43 und 54 entfernt. Die Linksverschiebungen und PC_2 sorgen dafür, dass jedes Schlüsselbit nach wenigen Runden jedes Bit des Chiffretextes beeinflusst. Insgesamt ist damit die Chiffrierung dargestellt, also die Chiffriertransformation E_K bestimmt.

Die *Dechiffrierung* erfolgt nach demselben Schema (siehe Abbildung 4.2). Dabei werden die Schlüssel allerdings in der umgekehrten Reihenfolge benutzt: K_{16} in der ersten, K_{15} in der zweiten usw. und schließlich K_1 in der sechzehnten Iteration. Wir wollen uns klar machen, dass hierdurch tatsächlich die Dechiffriertransformation D_K bestimmt ist. Bei der Berechnung von $D_K \circ E_K$ kommt in der Mitte $IP \circ IP^{-1}$, also die Identität vor. Nach der Ausführung von 16 Iterationen von E_K kann somit die erste Iteration von D_K angewendet werden, was durch Abbildung 4.4 dargestellt wird. Der Ablauf des DES in der Abbildung 4.2 zeigt, dass für alle $i \in \{1, \ldots, 16\}$

$$R_i = L_{i-1} \oplus f(R_{i-1}, K_i) = L_{i-1} \oplus f(L_i, K_i)$$

gilt. Bei der Dechiffrierung sind vor Beginn der $(17 - i)$-ten Iteration die linken 32 Bits jeweils durch R_i und die rechten durch L_i gegeben. Für die erste Iteration, also für $i = 16$, ist dies unmittelbar klar. Durch die jeweilige Iteration wird dann für das nächste Zwischenergebnis links $R_{i-1} = L_i$ und rechts

$$R_i \oplus f(L_i, K_i) = L_{i-1} \oplus f(L_i, K_i) \oplus f(L_i, K_i) = L_{i-1}$$

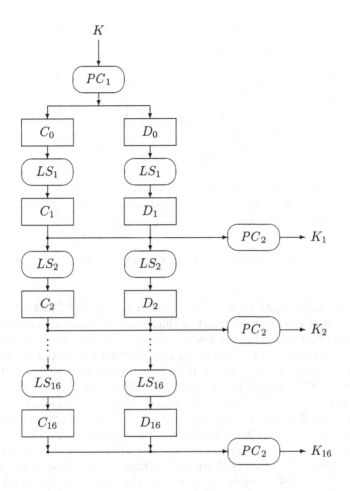

Abbildung 4.3: Schlüsselberechnung

berechnet. In der sechzehnten Iteration werden jedoch die Seiten nicht mehr vertauscht, so dass sich

$$T_0 = L_0 R_0$$

ergibt. Die Anwendung von IP^{-1} auf T_0 liefert dann T.

Der DES ist als injektive Abbildung von 64-Bit-Blöcken auf 64-Bit-Blöcke eine Permutation. Folglich ergibt sich bei wiederholter Anwendung irgendwann wieder der ursprüngliche Klartext. Die kleinste Anzahl von Anwendungen, bei der wir wieder den Klartext erhalten, nennen wir die Zyklenlänge. Es gibt Schlüssel mit kleiner Zyklenlänge. So existieren zum Beispiel 4 Schlüssel mit Zyklenlänge 2. Die Wahl eines solchen Schlüssels ist jedoch sehr unwahrscheinlich.

Der DES ist sowohl in Soft- als auch in Hardware implementiert. Es gibt inzwischen Hardware-Implementierungen mit einer Chiffrierrate von mehreren 100 Gigabits pro Sekunde.

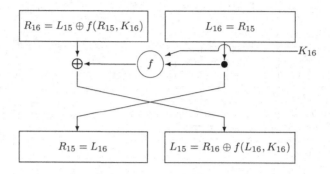

Abbildung 4.4: Zur Dechiffrierung des DES

Eine entscheidende Schwäche des DES besteht in der geringen Schlüsselgröße von 56 Bits, die heute nicht mehr ausreichend ist. Durch eine vollständige Suche, also durch systematisches Überprüfen eines jeden der möglichen 2^{56} Schlüssel, ob er einen gegebenen Klartext von wenigen Blöcken in einen gegebenen Chiffretext überführt, kann der Schlüssel gefunden und damit die Chiffre gebrochen werden. *W. Diffie* und *M. Hellman* [49] haben 1977 Überlegungen angestellt, wieviel ein Spezialrechner mit damaliger Technologie kosten müsste, um alle Schlüssel an einem Tag zu testen. Sie kamen auf einen Preis von 20 Millionen US$. Diese Abschätzung wurde 1981 von *Diffie* [47] erhöht, er kam nun auf einen Spezialrechner von 50 Millionen US$ bei einer durchschnittlichen zweitägigen Suchzeit. Mit der heutigen VLSI-Technologie, den schnelleren und billigeren Rechnern und größeren Speicherkapazitäten sind die Kosten deutlich geringer anzusetzen. 1993 schätzte man den Preis einer Maschine, die innerhalb von $3\frac{1}{2}$ Stunden mit diesem Brute-Force-Angriff auf den DES Erfolg hat, auf 1 Million US$. 1998 wurde für die US-Bürgerrechtsorganisation Electronic Frontier Foundation (EFF) für 250 000 US$ ein Spezialrechner (Deep Crack) mit fast 2000 Prozessoren gebaut, der in 56 Stunden den DES-Schlüssel fand, der einen vorgegebenen Klartext von drei Blöcken in einen vorgegebenen Chiffretext überführen konnte. 1999 wurde mit diesem Rechner in Zusammenarbeit mit 100 000 PCs im Internet diese Aufgabe sogar in 22 Stunden und 15 Minuten bewältigt. 2006 wurde von einer Forschungsgruppe aus Bochum und Kiel [36, 89] der Spezialrechner COPACOBANA (Cost-Optimized Parallel Code Breaker) vorgestellt, der aus 120 FPGAs (Field Programmable Gate Arrays) besteht, weniger als 10 000 US$ gekostet hat und in Zusammenarbeit mit einem PC im Durchschnitt in 7,2 Tagen den DES-Schlüssel für beliebig vorgegebene Klartext-Chiffretext-Paare von jeweils höchstens 2 Blöcken findet. Innerhalb von 2 Wochen können also alle DES-Schlüssel durchprobiert werden. In einer Ausgründung (SciEngines) der Mitarbeiter dieses Projekts wurden auf COPACOBANA aufbauend weitere noch leistungsfähigere FPGA-Computer entwickelt. Ohne allzu großen finanziellen und organisatorischen Aufwand lassen sich also heute DES-verschlüsselte Texte knacken. Der DES sollte daher in seiner ursprünglichen Form nicht mehr verwendet werden.

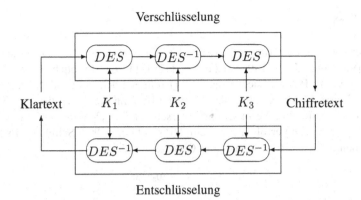

Abbildung 4.5: Triple-DES

Häufig wurde Misstrauen gegenüber den S-Boxen geäußert, da ihre Entwurfskriterien zunächst nicht bekannt waren und man versteckte Hintertüren (trapdoors) vermutete, die es vielleicht der National Security Agency (NSA) erlauben würden, chiffrierte Texte schnell zu dechiffrieren. In den Neunzigerjahren wurden die Kriterien dann doch, nach Entdeckung der *differentiellen Kryptoanalyse* durch *E. Biham* und *A. Shamir* [12], veröffentlicht. Bei diesem Ansatz beobachtet man kleine Differenzen von bekannten Klartexten und die Auswirkungen auf die zugehörigen Chiffretexte und versucht, daraus auf den Schlüssel oder Teile des Schlüssels zu schließen. Dies ist ein Ansatz, der, ebenso wie die *lineare Kryptoanalyse*, zumindest theoretisch eine Verbesserung gegenüber der vollständigen Suche darstellt. In dem Buch von *R. Wobst* [154] findet sich eine Einführung in diese Verfahren. Die differentielle Kryptoanalyse war allerdings bereits den Designern des DES bekannt. Durch eine Offenlegung wäre bereits 1977 die differentielle Kryptoanalyse bekannt geworden. Der Wissensvorsprung der NSA auf diesem Gebiet der Kryptoanalyse beträgt etwa 20 Jahre. Vielleicht konnte von ihr die Zeit genutzt werden, um einen wirkungsvollen Angriff auf den DES zu entwickeln.

Zur größeren Sicherheit wurde eine Verdoppelung der Schlüsselgröße auf 112 Bits empfohlen. Es wird manchmal behauptet, dass der ursprüngliche Entwurf dies auch vorsah und erst auf Betreiben der NSA die Schlüsselgröße auf 56 Bits festgesetzt wurde. Da die Suchzeit exponentiell mit der Anzahl der Bits steigt, kann dadurch die Chiffre berechnungssicher werden. Eine andere Idee besteht darin, entsprechend der Abbildung 4.5 DES dreimal mit Schlüsseln K_1, K_2 und K_3 zu benutzen. Dieses Verfahren wird *Triple-DES* genannt. Zunächst wurde es mit $K_1 = K_3$ vorgeschlagen [148], inzwischen werden jedoch drei unterschiedliche Schlüssel vorgezogen. Dadurch erhält man eine Schlüssellänge von 168 Bits. Allerdings hat Triple-DES eine kleinere effektive Schlüssellänge, aber wenigstens 112 Bits, auch wenn dem Angreifer eine praktisch unmögliche Datenspeicherkapazität zur Verfügung steht. Genauer gesagt benötigt er zum Brechen 2^{112} Schritte und Speicherplatz für 2^{56} Blöcke (siehe Abschnitt 15.2 in [129]).

4.2 IDEA

Eine früher sehr beliebte Blockchiffre ist der IDEA (International Data Encryption
Algorithm) aus dem Jahre 1992 (siehe z.B. [129], [154]), der auch in der Software
PGP (Pretty Good Privacy, siehe Kapitel 17) immer noch verwendet werden kann.
IDEA verschlüsselt Klartextblöcke der Länge 64 Bits mit einem Schlüssel K von 128
Bits. Auch hier findet eine Vermischung unterschiedlicher Operationen statt. Chiffrie-
rung und Dechiffrierung erfolgen wie beim DES mit demselben Schlüssel. Es handelt
sich also ebenfalls um ein symmetrisches Chiffrierverfahren.

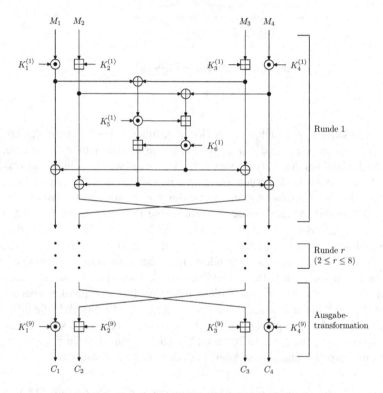

Abbildung 4.6: Der IDEA-Verschlüsselungsalgorithmus

Ein wesentliches Konzept von IDEA ist es, dass Operationen aus verschiedenen alge-
braischen Gruppen der Ordnung 2^{16} gemischt werden. Die entsprechenden Operationen
auf Teilblöcken der Bitlänge 16 sind die folgenden:

(1) Das exklusive Oder $\oplus$. In der entsprechenden Gruppe ist 0 das Nullelement und
jedes Element ist sein eigenes Inverses.

(2) Die Addition $\boxplus$ modulo 2^{16}, d.h. die übliche Addition in der zyklischen Gruppe
$\mathbb{Z}_{2^{16}}$.

(3) Die (modifizierte) Multiplikation $\odot$ in der Gruppe $\mathbb{Z}^*_{2^{16}+1}$, also in der reduzierten
Menge der Reste modulo $(2^{16}+1)$. Diese Gruppe besitzt ebenfalls 2^{16} Elemente,

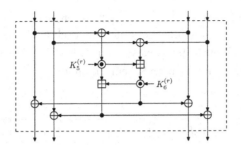

Abbildung 4.7: Involution I_r

da $2^{16} + 1$ eine Primzahl ist. Dabei wird die Zahl 0, falls sie sich bei Rechnungen in den beiden vorhergehenden Gruppen ergibt und nun zur Multiplikation in $\mathbb{Z}^*_{2^{16}+1}$ verwendet werden soll, durch den Wert 2^{16} ersetzt. Ergibt sich umgekehrt bei Rechnungen in $\mathbb{Z}^*_{2^{16}+1}$ der Wert 2^{16}, so wird er für Rechnungen in den beiden ersten Gruppen durch 0 ersetzt. In diesem Sinn werden 0 und 2^{16} identifiziert.

Man kann zeigen, dass zwischen den verschiedenen Operationen keine Distributiv- oder Assoziativgesetze gelten. Diese drei Operationen sind die einzigen, die in IDEA vorkommen. Es gibt keine Vertauschungen auf Bitebene, wie es beim DES der Fall war. Der gegebene Klartext M aus 64 Bits wird in vier 16-Bitblöcke M_1, M_2, M_3 und M_4 aufgeteilt und in das Schema von Abbildung 4.6 eingegeben. Insgesamt werden 8 Runden mit jeweils 6 verschiedenen 16-Bit-Teilschlüsseln ausgeführt. Die Runde r besteht zunächst aus einer Gruppenoperation auf $\mathbb{Z}_{2^{16}+1} \times \mathbb{Z}_{2^{16}} \times \mathbb{Z}_{2^{16}} \times \mathbb{Z}^*_{2^{16}+1}$, die mit Hilfe der Teilschlüssel $K_1^{(r)}, K_2^{(r)}, K_3^{(r)}, K_4^{(r)}$ ausgeführt wird. Danach wird die so genannte Involution I_r ausgeführt (siehe auch Abbildung 4.7). Die Runde r wird mit einer Permutation abgeschlossen, bei der die mittleren beiden 16-Bit-Blöcke vertauscht werden. Die abschließenden Ausgabetransformation macht zunächst die Permutation der Runde 8 rückgängig. Anschließend wird dann noch die Gruppenoperation mit den Teilschlüsseln $K_1^{(9)}, K_2^{(9)}, K_3^{(9)}, K_4^{(9)}$ ausgeführt. Es werden vier 16-Bitblöcke ausgegeben, die zusammen den Chiffretext C bestimmen.

Es muss nur noch festgelegt werden, wie die insgesamt 52 16-Bit-Teilschlüssel aus dem 128-Bit-Schlüssel K berechnet werden. Dies geschieht nach dem folgenden

Algorithmus 4.1

Eingabe: 128-Bit-Schlüssel K.

Ausgabe: 52 16-Bit-Teilschlüssel $K_i^{(r)}$ in der Reihenfolge $K_1^{(1)}, \ldots K_6^{(1)}$, $K_1^{(2)}, \ldots K_6^{(2)}, \ldots, K_1^{(8)}, \ldots K_6^{(8)}, K_1^{(9)}, \ldots K_4^{(9)}$.

(1) Teile K in acht 16-Bit-Teilschlüssel auf und weise diese direkt den ersten 8 Teilschlüsseln zu.

(2) **while** noch nicht alle 52 Teilschlüssel zugewiesen sind **do**

führe auf K einen zyklischen Linksshift um 25 Positionen durch;

teile das Ergebnis in acht 16-Bitblöcke ein;

weise das Ergebnis den nächsten 8 Teilschlüsseln zu **end**.   □

Die Dechiffrierung erfolgt bei IDEA nach demselben Schema wie die Verschlüsselung, wobei die Teilschlüssel im Wesentlichen in der umgekehrten Reihenfolge verwendet werden, jedoch zum Teil auch ihre Inversen. Für jeden Teilschlüssel $K_i^{(r)}$ wird ein Teilschlüssel $K'^{(r)}_i$ nach dem folgenden Schema bestimmt:

Runde r	$K'^{(r)}_1$	$K'^{(r)}_2$	$K'^{(r)}_3$	$K'^{(r)}_4$	$K'^{(r)}_5$	$K'^{(r)}_6$
$r = 1$	$(K_1^{(10-r)})^{-1}$	$-K_2^{(10-r)}$	$-K_3^{(10-r)}$	$(K_4^{(10-r)})^{-1}$	$K_5^{(9-r)}$	$K_6^{(9-r)}$
$2 \leq r \leq 8$	$(K_1^{(10-r)})^{-1}$	$-K_3^{(10-r)}$	$-K_2^{(10-r)}$	$(K_4^{(10-r)})^{-1}$	$K_5^{(9-r)}$	$K_6^{(9-r)}$
$r = 9$	$(K_1^{(10-r)})^{-1}$	$-K_2^{(10-r)}$	$-K_3^{(10-r)}$	$(K_4^{(10-r)})^{-1}$	$-$	$-$

Dabei ist $-K_i = (2^{16} - K_i) \bmod 2^{16}$, und für das multiplikative Inverse gilt $K_i^{-1} = K_i^{-1} \bmod (2^{16} + 1)$, das gemäß Algorithmus 3.3 bestimmt wird. Anschließend wird im IDEA-Schema von Abbildung 4.6 der Schlüssel $K'^{(r)}_i$ anstelle von $K_i^{(r)}$ benutzt.

Um zu erkennen, dass dadurch tatsächlich das Inverse bestimmt wird, stellen wir zunächst fest, dass $I_r \circ I_r$ für $r \in \{1, \ldots, 8\}$ die identische Abbildung ist. Dies sehen wir wie folgt ein. Wenn die Blöcke M_1, M_2, M_3, M_4 in I_r eingegeben werden, ergibt sich offenbar die Ausgabe

$$M'_1 = M_1 \oplus U, \ M'_2 = M_2 \oplus V, \ M'_3 = M_3 \oplus U, \ M'_4 = M_4 \oplus V$$

mit

$$U = (((M_1 \oplus M_3) \odot K_5^{(r)}) \boxplus (M_2 \oplus M_4)) \odot K_6^{(r)},$$
$$V = ((M_1 \oplus M_3) \odot K_5^{(r)}) \boxplus U.$$

Wird anschließend M'_1 bis M'_4 in I_r eingegeben, so erhalten wir wegen

$$M'_1 \oplus M'_3 = M_1 \oplus M_3 \ \text{und} \ M'_2 \oplus M'_4 = M_2 \oplus M_4$$

als Ergebnis die ursprünglichen Eingaben

$$M''_1 = M'_1 \oplus U = M_1 \oplus U \oplus U = M_1,$$
$$M''_2 = M'_2 \oplus V = M_2 \oplus V \oplus V = M_2,$$
$$M''_3 = M'_3 \oplus U = M_3 \oplus U \oplus U = M_3,$$
$$M''_4 = M'_4 \oplus V = M_4 \oplus V \oplus V = M_4.$$

Aus der Abbildung 4.8 erkennen wir jetzt sofort, dass die Dechiffrierung von IDEA richtig angegeben wurde.

Da die Schlüssel von IDEA eine Länge von 128 Bits haben, ist aus einem Chiffretext durch eine vollständige Suche über alle Schlüssel der richtige Schlüssel und damit der Klartext nicht zu gewinnen. Allerdings besitzt IDEA ebenso wie DES schwache Schlüssel (siehe zum Beispiel [13], [41]).

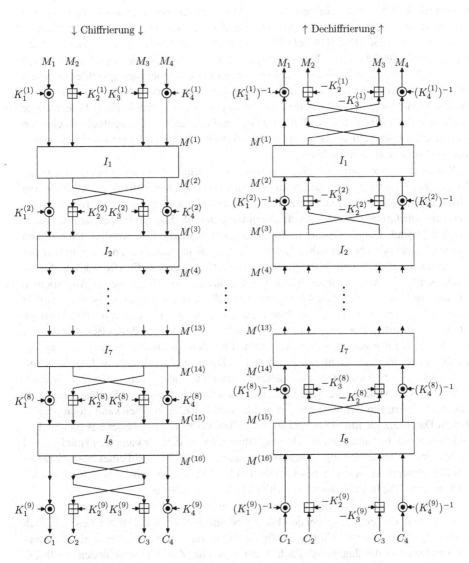

Abbildung 4.8: Chiffrierung und Dechiffrierung bei IDEA

4.3 Betriebsarten

Zwar hat IDEA eine Schlüssellänge von 128 Bits und ist daher als viel sicherer anzusehen als der DES. Eine Schwäche von beiden Verfahren ist jedoch die geringe Anzahl von 64 Bits, die jeweils chiffriert werden. Das bedeutet, dass nur 8 Buchstaben gemeinsam verschlüsselt werden. In dem neueren *Advanced Encryption Standard* (AES), den wir in Kapitel 12 behandeln werden, werden dagegen 128 Bits wahlweise mit einem 128-, 192- oder 256-Bit-Schlüssel chiffriert. Allen diesen Verfahren ist jedoch gemeinsam, dass sie zur Klasse der Blockchiffren gehören. Wenn die Chiffrierung tatsächlich im ECB-Modus, also blockweise erfolgt, dann hat ein Übertragungsfehler in einem Block keine Auswirkungen auf die anderen Blöcke. Die Anwendung einer Blockchiffre im ECB-Modus ist jedoch anfällig für Kryptoanalyse, da gleiche Klartextblöcke auch gleiche Chiffretextblöcke liefern. Dies kann bedeuten, dass eventuell Blöcke von Leerzeichen oder Schlüsselwörtern identifiziert und für einen Angriff mit bekanntem Klartext verwendet werden können.

Wir wollen kurz einige Überlegungen zur Anwendung von Blockchiffren im ECB-Modus bei Datenbanksystemen anstellen. In einem solchen Fall ist die Chiffrierung eines jeden Feldes eines Datensatzes als einzelner Block sehr ungünstig. Dafür gibt es verschiedene Gründe. Zunächst betrachten wir den Fall, dass die Felder nicht vollständig belegt sind. Dann müssen sie durch Leerzeichen aufgefüllt werden. Damit kann eventuell, wie wir eben erwähnt haben, ein Angriff mit dem bekannten Klartext der Leerzeichen Erfolg haben. Würde man zur Abhilfe eine andere Chiffre wählen, die die einzelnen Felder mit kleineren Blöcken verschlüsselt, so wäre diese im Allgemeinen leichter zu brechen. Wir betrachten nun den Fall, dass die Felder vollständig gefüllt sind. Selbst wenn eine Kryptoanalyse nicht möglich ist, die verschlüsselten Einträge also nicht dechiffriert werden können, können unter Umständen durch Betrachtung des Chiffretextes Informationen zurückgewonnen werden. In diesem Zusammenhang betrachten wir eine Datenbank mit persönlichen Daten (siehe Abbildung 4.9). Sie beinhalte unter anderem ein unverschlüsseltes Namensfeld und ein verschlüsseltes Gehaltsfeld. Die Gehaltsfelder eines jeden Datensatzes seien mit demselben Schlüssel in einem Block chiffriert. Ein Benutzer mit entsprechenden Nutzungsrechten kann jeden persönlichen Datensatz identifizieren und so feststellen, ob zwei Mitarbeiter das gleiche Gehalt verdienen. Er kann dann ein „Replay" durchführen, d. h., er kann sich zum Beispiel selber eine Gehaltserhöhung verschaffen, indem er das Gehaltsfeld eines besser bezahlten Mitarbeiters auf sein eigenes Gehaltsfeld kopiert. Daraus wird deutlich, dass auch nichtvertrauliche Informationen verschlüsselt werden müssen.

In jedem Fall ist eine Blockchiffrierung anfällig für das Einfügen und Löschen von Blöcken, da keine umgebenden Blöcke beeinflusst werden. Dabei ist es sicherlich schwierig, einen falschen Chiffretext für einen normalen Text zu erzeugen. Bei numerischen Daten ist das dagegen einfach. Wenn z. B. eine Zahl nur verschieden von 0 sein muss, dann reicht irgendeine Zahl, die verschlüsselt wird. Um ein solches Vorgehen zu verhindern, werden häufig Prüfsummen benutzt.

Im Folgenden werden Betriebsarten von Blockchiffren vorgestellt, die sie gegenüber Kryptoanalyse und Chiffretextsubstitution, einschließlich Replay, sicherer machen. Wir beginnen mit dem *Cipher-Block-Chaining-Modus* (CBC) (siehe auch Abbildung 4.10).

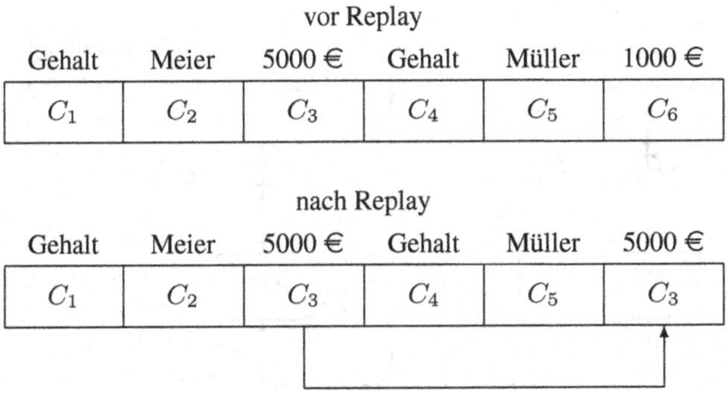

vor Replay

Gehalt	Meier	5000 €	Gehalt	Müller	1000 €
C_1	C_2	C_3	C_4	C_5	C_6

nach Replay

Gehalt	Meier	5000 €	Gehalt	Müller	5000 €
C_1	C_2	C_3	C_4	C_5	C_3

Abbildung 4.9: Replay

Algorithmus 4.2 (*Cipher-Block-Chaining, CBC*)
Eingabe: k-Bit-Schlüssel K, n-Bit Initialisierungsvektor IV, n-Bit-Klartextblöcke
$M_1, \dots, M_t$
(1) Chiffrierung:
$\quad C_0 := \mathrm{IV};$
$\quad$ **for** $i := 1$ **to** t **do**
$\quad C_i := E_K(M_i \oplus C_{i-1})$ **end**.
(2) Dechiffrierung:
$\quad C_0 := \mathrm{IV};$
$\quad$ **for** $i := 1$ **to** t **do**
$\quad M_i := C_{i-1} \oplus D_K(C_i)$ **end**. $\quad \square$

Offenbar gilt

$$C_{i-1} \oplus D_K(C_i) = C_{i-1} \oplus D_K(E_K(M_i \oplus C_{i-1})) = C_{i-1} \oplus M_i \oplus C_{i-1} = M_i.$$

Jeder Chiffretextblock C_i wird aus M_i und dem vorhergehenden Chiffretextblock C_{i-1}
berechnet. Jedes C_i ist damit funktional abhängig von allen vorhergehenden Chiffretextblöcken. Die statistischen Eigenschaften des Klartextes werden so über den ganzen
Chiffretext verstreut, wodurch die Kryptoanalyse schwieriger wird. Die Chiffretextblöcke dürfen bei der Dechiffrierung nicht umgeordnet werden, da die korrekte Dechiffrierung eines korrekten Chiffretextblocks, wie man sofort sieht, einen korrekten vorhergehenden Chiffretextblock verlangt. Wird bei der Übertragung genau ein Bit verfälscht,
unterscheidet sich also das empfangene C_i' von C_i um genau ein Bit, dann ist $D_K(C_i')$
in Bezug auf $D_K(C_i)$ typischerweise völlig zufällig, und dasselbe gilt entsprechend für
den dechiffrierten Wert M_i' in Bezug auf M_i. Wird C_{i+1} jedoch wieder richtig übertragen, so hat M_{i+1}' den Bitfehler an derselben Stelle wie C_i. Ein Gegner kann so durch
Manipulation an C_i vorhersagbare Bitfehler in M_{i+1} veranlassen. Wird der nächste
Block, also C_{i+2}, ebenfalls wieder richtig übertragen, dann wird er korrekt zu M_{i+2}

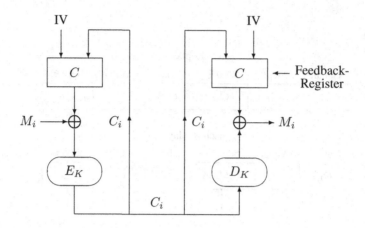

Abbildung 4.10: Cipher-Block-Chaining

dechiffriert. Tritt bei der Übertragung ein Fehler in nur einem Block auf, etwa in C_i, so wirkt er sich also nur auf M_i' und M_{i+1}' aus. In diesem Sinn ist der CBC-Modus selbstsynchronisierend. Dasselbe gilt auch entsprechend bei Verlust eines oder mehrerer ganzer Blöcke.

Das Chaining kann auf einzelne Datensätze oder auf eine Menge von Datensätzen (*Record-Chaining*) angewendet werden. Im ersten Fall wird ein Feedback-Register zu Beginn eines jeden Datensatzes auf den Initialisierungsvektor IV gesetzt. Im zweiten Fall behält das Feedback-Register seinen Wert über die Grenzen des Datensatzes hinaus. Gleiche Felder in verschiedenen Datensätzen bleiben so in jedem Fall verborgen. Bei einem Lese- oder Schreibzugriff auf einzelne Datensätze benötigt man jedoch den letzten Chiffretextblock des vorhergehenden Datensatzes. Beim Schreiben müssen zusätzlich alle folgenden Datensätze neu chiffriert werden.

Während bei einer n-Bit-Chiffre beim CBC-Modus n Bits auf einmal behandelt werden, gibt es Anwendungen, wo für ein festes $r \in \{1 \dots, n\}$ r-Bit-Klartexteinheiten verschlüsselt und ohne Verzögerung übertragen werden müssen (oft $r = 1$ oder $r = 8$). Eine Anwendung kann so aussehen, dass an einem Terminal ein einziger Tastendruck erforderlich ist, um irgendeine Aktion zu veranlassen. In diesen Fällen kann der *Cipher-Feedback-Modus (CFB)* verwendet werden (siehe dazu auch Abbildung 4.11).

Algorithmus 4.3 (*Cipher-Feedback-Modus, CFB*)
Eingabe: k-Bit-Schlüssel K, n-Bit Initialisierungsvektor IV, für festes r, $1 \le r \le n$,
    r-Bit-Klartextblöcke $M_1, \dots, M_u$.
    (1) Chiffrierung:
        $I_1 := \text{IV}$; {I_i ist der Eingabewert eines Shiftregisters}
        for $i := 1$ **to** u **do**
            $O_i := E_K(I_i)$; {Berechne die Ausgabe mit Hilfe der Blockchiffre}
            $t_i := $ die r linkesten Bits von O_i;
            $C_i := M_i \oplus t_i$; {Gebe den r-Bit-Chiffretextblock C_i weiter}

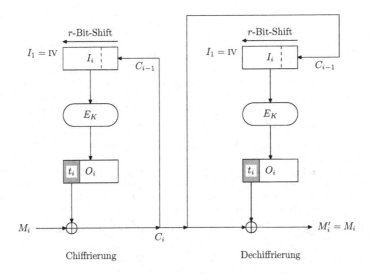

Abbildung 4.11: Cipher-Feedback

$$I_{i+1} := (2^r \cdot I_i + C_i) \bmod 2^n \ \{\text{Schiebe } C_i \text{ in das rechte Ende des Registers}\}$$
end.

(2) Dechiffrierung:

$I_1 := \text{IV}$;

for $i := 1$ **to** u **do** nach jeweiligem Erhalt von C_i:

$M_i := C_i \oplus t_i$, wobei t_i, O_i und I_i wie in (1) berechnet werden

end. □

Offensichtlich gilt $C_i \oplus t_i = M_i \oplus t_i \oplus t_i = M_i$, da der Wert t_i bei der Dechiffrierung genauso wie bei der Chiffrierung berechnet wird und so denselben Wert hat. Abhängig vom Initialisierungsvektor IV und den übertragenen Klartexten wird durch die t_i eine Folge von Bits „zufällig" erzeugt und als One-Time-Pad oder Schlüsselstrom sowohl bei Chiffrierung als auch bei Dechiffrierung zur Bildung des exklusiven Oder benutzt. In diesem Sinne spricht man hier auch von einer *Stromchiffrierung*.

Ähnlich wie bei der CBC-Verschlüsselung hängt jeder Chiffretextblock C_i von M_i und den vorhergehenden Klartextblöcken ab. Eine Umordnung der Chiffretextblöcke berührt die Dechiffrierung. Die korrekte Dechiffrierung eines korrekten Chiffretextblocks verlangt, dass die $\lceil \frac{n}{r} \rceil$ vorhergehenden Chiffretextblöcke korrekt sind. In diesem Fall enthält das Schieberegister die richtigen Werte, da ein C_i in $\lceil \frac{n}{r} \rceil$ Schritten durch das Schieberegister wandert und es danach verlässt. Ein oder mehrere Fehler in einem einzigen Chiffretextblock C_i pflanzen sich dagegen bei der Dechiffrierung zu Fehlern von M_i' und den folgenden $\lceil \frac{n}{r} \rceil$ Klartextblöcken fort. M_i' unterscheidet sich von M_i an genau den fehlerhaften Bitpositionen von C_i, da ja t_i noch korrekt ist, wohingegen die anderen Blöcke völlig zufällig sind. Ein Gegner kann also durch Manipulation an den Bits von C_i einen vorhersagbaren Bitfehler an M_i veranlassen. Zusammenfassend stellen wir fest, dass der CFB-Modus wie der CBC-Modus selbstsynchronisierend ist. Es werden jedoch $\lceil \frac{n}{r} \rceil$ korrekte Blöcke verlangt.

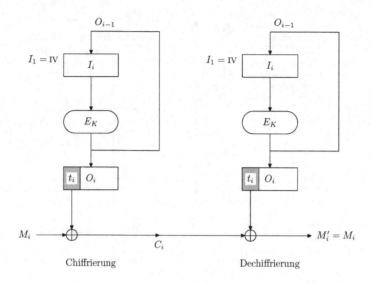

Abbildung 4.12: Output-Feedback

Da die Chiffrierfunktion E_K sowohl zur Chiffrierung als auch zur Dechiffrierung benutzt wird, kann der CFB-Modus nicht benutzt werden, wenn die Blockchiffre ein Public-Key-Algorithmus (siehe z. B. Kapitel 5.1) ist. In diesem Fall kann der CBC-Modus verwendet werden.

Für Anwendungen, bei denen Fortpflanzungen von Übertragungsfehlern vermieden werden müssen, ist der *Output-Feedback-Modus (OFB)* geeignet. Er ist ähnlich dem CFB-Modus, erlaubt wie dieser die Chiffrierung von Blöcken verschiedener Größe, aber für den Feedback wird der Chiffretext überhaupt nicht mehr benutzt (betrachte dazu auch Abbildung 4.12).

Algorithmus 4.4 *(Output-Feedback-Modus, OFB)*
Eingabe: k-Bit-Schlüssel K, n-Bit Initialisierungsvektor IV, für festes r, $1 \leq r \leq n$, r-Bit-Klartextblöcke $M_1, \ldots, M_u$.
(1) Chiffrierung:
$I_1 := \text{IV};$ $\{I_i$ ist der Eingabewert eines Shiftregisters$\}$
for $i := 1$ **to** u **do**
$\quad O_i := E_K(I_i);$ $\{$Berechne die Ausgabe mit Hilfe der Blockchiffre$\}$
$\quad t_i :=$ die r linkesten Bits von O_i;
$\quad C_i := M_i \oplus t_i;$ $\{$Gebe den r-Bit-Chiffretextblock C_i weiter$\}$
$\quad I_{i+1} := O_i$ $\{$Bereite die Blockchiffre-Eingabe für den nächsten Block vor$\}$
end.
(2) Dechiffrierung:
$I_1 := \text{IV};$
for $i := 1$ **to** u **do** nach jeweiligem Erhalt von C_i:
$\quad M_i := C_i \oplus t_i$, wobei t_i, O_i und I_i wie in (1) berechnet werden
end. $\square$

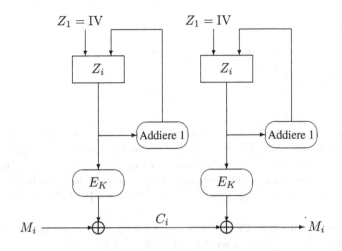

Abbildung 4.13: Counter-Modus (CTR)

Auch durch den OFB-Modus wird eine Stromchiffre erzeugt. Der Schlüsselstrom, der für die Bildung des exklusiven Oders verwendet wird, ist hier im Gegensatz zum CFB-Modus völlig unabhängig vom Klartext. Das bedeutet, dass der Initialisierungsvektor IV geändert werden sollte, wenn derselbe Schlüssel für einen zweiten Text verwendet wird. Man erhält sonst denselben Schlüsselstrom. Die Addition der jeweiligen Chiffretexte $C_i = M_i \oplus t_i$ und $C_i' = M_i' \oplus t_i$ würde den Chiffretext $C_i'' = M_i \oplus M_i'$ ergeben. Wenn ein Angreifer auf irgendeine Weise zu einem so verschlüsselten Text sowohl Klar- als auch Chiffretext kennt, so kann er für jeden weiteren mit demselben Initialisierungsvektor verschlüsselten Text den Klartext gewinnen. Eventuell kann der Chiffretext auch nach dem Ansatz von Friedman (siehe Beispiel 2.14 und die Bemerkungen davor) gebrochen werden.

Es ist klar, dass es beim OFB-Modus keine Fehlerfortpflanzung gibt, sondern dass ein Fehler in M_i sich auf dieselben Bitpositionen in C_i überträgt. Ein Verlust von Bits bringt jedoch die Zuordnung des übrigen Textes zum Schlüsselstrom durcheinander, so dass in diesem Fall eine explizite Resynchronisation erforderlich wird.

Abschließend betrachten wir den *Counter-Modus (CTR)* (siehe auch Abbildung 4.13). Der Name des Modus beruht darauf, dass er einen Zähler besitzt, der bei jedem Schritt um 1 erhöht wird und dadurch das Feedback liefert.

Algorithmus 4.5 (*Counter-Modus, CTR*)
Eingabe: k-Bit-Schlüssel K, n-Bit Initialisierungsvektor IV, n-Bit-Klartextblöcke $M_1, \ldots, M_u$.
(1) Chiffrierung:
$\quad Z_1 := \text{IV}$;
$\quad$ **for** $i := 1$ **to** u **do**
$\quad\quad C_i := M_i \oplus E_K(Z_i)$;
$\quad\quad Z_{i+1} := Z_i + 1$
$\quad$ **end**.

(2) Dechiffrierung:

$Z_1 := \mathrm{IV}$;

for $i := 1$ **to** u **do** nach jeweiligem Erhalt von C_i:

$\quad M_i := C_i \oplus E_K(Z_i)$;

$\quad Z_{i+1} := Z_i + 1$

end. $\square$

Der Counter-Modus liefert wieder eine Stromchiffre mit einem vom Klartext unabhängigen Schlüsselstrom.. Daher müssen beim Senden von zwei Nachrichten mit Blöcken M_i bzw. M_i' verschiedene Initialisierungsvektoren gewählt werden, da man sonst in beiden Fällen denselben Schlüsselstrom erzeugen und wie beim OFB-Modus $C_i \oplus C_i' = M_i \oplus M_i'$ erhalten würde. Damit wären die beim OFB-Modus genannten Angriffe mölich.

Um zu vermeiden, dass derselbe IV zweimal gewählt wird, kann man zum Beispiel bei einer Blockgröße von 128 Bits (eine solche Blockchiffre ist der AES aus Kapitel 12) die ersten 96 Bits zufällig wählen und die letzten 32 Bits mit Nullen füllen. Mit jedem Schritt von Algorithmus 4.5 wird der Zähler um 1 erhöht. Nach Abschluss der Übertragung einer Nachricht wird der Stand des Zählers als Ausgangspunkt für die nächste Übertragung in derselben Sitzung benutzt. Bis zum Zählerstand von $2^{32} - 1$, bezogen auf die letzten 32 Bits, kann in dieser Sitzung fortgefahren werden, ohne dass derselbe IV zweimal gewählt wird. Damit lassen sich insgesamt, da ein Block in diesem Fall aus 16 Bytes besteht, $16 \cdot 2^{32} = 2^{36}$ Bytes chiffrieren. Da ein Gigabyte 2^{20} Bytes besitzt, können bis zu $2^{16} = 64$ GByte in einer Sitzung chiffriert werden. Dies sollte in der Regel für eine Sitzung reichen. Danach sollte eine neue Sitzung, auch mit einem neuen Schlüssel K, beginnen.

Fehlerfortpflanzung gibt es beim CTR-Modus nicht, da die entsprechenden Überlegungen des OFB-Modus gelten,

Der Counter-Modus lässt sich, anders als die anderen hier vorgestellten Betriebsarten, leicht parallelisieren. da sich der Chiffretextblock C_i für jeden Block M_i unabhängig von den anderen Blöcken durch $C_i = M_i \oplus E_K(\mathrm{IV} + i - 1)$ berechnen lässt. Dieser Vorteil hat ihn in der Praxis sehr beliebt gemacht.

Eine weitere Betriebsart ist der *Galois-Counter-Modus* (GCM), der auf dem CTR-Modus aufbaut und neben der Chiffrierung auch eine Authentifizierung liefert. Wir benötigen dafür weitere mathematische Grundlagen, so dass wir ihn erst in Kapitel 13 besprechen werden.

5 Exponentiationschiffren und das RSA-Public-Key-Kryptosystem

In Abschnitt 5.1 werden zunächst Exponentiationschiffren definiert. Als ein entsprechendes Beispiel wird das *Pohlig-Hellman-Verfahren* besprochen, das eine symmetrische Chiffre ist. Die Idee eines Public-Key-Kryptosystems wird allgemein in Abschnitt 5.2 eingeführt. In dem Rest des Kapitels wird dann ausführlich das RSA-Verfahren behandelt, das sowohl eine Exponentiationschiffre ist als auch als asymmetrische Chiffre und damit als Public-Key-Kryptosystem verwendet werden kann.

5.1 Exponentiationschiffren

Eine *Exponentiationschiffre* verschlüsselt einen Nachrichtenblock $M \in \mathbb{Z}_n$ durch

$$E(M) = C = M^e \bmod n,$$

wobei die Zahlen $n, e \in \mathbb{N}$ den Schlüssel der Chiffre darstellen. Die Dechiffrierung erfolgt mit einem weiteren Exponenten $d \in \mathbb{N}$ durch

$$D(C) = M = C^d \bmod n.$$

Diese Rechnungen können mit der schnellen Exponentiation, also mit Algorithmus 3.1, implementiert werden. Eine Exponentiationschiffre kann als eine Blockchiffre mit einer Blocklänge von $\log_2 n$ Bits aufgefasst werden. Die Werte e, d und n müssen so gewählt werden, dass die Dechiffrierung das Inverse der Chiffrierung ist. Dies kann erreicht werden, wenn $ed \bmod \varphi(n) = 1$, also $d = e^{-1} \bmod \varphi(n)$ gilt. Wegen Satz 3.13 folgt

Satz 5.1 Gegeben seien e, d, $n \in \mathbb{N}$ mit $(ed) \bmod \varphi(n) = 1$. Es sei $M \in \mathbb{Z}_n$ eine Nachricht mit $\mathrm{ggT}(M, n) = 1$. Dann gilt

$$(M^e \bmod n)^d \bmod n = M. \quad \square$$

Wegen der Kommutativität der Exponentiation sind auch Chiffrierung und Dechiffrierung kommutativ, es gilt also

$$E(D(M)) = M = D(E(M)) \text{ für alle } M \in \mathbb{Z}_n^*.$$

Als Beispiel einer symmetrischen Exponentiationschiffre betrachten wir das *Pohlig-Hellman-Verfahren*.

© Springer Fachmedien Wiesbaden GmbH, ein Teil von Springer Nature 2018
D. Wätjen, *Kryptographie*, https://doi.org/10.1007/978-3-658-22474-5_5

Algorithmus 5.1 (*Schlüsselerzeugung für das Pohlig-Hellman-Verfahren*)
Zusammenfassung: Es wird ein (geheimes) Schlüsselpaar (p, e), (p, d) für die Teilnehmer erzeugt.
(1) Erzeuge eine große Primzahl p.
(2) Wähle eine Zahl $e \in \mathbb{N}$ mit $1 < e < \varphi(p) = p - 1$ und $\mathrm{ggT}(e, p - 1) = 1$ als Chiffrierschlüssel.
(3) Berechne den Dechiffrierschlüssel $d = e^{-1} \bmod (p - 1)$ mit Hilfe von Algorithmus 3.3.
(4) Der Chiffrierschlüssel ist durch (p, e), der Dechiffrierschlüssel durch (p, d) gegeben. □

Wie man eine große Primzahl p erhält, werden wir in Abschnitt 5.4 ausführlich darstellen.

Algorithmus 5.2 (*Verschlüsselung mit dem Pohlig-Hellman-Verfahren*)
Zusammenfassung: Bob chiffriert eine Nachricht M für Alice, die diese dechiffriert.
(1) Zur Chiffrierung führt Bob die folgenden Schritte aus:
   (a) Bob stellt M als Zahl in $\mathbb{Z}_p = \{0, 1, \ldots, p - 1\}$ dar.
   (b) Bob berechnet $C = M^e \bmod p$.
   (c) Bob übermittelt $E_A(M) = C$ an Alice.
(2) Zur Dechiffrierung führt Alice den folgenden Schritt aus:
   $M = D_A(C) = C^d \bmod p$. □

Für alle Nachrichten $M \in \mathbb{Z}_p^*$ gilt $\mathrm{ggT}(M, p) = 1$. Wegen $\varphi(p) = p - 1$ (siehe Satz 3.8(a)) und der Wahl von e und d in Algorithmus 5.1 erhält Alice in Schritt 2 von Algorithmus 5.2 für diese Werte M nach Satz 5.1 tatsächlich den ursprünglichen Klartext zurück. Für $M = 0$ ist trivialerweise $D_A(E_A(M)) = M$ erfüllt. Alle Rechnungen erfolgen im Körper $\mathbb{Z}_p$. Da bei Kenntnis von e mit Hilfe von Algorithmus 3.3 das Inverse d sofort berechnet werden kann (und umgekehrt), müssen e und d beide geheim gehalten werden. Das Pohlig-Hellman-Verfahren ist also eine symmetrische Chiffre und daher nicht als ein Public-Key-Kryptosystem nutzbar.

Beispiel 5.1 Es sei $p = 23$ und $e = 9$. Dann gilt $\varphi(p) = 22$ und $\mathrm{ggT}(9, 22) = 1$. Es folgt

$$d = e^{-1} \bmod \varphi(n) = 9^{-1} \bmod 22 = 5.$$

Für $M = 16$ liefert die Chiffrierung

$$C = 16^9 \bmod 23 = 8.$$

Die Dechiffrierung

$$8^5 \bmod 23 = 16 = M$$

ergibt wieder den Klartext. □

Die Sicherheit des Verfahrens basiert auf der Komplexität der Berechnung diskreter Logarithmen in $\mathbb{Z}_p^*$. Dies ergibt sich daraus, dass bei einem Angriff mit bekanntem Klartext das Klartext-Chiffretext-Paar (M, C) mit $C = M^e \bmod p \in \mathbb{Z}_p^*$ dem Kryptoanalytiker vorliegt. Dann ist e der diskrete Logarithmus von C zur Basis M, den wir auch als $e = \log_M C$ schreiben können. Ein Kryptoanalytiker kann dabei eventuell den Wert von p aus der Beobachtung der Größen der Klartext- und Chiffretextblöcke schließen. Wir werden später (siehe Satz 7.7 und Bemerkung vor Beispiel 7.2) zeigen, dass bei nur kleinen Primfaktoren von $p - 1$ der diskrete Logarithmus in $O(\log^2 p)$ Rechenschritten zu berechnen ist. Selbst für große p ist dieser Zeitbedarf ziemlich unbefriedigend. Es wird daher empfohlen, p als eine so genannte *sichere Primzahl* $p = 2p' + 1$ zu wählen, wobei auch p' wieder eine große Primzahl ist. Die schnellsten bekannten Algorithmen zur Berechnung des diskreten Logarithmus in $\mathbb{Z}_p^*$ im allgemeinen Fall basieren auf [70] und haben einen subexponentiellen Zeitbedarf (siehe Abschnitt 1.4). Sie benötigen

$$O\left(e^{(c + o(1))(\ln p)^{\frac{1}{3}} (\ln(\ln p))^{\frac{2}{3}}} \right)$$

Schritte. Dabei ist $c = \left(\frac{64}{9} \right)^{\frac{1}{3}} = 1,923$ und $o(1)$ strebt für große p gegen 0. Hat p zum Beispiel 2048 Bits, so sind die Rechnungen praktisch nicht durchführbar (siehe auch Überlegungen nach Satz 5.2), und das Pohlig-Hellman-Verfahren kann dann als sicher gelten.

5.2 Public-Key-Kryptosysteme

Public-Key-Kryptosysteme wurden 1976 von *W. Diffie* und *M. Hellman* [48] eingeführt. Jeder Benutzer eines solchen Systems hat einen öffentlichen und einen privaten Schlüssel. Damit besitzt jeder Benutzer A eine *öffentliche* Chiffriertransformation E_A und eine *private* Dechiffriertransformation D_A. Die Kommunikation zweier Benutzer erfolgt unter der Kenntnis der gegenseitigen öffentlichen Schlüssel. Das System kann E_A allen Benutzern zur Verfügung stellen, zum Beispiel durch Registrierung in einem öffentlichen Verzeichnis, D_A ist dagegen nur A bekannt. Die Chiffriertransformation E_A muss aus D_A leicht berechenbar sein, es soll jedoch für jeden außer dem jeweiligen Benutzer praktisch unmöglich sein, die Umkehrung zu berechnen.

Die Kommunikation bei einem Public-Key-Kryptosystem beginnt ohne vorhergehenden Schlüsselaustausch. Die Anzahl der verwendeten Schlüsselpaare ist proportional zur Anzahl der Benutzer, während bei einem symmetrischen Kryptosystem diese Anzahl proportional zur Anzahl der Paare von Kommunikationspartnern ist. Außerdem erlaubt ein Public-Key-Kryptosystem die Trennung von Geheimhaltung und Authentizität, was bei einem symmetrischen System nicht möglich ist.

Die *Geheimhaltung* (siehe Abschnitt 1.2) in einem Public-Key-Kryptosystem wird durch die folgende Abbildung veranschaulicht:

Alice (A) möchte an Bob (B) eine private Nachricht M schicken. Alice kennt Bobs öffentlichen Schlüssel und damit E_B. Alice bildet den Chiffretext $C = E_B(M)$ und sendet ihn Bob. Nur Bob kennt die Dechiffriertransformation D_B, und nur er kann damit den Text durch

$$D_B(C) = D_B(E_B(M)) = M$$

entschlüsseln. Allerdings kann Bob nicht sicher sein, dass der Text von Alice stammt, da sich ja jeder Benutzer des Systems den öffentlichen Schlüssel von Alice verschaffen kann.

Die *Authentizität* (ohne Geheimhaltung) ergibt sich aus der folgenden Abbildung:

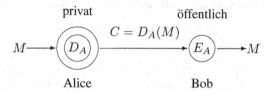

Dabei sind gegenüber den Ausführungen über die Authentizität in Abschnitt 1.2 die Abbildungen E_A und D_A vertauscht. Alice sendet $C = D_A(M)$ an Bob. Mit Hilfe der öffentlichen Transformation E_A kann Bob den Klartext M zurückgewinnen, da wegen der Vertauschung der Rollen von E_A und D_A

$$E_A(C) = E_A(D_A(M)) = M$$

gilt. Nur Alice war in der Lage, einen Text so zu verschlüsseln, dass sich durch Anwendung ihres öffentlichen Schlüssels ein vernünftiger Klartext ergibt. Jeder Benutzer, der E_A kennt, kann diese Nachricht M lesen.

Soll nun ein Public-Key-Kryptosystem Geheimhaltung und Authentizität gleichzeitig gewährleisten, so müssen die Vorgehensweisen für Geheimhaltung und Authentifizierung kombinierbar sein, was durch die Abbildung

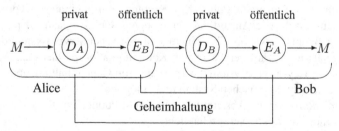

gegeben ist. Dies ist jedoch nicht in jedem Fall möglich. Sind $D_A : \mathcal{M}_A \to \mathcal{C}_A$ und $E_A : \mathcal{C}_A \to \mathcal{M}_A$ mit $E_A(D_A(M)) = M$ für $M \in \mathcal{M}_A$ die zugehörigen Transformationen von Alice für die Authentizität und $E_B : \mathcal{M}_B \to \mathcal{C}_B$ und $D_B : \mathcal{C}_B \to \mathcal{M}_B$ mit $D_B(E_B(M)) = M$ für $M \in \mathcal{M}_B$ die von Bob für die Geheimhaltung, so muss $\mathcal{C}_A \subseteq \mathcal{M}_B$ gelten. Das im nächsten Abschnitt vorgestellte RSA-Verfahren kann zwar sowohl für Geheimhaltung als auch für Authentizität benutzt werden, bei der gleichzeitigen Gewährleistung dieser Forderungen entstehen jedoch einige Probleme, auf die wir in Abschnitt 5.3 eingehen werden. Es gibt auch Public-Key-Systeme wie zum Beispiel das ElGamal-Verfahren aus Abschnitt 7.2, wo für Geheimhaltung und Authentizität unterschiedliche Algorithmen verwendet werden müssen.

Wir kommen nun auf einige erste Anwendungen von Public-Key-Kryptosystemen zu sprechen. Zunächst betrachten wir das Problem der *digitalen Signatur*. Eine elektronische Unterschrift muss sowohl von der Nachricht als auch vom Unterzeichner abhängen. Anderenfalls könnte der Empfänger die Nachricht abändern oder die Signatur an eine beliebige Nachricht anhängen, bevor er das Paar aus Nachricht und Signatur im Streitfall einem Richter vorweist.

Wir geben jetzt ein elementares Protokoll an, wie Alice (A) an Bob (B) eine unterzeichnete Nachricht schicken kann.

Protokoll 5.1 (*digitale Signatur*)
(1) Alice unterzeichnet M durch die Berechnung von $C = D_A(M)$.
(2) Bob prüft die Unterschrift von Alice durch die Berechnung von $E_A(C) = M$. Ist M ein vernünftiger Klartext, so weiß Bob, dass Alice ihm C geschickt hat, denn niemand anders als Alice kennt D_A und kann $C = D_A(M)$ erzeugen.
(3) In einem Streitfall zwischen Alice und Bob kann ein neutraler Richter überprüfen, ob $E_A(C) = M$ gilt. □

Damit ist die Authentizität von Nachricht und Signatur gewährleistet. Durch Verwendung der Schlüssel von Bob kann unter der oben genannten Voraussetzung auch zusätzlich Geheimhaltung erreicht werden.

Wir wollen jetzt überlegen, wie man mit symmetrischen Chiffrierverfahren wie zum Beispiel dem IDEA oder dem AES (siehe Kapitel 12) eine digitale Signatur erzeugen kann. Solche Verfahren gewährleisten die Datenauthentizität, das heißt, man ist sicher, dass die Daten nicht von einer anderen Person als dem Sender stammen. Sie gewährleisten jedoch nicht die Authentizität des Senders. Der Empfänger und der Sender teilen jeweils denselben Schlüssel, und der Empfänger könnte die Signatur des Senders fälschen, da beide D_A und E_A kennen.

Um Abhilfe zu schaffen, muss eine vertrauenswürdige dritte Partei, etwa ein Notar, zur Verfügung stehen. Jeder Benutzer A lässt seine privaten Transformationen E_A und D_A bei dem Notar registrieren. Die Vorgehensweise wird durch die folgende Abbildung erläutert:

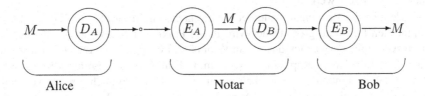

Alice sendet $C = D_A(M)$ an Bob, der C an den Notar zur Entschlüsselung vermöge E_A weitergibt. Dadurch überprüft der Notar die Authentizität des Senders. Bob erhält vom Notar die verschlüsselte Nachricht $D_B(M)$, aus der er den Klartext gewinnen kann. Wegen des Zwischenschritts über den Notar gilt die Nachricht von Alice als signiert.

Wir wollen noch einige Anwendungen von digitalen Signaturen angeben.

Beispiel 5.2 Alice' Bank erhält auf elektronischem Weg den Auftrag, 100 000 € abzubuchen. Wird dieser Auftrag gemäß Protokoll 5.1 von Alice signiert, kann die Bank sicher sein, dass Alice die Auftraggeberin ist. In einem Streitfall kann die Bank den Beweis für den Auftrag liefern. Bei einem solchen elektronischen Auftrag sollte zusätzlich auch die Geheimhaltungsanforderung erfüllt sein.   □

Beispiel 5.3 Zwei Länder schließen ein Nuklearteststop-Abkommen. Wir geben ein System zur Kontrolle dieses Abkommens an. Jede Nation installiert im anderen Land eine seismische Überwachungsstation. Sie übermittelt die Daten an eine Kontrollinstanz im eigenen Land. Es werden drei Forderungen gestellt:

(1) Die Kontrollinstanz muss sicher sein, dass die empfangene Information aus der eigenen Station stammt und nicht verändert wurde. Dies ist die Forderung der Sender- und Datenauthentizität.

(2) Das Land, in dem die Station steht, muss sicher sein, dass diese nicht für andere Zwecke benutzt wird. Es muss die übertragenen Nachrichten lesen können.

(3) Keine der Nationen kann Nachrichten produzieren, die aus irgendeiner dieser Stationen stammen könnten. Den Vereinten Nationen muss es möglich sein, einen Streit zu schlichten.

Die Forderungen sind erfüllt, falls ein Public-Key-Authentifizierungssystem benutzt wird, bei dem der private Schlüssel D keiner Nation bekannt ist und beide den öffentlichen Schlüssel E kennen. Wir können uns vorstellen, dass das Schlüsselpaar innerhalb der versiegelten Station mit Hilfe zufälliger physikalischer Daten erzeugt wird. Der geheime Schlüssel D bleibt in der Station, der öffentliche Schlüssel wird nach außen gegeben.   □

Wir werden später sehen, wie einige Probleme, die bei diesen Protokollen offen bleiben und in der tatsächlichen Praxis von sehr großer Bedeutung sind, gelöst werden können. So stellt sich zum Beispiel die Frage, ob das Schlüsselpaar (E_A, D_A) tatsächlich zu Alice gehört und nicht zu dem Betrüger Oskar, der behauptet, Alice zu sein. Dazu müssen die Schlüssel zertifiziert werden, was wir vor allem in Kapitel 8, aber auch in Kapitel 17 behandeln werden.

Außerdem ist der Rechenaufwand bei der direkten Durchführung von Protokoll 5.1 in den meisten Fällen zu groß. Daher wird in der Praxis ein abgewandeltes Authentifizierungsverfahren verwendet, das wir in Kapitel 6 in Protokoll 6.1 darstellen werden und das auch in späteren Kapiteln oft vorkommt. Einige konkrete praktische Einsätze von digitalen Signaturen besprechen wir in Kapitel 17, wo auch ein Hinweis auf die rechtliche Situation von digitalen Signaturen gegeben wird. Daneben werden wir in Abschnitt 10.2 Protokolle betrachten, die es ermöglichen, elektronisch Verträge auszutauschen. Wenn dieser Austausch „gleichzeitig" erfolgen muss, reicht Protokoll 5.1 (oder Protokoll 6.1) für diese Aufgabe nicht aus.

5.3 Das RSA-Verfahren

Wir kommen nun zum *Rivest-Shamir-Adleman-Verfahren (RSA-Verfahren)* [122], das wohl bekannteste und heute am häufigsten verwendete Public-Key-Kryptosystem. Es wurde 1977 von *Ronald Rivest, Adi Shamir* und *Leonard Adleman* gefunden, wobei die eigentliche Idee von *Rivest* stammt, der aber ohne ständige Diskussionen mit den beiden anderen nicht diesen Erfolg hätte haben können. Es soll erwähnt werden, dass Ende 1997 bekannt wurde, dass *Clifford Cocks* von den britischen Government Communications Headquarters (GCHQ) bereits Ende 1975 dieselbe Idee hatte, sie aber strenger Geheimhaltung unterlag. Die Algorithmen zur Schlüsselerzeugung, Verschlüsselung und Signatur werden im Folgenden angegeben.

Algorithmus 5.3 (*Schlüsselerzeugung für das RSA-Public-Key-Kryptosystem*)
Zusammenfassung: Alice erzeugt sich einen öffentlichen und einen zugehörigen privaten Schlüssel.
(1) Alice erzeugt zwei große Primzahlen p und q von ungefähr der gleichen Länge (siehe Abschnitt 5.4).
(2) Alice berechnet $n = pq$ und (siehe Satz 3.8(c)) $\varphi(n) = (p-1)(q-1)$.
(3) Alice wählt eine Zahl e, $1 < e < \varphi(n)$, mit $\mathrm{ggT}(e, \varphi(n)) = 1$.
(4) Mit Hilfe von Algorithmus 3.3 berechnet Alice $d = e^{-1} \bmod \varphi(n)$.
(5) Der öffentliche Schlüssel von Alice ist (n, e), der private d. $\quad\square$

Algorithmus 5.4 (*RSA-Public-Key-Verschlüsselung*)
Zusammenfassung: Bob chiffriert eine Nachricht M für Alice, die diese dechiffriert.
(1) Zur Chiffrierung führt Bob die folgenden Schritte aus:
    (a) Bob besorgt sich den authentischen öffentlichen Schlüssel (n, e) von Alice.
    (b) Bob stellt M als Zahl in $\mathbb{Z}_n$ dar.
    (c) Bob berechnet $C = M^e \bmod n$ mit Hilfe von Algorithmus 3.1.
    (d) Bob übermittelt $E_A(M) = C$ an Alice.
(2) Zur Dechiffrierung führt Alice den folgenden Schritt aus:
    Mit ihrem privaten Schlüssel d berechnet sie $M = D_A(C) = C^d \bmod n$. $\quad\square$

Algorithmus 5.5 (*RSA-Public-Key-Signaturverfahren*)
Zusammenfassung: Alice signiert eine Nachricht M für Bob, die dieser verifiziert und dadurch M erhält.
(1) Zur Signierung führt Alice die folgenden Schritte aus:
    (a) Alice stellt M als Zahl in $\mathbb{Z}_n$ dar.
    (b) Alice berechnet $C = M^d \bmod n$ mit Hilfe von Algorithmus 3.1.
    (d) Alice übermittelt die Signatur $D_A(M) = C$ an Bob.
(2) Zur Verifizierung und zum Erhalt der Nachricht führt Bob die folgenden Schritte aus:
    (a) Bob besorgt sich den authentischen öffentlichen Schlüssel (n, e) von Alice.
    (b) Bob berechnet $M = E_A(C) = C^e \bmod n$. Wenn $C^e \bmod n$ kein vernünftiger Klartext ist, wird die Signatur abgelehnt, anderenfalls wird sie akzeptiert und $C^e \bmod n$ als M anerkannt. $\quad\square$

Falls $\mathrm{ggT}(M, n) = 1$ gilt, erhalten wir nach Satz 3.13 bzw. Satz 5.1 die Gleichungen $D_A(E_A(M)) = M$ und $E_A(D_A(M)) = M$. Auch für $M = 0$ sind sie erfüllt.

Dass Chiffrierung und Dechiffrierung beim RSA-Verfahren in allen Fällen funktionieren, wird durch den folgenden Satz gezeigt.

Satz 5.2 Es sei $n = pq \in \mathbb{N}$ mit Primzahlen p und q, $p \neq q$. Weiter gelte $e, d \in \mathbb{N}$ mit $ed \bmod \varphi(n) = 1$, und es sei $M \in \mathbb{Z}_n$ eine Nachricht. Dann folgt

$$(M^e \bmod n)^d \bmod n = M.$$

Beweis. Zu zeigen ist noch $M^{ed} \bmod n = M$ für Nachrichten $M \in \mathbb{Z}_n$ mit $\mathrm{ggT}(M, n) = p$ oder $\mathrm{ggT}(M, n) = q$. Ohne Beschränkung der Allgemeinheit gelte $\mathrm{ggT}(M, n) = p$. Dann folgt $\mathrm{ggT}(M, q) = 1$. Wegen $ed \bmod \varphi(n) = 1$ existiert ein $k \in \mathbb{N}$ mit

$$ed = \varphi(n) \cdot k + 1 = (p-1)(q-1)k + 1.$$

Nach Satz 3.17 gilt

$$x^{(p-1)(q-1)k+1} \bmod n = x \quad \Longleftrightarrow \quad \begin{aligned} & x^{(p-1)(q-1)k+1} \bmod p = x \bmod p \text{ und} \\ & x^{(p-1)(q-1)k+1} \bmod q = x \bmod q \end{aligned}$$

für alle $x \in \mathbb{Z}_n$. Für $x = M$ ist wegen $M \bmod p = 0$ die erste Gleichung der rechten Seite erfüllt, wegen $\mathrm{ggT}(M, q) = 1$ folgt nach dem Satz von *Fermat* (Satz 3.9) $M^{q-1} \bmod q = 1$ und damit die Gültigkeit der zweiten Gleichung. Wir erhalten $M^{\varphi(n) \cdot k+1} \bmod n = M^{ed} \bmod n = M$, was zu beweisen war. $\square$

Die Äquivalenz aus dem Beweis gilt auch für Nachrichten M mit $\mathrm{ggT}(M, n) = 1$. In diesem Fall sind beide Gleichungen der rechten Seite der Äquivalenz nach dem Satz von *Fermat* erfüllt. Zum Beweis von Satz 5.2 ist also ein Verweis auf die Sätze 3.13 oder 5.1 nicht nötig. Außerdem soll erwähnt werden, dass die Nachrichten, für die der obige Beweis eigens durchgeführt wird, mit höchster Wahrscheinlichkeit gar nicht vorkommen. Anderenfalls hätte Bob, der eine solche Nachricht M chiffriert, wegen $\mathrm{ggT}(M, n) = p$ oder $\mathrm{ggT}(M, n) = q$ eine Primfaktorzerlegung von n gefunden. Dann könnte er $\varphi(n) = (p-1)(q-1)$ und damit $d = e^{-1} \bmod \varphi(n)$ aus dem öffentlichen Schlüssel berechnen. Er hätte die Chiffre gebrochen.

Die Sicherheit des RSA-Verfahrens beruht also auf der Schwierigkeit, die Zahl n in die beiden Primfaktoren zu zerlegen. Der schnellste zur Zeit bekannte Faktorisierungsalgorithmus hat einen subexponentiellen Zeitbedarf (siehe Abschnitt 1.4) von

$$O\left(e^{(c+o(1))(\ln n)^{\frac{1}{3}}(\ln(\ln n))^{\frac{2}{3}}}\right)$$

Schritten, wobei wieder $c = 1{,}923$ gilt, also einen Zeitbedarf von der gleichen Ordnung, die auch zum Berechnen des diskreten Logarithmus erforderlich ist. Im Jahre 1977 waren erst langsamere subexponentielle Algorithmen für die Faktorisierung bekannt. Aufgrund dieser längeren Rechenzeiten hat es *Rivest* 1977 gewagt, einen kurzen Text mit einer Zahl n von 428 Bits (129 Dezimalstellen) zu verschlüsseln und als Rätsel zu veröffentlichen, mit einem Lösungsanreiz von einigen US-Dollars. Er hielt eine Zeit von 40 Quadrillionen $\left(40 \cdot 10^{24}\right)$ Jahren zur Dechiffrierung dieses Textes für notwendig. Nun kann man aber die Entwicklung der Mathematik nicht außer Acht lassen.

Bereits 1994 wurde die Zahl n, unter Verwendung neuerer mathematischer Ergebnisse, zerlegt und damit der Text geknackt. Mit 1600 Rechnern im Internet wurde innerhalb von 8 Monaten der Klartext ermittelt. Die Faktorisierung einer 512-Bit-Zahl hätte damals noch 100-mal so lange gedauert. Mit noch besserer mathematischer Theorie (*allgemeines Zahlkörpersieb*) wurde 1999 eine 512-Bit-Zahl mit etwa 300 Rechnern in 7,4 Monaten zerlegt. Im Jahr 2005 wurde eine vorgegebene Zahl von 640 Bits mit 80 Rechnern in 5 Monaten faktorisiert. Zur Zeit (2018) kann eine Zahl n von 2048 Bits als sicher gelten. Es wird jedoch bereits jetzt empfohlen, mindestens 3000 Bits zu wählen. Das Bundesamt für Sicherheit in der Informationstechnik verlangt (siehe [20], Abschnitt 3.5), dass bis Ende 2022 die Länge des Modulus n mindestens 2000 Bits betragen sollte, ab 2023 dann mindestens 3000 Bits. Schnelleren Rechnern kann man durch größere Schlüssellängen begegnen. Problematisch wäre in diesem Zusammenhang nur ein großer mathematischer Durchbruch, der zu einem neuen schnellen Faktorisierungsalgorithmus führen würde. Wenn ein solcher Algorithmus gefunden wird, ist das RSA-Verfahren hinfällig und große Teile des Geschäfts- und Bankwesens werden unsicher. Solange dies nicht geschieht und auch keine Quantenrechner gebaut werden können, die, falls es sie jemals geben sollte, die Faktorisierung in polynomialer Zeit schaffen, ist das RSA-Verfahren gut für Public-Key-Kryptosysteme geeignet.

Beispiel 5.4 Es sei $p = 7$ und $q = 11$ mit $n = pq = 7 \cdot 11 = 77$. Dann ergibt sich

$$\varphi(n) = (p-1)(q-1) = (7-1)(11-1) = 6 \cdot 10 = 60.$$

Wir wählen $e = 13$ und berechnen $d = 13^{-1} \bmod 60 = 37$. Die Chiffrierung von $M = 2$ liefert

$$C = 2^{13} \bmod 77 = 8192 \bmod 77 = 30.$$

Die Dechiffrierung ergibt wieder

$$30^{37} \bmod 77 = 2 = M. \quad \square$$

Beispiel 5.5 Es sei $p = 47$ und $q = 67$ und damit $n = pq = 47 \cdot 67 = 3149$. Daraus folgt

$$\varphi(n) = (p-1)(q-1) = 46 \cdot 66 = 3036.$$

Wir wählen $e = 563$ und berechnen $d = 563^{-1} \bmod 3036 = 2459$. Der gewählte Klartext

$$M = \text{VORLESUNGEN\_}$$

wird so eingeteilt, dass je zwei Buchstaben einen Block von vier Ziffern liefern: A=00, B=01, ..., Z=25, _=26. In der Praxis wird jeder Buchstabe durch einen 8-Bit-ASCII-Code dargestellt. Damit erhalten wir für unseren Klartext die Codierung

M	$=$	VO	RL	ES	UN	GE	N_
		2114	1711	0418	2013	0604	1326.

Die Chiffrierung erfolgt blockweise. Für VO erhalten wir

$$2114^{563} \bmod 3149 = 1503,$$

für RL
$$1711^{563} \bmod 3149 = 358.$$

Insgesamt ergibt sich

$$C = 1503\ 0358\ 0457\ 0527\ 1609\ 1479. \quad \square$$

Wir gehen jetzt noch auf die Möglichkeit der gleichzeitigen Gewährleistung von *Geheimhaltung und Authentizität* ein. Dafür sendet Alice an Bob eine signierte und geheime Nachricht M durch $C = E_B(D_A(M))$. Ein Problem stellen jedoch die im Allgemeinen verschiedenen Moduli n_A und n_B von Alice oder Bob dar. Ist $n_A < n_B$, so gilt $\mathbb{Z}_{n_A} = \mathcal{M}_A = \mathcal{C}_A \subsetneq \mathcal{M}_B = \mathbb{Z}_{n_B}$. Durch Bildung von $E_A(D_B(C))$ erhält Bob die Nachricht zurück. Gilt jedoch $n_A > n_B$, so ist $\mathcal{C}_A \not\subseteq \mathcal{M}_B$, so dass $D_A(M) \bmod n_B$ eine falsche Dechiffrierung liefern kann. Dies wollen wir an einem Beispiel verdeutlichen.

Beispiel 5.6 Es sei $n_A = 11 \cdot 13 = 143$ und $n_B = 5 \cdot 7 = 35$ sowie $e_A = d_A = 11$ und $e_B = d_B = 11$. Für den Klartext $M = 3$ bildet Alice

$$E_B(D_A(M)) = (3^{11} \bmod 143)^{11} \bmod 35 = 113^{11} \bmod 35 = 22.$$

Bob dechiffriert und verifiziert fälschlich den Text zu

$$E_A(D_B(22)) = (22^{11} \bmod 35)^{11} \bmod 143 = 8^{11} \bmod 143 = 96.$$

Der Grund für diese falsche Dechiffrierung ist die Tatsache, dass $143 > 35$ gilt. Die Wahrscheinlichkeit des Vorkommens einer falschen Dechiffrierung ist $\frac{n_A - n_B}{n_A} = \frac{108}{143} = 0{,}755. \quad \square$

Dieses Problem kann nie eintreten, wenn der kleinere Modulus zuerst ausgeführt wird. Für $n_A > n_B$ würde Alice die Nachricht also zunächst mit Bobs öffentlichem Schlüssel chiffrieren und dann mit ihrem privaten Schlüssel signieren, also $D_A(E_B(M))$ bilden. Bob könnte dann korrekt $D_B(E_A(D_A(E_B(M)))) = M$ bestimmen. Dieses Vorgehen ist aber auf keinen Fall zu empfehlen. Ein Angreifer, nennen wir ihn Oskar, könnte die Signatur entfernen und durch seine eigene Signatur ersetzen, also

$$D_O(E_A(D_A(E_B(M)))) = D_O(E_B(M))$$

bilden und diesen Wert an Bob schicken und behaupten, er, Oskar, hätte die Nachricht unterschrieben. Obwohl er nicht weiß, was er unterschrieben hat, kann es Situationen geben, wo ein solches Vorgehen für ihn von Vorteil sein kann.

Eine Lösung dieses Problems wird dadurch gefunden, dass jeder Benutzer zwei Transformationspaare (E_{A_1}, D_{A_1}) und (E_{A_2}, D_{A_2}) mit $n_{A_1} < n_{A_2}$ hat, das erste für die Signatur, das zweite für die Geheimhaltung. Für jeden Benutzer gilt, dass sein Modulus für die Geheimhaltung größer sein muss als alle möglichen Signatur-Moduli aller weiteren beteiligten Benutzer. Dies kann erreicht werden, wenn alle Moduli zur Geheimhaltung mindestens $t + 1$ Bits haben müssen und alle Moduli zur Signatur höchstens t Bits.

Wir gehen jetzt kurz auf den *Zeitbedarf* des RSA-Verfahrens ein. Leider ist das Verfahren im Vergleich zu symmetrischen Chiffren wie dem DES, IDEA oder dem erst in Kapitel 12 vorgestellten Advanced Encrytion Algorithm (AES) recht langsam. Zwar wurden für das RSA-Verfahren im Einsatz befindliche Chips für Smartcards entwickelt, jedoch ist ihre Leistung für eine sehr schnelle Übertragung von Daten, insbesondere von großen Datenmengen, zu gering. Implementierungen der oben genannten symmetrischen Chiffren sind oft um den Faktor 100 bis 1000 schneller. Deswegen wird das RSA-Verfahren überwiegend nur zur Signatur von Nachrichten verwendet, jedoch meistens in einer anderen Form als hier besprochen (siehe auch Abschnitt 6.1). Außerdem werden häufig *hybride Verfahren* verwendet (siehe Kapitel 8 und Abschnitt 17.1), bei denen zum Beispiel das RSA-Verfahren nur am Anfang zur Übermittlung des Schlüssels für ein symmetrisches Verfahren, etwa dem IDEA oder AES, benutzt wird. Anschließend wird dann mit dem symmetrischen Verfahren die Kommunikation fortgesetzt.

5.4 Erzeugung großer Primzahlen

Es stellt sich die Frage, wie man so große Primzahlen erhält, wie sie für das RSA-Verfahren benötigt werden. Wir beschreiben im Folgenden die *Suche großer Primzahlen*. Aus der Zahlentheorie ist bekannt, dass die Dichte der Primzahlen um eine Zahl n ungefähr gleich $\frac{1}{\ln n}$ ist, dass also von $\ln n$ Zahlen ungefähr eine eine Primzahl ist. Wegen dieser Aussage kann der folgende heuristische Algorithmus zum Finden großer Primzahlen mit z. B. 500 binären Stellen benutzt werden. Man erzeuge zufällig eine Folge

$$m = \alpha_1, \alpha_2, \ldots, \alpha_{500}, \alpha_i \in \{0, 1\} \text{ und } \alpha_1 = 1,$$

und betrachte m als eine Binärzahl. Wir nehmen an, dass m gerade ist. Dann müssen fortlaufend die Zahlen $m + 1, m + 3, \ldots$ gebildet werden. Für jedes der $m + i$ wird ein Primzahltest durchgeführt, wie er z. B. unten in Algorithmus 5.6 beschrieben ist. Die Dichte der Primzahlen um $n = 2^{500}$ liegt bei $\frac{1}{\ln n} > \frac{1}{\log_2 n} = \frac{1}{500}$. Dadurch ist eine Abbruchregel motiviert. Wenn innerhalb von 1000 Versuchen keine Primzahl gefunden wurde, dann wird das Verfahren mit einer neuen zufälligen Folge m begonnen.

Wie sieht nun ein solcher Primzahltest aus? Schon seit mehr als zweitausend Jahren hat man solche Algorithmen untersucht. Der älteste bekannte Algorithmus ist das Sieb des Erastosthenes (ca. 240 vor Chr.), das für alle Zahlen richtig arbeitet, dessen Zeitkomplexität jedoch linear in der getesteten Zahl n ist, also exponentiell in der Länge der Darstellung dieser Zahl, also in $\log n$. Der Satz von *Fermat* (Satz 3.9), der aus dem 17. Jahrhundert stammt, war der Beginn der Suche nach effizienteren Algorithmen. Jedoch wurde erst 1983 von *L. M. Adleman, C. Pomerance* und *R. S. Rumely* [2] ein Algorithmus gefunden, der keinen exponentiellen, sondern einen subexponentiellen Zeitbedarf von

$$(\log n)^{O(\log \log \log n)}$$

besitzt. Ein polynomialer Algorithmus wurde schließlich 2002 von *M. Agrawal, N. Kayal* und *N. Saxena* [3] entdeckt, für den zunächst ein Zeitbedarf von ungefähr $O(\log^{12} n)$ genannt wurde. Inzwischen wurde ein modifizierter Algorithmus von

H. W. Lenstra und *C. Pomerance* [91] angegeben, der mit einem effektiv berechenbaren $c_0 \in \mathbb{R}^+$ in $O(\log n)^6 \cdot (2 + \log \log n)^{c_0}$ Schritten die Primzahleigenschaft für jedes $n > 1$ testet. Dieser Zeitbedarf ist immer noch sehr groß, für praktisch zu testende Zahlen von 1000 oder 2000 Bits sind zum Beispiel Varianten des Algorithmus von *Adleman*, *Pomerance* und *Rumely* viel schneller. Noch schneller ist jedoch der folgende probabilistische Algorithmus aus dem Jahre 1976 ([117], [119]), der allerdings gelegentlich eine falsche Antwort geben kann.

Algorithmus 5.6 (*Rabin-Miller*)
Eingabe: $n \in \mathbb{N}$, $n > 1$ ungerade mit $n - 1 = 2^l m$ (m ungerade).
Ausgabe: Antwort „n ist zusammengesetzt" (sicher) oder „n ist eine Primzahl".

Wähle zufällig ein x mit $1 \leq x < n$;
$x_0 := x^m \bmod n$;
if $x_0 = 1$ **or** $x_0 = n - 1$
then write(„n ist eine Primzahl");
      goto ENDE
end;
for $i := 1$ **to** $l - 1$ **do**
    $x_i := x_{i-1}^2 \bmod n$;
    if $x_i = n - 1$
    then write(„n ist eine Primzahl");
        goto ENDE
    else if $x_i = 1$
        then write(„n ist zusammengesetzt"); {sicher}
            goto ENDE
        end
    end
end;
write(„n ist zusammengesetzt"); {sicher}
ENDE: □

Wir betrachten zunächst den Fall, dass $n = 2^l m + 1$ tatsächlich eine Primzahl ist. Falls $x_0 = x^m \bmod n = 1$ gilt, wird die richtige Antwort gegeben. Es sei nun $x^m \bmod n \neq 1$. Dann endet die Folge

$$x^m \bmod n, x^{2m} \bmod n, x^{4m} \bmod n, \ldots, x^{2^l m} \bmod n$$

mit 1, da nach Satz 3.9 $x^{2^l m} \bmod n = x^{n-1} \bmod n = 1$ gilt. Die einzige Zahl, die quadriert 1 liefert, ist außer 1 die Zahl $n - 1$. Dies sehen wir folgendermaßen ein. Da n eine Primzahl ist, ist $\mathbb{Z}_n$ nach den Bemerkungen im Anschluss an Satz 3.7 ein Körper. Es ist bekannt (siehe zum Beispiel [24], Korollar 2.19.7, oder [144], Satz 9.36), dass ein vom Nullpolynom verschiedenes Polynom $f(x) = a_n x^n + \ldots + a_1 x + a_0$ des Grades n mit Koeffizienten über einem Körper K höchstens n Nullstellen in K besitzt. Folglich hat die quadratische Gleichung $y^2 \bmod n = 1$ im Körper $\mathbb{Z}_n$ genau zwei Lösungen, und zwar $y = 1$ und $y = -1 \bmod n = n - 1$. Der ersten 1 in dieser Folge geht also die Zahl $n - 1$ unmittelbar voraus.

Diese Überlegungen führen dazu, dass im Algorithmus im Falle $x_i = n - 1$, $i = 0, \ldots, l - 1$, die Aussage „n ist eine Primzahl" gemacht wird, die jedoch auch falsch sein kann. Geht der 1 dagegen nicht unmittelbar $n - 1$ voraus, so ist man sicher, dass n zusammengesetzt ist. Das ergibt sich im Algorithmus, falls man für $i \geq 1$ auf $x_i = 1$ stößt. Das ist nur möglich für $x_{i-1} \neq n - 1$, da sonst schon für $i - 1$ die Schleife abgebrochen worden wäre. Wird die Schleife bis zum Ende durchlaufen und gilt $x_{l-1} \neq n - 1$, $x_{l-1} \neq 1$, dann folgt, und zwar unabhängig davon, ob $x_l = 1$ oder $x_l \neq 1$ gilt, dass n zusammengesetzt ist.

Eine Zahl n in der Darstellung des Algorithmus heißt *starke Pseudoprimzahl zur Basis* x, wenn $\mathrm{ggT}(x, n) = 1$ gilt und

entweder $x^m \bmod n = 1$ ist oder ein r, $0 \leq r < l$, existiert mit $x^{2^r m} \bmod n = n - 1$.

Offenbar wird genau diese Eigenschaft im Algorithmus überprüft, im positiven Fall wird die Antwort „n ist eine Primzahl" gegeben. Die Fehlerwahrscheinlichkeit dieser Antwort wird durch den folgenden Satz gegeben.

Satz 5.3 Es sei n eine zusammengesetzte Zahl und x mit $1 < x < n$ sei zufällig gewählt. Dann ist die Wahrscheinlichkeit $\leq \frac{1}{4}$, dass n eine starke Pseudoprimzahl zur Basis x ist. $\square$

Ein Beweis dieses Satzes befindet sich zum Beispiel in [84], S. 132–134. Der Wert $\frac{1}{4}$ ist unabhängig von der Wahl von n. Für die meisten n ist die Wahrscheinlichkeit in Wirklichkeit bedeutend kleiner. Wir formulieren jetzt

Satz 5.4 Der Algorithmus 5.6 benötigt höchstens $4 \log_2 n$ Berechnungsschritte. Wenn n eine Primzahl ist, dann ist die Aussage des Algorithmus immer richtig. Ist n dagegen zusammengesetzt, so ist die Wahrscheinlichkeit eines Irrtums $\leq \frac{1}{4}$.

Beweis. Es muss nur noch die Komplexitätsaussage bewiesen werden. Wenn sich bei einer Multiplikation eine Zahl $d \geq n$ ergibt, so muss $d_1 = d \bmod n$ bestimmt und damit fortgefahren werden. Somit kommen nur Multiplikationen von Zahlen $a, b < n$ und Divisionen von $d < n^2$ durch n mit Rest d_1 vor. Für jede Multiplikation werden also zwei Schritte benötigt. Von x_0 ausgehend sind noch $l - 1$ Multiplikationen erforderlich. Die Berechnung von $x_0 = x^m \bmod n$ wird nach Satz 3.4 mit höchstens $2 \log_2 m + 1$ Multiplikationen durchgeführt. Folglich ist die Anzahl der Schritte beschränkt durch

$$
\begin{aligned}
2(l - 1 + 2\log_2 m + 1) &= 2(l + 2\log_2 m) \\
&\leq 2(2l + 2\log_2 m) = 4(l + \log_2 m) \\
&= 4\log_2(n - 1) < 4\log_2 n. \quad \square
\end{aligned}
$$

Die einzelnen Rechenschritte benötigen jeweils $O((\log n)^2)$ Bitoperationen. Insgesamt sind also $O((\log n)^3)$ Bitoperationen erforderlich. Die Antwort „n ist zusammengesetzt" ist immer richtig. Es ist aber möglich, dass der Algorithmus 5.6 eine Zahl n als Primzahl erkennt, obwohl sie zusammengesetzt ist. Wird Test 100-mal wiederholt, dann sinkt die Irrtumswahrscheinlichkeit unter $\frac{1}{4^{100}}$. Für die meisten n wird diese Grenze der Irrtumswahrscheinlichkeit um viele Größenordnungen unterschritten. Im Grunde kann man sich auf das Ergebnis des Algorithmus verlassen. Es ist wahrscheinlicher, dass bei zehn aufeinander folgenden Ziehungen im Lotto dieselben Zahlen vorkommen, als dass bei 100-facher Wiederholung des Algorithmus die falsche Antwort gegeben wird. Wenn man dem Ergebnis trotzdem nicht traut, kann man zur Bestätigung einen subexponentiellen Primzahltest nach *Adleman*, *Pomerance* und *Rumely* anwenden.

5.5 Sicherheitsüberlegungen für das RSA-Verfahren

Für die Aufgabe, aus einem Chiffretext C bei gegebenem öffentlichen Schlüssel (n, e) des Empfängers A den Klartext zurückzugewinnen, ist kein effizienter Algorithmus bekannt. Das beruht, wie wir schon wissen, auf der Schwierigkeit, die Zahl n zu faktorisieren. Bei bekannter Faktorisierung $n = pq$ können wir $\varphi(n) = (p - 1)(q - 1)$ und so $d = e^{-1} \bmod \varphi(n)$ berechnen und damit alle für A bestimmten Nachrichten dechiffrieren. Wenn andererseits mit Hilfe einer anderen Methode ein Angreifer, nennen wir ihn wieder Oskar, d berechnen könnte, dann könnte er anschließend auch n auf effiziente Weise faktorisieren. Dies sehen wir wie folgt ein. Wegen $ed \bmod \varphi(n) = 1$ gilt nach Satz 3.11

$$x^{ed-1} \bmod n = 1$$

für alle $x \in \mathbb{Z}_n^*$. Es sei $ed - 1 = 2^l m$, wobei m ungerade ist. Oskar wählt zufällig ein $x \in \mathbb{Z}_n$. Gilt $\mathrm{ggT}(x, n) \neq 1$, ist bereits ein Primteiler von n gefunden. Anderenfalls teilt Oskar, ausgehend von $x^{2^l m} \bmod n$, den Exponenten so lange durch 2, bis er einen Index i, $0 \leq i \leq l - 1$, mit $x^{2^i m} \bmod n \neq \pm 1$ und $x^{2^{i+1} m} \bmod n = 1$ gefunden hat. Eventuell gibt es einen solchen Index nicht. Im positiven Fall wird $w = x^{2^i m} \bmod n$ gesetzt. Dann ist $1 < w < n - 1$. Wegen

$$((w + 1)(w - 1)) \bmod n = (w^2 - 1) \bmod n = 0$$

folgt $(w + 1)(w - 1) = rn$ mit einem geeigneten $r \in \mathbb{N}$. Da $w + 1 < n$ gilt, muss einer der beiden Primfaktoren von n die Zahl $w + 1$, der andere $w - 1$ teilen. Durch Berechnung von $\mathrm{ggT}(w + 1, n)$ hat Oskar dann einen nichttrivialen Faktor von n bestimmt. Man kann zeigen (siehe [24], Abschnitt 7.3.4, oder [125], Theorem 4.1), dass auf diese Weise mit einer Wahrscheinlichkeit $\frac{1}{2}$ ein Teiler gefunden wird. Oskar muss also nur wiederholt eine zufällige Zahl $x \in \mathbb{Z}_n$ wählen, bis er mit diesem Verfahren Erfolg hat. Bei k Versuchen ist die Erfolgswahrscheinlichkeit wenigstens $1 - \left(\frac{1}{2}\right)^k$. Aus diesen Überlegungen ergibt sich

Satz 5.5 Das Problem, die Dechiffrierfunktion d aus dem öffentlichen Schlüssel (n, e) zu berechnen, ist berechnungsmäßig äquivalent zu dem Faktorisierungsproblem von n. □

Das RSA-Verfahren kann auch in einer Umgebung angewendet werden, in der die Moduli n und die öffentlichen und die geheimen Transformationen durch ein Vertrauenszentrum verteilt werden. Dabei ist jedoch darauf zu achten, dass die verschiedenen Benutzer paarweise verschiedene Moduli n erhalten. Anderenfalls könnte zum Beispiel der Benutzer Bob den eben dargestellten probabilistischen Algorithmus zum Beweis von Satz 5.5 verwenden, um mit Hilfe seiner eigenen Schlüsseldaten n, e_B und d_B die Zahl n mit größter Wahrscheinlichkeit zu faktorisieren. Kennt er dann auch den öffentlichen Schlüssel von Alice, so kann er durch Berechnung von $d_A = e_A^{-1} \bmod \varphi(n)$ leicht den geheimen Schlüssel von Alice bestimmen. Durch den folgenden Satz 5.6 wird ein sogar deterministischer Algorithmus gegeben, mit dem es Bob gelingt, einen dem geheimen Schlüssel von Alice äquivalenten Schlüssel zu bestimmen.

Satz 5.6 Es werde das RSA-Verfahren mit dem gemeinsamen Modulus n benutzt. Alice kenne n, e_A, e_B und d_A, Bob kenne n, e_A, e_B und d_B. Mit einem Algorithmus, der $O(\log^2 n)$ Rechenschritte benötigt, kann Alice ein d'_B mit $d_B = d'_B \bmod \varphi(n)$ und Bob ein d'_A mit $d_A = d'_A \bmod \varphi(n)$ berechnen (ohne n zu faktorisieren).

Beweis. Wir zeigen, wie Bob ein d'_A mit $d_A = d'_A \bmod \varphi(n)$ berechnen kann. Wegen $(e_B d_B) \bmod \varphi(n) = 1$ existiert ein $k \in \mathbb{N}$ mit

$$e_B d_B - 1 = k \cdot \varphi(n).$$

Bob kennt zwar nicht k, jedoch n, e_B, d_B und e_A. Zunächst zeigen wir, wie Bob einen Teiler t von $e_B d_B - 1$ mit der Eigenschaft

$$\alpha = \frac{e_B d_B - 1}{t} \quad \text{und } \mathrm{ggT}(\alpha, e_A) = 1$$

bestimmen kann. Es sei

$$g_0 = e_B d_B - 1, \quad h_0 = \mathrm{ggT}(g_0, e_A).$$

Für $i \geq 1$ definieren wir induktiv

$$g_i = \frac{g_{i-1}}{h_{i-1}}, \quad h_i = \mathrm{ggT}(g_i, e_A).$$

Solange $h_i \geq 2$ gilt, ist $g_{i+1} \leq \frac{g_i}{2}$. Für $h_i = 1$ setzen wir schließlich $t = h_0 \cdots h_i$ und erhalten damit $\alpha = g_i$. Offenbar findet man $h_i = 1$ in $O(\log(e_B d_B - 1)) = O(\log n)$ Schritten. In jedem Schritt wird der euklidische Algorithmus 3.2 aufgerufen, der, wie im Anschluss an den Beweis von Satz 3.15 angemerkt wurde, $O(\log n)$ Rechenschritte benötigt. Für die Berechnung von t benötigt Bob also $O(\log^2 n)$ Schritte.

Anschließend berechnet Bob mit dem erweiterten euklidischen Algorithmus 3.3 Zahlen $a, b \in \mathbb{Z}$ mit

$$a\alpha + be_A = 1.$$

Diese Rechnungen haben wieder einen Zeitbedarf der angegebenen Komplexität. Wir können ohne Beschränkung der Allgemeinheit $b > 0$ annehmen. Anderenfalls setzen wir

$$b' = (b - 2\alpha b) > 0 \quad \text{und} \quad a' = (a + 2be_A),$$

womit die Gleichung

$$a'\alpha + b'e_A = a\alpha + 2be_A\alpha + be_A - 2be_A\alpha = a\alpha + be_A = 1$$

gilt, so dass b' anstelle von b gewählt werden kann.

Da jeder Primteiler von $t = h_0 \cdots h_i$ nach der obigen Konstruktion zu e_A gehört, folgt aus $\mathrm{ggT}(e_A, \varphi(n)) = 1$ auch die Gültigkeit von $\mathrm{ggT}(t, \varphi(n)) = 1$. Das bedeutet, dass in

$$\alpha = \frac{(e_B d_B - 1)}{t} = \frac{k \cdot \varphi(n)}{t}$$

$\frac{k}{t} \in \mathbb{Z}$ ist und somit $\varphi(n)$ die Zahl α teilt. Aus $a\alpha + b e_A \bmod \varphi(n) = 1$ folgt

$$b e_A \bmod \varphi(n) = 1.$$

Es ist also $d_A = b \bmod \varphi(n)$. Bob kennt zwar nicht $\varphi(n)$, er kann jedoch $b > 0$ anstelle von d_A verwenden und damit jede für Alice bestimmte Nachricht dechiffrieren. $\square$

Wir wollen einige weitere Bemerkungen zur Wahl des Modulus n machen. Die Primzahlen p und q sollten, wenn n 2048 Bits haben soll, ungefähr 1024 Bits besitzen. Es sei ohne Beschränkung der Allgemeinheit $p > q$. Dann sollte jedoch ihre Differenz $p - q$ nicht zu klein sein. Wenn $p - q$ klein ist, gilt $p \approx q$ und damit $p \approx \sqrt{n}$. Folglich könnte n effizient faktorisiert werden, indem man versucht, n durch alle ungeraden Zahlen in der Nähe von $\sqrt{n}$ zu teilen. Wenn dagegen p und q zufällig gewählt werden, jedoch mit einer kleinen Differenz in der Länge der Darstellung, dann ist $p - q$ größenordnungsmäßig ähnlich groß wie p, so dass p und q nicht in der Nähe von $\sqrt{n}$ liegen.

Viele Autoren haben empfohlen, dass p und q *starke Primzahlen* sind, d. h. Primzahlen, die die folgenden drei Bedingungen erfüllen:

(1) $(p - 1)$ besitzt einen großen Primfaktor, der mit r bezeichnet wird.
(2) $(p + 1)$ besitzt einen großen Primfaktor.
(3) $(r - 1)$ besitzt einen großen Primfaktor.

Mit den ersten beiden Bedingungen wird Angriffen bestimmter Faktorisierungsalgorithmen (siehe [114] bzw. [153]) vorgebeugt. Mit der dritten Bedingung soll einem Angriff begegnet werden, den wir im Anschluss von Satz 5.7 kurz ansprechen werden.

Wie findet man starke Primzahlen? Dies geschieht mit dem folgenden Algorithmus.

Algorithmus 5.7 (*Gordon*)
Ausgabe: Eine starke Primzahl p.

(1) Erzeuge (gemäß den Überlegungen vom Beginn des Abschnitts 5.4 und dem Primzahltest gemäß Algorithmus 5.6) zwei große Primzahlen s und t von ungefähr derselben Bitlänge.

(2) Wähle ein $i_0 \in \mathbb{N}$. Finde eine Primzahl in der Folge

$$2it + 1 \text{ für } i = i_0, i_0 + 1, i_0 + 2, \ldots$$

(nach 1000 Versuchen Abbruch und Wahl eines neuen i_0). Bezeichne diese Primzahl mit $r = 2it + 1$.

(3) Berechne $p_0 = 2 \cdot (s^{r-2} \bmod r) \cdot s - 1$.

(4) Wähle ein $j_0 \in \mathbb{N}$. Finde eine Primzahl in der Folge

$$p_0 + 2jrs \text{ für } j = j_0, j_0 + 1, j_0 + 2, \ldots$$

(nach 1000 Versuchen Abbruch und Wahl eines neuen j_0). Bezeichne diese Primzahl mit $p = p_0 + 2jrs$.

(5) Gib p als starke Primzahl aus. $\square$

Satz 5.7 Algorithmus 5.7 liefert eine starke Primzahl.

Beweis. Wegen der jeweils zufälligen Wahl bei den Primzahlsuchen kann man davon ausgehen, dass $r \neq s$ gilt. Daher ist auch die Beziehung $\text{ggT}(r, s) = 1$ erfüllt. Nach dem Satz von *Fermat* ist

$$s^{r-1} \bmod r = 1.$$

Es folgt

$$p_0 \bmod r = 1 \text{ und } p_0 \bmod s = -1 \bmod s.$$

Dann erhalten wir
$(p - 1) \bmod r = (p_0 + 2jrs - 1) \bmod r = 0$, d. h., $(p - 1)$ besitzt den Primfaktor r,
$(p + 1) \bmod s = (p_0 + 2jrs + 1) \bmod s = 0$, d. h., $(p + 1)$ besitzt den Primfaktor s,
$(r - 1) \bmod t = 2it \bmod t = 0$, d. h., $(r - 1)$ besitzt den Primfaktor t. $\square$

Wenn p genügend groß gewählt wird, kann man in der Regel davon ausgehen, dass p eine starke Primzahl ist. Die explizite Berechnung von starken Primzahlen für das RSA-Verfahren kann daher entfallen.

Es wurde gezeigt (siehe [121]), dass die Verwendung starker Primzahlen auch gegen den folgenden Angriff hilft. Da die Chiffrierung eine Permutation auf der Menge $\mathbb{Z}_n$ ist, ergibt eine mehrfache Anwendung der Chiffrierung den Klartext. Es sei etwa $C_0 = M^e \bmod n$ der Chiffretext und (e, n) der öffentliche Schlüssel. Durch Bildung von

$$C_i = C_{i-1}^e \bmod n, \ i = 1, 2, \ldots$$

erhält man für irgendein i einen sinnvollen Klartext. In [121] wurde bewiesen, dass das für eine starke Primzahl in vernünftiger Zeit nicht möglich ist.

Wie sieht es mit der Möglichkeit aus, dass die Chiffrierung eine Nachricht gar nicht verändert, dass also $M^e \bmod n = M$ gilt? Für alle e und n gibt es (siehe [14], [15]) genau

$$(1 + \text{ggT}(e - 1, p - 1)) \cdot (1 + \text{ggT}(e - 1, q - 1))$$

solche Nachrichten. Darunter befinden sich offensichtlich $M = 0$, $M = 1$ und $M = n - 1$. Da $(e - 1)$, $(p - 1)$ und $(q - 1)$ gerade sind, existieren mindestens 9 solcher Nachrichten. Die Wahrscheinlichkeit, gerade eine derartige Nachricht zu senden, ist sehr klein. Zur Abhilfe wird die Wahl *sicherer Primzahlen* empfohlen, also Primzahlen $p = 2p' + 1$, wobei $p' > 2$ eine weitere Primzahl ist. Wir werden sie vor allem in Kapitel 7 benötigen und sehen, wie mit Algorithmus 7.3 geeignete Zahlen dieser Art bestimmt werden können.

Wir gehen jetzt auf die Verwendung kleiner Chiffrierexponenten und die damit verbundenen Probleme ein. Für die Chiffrierung in Schritt (1)(c) von Algorithmus 5.4 wird der Algorithmus 3.1 zur schnellen Exponentiation verwendet, der bei einer Bitlänge k der Zahl n insgesamt k modulare Quadratbildungen und erwartete $\frac{k}{2}$ weitere modulare

Multiplikationen benötigt (siehe Beweis von Satz 3.4). Die Chiffrierung kann wesentlich beschleunigt werden, wenn e als kleine Zahl oder mit einer kleinen Anzahl von 1-Bits gewählt wird. In der Praxis wird häufig der Verschlüsselungsexponent $e = 3$ verwendet. In diesem Fall ist es wegen der Bedingung $\mathrm{ggT}(e, \varphi(n)) = 1$ notwendig, dass weder $p - 1$ noch $q - 1$ durch 3 teilbar sind. Dies ergibt eine sehr schnelle Verschlüsselungsoperation mit nur einer modularen Multiplikation und einer modularen Quadratbildung. Ein anderer häufig verwendeter Verschlüsselungsexponent ist $e = 2^{16} + 1 = 65537$. Diese Zahl hat nur 2 Einsen in ihrer binären Darstellung. Folglich werden nur 16 modulare Quadratbildungen und eine weitere modulare Multiplikation benötigt. Der Vorteil dieses Exponenten gegenüber dem Verschlüsselungsexponenten 3 liegt darin, dass er gegenüber dem folgenden Angriff immun ist.

Wenn alle Mitglieder einer Gruppe von Benutzern denselben kleinen Chiffrierschlüssel benutzen, zum Beispiel $e = 3$, dann muss jeder einzelne, wie wir in Satz 5.6 gesehen haben, seinen eigenen, von denen der anderen Benutzer verschiedenen Modulus n haben. Die Wahrscheinlichkeit, dass zwei Benutzer denselben Modulus n wählen, ist äußerst gering und würde bedeuten, dass sie gegenseitig ihre geheimen Schlüssel berechnen könnten. Wenn Alice die Nachricht M an drei Benutzer mit den öffentlichen Schlüsseln $(n_1, 3)$, $(n_2, 3)$ und $(n_3, 3)$ schicken möchte, dann sendet Alice

$$C_i = M^3 \bmod n_i, \ i = 1, 2, 3.$$

Wir nehmen an, dass der elektronische Lauscher Oskar diese Nachrichten abfängt. Sollte, was allerdings nur mit verschwindend kleiner Wahrscheinlichkeit vorkommen kann, $\mathrm{ggT}(n_i, n_j) \neq 1$ für zwei verschiedene Moduli gelten, dann kann Oskar für sie sofort die Primfaktorzerlegung, die zugehörigen Dechiffrierschlüssel und damit die Nachricht M bestimmen. Mit überwältigend großer Wahrscheinlichkeit sind aber die Moduli paarweise teilerfremd. In diesem Fall kann Oskar mit Hilfe des chinesischen Restesatzes (Satz 3.18) eine gemeinsame Lösung $x \in \{0, 1, \dots, n_1 n_2 n_3 - 1\}$ des Gleichungssystems

$$x \bmod n_1 = C_1$$
$$x \bmod n_2 = C_2$$
$$x \bmod n_3 = C_3$$

berechnen. Wegen $M < \min\{n_1, n_2, n_3\}$ gilt $M^3 < n_1 n_2 n_3$. Daher ist $x = M^3$ diese gemeinsame Lösung. Durch Berechnung der ganzzahligen Kubikwurzel von x kann Oskar den Klartext M bestimmen.

Das bedeutet, dass kleine Exponenten nicht benutzt werden dürfen, wenn dieselbe Nachricht oder dieselbe Nachricht mit einigen Variationen an viele Benutzer geschickt wird. Alternativ kann man sich gegen den geschilderten Angriff schützen, indem eine zufällig erzeugte Bitfolge geeigneter Länge, zum Beispiel mindestens 64 Bits, vor Chiffrierung an den Klartext M angehängt wird. Für jede Chiffrierung, also für jedes der i, muss ein anderer Bitstring gewählt werden. Dieser Prozess wird auf Englisch gelegentlich „salting" genannt, also Salzen oder Würzen des gegebenen Klartextes M.

Kleine Verschlüsselungsexponenten sind auch ein Problem für kurze Nachrichten M. Ist $M < n^{\frac{1}{e}}$, dann kann M aus dem Chiffretext $C = M^e \bmod n$ einfach durch Berechnung der ganzzahligen e-ten Wurzel von C bestimmt werden. Wieder kann man durch Salzen der Klartextnachricht einem solchen Angriff begegnen.

Eine weitere Angriffsmöglichkeit besteht, wenn der Nachrichtenraum klein oder vorhersagbar ist. Dann kann Oskar einen Chiffretext dechiffrieren, indem er alle möglichen Klartextnachrichten chiffriert, bis er den Chiffretext C erhält. Auch hier ist das Salzen eine einfache Methode, einem solchen Angriff entgegenzutreten.

Wünschenswert ist es sicherlich auch, kleine Dechiffrierexponenten d verwenden zu können. Um das zu erreichen, kann man Algorithmus 5.3 so abändern, dass erst d gewählt und dann e berechnet wird. Wenn jedoch $\mathrm{ggT}(p-1, q-1)$ klein ist, was typischerweise der Fall ist, und d ungefähr höchstens $\frac{1}{4}$ der Bits des Modulus n hat, dann gibt es einen effizienten Algorithmus (siehe [152]) zur Berechnung von d aus dem öffentlichen Schlüssel (n, e). Dieser Algorithmus kann nicht auf den Fall übertragen werden, bei dem d ungefähr dieselbe Größenordnung wie n hat. Deswegen sollte d ebenfalls von dieser Größenordnung sein, d darf also nicht als kleine Zahl gewählt werden.

Eine Angriffsmöglichkeit beruht auf der *Homomorphieeigenschaft* des RSA-Verfahrens. Sind M_1 und M_2 Klartextnachrichten und C_1 und C_2 ihre Verschlüsselungen mit dem Modulus n, dann gilt

$$(M_1 M_2)^e \bmod n = (M_1^e \cdot M_2^e) \bmod n = (C_1 \cdot C_2) \bmod n.$$

Das bedeutet, dass der Klartext $M_1 M_2 \bmod n$ den Chiffretext $C_1 C_2 \bmod n$ liefert. Diese Homomorphieeigenschaft kann für den folgenden Angriff mit angepasstem gewähltem Klartext benutzt werden.

Wir nehmen an, dass Oskar einen speziellen Chiffretext $C = M^e \bmod n$ dechiffrieren möchte, der für Alice bestimmt ist. Wir nehmen weiter an, dass Alice bereit ist, jeden Chiffretext mit Ausnahme von C für Oskar zu dechiffrieren, was sicher eine äußerst starke Annahme ist. Dann kann Oskar C vor Alice verbergen, indem er eine Zufallszahl $x \in \mathbb{Z}_n^*$ wählt. Er berechnet

$$\bar{C} = C x^e \bmod n$$

und lässt Alice diesen Wert dechiffrieren, also

$$\bar{M} = \bar{C}^d \bmod n$$

bestimmen. Da

$$\bar{M} = \bar{C}^d \bmod n = (C^d (x^e)^d) \bmod n = M x \bmod n$$

gilt, kann Oskar den Klartext

$$M = (\bar{M} x^{-1}) \bmod n$$

berechnen.

Um einen solchen Angriff zu verhindern, müssen einige strukturelle Einschränkungen für die Klartextnachrichten vereinbart werden. Wenn ein Chiffretext zu einem Klartext dechiffriert wird, der nicht diesen Einschränkungen genügt, dann wird C

als gefälscht abgelehnt. Falls eine Klartextnachricht M diese sorgfältig gewählten Einschränkungen erfüllt, dann wird das mit großer Wahrscheinlichkeit nicht für $Mx \bmod n$ gelten. In diesem Fall wird Alice den Text $\bar{C}$ nicht für Oskar dechiffrieren.

Wir kommen nun zu Fälschungsmöglichkeiten bei dem RSA-Public-Key-Signaturverfahren. Wird gemäß Algorithmus 5.5 vorgegangen, so ist ein Angriff möglich, bei dem Oskar für (mindestens) eine Nachricht eine Signatur fälschen kann (*existential forgery*). Er schickt einfach eine Zahl x aus dem Bereich $\{1, \ldots, n-1\}$. Der Empfänger bildet $x^e \bmod n$ und erhält damit die gefälschte Nachricht. Oskar hat allerdings keine Kontrolle über diese Nachricht, und ein sinnvoller Angriff dieser Art wird nur selten möglich sein. Einem solchen Angriff kann man durch eine öffentlich bekannte injektive Redundanzfunktion $R : \mathcal{M} \to \mathcal{M}_R$ entgegenwirken, die die Nachrichten des Klartextraumes $\mathcal{M}$ in eine Teilmenge $\mathcal{M}_R = Im(R) \subseteq \mathcal{M}_S$ des Signaturraums $\mathcal{M}_S$ abbildet. In [98], Abschnitt 11.3.5, wird eine solche Funktion angegeben, die als internationaler Standard akzeptiert ist und sowohl beim RSA- als auch beim Rabin-Verfahren (siehe Algorithmus 9.5) verwendet wird. Vor der Signierung in Schritt (1)(b) von Algorithmus 5.5 wird zusätzlich die Funktion R angewendet, und bei der Verifizierung erhält man die ursprüngliche Nachricht durch Anwendung der inversen Funktion R^{-1} im Anschluss an Schritt (2)(b) zurück. Außerdem wird in Schritt (2)(b) die Signatur abgelehnt, wenn sich nach Anwendung des öffentlichen Schlüssels nicht ein Wert aus $\mathcal{M}_R$ ergibt. Wenn die Funktion R geschickt gewählt ist, kann Oskar im Allgemeinen keine Zahl z mit $z^e \bmod n \in \mathcal{M}_R$ finden. Wichtig ist, dass die Redundanzfunktion nicht multiplikativ ist, also für fast alle $m_1, m_2 \in \mathcal{M}$ soll die Gleichung $R(m_1 \cdot m_2) = R(m_1)R(m_2)$ nicht erfüllt sein. Anderenfalls wäre wegen der Homomorphieeigenschaft, die für die Dechiffrierung natürlich ebenso gilt wie für die Chiffrierung, folgender Betrug möglich: Es seien $C_1 = (R(M_1))^d \bmod n$ und $C_2 = (R(M_2))^d \bmod n$ Signaturen der Nachrichten M_1 und M_2. Bei multiplikativer Redundanzfunktion folgt

$$C = (C_1 C_2) \bmod n = ((R(M_1))^d (R(M_2))^d) \bmod n$$
$$= (R(M_1)R(M_2))^d \bmod n = (R(M_1 M_2))^d \bmod n.$$

Es ist also C eine gültige Unterschrift für $(M_1 M_2) \bmod n$. Dieser Angriff hat auch Erfolg, wenn keine spezielle Redundanzfunktion gegeben ist, R also die Identitätsfunktion ist.

Dass die Redundanzfunktion nicht multiplikativ ist, ist zwar notwendig, um einen Angriff der eben geschilderten Art abzuwenden, aber diese Eigenschaft ist nicht hinreichend, wie das folgende Beispiel zeigt.

Beispiel 5.7 Es sei n ein RSA-Modulus und d der private Schlüssel. Dann ist $k = \lceil \log_2 n \rceil$ die Bitlänge von n, da n keine Zweierpotenz ist. Es sei $t \in \mathbb{N}$ fest gewählt mit $t < \frac{k}{2}$. Zur Abkürzung setzen wir $w = 2^t$. Nachrichten seien Zahlen $M \in \{1, 2, \ldots, \lfloor n2^{-t} \rfloor - 1\}$. Als Redundanzfunktion wählen wir

$$R(m) = m \cdot 2^t.$$

Das bedeutet, dass die letzten t Bits von $R(m)$ jeweils 0 sind. Für die meisten Nachrichten M_1 und M_2 ist $R(M_1) \cdot R(M_2) > n$, so dass die Binärdarstellung von

$(R(M_1)R(M_2)) \bmod n$ fast immer nicht mit t Nullen endet und folglich R, wie gewünscht, nicht die multiplikative Eigenschaft besitzt. Oskar kann außerdem nur mit Wahrscheinlichkeit $\left(\frac{1}{2}\right)^t$ eine Zahl z so wählen, dass $z^e \bmod n$ mit t Nullen endet. Trotzdem kann in diesem Fall sogar ein Angriff erfolgen, bei dem Oskar eine Signatur für eine Nachricht M seiner Wahl fälscht, wobei er aber auf eine gewisse Mitwirkung des legitimen Unterzeichners angewiesen ist.

Wir nehmen an, dass Oskar n kennt, aber nicht d. Wir wenden den erweiterten euklidischen Algorithmus, also Algorithmus 3.3, auf $\tilde{M} = R(M) = M \cdot 2^t = Mw$ und n an. In jeder Schleife des Algorithmus werden Zahlen g, u und v berechnet mit

$$g = un + v\tilde{M}.$$

Man kann zeigen, dass unter der Voraussetzung $w \leq \sqrt{n}$, die hier erfüllt ist, in einigen Schleifendurchläufen für g und v die Bedingungen

$$|v| < \frac{n}{w} \text{ und } g < \frac{n}{w}$$

gleichzeitig gelten. Ist $v > 0$, so bildet Oskar

$$M_2 = gw \text{ und } M_3 = vw.$$

Ist $v < 0$, so setzt er

$$M_2 = gw \text{ und } M_3 = -vw.$$

In beiden Fällen haben M_2 und M_3 die verlangte Redundanzeigenschaft. Nun muss Oskar den legitimen Unterzeichner veranlassen, ihm die Signaturen

$$C_2 = M_2^d \bmod n \text{ und } C_3 = M_3^d \bmod n$$

zu schicken. Dann kann Oskar eine Signatur für M wie folgt bestimmen:

(a) Ist $v > 0$, so berechnet er

$$\begin{aligned} C_2 C_3^{-1} \bmod n &= M_2^d (M_3^d)^{-1} \bmod n = (gw)^d ((vw)^d)^{-1} \bmod n \\ &= g^d (v^d)^{-1} \bmod n = \tilde{M}^d \bmod n. \end{aligned}$$

(b) Ist $v < 0$, so berechnet er

$$\begin{aligned} C_2 (-C_3)^{-1} \bmod n &= M_2^d ((-M_3)^d)^{-1} \bmod n = (gw)^d ((vw)^d)^{-1} \bmod n \\ &= g^d (v^d)^{-1} \bmod n = \tilde{M}^d \bmod n. \end{aligned}$$

Man beachte, dass $-C_3 \bmod n = (n - C_3) \bmod n$ gilt. Die Gleichung $-M_3^d \bmod n = (-M_3)^d \bmod n$ ist richtig, da wegen $\mathrm{ggT}(d, \varphi(n)) = 1$ und $\varphi(n)$ gerade die Zahl d immer ungerade ist. Das jeweils letzte Gleichheitszeichen ist wegen $g = un + v\tilde{M}$ erfüllt. In jedem Fall besitzt Oskar eine signierte Nachricht seiner Wahl mit der verabredeten Redundanz. Dies macht noch einmal deutlich, dass die Wahl einer geeigneten Redundanzfunktion sehr sorgfältig erfolgen muss. $\quad\square$

6 Hashfunktionen

In Kapitel 5 haben wir in Protokoll 5.1 zunächst allgemein gezeigt, wie mit Hilfe eines Public-Key-Kryptosystems eine digitale Unterschrift erstellt werden kann. Die Erzeugung einer digitalen Signatur unter Verwendung des RSA-Verfahrens wurde in Algorithmus 5.5 angegeben. In diesem Fall erhalten wir Signaturen, die genau so lang wie das zu unterzeichnende Dokument sind. Wir haben erwähnt, dass bei umfangreichen Dokumenten der Zeitbedarf leider sehr groß ist. Außerdem ist das RSA-Verfahren eine Blockchiffre, bei der jeweils eine feste Anzahl von Bits, etwa 2048, gemeinsam chiffriert wird. Sofern man nicht die Chiffrierung im CBC-Modus (siehe Abschnitt 4.3) durchführt, ist es unter Umständen möglich, einzelne Blöcke der Signatur zu entfernen und trotzdem einen vernünftigen Klartext zu erhalten. Auf diese Weise hat man dann eine legale Signatur für einen abgekürzten und eventuell sinnentstellten Text erzeugt.

Die Lösung dieser Probleme ist die Verwendung einer sehr schnellen kryptographischen Hashfunktion h, die eine Nachricht M einer beliebigen Länge als Eingabe hat und eine Zusammenfassung $h(M)$ der Nachricht (*message digest*) erzeugt, die eine festgelegte Größe von zum Beispiel 512 Bits hat. Dieser Wert $h(M)$ hängt von der gesamten Nachricht M ab. Nur er wird signiert.

Zunächst definieren wir informal Hashfunktionen und zeigen, wie sie für digitale Signaturen verwendet werden können. Im weiteren Verlauf dieses Kapitels gehen wir auf die Anforderungen an fälschungssichere Hashfunktionen und ihre Wahl ein. Es werden spezielle Hashfunktionen angegeben, die in der Praxis Verwendung finden. Außerdem betrachten wir in Abschnitt 6.7 Familien von Hashfunktionen, die durch Schlüssel parametrisiert sind.

6.1 Hashfunktionen und Signaturen

Eine Hashfunktion muss auf jeden Fall die Bedingungen der folgenden, nicht sehr formalen Definition erfüllen.

Definition 6.1 Eine Hashfunktion ist eine Funktion h, welche die folgenden beiden Eigenschaften besitzt:
  (1) h bildet Eingaben x einer beliebigen Bitlänge auf Ausgaben $h(x)$ einer festen Bitlänge ab. Es wird $h(x)$ auch *Fingerabdruck* (*fingerprint*) von x genannt.
  (2) Es seien x und h gegeben. Dann ist $h(x)$ leicht zu berechnen. $\square$

Leicht zu berechnen bedeutet, dass die Rechnung in polynomialer Zeit in Bezug auf die Bitlänge von x durchzuführen ist. Eine kryptographisch nützliche Hashfunktion muss natürlich auch so gewählt werden, dass die Fingerabdrücke nicht gefälscht werden können. So soll es unter anderem praktisch unmöglich sein, für einen Hashwert z ein

x mit $h(x) = z$ zu finden. Darauf gehen wir genauer in den Abschnitten 6.2 und 6.3 ein.

Wir geben zunächst ein Protokoll an, das die Authentifizierung unter Verwendung einer Hashfunktion h sowie eines Public-Key-Systems, zum Beispiel des RSA-Verfahrens, beschreibt.

Protokoll 6.1 (*digitale Signatur*)
Gegeben: Public-Key-Kryptosystem mit öffentlicher Transformation E_A und geheimer
   Transformation D_A von Alice, Hashfunktion h und Nachricht M.
Zusammenfassung: Alice signiert eine Nachricht M, Bob überprüft die Signatur.
   (1) Alice bildet den Fingerabdruck $h(M)$ ihrer Nachricht und die Signatur
       $D_A(h(M))$ und sendet Bob

$$(M, D_A(h(M))).$$

   (2) Bob gewinnt durch Berechnung von $E_A(D_A(h(M)))$ den Fingerabdruck zurück
       und berechnet selbst aus M den Wert $h(M)$. Er überprüft, ob beide Werte gleich
       sind. Im positiven Fall hält er M für authentisch.   □

Mit Hilfe einer *dualen Signatur* ist es möglich, zwei getrennte Nachrichten M_1 und M_2
mit einer gemeinsamen Unterschrift so zu verbinden, dass sie nicht aus dem Zusammenhang gerissen werden können. Jede Nachricht soll nur jeweils ein Empfänger erhalten.
Die Überprüfung der Nachrichten kann für jede der Nachrichten einzeln durchgeführt
werden, wobei man jedoch den Fingerabdruck der jeweils anderen Nachricht benötigt.

Protokoll 6.2 (*duale Signatur*)
Gegeben: Public-Key-Kryptosystem mit öffentlicher Transformation E_A und geheimer
   Transformation D_A von Alice, Hashfunktion h und Nachrichten M_1 und M_2.
Zusammenfassung: Alice erzeugt die duale Signatur von M_1 und M_2. Bob erhält M_1
   und Charles erhält M_2. Sie überprüfen jeweils die duale Signatur.
   (1) Alice berechnet die Fingerabdrücke $h(M_1)$ und $h(M_2)$ der Nachrichten M_1 und
       M_2, bildet ihre Konkatenation $h(M_1)\|h(M_2)$ und davon erneut den Fingerabdruck $h(h(M_1)\|h(M_2))$. Damit erzeugt sie die duale Signatur

$$D_A(h(h(M_1)\|h(M_2))).$$

Sie sendet Bob
$$(M_1, h(M_2), D_A(h(h(M_1)\|h(M_2))))$$
und Charles
$$(M_2, h(M_1), D_A(h(h(M_1)\|h(M_2)))).$$

   (2) Bob gewinnt durch $E_A(D_A(h(h(M_1)\|h(M_2))))$ den Fingerabdruck zurück und
       berechnet dann $h(h(M_1)\|h(M_2))$, da er M_1 und $h(M_2)$ kennt. Er überprüft, ob
       beide Werte gleich sind.
   (3) Analog überprüft Charles die duale Signatur.   □

Als einfaches Anwendungsbeispiel betrachten wir den Fall, dass Charles das Geld von
Alice verwaltet, zum Beispiel ihre Bank ist, und Alice von Bob ein Produkt erhalten

möchte, das von Charles bezahlt werden soll, ohne dass dieser erfährt, was Alice bei Bob bestellt hat. Um dies zu erreichen, bereitet Alice eine Bestellnachricht M_1 für Bob vor, die auch den Preis und eine laufende Nummer enthalten sollte. Diese beiden Daten müssen auch in der Nachricht M_2 enthalten sein, mit der Alice Charles auffordert, den entsprechenden Betrag an Bob zu bezahlen. Nach Ausführung von Protokoll 6.2 können die in den Nachrichten beschriebenen Aktionen durchgeführt werden. Im Streitfall kann ein Richter die duale Signatur überprüfen und bei Vorlage von sowohl M_1 und M_2 auch feststellen, ob die in beiden Nachrichten genannte laufende Nummer sowie der Preis übereinstimmen.

In ähnlicher Weise werden duale Signaturen in *Secure Electronic Transfer* (SET) benutzt, einem Standard für sichere Kreditkartenzahlungen, der von Mastercard und Visa entwickelt wurde. Allerdings wurde SET von den Kunden nicht ausreichend akzeptiert und ist inzwischen auch von anderen Standards (zum Beispiel dem *Secure Data Exchange Service*) abgelöst worden.

6.2 Kollisionsfreie Hashfunktionen

Zur Verhinderung verschiedener Betrugsmöglichkeiten muss eine Hashfunktion h einige Eigenschaften erfüllen. Der offensichtlichste Angriff eines Gegners, nennen wir ihn wieder Oskar, würde wie folgt aussehen: Oskar beginnt mit einer gültigen signierten Nachricht (M, x), wobei zum Beispiel $x = D_A(h(M))$ wie in Protokoll 6.1 gilt. Das kann irgendeine Nachricht M sein, die zuvor von Alice signiert wurde. Dann berechnet Oskar $z = h(M)$ und versucht, ein $M' \neq M$ mit $h(M') = h(M)$ zu finden. Wenn ihm das gelingt, ist (M', x) eine gültige signierte Nachricht, also eine Fälschung. Um einen solchen Angriff zu vermeiden, verlangen wir, dass h die folgende Eigenschaft erfüllt.

Definition 6.2 Es sei M eine Nachricht. Eine Hashfunktion h ist *schwach kollisionsfrei für* M (eine *second preimage resistant function*), wenn es berechnungsmäßig praktisch unmöglich ist, eine Nachricht $M' \neq M$ mit $h(M) = h(M')$ zu finden. $\square$

Ein anderer möglicher Angriff besteht darin, dass Oskar zunächst zwei Nachrichten $M \neq M'$ mit $h(M) = h(M')$ findet. Oskar gibt M an Alice und überredet sie, den Fingerabdruck $h(M)$ durch $x = D_A(h(M))$ zu signieren. Dann ist (M', x) eine gültige Fälschung. Dadurch wird die nächste Definition motiviert.

Definition 6.3 Eine Hashfunktion ist *stark kollisionsfrei* (eine *collision resistant function*), wenn es berechnungsmäßig praktisch unmöglich ist, Nachrichten M und M' mit $M' \neq M$ und $h(M') = h(M)$ zu finden. $\square$

Die Definitionen 6.2 und 6.3 zeigen, dass eine Hashfunktion h genau dann stark kollisionsfrei ist, wenn es berechnungsmäßig praktisch unmöglich ist, eine Nachricht M zu finden, so dass h *nicht* schwach kollisionsfrei für M ist. In diesem Sinn folgt aus der starken Kollisionsfreiheit die schwache Kollisionsfreiheit.

Wir betrachten jetzt einen dritten möglichen Angriff, bei dem Oskar den öffentlichen Schlüssel von Alice verwendet. Er wählt einen beliebigen zufälligen Wert y und berechnet damit $E_A(y) = z$. Da $D_A(z) = y$ gilt, kann er behaupten, dass y die Signatur von

Alice auf z ist. Wenn er nun noch eine praktisch nützliche Nachricht M mit $h(M) = z$ finden kann, kann er sogar behaupten, dass Alice M unterzeichnet hat. Zur Vermeidung dieses Angriffs sollte die Hashfunktion die folgende Eigenschaft erfüllen.

Definition 6.4 Eine Hashfunktion ist eine *Ein-Weg-Funktion* (*one-way* oder *preimage resistant function*), wenn es für einen gegebenen Fingerabdruck z berechnungsmäßig praktisch unmöglich ist, eine Nachricht M mit $h(M) = z$ zu finden. $\square$

Wir wollen zeigen, dass aus der Eigenschaft einer Hashfunktion $h : X \to Z$, stark kollisionsfrei zu sein, auch schon folgt, dass h eine Ein-Weg-Funktion ist. Wir nehmen an, dass X und Z endlich sind. In diesem Fall wird h auch *Kompressionsfunktion* genannt. Außerdem soll $|X| \geq 2|Z|$ gelten, wobei wir mit $|X|$ die Anzahl der Elemente von X bezeichnen. Die Annahme über die Größen von X und Z ist vernünftig, da wir uns ein Element M von X als eine Bitfolge der Länge $\log_2 |X|$ vorstellen können und der Fingerabdruck $h(M)$ wenigstens einige Bits kürzer sein sollte. Eigentlich wollen wir auch einen unendlichen Definitionsbereich X zulassen, da wir Nachrichten beliebiger Länge betrachten wollen. Die Argumente des folgenden Satzes können auf diese Situation übertragen werden. Er liefert die Kontraposition der obigen Behauptung.

Satz 6.1 Es sei $h : X \to Z$ eine Hashfunktion mit endlichen Mengen X und Z und $|X| \geq 2|Z|$. Wir nehmen an, dass ein Algorithmus A existiert, der für ein gegebenes $z \in Z$ ein $M \in X$ mit $h(M) = z$ findet. Dann existiert ein probabilistischer (Las Vegas) Algorithmus, der Kollisionen $M, M' \in X$ mit $M \neq M'$ und $h(M) = h(M')$ mit einer Erfolgswahrscheinlichkeit $\geq \frac{1}{2}$ findet.

Beweis. Wir betrachten den folgenden Algorithmus B:

 (1) Wähle ein zufälliges $M \in X$.
 (2) Berechne $z = h(M)$.
 (3) Berechne mit dem Algorithmus A ein $M_1 \in X$ mit $h(M_1) = z$.
 (4) **if** $M_1 \neq M$ **then**
          M_1 und M kollidieren bei h (Erfolg)
        else Misserfolg.

Offensichtlich ist B ein probabilistischer Algorithmus. Er ist vom so genannten Las-Vegas-Typ, da er entweder eine Kollision findet oder keine Antwort liefert. Wir müssen seine Erfolgswahrscheinlichkeit berechnen.

Für $M, M' \in X$ definieren wir die Relation $M \sim M'$ durch $h(M) = h(M')$. Wir sehen sofort, dass $\sim$ eine Äquivalenzrelation ist. Dann ist

$$[M] = \{M' \in X \mid M \sim M'\}$$

die Äquivalenzklasse von M. Mit $C = \{ [M] \mid M \in X \}$ bezeichnen wir die Menge dieser Klassen. Jedes $[M]$ ist das inverse Bild eines Elementes $z \in Z$. Folglich gibt es höchstens $|Z|$ Äquivalenzklassen, das heißt $|C| \leq |Z|$.

Wir nehmen an, dass $M \in X$ in Schritt 1 von Algorithmus B gewählt wurde. Für dieses M gibt es $|[M]|$ mögliche M_1, die in Schritt 3 des Algorithmus bestimmt werden können. Davon sind $|[M]| - 1$ verschieden von M und führen zum Erfolg in Schritt 4.

Bei einer speziellen Wahl von $M \in X$ ist daher die Erfolgswahrscheinlichkeit durch $\frac{|[M]| - 1}{|[M]|}$ gegeben. Bei Durchschnittsbildung über alle möglichen Wahlen von M erhalten wir als Erfolgswahrscheinlichkeit p des Algorithmus B schließlich

$$p = \frac{1}{|X|} \sum_{M \in X} \frac{|[M]| - 1}{|[M]|} = \frac{1}{|X|} \sum_{c \in C} \sum_{M \in c} \frac{|c| - 1}{|c|} = \frac{1}{|X|} \sum_{c \in C} (|c| - 1)$$

$$= \frac{1}{|X|} \left(\sum_{c \in C} |c| - \sum_{c \in C} 1 \right) = \frac{1}{|X|} (|X| - |C|) \geq \frac{|X| - |Z|}{|X|} \geq \frac{|X| - \frac{|X|}{2}}{|X|} = \frac{1}{2}. \ \square$$

Im Folgenden beschränken wir uns auf stark kollisionsfreie Hashfunktionen, da diese auch Ein-Weg-Funktionen und schwach kollisionsfrei sind.

6.3 Der Geburtstagsangriff

In diesem Abschnitt bestimmen wir eine notwendige Bedingung für die Sicherheit von Hashfunktionen, die nur auf der Anzahl der möglichen Fingerabdrücke beruht. Diese notwendige Bedingung rührt von einer einfachen Methode her, mit der man Kollisionen finden kann, dem Geburtstagsangriff. Dieser Name stammt von dem Geburtstagsparadoxon, das behauptet, dass in einer Gruppe von 23 zufällig gewählten Personen mit Wahrscheinlichkeit $\geq \frac{1}{2}$ mindestens zwei am selben Tag Geburtstag haben. In Wirklichkeit ist dies kein Paradoxon, wir werden uns am Ende dieses Abschnitts davon überzeugt haben, aber es widerspricht sicherlich der Intuition.

Wie in Abschnitt 6.2 nehmen wir an, dass $h : X \to Z$ eine Hashfunktion mit endlichen Mengen X und Z ist, wobei $|X| \geq 2|Z|$ gilt. Wir setzen $|X| = m$ und $|Z| = n$. Wegen $|X| \geq 2|Z|$ ist klar, dass mindestens n Kollisionen existieren. Wie werden sie gefunden? Ein naiver Versuch besteht darin, zufällig k verschiedene Elemente $M_1, \ldots, M_k \in X$ zu wählen, $z_i = h(M_i)$, $1 \leq i \leq k$, zu berechnen und dann, zum Beispiel durch Sortieren, festzustellen, ob dabei eine Kollision eintritt. Dieser Prozess ist analog dazu, k Kugeln zufällig in n Urnen zu werfen und zu überprüfen, ob einige Urnen wenigstens zwei Kugeln enthalten.

Wir berechnen eine untere Schranke für die Wahrscheinlichkeit, mit dieser Methode eine Kollision zu finden. Diese untere Schranke hängt von k und n ab, jedoch nicht von m. Wir machen die Annahme, dass die Werte der Hashfunktion in Z ungefähr gleichverteilt sind, also $|h^{-1}(z)| \approx \frac{m}{n}$ für alle $z \in Z$ gilt.

Da die inversen Bilder alle ungefähr von derselben Größe sind und die M_i zufällig gewählt werden, können die $z_i = h(M_i)$ als zufällige, nicht notwendig verschiedene Elemente von Z aufgefasst werden. Wir berechnen die Wahrscheinlichkeit, dass k zufällig gewählte Elemente aus Z paarweise verschieden sind. Wir können uns vorstellen, dass sie in der Reihenfolge $z_1, \ldots, z_k$ gewählt werden. Die Wahrscheinlichkeit, dass dann $z_2 \neq z_1$ gilt, ist offenbar $\frac{n-1}{n} = 1 - \frac{1}{n}$. Gilt bereits $z_1 \neq z_2$, so ist die Wahrscheinlichkeit, dass dann zusätzlich $z_3 \neq z_1$ und $z_3 \neq z_2$ gilt, gleich $\frac{n-2}{n} = 1 - \frac{2}{n}$. Das bedeutet, dass die Wahrscheinlichkeit, dass drei zufällig gewählte Elemente paarweise voneinander verschieden sind, gleich $\left(1 - \frac{1}{n}\right)\left(1 - \frac{2}{n}\right)$ ist. Dieses Argument kann fortgesetzt werden, so dass wir die Wahrscheinlichkeit, dass keine Kollision stattfindet, durch

$$\left(1 - \frac{1}{n}\right)\left(1 - \frac{2}{n}\right) \dots \left(1 - \frac{k-1}{n}\right) = \prod_{i=1}^{k-1} \left(1 - \frac{i}{n}\right)$$

abschätzen können. Da für kleine Zahlen $x \in \mathbb{R}$

$$1 - x \approx e^{-x} = 1 - x + \frac{x^2}{2!} - \frac{x^3}{3!} + - \dots$$

gilt, findet mit einer Wahrscheinlichkeit von

$$\prod_{i=1}^{k-1} \left(1 - \frac{i}{n}\right) \approx \prod_{i=1}^{k-1} e^{\frac{-i}{n}} = e^{\frac{-k(k-1)}{2n}}$$

keine Kollision statt. Folglich können wir die Wahrscheinlichkeit ε von mindestens einer Kollision durch

$$\varepsilon \approx 1 - e^{\frac{-k(k-1)}{2n}}$$

abschätzen. Dann lässt sich die letzte Gleichung als Funktion k, abhängig von den Variablen n und ε, auflösen, und zwar erhalten wir aus

$$e^{\frac{-k(k-1)}{2n}} \approx 1 - \varepsilon$$

durch Logarithmusbildung

$$\frac{-k(k-1)}{2n} \approx \ln(1 - \varepsilon)$$

und damit

$$k^2 - k = \left(k - \frac{1}{2}\right)^2 - \frac{1}{4} \approx 2n \ln \frac{1}{1 - \varepsilon}.$$

Daraus folgt

$$k \approx \frac{1}{2} + \sqrt{\frac{1}{4} + 2n \ln \frac{1}{1 - \varepsilon}} \approx c_\varepsilon \cdot \sqrt{n}$$

mit $c_\varepsilon = \sqrt{2 \cdot \ln \frac{1}{1-\varepsilon}}$. Bei Wahl von $\varepsilon = 0{,}5$ ergibt sich die Schätzung

$$k \approx 1{,}17 \cdot \sqrt{n}.$$

Das bedeutet, dass man bei ungefähr $\sqrt{n}$ zufällig gewählten Elementen aus X eine Kollision mit einer Wahrscheinlichkeit größer als $\frac{1}{2}$ erhält. Die Wahl eines anderen ε führt zu einem anderen konstanten Faktor von $\sqrt{n}$. Wenn X die Menge aller Menschen darstellt und Z die Menge aller Tage eines Nichtschaltjahres, dann stelle $h(x)$ den Geburtstag von x dar. Wir erhalten $k \approx 1{,}17 \cdot \sqrt{365} = 22{,}3$. Dies liefert den zu Beginn dieses Abschnitts erwähnten Wert.

Dieser Geburtstagsangriff bestimmt eine untere Grenze für die Größe der Fingerabdrücke. Ein 40-Bit-Fingerabdruck wäre sehr unsicher, da eine Kollision mit Wahrscheinlichkeit $\frac{1}{2}$ bei etwas über 2^{20} (etwa einer Million) zufälligen Wahlen eines x gefunden würde. Die minimale Größe eines Fingerabdrucks sollte heute schon 256 Bits sein, wobei immerhin $1{,}17 \cdot 2^{128}$ zufällige Wahlen von Elementen aus X notwendig sind, um mit Wahrscheinlichkeit $\frac{1}{2}$ eine Kollision zu erhalten. Die Hashfunktion SHA-512, die wir in Abschnitt 6.6 betrachten werden, arbeitet mit 512 Bits.

6.4 Von Kompressions- zu Hashfunktionen

Erst in Abschnitt 7.6 werden wir eine konkrete Hashfunktion mit endlichem Definitionsbereich, also eine Kompressionsfunktion, kennen lernen, die beweisbar stark kollisionsfrei ist, falls ein bestimmtes Problem des diskreten Logarithmus nicht berechnet werden kann. Trotzdem gehen wir in diesem Abschnitt bereits davon aus, dass wir eine stark kollisionsfreie Kompressionsfunktion haben. Wir zeigen, wie sie zu einer stark kollisionsfreien Hashfunktion mit unendlichem Definitionsbereich erweitert werden kann. Einige Elemente dieser Konstruktion können wir dann bei der Konstruktion von Hashfunktionen mit unendlichem Definitionsbereich aus Kryptosystemen in Abschnitt 6.5 oder bei ihrer direkten Definition in Abschnitt 6.6 verwenden. Es sei

$$h : \mathbb{Z}_2^m \to \mathbb{Z}_2^t$$

eine stark kollisionsfreie Hashfunktion mit $m \geq t+1$. Dazu konstruieren wir eine stark kollisionsfreie Hashfunktion

$$h^* : X = \bigcup_{j=1}^{\infty} \mathbb{Z}_2^j \to \mathbb{Z}_2^t.$$

Wir unterscheiden die Fälle $m \geq t + 2$ und $m = t + 1$ und beginnen mit dem ersten Fall.

Ein Element $x = (b_1, \ldots, b_n) \in \mathbb{Z}_2^n$ stellen wir auch als Bitfolge $b_1 \ldots b_n$ dar. In diesem Sinn hat x die Länge $|x| = n$. Mit $x\|y$ bezeichnen wir wie zuvor die Konkatenation der Bitfolgen x und y. Es sei $k = \left\lceil \frac{n}{m-t-1} \right\rceil$. Man beachte, dass $m - t - 1 \geq 1$ ist. Dann können wir x wie folgt zerlegen:

$$x = x_1\|x_2\| \ldots \|x_k \text{ mit } |x_1| = |x_2| = \ldots = |x_{k-1}| = m - t - 1 \text{ und}$$
$$|x_k| = m - t - 1 - d,\ 0 \leq d \leq m - t - 2.$$

Die Hashfunktion h^* wird durch den folgenden Algorithmus berechnet.

Algorithmus 6.1
Eingabe: $x \in \bigcup_{j=1}^{\infty} \mathbb{Z}_2^j$, $m \geq t + 2$, mit Werten k, x_i, und d wie in den vorhergehenden
  Überlegungen.
Ausgabe: Hashwert $h^*(x)$.
  (1) **for** $i = 1$ **to** $k - 1$ **do**
        $y_i := x_i$ **end**;
  (2) $y_k := x_k\|0^d$;
  (3) $y_{k+1} :=$ Binärdarstellung von d;
          {Auffüllung von links durch Nullen, damit $|y_{k+1}| = m - t - 1$}
  (4) $g_1 := h(0^{t+1}\|y_1)$;
  (5) **for** $i = 1$ **to** k **do**
        $g_{i+1} := h(g_i\|1\|y_{i+1})$ **end**;
  (6) $h^*(x) := g_{k+1}$. □

Setzen wir $y(x) = y_1\|y_2\| \ldots \|y_{k+1}$ mit den im Algorithmus bestimmten Werten y_i, dann ist klar, dass dadurch eine injektive Abbildung $x \mapsto y(x)$ definiert wird.

Satz 6.2 Es sei $h : \mathbb{Z}_2^m \to \mathbb{Z}_2^t$ mit $m \geq t + 2$ eine stark kollisionsfreie Hashfunktion. Dann ist die Abbildung $h^* : X = \bigcup_{j=1}^\infty \mathbb{Z}_2^j \to \mathbb{Z}_2^t$ aus Algorithmus 6.1 stark kollisionsfrei.

Beweis. Wir nehmen an, dass h^* nicht stark kollisionsfrei ist, was bedeutet, dass wir in polynomialer Zeit $x, x' \in X$, $x \neq x'$, mit $h^*(x) = h^*(x')$ finden können. Wir werden in polynomialer Zeit eine Kollision für h konstruieren. Dies ist ein Widerspruch dazu, dass h als stark kollisionsfrei angenommen wurde.

Es sei

$$y(x) = y_1 \| y_2 \| \dots \| y_{k+1} \text{ und } y(x') = y_1' \| y_2' \| \dots \| y_{l+1}',$$

wobei x und x' in Schritt 2 des Algorithmus mit d bzw. d' Nullen aufgefüllt sind. Die Werte, die in Schritt 5 berechnet werden, heißen $g_1, \dots, g_{k+1}$ bzw. $g_1', \dots, g_{l+1}'$. Wir betrachten zwei Fälle, nämlich je nachdem, ob $|x| \bmod (m - t - 1) = |x'| \bmod (m - t - 1)$ gilt oder nicht.

Als ersten Fall betrachten wir $|x| \bmod (m - t - 1) \neq |x'| \bmod (m - t - 1)$. Dann ist $d \neq d'$ und $y_{k+1} \neq y_{l+1}'$. Es folgt

$$h(g_k \| 1 \| y_{k+1}) = g_{k+1} = h^*(x) = h^*(x') = g_{l+1}' = h(g_l' \| 1 \| y_{l+1}').$$

Wegen $y_{k+1} \neq y_{l+1}'$ und $g_k, g_l' \in \mathbb{Z}_2^t$ ist dies eine Kollision für h.

Für den zweiten Fall haben wir $|x| \bmod (m - t - 1) = |x'| \bmod (m - t - 1)$. Dazu betrachten wir zwei Teilfälle. Zunächst sei $|x| = |x'|$. Dann ist $k = l$ und $y_{k+1} = y_{k+1}'$. Wie im ersten Fall erhalten wir

$$h(g_k \| 1 \| y_{k+1}) = h(g_k' \| 1 \| y_{k+1}').$$

Falls $g_k \neq g_k'$ gilt, haben wir schon eine Kollision gefunden. Anderenfalls sei $g_k = g_k'$. Dann ist

$$h(g_{k-1} \| 1 \| y_k) = g_k = g_k' = h(g_{k-1}' \| 1 \| y_k').$$

Entweder finden wir hier eine Kollision für h, oder es ist $g_{k-1} = g_{k-1}'$ und $y_k = y_k'$. Immer dann, wenn wir keine Kollision finden, wird dieses Verfahren fortgesetzt, bis wir schließlich zu

$$h(0^{t+1} \| y_1) = g_1 = g_1' = h(0^{t+1} \| y_1')$$

gelangen. Für $y_1 \neq y_1'$ ist eine Kollision für h gefunden. Ist dagegen $y_1 = y_1'$, dann gilt wegen der vorhergehenden Schritte $y_i = y_i'$ für alle $i = 1, \dots, k + 1$ und folglich $y(x) = y(x')$. Da $x \mapsto y(x)$ injektiv ist, folgt der Widerspruch $x = x'$.

Es bleibt noch der Teilfall $|x| \neq |x'|$ zu betrachten. Ohne Beschränkung der Allgemeinheit sei $|x'| > |x|$ und damit $l > k$. Zunächst wird so wie im vorangegangenen Teilfall verfahren. Wenn wir zuvor keine Kollision für h bekommen, erreichen wir die Situation

$$h(0^{t+1} \| y_1) = g_1 = g_{l-k+1}' = h(g_{l-k}' \| 1 \| y_{l-k+1}').$$

Das $(t + 1)$-te Bit des Wortes $0^{t+1} \| y_1$ ist 0, das entsprechende Bit von $g_{l-k}' \| 1 \| y_{l-k+1}'$ ist 1. Somit ist eine Kollision für h gefunden.

Da nach Definition 6.1 die Funktion h in polynomialer Zeit in Bezug auf die Länge ihrer Eingaben berechnet werden kann, kann auch in polynomialer Zeit eine Kollision für h gefunden werden. $\square$

Die Konstruktion von Algorithmus 6.1 funktioniert nur, wenn $m \geq t + 2$ gilt. Wir wollen nun auch den Fall $m = t + 1$ behandeln. Zunächst wird x durch eine Funktion f kodiert, und zwar

$$f(0) = 0 \text{ und } f(1) = 01.$$

Die Hashfunktion h^* wird durch den folgenden Algorithmus berechnet.

Algorithmus 6.2
Eingabe: $x \in \bigcup_{j=1}^{\infty} \mathbb{Z}_2^j$, $m = t + 1$.
Ausgabe: Hashwert $h^*(x)$.
(1) $y(x) = y_1 \ldots y_k := 11 \| f(x)$;
    {wobei y_i, $i \in \{1, \ldots, k\}$, das i-te Bit von $11 \| f(x)$ ist}
(2) $g_1 := h(0^t \| y_1)$;
(3) **for** $i = 1$ **to** $k - 1$ **do**
    $g_{i+1} := h(g_i \| y_{i+1})$ **end**;
(4) $h^*(x) := g_k$. $\square$

Die Kodierung $x \mapsto y(x)$ aus Schritt 1 erfüllt zwei Eigenschaften:
(1) $x \mapsto y(x)$ ist eine Injektion.
(2) Es existieren keine zwei Wörter $x \neq x'$ und ein weiteres Wort z mit $y(x) = z \| y(x')$ (d. h., keine Kodierung ist ein Postfix einer anderen Kodierung).
Die Eigenschaft (2) ergibt sich daraus, dass jedes Wort $y(x)$ mit 11 beginnt und dies wegen der Definition von f die einzige Stelle in $y(x)$ mit zwei aufeinander folgenden Einsen ist.

Satz 6.3 Es sei $h : \mathbb{Z}_2^{t+1} \to \mathbb{Z}_2^t$ eine stark kollisionsfreie Hashfunktion. Dann ist die Abbildung $h^* : X = \bigcup_{j=1}^{\infty} \mathbb{Z}_2^j \to \mathbb{Z}_2^t$ aus Algorithmus 6.2 stark kollisionsfrei.

Beweis. Wir nehmen an, dass h^* nicht stark kollisionsfrei ist, dass wir also Elemente $x, x' \in X$, $x \neq x'$ mit $h^*(x) = h^*(x')$ in polynomialer Zeit finden können. Wir setzen

$$y(x) = y_1 \ldots y_k \text{ und } y(x') = y'_1 \ldots y'_l.$$

Wir betrachten zwei Fälle.
Zunächst sei $k = l$. Es gilt

$$h(g_{k-1} \| y_k) = g_k = h^*(x) = h^*(x') = g'_k = h(g'_{k-1} \| y'_k).$$

Entweder ist dies eine Kollision für h oder es gilt $g_{k-1} = g'_{k-1}$ und $y_k = y'_k$. Immer, wenn keine Kollision gefunden wurde, setzen wir das Verfahren fort, bis wir schließlich zu

$$h(0^t \| y_1) = h(0^t \| y'_1)$$

gelangen. Ist dies keine Kollision, so erhalten wir $y(x) = y(x')$. Dann folgt jedoch $x = x'$, ein Widerspruch.

Es bleibt $k \neq l$ zu untersuchen. Ohne Beschränkung der Allgemeinheit sei $l > k$. Dann wird ähnlich wie zuvor verfahren. Falls wir keine Kollisionen für h finden, erhalten wir die folgenden Gleichungen:

$$
\begin{aligned}
y_k &= y'_l, \\
y_{k-1} &= y'_{l-1}, \\
&\vdots \\
y_1 &= y'_{l-k+1}.
\end{aligned}
$$

$y_1 \ldots y_k$ ist also ein Postfix von $y'_1 \ldots y'_l$. Dies widerspricht der vor dem Satz genannten Eigenschaft (2). Wir finden also in jedem Fall eine Kollision für h in polynomialer Zeit. $\square$

Zusammenfassend stellen wir fest, dass zu einer stark kollisionsfreien Hashfunktion $h : \mathbb{Z}_2^m \to \mathbb{Z}_2^t$ mit $m \geq t + 1$ eine stark kollisionsfreie Hashfunktion

$$
h^* : \bigcup_{j=1}^{\infty} \mathbb{Z}_2^j \to \mathbb{Z}_2^t
$$

existiert. Die Anzahl der Anwendungen von h bei der Berechnung von $h^*(x)$ mit $|x| = n$ ist für $m \geq t + 2$ durch $1 + \left\lceil \frac{n}{m-t-1} \right\rceil$ und für $m = t + 1$ durch $2n + 2$ beschränkt.

h^* ist keine Erweiterung von h, da die beiden Funktionen im Allgemeinen auf Argumenten der Länge m nicht übereinstimmen.

Falls eine Kollision für $x \neq x'$ bekannt ist, dann gilt für jede Bitfolge z die Gleichung $h^*(y(x)\|z) = h^*(y(x')\|z)$ für $m > t + 1$ (mit dem im Anschluss an Algorithmus 6.1 definierten $y(x)$) und $h^*(x\|z) = h^*(x'\|z)$ für $m = t + 1$. Man erhält auf diese Weise unendlich viele Kollisionen.

6.5 Hashfunktionen aus Kryptosystemen

Die im vorhergehenden Abschnitt 6.4 beschriebene Methode zur Erzeugung neuer Hashfunktionen liefert vermutlich zu langsame Hashfunktionen. Ein anderer Ansatz ist es, ein existierendes Kryptosystem zur Konstruktion einer Hashfunktion zu benutzen. Dabei wollen wir zur Vereinfachung annehmen, dass $\mathcal{M} = \mathcal{C} = \mathcal{K} = \mathbb{Z}_2^n$ gilt. Es sollte $n \geq 256$ gelten, damit ein Geburtstagsangriff keine Chance hat. Wir sehen also, dass DES oder IDEA hierfür nicht verwendet werden können, wohl aber AES (verschlüsselt mit 256-Bit-Schlüsseln 128-Bit-Blöcke, siehe Kapitel 12), falls wir jeweils zwei Blöcke zusammenfassen.

Es sei eine Bitfolge $M = x_1\|x_2\| \ldots \|x_k$, $x_i \in \mathbb{Z}_2^n$, $i = 1, \ldots, k$, gegeben. Wenn die Anzahl der Bits kein Vielfaches von n ist, muss wie in Abschnitt 6.4 der letzte Block zum Beispiel mit Nullen aufgefüllt werden. Man beginnt mit einem festen „Anfangswert" $g_0 = \mathrm{IV}$ (auch *initialer Vektor*), danach werden der Reihe nach $g_1, \ldots, g_k$ mit

$$
g_i = f(x_i, g_{i-1})
$$

konstruiert, wobei f eine Abbildung ist, die die Chiffrierfunktion des hier benutzten Kryptosystems beinhaltet. Der Fingerabdruck ist schließlich $h(M) = g_k$.

Es wurden mehrere Hashfunktionen dieser Art vorgeschlagen, und viele von ihnen waren, auch bei sicherem unterliegenden Kryptosystem, unsicher. Vier Varianten scheinen jedoch sicher zu sein, die wir hier angeben. Mit E wird der Chiffrieralgorithmus bezeichnet. Man beachte, dass jedes berechnete g_i auch als Schlüssel verwendet werden kann.

$$g_i = E_{g_{i-1}}(x_i) \oplus x_i,$$

$$g_i = E_{g_{i-1}}(x_i) \oplus x_i \oplus g_{i-1},$$

$$g_i = E_{g_{i-1}}(x_i \oplus g_{i-1}) \oplus x_i,$$

$$g_i = E_{g_{i-1}}(x_i \oplus g_{i-1}) \oplus x_i \oplus g_{i-1}.$$

6.6 MD5, SHA-1, SHA-384 und SHA-512

Im Jahre 1990 wurde von *Ronald Rivest* die MD4-Hashfunktion vorgestellt und 1991 die verbesserte Version MD5. MD steht für *message digest* und die 4 bzw. 5 für die Nummer in einer Reihe vorgeschlagener Hashfunktionen. Beide liefern eine 128-Bit-Hashfunktion. Das Finden einer Kollision sollte daher etwa 2^{64} Rechnungen erfordern, bei vorgegebenem z sollte das Finden eines M mit $h(M) = z$ erst mit etwa 2^{128} Versuchen möglich sein. Inzwischen ist gezeigt worden, dass sich bei MD4 Kollisionen (also M, M', $M \neq M'$, mit $h(M) = h(M')$) schon mit weniger als 2^{20} Rechnungen ergeben, so dass eine Verwendung von MD4 nicht mehr in Frage kommt. Auch bei MD5 konnten bereits Kollisionen in weniger als einer Minute konstruiert werden [81]. Eine Verwendung von MD5 in der HMAC-Konstruktion (siehe Definition 6.6) ist direkt noch kein Problem, da hier nur eine sehr schwache Form der Kollisionsresistenz der Hashfunktion benötigt wird. In neuen Systemen sollte man aber MD5 nicht verwenden.

Ebenfalls auf MD4 baut die Hashfunktion SHA-1 (*Secure Hash Algorithm*) auf. Sie ist sicherer als MD5, jedoch gibt es für sie Kollisionsangriffe (siehe [151] und darauf aufbauende weitere Arbeiten), die es sehr wahrscheinlich machen, dass die Erzeugung von Kollisionen bei SHA-1 heute praktisch möglich ist. Als Grundlage für einen HMAC oder als Komponente eines Pseudozufallsgenerators spricht jedoch zur Zeit nichts, aber auch hier wird vom *Bundesamt für Sicherheit in der Informationstechnik (BSI)* (siehe [20], Bemerkung 13) definitiv empfohlen, SHA-1 nicht einzusetzen, wenn eine kollisionsfreie Hashfunktion benötigt wird.

Als sichere Hashfunktionen gelten zur Zeit die Funktionen der SHA-2- und auch der SHA-3-Familie (siehe [104] bzw. [105]).

Wir besprechen in diesem Abschnitt MD5, SHA-1 sowie aus der SHA-2-Familie die Hashfunktionen SHA-512 und SHA-384, wobei sich die letzte aus der vorletzten durch eine kleine Änderung ergibt. . Zunächst stellen wir in der Tabelle von Seite 104 verschiedene Bezeichnungen zusammen, die in den Algorithmen zur Berechnung der Hashfunktionen verwendet werden.

Die Funktionen f, g, $\bar{g}$, h und k bewirken Kompressionen. Mit ihrer Hilfe werden, in komplizierterer Weise als in Abschnitt 6.4, die Hashfunktionen konstruiert. Wir

Bezeichnung	Bedeutung
u, v, w	Variablen, die 32-Bit- bzw. 64-Bit-Folgen repräsentieren
$0x67452301$	Hexadezimaldarstellung einer 32-Bit-Zahl
	(01 Byte kleinster Ordnung, entsprechend für 64-Bit-Zahl)
$+$	Addition modulo 2^{32} bzw. modulo 2^{64}
$\overline{u}$	bitweises Komplement von u
$\text{ROTL}^s(u)$	Ergebnis eines zirkulären Linksshifts von u um s Positionen
$\text{ROTR}^s(u)$	Ergebnis eines zirkulären Rechtsshifts von u um s Positionen
$\text{SHR}^s(u)$	Ergebnis eines Shifts um s Positionen nach rechts
	(Entfernung der s rechten Bits, links Auffüllung durch s 0en)
$\sigma_0(u)$	$\text{ROTR}^1(u) \oplus \text{ROTR}^8(u) \oplus \text{SHR}^7(u)$
$\sigma_1(u)$	$\text{ROTR}^{19}(u) \oplus \text{ROTR}^{61}(u) \oplus \text{SHR}^6(u)$
uw	bitweises $\wedge$ (Und)
$u \vee v$	bitweises Oder
$u \oplus v$	bitweises exklusives Oder
$f(u, v, w)$	$uv \oplus \overline{u}w$
$g(u, v, w)$	$uw \oplus v\overline{w}$
$\overline{g}(u, v, w)$	$uv \oplus uw \oplus vw$
$h(u, v, w)$	$u \oplus v \oplus w$
$k(u, v, w)$	$v \oplus (u \vee \overline{w})$
$(A, B) := (C, D)$	gleichzeitige Zuweisung $A := C$, $B := D$, wobei C und D vor der Zuweisung ausgewertet sein müssen (auch für mehrere Komponenten)

Verwendete Bezeichnungen in MD5, SHA-1 und SHA-512

beginnen mit dem MD5-Algorithmus. In diesem Zusammenhang ist die Darstellung von 32-Bit-Zahlen für Rechner in *little-endian*-Architektur (z.B. bei Intel-Prozessoren) von einem gewissen Interesse. Dabei repräsentiert ein Wort, das durch die vier Bytes $a_1 a_2 a_3 a_4$ (jedes eine Zahl zwischen 0 und 255 darstellend) gegeben ist, die Zahl

$$a_4 2^{24} + a_3 2^{16} + a_2 2^8 + a_1.$$

Folglich ist 01 in der Tabelle das Byte a_1 dieser Darstellung. Die vertrautere Zahldarstellung findet sich bei Rechnern in *big-endian*-Architektur. Ein Wort $a_1 a_2 a_3 a_4$ mit Bytes a_1, a_2, a_3, a_4 repräsentiert die Zahl

$$a_1 2^{24} + a_2 2^{16} + a_3 2^8 + a_4.$$

Die Operationen von MD5 werden zwar zumeist in „big-endian"-Form angegeben, einige Operanden sind aber „little-endian".

Algorithmus 6.3 (*MD5*)

Eingabe: Bitfolge M beliebiger Länge $b \geq 0$.
Ausgabe: 128-Bit-Hashwert $h(M)$

(1) {Definition von Konstanten}
Definiere vier 32-Bit Anfangswerte:
$h_1 = 0x67452301$, $h_2 = 0xefcdab89$, $h_3 = 0x98badcfe$, $h_4 = 0x10325476$.
Definiere additive 32-Bit-Konstanten:
$y[j] = $ erste 32 Bits des binären Wertes von $|(\sin(j+1))|$, $0 \le j \le 63$, wobei j
im Bogenmaß ist.
Definiere die Werte $z[i]$, $i = 0, \dots, 63$:
$z[0\dots 15]\ = [0,1,2,3,4,5,6,7,8,9,10,11,12,13,14,15]$,
$z[16\dots 31] = [1,6,11,0,5,10,15,4,9,14,3,8,13,2,7,12]$,
$z[32\dots 47] = [5,8,11,14,1,4,7,10,13,0,3,6,9,12,15,2]$,
$z[48\dots 63] = [0,7,14,5,12,3,10,1,8,15,6,13,4,11,2,9]$.
Definiere die Anzahl von zirkulären Linksshifts $s[i]$, $i = 0, \dots, 63$:
$s[0\dots 15]\ = [7,12,17,22,7,12,17,22,7,12,17,22,7,12,17,22]$,
$s[16\dots 31] = [5,9,14,20,5,9,14,20,5,9,14,20,5,9,14,20]$,
$s[32\dots 47] = [4,11,16,23,4,11,16,23,4,11,16,23,4,11,16,23]$,
$s[48\dots 63] = [6,10,15,21,6,10,15,21,6,10,15,21,6,10,15,21]$.
(2) {Vorberechnungen}
Fülle M wie folgt auf, damit seine Bitlänge ein Vielfaches (m-faches) von 512
  wird:
$d := (447 - |M|) \bmod 512$;
$\ell := $ Binärdarstellung von $b \bmod 2^{64}$;
    {mit dem Byte kleinster Ordnung beginnend, „little-endian"-Darstellung}
$M := M\|1\|0^d\|\ell$;
    {beachte: $1 + 447 + 64 = 512$; es ist jetzt $M = x_0'\|x_1'\| \dots \|x_{16m-1}'$ eine
    Darstellung von M durch $16m$ 32-Bit-Wörter}
for $i = 0$ **to** $16m - 1$ **do**
    $x_i := $ Umkehrung der Reihenfolge der 4 Bytes von x_i'
end;
Initialisierung:
$(H_1, H_2, H_3, H_4) := (h_1, h_2, h_3, h_4)$.
(3) {Berechnungen (Kompressionsschleife):}
for $i = 0$ **to** $m - 1$ **do**
    for $j = 0$ **to** 15 **do**
        $X[j] := x_{16i+j}$
    end;
    $(A, B, C, D) := (H_1, H_2, H_3, H_4)$;
    for $j = 0$ **to** 15 **do** {Runde 0}
        $t := A + f(B, C, D) + X[z[j]] + y[j]$;
        $(A, B, C, D) := (D, B + \text{ROTL}^{s[j]}(t), B, C)$
    end;
    for $j = 16$ **to** 31 **do** {Runde 1}
        $t := A + g(B, C, D) + X[z[j]] + y[j]$;
        $(A, B, C, D) := (D, B + \text{ROTL}^{s[j]}(t), B, C)$
    end;

> **for** $j = 32$ **to** 47 **do** {Runde 2}
> $\quad t := A + h(B,C,D) + X[z[j]] + y[j];$
> $\quad (A,B,C,D) := (D, B + \text{ROTL}^{s[j]}(t), B, C)$
> **end**;
> **for** $j = 48$ **to** 63 **do** {Runde 3}
> $\quad t := A + k(B,C,D) + X[z[j]] + y[j];$
> $\quad (A,B,C,D) := (D, B + \text{ROTL}^{s[j]}(t), B, C)$
> **end**;
> $(H_1, H_2, H_3, H_4) := (H_1 + A, H_2 + B, H_3 + C, H_4 + D)$
> **end**;

(4) {Abschluss:}

Umkehrung der Reihenfolge der Bytes innerhalb von H_1, H_2, H_3, H_4;

$h(M) := H_1 \| H_2 \| H_3 \| H_4.$ $\quad\square$

In jeder Schleife von MD5 werden 512 Bits der Eingabe abgearbeitet. MD5 ist sehr schnell. Bei Implementierung auf einem PC mit 2 GHz Taktfrequenz verarbeitet MD5 ungefähr 100 Mbytes/sec (CPU-Zeit). Wie schon zuvor erwähnt, können Kollisionen in weniger als einer Minute gefunden werden und eine sichere Anwendung von MD5 ist nur noch sehr beschränkt möglich, zum Beispiel in der HMAC-Konstruktion (siehe Definition 6.6).

Die Hashfunktion SHA-1, die einen 160-Bit-Hashwert statt eines 128-Bit-Hashwerts wie MD5 liefert, hat eine größere Sicherheit gegen Geburtstagsangriffe. Ihre Darstellung geht von einer *big-endian*-Architektur der Rechner aus.

Algorithmus 6.4 *(SHA-1)*

Eingabe: Bitfolge M beliebiger Länge $b \geq 0$ ($b < 2^{64}$ gemäß [104]).

Ausgabe: 160-Bit-Hashwert $h(M)$.

(1) {Definition von Konstanten}

Definiere fünf 32-Bit Anfangswerte:

$h_1 = 0x67452301$, $h_2 = 0xefcdab89$, $h_3 = 0x98badcfe$,
$h_4 = 0x10325476$, $h_5 = 0xc3d2e1f0$.

Definiere additive 32-Bit-Konstanten:

$y_1 = 0x5a827999$, $y_2 = 0x6ed9eba1$, $y_3 = 0x8f1bbcdc$, $y_4 = 0xca62c1d6$.

(2) {Vorberechnungen}

Fülle M wie folgt auf, damit seine Bitlänge ein Vielfaches (m-faches) von 512 wird:

$d := (447 - |M|) \bmod 512;$

$\ell := $ Binärdarstellung von $b \bmod 2^{64}$;

$\quad$ {mit dem Byte größter Ordnung beginnend}

$M := M \| 1 \| 0^d \| \ell.$

$\quad$ {beachte: $1 + 447 + 64 = 512$; es ist jetzt $M = x_0 \| x_1 \| \ldots \| x_{16m-1}$ eine

$\quad\quad$ Darstellung von M durch $16m$ 32-Bit-Wörter}

Initialisierung:

$(H_1, H_2, H_3, H_4, H_5) := (h_1, h_2, h_3, h_4, h_5).$

(3) {Berechnungen (Kompressionsschleife):}
  for $i = 0$ **to** $m - 1$ **do**
    for $j = 0$ **to** 15 **do**
      $X[j] := x_{16i+j}$
    end;
    {Erweitere 16-Wortblöcke in 80-Wortblöcke:}
    for $j = 16$ **to** 79 **do**
      $X[j] := \mathrm{ROTL}^1(X[j-3] \oplus X[j-8] \oplus X[j-14] \oplus X[j-16])$
    end;
    $(A, B, C, D, E) := (H_1, H_2, H_3, H_4, H_5)$;
    for $j = 0$ **to** 19 **do**
      $t := \mathrm{ROTL}^5(A) + f(B, C, D) + E + X[j] + y_1$;
      $(A, B, C, D, E) := (t, A, \mathrm{ROTL}^{30}(B), C, D)$
    end;
    for $j = 20$ **to** 39 **do**
      $t := \mathrm{ROTL}^5(A) + h(B, C, D) + E + X[j] + y_2$;
      $(A, B, C, D, E) := (t, A, \mathrm{ROTL}^{30}(B), C, D)$
    end;
    for $j = 40$ **to** 59 **do**
      $t := \mathrm{ROTL}^5(A) + \bar{g}(B, C, D) + E + X[j] + y_3$;
      $(A, B, C, D, E) := (t, A, \mathrm{ROTL}^{30}(B), C, D)$
    end;
    for $j = 60$ **to** 79 **do**
      $t := \mathrm{ROTL}^5(A) + h(B, C, D) + E + X[j] + y_4$;
      $(A, B, C, D, E) := (t, A, \mathrm{ROTL}^{30}(B), C, D)$
    end;
    $(H_1, H_2, H_3, H_4, H_5) := (H_1 + A, H_2 + B, H_3 + C, H_4 + D, H_5 + E)$
  end;
(4) {Abschluss:}
  $h(M) := H_1 \| H_2 \| H_3 \| H_4 \| H_5.$ □

In jeder Schleife von SHA-1 werden wie bei MD5 512 Bits der Eingabe abgearbeitet. Wegen des größeren Hashwerts ist SHA-1 jedoch stärker als MD5. Ein Vorteil der Expansion der 16-Wort-Blöcke (ein Wort zu 32 Bits) in 80-Wort-Blöcke wird darin gesehen, dass zwei verschiedene 16-Wort-Blöcke zwei 80-Wort-Blöcke liefern, die in einer noch größeren Zahl von Bitpositionen unterschiedlich sind. Dadurch wird die Anzahl der Bitunterschiede der Teilnachrichten, die zur Kompression anstehen, in deutlicher Weise erhöht. Diese Redundanz vergrößert offensichtlich die Sicherheit.

SHA-1 ist etwas langsamer als MD5. Auf einem PC wie zuvor verarbeitet SHA-1 etwa 30 Mbytes/sec (CPU-Zeit).

Wir betrachten nun die Hashfunktion SHA-512 aus der SHA-2-Familie. Sie liefert einen 512-Bit-Hashwert statt eines 160-Bit-Hashwerts wie SHA-1. Ihre Darstellung geht wieder von einer *big-endian*-Architektur der Rechner aus.

Algorithmus 6.5 (*SHA-512*)

Eingabe: Bitfolge M beliebiger Länge $b \geq 0$.

Ausgabe: 512-Bit-Hashwert $h(M)$.

(1) {Definition von Konstanten}

Definiere acht 64-Bit Anfangswerte (die ersten 64 Bits des Bruchanteils der Quadratwurzeln der ersten acht Primzahlen):

$h_1 = 0x6a09e667f3bcc908$, $h_2 = 0xbb67ae8584caa73b$,

$h_3 = 0x3c6ef372fe94f82b$, $h_4 = 0xa54ff53a5f1d36f1$,

$h_5 = 0x510e527fade682d1$, $h_6 = 0x9b05688c2b3e6c1f$,

$h_7 = 0x1f83d9abfb41bd6b$, $h_8 = 0x5be0cd19137e2179$.

Definiere achtzig additive 64-Bit-Konstanten:

Für $0 \leq j \leq 79$: $y[j] =$ ersten 64 Bits des Bruchanteils der kubischen Wurzeln der $(j + 1)$-ten Primzahl (siehe [104], Abschnitt 4.2.3).

(2) {Vorberechnungen}

Fülle M wie folgt auf, damit seine Bitlänge ein Vielfaches (m-faches) von 1024 wird:

$d := (895 - |M|) \bmod 1024$;

$\ell :=$ Binärdarstellung von $b \bmod 2^{128}$;

{mit dem Byte größter Ordnung beginnend}

$M := M\|1\|0^d\|\ell$.

{beachte: $1+895+128 = 1024$; es ist jetzt $M = x_0\|x_1\| \ldots \|x_{16m-1}$ eine Darstellung von M durch $16m$ 64-Bit-Wörter}

Initialisierung:

$(H_1, H_2, H_3, H_4, H_5, H_6, H_7, H_8) := (h_1, h_2, h_3, h_4, h_5, h_6, h_7, h_8)$.

(3) {Berechnungen (Kompressionsschleife):}

for $i = 0$ **to** $m - 1$ **do**

    for $j = 0$ **to** 15 **do**

        $X[j] := x_{16i+j}$

    end;

    {Erweitere 16 64-Bit-Blöcke in 80 64-Bit-Blöcke:}

    for $j = 16$ **to** 79 **do**

        $X[j] := \sigma_1(X[j - 2]) + X[j - 7] + \sigma_0(X[j - 15]) + X[j - 16]$

    end;

    $(A, B, C, D, E, F, G, H) := (H_1, H_2, H_3, H_4, H_5, H_6, H_7, H_8)$;

    for $j = 0$ **to** 79 **do**

        $T_1 := H + (\text{ROTR}^{14}(E) \oplus \text{ROTR}^{18}(E) \oplus \text{ROTR}^{41}(E))$

           $+f(E, F, G) + X[j] + y[j]$;

        $T_2 := (\text{ROTR}^{28}(A) \oplus \text{ROTR}^{34}(A) \oplus \text{ROTR}^{39}(A)) + \bar{g}(A, B, C)$;

        $(A, B, C, D, E, F, G, H) := (T_1 + T_2, A, B, C, D + T_1, E, F, G)$

    end;

    $(H_1, H_2, H_3, H_4, H_5, H_6, H_7, H_8)$

        $:= (H_1+A, H_2+B, H_3+C, H_4+D, H_5+E, H_6+F, H_7+G, H_8*H)$

end;

(4) {Abschluss:}

    $h(M) := H_1\|H_2\|H_3\|H_4\|H_5\|H_6\|H_7\|H_8$. $\square$

In jeder Schleife von SHA-512 werden 1024 Bits der Eingabe abgearbeitet. Dies trägt, zusammen mit dem größeren Hashwert von SHA-512 dazu bei, dass SHA-512 stärker ist als SHA-1.

Im *Secure Hash Standard* [104] werden neben dem schon vorher beschriebenen SHA-1 außer SHA-512 die Algorithmen SHA-256 und SHA-384 dargestellt. Sie unterscheiden sich vor allem durch die Wahl der verwendeten Konstanten und Kompressionsfunktionen. SHA-1 liefert einen 160-Bit-Hashwert, bei SHA-256 sind es 256 Bits. Bei jedem Durchlauf der Kompressionsschleife werden in SHA-1 und SHA-256 jeweils Wörter von 512 Bits bearbeitet. SHA-384 liefert einen Hashwert von 348 Bits, die Blockgröße in der Kompressionsschleife beträgt wie bei SHA-512 1024 Bits.

Aus SHA-512 lässt sich leicht SHA-384 konstruieren. In Schritt 1 von Algorithmus 6.5 werden die Konstanten h_1 bis h_8 durch die ersten 64 Bits des Bruchanteils der Quadratwurzeln der neunten bis zur sechzehnten Primzahl ersetzt, was die Tabelle

$$h_1 = 0xcbbb9d5dc1059ed8, \quad h_2 = 0x629a292a367cd507,$$
$$h_3 = 0x9159015a3070dd17, \quad h_4 = 0x152fecd8f70e5939,$$
$$h_5 = 0x67332667ffc00b31, \quad h_6 = 0x8eb44a8768581511,$$
$$h_7 = 0xdb0c2e0d64f98fa7, \quad h_8 = 0x47b5481dbefa4fa4$$

ergibt. In Schritt 4 erhält man den 384-Bit-Hashwert durch

$$h(M) := H_1 \| H_2 \| H_3 \| H_4 \| H_5 \| H_6,$$

das heißt, die Werte von H_7 und H_8 werden an dieser Stelle gestrichen.

Das Bundesamt für Sicherheit in der Informationstechnik empfiehlt, wie schon oben erwähnt, nicht mehr die Benutzung von SHA-1, jedoch werden zur Zeit (2018) SHA-256, SHA-384 und SHA-512 als kryptographisch stark angesehen (siehe [20], Bemerkungen 12 und 13). Auch die Hashfunktionen SHA3-256, SHA3-384 und SHA3-512 aus der SHA-3-Familie, die wir hier nicht besprochen haben, werden als kryptographisch stark eingeschätzt.

6.7 Message Authentication Codes (MACs)

Wird eine Hashfunktion auf eine Nachricht M angewendet, so bewirkt schon eine winzige Änderung an M fast sicher einen geänderten Hashwert. Man kann so feststellen, ob eine vorgelegte Nachricht manipuliert wurde. Man weiß jedoch nicht, von wem die Nachricht stammt. Will man die Authentizität solcher Nachrichten überprüfen, kann man statt mit digitalen Signaturen nach Protokoll 6.1 auch mit Familien von Hashfunktionen arbeiten, die durch Schlüssel parametrisiert sind. Dies sind die Message Authentication Codes. Wir betrachten eine etwas informale Definition.

Definition 6.5 Ein *Message Authentication Code (MAC)* ist eine Familie $\{h_K \mid K \in \mathcal{K}\}$ von Hashfunktionen, wobei $\mathcal{K}$ eine Menge von Schlüsseln ist. Die folgenden Eigenschaften müssen erfüllt sein:

(1) Für einen beliebigen Schlüssel $K \in \mathcal{K}$ und eine beliebige Eingabe x ist $h_K(x)$ leicht zu berechnen. Das Ergebnis wird *MAC-Wert* oder *MAC* genannt.

(2) Die Abbildung h_K bildet eine Eingabe x von beliebiger Bitlänge auf eine Ausgabe $h_K(x)$ von fester Bitlänge ab (Kompressionseigenschaft).

(3) Falls die Beschreibung eines MAC gegeben ist, dann gilt für einen beliebigen, einem Angreifer unbekannten Schlüssel $K \in \mathcal{K}$ die folgende Eigenschaft: Es seien einige Text-MAC-Paare $(x_i, h_K(x_i))$ bekannt. Dann ist es dem Angreifer praktisch unmöglich, für eine neue Eingabe $x \neq x_i$ ein Text-MAC-Paar $(x, h_K(x))$ zu berechnen. Das bedeutet auch, dass es ihm für kein i möglich ist, ein x, $x \neq x_i$, mit $h_K(x) = h_K(x_i)$ zu finden (Fälschungsresistenz). $\square$

Wenn Bob und Alice einen geheimen Schlüssel K teilen und Bob von Alice neben der Nachricht M den MAC $h_K(M)$ erhält, dann berechnet er selber $h_K(M)$ und vergleicht diesen Wert mit dem von Alice geschickten. Bei Übereinstimmung ist er sicher, dass die Nachricht M von Alice stammt. Ein MAC garantiert also die Authentizität einer Nachricht, nicht aber ihre Geheimhaltung.

Beispiel 6.1 Dies ist ein Beispiel aus dem Universitätsleben. Der Professor Bob möchte für eine Klausur die Ergebnisliste L, die aus den Matrikelnummern der Studenten und den Noten besteht, per E-Mail an das Prüfungsamt schicken. Da die Ergebnisse auch öffentlich aushängen, muss er diese E-Mail nicht verschlüsseln. Er hat zuvor mit dem Prüfungsamt einen MAC mit einem geheimen Schlüssel K vereinbart. Zusammen mit L schickt er auch den MAC-Wert $h_K(L)$. Mit Hilfe des Schlüssels K kann das Prüfungsamt feststellen, ob die Liste tatsächlich von Bob geschickt wurde. $\square$

Viele MACs gründen sich auf Blockchiffren und benutzen Cipher-Block-Chaining.

Algorithmus 6.6 (*CBC-MAC*)
Eingabe: Text x, Blockchiffre E mit Blocklänge n, geheimer MAC-Schlüssel K, optional zweiter MAC-Schlüssel K' für E.
Ausgabe: n-Bit-MAC auf x.
 (1) Falls die Bitlänge von x kein Vielfaches von n ist, verlängere x um ein 1-Bit und anschließend um so wenig wie möglich viele 0-Bits, damit die Bitlänge ein Vielfaches von n wird. Teile den neuen Text in n-Bitblöcke $x_1, \ldots, x_t$ auf.
 (2) Berechne:
$$H_1 := E_K(x_1);$$
for $i := 2$ **to** t **do**
$$H_i := E_K(x_i \oplus H_{i-1})$$
end.
 (3) (optional) Mit einem zweiten Schlüssel K' berechne:
$$H_t' := E_{K'}^{-1}(H_t);$$
$$H_t := E_K(H_t').$$
 (4) H_t ist der MAC. $\square$

Die Eigenschaften 1 und 2 von Definition 6.5 sind offenbar erfüllt. Ein Angreifer Oskar kann keinen MAC fälschen, da er den Schlüssel K nicht kennt. Auch wenn er die Klartexte x_1 bis x_t abfängt und diese leicht ändert, ist es höchst unwahrscheinlich, dass er einen gültigen MAC zu dieser neuen Nachricht produzieren kann. Sofern CBC-MAC mit Eingaben von einer festen Anzahl von t Blöcken benutzt wird, ist auch die Bedingung 3 erfüllt.

Bei variabler Blockanzahl kann Oskar jedoch unter Umständen MACs für bestimmte Nachrichten fälschen, wobei jedoch fraglich ist, inwieweit sie ihm einen Vorteil verschaffen. Es sei x_i, $i \in \{1,2\}$, ein n-Bit-Block und $\underline{0}$ ein n-Bit-Block, der nur aus 0-Bits besteht. Es sei (x_1, H_1) ein bekanntes Text-MAC-Paar. Wir nehmen an, dass es Oskar gelingt, den MAC H_2 für die Nachricht $x_2 = H_1$ erzeugen zu lassen. Dann gilt $H_2 = E_K(H_1) = E_K(E_K(x_1))$. Dieser Wert ergibt sich nach Algorithmus 6.6 auch als MAC für die Eingabe $x_1 \| \underline{0}$. Damit hat Oskar einen gültigen MAC auf einer weiteren Nachricht erzeugt.

Ein weniger triviales Beispiel geht von zwei bekannten Text-MAC-Paaren (x_1, H_1) und (x_2, H_2) aus, wobei x_1 und x_2 Nachrichten von jeweils einem Block sind. Folglich gilt $H_i = E_K(x_i)$ für $i \in \{1,2\}$. Jetzt nehmen wir an, dass es Oskar gelingt, den MAC M auf $x_1 \| z$ zu erhalten, wobei z eine von ihm frei gewählte Nachricht ist und ebenfalls aus einem Block besteht. Dann gilt $M = E_K(z \oplus H_1)$. Dies ist jedoch auch der MAC auf der neuen 2-Block-Nachricht $x_2 \| (H_1 \oplus z \oplus H_2)$.

Eine weitere Methode, MACs zu erhalten, geht von einer normalen Hashfunktion h aus, wobei der geheime Schlüssel K als Teil der Eingabe gewählt wird. Für eine Eingabe x kann man so zum Beispiel

$$h_K(x) = h(K \| x),$$
$$h_K(x) = h(x \| K) \text{ oder}$$
$$h_K(x) = h(K \| P \| x \| K)$$

definieren, wobei P benutzt wird, um K zur Länge eines Blocks zu ergänzen. Diese Ergänzung wird gemacht, da die Kompressionsfunktionen, aus denen die Hashfunktionen aufgebaut wurden, jeweils auf Blöcken fester Länge arbeiten. Bei diesen MACs kann es jedoch zu einigen Problemen kommen, die in Abschnitt 9.5.2 von [98] geschildert sind. Empfohlen wird die folgende Variante [88].

Definition 6.6 Es sei h eine Hashfunktion, die in jeder Iteration auf Blöcken von b Bytes arbeitet und einen Hashwert von l Bytes liefert, K sei ein Schlüssel der Länge k Bits, $8 \cdot l \leq k \leq 8 \cdot b$. Der Schlüssel K' ergebe sich aus K duch Anhängen von $8 \cdot b - k$ Nullen. Dann ist der *hashbasierte MAC* auf der Eingabe x durch

$$\text{HMAC}(x) = h_K(x) = h((K' \oplus P_1) \| h((K' \oplus P_2) \| x))$$

definiert, wobei $P_1 = 0x(5C)^b$ und $P_2 = 0x(36)^b$ gilt. Hat K zu Beginn eine Länge größer als b Blöcke, so wird aus ihm zunächst durch Anwendung von h ein Schlüssel aus dem oben angegebenen Bereich gewonnen. $\square$

Der Schlüssel K sollte zufällig gewählt und regelmäßig erneuert werden und mindestens l Bytes lang sein.

Bei entsprechender Wahl der Hashfunktion h erhalten wir die speziellen hashbasierten MACs

HMAC-MD5, HMAC-SHA1, HMAC-SHA512, HMAC-SHA384.

Die zugehörigen Werte von b und l aus Definition 6.6 ergeben sich aus den Überlegungen in Abschnitt 6.6, wo wir gesehen haben, dass bei MD5 und SHA-1 64 Bytes pro Iteration verarbeitet werden, bei SHA-512 und SHA-384 doppelt so viele. Die entsprechenden Hashwerte haben eine Länge von 16, 20, 48 bzw. 64 Bytes. Wir erinnern daran, dass HMAC-MD5 und HMAC-SHA1 zwar wohl noch sicher sind, aber besser einer der beiden anderen hashbasierten MACs verwendet werden sollte.

Nun gibt es auch Algorithmen, die unmittelbar als MACs entworfen sind. Der *Message Authentication Algorithm (MAA)* von 1983 (siehe [98], Algorithmus 9.68), arbeitet mit 32-Bit-Blöcken und liefert entsprechend auch einen Wert von 32 Bits. Diese Länge ist jedoch heute viel zu klein. Wir wollen MD5-MAC darstellen. Bei diesem Algorithmus hängt die Kompressionsfunktion vom Schlüssel ab. Dabei wird in jeder Iteration der Schlüssel benutzt, was zusätzlichen Schutz gegenüber möglichen Schwächen der unterliegenden Hashfunktion, also MD5, liefert. Aber auch hier gilt die im letzten Absatz angeführte Bemerkung.

Algorithmus 6.7 (*MD5-MAC*)

Eingabe: Bitfolge M beliebiger Länge $b \geq 0$, Schlüssel K der Bitlänge ≤ 128.
Ausgabe: 64-Bit MAC-Wert auf M.
MD5-MAC ergibt sich aus MD5 (Algorithmus 6.3) durch die folgenden Änderungen:

(1) Es werden zusätzliche Konstanten U_i, T_i, $i \in \{0, 1, 2\}$, wie folgt definiert:

$$T_0 = 0x97ef45ac290f43cd457e1b551c801134,$$
$$T_1 = 0xb177ce962e728e7c5f5aab0a3643be18,$$
$$T_2 = 0x9d21b421bc87b94da29d27bdc75bd7c3.$$

Damit wird

$$U_i = T_i \| T_{(i+1) \bmod 3} \| T_{(i+2) \bmod 3} \| T_i \| T_{(i+1) \bmod 3} \| T_{(i+2) \bmod 3}$$

für $i \in \{0, 1, 2\}$ gesetzt (Bemerkung: U_i besteht aus 96 Bytes).

(2) (a) Ist K kürzer als 128 Bits, wird K mit sich selbst konkateniert, bis die Länge ≥ 128 Bits erreicht ist. K wird durch die am weitesten links stehenden 128 Bits dieses Worts ersetzt.

    (b) Sei $\overline{\text{MD5}}$ wie MD5 definiert, jedoch ohne das Auffüllen aus Schritt 2 von Algorithmus 6.3. Dann wird K wie folgt zu drei 16-Byte-Teilschlüsseln erweitert:

        for $i := 0$ **to** 2 **do** $K_i := \overline{\text{MD5}}(K \| U_i \| K)$.

    (c) Teile K_0 und K_1 in jeweils vier 32-Bit-Teilwörter $K_j[i]$, $j \in \{0, 1\}$, $i \in \{0, 1, 2, 3\}$, auf.

(3) Ersetze in Schritt 1 von MD5 die vier 32-Bit-Anfangswerte h_i durch $K_0[i]$, $i \in \{0, 1, 2, 3\}$.

(4) Addiere modulo 2^{32} in Runde i von Schritt 3 von MD5, $i \in \{0, 1, 2, 3\}$, den Wert von $K_1[i]$ zu jedem $y[j]$.

(5) Ergänze M, wie es in Schritt 2 von MD5 gebildet wird, durch rechtsseitiges Anfügen des 512-Bit-Blocks

$$K_2 \| K_2 \oplus T_0 \| K_2 \oplus T_1 \| K_2 \oplus T_2.$$

(6) Der MAC-Wert besteht aus den am weitesten links stehenden 64 Bits der 128 Bits der Ausgabe, die MD5 mit den oben genannten Änderungen liefert. □

7 Diskreter Logarithmus und kryptographische Anwendungen

Zunächst werden in diesem Kapitel die Begriffe einer primitiven Wurzel und eines diskreten Logarithmus eingeführt. Diskrete Logarithmen hatten wir schon am Ende von Abschnitt 5.1 erwähnt. Es werden einige einfache Algorithmen zu ihrer Berechnung angegeben. Dann wird darauf hingewiesen, dass sie sich bei entsprechend großen Moduli nicht in vernünftiger Zeit berechnen lassen. Darauf beruht die kryptographische Sicherheit der ElGamal-Public-Key-Verfahren zur Verschlüsselung und zur Signatur, die in den Abschnitten 7.2 und 7.3 besprochen werden. Der Digital Signature Algorithm (DSA) aus Abschnitt 7.4 ist eine Variante des ElGamal-Signaturverfahrens. Im Zusammenhang mit Signaturverfahren sind auch die Zeitstempel aus Abschnitt 7.5 von Bedeutung. Schließlich wird noch in Abschnitt 7.6 eine Hashfunktion mit endlichem Definitionsbereich betrachtet, also eine Kompressionsfunktion, die unter der Voraussetzung, dass ein bestimmtes Problem des diskreten Logarithmus praktisch nicht berechnet werden kann, stark kollisionsfrei ist.

7.1 Primitive Wurzeln und der diskrete Logarithmus

Es sei G eine multiplikativ geschriebene Gruppe mit Einselement 1 und $a \in G$. Eine Zahl $m \in \mathbb{N}$ mit $a^m = 1$ sowie $a^r \neq 1$ für jedes $r \in \mathbb{N}, 0 < r < m$, heißt *Ordnung* des Elements a in G. Speziell betrachten wir zu einer Primzahl p die Gruppe $\mathbb{Z}_p^*$. Dann hat ein Element $a \in \mathbb{Z}_p^*$ die Ordnung m in $\mathbb{Z}_p^*$, wenn $a^m \bmod p = 1$ sowie $a^r \bmod p \neq 1$ für jedes $r \in \mathbb{N}, 0 < r < m$, gilt. Die Existenz der Ordnung m eines jeden Elements $a \in \mathbb{Z}_p^*$ ist durch den Satz von *Fermat* (Satz 3.9) gesichert, der $a^{p-1} \bmod p = 1$ und damit $m < p$ liefert. Wir definieren

$$Z_p(a) = \{a^x \bmod p \mid 0 \leq x < m\},$$

wobei $a^0 \bmod p = 1$ gesetzt wird. Wir erhalten

Satz 7.1 Es sei p eine Primzahl, $a \in \mathbb{Z}_p^*$, und a habe die Ordnung m in $\mathbb{Z}_p^*$. Dann gilt:
  (1) $|Z_p(a)| = m$.
  (2) $Z_p(a)$ ist eine zyklische Untergruppe von $\mathbb{Z}_p^*$.
  (3) $m|(p-1)$.

© Springer Fachmedien Wiesbaden GmbH, ein Teil von Springer Nature 2018
D. Wätjen, *Kryptographie*, https://doi.org/10.1007/978-3-658-22474-5_7

Beweis. Zum Beweis von (1) nehmen wir an, dass zwei verschiedene Exponenten x in der Definition von $Z_p(a)$ dasselbe Element liefern, dass also Zahlen $k, j \in \mathbb{N}_0$, $0 \leq k < j < m$, existieren mit $a^k \bmod p = a^j \bmod p$. Dann folgt $a^{j-k} \bmod p = 1$. Wegen $0 < j - k < m$ ist dies ein Widerspruch zu der Voraussetzung, dass a die Ordnung m in $\mathbb{Z}_p^*$ hat. Somit gilt $|Z_p(a)| = m$.

Für die Aussage (2) betrachten wir zwei beliebige Elemente $a^x \bmod p, a^y \bmod p \in Z_p(a)$. Dann kann $x, y \in \mathbb{N}_0$ mit $0 \leq x, y < m$ angenommen werden. Ihr Produkt ist $a^{x+y} \bmod p$. Für $x + y < m$ liegt es offensichtlich in $Z_p(a)$. Für $x + y \geq m$ setzen wir $r = (x+y) - m < m$ und erhalten wegen $a^m \bmod p = 1$ die Beziehung $a^{x+y} \bmod p = a^r \bmod p \in Z_p(a)$. $Z_p(a)$ ist also unter Multiplikation abgeschlossen. Jedes Element $b \in Z_p(a)$ lässt sich mit einem eindeutigen $x \in \{0, \ldots, m-1\}$ als $b = a^x \bmod p$ darstellen. Das bedeutet, dass $c = a^{m-x} \bmod p$ wegen $b \cdot c \bmod p = a^m \bmod p = 1$ das inverse Element von b ist. Insgesamt ist also $Z_p(a)$ die von a erzeugte zyklische Untergruppe von $\mathbb{Z}_p^*$. Dies beweist (2).

Für geeignete $k, r \in \mathbb{N}_0$ gilt $p - 1 = m \cdot k + r$ mit $0 \leq r < m$. Es folgt

$$1 = a^{p-1} \bmod p = a^{km+r} \bmod p = (a^m)^k a^r \bmod p = a^r \bmod p$$

und damit $r = 0$. Dann ist $p - 1 = m \cdot k$, das heißt, (3) ist erfüllt. $\square$

Dieser Satz gilt auch für beliebige endliche Gruppen anstelle von $\mathbb{Z}_p^*$.

Man kann zeigen, dass $\mathbb{Z}_p^*$ eine zyklische Gruppe ist (siehe zum Beispiel [24], Korollar 2.21.1, oder [144], Satz 9.41). Folglich gibt es ein Element g der Ordnung $p - 1$ in $\mathbb{Z}_p^*$. Ein solches Element wird speziell bezeichnet.

Definition 7.1 Es sei p eine Primzahl. Ein Element $g \in \mathbb{Z}_p^*$ habe die Ordnung $p - 1$ in $\mathbb{Z}_p^*$. Dann heißt g *primitive Wurzel modulo* p. $\square$

Satz 7.2 Es sei p eine Primzahl und g eine primitive Wurzel modulo p. Dann gilt $Z_p(g) = \mathbb{Z}_p^*$.

Beweis. Nach Satz 7.1 gilt $|Z_p(g)| = p - 1 = |\mathbb{Z}_p^*|$, und $Z_p(g)$ ist eine Untergruppe von $\mathbb{Z}_p^*$. Es folgt $Z_p(g) = \mathbb{Z}_p^*$. $\square$

Für eine primitive Wurzel g modulo p gilt also

$$\mathbb{Z}_p^* = \{g^1 \bmod p, \ldots, g^{p-2} \bmod p, g^{p-1} \bmod p\}.$$

g ist somit ein erzeugendes Element der Gruppe $\mathbb{Z}_p^*$.

Satz 7.3 Es sei $p > 2$ eine Primzahl. Dann gilt:
(1) Die Anzahl der primitiven Wurzeln modulo p ist $\varphi(p-1)$, wobei φ die Euler'sche Funktion ist.
(2) Ein Element $a \in \mathbb{N}$ ist genau dann eine primitive Wurzel modulo p, wenn $a^{\frac{p-1}{q}} \bmod p \neq 1$ für jeden Primfaktor q von $p-1$ gilt. Falls die Anzahl k der verschiedenen Primfaktoren von $p - 1$ bekannt ist, kann der Test, ob ein gegebenes $a \in \mathbb{N}, a \leq p - 1$, eine primitive Wurzel modulo p ist, in $O(k \cdot \log p) = O(\log^2 p)$ Schritten durchgeführt werden.

Beweis. Nach den obigen Überlegungen existiert eine primitive Wurzel g modulo p. Für sie gilt $g^x \bmod p = 1$ für genau die $x \in \mathbb{N}_0$, die sich als $x = (p-1) \cdot y$ mit einem $y \in \mathbb{N}_0$ darstellen lassen. Für jedes $n \in \{0, 1, \ldots, p-2\}$ ist $b = g^n \bmod p$ nach Definition 7.1 genau dann keine primitive Wurzel modulo p, wenn ein $m \in \{1, \ldots, p-2\}$ mit $b^m \bmod p = g^{nm} \bmod p = 1$ existiert. Da g eine primitive Wurzel ist, ist dies nach der zu Beginn des Beweises angegebenen Eigenschaft von g äquivalent zu $(p-1)|nm$. Wegen $m < p-1$ muss dabei ein Primfaktor von $(p-1)$ auch in n vorkommen. Aus $(p-1)|nm$ folgt somit $\mathrm{ggT}(p-1, n) > 1$. Gilt umgekehrt $t = \mathrm{ggT}(p-1, n) > 1$, so gelten für $m = \frac{p-1}{t}$ die Eigenschaften $1 \le m < p-1$ und $nm = \frac{n}{t} \cdot (p-1)$, also $(p-1)|nm$. Durch Negation dieser Äquivalenzen erhalten wir, dass für jedes $n \in \{0, 1, \ldots, p-2\}$ genau dann $b = g^n \bmod p$ eine primitive Wurzel modulo p ist, wenn $\mathrm{ggT}(p-1, n) = 1$ erfüllt ist. Es gibt genau $\varphi(p-1)$ Zahlen mit dieser Eigenschaft, was die Aussage (1) des Satzes beweist.

Wir betrachten (2). Wenn a die Ordnung m in $\mathbb{Z}_p^*$ hat, erhalten wir nach Satz 7.1 $m|(p-1)$. Dabei ist a genau dann keine primitive Wurzel modulo p, wenn $m < p-1$ gilt. Das ist jedoch genau dann der Fall, wenn $m|\frac{p-1}{q}$ für einen Primfaktor q von $p-1$ gilt, also genau für $a^{\frac{p-1}{q}} \bmod p = 1$. Somit ist a genau dann eine primitive Wurzel modulo p, wenn $a^{\frac{p-1}{q}} \bmod p \ne 1$ für jeden Primfaktor q von $p-1$ gilt. Diese Bedingung kann nach Satz 3.4 für jeden der k Faktoren mit $O(\log p)$ Multiplikationen überprüft werden. Offenbar ist $k = O(\log p)$, so dass sich insgesamt $O(\log^2 p)$ Schritte ergeben. $\square$

Wenn speziell p eine sichere Primzahl ist, also $p = 2q + 1$ mit einer Primzahl q gilt, dann ist es nicht schwer, für ein gegebenes a die zugehörige Ordnung zu bestimmen. Es muss $m|2q$ gelten, also kommen nur $m = 2, q$ oder $2q$ in Frage. Außerdem ist es hier leicht, primitive Wurzeln modulo p zu finden. Es gilt $\varphi(p-1) = \varphi(2) \cdot \varphi(q) = q - 1 = \frac{p-3}{2}$. Für große p hat also ein zufällig gewähltes Element aus $\mathbb{Z}_p^*$ ungefähr die Wahrscheinlichkeit $\frac{1}{2}$, eine primitive Wurzel modulo p zu sein.

Satz 7.4 Es sei $p > 2$ eine Primzahl, g eine primitive Wurzel modulo p und $s = \frac{p-1}{2}$. Dann gilt $g^s \bmod p = -1 \bmod p$.

Beweis. Wegen $s < p-1$ gilt $g^s \bmod p \ne 1$. Andererseits ist

$$g^{2s} \bmod p = g^{p-1} \bmod p = 1.$$

Die einzigen Elemente im Körper $\mathbb{Z}_p$, die quadriert 1 liefern, sind 1 und $-1 \bmod p$ (siehe auch Seite 82). Wir erhalten so $g^s \bmod p = -1 \bmod p$. $\square$

Für den Rest dieses Abschnitts nehmen wir an, dass p eine Primzahl ist und g eine primitive Wurzel modulo p. Das *Problem des diskreten Logarithmus* kann wie folgt formuliert werden. Es sei $b \in \mathbb{Z}_p^*$. Finde den eindeutigen Exponenten $x, 0 \le x \le p-2$, für den $g^x \bmod p = b$ gilt.

Bei vollständiger Suche kann dieses Problem in der Zeit $O(p)$ mit $O(1)$ Platz gelöst werden, wenn wir logarithmische Faktoren außer Acht lassen. Falls wir dagegen vorab alle möglichen Werte $(x, g^x \bmod p)$ berechnen, die Paare nach ihrer zweiten

Komponente sortieren und anschließend durch binäre Suche das x mit $g^x \bmod p = b$ bestimmen, können wir (wieder ohne Berücksichtigung logarithmischer Faktoren) das Problem in der Zeit $O(1)$ (für die binäre Suche) mit $O(p)$ Vorberechnungen und $O(p)$ Platz berechnen. Diese Berechnungskomplexität ist völlig unbefriedigend. Als ersten nichttrivialen Algorithmus mit besserer Platz- und Zeitkomplexität beschreiben wir den Algorithmus von *Shanks*.

Algorithmus 7.1 (*Algorithmus von Shanks: Berechnen des diskreten Logarithmus*)
Eingabe: Eine primitive Wurzel g modulo p und ein Element $b \in \mathbb{Z}_p^*$.
Ausgabe: Der diskrete Logarithmus $x = \log_g b$.
   (1) Berechne $m = \lceil \sqrt{p-1} \rceil$.
   (2) Berechne $g^{m \cdot j} \bmod p$ für alle $j = 0, 1, \ldots, m-1$.
   (3) Sortiere die m geordneten Paare $(j, g^{m \cdot j} \bmod p)$ bezüglich ihrer zweiten Komponente (ergibt eine Liste L_1).
   (4) Berechne $bg^{-i} \bmod p = bg^{p-1-i} \bmod p$ für alle $i = 0, 1, \ldots, m-1$.
   (5) Sortiere die m geordneten Paare $(i, bg^{-i} \bmod p)$ bezüglich ihrer zweiten Komponente (ergibt eine Liste L_2).
   (6) Finde ein Paar $(j, y) \in L_1$ und ein Paar $(i, y) \in L_2$ (Paare mit gleicher zweiter Komponente).
   (7) Setze $\log_g b = (mj + i) \bmod (p-1)$. $\square$

Da im Allgemeinen $m > \sqrt{p-1}$ gilt, ist in Schritt 7 die Modulo-Bildung erforderlich. Die Schritte 1 und 2 können vorberechnet werden, wodurch die asymptotische Laufzeit des Algorithmus aber nicht verändert wird.

Satz 7.5 Algorithmus 7.1 bestimmt den diskreten Logarithmus $\log_g b$ bezüglich des Modulus p, bei Nichtberücksichtigung von logarithmischen Faktoren, in der Zeit $O(\sqrt{p})$ mit $O(\sqrt{p})$ Speicherplatz.

Beweis. Die Aussagen über die Laufzeit und den Platzbedarf sind offensichtlich richtig. Gilt $(j, y) \in L_1$ und $(i, y) \in L_2$, dann folgt

$$g^{m \cdot j} \bmod p = y = bg^{-i} \bmod p$$

und damit

$$g^{mj+i} \bmod p = b.$$

Nach Satz 3.11 gilt daher $\log_g b = (mj + i) \bmod (p-1)$.

Da durch $mj + i$, $i, j \in \{0, \ldots, m-1\}$, alle Zahlen von 0 bis $m^2 - 1$ dargestellt werden, gibt es für jedes $b \in \mathbb{Z}_p^*$ Zahlen $i', j' \in \{0, \ldots, m-1\}$ mit $\log_g b = mj' + i'$. Die Suche in Schritt 6 ist somit immer erfolgreich. $\square$

Ein Beispiel mit kleinen Zahlen soll den Algorithmus verdeutlichen:

Beispiel 7.1 Wir wählen $p = 677$. Zunächst überzeugen wir uns, dass $g = 8$ eine primitive Wurzel modulo 677 ist. Nach Satz 7.3(2) ist dies genau dann der Fall, wenn $g^{\frac{p-1}{q}} \bmod p = 8^{\frac{676}{q}} \bmod 677 \neq 1$ für jeden Primfaktor q von $p - 1 = 676$ gilt. Wegen $676 = 2^2 \cdot 13^2$ sind 2 und 13 diese Primfaktoren. Wir berechnen $8^{338} \bmod 677 = 676 \neq$

1 und 8^{52} mod $677 = 538 \neq 1$, was beweist, dass $g = 8$ tatsächlich eine primitive Wurzel modulo 677 ist. Wir möchten jetzt $\log_8 555$ bestimmen. Für die Größen des Algorithmus gilt also

$$g = 8, \ b = 555 \text{ und } m = \lceil \sqrt{676} \rceil = 26.$$

Es ist g^m mod $p = 8^{26}$ mod $677 = 344$.

Wir berechnen die geordneten Paare $(j, 344^j \bmod 677)$ für alle $j = 0, \ldots, 25$ und erhalten

$(0,1)$	$(1,344)$	$(2,538)$	$(3,251)$	$(4,365)$
$(5,315)$	$(6,40)$	$(7,220)$	$(8,533)$	$(9,562)$
$(10,383)$	$(11,414)$	$(12,246)$	$(13,676)$	$(14,333)$
$(15,139)$	$(16,426)$	$(17,312)$	$(18,362)$	$(19,637)$
$(20,457)$	$(21,144)$	$(22,115)$	$(23,294)$	$(24,263)$
$(25,431)$				

Nach Sortierung erhalten wir L_1.

Die zweite Liste enthält alle geordneten Paare $(i, 555 \cdot (8^i)^{-1} \bmod 677)$ für alle $i = 0, \ldots, 25$, also

$(0,555)$	$(1,154)$	$(2,527)$	$(3,489)$	$(4,315)$
$(5,124)$	$(6,354)$	$(7,552)$	$(8,69)$	$(9,601)$
$(10,329)$	$(11,295)$	$(12,460)$	$(13,396)$	$(14,388)$
$(15,387)$	$(16,133)$	$(17,609)$	$(18,330)$	$(19,549)$
$(20,661)$	$(21,675)$	$(22,169)$	$(23,275)$	$(24,119)$
$(25,438)$				

Nach Sortierung erhalten wir L_2. Nun durchlaufen wir gleichzeitig beide sortierten Listen, bis wir $(5,315)$ in L_1 und $(4,315)$ in L_2 finden. Damit ist gemäß Schritt 7 des Algorithmus $\log_8 555 = 26 \cdot 5 + 4 = 134$ bestimmt. Mit Hilfe der schnellen Exponentiation (Algorithmus 3.1) kann überprüft werden, dass 8^{134} mod $677 = 555$ gilt. $\square$

Wenn die Basis keine primitive Wurzel ist, existiert im Allgemeinen der diskrete Logarithmus nicht. Für $p = 11$ ist $\log_3 2$ nicht zu berechnen, da 3 die zyklische Untergruppe $Z_{11}(3) = \{1, 3, 4, 5, 9\}$ von $\mathbb{Z}_{11}^*$ erzeugt, in der 2 nicht enthalten ist. Dagegen ist $\log_3 5 = 3$. Die zugehörige Berechnung kann ebenfalls mit Hilfe des Algorithmus von Shanks geschehen. Allgemein betrachten wir dazu ein Element $\bar{g} \in \mathbb{Z}_p^*$ der Ordnung q und die zugehörige zyklische Untergruppe $Z_p(\bar{g}) = \{\bar{g}^x \mid x = 0, 1, \ldots, q - 1\}$. Der Schritt 1 von Algorithmus 7.1 werde zu $m = \lceil \sqrt{q} \rceil$ abgeändert, der Schritt 7 zu $\log_{\bar{g}} b = (mj + i)$ mod q. Für ein beliebiges Element $b \in Z_p(\bar{g})$ berechnet diese Verallgemeinerung des Algorithmus dann den diskreten Logarithmus $\log_{\bar{g}} b$. Dies wird sofort aus dem Beweis von Satz 7.5 deutlich, wenn man ihn an diese Änderungen anpasst. Dabei muss der im Beweis verwendete Satz 3.11 durch die folgende Verallgemeinerung ersetzt werden, die wir auch später noch benötigen.

Satz 7.6 Es sei G eine (multiplikative) Gruppe und a ein Element der Ordnung q in G. Es gelte $r_1, r_2 \in \mathbb{N}_0$ mit r_1 mod $q = r_2$ mod q. Dann folgt

$$a^{r_1} = a^{r_2}.$$

Beweis. Für a gilt $a^q = 1$. Ohne Beschränkung der Allgemeinheit sei $r_1 \geq r_2$. Dann existiert nach der Voraussetzung ein $k \in \mathbb{N}_0$ mit $r_1 = r_2 + q \cdot k$. Wir erhalten so

$$a^{r_1} = a^{r_2 + q \cdot k} = (a^{r_2}(a^q)^k) = (a^{r_2}(1^k)) = a^{r_2}. \quad \square$$

Da die Ordnung q eines Elements einer Gruppe G die Gruppenordnung n teilt (dies ist eine Verallgemeinerung von Satz 7.1(3)), folgt aus dem Beweis des Satzes 7.6 auch sofort, dass bei Rechnungen in G Exponenten, die modulo n gleich sind, ausgetauscht werden können.

Als nächstes betrachten wir den *Pohlig-Hellman-Algorithmus* zum Berechnen des diskreten Logarithmus. Er benutzt eine Primfaktorisierung von $p - 1$ und kann damit eine Effizienzverbesserung erreichen.

Algorithmus 7.2 (*Pohlig-Hellman-Algorithmus*)
Eingabe: Eine primitive Wurzel g modulo p und ein Element $b \in \mathbb{Z}_p^*$.
Ausgabe: Der diskrete Logarithmus $x = \log_g b$.
(1) Finde die Primfaktorzerlegung $p - 1 = p_1^{e_1} p_2^{e_2} \ldots p_r^{e_r}$, wobei $e_i \geq 1$ für $i \in \{1, \ldots, r\}$ gilt.
(2) Für alle $i \in \{1, \ldots, r\}$ führe die folgenden Schritte durch:
    {berechne $x_i = l_0 + l_1 p_i + \ldots + l_{e_i-1} p_i^{e_i-1}$, wobei $x_i = x \bmod p_i^{e_i}$ gilt}
    (a) $q := p_i$; $e := e_i$ {vereinfache die Notation}.
    (b) $\gamma := 1$; $l_{-1} := 0$.
    (c) $\bar{g} := g^{\frac{p-1}{q}} \bmod p$.
    (d) {Berechnung der l_j}
        for j **from** 0 **to** $e - 1$ **do**
           $\gamma := \gamma \cdot g^{l_{j-1}q^{j-1}} \bmod p$;   {für $j = 0$: setze $\gamma = 1$}
           $\bar{b} := (b\gamma^{-1})^{\frac{p-1}{q^{j+1}}} \bmod p$;
           $l_j := \log_{\bar{g}} \bar{b}$ mit Hilfe von Algorithmus 7.1 (Verallgemeinerung)
        end.
    (e) $x_i := l_0 + l_1 q + \ldots + l_{e-1} q^{e-1}$.
(3) Mit Hilfe von Algorithmus 3.4 (chinesischer Restesatz) berechne die gemeinsame Lösung $x \in \{0, \ldots, p - 2\}$ mit $x \bmod p_i^{e_i} = x_i$ für $i \in \{1, \ldots, r\}$.
(4) $\log_g b := x$. $\square$

Satz 7.7 Algorithmus 7.2 berechnet für $b \in \mathbb{Z}_p^*$ und eine primitive Wurzel g modulo p den diskreten Logarithmus $\log_g b$. Falls die Faktorisierung von $(p - 1)$ vorgegeben ist, benötigt er dafür $O\left(\sum_{i=1}^r e_i \left(\log(p-1) + \sqrt{p_i}\right)\right)$ Schritte.

Beweis. Es sei $x = \log_g b$. Wir setzen $x_i = x \bmod p_i^{e_i}$, $i = 1, \ldots, r$. Mit den vereinfachenden Bezeichnungen aus dem Algorithmus sei $q = p_i$, $e = e_i$. In q-adischer Darstellung können wir x_i als

$$x_i = \sum_{j=0}^{e-1} l_j q^j$$

schreiben, wobei $0 \leq l_j \leq q - 1$ für $j \in \{0, \ldots, e - 1\}$ ist. Wir bemerken, dass

$$x = x_i + z q^e$$

für ein geeignetes $z \in \mathbb{N}_0$ gilt. Zunächst beweisen wir, dass der Algorithmus in Schritt 2 tatsächlich diese Werte l_j berechnet.

Wir wissen, dass $x \bmod q = l_0$ gilt und die Ordnung von $\bar{g} = g^{\frac{p-1}{q}} \bmod p$ gleich q ist. Somit erhalten wir unter Benutzung von Satz 7.6 und der Gleichung $b = g^x \bmod p$

$$\bar{g}^{l_0} \bmod p = \bar{g}^x \bmod p = (g^{\frac{p-1}{q}})^x \bmod p = (g^x)^{\frac{p-1}{q}} \bmod p = b^{\frac{p-1}{q}} \bmod p.$$

Da im Iterationsschritt $j = 0$ des Algorithmus $\bar{b} = b^{\frac{p-1}{q}} \bmod p$ gilt, wird in diesem Schritt durch $l_0 = \log_{\bar{g}} \bar{b}$ der richtige Wert berechnet.

Ist für alle $i \in \{0, \ldots, j-1\}$, $j \geq 1$, in Schritt 2(d) des Algorithmus bereits der richtige Wert l_i berechnet, so wird im Iterationsschritt j zunächst

$$\gamma = g^{l_0 + l_1 q + \ldots l_{j-1} q^{j-1}} \bmod p$$

mit den richtigen Werten l_i bestimmt. Dann erfüllt der in diesem Schritt verwendete Wert $\bar{b}$ die Gleichungen

$$
\begin{aligned}
\bar{b} &= \left(b\gamma^{-1}\right)^{\frac{p-1}{q^{j+1}}} \bmod p = \left(g^{x-l_0-l_1 q - \ldots - l_{j-1}q^{j-1}}\right)^{\frac{p-1}{q^{j+1}}} \bmod p \\
&= \left(g^{\frac{p-1}{q^{j+1}}}\right)^{x_i + zq^e - l_0 - l_1 q - \ldots - l_{j-1}q^{j-1}} \bmod p \\
&= \left(g^{\frac{p-1}{q^{j+1}}}\right)^{l_j q^j + \ldots + l_{e-1}q^{e-1} + zq^e} \bmod p \\
&= \left(g^{\frac{p-1}{q}}\right)^{l_j + \ldots + l_{e-1}q^{e-1-j} + zq^{e-j}} \bmod p = \left(g^{\frac{p-1}{q}}\right)^{l_j} \bmod p \\
&= \bar{g}^{l_j} \bmod p,
\end{aligned}
$$

wobei die vorletzte Gleichung richtig ist, da $\bar{g} = g^{\frac{p-1}{q}} \bmod p$ die Ordnung q in $\mathbb{Z}_p^*$ hat. Somit ist l_j tatsächlich durch $\log_{\bar{g}} \bar{b}$ gegeben, und in Schritt 2(e) wird genau der zu Beginn des Beweises angegebene Wert x_i bestimmt.

In Schritt 3 wird der eindeutige Wert x, $0 \leq x \leq (p-2)$, mit $x_i = x \bmod p_i^{e_i}$, $i = 1, \ldots, r$, errechnet. Folglich wird der gesuchte Logarithmus in Schritt 4 durch diesen Wert festgelegt.

Jede der e_i Schleifen in Schritt 2(d) des Algorithmus benötigt für die Exponentiationen $O(\log(p-1))$ Schritte und, da die Ordnung von $\bar{g}$ jeweils $q = p_i$ ist, $O(\sqrt{p_i})$ Schritte für die jeweilige Bestimmung des diskreten Logarithmus. Insgesamt ergibt sich die angegebene Anzahl von Schritten. $\square$

Der Satz zeigt, dass der Pohlig-Hellman-Algorithmus nur dann effizient ist, wenn die Primteiler relativ klein sind. Als Beispiel betrachten wir die multiplikative Gruppe $\mathbb{Z}_p^*$, wobei p die folgende 107-stellige Zahl ist:

$$
\begin{aligned}
p = {} & 2270882319867810397431451819502910215852505249675928559 \\
& 6453269189798311427475159776411276642277139650833937.
\end{aligned}
$$

Die Ordnung von $\mathbb{Z}_p^*$ ist $n = p - 1 = 2^4 \cdot 104729^8 \cdot 224737^8 \cdot 350377^4$. Der größte Primteiler ist nur 350377, so dass in dieser Gruppe der diskrete Logarithmus mit dem

Pohlig-Hellman-Algorithmus relativ einfach zu berechnen ist. Der Zeitbedarf wird in diesen Fällen im Wesentlichen durch $O(\log^2 p)$ beschrieben, da wir $O(\log p)$ Primfaktoren haben und für jeden Faktor jeweils $O(\log p)$ Schritte nötig sind, wobei $\sqrt{p_i}$ bei entsprechend kleinen Primfaktoren durch $O(\log p)$ abgeschätzt werden kann.

Man kann zunächst versuchen, in Schritt 1 des Algorithmus kleine Primfaktoren zu finden. Wenn dies nicht gelingt, arbeitet der Algorithmus ohnehin ineffizient.

Wir geben ein Beispiel für den Pohlig-Hellman-Algorithmus an.

Beispiel 7.2 Wir wählen $p = 41$, so dass

$$p - 1 = 40 = 2^3 \cdot 5^1$$

gilt. Es sei $g = 6$, und wir wollen $x = \log_6 35$ bestimmen. Zunächst wird $x_1 = x \bmod 2^3$ und dann $x_2 = x \bmod 5$ berechnet.

Wir setzen $q = 2$ und $e = 3$. Es ist $\bar{g} = 6^{\frac{p-1}{q}} \bmod 41 = 6^{\frac{40}{2}} \bmod 41 = 40$. Es muss $\bar{g}$ verschieden von 1, da sonst nach Satz 7.3(2) der Wert $g = 6$ keine primitive Wurzel modulo 41 wäre. Im ersten Schleifendurchlauf von Schritt 2(d) ist

$$\gamma = 1 \text{ und } \bar{b} = 35^{\frac{p-1}{q}} \bmod 41 = 35^{\frac{40}{2}} \bmod 41 = 35^{20} \bmod 41 = 40.$$

Es wird dann

$$l_0 = \log_{40} 40 = 1$$

berechnet. Im zweiten Schleifendurchlauf ergibt sich

$$\gamma = 1 \cdot g^{l_0} \bmod 41 = 6^1 \bmod 41 = 6 \text{ und}$$
$$\bar{b} = (35 \cdot 6^{-1})^{\frac{p-1}{q^2}} \bmod 41 = (35 \cdot 7)^{\frac{40}{4}} \bmod 41 = 40^{10} \bmod 41 = 1.$$

Es ist also

$$l_1 = \log_{40} 1 = 0.$$

Im dritten Durchlauf werden zunächst

$$\gamma = 6 \cdot g^0 \bmod 41 = 6^1 \bmod 41 = 6 \text{ und}$$
$$\bar{b} = (35 \cdot 6^{-1})^{\frac{p-1}{q^3}} \bmod 41 = 40^5 \bmod 41 = 40$$

bestimmt. Nach Berechnung von

$$l_2 = \log_{40} 40 = 1$$

erhalten wir

$$x_1 = (1 + 0 \cdot 2 + 1 \cdot 2^2) \bmod 8 = 5 \bmod 8.$$

Schließlich setzen wir $q = 5$ und $e = 1$. Es ergibt sich $\bar{g} = 6^{\frac{40}{5}} \bmod 41 = 6^8 \bmod 41 = 10$. Im ersten und einzigen Schleifendurchlauf von Schritt 2(d) ist

$$\gamma = 1, \ \bar{b} = 35^{\frac{p-1}{q}} \bmod 41 = 35^{\frac{40}{5}} \bmod 41 = 35^8 \bmod 41 = 10.$$

Es folgt $l_0 = \log_{10} 10 = 1$ und damit $x_2 = 1 \bmod 5$. Das Gleichungssystem

$$x \bmod 8 = 5$$
$$x \bmod 5 = 1$$

wird mit Hilfe des chinesischen Restesatzes gelöst und liefert die eindeutige Lösung $x = 21$. Dieser Wert ist der gesuchte diskrete Logarithmus. $\square$

Neben diesen Algorithmen gibt es noch viele weitere und effizientere Algorithmen für das Problem des diskreten Logarithmus, zum Beispiel den Index-Kalkulus-Algorithmus, der in [98], Kapitel 3.6.5 beschrieben ist. Die zur Zeit schnellsten bekannten Algorithmen basieren auf [70] und benutzen das Zahlkörpersieb. Sie haben einen, wie wir schon in Abschnitt 5.1 erwähnt haben, subexponentiellen Zeitbedarf von

$$O\left(e^{(c+o(1))(\ln p)^{\frac{1}{3}}(\ln(\ln p))^{\frac{2}{3}}}\right)$$

Schritten mit $c = 1{,}923$ (siehe auch Abschnitt 1.4). Nach den letzten Fortschritten dürfte das Problem des diskreten Logarithmus bei einem konzertierten Angriff mit vielen Rechnern im Internet bei einem 512-Bit-Modulus wohl mit akzeptablem Zeitaufwand lösbar sein, Es wurden auch schon Angriffe mit noch größeren Moduli erfolgreich durchgeführt, allerdings mit einem sehr großen Rechner- und Zeitaufwand. Bei einem Modulus von 2000 Bits oder mehr, der die gleich angegebenen Sicherheitsanforderungen erfüllt, hat man zur Zeit aber keine Chancen.

Um sich gegen die Möglichkeiten zu schützen, die durch Algorithmus 7.2 und andere Algorithmen gegeben werden, wird die Sicherheitsanforderung gestellt, dass $p-1$ einen „großen" Primfaktor q enthalten sollte. Groß heißt hier, dass die sich aus dem Faktor q ergebenden $\sqrt{q}$ Schritte in Algorithmus 7.2 praktisch nicht durchführbar sind, was für $q \geq 2^{256}$ angenommen werden kann. Daraus ergibt sich der folgende Algorithmus 7.3 zur Bestimmung von p und g, der speziell eine sichere Primzahl $p = 2q + 1$ (q prim) findet. In diesem Algorithmus verwenden wir, dass für eine sichere Primzahl $p = 2q+1$ nach Satz 7.3(2) ein $g \in \mathbb{Z}_p^*$ genau dann eine primitive Wurzel ist, wenn $g^q \bmod p \neq 1$ und $g^2 \bmod p \neq 1$ gilt. Genau für $g = 1$ und $g = -1 \bmod p = p - 1$ erhalten wir $g^2 \bmod p = 1$. Somit ist g genau dann eine primitive Wurzel, wenn $g \in \mathbb{Z}_p^* - \{1, p-1\}$ und $g^q \bmod p \neq 1$ gilt. Nach Satz 7.4 gilt dann speziell $g^q \bmod p = -1 \bmod p$.

Algorithmus 7.3

Eingabe: Die gewünschte Bitlänge k der Primzahl p
Ausgabe: Eine sichere Primzahl $p = 2q + 1$ mit q prim und eine primitive Wurzel $g \in \mathbb{Z}_p^*$.
repeat wähle eine (mutmaßliche) Primzahl q mit $(k-1)$ Bits nach Algorithmus 5.6 und den davor stehenden Überlegungen;
$\quad p := 2q + 1$;
teste mit Hilfe von Algorithmus 5.6, ob p prim ist
until p prim;
repeat wähle ein zufälliges Element $g \in \mathbb{Z}_p^* - \{1, p-1\}$
until $g^q \bmod p = -1 \bmod p$;
gib (p, g) aus. $\quad \square$

7.2 ElGamal-Public-Key-Verschlüsselungs-verfahren

Im Gegensatz zum RSA-Verfahren, wo sowohl Signatur als auch Verschlüsselung mit derselben Operation, nämlich der Exponentiation, ausgeführt werden, benötigt man beim *ElGamal-Public-Key-Verfahren*, das von *T. ElGamal* stammt [53], unterschiedliche Algorithmen für diese Aufgaben. Die Sicherheit beruht aber jeweils auf der Schwierigkeit, diskrete Logarithmen zu berechnen. Wir beginnen mit dem ElGamal-Public-Key-Verschlüsselungsverfahren, in Abschnitt 7.3 wird dann das ElGamal-Signaturverfahren dargestellt. Beiden gemeinsam ist die Schlüsselerzeugung, die wir zunächst angeben.

Algorithmus 7.4 (*Schlüsselerzeugung für die ElGamal-Public-Key-Verfahren*)
Zusammenfassung: Alice erzeugt sich einen öffentlichen Schlüssel und einen zugehörigen privaten Schlüssel.
(1) Alice erzeugt eine sichere große Primzahl p (d. h. $p = 2q + 1$ mit q prim) und eine primitive Wurzel g der multiplikativen Gruppe $\mathbb{Z}_p^*$ gemäß Algorithmus 7.3.
(2) Alice wählt eine Zufallszahl $x \in \{1, \ldots, p - 2\}$ und berechnet $y = g^x \bmod p$ mit Hilfe von Algorithmus 3.1.
(3) Der öffentliche Schlüssel von Alice ist (p, g, y), der private ist x. □

Algorithmus 7.5 (*ElGamal-Public-Key-Verschlüsselung*)
Zusammenfassung: Bob chiffriert eine Nachricht M für Alice, die diese dechiffriert.
(1) Zur Chiffrierung führt Bob die folgenden Schritte aus:
  (a) Bob besorgt sich den authentischen öffentlichen Schlüssel (p, g, y) mit $y = g^x \bmod p$ von Alice.
  (b) Er stellt M als Zahl im Bereich $\{0, 1, \ldots, p - 1\}$ dar.
  (c) Er wählt eine zufällige Zahl $k \in \{1, \ldots, p - 2\}$.
  (d) Er berechnet $a = g^k \bmod p$ und $b = M \cdot y^k \bmod p$.
  (e) Er übermittelt $C = E_A(M) = (a, b)$ an Alice.
(2) Zur Dechiffrierung führt Alice die folgenden Schritte aus:
  (a) Mit Hilfe ihres privaten Schlüssels x berechnet Alice den Wert $z = (a^x)^{-1} \bmod p = a^{p-1-x} \bmod p$.
  (b) Sie erhält den Klartext M durch $D_A(C) = M = z \cdot b \bmod p$. □

Satz 7.8 Beim Vorgehen nach Algorithmus 7.4 und Algorithmus 7.5 gilt für jede Nachricht $M \in \{0, \ldots, p - 1\}$ die Gleichung $D_A(E_A(M)) = M$.

Beweis. Wir erhalten

$$
\begin{aligned}
D_A(E_A(M)) \;=\;& D_A(a, b) = a^{p-1-x} \cdot b \bmod p = \left(g^k\right)^{p-1-x} \cdot M \cdot \left(g^x\right)^k \bmod p \\
=\;& \left(g^k\right)^{p-1-x} \cdot M \cdot \left(g^k\right)^x \bmod p = M \cdot \left(g^k\right)^{p-1} \bmod p = M,
\end{aligned}
$$

wobei $\left(g^k\right)^{p-1} \bmod p = 1$ nach dem Satz von *Fermat* gilt. □

Wir sehen sofort, dass die ElGamal-Verschlüsselung einen Chiffretext erzeugt, der doppelt so groß wie der Klartext ist. Daher ist die Abbildung D_A nicht injektiv und somit gilt, im Gegensatz zum RSA-Verfahren, nicht $E_A(D_A(M)) = M$ für alle M. Das bedeutet, dass man auf diese Weise keine Authentifizierung erhalten kann. Ein wichtiges Merkmal im Chiffrierprozess ist die Randomisierung, indem in Schritt 1(c) eine zufällige Zahl k verwendet wird. Es gibt viele Chiffrierverfahren, die mit einer solchen probabilistischen Verschlüsselung arbeiten. Die grundlegende Idee ist dabei, dass die kryptographische Sicherheit durch eine oder mehrere der folgenden Methoden erhöht wird:

(1) Es wird die effektive Größe des Klartextraumes vergrößert.

(2) Es werden Angriffe mit gewähltem Klartext ausgeschlossen oder es wird zumindest die Effizienz derartiger Angriffe verringert, indem ein Klartext unter demselben Schlüssel auf viele Weisen in einen Chiffretext überführt werden kann.

(3) Dasselbe gilt auch für statistische Angriffe, indem die a-priori-Wahrscheinlichkeitsverteilung der Eingaben der Gleichverteilung angenähert wird.

Um aus dem Chiffretext (a, b) den Klartext berechnen zu können, benötigt man den geheimen Schlüssel x zur Bestimmung von $z = (a^x)^{-1} \bmod p$. Die Sicherheit des Verfahrens beruht also darauf, dass es praktisch unmöglich ist, bei vorgegebenem $g^x \bmod p$ den diskreten Logarithmus x zu berechnen. Es ist wichtig, dass verschiedene zufällige Zahlen k benutzt werden, um verschiedene Nachrichten M_1 und M_2 zu chiffrieren. Anderenfalls gilt für die Chiffretextpaare (a, b_1) und (a, b_2) die Gleichung

$$b_1 \cdot b_2^{-1} \bmod p = b_1 \cdot b_2^{p-2} \bmod p = M_1 \cdot y^k \cdot M_2^{p-2} \cdot y^{k(p-2)} \bmod p = M_1 M_2^{p-2} \bmod p.$$

Dann lässt sich bei bekanntem M_2 die Nachricht $M_1 = b_1 b_2^{-1} M_2 \bmod p$ sofort berechnen.

Beispiel 7.3 Wir betrachten ein „kleines" Beispiel mit einer sicheren Primzahl $p = 2819 = 2 \cdot 1409 + 1$. Die Zahl $g = 2$ ist nach Algorithmus 7.3 wegen $2^{1409} \bmod p = -1 \bmod p$ eine primitive Wurzel. Wir wählen eine Zufallszahl $x = 101$ und berechnen

$$y = 2^{101} \bmod 2819 = 2260.$$

Der öffentliche Schlüssel wird durch $(2819, 2, 2260)$ und der private durch 101 gegeben.

Bob möchte die Nachricht $M = 123$ an Alice schicken. Er wählt die zufällige Zahl $k = 999$ und berechnet

$$a = 2^{999} \bmod 2819 = 1400,$$
$$b = 123 \cdot 2260^{999} \bmod 2819 = 123 \cdot 773 \bmod 2819 = 2052.$$

Alice erhält den Chiffretext $E_A(M) = (1400, 2052)$ und dechiffriert ihn durch

$$2052 \cdot 1400^{2818-101} \bmod 2819 = 2052 \cdot 1900 \bmod 2819 = 123 = M. \quad \square$$

Alle Teilnehmer können, wenn sie wollen, dieselbe Primzahl p und dieselbe primitive Wurzel g wählen, so dass p und g nicht als Teil des öffentlichen Schlüssels veröffentlicht werden müssen. Nun gibt es aber Algorithmen, die in dieser Situation, selbst bei mehr als 1024 Bits für p, eine Reihe der geheimen Schlüssel aufdecken können (siehe [98], S. 296, und die dortigen Verweise).

Das ElGamal-Verschlüsselungsverfahren kann leicht so verallgemeinert werden, dass es in anderen endlichen zyklischen Gruppen G arbeitet. Die Sicherheit beruht auch hier auf der Schwierigkeit, den diskreten Logarithmus in der entsprechenden Gruppe zu bestimmen. Die Gruppe muss sorgfältig gewählt werden, damit die beiden folgenden Bedingungen erfüllt sind:

(1) Aus Gründen der Effizienz müssen die Gruppenoperationen in G leicht auszuführen sein.

(2) Um die Sicherheit zu gewährleisten, muss das Berechnen des diskreten Logarithmus in G praktisch unmöglich sein.

Wir geben zusammen mit der uns bekannten Gruppe $\mathbb{Z}_p^*$ weitere Gruppen an, die diese Kriterien wohl erfüllen. Die ersten drei der folgenden Aufzählung haben die meiste Beachtung gefunden. Es gibt noch weitere Gruppen, die in Frage kommen, die wir aber nicht nennen, da schon ihre Definition über den Rahmen dieses Buches hinausgeht.

(1) Die multiplikative Gruppe $\mathbb{Z}_p^*$ der Zahlen modulo einer Primzahl p.

(2) Für $m \in \mathbb{N}$ die zyklische multiplikative Gruppe $\mathbb{F}_{2^m}^*$ des endlichen Körpers $\mathbb{F}_{2^m}$ der *Charakteristik* 2. Der Körper wird auch als *Galoiskörper* (*Galois field*) $GF(2^m)$ bezeichnet, genannt nach *Evariste Galois* (1811 bis 1832).

(3) Für $m \in \mathbb{N}$ und Primzahl p die zyklische multiplikative Gruppe $\mathbb{F}_{p^m}^*$ des endlichen Körpers $\mathbb{F}_{p^m} = GF(p^m)$ der *Charakteristik* p.

(4) Eine zyklische Untergruppe der Gruppe der Punkte auf einer elliptischen Kurve über einem endlichen Körper.

Offenbar ist (2) ein Spezialfall von (3). Wir werden die Gruppen aus (2) und (3) in diesem Abschnitt noch genauer besprechen. Die Gruppen aus (4) werden wir in Kapitel 14 einführen.

Die folgende Schlüsselerzeugung gilt auch für das verallgemeinerte ElGamal-Public-Key-Signaturverfahren in Abschnitt 7.3.

Algorithmus 7.6 (*Schlüsselerzeugung für die verallgemeinerten ElGamal-Public-Key-Verfahren*)

Zusammenfassung: Alice erzeugt sich einen öffentlichen Schlüssel und einen zugehörigen privaten Schlüssel.

(1) Alice wählt eine geeignete zyklische Gruppe G der Ordnung n mit erzeugendem Element g.

(2) Sie wählt eine Zufallszahl $x \in \{1, \ldots, n-1\}$ und berechnet das Gruppenelement $y = g^x$.

(3) Der öffentliche Schlüssel von Alice ist (g, y), zusammen mit einer Beschreibung, wie in G multipliziert wird. Der private Schlüssel ist x. $\square$

Algorithmus 7.7 (*Verallgemeinerte ElGamal-Public-Key-Verschlüsselung*)

Zusammenfassung: Bob chiffriert eine Nachricht M für Alice, die diese dechiffriert.

(1) Zur Chiffrierung führt Bob die folgenden Schritte aus:

    (a) Bob besorgt sich den authentischen öffentlichen Schlüssel (g, y) mit $y = g^x$ von Alice.

    (b) Er stellt M als ein Element von G dar.

    (c) Er wählt eine zufällige Zahl $k \in \{1, \ldots, n-1\}$.

    (d) Er berechnet $a = g^k$ und $b = M \cdot y^k$ in G.

    (e) Er übermittelt $C = E_A(M) = (a, b)$ an A.

(2) Zur Dechiffrierung führt Alice die folgenden Schritte aus:
   (a) Mit ihrem privaten Schlüssel x berechnet Alice den Wert $z = (a^x)^{-1}$ in G.
   (b) Alice erhält den Klartext M durch $D_A(C) = M = z \cdot b$. $\square$

Satz 7.9 Beim Vorgehen nach Algorithmus 7.6 und Algorithmus 7.7 gilt für jede Nachricht $M \in G$ die Gleichung $D_A(E_A(M)) = M$.

Beweis. Wegen $(g^k)^x = (g^x)^k$ erhalten wir

$$D_A(E_A(M)) = D_A(a, b) = (a^x)^{-1}b = ((g^k)^x)^{-1}M(g^x)^k = M. \quad \square$$

Wir wollen ein Beispiel für die ElGamal-Verschlüsselung bei Verwendung einer multiplikativen Gruppe $\mathbb{F}_{2^m}^*$ betrachten. Mit der Gruppe der Punkte auf einer elliptischen Kurve über einem endlichen Körper und ihrer Anwendung auf das ElGamal-Public-Key-System werden wir uns erst in Kapitel 14 beschäftigen.

Zunächst gehen wir auf die Definition des Körpers $GF(p^m)$ für eine Primzahl p und ein $m \in \mathbb{N}$ ein. Es sei $\mathbb{Z}_p[x]$ der Ring der Polynome mit Koeffizienten über $\mathbb{Z}_p$ und $f(x) = a_m x^m + a_{m-1}x^{m-1} + \ldots a_0 \in \mathbb{Z}_p[x]$ sei ein *irreduzibles Polynom* vom Grad m. Ein Polynom $f(x) \in \mathbb{Z}_p[x]$ heißt irreduzibel, wenn es sich nicht als Produkt von zwei Polynomen des Grades ≥ 1 aus $\mathbb{Z}_p[x]$ darstellen lässt. Zwei Polynome $g_1(x), g_2(x) \in \mathbb{Z}_p[x]$ werden *äquivalent modulo* $f(x)$ genannt, wenn ein Polynom $r(x) \in \mathbb{Z}_p[x]$ mit

$$g_1(x) - g_2(x) = r(x) \cdot f(x)$$

existiert. Man schreibt dann auch $g_1(x) \bmod f(x) = g_2(x) \bmod f(x)$. Dies ist eine Äquivalenzrelation. Jede Äquivalenzklasse wird durch genau ein Polynom des Grades $< m$ repräsentiert. Folglich kann die Menge der Äquivalenzklassen durch

$$\mathbb{Z}_p[x]/(f(x)) = \{a_{m-1}x^{m-1} + a_{m-2}x^{m-2} \ldots + a_0 \mid a_i \in \mathbb{Z}_p, i \in \{0, \ldots, m-1\}\}$$

dargestellt werden, die wir auch als $GF(p^m)$ oder $\mathbb{F}_{p^m}$ schreiben. $GF(p^m)$ ist ein Körper mit p^m Elementen. Das Einselement ist das konstante Polynom 1, das Nullelement das Nullpolynom 0. Die Addition geschieht komponentenweise, das heißt, für jedes x^i, $i \in \{0, \ldots, m-1\}$, werden die entsprechenden Koeffizienten modulo p addiert, für $p = 2$ also durch das exklusive Oder. Das bedeutet $\sum_{i=1}^{p} a = 0$ für alle $a \in GF(p^m)$. Die Multiplikation wird modulo $f(x)$ durchgeführt. Dazu betrachten wir

Beispiel 7.4 Es sei $p = 3$ und $m = 3$. Als irreduzibles Polynom werde $f(x) = x^3 + 2x^2 + 1 \in \mathbb{Z}_3[x]$ gewählt. Ein Beweis der Irreduzibilität, den wir hier nicht explizit ausführen wollen, erfolgt dadurch, dass man $f(x) = (b_2 x^2 + b_1 x + b_0) \cdot (c_1 x + c_0)$ ansetzt und durch Vergleich der Koeffizienten bei den x^i einen Widerspruch erhält. Wir betrachten also

$$GF(3^3) = \{a_2 x^2 + a_1 x + a_0 \mid a_0, a_1, a_2 \in \mathbb{Z}_3\}.$$

In diesem Körper berechnen wir das Produkt $x^2 \cdot x^2 \bmod f(x)$. Wegen

$$x^2 \cdot x^2 = x^4 = (x^3 + 2x^2 + 1) \cdot (x + 1) + (x^2 + 2x + 2) \text{ in } \mathbb{Z}_3[x]$$

gilt $x^2 \cdot x^2 \bmod f(x) = x^2 + 2x + 2$. $\square$

Verschiedene irreduzible Polynome führen zu isomorphen Körpern mit verschiedenen Multiplikationen. Daher muss immer das irreduzible Polynom angegeben werden, damit man weiß, wie in dem Körper multipliziert werden soll. Die multiplikative Gruppe von $\mathbb{F}_{p^m}$ wird mit $\mathbb{F}_{p^m}^*$ bezeichnet. Sie besteht aus $p^m - 1$ Elementen, ist zyklisch und besitzt $\varphi(p^m - 1)$ erzeugende Elemente (siehe [24], Korollar 2.20.3). Die schnelle Exponentiation aus Algorithmus 3.1 kann sofort auf diese Gruppe übertragen werden, da der Ablauf des Algorithmus nur von den Exponenten des jeweiligen Elements aus $\mathbb{F}_{p^m}^*$ gesteuert wird. Das Inverse eines Elements $g(x) \in \mathbb{F}_{p^m}^*$ kann mit einer Verallgemeinerung des erweiterten euklidischen Algorithmus 3.3 bestimmt werden. Dabei findet statt der fortlaufenden Verkleinerung der in Algorithmus 3.3 durch Modulo-Bildung entstehenden g_i eine fortlaufende Verkleinerung der Grade der entsprechenden Polynome $g_i(x)$ statt, bis schließlich ein konstantes Polynom $g_j \neq 0$, also ein Polynom vom Grad 0, erreicht ist. Analog zu den Überlegungen aus dem Beweis von Satz 3.15 gilt dann mit einem Polynom $a(x)$ und dem auch im Algorithmus berechneten Polynom $v_j(x)$

$$g_j = a(x) \cdot f(x) + g(x)v_j(x)$$

und somit $g_j = g(x)v_j(x) \bmod f(x)$. Da 1 die Eins von $\mathbb{F}_{p^m}^*$ ist, ist $(g_j^{-1} \bmod p)v_j(x)$ das Inverse von $g(x)$. Dies wollen wir an einem Beispiel deutlich machen.

Beispiel 7.5 Wir gehen auf Beispiel 7.4 zurück und wollen das Inverse von $x^2 + 1$ bestimmen. Mit Bezeichnungen entsprechend Algorithmus 3.3 gilt

$$g_0(x) = x^3 + 2x^2 + 1, \; g_1(x) = x^2 + 1 \; \text{und} \; v_0(x) = 0, v_1(x) = 1.$$

Wegen $x^3 + 2x^2 + 1 = (x^2 + 1)(x + 2) + (2x + 2)$, also $y(x) = x + 2$, folgt

$$g_2(x) = 2x + 2 \; \text{und} \; v_2(x) = v_0(x) - y(x)v_1(x) = -(x + 2) = 2x + 1.$$

Dann gilt $x^2 + 1 = (2x + 2)(2x + 1) + 2$, also $y(x) = 2x + 1$, und damit

$$g_3(x) = 2 \; \text{und} \; v_3(x) = v_1(x) - y(x)v_2(x) = 1 - (2x + 1)(2x + 1) = 2x^2 + 2x.$$

Der Grad von $g_3(x) = 2$ ist 0, und das Inverse ist durch $2^{-1}(2x^2 + 2x) = x^2 + x$ bestimmt. Die Probe liefert richtig

$$(x^2 + x)(x^2 + 1) = x^4 + x^3 + x^2 + x = (x^3 + 2x^2 + 1)(x + 2) + 1. \quad \square$$

Beispiel 7.6 Wir beschreiben den Ablauf des ElGamal-Verschlüsselungsverfahrens bei Benutzung der Gruppe $G = \mathbb{F}_{2^4}^*$. Als irreduzibles Polynom des Grades 4 in $\mathbb{Z}_2[x]$ wählt Alice $f(x) = x^4 + x + 1$. Zur Vereinfachung werde ein Polynom $a_3x^3 + a_2x^2 + a_1x + a_0$ durch den Binärstring $(a_3a_2a_1a_0)$ dargestellt. G hat die Ordnung $2^4 - 1 = 15$, und ein erzeugendes Element ist $g = (0010)$.

Alice wählt den geheimen Schlüssel $x = 8$ und berechnet $y = g^x = (0010)^8 = (0101)$. Dieses x hat nichts mit der Unbestimmten x der Polynome zu tun. Ihr öffentlicher Schlüssel ist $((0010), (0101))$ zusammen mit dem Polynom $f(x)$, das die Multiplikation bestimmt.

Bob möchte die Nachricht $M = (1001)$ verschlüsseln. Er wählt zufällig $k = 7$ und berechnet

$$a = g^7 = (0010)^7 = (1011) \; \text{und} \; b = (1001)(0101)^7 = (1001)(1110) = (0111)$$

und sendet diese Werte an Alice. Zur Dechiffrierung berechnet Alice

$$z = (a^x)^{-1} = ((1011)^8)^{-1} = (1110)^{-1} = (0011)$$

und erhält dadurch

$$M = z \cdot b = (0011) \cdot (0111) = (1001). \quad \square$$

Die Algorithmen von *Shanks* und *Pohlig-Hellman* (Algorithmen 7.1 und 7.2) zur Berechnung des diskreten Logarithmus können auch auf die Gruppe $\mathbb{F}_{2^m}^*$ übertragen werden. Damit Algorithmus 7.2 oder ähnliche keinen Erfolg haben, sollte die Gruppenordnung $2^m - 1$ große Primfaktoren besitzen, eventuell selbst eine Primzahl sein. Eine Primzahl dieser Gestalt heißt *Mersenne'sche Primzahl* und kann nur vorkommen, wenn m ebenfalls prim ist. Die besten bekannten Algorithmen zur Berechnung diskreter Logarithmen in $\mathbb{F}_{2^m}^*$ haben einen ähnlichen Zeitbedarf wie die zur Berechnung diskreter Logarithmen in $\mathbb{Z}_p^*$ (siehe Seite 121), wobei 2^m dem Wert p entspricht und $c = \left(\frac{32}{9}\right)^{\frac{1}{3}} = 1{,}526$ ist [1]. Diskrete Logarithmen in $\mathbb{F}_{2^{607}}^*$ ($2^{607} - 1$ ist eine Mersenne'sche Primzahl) konnten schon 2002 mit 100 PCs in einem Jahr berechnet werden. Heute wird dies sehr viel schneller gehen. Daher sollte $m > 2000$ gewählt werden, wobei sich mit $m = 2203$, $m = 2281$, $m = 3217$ oder $m = 4253$ Mersenne'sche Primzahlen ergeben (Im Januar 2018 waren 50 Mersenne'sche Primzahlen bekannt.).

7.3 ElGamal-Public-Key-Signaturverfahren

Beim ElGamal-Public-Key-Signaturverfahren werden die Schlüssel ebenso wie bei der ElGamal-Public-Key-Verschlüsselung durch Algorithmus 7.4 erzeugt. Es ist also (p, g, y) mit $y = g^x \bmod p$ der öffentliche und x der geheime Schlüssel von Alice.

Algorithmus 7.8 (*ElGamal-Public-Key-Signaturverfahren*)
Zusammenfassung: Alice signiert eine Nachricht M, die Bob verifiziert.
(1) Zur Signierung führt Alice die folgenden Schritte aus:
    (a) Alice wählt eine zufällige Zahl $k \in \{1, \ldots, p-2\}$ mit $\mathrm{ggT}(k, p-1) = 1$.
    (b) Sie berechnet $r = g^k \bmod p$.
    (c) Sie berechnet $k^{-1} \bmod (p-1)$.
    (d) Sie stellt die Nachricht als ein Element $M \in \mathbb{Z}_p^*$ dar.
    (e) Sie berechnet $s = (M - xr)k^{-1} \bmod (p-1)$.
    (f) Sie übermittelt Bob den Klartext M sowie die zugehörige Signatur (r, s).
(2) Um Alice' Signatur (r, s) auf M zu überprüfen, führt Bob die folgenden Schritte durch:
    (a) Bob besorgt sich den authentischen öffentlichen Schlüssel (p, g, y) mit $y = g^x \bmod p$ von Alice.
    (b) Er überprüft, ob $1 \leq r \leq p-1$ gilt. Anderenfalls akzeptiert er die Signatur nicht und bricht das Verfahren ab.
    (c) Er berechnet $v_1 = y^r r^s \bmod p$ und $v_2 = g^M \bmod p$.
    (d) Er akzeptiert genau dann die Signatur, falls $v_1 = v_2$ gilt. $\quad \square$

Satz 7.10 Beim Vorgehen nach Algorithmus 7.4 und Algorithmus 7.8 gilt die Gleichung $v_1 = v_2$, wenn die Signatur (r, s) zu M gehört.

Beweis. Wenn die Signatur von Alice erzeugt wurde, gilt $s = (M - xr)k^{-1} \bmod (p - 1)$. Multiplikation mit k und Auflösen nach M liefert

$$M = (xr + ks) \bmod (p - 1).$$

Die Verifikation ergibt dann wegen Satz 3.11

$$v_1 = y^r r^s \bmod p = (g^x)^r (g^k)^s \bmod p = g^{xr+ks} \bmod p = g^M \bmod p = v_2. \quad \square$$

Beispiel 7.7 Alice wählt wie in Beispiel 7.3 den öffentlichen Schlüssel $(2819, 2, 2260)$ und den geheimen $x = 101$. Sie möchte die Nachricht $M = 999$ signieren. Alice wählt einen zufälligen Wert $k = 333$. Es gilt, wie verlangt, $\mathrm{ggT}(333, 2818) = 1$. Sie berechnet zunächst

$$r = 2^{333} \bmod 2819 = 215 \text{ und}$$
$$333^{-1} \bmod 2818 = 677$$

und damit

$$s = (999 - 101 \cdot 215) \cdot 677 \bmod 2818 = 1828 \cdot 677 \bmod 2818 = 454.$$

Alice übermittelt Bob neben dem Klartext die Signatur $(215, 454)$.

Bob stellt fest, dass wegen $1 \leq 215 \leq 2818$ der Wert von r im richtigen Bereich liegt. Er berechnet

$$v_1 = 2260^{215} \cdot 215^{454} \bmod 2819 = 2771 \cdot 2320 \bmod 2819 = 1400 \text{ und}$$
$$v_2 = 2^{999} \bmod 2819 = 1400,$$

und wegen $v_1 = v_2$ ist die Signatur verifiziert. $\quad \square$

Wir betrachten die Sicherheit des ElGamal-Signaturverfahrens. Ähnlich dem ElGamal-Chiffrierverfahren müssen auch in Schritt 1(a) von Algorithmus 7.8 bei verschiedenen Nachrichten verschiedene Werte k gewählt werden. Darauf werden wir auf Seite 131 genauer eingehen. Zunächst überlegen wir uns, warum in Schritt 2(b) des Algorithmus die Überprüfung $1 \leq r \leq p - 1$ nötig ist. Wird sie unterlassen, kann Oskar, sofern er nur für irgendeine Nachricht M mit $\mathrm{ggT}(M, p-1) = 1$ eine gültige Signatur von Alice erhält, jede beliebige Nachricht M' im Namen von Alice signieren. Es sei nämlich (r, s) eine Signatur von M. Dann wählt Oskar die Nachricht M' seiner Wahl und berechnet, da wegen $\mathrm{ggT}(M, p-1) = 1$ das Inverse von M modulo $(p - 1)$ existiert, die Werte

$$u = M'M^{-1} \bmod (p - 1) \text{ und}$$
$$s' = su \bmod (p - 1).$$

Da $\mathrm{ggT}(p, p-1) = 1$ ist, bestimmt er mit Hilfe des chinesischen Restesatzes (Algorithmus 3.4) eine gemeinsame Lösung $r' \in \{0, \ldots, p(p-1) - 1\}$ des Gleichungssystems

$$r' \bmod (p - 1) = ru \bmod (p - 1)$$
$$r' \bmod p = r \bmod p.$$

Falls die Bedingung aus Schritt 2(b) nicht überprüft wird, kann (r', s') als Signatur für M' ausgegeben werden, denn mit Hilfe des Gleichungssystems und Satz 3.11 erhalten wir

$$y^{r'} r'^{s'} \bmod p = y^{ru} r^{su} \bmod p = (y^r r^s)^u \bmod p = (g^M)^{M'M^{-1}} \bmod p$$
$$= g^{M'} \bmod p.$$

Wir überlegen jetzt, welche Möglichkeiten Oskar hat, eine Signatur für eine fest vorgegebene Nachricht M zu fälschen, wenn er den geheimen Schlüssel x nicht kennt. Wählt er einen Wert r und versucht dann, einen entsprechenden Wert s zu finden, so muss er, da $v_1 = v_2$ gelten muss, den diskreten Logarithmus

$$\log_r g^M y^{-r}$$

in $\mathbb{Z}_p^*$ berechnen. Wenn er umgekehrt erst s wählt und dann versucht, r zu bestimmen, dann muss er die Gleichung

$$y^r r^s \bmod p = g^M \bmod p$$

für die „Unbekannte" r lösen. Dies ist ein Problem, für das kein Lösungsalgorithmus in vernünftiger Zeit bekannt ist. Es scheint jedoch nicht direkt mit dem gut untersuchten Problem des Berechnens des diskreten Logarithmus zusammenzuhängen. Außerdem bleibt die Möglichkeit offen, dass auf irgendeine Weise r und s gleichzeitig so berechnet werden können, dass (r, s) eine Signatur ist. Niemand kennt eine solche Methode, aber es hat auch niemand bewiesen, dass dies nicht möglich ist.

Eine schwächere Betrugsmöglichkeit liegt vor, wenn Oskar (r, s) wählt und versucht, eine passende Nachricht M zu finden, deren Signatur durch (r, s) gegeben ist. Dann hat er wieder einen Fall des Problems des diskreten Logarithmus in $\mathbb{Z}_p^*$ zu lösen, nämlich

$$\log_g y^r r^s.$$

Auf diese Weise hat er also keinen Erfolg. Er kann jedoch eine gültige Signatur bei gleichzeitiger, voneinander abhängiger Wahl von r, s und M erhalten. Er wählt

$$i, j \in \{0, \ldots, p-2\} \text{ mit } \mathrm{ggT}(j, p-1) = 1.$$

Dann führt Oskar die Berechnungen

$$r = g^i y^j \bmod p,$$
$$s = -rj^{-1} \bmod (p-1) \text{ und}$$
$$M = -rij^{-1} \bmod (p-1)$$

durch. Dabei wird j^{-1} bezüglich dem Modulus $(p-1)$ berechnet. Das Paar (r, s) ist dann wegen

$$v_1 = y^r r^s \bmod p = y^r (g^i y^j)^{-rj^{-1}} \bmod p = y^r g^{-irj^{-1}} y^{-r} \bmod p$$
$$= g^{-irj^{-1}} \bmod p = g^M \bmod p = v_2$$

eine gültige Unterschrift von M. Man beachte, dass in den Exponenten wegen Satz 3.11 modulo $(p-1)$ gerechnet wird.

Beispiel 7.8 Wie in Beispiel 7.7 sei $p = 2819, g = 2$ und $y = g^x \bmod p = 2260$. Wir nehmen an, dass Oskar $i = 1000$ und $j = 1111$ wählt. Dann gilt $j^{-1} \bmod (p-1) = 487$. Oskar berechnet

$$r = 2^{1000} \cdot 2260^{1111} \bmod 2819 = 2800 \cdot 2592 \bmod 2819 = 1494,$$
$$s = -(1494 \cdot 487) \bmod 2818 = 2284 \text{ und}$$
$$M = 2284 \cdot 1000 \bmod 2818 = 1420.$$

Es ist $(1494, 2284)$ eine gültige Signatur für die Nachricht 1420. Dies wird verifiziert durch

$$v_1 = 2260^{1494} \cdot 1494^{2284} \bmod 2819 = 771 = 2^{1420} \bmod 2819 = v_2. \quad \square$$

Bei einer weiteren Art des Betrugs geht Oskar von einer zuvor von Alice erzeugten Signatur (r, s) einer Nachricht M aus. Er wählt Zahlen

$$h, i, j \in \{0, \dots, p-2\} \text{ mit } \mathrm{ggT}(hr - js, p - 1) = 1.$$

Je nach Wahl der Zahlen kann er verschiedene andere Nachrichten signieren. Oskar bestimmt die Werte

$$\lambda = r^h g^i y^j \bmod p,$$
$$\mu = s\lambda(hr - js)^{-1} \bmod (p - 1) \text{ und}$$
$$M' = \lambda(hM + is)(hr - js)^{-1} \bmod (p - 1),$$

wobei $(hr - js)^{-1}$ wieder modulo $(p-1)$ berechnet und zur Abkürzung mit k bezeichnet wird. Dann ist (λ, μ) eine Signatur der Nachricht M'. Zum Nachweis dieser Eigenschaft müssen wir zeigen, dass

$$y^\lambda \lambda^\mu \bmod p = y^\lambda (r^h g^i y^j)^\mu \bmod p = y^{\lambda + js\lambda k} r^{hs\lambda k} g^{is\lambda k} \bmod p$$

mit

$$g^{M'} \bmod p = g^{\lambda(hM+is)k} \bmod p = g^{\lambda hMk} g^{\lambda isk} \bmod p$$

übereinstimmt. Dies ist offenbar dann der Fall, wenn

$$(*) \qquad y^{\lambda + js\lambda k} r^{hs\lambda k} \bmod p = g^{\lambda hMk} \bmod p$$

erfüllt ist. Unter Verwendung von $y^r r^s \bmod p = g^M \bmod p$ erhalten wir aus der rechten Seite dieser Gleichung

$$g^{\lambda hMk} \bmod p = (y^r r^s)^{\lambda hk} \bmod p = y^{r\lambda hk} r^{s\lambda hk} \bmod p.$$

Wegen

$$(\lambda + js\lambda k) \bmod (p - 1) = (\lambda k^{-1} + js\lambda)k \bmod (p - 1)$$
$$= (\lambda(hr - js) + js\lambda)k \bmod (p - 1)$$
$$= \lambda hrk \bmod (p - 1)$$

sind die rechte und linke Seite des Ausdrucks $(*)$ gleich.

Wir haben in den vorhergehenden Ausführungen zwei Methoden kennen gelernt, mit denen gefälschte Signaturen erzeugt werden können. Signaturen für eine Nachricht der eigenen Wahl kann man damit nur fälschen, wenn man das Problem des diskreten Logarithmus lösen kann. Daher scheinen diese Methoden keine ernsthafte Bedrohung des ElGamal-Signaturverfahrens darzustellen. Darüber hinaus ist es möglich, diesen Angriffen dadurch zu begegnen, dass die Nachricht M aus Algorithmus 7.8 sowohl in Schritt 1(e) als auch in Schritt 2(c) durch den Wert $h(M)$ ersetzt wird, wobei $h : \{0,1\}^* \to \mathbb{Z}_p$ eine beiden Teilnehmern bekannte Hashfunktion ist. Dann ist es zwar ähnlich wie eben angegeben möglich, gültige Hashwerte $h(M)$ bzw. $h(M')$ zu bestimmen, jedoch ist es praktisch unmöglich, wie wir in Kapitel 6 gesehen haben, die zugehörigen Nachrichten M bzw. M' zu ermitteln, die bei einem Signaturverfahren ja auch mitgegeben werden müssen.

Wir nennen schließlich noch einige Möglichkeiten, wie das ElGamal-Signaturverfahren gebrochen werden kann, wenn es sorglos benutzt wird. Der Zufallswert k aus Schritt 1(a) von Algorithmus 7.8 muss auf jeden Fall geheim gehalten werden. Bei bekanntem k leitet man sonst aus der Gleichung aus Schritt 1(e) des Algorithmus die Gleichung

$$xr \bmod (p-1) = (M - ks) \bmod (p-1)$$

ab. Der geheime Schlüssel x von Alice ist dabei die Unbekannte für Oskar. Es sei $d = \mathrm{ggT}(r, p-1)$. Dann teilt d auch $(M - ks) \bmod (p-1)$ und $M - ks$. Da $p = 2q+1$ mit einer Primzahl q gilt, kommen nur $d = 1, 2, q$ und $p-1$ in Frage. Nach Satz 3.16 hat die Gleichung genau d Lösungen

$$x = \left(\tfrac{M-ks}{d} \cdot x_0 + t \cdot \tfrac{p-1}{d} \right) \bmod (p-1)$$
$$\text{für } t = 0, 1, \ldots, d-1 \text{ und } x_0 = \left(\tfrac{r}{d} \right)^{-1} \bmod \left(\tfrac{p-1}{d} \right).$$

Für $d = 1$ ist damit schon der private Schlüssel von Alice berechnet. In den anderen Fällen muss für alle d Lösungen x die Gleichung $g^x \bmod p = y$ überprüft werden, die für genau eine von ihnen erfüllt ist, da g eine primitive Wurzel ist. Für die Fälle $d = q$ und $d = p-1$, die allerdings äußerst unwahrscheinlich sind, wird dieses Vorgehen praktisch keinen Erfolg haben. Für $d = p-1$ beispielsweise bedeutet es die Berechnung von $\log_g y$ auf die uneffektivste Weise. Dagegen ist für $d = 2$ nach spätestens zwei Überprüfungen der private Schlüssel von Alice bestimmt. Oskar kann dann nach Belieben jede Nachricht im Namen von Alice signieren.

Ein weiterer falscher Gebrauch des Systems liegt vor, wenn man denselben Wert k für die Signatur von zwei verschiedenen Nachrichten benutzt. In diesem Fall kann Oskar fast immer k berechnen und dann, wie wir eben gesehen haben, durch Bestimmung von x das System brechen. Dies sehen wir wie folgt ein. In Schritt 1(b) des Algorithmus wird offenbar in beiden Fällen derselbe Wert r bestimmt. Es sei (r, s_1) eine Signatur von M_1 und (r, s_2) eine Signatur von M_2. Dann gilt

$$y^r r^{s_1} \bmod p = g^{M_1} \bmod p \text{ und } y^r r^{s_2} \bmod p = g^{M_2} \bmod p.$$

Es folgt

$$g^{M_1 - M_2} \bmod p = r^{s_1 - s_2} \bmod p.$$

Wenn wir $r = g^k \bmod p$ schreiben, dann erhalten wir die Gleichung

$$g^{M_1 - M_2} \bmod p = g^{k(s_1 - s_2)} \bmod p$$

in der „Unbekannten" k. Diese ist, da g eine primitive Wurzel ist, äquivalent zu

$$(M_1 - M_2) \bmod (p - 1) = k(s_1 - s_2) \bmod (p - 1).$$

Wir setzen $d = \mathrm{ggT}(s_1 - s_2, p - 1)$. Dann folgt $d \mid (M_1 - M_2)$. Wieder gilt $d = 1, 2, q$ oder $p - 1$. Wegen Satz 3.16 existieren genau d Lösungen

$$k = \left(\tfrac{M_1 - M_2}{d} \cdot x_0 + t \cdot \tfrac{p-1}{d} \right) \bmod (p - 1)$$
$$\text{für } t = 0, 1, \ldots, d - 1 \text{ und } x_0 = \left(\tfrac{s_1 - s_2}{d} \right)^{-1} \bmod \left(\tfrac{p-1}{d} \right).$$

Genau eine dieser Lösungen ist der korrekte Wert von k, der diesmal durch die Überprüfung der Bedingung $r = g^k \bmod p$ bestimmt werden kann. Die unhandhabbaren Fälle $d = q$ und $p - 1$ kommen praktisch nicht vor.

Wie beim ElGamal-Verschlüsselungsverfahren können auch beim ElGamal-Signaturverfahren andere zyklische Gruppen als Basis des Verfahrens gewählt werden. Hier benötigen wir jedoch in jedem Fall eine Hashfunktion $h : \{0, 1\}^* \to \mathbb{Z}_n$, wobei n die Anzahl der Elemente der benutzten Gruppe G ist. Es wird angenommen, dass jedes Element $r \in G$ binär so dargestellt werden kann, dass $h(r)$ definiert ist. Genauer können wir auch eine Funktion $f : G \to \{0, 1\}^*$ definieren, wobei wir $h(f(r))$ anstelle von $h(r)$ schreiben müssten. Die Schlüsselerzeugung für das verallgemeinerte ElGamal-Public-Key-Signaturverfahren erfolgt wie die Schlüsselerzeugung der verallgemeinerten ElGamal-Public-Key-Verschlüsselung durch Algorithmus 7.6. Es ist also (g, y) mit $y = g^x$ der öffentliche und x der private Schlüssel von Alice.

Algorithmus 7.9 (*Verallgemeinerte ElGamal-Public-Key-Signaturverfahren*)
Zusammenfassung: Alice signiert eine Nachricht M, die Bob verifiziert.
(1) Zur Signierung führt Alice die folgenden Schritte aus:
    (a) Alice wählt eine zufällige Zahl $k \in \{1, \ldots, n - 1\}$ mit $\mathrm{ggT}(k, n) = 1$.
    (b) Sie berechnet das Gruppenelement $r = g^k$.
    (c) Sie berechnet $k^{-1} \bmod n$.
    (d) Sie berechnet $h(M)$ und $h(r)$.
    (e) Sie berechnet $s = (h(M) - xh(r))k^{-1} \bmod n$.
    (f) Sie übermittelt Bob den Klartext M sowie die zugehörige Signatur (r, s)
        (man beachte: $r \in G$, $s \in \mathbb{Z}_n$).
(2) Um Alice' Signatur (r, s) auf M zu überprüfen, führt Bob die folgenden Schritte durch:
    (a) Bob besorgt sich den authentischen öffentlichen Schlüssel (g, y) mit $y = g^x$
        von Alice.
    (b) Er berechnet $h(M)$ und $h(r)$.
    (c) Er berechnet $v_1 = y^{h(r)} r^s$ und $v_2 = g^{h(M)}$.
    (d) Er akzeptiert genau dann die Signatur, falls $v_1 = v_2$ gilt. □

Die Überprüfung in Schritt 2(d) geht bei korrekter Vorgehensweise positiv aus, was analog zu Satz 7.10 bewiesen werden kann.

Beispiel 7.9 Wir betrachten den endlichen Körper $\mathbb{F}_{2^5}$, der mit Hilfe des irreduziblen Polynoms $f(x) = x^5 + x^2 + 1$ über $\mathbb{Z}_2$ konstruiert wird. Die Elemente können ähnlich wie in Beispiel 7.6 vereinfacht als binäre 5-Tupel dargestellt werden. Das Element $g = (00010)$ ist ein Generator von $G = \mathbb{F}_{2^5}^*$, der multiplikativen zyklischen Gruppe des Körpers. Die Ordnung von G ist 31. Weiter sei $h : \{0,1\}^* \to \mathbb{Z}_{31}$ eine Hashfunktion, die wir für dieses Beispiel nicht näher festlegen werden. Alice wählt einen privaten Schlüssel $x = 17$ und berechnet $y = g^x = (00010)^{17} = (10011)$. Der öffentliche Schlüssel ist $(g, y) = ((00010), (10011))$.

Um die Nachricht $M = 11110001$ zu signieren, wählt Alice eine zufällige Zahl $k = 22$ mit $\mathrm{ggT}(22, 31) = 1$ und ermittelt

$$r = g^{22} = (00010)^{22} = (10101) \text{ und } k^{-1} \bmod 31 = 22^{-1} \bmod 31 = 24.$$

Dann bestimmt Alice $h(M) = 20$ und $h(r) = 4$. Diese Werte sind hier beliebig gewählt worden, da h nicht spezifiziert wurde. Damit erhält Alice

$$s = (20 - 17 \cdot 4) \cdot 24 \bmod 31 = 26.$$

Die Signatur für die Nachricht M ist folglich $(r, s) = ((10101), 26)$.

Zur Verifikation berechnet Bob zunächst $h(M) = 20$ und $h(r) = 4$. Dann wird

$$v_1 = y^{h(r)} r^s = (10011)^4 \cdot (10101)^{26} = (01010) \cdot (11101) = (01100) \text{ und}$$
$$v_2 = g^{h(M)} = (00010)^{20} = (01100)$$

bestimmt. Wegen $v_1 = v_2$ akzeptiert Bob die Signatur. $\square$

7.4 Digital Signature Algorithm (DSA)

Im August 1991 schlug das National Institute of Standards and Technology (NIST) den *Digital Signature Algorithm (DSA)* für den Einsatz im *Digital Signature Standard (DSS)* vor. Am 19. Mai 1994 wurde der Standard offiziell festgelegt. Der Algorithmus ist eine Variante des ElGamal-Signaturverfahrens und benötigt eine Hashfunktion h, für die zunächst explizit die Verwendung des Secure Hash Algorithm SHA-1 aus Algorithmus 6.4 verlangt wurde. In der Version von Juli 2013 [103], die wir hier im Wesentlichen beschreiben wollen, darf irgendeine Hashfunktion h aus dem Secure Hash Standard [104] (siehe auch Seite 109) verwendet werden. Man sollte auch hier nur die vom Bundesamt für Sicherheit in der Informationstechnik empfohlenen starken kryptograohischen Hashfunktionen der SHA-2- oder SHA-3-Familie nutzen. Da für den Modulus p das BSI bis Ende 2022 für die Primzahl p aus den Algorithmen 7.10 und 7.11 eine Länge von mindestens 2000 Bits empfiehlt und danach mindestens 3000 Bits (siehe [20], werden im Folgenden die Größen L und N entsprechend angepasst.

Algorithmus 7.10 (*Schlüsselerzeugung für den DSA*)
Zusammenfassung: Alice erzeugt sich einen öffentlichen Schlüssel und einen zugehörigen privaten Schlüssel.
  (1) Alice wählt $(L, N) \in \{(2048, 256), (3072, 256)\}$.
  (2) Sie erzeugt eine große Primzahl q mit $2^{N-1} < q < 2^N$.

(3) Sie erzeugt eine Primzahl p mit $2^{L-1} < p < 2^L$ und der Eigenschaft $q|(p-1)$.

(4) {Alice wählt ein erzeugendes Element g der eindeutigen zyklischen Untergruppe der Ordnung q in $\mathbb{Z}_p^*$}

    (a) Alice wählt ein Element $\alpha \in \mathbb{Z}_p^*$ und berechnet $g = \alpha^{(p-1)/q} \bmod p$.

    (b) Falls $g = 1$ ist, geht sie zurück nach Schritt (a).

(5) Alice wählt eine Zufallszahl $x \in \{1, \ldots, q-1\}$.

(6) Sie berechnet $y = g^x \bmod p$.

(7) Der öffentliche Schlüssel von Alice ist (p, q, g, y), der private ist x.   □

In Algorithmus 7.10 wird zunächst die Primzahl q gewählt. Anschließend muss versucht werden, eine Primzahl p mit $q|(p-1)$ zu finden. In Appendix A.1 von [103] ist beschrieben, wie man solche Primzahlen gewinnt.

Wir überlegen uns, warum die Methode in Schritt 4 zu einem erzeugenden Element einer zyklischen Untergruppe der Ordnung q in $\mathbb{Z}_p^*$ führt. Für ein beliebiges $\alpha \in \mathbb{Z}_p^*$ betrachten wir $g = \alpha^{(p-1)/q} \bmod p$. Ist $g \neq 1$, dann sei $Z_p(g)$ die zugehörige zyklische Untergruppe von $\mathbb{Z}_p^*$, die die Ordnung m haben möge. Gilt $m < q$, dann muss wegen $g^q \bmod p = \alpha^{p-1} \bmod p = 1$ die Gleichung $q = rm$ mit einem $r \in \mathbb{N}, r > 1$, gelten. Dies widerspricht der Primzahleigenschaft von q, so dass $m = q$ folgt. Damit ist ein erzeugendes Element gefunden.

Algorithmus 7.11 (*Digital Signature Algorithm*)

Zusammenfassung: Alice signiert eine Nachricht M, die Bob verifiziert.

(1) Zur Signierung führt Alice die folgenden Schritte aus:

    (a) Alice wählt eine zufällige Zahl $k \in \{1, \ldots, q-1\}$.

    (b) Sie berechnet $r = (g^k \bmod p) \bmod q$.

    (c) Sie berechnet $k^{-1} \bmod q$.

    (d) Sie bestimmt die Zahl z aus den linkesten N Bits des Hashwerts $h(M)$ und berechnet $s = (z + xr)k^{-1} \bmod q$.

    (e) Falls $r = 0$ oder $s = 0$ gilt, geht Alice zurück zu (a). Anderenfalls übermittelt sie Bob den Klartext M sowie die zugehörige Signatur (r, s).

(2) Um Alice' Signatur (r, s) auf M zu überprüfen, führt Bob die folgenden Schritte durch:

    (a) Bob besorgt sich den authentischen öffentlichen Schlüssel (p, q, g, y) mit $y = g^x \bmod p$ von Alice.

    (b) Er überprüft, ob $1 \leq r < q$ und $0 < s < q$ gilt. Anderenfalls akzeptiert er die Signatur nicht und bricht das Verfahren ab.

    (c) Er berechnet $w = s^{-1} \bmod q$ und die Zahl z aus den linkesten N Bits von $h(M)$.

    (d) Er berechnet $u_1 = w \cdot z \bmod q$ und $u_2 = rw \bmod q$.

    (e) Er berechnet $v = (g^{u_1} y^{u_2} \bmod p) \bmod q$.

    (f) Er akzeptiert die Signatur genau für $v = r$.   □

Satz 7.11 Beim Vorgehen nach Algorithmus 7.10 und Algorithmus 7.11 gilt die Gleichung $v = r$, wenn die Signatur (r, s) zu M gehört.

Beweis. Es sei (r, s) eine legitime Signatur von M. Aus der Gleichung aus Schritt 1(d) von Algorithmus 7.11 folgt durch Multiplikation mit $kw \bmod q$ unter Beachtung von

$w = s^{-1} \bmod q$

$$(wz + xrw) \bmod q = ksw \bmod q = k.$$

Nach Definition von u_1 und u_2 ist dies äquivalent zu

$$(u_1 + xu_2) \bmod q = k.$$

Da g in $\mathbb{Z}_p^*$ die Ordnung q hat, folgt nach Satz 7.6

$$g^k \bmod p = g^{u_1 + xu_2} \bmod p = g^{u_1}(g^x)^{u_2} \bmod p = g^{u_1}y^{u_2} \bmod p.$$

Somit gilt

$$r = (g^k \bmod p) \bmod q = (g^{u_1}y^{u_2} \bmod p) \bmod q = v. \quad \square$$

Beispiel 7.10 Wir geben ein Beispiel an, bei dem p und q allerdings nicht die Bedingungen der Schritte 1 bis 3 von Algorithmus 7.10 erfüllen.

Zur Schlüsselerzeugung wählt Alice Primzahlen $p = 2957$ und $q = 739$, wobei

$$\frac{p-1}{q} = 4$$

gilt. Alice wählt ein zufälliges Element $\alpha = 2003 \in \mathbb{Z}_p^*$ und berechnet

$$g = \alpha^4 \bmod p = 2003^4 \bmod 2957 = 1534.$$

Da $g \neq 1$ gilt, ist es ein erzeugendes Element für die eindeutige zyklische Untergruppe der Ordnung q in $\mathbb{Z}_p^*$. Dann wählt Alice eine Zufallszahl $x = 512 \in \{1, \ldots, q-1\}$ und berechnet

$$y = g^x \bmod p = 1534^{512} \bmod 2957 = 99.$$

Alice' öffentlicher Schlüssel ist

$$(p, q, g, y) = (2957, 739, 1534, 99),$$

ihr privater Schlüssel ist $x = 512$.

Zum Signieren einer Nachricht M wählt Alice eine Zufallszahl $k = 444$ und berechnet

$$\begin{aligned} r &= (g^k \bmod p) \bmod q = (1534^{444} \bmod 2957) \bmod 739 \\ &= 1179 \bmod 739 = 440. \end{aligned}$$

Anschließend bestimmt sie $k^{-1} \bmod q = 444^{-1} \bmod 739 = 248$ und $z = 333$, wobei z hier einfach beliebig gewählt wurde, und schließlich

$$s = 248 \cdot (333 + 512 \cdot 440) \bmod q = (248 \cdot 218) \bmod 739 = 117.$$

Die Signatur für M ist durch $(r, s) = (440, 117)$ gegeben.

Zur Verifizierung berechnet Bob erst

$$\begin{aligned} w &= s^{-1} \bmod q = 117^{-1} \bmod 739 = 619, \\ u_1 &= w \cdot z \bmod q = 619 \cdot 333 \bmod 739 = 685, \\ u_2 &= rw \bmod q = 440 \cdot 619 \bmod 739 = 408. \end{aligned}$$

und dann

$$v = (g^{u_1} y^{u_2} \bmod p) \bmod q$$
$$= (1534^{685} \cdot 99^{408} \bmod 2957) \bmod 739$$
$$= (1690 \cdot 2648 \bmod 2957) \bmod 739 = 1179 \bmod 739 = 440.$$

Da $v = r$ gilt, akzeptiert Bob die Signatur von Alice. $\square$

Für die Sicherheit des DSA gelten ähnliche Überlegungen wie im Falle des ElGamal-Signaturverfahrens. Die Sicherheit beruht auf der Schwierigkeit, den diskreten Logarithmus in $\mathbb{Z}_p^*$ wie auch in der zyklischen Untergruppe der Ordnung q zu berechnen.

7.5 Zeitstempel bei Signaturverfahren

Ein Problem bei Signaturverfahren wie zum Beispiel dem DSA ist es, dass der Signierschlüssel bekannt werden könnte. Beim DSA ist dies der private Exponent x aus Schritt 4 von Algorithmus 7.10. Dann kann Oskar Alice' Signatur auf jeder Nachricht fälschen. Dazu kommt, was vielleicht noch schlimmer ist, dass damit die Authentizität aller bisher signierten Nachrichten von Alice in Frage gestellt wird, einschließlich derjenigen, die sie unterzeichnet hat, bevor Oskar den Wert x gestohlen hat.

Eine andere unerwünschte Situation ist es, dass Alice eine Nachricht unterzeichnet und diese später nicht anerkennen möchte. Sie braucht dann nur für eine Veröffentlichung ihres privaten Exponenten x zu sorgen und zu behaupten, dass ihre eigene Unterschrift auf der fraglichen Nachricht eine Fälschung ist.

Diese Situationen können eintreten, wenn nicht bestimmt werden kann, wann eine Nachricht signiert wurde. Um dies zu vermeiden, werden Zeitstempel auf signierten Nachrichten eingeführt. Ein Zeitstempel soll beweisen, dass eine Nachricht zu einer bestimmten Zeit signiert wurde. Wenn beispielsweise Alice' privater Exponent x bekannt wird, werden dadurch nicht alle zuvor geleisteten Unterschriften ungültig. Das ist ähnlich wie bei Kreditkarten. Wenn jemand eine Kreditkarte verliert und dies der ausgebenden Bank mitteilt, wird die Karte ungültig. Käufe vor dem Verlust der Karte bzw. vor der Benachrichtigung der Bank werden davon nicht berührt.

Als Erstes zeigen wir, wie Alice sich einen überzeugenden Zeitstempel selbst erzeugen kann. Alice verschafft sich eine sich ständig ändernde öffentlich erhältliche Information, die nicht vorausgesagt werden kann. Es kann sich zum Beispiel um die Bundesligatabelle der Woche oder die Kurse der Frankfurter Börse vom Vortag handeln. Diese Information heiße *pub*. Dann kann Alice nach dem folgenden Algorithmus ihre Nachricht M mit einem Zeitstempel versehen.

Algorithmus 7.12

Gegeben: Nachricht M, öffentlich bekannte Hashfunktion h, öffentliche Information *pub*, private Signiertransformation D_A von Alice gemäß einem Signaturverfahren.

Zusammenfassung: Alice erzeugt einen Zeitstempel auf der von ihr signierten Nachricht.

(1) Alice berechnet $z = h(M)$.

(2) Alice berechnet $z' = h(z \| pub)$.

(3) Alice berechnet $y = D_A(z')$.

(4) Alice veröffentlicht (z, pub, y) in der Zeitung des nächsten Tages. $\square$

Das Vorkommen von *pub* bedeutet, dass Alice den Wert y nicht vor dem aus *pub* ersichtlichen Termin berechnet haben kann. Und die Tatsache, dass y in der Zeitung des nächsten Tages veröffentlicht wird, beweist, dass y nicht später berechnet wurde. Somit ist Alice' Signatur (z, pub, y) für diesen einen Tag gültig. Die Nachricht M wird dabei nicht aufgedeckt. Falls notwendig, kann Alice dies jedoch tun, beispielsweise einem Richter gegenüber, um zu beweisen, dass M die von ihr unterzeichnete und mit einem Zeitstempel versehene Nachricht ist.

Wenn es einen vertrauenswürdigen *Zeitstempeldienst (ZSD)* gibt, können nach dem folgenden Verfahren Zeitstempel vergeben werden.

Algorithmus 7.13

Gegeben: Nachricht M, öffentlich bekannte Hashfunktion h, private Signiertransformationen D_A und D_{ZSD} von Alice bzw. dem ZSD.

Zusammenfassung: Alice erhält vom ZSD einen Zeitstempel auf der von ihr signierten Nachricht.

(1) (a) Alice berechnet $z = h(M)$.

    (b) Alice berechnet $y = D_A(z)$.

    (c) Alice sendet (z, y) an den ZSD.

(2) Der ZSD berechnet mit dem aktuellen Datum D den Wert $D_{ZSD}(z, y, D)$ und schickt ihn an Alice.

(3) Alice kann $D_{ZSD}(z, y, D)$ als eine mit einem Zeitstempel versehene Signatur ihrer Nachricht M verwenden. $\square$

Dieser Algorithmus funktioniert gut, wenn D_{ZSD} nicht kompromittiert wird. Außerdem muss vorausgesetzt werden, dass der ZSD nicht verleitet werden kann, eine Zeit zurückzudatieren. Mit einem Zeitstempel nach Algorithmus 7.13 kann nur bewiesen werden, dass Alice die Nachricht vor einer bestimmten Zeit signiert hat. Wenn sie dann zusätzlich noch beweisen will, dass sie M erst nach einem bestimmten Zeitpunkt unterzeichnet hat, kann sie den Schritt 1(a) des Algorithmus durch die Schritte 1 und 2 von Algorithmus 7.12 ersetzen.

Wenn man dem ZSD nicht unbeschränkt trauen möchte, kann man die Sicherheit dadurch erhöhen, dass alle Nachrichten, die mit einem Zeitstempel versehen werden, sequentiell miteinander verkettet werden. Hierbei sei ID_n die Identifikationsinformation des Benutzers A_n, der die n-te Zeitstempelanforderung tätigt. Weiter sei L_0 eine Dummy-Information, um den folgenden Algorithmus zu starten. L_n ist eine Information, die die n-te Anforderung mit den vorhergehenden verbindet.

Algorithmus 7.14

Gegeben: Nachricht M_n des Benutzers A_n des n-ten Schritts, öffentlich bekannte Hashfunktion h, Signiertransformationen D_{A_n} und D_{ZSD} von A_n bzw. dem ZSD.

Zusammenfassung: Die n-te Zeitstempelanforderung wird durch den ZSD erfüllt.

(1) (a) A_n berechnet $z_n = h(M_n)$.

    (b) A_n berechnet $y_n = D_{A_n}(z_n)$.

    (c) A_n sendet (z_n, y_n, ID_n) an den ZSD.

(2)   (a) Der ZSD berechnet unter Verwendung der vorhergehenden Werte
$$L_n = (t_{n-1}, \mathrm{ID}_{n-1}, z_{n-1}, y_{n-1}, h(L_{n-1})).$$
      (b) Der ZSD bestimmt unter Verwendung der aktuellen Zeit t_n
$$C_n = (n, t_n, z_n, y_n, \mathrm{ID}_n, L_n).$$
      (c) Der ZSD berechnet $s_n = D_{ZSD}(h(C_n))$.
      (d) Der ZSD sendet den Zeitstempel $(C_n, s_n, \mathrm{ID}_{n+1})$ an A_n.   □

Man beachte, dass der Benutzer A_n erst dann seinen Zeitstempel in Schritt 2(d) des Algorithmus erhalten kann, wenn die Identitätsinformation des nächsten Benutzers A_{n+1} bekannt ist. Durch seinen Zeitstempel erfährt A_n aus C_n und damit aus L_n die Identität von A_{n-1} sowie dessen Fingerabdruck z_{n-1}, die zugehörige Signatur y_{n-1} und die zugehörige Zeit t_{n-1}. Er kann zumindest $E_{A_{n-1}}(y_{n-1}) = E_{A_{n-1}}(D_{A_{n-1}}(z_{n-1})) = z_{n-1}$ überprüfen, auch muss die Zeit t_{n-1} kleiner als seine Zeit t_n sein. Wenn er aufgefordert wird, kann A_n seine Nachricht M_n offenlegen, und mit Hilfe seines Zeitstempels kann über C_n die Signatur y_n des Fingerabdrucks z_n verifiziert werden. Als nächstes kann auch die Signatur s_n des ZSD verfiziert werden. Wenn gewünscht, können auch A_{n-1} und A_{n+1} gebeten werden, ihre Zeitstempel $(C_{n-1}, s_{n-1}, \mathrm{ID}_n)$ und $(C_{n+1}, s_{n+1}, \mathrm{ID}_{n+2})$ zu veröffentlichen. Auch hier kann die Signatur des ZSD verifiziert werden und andere Überprüfungen (z.B. bezüglich der Zeit der Zeitstempel) vorgenommen werden. Dieses Verfahren kann vor- und rückwärts so weit wie gewünscht fortgesetzt werden. Wegen des Zusammenhangs der verschiedenen Daten und der Vielzahl der beteiligten Teilnehmer muss sich der ZSD auch an die richtigen Zeiten halten. Die positiven Überprüfungen von $E_{A_{n-1}}(y_{n-1}) = z_{n-1}$ sind ein weiteres Indiz dafür, dass kein Betrug vorkommt.

7.6 Eine weitere Hashfunktion

Wir wollen in diesem Abschnitt eine Hashfunktion angeben, die von *D. Chaum*, *E. van Heijst* und *B. Pfitzmann* stammt [34]. Sie ist wie folgt gegeben.

Definition 7.2 Es sei $p = 2q+1$ eine große sichere Primzahl (das heißt, q ist ebenfalls prim). Es seien g_1 und g_2 primitive Wurzeln modulo p. Der Wert $\log_{g_1} g_2$ ist nicht öffentlich bekannt, und es sei berechnungsmäßig praktisch unmöglich, ihn zu berechnen. Dann definieren wir eine Hashfunktion
$$h : \{0, \dots, q-1\} \times \{0, \dots, q-1\} \to \mathbb{Z}_p^*$$
durch
$$h(x_1, x_2) = g_1^{x_1} g_2^{x_2} \bmod p. \quad \square$$

Da man bei genügend großem p die Berechnung des diskreten Logarithmus als praktisch unmöglich ansieht, wird durch den folgenden Satz gezeigt, dass die Hashfunktion dieser Definition stark kollisionsfrei ist.

Satz 7.12 Es sei eine Kollision für die Hashfunktion aus Definition 7.2 gegeben. Dann kann der diskrete Logarithmus $\log_{g_1} g_2$ effizient berechnet werden.

Beweis. Es sei $(x_1, x_2) \neq (x_3, x_4)$ mit $h(x_1, x_2) = h(x_3, x_4)$ die gegebene Kollision. Es folgt

$$g_1^{x_1} g_2^{x_2} \bmod p = g_1^{x_3} g_2^{x_4} \bmod p$$

und damit

$$g_1^{x_1 - x_3} \bmod p = g_2^{x_4 - x_2} \bmod p.$$

Ohne Beschränkung der Allgemeinheit können wir $x_4 \geq x_2$ annehmen. Nach Definition von h gilt $0 \leq x_2, x_4 \leq q - 1$ und damit auch $0 \leq x_4 - x_2 \leq q - 1$. Wir setzen

$$d = \mathrm{ggT}(x_4 - x_2, p - 1).$$

Wegen $p - 1 = 2q$ und q prim kommt nur $d \in \{1, 2, q, p - 1\}$ in Frage. Wegen $0 \leq x_4 - x_2 \leq q - 1$ entfällt $d = q$. Es bleibt $d \in \{1, 2, p - 1\}$ übrig. Wir beginnen mit $d = p - 1$, was nur für $x_2 = x_4$ möglich ist. Dann folgt

$$g_1^{x_1} g_2^{x_2} \bmod p = g_1^{x_3} g_2^{x_2} \bmod p.$$

Multiplikation mit $(g_2^{x_2})^{-1} \bmod p$ liefert

$$g_1^{x_1} \bmod p = g_1^{x_3} \bmod p.$$

Da g_1 eine primitive Wurzel ist, erhalten wir daraus $x_1 = x_3$. Dies ist ein Widerspruch zu $(x_1, x_2) \neq (x_3, x_4)$.

Als nächstes sei $d = 1$. Dann setzen wir

$$y = (x_4 - x_2)^{-1} \bmod (p - 1),$$

was wegen $\mathrm{ggT}(x_4 - x_2, p - 1) = d = 1$ leicht zu berechnen ist. Es folgt

$$g_2 = g_2^{(x_4 - x_2)y} \bmod p = g_1^{(x_1 - x_3)y} \bmod p.$$

Somit können wir

$$\log_{g_1} g_2 = (x_1 - x_3)(x_4 - x_2)^{-1} \bmod (p - 1)$$

effizient berechnen.

Als letzten Fall betrachten wir $d = 2$. Wegen $p - 1 = 2q$ erhalten wir $\mathrm{ggT}(x_4 - x_2, q) = 1$. Es wird

$$y = (x_4 - x_2)^{-1} \bmod q$$

gesetzt. Es gilt also

$$(x_4 - x_2)y = kq + 1$$

für ein geeignetes $k \in \mathbb{Z}$. Nach Satz 7.4 gilt $g_2^q \bmod p = g_2^{\frac{p-1}{2}} \bmod p = -1 \bmod p$. Daher folgt

$$g_2^{(x_4 - x_2)y} \bmod p = g_2^{kq+1} \bmod p = (-1)^k g_2 \bmod p = \pm g_2 \bmod p.$$

Damit ergeben sich die zwei Möglichkeiten

$$g_2^{(x_4 - x_2)y} \bmod p = g_1^{(x_1 - x_3)y} \bmod p = \pm g_2 \bmod p.$$

Dies führt entsprechend zu

$$\log_{g_1} g_2 = (x_1 - x_3)y \bmod (p-1) \text{ oder } \log_{g_1} g_2 = ((x_1 - x_3)y + q) \bmod (p-1).$$

Die zweite dieser Möglichkeiten erhalten wir wegen $-1 \bmod p = g_1^q \bmod p$ und $g_1^{(x_1-x_3)y+q} \bmod p = g_1^{(x_1-x_3)y} g_1^q \bmod p = (-g_2)(-1) \bmod p = g_2$. Wir können leicht überprüfen, welche der beiden den richtigen diskreten Logarithmus liefert. $\square$

Damit ist h stark kollisionsfrei, sofern das angegebene spezielle Problem des diskreten Logarithmus nicht effizient gelöst werden kann. Diese Hashfunktion ist jedoch für praktische Zwecke zu langsam. Sie ist aber konzeptionell sehr einfach und liefert ein schönes Beispiel einer Hashfunktion, für die bewiesen werden kann, dass sie unter vernünftigen Bedingungen sicher ist.

Beispiel 7.11 Es sei $p = 2999$ und damit $q = 1499$. Weiter gelte $g_1 = 17$ und $g_2 = 1235$. Wegen $17^{1499} \bmod 2999 = 1235^{1499} \bmod 2999 = 2998 = -1 \bmod 2999$ handelt es sich nach den Überlegungen zu Algorithmus 7.3 um primitive Wurzeln modulo p. Mit

$$x_1 = 25, \ x_2 = 101, \ x_3 = 33, \ x_4 = 1857$$

erhalten wir die Kollision

$$g_1^{25} g_2^{101} \bmod 2999 = 907 = g_1^{33} g_2^{1857} \bmod 2999.$$

Es ist $\mathrm{ggT}(x_4 - x_2, p - 1) = \mathrm{ggT}(1756, 2998) = 2$. Wir berechnen daher

$$y = (x_4 - x_2)^{-1} \bmod q = 1756^{-1} \bmod 1499 = 35.$$

Damit gewinnen wir

$$y' = (x_1 - x_3)y \bmod (p-1) = (-8) \cdot 35 \bmod 2998 = 2990 \cdot 35 \bmod 2998 = 2718.$$

In dem hier betrachteten Fall ist $\log_{g_1} g_2 \in \{y', (y' + q) \bmod (p-1)\}$. Da

$$g_1^{y'} \bmod p = 17^{2718} \bmod 2999 = 1764$$

verschieden von g_2 ist, muss

$$\log_{g_1} g_2 = (y' + q) \bmod (p-1) = (2718 + 1499) \bmod 2998 = 1219$$

gelten. Die Probe liefert

$$17^{1219} \bmod 2999 = 1235. \quad \square$$

8 Schlüsselaustausch und Zertifikate

Wenn zwei Parteien chiffrierte Nachrichten austauschen wollen, stellt sich prinzipiell das Problem, wie sie die dazu nötigen gemeinsamen Schlüssel vereinbaren können. Vor Einführung der modernen Kryptographie musste man im Wesentlichen entweder lange vor der Anwendung entsprechende Schlüssel persönlich übergeben oder auch einen Boten schicken, mit all den damit verbundenen Risiken. Wir haben gesehen, dass bei Public-Key-Kryptosystemen ein solcher Schlüsselaustausch gar nicht nötig ist. In Abschnitt 5.3 auf Seite 81 wurde außerdem erwähnt, dass mit Hilfe eines Public-Key-Systems Schlüssel für ein symmetrisches Verfahren ausgetauscht werden können, mit denen dann anschließend Nachrichten viel schneller als bei der unmittelbaren Anwendung des vergleichsweise langsamen asymmetrischen Verfahrens übertragen werden können. Es ist jedoch sogar die direkte Vereinbarung eines geheimen Schlüssels über einen öffentlichen Kanal möglich, was auf den ersten Blick eine unlösbare Aufgabe zu sein scheint. Das entsprechende Schlüsselaustauschprotokoll von *W. Diffie* und *M. Hellman* werden wir in Abschnitt 8.1 besprechen. Jedoch stellt sich hier wie bei Verwendung eines jeden Kryptosystems die Frage nach der Authentizität der Personen, denen die Schlüssel oder Schlüsselpaare zugeordnet sind. Wieso kann ein Benutzer sicher sein, dass zum Beispiel das Paar (n_A, e_A) im RSA-Verfahren wirklich zum Benutzer A gehört? Wenn Schlüssel nicht direkt übergeben werden, müssen die Schlüssel daher im Netzwerk durch entsprechende vertrauenswürdige Instanzen so verwaltet werden, dass diese Authentizität gewährleistet ist. Dies wird durch die Ausgabe von Zertifikaten für Schlüssel erreicht, worauf wir in Abschnitt 8.2 eingehen werden. Auch die Abschnitte 8.3 bis 8.6 befassen sich mit dieser Problematik, die entsprechenden Protokolle beruhen alle auf dem oben genannten Protokoll von *Diffie* und *Hellman*. Speziell wird in Abschnitt 8.6 gezeigt, wie mehrere Parteien einen gemeinsamen Konferenzschlüssel vereinbaren können. Ein ganz anderer, nämlich quantentheoretischer Zugang zum Schlüsselaustausch, wird in Abschnitt 8.7 dargestellt.

8.1 Schlüsselaustausch nach Diffie und Hellman

Das öffentliche Schlüsselaustauschsystem von *Whitfield Diffie* und *Martin Hellman* wurde 1976 veröffentlicht (siehe [48]). Fast gleichzeitig wurde dieses Verfahren auch im Geheimen von *James Ellis*, *Clifford Cocks* und *Malcolm Williamson* am GCHQ (siehe Seite 77) entdeckt.

Es wird angenommen, dass sich Alice und Bob auf eine gemeinsame große Primzahl p und eine gemeinsame primitive Wurzel g modulo p verständigt haben. Sowohl p und

© Springer Fachmedien Wiesbaden GmbH, ein Teil von Springer Nature 2018
D. Wätjen, *Kryptographie*, https://doi.org/10.1007/978-3-658-22474-5_8

g können öffentlich bekannt sein.

Protokoll 8.1 (*Schlüsselaustausch nach Diffie und Hellman*)
Gegeben: Primzahl p und primitive Wurzel g modulo p, beide öffentlich bekannt.
Zusammenfassung: Alice und Bob vereinbaren einen gemeinsamen geheimen Schlüssel k_{AB}.
(1) Alice wählt zufällig eine Zahl $x_A \in \{1, \ldots, p-2\}$ und berechnet

$$y_A = g^{x_A} \bmod p.$$

Sie hält x_A geheim und sendet y_A an Bob.
(2) Bob wählt zufällig eine Zahl $x_B \in \{1, \ldots, p-2\}$ und berechnet

$$y_B = g^{x_B} \bmod p.$$

Er hält x_B geheim und sendet y_B an Alice.
(3) Alice berechnet

$$k_{AB} = y_B^{x_A} \bmod p = (g^{x_B} \bmod p)^{x_A} \bmod p = g^{x_B x_A} \bmod p.$$

Bob erhält denselben Wert durch

$$k_{AB} = y_A^{x_B} \bmod p = (g^{x_A} \bmod p)^{x_B} \bmod p = g^{x_A x_B} \bmod p.$$

(4) Alice und Bob benutzen k_{AB} als einen geheimen Schlüssel für den weiteren Nachrichtenaustausch. $\square$

Durch ein entsprechendes Herausgreifen von Bits aus k_{AB} können Alice und Bob einen Schlüssel für eine symmetrische Chiffre erhalten, beispielsweise für den AES. Wie wir wissen, sind die wenigen Rechnungen aus Protokoll 8.1 schnell durchzuführen. Wenn ein elektronischer Lauscher, der y_A und y_B abfängt, k_{AB} bestimmen will, dann benötigt er x_A oder x_B und muss dafür die diskreten Logarithmen von y_A bzw. y_B modulo p berechnen, eine andere Möglichkeit ist jedenfalls nicht bekannt. Wir wissen aus dem vorhergehenden Kapitel, dass dieses Problem bei entsprechend großen Zahlen p und g praktisch nicht zu lösen ist.

Das ElGamal-Public-Key-Verschlüsselungsverfahren (Algorithmus 7.5, siehe Seite 122) kann als eine Anwendung des Protokolls 8.1 angesehen werden: Der öffentliche Schlüssel $y = g^x \bmod p$ von Alice entspricht dem Wert $y_A = g^{x_A} \bmod p$. Bob wählt k (entspricht x_B) und berechnet den Schlüssel $y^k \bmod p = g^{xk} \bmod p$ (entspricht k_{AB}). Damit wird die Nachricht M multipliziert, um den chiffrierten Text $b = Mg^{xk} \bmod p$ zu erzeugen. Da Alice neben b auch $a = g^k \bmod p$ von Bob erhält, kann sie ebenfalls den Schlüssel $(a^x) \bmod p = (g^{kx}) \bmod p$ und damit sein Inverses z bestimmen.

Alice kann in Protokoll 8.1 nicht sicher sein, dass sie tatsächlich mit Bob kommuniziert. Es ist hier sogar ein *Man-in-the-Middle-Angriff* möglich. Wir können uns dafür vorstellen, dass der Eindringling Oskar die Leitung zwischen Alice und Bob vollständig kontrolliert. Das bedeutet, dass keine Nachricht direkt von Alice zu Bob oder zurück gelangen kann. Stattdessen fängt Oskar, zumindest während der Dauer der Ausführung von Protokoll 8.1, alle Nachrichten ab. Dabei setzt er sich im Protokoll beim Nachrichtenaustausch mit Alice an die Stelle von Bob, beim Austausch mit Bob an die Stelle von Alice, indem er selbst eine zufällige Zahl $x_O \in \{1, \dots, p - 2\}$ wählt. Nach Ausführung des Protokolls haben Alice und Bob, ohne dass sie es gemerkt haben, jeweils einen Schlüssel zum Nachrichtenaustausch mit Oskar berechnet, und zwar $k_{AO} = g^{x_A x_O} \bmod p$ bzw. $k_{BO} = g^{x_B x_O} \bmod p$. Wenn jetzt Alice an Bob eine chiffrierte Nachricht schickt, dann kann Bob die Nachricht nicht lesen, wohl aber Oskar. Vielleicht gelingt es Oskar sogar, dass weiter der ganze Datenverkehr über ihn läuft. In diesem Fall kann er die Nachrichten beliebig manipulieren. Um einen solchen Angriff zu verhindern, ist es wichtig, dass Alice und Bob bei der Schlüsselvereinbarung wissen, dass tatsächlich sie miteinander kommunizieren, und sie müssen überzeugt sein, dass beide denselben Schlüssel erhalten. Die zweite Eigenschaft wird auch *Schlüsselbestätigung* (*key confirmation*) genannt. Eine entsprechende Erweiterung des Protokolls 8.1 ist das Station-to-Station-Protokoll nach *W. Diffie, P. C. van Oorschot* und *M. J. Wiener* [51], das wir in Abschnitt 8.3 vorstellen werden.

8.2 Vertrauenswürdige Instanzen und Zertifikate

Man benötigt vertrauenswürdige Instanzen (*trusted authorities*) (TA), die den Zusammenhang zwischen einer Person und dem oder den von ihr benutzten Schlüsseln in beweisbarer Weise herstellen. Dies erreicht die TA mit Hilfe von *Zertifikaten*. Die vertrauenswürdigen Instanzen werden auch, je nach Umgebung, als Schlüsselverteilungszentren (*key distribution centers*) (KDC) oder Zertifizierungsstellen (*certificate authorities*) (CA) bezeichnet. Auf Wunsch erteilen sie Zertifikate für die Schlüssel der Benutzer. Diese Zertifikate gelten für einen bestimmten Zeitraum. Die Benutzer können dann direkt mit dem in einem Zertifikat enthaltenen Schlüssel eine Kommunikation beginnen, sie können ihn aber auch benutzen, um geheim einen speziellen Sitzungsschlüssel zu vereinbaren. Beide Möglichkeiten werden in diesem Abschnitt besprochen. Die zweite wird auch in den Abschnitten 8.3 bis 8.5 für Verbesserungen des Schlüsselaustauschverfahrens von *Diffie* und *Hellman* eingesetzt.

Wie ein Zertifikat im Einzelnen aussieht, hängt natürlich von den jeweiligen Anwendungen ab, aber auch davon, ob die Zertifizierung mit einem symmetrischen oder asymmetrischen Chiffrierverfahren erfolgt. Heute werden zumeist asymmetrische Verfahren verwendet. Trotzdem beginnen wir mit einem Zertifikat, das auf einem symmetrischen Verfahren beruht. Wir gehen davon aus, dass Alice mit einem anderen Teilnehmer, sagen wir Bob, sicher kommunizieren möchte. Sie wendet sich an die TA und bittet um einen zertifizierten Schlüssel für diese spezielle „Unterhaltung". Alice erhält ein Zertifikat, das sich im Wesentlichen als

$$E_{K_A}(\mathrm{ID}(\mathrm{Bob}), K)$$

darstellen lässt, wobei ID(Bob) die Benutzerkennung von Bob ist, also seine persönlichen Angaben wie Name, Adresse und eventuell andere Daten enthält, und K der im Datenverkehr mit Bob zu benutzende Schlüssel ist. K_A ist der geheime Schlüssel, den die TA mit Alice teilt, so dass (E_{K_A}, D_{K_A}) das geheime Transformationspaar zur Chiffrierung bzw. Dechiffrierung ist. Durch die Anwendung von E_{K_A} auf $(\text{ID}(\text{Bob}), K)$ wird die Authentizität des Schlüssels K gewährleistet. Alice erhält durch Anwendung von D_{K_A} auf das Zertifikat den Schlüssel K und die persönlichen Daten von Bob. Sie weiß damit, dass sie K im Datenverkehr mit Bob benutzen kann.

Es gibt viele unterschiedliche Schlüsselverteilungsprotokolle mit zum Teil etwas abweichenden Zertifikaten. Die Unterschiede sind abhängig von den erlaubten Kosten der Nachrichten oder davon, ob mehrere gleichzeitige Verbindungen verfügbar sein sollen, ob die Teilnehmer synchronisierte Uhren haben oder ob die TA auch berechtigt sein soll, Kommunikationen zu erlauben oder zu verbieten. Unser einfaches Protokoll 8.2 ist typisch, jedoch werden in der Praxis einige Erweiterungen vorgenommen, wie zum Beispiel in Protokoll 8.3.

Protokoll 8.2 (*Schlüsselverteilung mit symmetrischen Schlüsseln*)

Gegeben: Geheime Schlüssel K_A von Alice und K_B von Bob für ein symmetrisches Kryptosystem, jeweils geteilt mit der TA.

Zusammenfassung: Alice und Bob erhalten jeweils ein Zertifikat mit einem Schlüssel K zum gegenseitigen Datenaustausch.

(1) Alice möchte einen sicheren Nachrichtenaustausch mit Bob eröffnen. Sie wendet sich an die TA und bittet um einen Schlüssel K zur Kommunikation mit Bob.

(2) Die TA wählt einen Schlüssel K aus und schickt Alice ein Paar von Zertifikaten, nämlich $(E_{K_A}(\text{ID}(\text{Bob}), K), E_{K_B}(\text{ID}(\text{Alice}), K))$. Die erste Komponente kann nur von Alice, die zweite nur von Bob entschlüsselt werden.

(3) Alice berechnet $D_{K_A} E_{K_A}(\text{ID}(\text{Bob}), K)$, entnimmt daraus K und sendet die andere Komponente $E_{K_B}(\text{ID}(\text{Alice}), K)$ an Bob. Damit führt sie sich bei Bob (und nur bei Bob) ein. Bob berechnet $D_{K_B} E_{K_B}(\text{ID}(\text{Alice}), K)$ und erhält so K.

(4) Alice und Bob beginnen die sichere Kommunikation mit diesem Sitzungsschlüssel. $\square$

Alice und Bob müssen nicht bei jeder Kommunikation das ganze Protokoll wiederholen, sondern können für späteren Gebrauch die Zertifikate aufheben. So muss nicht jedes Mal die TA angerufen werden. Trotzdem ist die Anzahl der TA-Anrufe proportional zur Anzahl der verschiedenen Paare von Benutzern, die miteinander kommunizieren wollen, und kann deshalb recht groß werden. Außerdem sollten die Benutzer von Zeit zu Zeit die Schlüssel wechseln, um eventueller Kompromittierung ihrer Schlüssel zuvorzukommen. Ein ernsterer Nachteil des Protokolls ist jedoch, dass die Benutzer das Geheimnis ihrer verschiedenen Schlüssel mit der TA teilen müssen. Gelingt ein Einbruch in die TA, sind auch die Schlüssel der Benutzer aufgedeckt.

Wir betrachten jetzt das *Kerberos-Protokoll*, das eine Erweiterung von Protokoll 8.2 darstellt und in der Praxis viel verwendet wird. Kerberos (siehe auch [86] sowie http://web.mit.edu/kerberos im Internet) ist ein Name, der für den Dienst der verteilten Authentifizierung des MIT-Projektes *Athena* steht. Es enthält Spezifikationen zur Datenintegrität, zur Chiffrierung und zur zugehörigen Software. Außerdem gehören die Prozesse dazu, die diese Software nutzen, und natürlich das damit verbundene Protokoll zur Authentifizierung. Einschränkend wollen wir hier unter Kerberos nur dieses Protokoll verstehen.

Wie in Protokoll 8.2 werden die Schlüssel von der TA (in Kerberos auch *authentication server*, AS, genannt) erzeugt, sie gelten für eine gewisse Zeitspanne, die mit angegeben wird. Nur innerhalb dieser Zeit können Alice und Bob mit diesem Schlüssel Nachrichten austauschen. Dies sorgt dafür, dass Schlüssel auch in diesem System immer wieder neu vereinbart werden müssen, so dass dadurch eine länger währende Sicherheit gewährleistet werden kann. Jeder Teilnehmer A besitzt einen gemeinsamen, langfristig gültigen Schlüssel K_A mit der TA (ursprünglich war dafür nur DES vorgesehen, inzwischen sind aber auch andere symmetrische Chiffren zugelassen, z. B. AES). Die Nachrichten werden im CBC-Modus (siehe Algorithmus 4.2) chiffriert. Die TA hält die Zeit T_A fest, zu der Alice nach einem Schlüssel zum Datenaustausch mit Bob fragt. Die TA setzt auch die Gültigkeitsdauer L (*lifetime*) fest, während der der Schlüssel gültig sein soll, also von der Zeit T_A bis zur Zeit $T_A + L$. Mit ID(Alice) bezeichnen wir wieder die Benutzerkennung von Alice.

Protokoll 8.3 (*Kerberos-Protokoll*)

Gegeben: Für Alice bzw. Bob ein gemeinsamer Schlüssel K_A bzw. K_B mit der TA.

Zusammenfassung: Alice und Bob erhalten von der TA einen gemeinsamen, befristet gültigen Schlüssel K zum Datenaustausch.

(1) Alice fragt die TA nach einem Schlüssel zur Kommunikation mit Bob.

(2) Die TA wählt einen zufälligen Sitzungsschlüssel K, eine Zeitmarke T_A und eine Gültigkeitsdauer L.

(3) Die TA berechnet zwei Zertifikate

$$m_1 = E_{K_A}(K, \text{ID}(\text{Bob}), T_A, L)$$

und

$$m_2 = E_{K_B}(K, \text{ID}(\text{Alice}), T_A, L) \ (ticket)$$

und sendet sie an Alice.

(4) Alice berechnet aus m_1 mit Hilfe ihrer Dechiffrierfunktion D_{K_A} die Werte K, ID(Bob), T_A und L. Sie überprüft, ob die aktuelle Zeit innerhalb von $T_A + L$ liegt und ob ID(Bob) zu Bob gehört.

(5) Alice berechnet

$$m_3 = E_K(\text{ID}(\text{Alice}), T_A) \ (authenticator)$$

mit dem neuen Sitzungsschlüssel K und sendet m_2 und m_3 an Bob.

(6) Bob berechnet aus m_2 mit Hilfe von D_{K_B} die Werte K, ID(Alice), T_A und L. Dann kann er aus m_3 mit Hilfe von D_K die Werte ID(Alice) und T_A bestimmen. Er überprüft, ob die aktuelle Zeit innerhalb von $T_A + L$ liegt. Er kontrolliert, ob die Werte aus m_3 mit den entsprechenden Werten aus m_2 übereinstimmen.

(7) Geht die Überprüfung positiv aus, berechnet Bob

$$m_4 = E_K(T_A + 1)$$

und sendet m_4 an Alice.

(8) Alice dechiffriert m_4 und überprüft, ob das Ergebnis $T_A + 1$ ist. □

Durch die Überprüfung der Werte aus m_2 und m_3 (*ticket* und *authenticator*) in Schritt 6 des Protokolls überzeugt sich Bob, dass der Schlüssel K aus m_2 benutzt wurde, um m_3 zu gewinnen. Durch die Überprüfung in Schritt 8 ist Alice sicher, dass Bob den Schlüssel K erhalten hat, der ja nötig war, um die Nachricht m_4 zu erzeugen.

Die Nachrichten m_1 und m_2 werden im Protokoll benutzt, um die Sicherheit der Schlüsselübergabe zu gewährleisten, m_3 und m_4 sind zur Schlüsselbestätigung notwendig. Alice und Bob werden dadurch überzeugt, dass sie beide denselben Schlüssel K erhalten haben.

Ein Problem bei Kerberos stellt natürlich die Zeit dar, alle Teilnehmer müssen synchronisierte Uhren haben, was im Allgemeinen nicht der Fall sein wird. Deswegen muss eine gewisse Zeittoleranz in Kerberos berücksichtigt werden.

In Kerberos besteht wie in Protokoll 8.2 der Nachteil, dass die Benutzer ihre geheimen Schlüssel mit der TA teilen. Dieser Nachteil kann dadurch gemildert werden, dass innerhalb des Protokolls Alice und Bob noch weitere Schlüssel für eine Teilsitzung vereinbaren. So kann in m_3 zusätzlich ein Schlüssel K_1, in m_4 ein Schlüssel K_2 mitgeschickt werden. Diese können sie in Teilsitzungen direkt benutzen oder daraus zum Beispiel durch Bildung des bitweisen exklusiven Oder $K_1 \oplus K_2$ einen neuen Schlüssel K_3 erzeugen.

Wenn Alice mit verschiedenen Parteien kommunizieren will, muss sie gemäß Protokoll 8.3 in Schritt 4 jeweils den Schlüssel K_A verwenden, den man sich durch die Eingabe eines Passworts aktiviert denken kann. Z. B. kann die Anwendung einer Hashfunktion auf das Passwort den Schlüssel liefern. Die häufige Eingabe eines Passworts ist ein Sicherheitsrisiko. Es gibt in Kerberos die Möglichkeit, dies zu vermeiden. Dabei muss nur zu Beginn das Passwort benutzt werden. Das wird durch Einrichtung eines so genannten *ticket grantig service* (TGS) erreicht, der unabhängig von der TA arbeitet. Die TA und der TGS bilden zusammen ein *key distribution center* (KDC). Man beachte, dass in dem folgenden vereinfachten Protokoll die Schritte zur Dechiffrierung der Nachrichten und die Überprüfungsschritte weggelassen sind.

Protokoll 8.4 (*Kerberos, ticket grantig service*)

Gegeben: Für Alice bzw. Bob ein gemeinsamer Schlüssel K_A bzw. K_B mit dem KDC, Schlüssel K_{TGS} für den TGS.

Zusammenfassung: Alice und Bob erhalten von dem TGS einen gemeinsamen, befristet gültigen Schlüssel K zum Datenaustausch.

(1) Alice fragt die TA nach einem Schlüssel zur Kommunikation mit dem TGS.

(2) Die TA wählt einen zufälligen Sitzungsschlüssel K_T, eine Zeitmarke T_T und eine Gültigkeitsdauer L_T (typischerweise 8 bis 10 Stunden).

(3) Die TA berechnet zwei Zertifikate

$$m_1 = E_{K_A}(K_T, \mathrm{ID}(\mathrm{TGS}), T_T, L_T) \text{ und } m_2 = E_{K_{TGS}}(K_T, \mathrm{ID}(\mathrm{Alice}), T_T, L_T)$$

(m_2 heißt auch *ticket grantig ticket*) und sendet sie an Alice.

(4) Alice berechnet

$$m_3 = E_{K_T}(\mathrm{ID}(\mathrm{Alice}), T_T)$$

und sendet m_2, m_3 an den TGS, wobei sie nach einem Schlüssel zur Kommunikation mit Bob fragt.

(5) Der TGS berechnet

$$m_4 = E_{K_T}(K, \text{ID}(\text{Bob}), T, L) \text{ und } m_5 = E_{K_B}(K, \text{ID}(\text{Alice}), T, L)$$

und sendet sie an Alice.

(6) Alice berechnet

$$m_6 = E_K(\text{ID}(\text{Alice}), T)$$

und sendet m_5 und m_6 an Bob.

(7) Bob sendet $E_K(T+1)$ an Alice. $\square$

Damit haben Alice und Bob einen gemeinsamen Sitzungsschlüssel K erhalten. Auch die Schlüsselbestätigung ist abgeschlossen. Will Alice mit einer weiteren Partei kommunizieren, so kann sie innerhalb des Zeitraums der Gültigkeit des Schlüssels K_T von dem TGS durch Ausführung des Protokolls 8.4 ab Schritt 4 auch für diese Partei einen Sitzungsschlüssel erhalten. Ihren längerfristig gültigen Schlüssel K_A benötigt sie dazu nicht.

Wir betrachten nun Zertifikate, die auf asymmetrischen Schlüsseln beruhen, also auf Public-Key-Verfahren. Jeder Teilnehmer A besitzt einen öffentlichen Schlüssel e_A und einen geheimen Schlüssel d_A zum geheimen Datenaustausch. Mit E_A und D_A bezeichnen wir die zugehörigen Transformationen. Für jede Nachricht M gilt also $D_A(E_A(M)) = M$. Die TA besitzt einen öffentlichen Schlüssel e_T und einen geheimen d_T zur Signierung, somit ist entsprechend $E_T(D_T(M)) = M$ für alle Nachrichten M erfüllt. Eventuell wird auch noch eine Hashfunktion h benutzt. Ein Zertifikat ist hier durch

$$Z(A) = (\text{ID}(A), e_A, \text{Sig}_T(\text{ID}(A), e_A))$$

gegeben, wobei $\text{ID}(A)$ die persönlichen Daten des Benutzers A sind, e_A sein öffentlicher Schlüssel und Sig_T die Signaturfunktion der TA, die auf diese Daten angewendet wird. Ein Teilnehmer A erhält also im Unterschied zu den Protokollen 8.2 und 8.3 ein Zertifikat, das seine eigenen persönlichen Daten und seinen eigenen öffentlichen Schlüssel enthält. Es kann $\text{Sig}_T = D_T$ oder auch $\text{Sig}_T = D_T \circ h$ gelten, wenn eine digitale Signatur entsprechend Protokoll 6.1 durchgeführt wird, also zunächst ein Fingerabdruck der zu signierenden Daten gebildet wird. Wir wollen im Folgenden den letzten Fall annehmen.

Protokoll 8.5 (*Schlüsselverteilung mit asymmetrischen Schlüsseln*)

Gegeben: Für jeden Teilnehmer A ein Paar (e_A, d_A) aus öffentlichem und geheimem Schlüssel für ein Public-Key-Verschlüsselungsverfahren, für die TA entsprechend (e_T, d_T) für ein Public-Key-Signaturverfahren, außerdem eine Hashfunktion h.

Zusammenfassung: Jeder Teilnehmer erhält ein Zertifikat seines Schlüssels, mit dem er mit jedem anderen kommunizieren kann.

(1) Jeder Teilnehmer A teilt der TA seinen öffentlichen Schlüssel e_A mit. Dies kann persönliche Anwesenheit erfordern. Die TA erzeugt $Z(A) = (\text{ID}(A), e_A, D_T(h(\text{ID}(A), e_A)))$ als Zertifikat für den öffentlichen Schlüssel des Teilnehmers A.

(2) Die TA sendet jedem Teilnehmer A sein zugehöriges Zertifikat $Z(A)$. Durch Anwendung von E_T auf die dritte Komponente seines Zertifikats und h auf $(\mathrm{ID}(A), e_A)$ und Vergleich der beiden Werte, die übereinstimmen müssen, kann A überprüfen, ob die Signatur von der TA richtig gebildet wurde, das Zertifikat also authentisch ist.

(3) Alice und Bob möchten miteinander einen sicheren Nachrichtenaustausch eröffnen. Alice sendet ihr Zertifikat an Bob, und Bob sendet sein Zertifikat an Alice.

(4) Alice überprüft die Authentizität des Zertifikats von Bob auf dieselbe Weise wie die ihres eigenen Zertifikats. Entsprechend überprüft Bob das Zertifikat von Alice.

(5) Gehen die Überprüfungen positiv aus, beginnen Alice und Bob ihre Kommunikation mit den in den Zertifikaten enthaltenen öffentlichen Schlüsseln.   □

Protokoll 8.5 hat viele Vorteile gegenüber Protokoll 8.2. Für jeden Benutzer reicht ein Zertifikat, mit dem er sich bei allen anderen Benutzern, und zwar durch Schritt 3 des Protokolls, einführen kann. Vor einer speziellen Kommunikation muss also die TA nicht angerufen werden. Da das Zertifikat den öffentlichen, aber nicht den geheimen Schlüssel enthält, muss man es nicht unbedingt sicher verwahren. Auch die TA kann, im Gegensatz zu den Protokollen 8.2 und 8.3, die zwischen Alice und Bob ausgetauschten Nachrichten nicht lesen. Das hat den Vorteil, dass ein Eindringling in die TA keinen direkten Zugang zu den geheimen Nachrichten hat.

Besitzt ein Eindringling, sagen wir Oskar, den geheimen Schlüssel d_T der TA, so kann er den folgenden Man-in-the-Middle-Angriff ausführen. Um eine Nachricht von Alice an Bob zu erhalten, muss er zunächst die Nachricht von Bob an Alice abfangen, in der Bob Alice sein Zertifikat mitteilt. Diese Nachricht darf aber Alice nicht erreichen. Oskar erzeugt ein Schlüsselpaar (e_O, d_O) und damit ein Zertifikat $(\mathrm{ID}(\text{Bob}), e_O, D_T(h(\mathrm{ID}(\text{Bob}), e_O)))$ und sendet dieses anstelle von Bobs Zertifikat an Alice. Damit kann Oskar jede Nachricht von Alice an Bob lesen. Wenn jedoch eine so mit e_O falsch chiffrierte Nachricht Bob erreicht, kann dieser Alice darauf aufmerksam machen. Deswegen muss Oskar die Nachrichten von Alice an Bob, die jetzt mit e_O verschlüsselt sind, auffangen, sie entschlüsseln und dann mit Bobs öffentlichem Schlüssel chiffrieren und an Bob weitersenden, um den Betrug aufrechtzuerhalten. Wenn Oskar Bobs Antworten verstehen will, muss er dieselbe Prozedur mit Bob durchführen. Dieser Angriff ist auf jeden Fall sehr schwerfällig. Damit Oskar die Kontrolle behält, insbesondere dann, wenn er mehrere Teilnehmer ausspionieren will, muss er an vielen Stellen im Netz eingreifen. Wenn die Nachrichten über Radiowellen übertragen werden, ist eine Ersetzung von Nachrichten äußerst schwierig und Oskar wird dann kaum Erfolg haben.

Man kann Protokoll 8.5 in ein *hybrides System* umwandeln, indem in Schritt 5 Alice und Bob mit Hilfe der gegenseitigen öffentlichen Schlüssel einen geheimen Schlüssel austauschen, beispielsweise für das IDEA-Verfahren. In diesem Fall hat es Oskar in dem eben dargestellten Szenario etwas leichter. Nach Wahl des IDEA-Schlüssels, den er nach der obigen Methode abfangen kann, muss er den Kanal zwischen Alice und Bob nicht mehr kontrollieren, er muss nur noch ihre Nachrichten lesen. Dieser Gefahr können jedoch Alice und Bob entgegenwirken, indem sie immer wieder unter Benutzung der öffentlichen Schlüssel neue Sitzungsschlüssel vereinbaren.

Aufgedeckte Schlüssel sind eine große Gefahr, da mit ihnen auch die Nachrichten gelesen werden können, die damit in der Vergangenheit verschlüsselt wurden und unter Umständen auch heute noch geheim bleiben sollen. Deswegen müssen nicht mehr benötigte Schlüssel zerstört werden. Dieses Problem wird mit einem sicheren Telefon gelöst, das bei Bell-Northern Research entwickelt wurde (siehe [50], [107]) und im ISDN-Telefonnetz verwendet werden konnte, in der Praxis jedoch kaum genutzt wurde. Jedes sichere ISDN-Telefon besitzt dabei ein Paar aus einem öffentlichen und einem geheimen Schlüssel, wobei der öffentliche Schlüssel wieder in einem Zertifikat enthalten ist, das, zusammen mit Telefonnummer und Name des Benutzers, von dem Schlüsselverteilungszentrum mit Hilfe eines Public-Key-Systems signiert wurde.

Protokoll 8.6
Zusammenfassung: Zwei Telefone bauen eine sichere Verbindung zwischen sich auf.
  (1) Die Telefone führen Protokoll 8.1 aus, um den Sitzungsschlüssel eines symmetrischen Kryptosystems für die aktuelle Verbindung zu bestimmen. Der weitere Nachrichtenaustausch in den Schritten 2 bis 7 erfolgt mit diesem Sitzungsschlüssel.
  (2) Jedes Telefon sendet dem anderen sein Zertifikat.
  (3) Jedes Telefon überprüft die Signatur des Zertifikats und entnimmt ihm den öffentlichen Schlüssel des anderen Telefons.
  (4) Die Telefone fordern sich jeweils auf, Testnachrichten mit den jeweiligen geheimen Schlüsseln zu chiffrieren, und sie überprüfen die Authentizität des anderen Telefons durch Anwendung des öffentlichen Schlüssels aus dem übermittelten Zertifikat auf die chiffrierte Testnachricht.
  (5) Jedes Telefon stellt für seinen Benutzer auf dem Display die Telefonnummer und den Benutzernamen des anderen Telefons dar.
  (6) Der geheime Nachrichtenaustausch (Telefongespräch) der Benutzer beginnt mit dem in Schritt 1 vereinbarten Sitzungsschlüssel.
  (7) Nach Beendigung der Verbindung wird der Sitzungsschlüssel zerstört. □

Auch die spätere Aufdeckung des im Telefon vorhandenen Paars aus öffentlichem und geheimem Schlüssel kann nicht zur Entschlüsselung der zuvor geführten Gespräche führen.

Auch bei Telefonen im heutigen IP-Telefonienetz und bei Smartphones können ähnliche Schutzmechanismen eingebaut werden.

8.3 Station-to-Station-Protokoll

Wir gehen jetzt auf ein erstes Protokoll ein, das auf dem Protokoll 8.1 von *Diffie* und *Hellman* beruht, zusätzlich jedoch die Authenzität der Teilnehmer gewährleistet. Zunächst müssen einige Größen vereinbart werden. Es soll E ein symmetrisches Kryptosystem sein, z. B. DES, IDEA oder AES aus Kapitel 12. Jeder der beiden Teilnehmer, etwa Alice, wählt für das RSA-Verfahren einen öffentlichen Schlüssel (e_A, n_A) sowie einen geheimen Schlüssel d_A. Mit einer geeigneten Hashfunktion h, für die

$h(M) < n_A$ für jede Nachricht M gilt, wird die Signatur von Alice auf M durch

$$S_A(M) = ((h(M))^{d_A} \bmod n_A$$

definiert. Außerdem kann angenommen werden, dass Alice ein Zertifikat

$$Z(\text{Alice}) = (\text{ID}(\text{Alice}), (e_A, n_A), D_T(\text{ID}(\text{Alice}), (e_A, n_A)))$$

ihres öffentlichen Schlüssels durch eine vertrauenswürdige Instanz TA, einer Schlüsselzertifizierungsstelle, besitzt, wobei ID(Alice) die Benutzerkennung von Alice ist, etwa Name, Adresse und andere persönliche Angaben. Dieselben Annahmen werden für Bob gemacht. Die TA signiert mit der geheimen Transformation D_T. Die zugehörige öffentliche Transformation zur Verifizierung ist E_T. Die Transformationen E_T und D_T können ebenfalls durch das RSA-Verfahren gegeben sein. Zusätzlich kann für die Signatur noch eine Hashfunktion verwendet werden.

Protokoll 8.7 (*Station-to-Station-Protokoll*)
Gegeben: Primzahl p und primitive Wurzel g modulo p, beide öffentlich bekannt, (e_A, n_A) und d_A Schlüssel von Alice beim RSA-Verfahren, entsprechend (e_B, n_B) und d_B Schlüssel von Bob, Hashfunktion h, (E_T, D_T) Paar aus öffentlicher und geheimer Transformation der TA für ein Public-Key-Signaturverfahren, E symmetrisches Kryptosystem.
Zusammenfassung: Alice und Bob vereinbaren einen gemeinsamen geheimen Schlüssel k für das symmetrische Kryptosystem E.
(1) Alice wählt eine zufällige Zahl $x_A \in \{1, \ldots, p-2\}$ und berechnet

$$y_A = g^{x_A} \bmod p.$$

Sie hält x_A geheim und sendet y_A an Bob.
(2) Bob wählt eine zufällige Zahl $x_B \in \{1, \ldots, p-2\}$ und berechnet

$$y_B = g^{x_B} \bmod p.$$

Dann bestimmt er den Schlüssel

$$k = y_A^{x_B} \bmod p$$

sowie die Signatur

$$S_B(y_B, y_A) = (h(y_B, y_A))^{d_B} \bmod n_B.$$

(3) Bob schickt
$$(Z(\text{Bob}), y_B, E_k(S_B(y_B, y_A)))$$

an Alice.
(4) Alice berechnet

$$k = y_B^{x_A} \bmod p.$$

Sie überprüft das Zertifikat $Z(\text{Bob})$ unter Verwendung der öffentlichen Transformation E_T der TA. Mit Hilfe von k berechnet sie $S_B(y_B, y_A)$ und überprüft die Gültigkeit von

$$(S_B(y_B, y_A))^{e_B} \bmod n_B = h(y_B, y_A).$$

(5) Bei positiver Überprüfung akzeptiert Alice den gemeinsamen Schlüssel k und bestimmt die Signatur

$$S_A(y_A, y_B) = (h(y_A, y_B))^{d_A} \bmod n_A.$$

(6) Alice schickt

$$(Z(\text{Alice}), y_A, E_k(S_A(y_A, y_B)))$$

an Bob.

(7) Bob überprüft das Zertifikat $Z(\text{Alice})$ unter Verwendung der öffentlichen Transformation E_T der TA. Mit Hilfe von k berechnet er $S_A(y_A, y_B)$ und überprüft die Gültigkeit von

$$(S_A(y_A, y_B))^{e_A} \bmod n_A = h(y_A, y_B).$$

Bei positiver Überprüfung akzeptiert Bob den gemeinsamen Schlüssel k. □

Wir sehen, dass insgesamt dreimal Nachrichten von einer Partei zur anderen geschickt werden, um einen gemeinsamen Schlüssel zu erzeugen. Bei Protokoll 8.1 waren dies nur zwei Nachrichten. Die Verwendung des Schlüssels k in Schritt 3 und 6 sichert, dass die Partei, die den Schlüssel kennt, auch die Werte y_A und y_B kennt, die ja nötig sind, um k zu bestimmen. Damit ist die gegenseitige Schlüsselbestätigung von Alice und Bob gewährleistet. Wie sieht es nun mit einem Man-in-the-Middle-Angriff aus? Oskar würde y_A abfangen und diesen Wert durch ein $y_O = g^{x_O} \bmod p$ mit einer zufälligen Zahl $x_O \in \{1, \dots, p-2\}$ ersetzen. Damit er im weiteren Ablauf des Protokolls Erfolg hat, sich also gegenüber Bob als Alice ausgeben kann, muss er in Schritt 5 die Signatur $S_A(y_O, y_B) = (h(y_O, y_B))^{d_A} \bmod n_A$ berechnen. Da er d_A nicht kennt, scheitert er an dieser Stelle. Ein entsprechendes Argument gilt, wenn er an die Stelle von Bob treten will.

8.4 MTI-Protokolle

Wir betrachten jetzt einige MTI-Schlüsselvereinbarungsprotokolle. Sie stammen von *T. Matsumoto, Y. Takashima* und *H. Imai* [96] und beruhen alle auf Protokoll 8.1. Es werden keine Signaturen berechnet, sondern nur die Zertifikate überprüft. Außerdem werden nur zweimal Nachrichten von einer Partei zu einer anderen gesendet. Öffentlich bekannt sind hier wieder eine Primzahl p und eine primitive Wurzel g modulo p. Jeder Teilnehmer A besitzt eine Benutzerkennung $\text{ID}(A)$, einen geheimen Exponenten $s_A \in \{1, \dots, p-2\}$ und einen zugehörigen öffentlichen Wert

$$t_A = g^{s_A} \bmod p.$$

Wie zuvor sei E_T die öffentliche Transformation der TA zur Verifizierung und D_T die geheime zur Signierung. Für jeden Benutzer A stellt die TA ein Zertifikat

$$Z(A) = (\text{ID}(A), t_A, D_T(\text{ID}(A), t_A))$$

aus.

Protokoll 8.8 (*MTI-Protokoll A0*)

Gegeben: Primzahl p und primitive Wurzel g modulo p, beide öffentlich bekannt, Paare (s_A, t_A) und (s_B, t_B) von Alice bzw. Bob mit t_A, t_B öffentlich wie oben angegeben.

Zusammenfassung: Alice und Bob vereinbaren einen gemeinsamen geheimen Schlüssel k.

(1) Alice wählt zufällig $x_A \in \{1, \ldots, p - 2\}$ und berechnet

$$y_A = g^{x_A} \bmod p.$$

(2) Alice schickt $(Z(\text{Alice}), y_A)$ an Bob.

(3) Bob wählt zufällig $x_B \in \{1, \ldots, p - 2\}$ und berechnet

$$y_B = g^{x_B} \bmod p.$$

(4) Bob schickt $(Z(\text{Bob}), y_B)$ an Alice.

(5) Nach Überprüfung des entsprechenden Zertifikats berechnet Alice

$$k = y_B^{s_A} t_B^{x_A} \bmod p,$$

wobei sie t_B aus Bobs Zertifikat entnimmt, und Bob berechnet

$$k = y_A^{s_B} t_A^{x_B} \bmod p,$$

wobei er t_A aus Alice' Zertifikat entnimmt. □

Alice berechnet den Schlüssel

$$k = y_B^{s_A} t_B^{x_A} \bmod p = (g^{x_B})^{s_A} (g^{s_B})^{x_A} \bmod p = g^{x_B s_A + x_A s_B} \bmod p.$$

Denselben Wert erhält offenbar auch Bob.

Es gibt Varianten, wo etwas andere Werte gesendet werden. Diese haben wir in der unten stehenden Tabelle zusammengefasst. Dabei bezeichnen wir mit y_A und y_B die von Alice bzw. Bob, ohne Berücksichtigung der Zertifikate, gesendeten Werte. Unter k_A und k_B wollen wir die von Alice bzw. Bob berechneten Schlüssel und unter k den gemeinsamen Schlüssel verstehen, die Gleichheit $k_A = k_B = k$ kann durch weitere Berechnungen leicht gezeigt werden. Die Variante MTI/A0 ist durch das Protokoll 8.8 direkt gegeben. Damit die Varianten MTI/B0 und MTI/C0 funktionieren, muss $s_A^{-1} \bmod (p - 1)$ existieren, wofür $\mathrm{ggT}(s_A, p - 1) = 1$ erforderlich ist. Das Gleiche muss für s_B gelten.

Protokoll	y_A	y_B	k_A	k_B	k
MTI/A0	g^{x_A}	g^{x_B}	$y_B^{s_A} t_B^{x_A} \bmod p$	$y_A^{s_B} t_A^{x_B} \bmod p$	$g^{x_B s_A + x_A s_B} \bmod p$
MTI/B0	$t_B^{x_A}$	$t_A^{x_B}$	$y_B^{(s_A)^{-1}} g^{x_A} \bmod p$	$y_A^{(s_B)^{-1}} g^{x_B} \bmod p$	$g^{x_A + x_B} \bmod p$
MTI/C0	$t_B^{x_A}$	$t_A^{x_B}$	$y_B^{(s_A)^{-1} x_A} \bmod p$	$y_A^{(s_B)^{-1} x_B} \bmod p$	$g^{x_A x_B} \bmod p$
MTI/C1	$t_B^{x_A s_A}$	$t_A^{x_B s_B}$	$y_B^{x_A} \bmod p$	$y_A^{x_B} \bmod p$	$g^{s_A s_B x_A x_B} \bmod p$

MTI-Protokolle

Die Geheimnisse s_A und s_B und die zugehörigen Werte t_A und t_B sind für längere Zeiträume gedacht, die Zahlen x_A und x_B werden in jeder Sitzung erneut gewählt.

Ein elektronischer Lauscher, also ein passiver Gegner, kann bei Protokoll 8.8 die Werte y_A, t_A, y_B und t_B erfahren. Wenn er daraus den Schlüssel bestimmen will, dann muss er $y_B^{\log_g t_A} t_B^{\log_g y_A}$ berechnen können. Das kann ihm wohl nur gelingen, wenn er das Problem des diskreten Logarithmus lösen, also $s_A = \log_g t_A$ und $x_A = \log_g y_A$ berechnen kann, was wir aber als praktisch unmöglich annehmen. Man kann zeigen, dass dies Problem äquivalent dazu ist, als elektronischer Lauscher den Schlüssel von Protokoll 8.1 zu gewinnen. Ähnliche Überlegungen gelten auch bei den anderen Varianten. Schwieriger ist es zu beweisen, dass Protokoll 8.8 gegenüber allen aktiven Angriffen sicher ist. Dies soll hier auch nicht geschehen. Wir betrachten jedoch in diesem Zusammenhang einen Man-in-the-Middle-Angriff, den man zunächst für erfolgreich halten könnte, da Alice und Bob im Unterschied zu Protokoll 8.7 keine Signaturen für y_A und y_B erzeugen. Wenn Oskar also wieder in die Verbindung eindringt, muss er Werte x'_A und x'_B zufällig wählen und $y'_A = g^{x'_A} \bmod p$ anstelle von Alice an Bob und $y'_B = g^{x'_B} \bmod p$ anstelle von Bob an Alice schicken, zusammen mit den korrekten Zertifikaten von Alice bzw. Bob, die er nicht verändern darf. Dann berechnen Alice und Bob die Schlüssel

$$k_A = g^{x'_B s_A + x_A s_B} \bmod p \text{ bzw. } k_B = g^{x_B s_A + x'_A s_B} \bmod p.$$

Sie erhalten so verschiedene Schlüssel. Dies stellen sie nach dem Austausch der ersten Nachricht sofort fest und erkennen daran den Betrugsversuch. Darüber hinaus können selbst diese ersten Nachrichten von Oskar nicht gelesen werden, da er die Schlüssel k_A und k_B nicht kennt, es sei denn, er könnte die jeweils zwei geheimen Exponenten von Alice und Bob berechnen, also das Problem des diskreten Logarithmus lösen. Implizit ist es also Alice und Bob klar, dass nur der jeweils andere, also derjenige, der durch das jeweilige Zertifikat ausgewiesen ist und auch die geheimen Informationen s_A bzw. s_B des Zertifikats kennt, denselben Schlüssel berechnen kann wie sie selbst. Dies nennt man gelegentlich auch *implizite Schlüsselauthentifizierung*.

8.5 Selbst-zertifizierende Schlüssel

Wir kommen nun noch zu einem Protokoll, das *selbst-zertifizierende Schlüssel* benutzt. Dabei gibt es zwar öffentliche Schlüssel der Benutzer, aber diese werden nicht in Zertifikaten wie zuvor übergeben, sondern sie müssen in geeigneter Weise aus den selbst-zertifizierenden Schlüsseln rekonstruiert werden. Dazu benötigt man öffentliche Daten der TA, hier den öffentlichen Schlüssel zur Verifizierung, sowie die Benutzerkennung des Besitzers des Schlüssels. Ob ein so rekonstruierter öffentlicher Schlüssel korrekt ist, kann nicht direkt überprüft werden, man kann seine Authentizität nicht verifizieren. Seine erfolgreiche Anwendung ist jedoch in den entsprechenden Protokollen nur mit dem jeweiligen Besitzer möglich. In diesen Protokollen zertifiziert sich der Schlüssel also selbst. Ein solcher Schlüssel kann durch die TA aus dem öffentlichen Schlüssel des Besitzers, seiner Benutzerkennung und dem geheimen Schlüssel der TA berechnet werden. Bevor wir angeben können, wie beim Girault-Verfahren [65] ein Benutzer einen

solchen Schlüssel von der TA erhalten kann, müssen wir noch auf zwei zahlentheoretische Sätze eingehen.

Satz 8.1 Es gelte $n = pq$ mit verschiedenen Primzahlen p und q. Dann sind $\mathbb{Z}_n^*$ und
$\mathbb{Z}_p^* \times \mathbb{Z}_q^*$ isomorph.

Beweis. Die Menge $\mathbb{Z}_p^* \times \mathbb{Z}_q^* = \{(a,b) \mid a \in \mathbb{Z}_p^*, b \in \mathbb{Z}_q^*\}$ ist eine Gruppe, bei der die
Multiplikation komponentenweise definiert, $(1,1)$ das Einselement ist und zu jedem
$(a,b) \in \mathbb{Z}_p^* \times \mathbb{Z}_q^*$ das inverse Element durch $(a^{-1} \bmod p, b^{-1} \bmod q)$ gegeben ist. Die
Abbildung $f : \mathbb{Z}_n^* \to \mathbb{Z}_p^* \times \mathbb{Z}_q^*$ mit $f(\alpha) = (\alpha \bmod p, \alpha \bmod q)$ für $\alpha \in \mathbb{Z}_n^*$ ist wegen
der Gültigkeit von

$$f(\alpha\beta) = (\alpha\beta \bmod p, \alpha\beta \bmod q) = (\alpha \bmod p, \alpha \bmod q)(\beta \bmod p, \beta \bmod q)$$
$$= f(\alpha)f(\beta)$$

für alle $\alpha, \beta \in \mathbb{Z}_n^*$ ein Gruppenhomomorphismus. Da zu jedem $(a,b) \in \mathbb{Z}_p^* \times \mathbb{Z}_q^*$ nach
dem chinesischen Restesatz genau ein $\alpha \in \mathbb{Z}_n^*$ mit $f(\alpha) = (a,b)$ existiert, ist f auch
umkehrbar und somit ein Isomorphismus. $\square$

Satz 8.2 Es gelte $n = pq$ mit verschiedenen Primzahlen p und q. Es seien $g_1 \in \mathbb{Z}_p^*$
und $g_2 \in \mathbb{Z}_q^*$ primitive Wurzeln modulo p bzw. modulo q. Dann ist das Element $\alpha \in$
$\mathbb{Z}_n^*$, das sich nach dem chinesischen Restesatz als eindeutige Lösung in $\mathbb{Z}_n^*$ aus dem
Gleichungssystem

$$\alpha \bmod p = g_1$$
$$\alpha \bmod q = g_2$$

ergibt, ein Element maximaler Ordnung in $\mathbb{Z}_n^*$. Die Ordnung ist das kleinste gemeinsame Vielfache von $p - 1$ und $q - 1$.

Beweis. Die Ordnung eines beliebigen Elements $(a,b) \in \mathbb{Z}_p^* \times \mathbb{Z}_q^*$ ist die kleinste Zahl
$r > 0$, für die erstmalig $(a,b)^r = (a^r \bmod p, b^r \bmod q) = (1,1)$ gilt. Da die Ordungen
von a und b die Zahl r teilen müssen, ist folglich r das kleinste gemeinsame Vielfache
dieser beiden Ordnungen. Den größten derartigen Wert erhält man offenbar, wenn man
vom Element (g_1, g_2) ausgeht. Nach Satz 8.1 erfüllt dann $f^{-1}(g_1, g_2) = \alpha \in \mathbb{Z}_n^*$ die
Eigenschaften der Aussage des Satzes. $\square$

Im Folgenden wird angenommen, dass die TA für das RSA-Verfahren geheime Primzahlen p und q wählt mit $n = pq$ sowie einen öffentlichen Schlüssel (e, n) und einen
geheimen Schlüssel d. Die TA bestimmt mit Hilfe der Sätze 7.3 und 8.2 ein Element
$\alpha \in \mathbb{Z}_n^*$ von maximaler Ordnung r. Wegen der Verwendung der maximalen Ordnung
ist das Problem des diskreten Logarithmus praktisch unlösbar. Jedem Benutzer A ist
wie üblich eine Benutzerkennung $\text{ID}(A)$ zugeordnet, die wir als ein Element aus $\mathbb{Z}_n$
darstellen können.

Protokoll 8.9 (*Erhalt eines selbst-zertifizierenden Schlüssels*)
Gegeben: $n = pq$ mit Primzahlen p und q, (e, n) öffentlicher und d geheimer Schlüssel
der TA beim RSA-Verfahren, öffentliches Element $\alpha \in \mathbb{Z}_n^*$ maximaler Ordnung.
Zusammenfassung: Alice erhält in Zusammenarbeit mit der TA einen selbst-
zertifizierenden Schlüssel p_A.

(1) Alice wählt einen geheimen Exponenten x_A und berechnet

$$y_A = \alpha^{x_A} \bmod n$$

als öffentlichen Schlüssel.

(2) Alice sendet in einer sicheren und authentischen Weise die Werte x_A und y_A an die TA.

(3) Die TA überprüft, ob $y_A = \alpha^{x_A} \bmod n$ gilt und bestimmt im positiven Fall

$$p_A = (y_A - \text{ID(Alice)})^d \bmod n.$$

(4) Die TA übergibt p_A an Alice. $\square$

Man erkennt sofort, dass sich durch Bildung von

$$(p_A^e + \text{ID(Alice)}) \bmod n = y_A$$

der öffentliche Schlüssel von Alice rekonstruieren lässt. Bei genauer Betrachtung des Protokolls fragt man sich, warum Alice auch den geheimen Exponenten x_A an die TA gibt, der zur Bestimmung von p_A gar nicht gebraucht wird. Er dient dazu, dass Alice der TA den richtigen Zusammenhang zwischen x_A und y_A, also $y_A = \alpha^{x_A} \bmod n$, beweisen kann. Dies ist wichtig, weil sonst eine Betrugsmöglichkeit bestünde, auf die wir später eingehen werden.

Protokoll 8.10 (*Schlüsselaustauschverfahren nach Girault*)
Gegeben: Daten wie in Protokoll 8.9, selbst-zertifizierende Schlüssel p_A und p_B von Alice bzw. Bob.
Zusammenfassung: Alice und Bob bestimmen einen gemeinsamen Schlüssel k.

(1) Alice wählt zufällig s_A und berechnet

$$t_A = \alpha^{s_A} \bmod n.$$

(2) Alice sendet ID(Alice), p_A und t_A an Bob.

(3) Bob wählt zufällig s_B und berechnet

$$t_B = \alpha^{s_B} \bmod n.$$

(4) Bob sendet ID(Bob), p_B und t_B an Alice.

(5) Alice bestimmt den Schlüssel k durch

$$k = t_B^{x_A}(p_B^e + \text{ID(Bob)})^{s_A} \bmod n,$$

Bob durch

$$k = t_A^{x_B}(p_A^e + \text{ID(Alice)})^{s_B} \bmod n. \quad \square$$

Der von Alice berechnete Schlüssel ist

$$k = t_B^{x_A}(p_B^e + \text{ID(Bob)})^{s_A} \bmod n = \alpha^{s_B x_A} y_B^{s_A} \bmod n = \alpha^{s_B x_A} \alpha^{x_B s_A} \bmod n$$
$$= \alpha^{x_B s_A + x_A s_B} \bmod n.$$

Bob erhält offenbar denselben Wert. Setzt man konkret die öffentlichen Schlüssel y_A und y_B von Alice bzw. Bob in Schritt 5 des Protokolls anstelle der geklammerten Ausdrücke ein, dann erkennt man sofort, dass Protokoll 8.10 dem Protokoll 8.8 entspricht, wobei jedoch kein Zertifikat geschickt werden muss und der Modulus p durch n ersetzt wurde.

Die Werte p_A, y_A und ID(Alice) sind nicht durch die TA signiert. Durch Anwendung des öffentlichen Schlüssels e der TA auf eine beliebige Zahl erhält man eine Zahl y, die sich immer in der Form $y = (x - \text{ID(Alice)})$ mod n für ein geeignetes x darstellen lässt. Man kann also die Authenzität des selbst-zertifizierenden Schlüssels p_A nicht verifizieren. Würde Oskar versuchen, sich mit einem falschen Wert p'_A und ID(Alice) als Alice auszugeben, so würde $y'_A = ((p'_A)^e + \text{ID(Alice)})$ mod n als öffentlicher Schlüssel gelten. Den zugehörigen geheimen Exponenten x'_A kann Oskar nur berechnen, wenn er das Problem des diskreten Logarithmus lösen kann. Folglich kann Oskar im Namen von Alice keinen gemeinsamen Schlüssel mit Bob bestimmen. Daher kann er auch einen Man-in-the-Middle-Angriff nicht erfolgreich durchführen.

Wir nehmen jetzt an, dass die TA im Gegensatz zu dem Vorgehen in Protokoll 8.9 bereit ist, ein p_A aus einem beliebigen vorgelegten Wert y_A zu erzeugen. Oskar möchte sich als Alice ausgeben. Er wählt daher einen gefälschten geheimen Wert x'_A und berechnet $y'_A = \alpha^{x'_A}$ mod n. Dann geht er zur Bestimmung von p'_A wie folgt vor. Er berechnet

$$y'_O = (y'_A - \text{ID(Alice)} + \text{ID(Oskar)}) \text{ mod } n$$

und leitet y'_O und ID(Oskar) an die TA weiter. Anschließend übergibt die TA

$$p'_O = (y'_O - \text{ID(Oskar)})^d \text{ mod } n$$

an Oskar. Offenbar gilt

$$p'_O = (y'_O - \text{ID(Oskar)})^d \text{ mod } n = (y'_A - \text{ID(Alice)})^d \text{ mod } n.$$

Dieser Wert kann folglich als ein richtig konstruierter selbst-zertifizierender Schlüssel p'_A für Alice verwendet werden. Im Namen von Alice kann jetzt Oskar einen Nachrichtenaustausch mit Bob beginnen. Solange Bob nicht direkt von Alice eine Nachricht empfängt oder umgekehrt, fällt dieser Betrug nicht auf. Wir sehen also, dass es in Protokoll 8.9 wichtig ist, dass die TA mit einem beliebigen y_A keinen selbst-zertifizierenden Schlüssel p_A konstruieren darf.

Beispiel 8.1 Wir wollen für Protokoll 8.10 speziell den Fall betrachten, dass $p = 2p_1 + 1$ und $q = 2q_1 + 1$ sichere Primzahlen, also p_1 und q_1 ebenfalls prim sind. Wir wählen

$$p = 2 \cdot 5 + 1 = 11 \text{ und } q = 2 \cdot 11 + 1 = 23.$$

Dann folgt $n = 253$ und $\varphi(n) = 220$. Die maximale Ordnung ist $r = 2 \cdot 5 \cdot 11 = 110$. Wegen 8^5 mod $11 = 10 \neq 1$ und 17^{11} mod $23 = 22 \neq 1$ sind 8 und 17 nach den Überlegungen, die Algorithmus 7.3 vorangehen, primitive Wurzeln modulo 11 bzw. modulo 23. Wir betrachten das Gleichungssystem

$$\alpha \text{ mod } 11 = 8$$
$$\alpha \text{ mod } 23 = 17.$$

Nach Algorithmus 3.4, dem chinesischen Restesatz, hat es die eindeutige Lösung

$$\alpha = (23 \cdot (23^{-1} \bmod 11) \cdot 8 + 11 \cdot (11^{-1} \bmod 23) \cdot 17) \bmod 253$$
$$= (23 \cdot 1 \cdot 8 + 11 \cdot 21 \cdot 17) \bmod 253$$
$$= 63$$

in $\mathbb{Z}_{253}^*$. Damit ist $\alpha = 63$ ein Element maximaler Ordnung in $\mathbb{Z}_{253}^*$. Wir nehmen weiter an, dass $d = 97$ und $e = d^{-1} \bmod 220 = 93$ der geheime bzw. öffentliche Schlüssel der TA für das RSA-Verfahren sind.

Alice besitze die Benutzerkennung ID(Alice) $= 112$, und sie wähle den geheimen Exponenten $x_A = 222$. Dann berechnet sie $y_A = 63^{222} \bmod 253 = 174$. Die TA berechnet den selbst-zertifizierenden Schlüssel $p_A = (174 - 112)^{97} \bmod 253 = 62^{97} \bmod 253 = 215$.

Bob besitze die Benutzerkennung ID(Bob) $= 123$, und er wähle den geheimen Exponenten $x_B = 56$. Dann berechnet er $y_B = 63^{56} \bmod 253 = 190$. Die TA berechnet den selbst-zertifizierenden Schlüssel $p_B = (190 - 123)^{97} \bmod 253 = 67^{97} \bmod 253 = 155$.

Wollen nun Alice und Bob einen gemeinsamen Schlüssel bestimmen, so wählt Alice beispielsweise $s_A = 13$ und berechnet damit $t_A = 63^{13} \bmod 253 = 171$, Bob wählt $s_B = 99$ und bestimmt $t_B = 63^{99} \bmod 253 = 183$.

Alice und Bob berechnen

$$k = k_A = t_B^{x_A}(p_B^e + \text{ID}(\text{Bob}))^{s_A} \bmod n$$
$$= 183^{222}(155^{93} + 123)^{13} \bmod 253 = 93 \cdot 190^{13} \bmod 253 = 36$$

bzw.

$$k = k_B = t_A^{x_B}(p_A^e + \text{ID}(\text{Alice}))^{s_B} \bmod n$$
$$= 171^{56}(215^{93} + 112)^{99} \bmod 253 = 82 \cdot 174^{99} \bmod 253 = 36. \quad \square$$

8.6 Konferenzschlüssel

Protokolle zur Vereinbarung eines Konferenzschlüssels stellen eine Erweiterung der Möglichkeiten der bisher genannten Protokolle auf drei oder mehr Parteien dar. Verschiedene Gruppen solcher Parteien erhalten verschiedene Sitzungsschlüssel. Bei jeder neuen Sitzung vereinbaren sie neue Schlüssel, was bei zwei Teilnehmern auch mit den Protokollen der Abschnitte 8.3 bis 8.5 erreicht werden kann. Man beachte, dass im Unterschied dazu beim Kerberos-Protokoll die Sitzungsschlüssel normalerweise für die festgesetzte Gültigkeitsdauer verwendet werden. Eine typische Anwendung von Konferenzschlüsseln ist eine Telefonkonferenz.

Wenn man für jeden frischen Schlüssel eine vertrauenswürdige Instanz TA einschaltet, also ein Schlüsselverteilungszentrum, so kann diese für jede Konferenz einen neuen Schlüssel erzeugen und jedem Teilnehmer der Konferenz diesen mit Hilfe eines symmetrischen Schlüssels zukommen lassen, wobei zwischen der TA und jedem Teilnehmer zuvor individuelle symmetrische Schlüssel vereinbart sein müssen. Es ist leicht zu erkennen, dass dies Verfahren einen ziemlich großen Aufwand erfordert.

Wir besprechen in diesem Abschnitt geeignete Verfahren, die von *M. Burmester* und *Y. Desmedt* [26] vorgestellt worden sind. Es wird für die beiden Protokolle dieses Abschnitts angenommen, dass p eine große Primzahl und g eine primitive Wurzel modulo p

ist. Diese Werte sind öffentlich für alle Teilnehmer. Die Sicherheit der folgenden Protokolle gegenüber einem passiven Angreifer beruht wieder auf der Schwierigkeit, das Problem des diskreten Logarithmus zu lösen. Wir gehen davon aus, dass n Teilnehmer A_i, $i \in \{1, \ldots, n\}$, an den Protokollen teilnehmen.

Protokoll 8.11 (*Rundruf-System zur Vereinbarung eines Konferenzschlüssels*)
Gegeben: öffentlich bekannte Primzahl p und primitive Wurzel g modulo p, Teilnehmer $A_1, \ldots, A_n$ mit zyklisch angeordneten Indizes, das heißt $A_n = A_0$, $A_{n+1} = A_1$ usw., jeder Teilnehmer kennt die Indizes der anderen Teilnehmer.
Zusammenfassung: Die Teilnehmer bestimmen einen gemeinsamen Konferenzschlüssel k.

(1) Jeder Teilnehmer A_i, $i \in \{1, \ldots, n\}$, wählt zufällig ein $x_i \in \{1, \ldots, p - 2\}$, berechnet

$$y_i = g^{x_i} \bmod p$$

und übermittelt diesen Wert an alle anderen Teilnehmer (Rundruf).

(2) Jeder Teilnehmer A_i, $i \in \{1, \ldots, n\}$, bestimmt

$$m_i = (y_{i+1} y_{i-1}^{-1})^{x_i} \bmod p$$

und sendet diesen Wert an alle anderen Teilnehmer (Rundruf).

(3) Jeder Teilnehmer A_i, $i \in \{1, \ldots, n\}$, berechnet den gemeinsamen Konferenzschlüssel

$$k = k_i = y_{i-1}^{n x_i} \cdot m_i^{n-1} m_{i+1}^{n-2} \cdots m_{i-2} \bmod p. \quad \square$$

Man beachte bei den Berechnungen in den Schritten 2 und 3 die zyklische Anordnung der Indizes.

Satz 8.3 Falls sich alle Teilnehmer an Protokoll 8.11 halten, dann berechnen sie jeweils denselben Schlüssel.

Beweis. Es gilt

$$m_i = (y_{i+1} y_{i-1}^{-1})^{x_i} \bmod p = g^{x_i x_{i+1} - x_{i-1} x_i} \bmod p.$$

Für ein festes i definieren wir

$$
\begin{aligned}
s_{i-1} &= & y_{i-1}^{x_i} \bmod p &= & g^{x_{i-1} x_i} \bmod p, \\
s_i &= & y_{i-1}^{x_i} \cdot m_i \bmod p &= & g^{x_i x_{i+1}} \bmod p, \\
s_{i+1} &= & y_{i-1}^{x_i} \cdot m_i \cdot m_{i+1} \bmod p &= & g^{x_{i+1} x_{i+2}} \bmod p, \\
&\vdots& \\
s_{i-2} &= & y_{i-1}^{x_i} \cdot m_i \cdot m_{i+1} \cdots m_{i-2} \bmod p &= & g^{x_{i-2} x_{i-1}} \bmod p.
\end{aligned}
$$

Dann gilt für alle Schlüssel k_i, $i \in \{1, \ldots, n\}$, aus Schritt 3 des Protokolls

$$k_i = s_{i-1} \cdot s_i \cdot s_{i+1} \cdots s_{i-2} \bmod p = g^{x_1 x_2 + x_2 x_3 + \ldots + x_n x_1} \bmod p. \quad \square$$

Die Sicherheit von Protokoll 8.11 gegenüber einem passiven Angreifer Oskar beruht auf der folgenden Überlegung. Wenn Oskar den Schlüssel bestimmen will, dann muss er für alle i' bis auf eine Ausnahme $i-1$ die Werte $m_{i'}$ abfangen, außerdem benötigt er zur Berechnung des Schlüssels die Werte y_{i-1} und x_i. Er muss also neben y_{i-1} auch y_i abfangen und den diskreten Logarithmus $x_i = \log_g y_i$ berechnen. An dieser Aufgabe scheitert er jedoch.

Speziell für $n = 2$ gilt $y_{i-1} = y_{i+1}$ und damit $m_i = 1$ für $i \in \{1,2\}$. Folglich ist $k = (g^{x_{i-1}})^{2x_i} \bmod p = g^{2x_1 x_2} \bmod p$. Als Schlüssel erhalten wir in diesem Fall also das Quadrat des Schlüssels aus Protokoll 8.1 von *Diffie* und *Hellman*.

Ähnlich dem vorhergehenden ist das folgende System, bei dem jedoch die Teilnehmer $A_1, \dots, A_n$ bidirektional-zyklisch angeordnet sind. Für jedes i kommunizieren also A_i und A_{i+1} wechselseitig miteinander.

Protokoll 8.12 (*zyklisches System zur Vereinbarung eines Konferenzschlüssels*)
Gegeben: öffentlich bekannte Primzahl p und primitive Wurzel g modulo p, Teilnehmer $A_1, \dots, A_n$ mit bidirektional zyklisch angeordneten Indizes.
Zusammenfassung: Die Teilnehmer bestimmen einen gemeinsamen Konferenzschlüssel k.

(1) Jeder Teilnehmer A_i, $i \in \{1, \dots, n\}$, wählt zufällig ein $x_i \in \{1, \dots, p-2\}$ und berechnet

$$y_i = g^{x_i} \bmod p.$$

A_i schickt y_i an A_{i-1} und A_{i+1}.

(2) Jeder Teilnehmer A_i, $i \in \{1, \dots, n\}$, bestimmt

$$m_i = (y_{i+1} y_{i-1}^{-1})^{x_i} \bmod p.$$

(3) Setze $b_0 = c_0 = 1$.
for $i := 1$ **to** n **do**
    A_i berechnet

$$b_i = b_{i-1} \cdot m_i \bmod p \quad \text{und} \quad c_i = b_{i-1} \cdot c_{i-1} \bmod p$$

und übermittelt (b_i, c_i) an A_{i+1}
end

(4) Setze $d_0 = c_n$.
for $i := 1$ **to** n **do**
    A_i bestimmt

$$d_i = b_n \cdot d_{i-1} \cdot m_i^{-n} \bmod p$$

und sendet (b_n, d_i) an A_{i+1}
end

(5) Jeder Teilnehmer A_i, $i \in \{1, \dots, n\}$, berechnet den Konferenzschlüssel

$$k = k_i = y_{i-1}^{n x_i} d_{i-1} \bmod p. \quad \Box$$

Die Sicherheit gegenüber einem passiven Angreifer ist hier ähnlich wie bei dem vorhergehenden Protokoll gegeben.

Satz 8.4 Falls sich alle Teilnehmer an Protokoll 8.12 halten, dann berechnen sie jeweils denselben Schlüssel.

Beweis. Die Berechnung der Größen b_i und c_i erfolgt in Schritt 3. Offenbar gilt

$$b_i = m_1 \cdots m_i \bmod p$$

für alle $i \in \{1, \dots, n\}$. Durch Induktion beweisen wir

$$c_i = m_1^{i-1} m_2^{i-2} \cdots m_{i-1} \cdot m_i^0 \bmod p \text{ für } i \geq 1.$$

Für $i = 1$ ist diese Gleichung wegen $c_1 = b_0 c_0 \bmod p = 1 = m_1^0 \bmod p$ erfüllt. Aus der Gültigkeit der Gleichung für i, $i \geq 1$, erhalten wir

$$\begin{aligned}
c_{i+1} &= b_i \cdot c_i \bmod p \\
&= m_1 \cdots m_i \cdot m_1^{i-1} m_2^{i-2} \cdots m_{i-1} \bmod p \\
&= m_1^i \cdot m_2^{i-1} \cdots m_{i-1}^2 \cdot m_i \bmod p,
\end{aligned}$$

was zu zeigen war. Im Folgenden benötigen wir nur $c_n = m_1^{n-1} \cdot m_2^{n-2} \cdots m_{n-1} \bmod p$. Für alle $i \in \{1, \dots, n\}$ beweisen wir die Gültigkeit von

$$d_i = m_{i+1}^{n-1} \cdot m_{i+2}^{n-2} \cdots m_{i-1} \bmod p,$$

das ein Produkt von $n - 1$ Faktoren ist, deren Indizes zyklisch angeordnet sind. Der Induktionsbeginn ist wegen $d_0 = c_n$ und der Gleichung für c_n durch

$$d_0 = c_n = m_1^{n-1} \cdot m_2^{n-2} \cdots m_{n-1} \bmod p$$

gegeben. Ist die Gleichung für d_i erfüllt, folgt

$$\begin{aligned}
d_{i+1} &= b_n \cdot d_i \cdot m_{i+1}^{-n} \bmod p \\
&= m_1 \cdots m_n \cdot m_{i+1}^{n-1} \cdot m_{i+2}^{n-2} \cdots m_{i-1} \cdot m_{i+1}^{-n} \bmod p \\
&= m_{i+2}^{n-1} m_{i+3}^{n-2} \cdots m_i \bmod p,
\end{aligned}$$

womit der Induktionsbeweis abgeschlossen ist. Mit Hilfe dieser Gleichung für d_{i-1} wird im letzten Schritt von Protokoll 8.12 der Schlüssel

$$\begin{aligned}
k_i &= y_{i-1}^{n x_i} d_{i-1} \bmod p \\
&= y_{i-1}^{n x_i} \cdot m_i^{n-1} \cdot m_{i+1}^{n-2} \cdots m_{i-2} \bmod p \\
&= s_{i-1} \cdot s_i \cdot s_{i+1} \cdots s_{i-2} \bmod p \quad \text{(aus dem Beweis von Satz 8.3)} \\
&= g^{x_1 x_2 + x_2 x_3 + \cdots x_n x_1} \bmod p
\end{aligned}$$

berechnet. Alle Teilnehmer erhalten also denselben Schlüssel. $\square$

Die beiden Protokolle dieses Abschnitts sind nicht gegenüber einem aktiven Angreifer sicher. Durch zusätzliches Signieren der gesendeten Nachrichten kann dies erreicht werden. Auf Einzelheiten wollen wir hier nicht eingehen.

8.7 Quantenkryptographie

Eine ganz andere Möglichkeit des Schlüsselaustausches ist durch die Quantenkryptographie gegeben, die wir in diesem Abschnitt kurz vorstellen werden. Sie wurde seit 1984 von *C. H. Bennett* und *G. Brassard* ([7], [8]) entwickelt. Falls gewisse physikalische Voraussetzungen erfüllt sind, die allerdings zwischen zwei Teilnehmern nicht immer vorhanden sein müssen, ist es mit ihrer Hilfe möglich, Schlüssel beliebiger Länge auszutauschen, die dann beispielsweise als One-Time-Pads bei der Vernam-Chiffre (siehe Beispiel 2.15) verwendet werden können. Man erhält so perfekte Geheimhaltung. Beim entsprechenden Schlüsselaustausch ist es immer möglich festzustellen, ob ein Lauscher, ob nun mit oder ohne Erfolg, den Datenverkehr abgehört hat. Dabei wird sich das fundamentale Prinzip der Quantentheorie, die Heisenbergsche Unschärferelation, zunutze gemacht. Danach ruft jede Messung an einem quantenmechanischen System eine Störung dieses Systems hervor. Speziell verbietet die Theorie eine gleichzeitige Messung sogenannter komplementärer Paare wie etwa Zeit und Energie oder Ort und Impuls von Teilchen. Die Messung der einen Eigenschaft zerstört die (vollständige) Messung der anderen Eigenschaft.

Bei der Quantenkryptographie wird polarisiertes Licht für die Informationsübertragung verwendet. Photonen, also Lichtquanten, schwingen senkrecht zu ihrer Ausbreitungsrichtung in bestimmten Richtungen. Dieses Phänomen nennt man *Polarisation*. Durch Polarisationsfilter lassen sich wohlbestimmte Richtungen gewinnen und die Polarisation eintreffender Photonen ermitteln. Es wird jedoch die Durchlasswahrscheinlichkeit verringert, wenn der Filter nicht im Voraus auf die korrekte Schwingungsrichtung des Photons eingestellt wurde.

Zwischen einer Senderin, sagen wir Alice, und dem Empfänger, nennen wir ihn Bob, sei nun ein Übertragungskanal für solche Photonen, ein sogenannter *Quantenkanal*, aufgebaut. Alice übermittelt Photonen bestimmter Polarisationsrichtungen, und Bob misst diese mit seinem Filter. Man kann dazu einen doppeltbrechenden Kristall (z. B. Kalkspat) verwenden, der zwischen horizontal und vertikal polarisiertem Licht eindeutig unterscheiden kann: Horizontal polarisierte Photonen (0 Grad) werden geradlinig durchgelassen, vertikal polarisierte Photonen (90 Grad) treten in einem verschobenen Strahl aus. Mit Hilfe zweier Photonendetektoren kann die Unterscheidung getroffen werden (siehe die obere Abbildung auf Seite 162). Entscheidend ist, dass schräg polarisiertes Licht (45 Grad oder 135 Grad) mit gleicher Wahrscheinlichkeit entweder horizontal oder vertikal umpolarisiert wird, wobei es im vertikalen Fall wieder zu einer Verschiebung des Strahls kommt. Wenn von vornherein bekannt ist, dass die Photonen entweder horizontal oder vertikal polarisiert sind, dann kann man mit dieser Anordnung feststellen, welcher von beiden Fällen zutrifft. Bei schräg einfallender Polarisation ist das nicht möglich, der Filter muss um 45 Grad gedreht werden, damit wieder eine korrekte Bestimmung der Polarisation erfolgen kann.

Die Vereinbarung geheimer Informationen zwischen Alice und Bob, also etwa die Vereinbarung eines Schlüssels für die Vernam-Chiffre, verläuft wie folgt (siehe die untere Abbildung auf Seite 162): Alice erzeugt zunächst eine Folge von Photonen mit Polarisationen, die zufällig die Werte 0, 45, 90 und 135 Grad annehmen können. Diese Folge übermittelt sie an Bob.

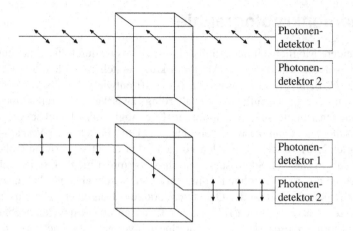

Messanordnung für polarisiertes Licht

Horizontal polarisiertes Licht tritt ungebrochen hindurch, vertikal
polarisiertes Licht wird abgelenkt. Mit einem Photonendetektor kann
festgestellt werden, welche Polarisation einfallendes Licht hat.

Alice sendet Photonen der folgenden Polarisationsrichtungen

Messanordnung von Bobs Filter:

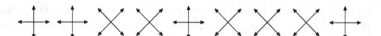

nur bei richtiger Messanordnung erhält Bob richtige Ergebnisse, die Anordnung
wird von Alice wie folgt bewertet:

richtig   falsch   falsch   richtig   richtig   falsch   richtig   falsch   richtig

Bobs richtige Messungen und die zugeordneten Bits:

1   0   0   1   1

Schlüsselvereinbarung

Bob wählt für jedes eintreffende Photon zufällig die Anordnung seines Filters, mit der er entweder innerhalb der geraden Richtungen (0 und 90 Grad) oder innerhalb der schrägen Richtungen (45 oder 135 Grad) richtig messen kann, jedoch nie bei beiden Richtungstypen gleichzeitig. Das liegt daran, dass gerade und schräge Polarisation im Sinne der Unschärferelation zueinander komplementär sind.

Bob teilt Alice über einen öffentlichen Kanal mit, wie sein Filter bei den einzelnen gemessenen Photonen eingestellt war, worauf Alice ihm meldet, welche Stellungen die richtigen waren. Die jeweiligen (richtigen) Messergebnisse halten sie jedoch beide geheim.

Aus den nur Alice und Bob bekannten, sonst aber geheimen, Polarisationsrichtungen der richtigen Messungen können sie eine Bitfolge definieren, indem sie zum Beispiel 0 und 135 Grad als Null und 90 und 45 Grad als Eins vereinbaren.

Da die Filteranordnung von Bob statistisch gesehen nur in der Hälfte der Fälle mit der Polarisation der Photonen übereinstimmt, wird nur die Hälfte aller Photonen richtig gemessen. Daneben können auch einige Photonen aus technischen Gründen nicht richtig gemessen werden.

Jeder Versuch eines Lauschers, sagen wir Oskars, im Quantenkanal die Polarisation eines Photons zu messen, würde bei richtig eingestelltem Filter von Oskar die korrekte Polarisation wiedergeben. Bei falsch eingestelltem Filter von Oskar würde bei jeder richtigen Messung von Bob das Photon in einer der beiden zu Bobs Filter gehörigen Polarisationsrichtungen mit jeweils gleicher Wahrscheinlichkeit eintreffen. Nur eine davon entspricht jedoch der Polarisation des von Alice gesendeten Photons. Durch diesen doppelten Messprozess würde also ein Viertel aller Bits verfälscht werden (siehe die unten stehende Abbildung für senkrecht polarisierte Photonen, bei anderen Polarisationen ergibt sich ein analoges Ergebnis). Um diesen eventuellen Betrug festzustellen, verglei-

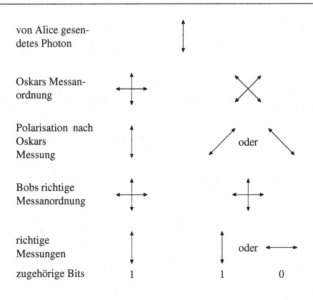

Lauschversuch

chen Alice und Bob öffentlich eine zufällige Teilmenge der übermittelten Bits. Stimmen sie überein, gehen sie davon aus, dass kein Lauschen stattgefunden hat, sie werfen die verglichenen Bits weg und können die restlichen Bits als Schlüssel bei der Vernam-Chiffre verwenden. Stimmen sie nicht überein, starten sie einen neuen Versuch, eine zufällige Bitfolge zu erzeugen.

Ungewöhnlich ist, dass die Informationen, die durch die Polarisationsrichtungen dargestellt werden, gar nicht chiffriert werden, sondern offen übertragen werden. Alice und Bob überzeugen sich öffentlich, ob ihre Bitfolgen nicht abgehört wurden.

Die ersten Prototypen dieser Technik hatten eine Reichweite von nur etwa 30 cm. Mit Hilfe von Glasfaserkabeln kommt man auch heute auf nicht mehr als einige Hundert Kilometer. Eine Verbindung zwischen Erde und Flugzeug oder Satellit ist jedoch denkbar. Anders als bei der gewöhnlichen Datenübertragung ist es bei der Quantenkryptographie nicht möglich, das Signal in gewissen Abständen zu verstärken, da es dadurch, wie oben geschildert, ja zerstört würde. Das bedeutet, dass die Quantenkryptographie nur bei direkter Sicht- bzw. Glasfaserverbindung der beiden Teilnehmer durchgeführt werden kann.

Detailliertere Darstellungen der Quantenkryptographie kann man zum Beispiel in [7], [8] oder [9] finden.

9 Quadratische Reste und das Rabin-Public-Key-Kryptosystem

Bevor wir das Rabin-Public-Key-Kryptosystem in den Abschnitten 9.3 und 9.4 vorstellen können, ist es nötig, dass wir uns mit quadratischen Resten modulo n vertraut machen und uns überlegen, wie man die Wurzeln eines quadratischen Restes berechnen kann. Auch in späteren Kapiteln werden diese Begriffe noch verwendet.

9.1 Quadratische Reste

Definition 9.1 Ein $a \in \mathbb{N}$ mit $\mathrm{ggT}(a, n) = 1$ heißt *quadratischer Rest* modulo n, wenn ein $x \in \mathbb{N}$ mit $x^2 \bmod n = a \bmod n$ existiert. Ist die Bedingung nicht erfüllt, heißt a ein *quadratischer Nichtrest* modulo n. Man setze

$$R_n := \{a \in \mathbb{N} \mid a \text{ ist ein quadratischer Rest modulo } n, a \in \mathbb{Z}_n^*\}. \qquad \square$$

Mit a ist offensichtlich auch $a \bmod n$ ein quadratischer Rest modulo n. Ist a ein quadratischer Rest modulo n, so nennen wir x eine *Quadratwurzel* von a modulo n.

Beispiel 9.1 Es sei $n = 11$. Wegen $5^2 \bmod 11 = 3$ ist 3 ein quadratischer Rest modulo 11 und 5 eine Quadratwurzel von 3 modulo 11. Insgesamt gilt $R_{11} = \{1, 3, 4, 5, 9\}$. Die Zahlen 2, 6, 7, 8 und 10 sind die quadratischen Nichtreste modulo 11. $\qquad \square$

Im Folgenden betrachten wir zunächst quadratische Reste modulo einer Primzahl p. Wir interessieren uns als Erstes für die Anzahl der Wurzeln eines gegebenen quadratischen Restes.

Satz 9.1 Es sei $p > 2$ eine Primzahl und $a \in \mathbb{Z}_p^*$. Dann besitzt $x^2 \bmod p = a$ für $a \in R_p$ zwei, für $a \notin R_p$ keine Lösungen.

Beweis. Es sei $a \in R_p$. Nach Definition 9.1 existiert eine Lösung $x_1 \in \mathbb{Z}_p$. Wegen

$$
\begin{aligned}
(p - x_1)^2 \bmod p &= (p^2 - 2x_1 p + x_1^2) \bmod p \\
&= x_1^2 \bmod p \\
&= a
\end{aligned}
$$

© Springer Fachmedien Wiesbaden GmbH, ein Teil von Springer Nature 2018
D. Wätjen, *Kryptographie*, https://doi.org/10.1007/978-3-658-22474-5_9

ist $p - x_1$ ebenfalls eine Lösung. Diese Lösungen sind jedoch verschieden, da aus $p - x_1 = x_1$ der Widerspruch $p = 2x_1$ folgen würde. Weitere Lösungen gibt es nicht, da das Polynom $f(x) = x^2 - a \in \mathbb{Z}_p[x]$ höchstens zwei Nullstellen hat (siehe auch Seite 82). Für $a \notin R_p$ existiert aufgrund von Definition 9.1 keine Lösung. $\square$

Satz 9.2 Es sei $p > 2$ eine Primzahl. Dann existieren $\frac{p-1}{2}$ quadratische Reste modulo p und $\frac{p-1}{2}$ quadratische Nichtreste modulo p.

Beweis. Die Zahlen

$$1^2 \bmod p, 2^2 \bmod p, \ldots, \left(\frac{p-1}{2}\right)^2 \bmod p$$

sind offenbar quadratische Reste. Sie sind alle voneinander verschieden, da jede Zahl $y^2 \bmod p$, $y \in \{1, \ldots, \frac{p-1}{2}\}$, genau die verschiedenen Lösungen y und $p - y$ hat. Da für jedes $a \in R_p$ genau eine ihrer Wurzeln x_1 und $p - x_1$ in $\{1, \ldots, \frac{p-1}{2}\}$ liegt, existieren keine weiteren quadratischen Reste. Alle $a \in R_p$ kommen also in der obigen Folge vor. $\square$

Satz 9.3 Es sei $p > 2$ eine Primzahl und $a \in \mathbb{Z}_p^*$. Dann folgt

$$a^{\frac{p-1}{2}} \bmod p = \begin{cases} 1 & \text{für } a \in R_p \\ p - 1 & \text{sonst.} \end{cases}$$

Beweis. Nach dem Satz von *Fermat* gilt

$$\left(a^{p-1} - 1\right) \bmod p = 0.$$

Da p ungerade ist, folgt

$$\left(a^{\frac{p-1}{2}} - 1\right)\left(a^{\frac{p-1}{2}} + 1\right) \bmod p = \left(a^{p-1} - 1\right) \bmod p = 0.$$

Wir erhalten somit

$$p \Big| \left(a^{\frac{p-1}{2}} - 1\right) \quad \text{oder} \quad p \Big| \left(a^{\frac{p-1}{2}} + 1\right).$$

Da die Differenz der beiden Terme 2 ist, kann p nicht beide teilen, und daher ist

$$a^{\frac{p-1}{2}} \bmod p = 1 \quad \text{oder} \quad a^{\frac{p-1}{2}} \bmod p = -1 \bmod p = p - 1.$$

Für $a \in R_p$ existiert ein $x_1 \in \mathbb{Z}_p^*$ mit $a = x_1^2 \bmod p$, so dass in diesem Fall

$$a^{\frac{p-1}{2}} \bmod p = \left(x_1^2\right)^{\frac{p-1}{2}} \bmod p = x_1^{p-1} \bmod p = 1$$

gilt. Daraus folgt, dass die $\frac{p-1}{2}$ quadratischen Reste Lösungen der Gleichung $x^{\frac{p-1}{2}} \bmod p = 1$ sind. Da diese Gleichung im Körper $\mathbb{Z}_p$ höchstens $\frac{p-1}{2}$ Lösungen besitzt, sind die $\frac{p-1}{2}$ Nichtreste Lösungen von

$$x^{\frac{p-1}{2}} \bmod p = p - 1. \quad \square$$

Als unmittelbare Folgerung erhalten wir

Satz 9.4 Es sei $p > 2$ eine Primzahl und $a, b \in \mathbb{N}$. Dann ist $a \cdot b$ ein quadratischer Rest modulo p genau dann, wenn a und b entweder beide quadratische Reste modulo p oder beide quadratische Nichtreste modulo p sind. $\square$

Wir geben an dieser Stelle noch einen weiteren Satz über quadratische Reste an, den wir später benötigen werden.

Satz 9.5 Es seien $r, s \in \mathbb{N}$, $r, s > 1$, Zahlen mit $\mathrm{ggT}(r, s) = 1$. Ein $a \in \mathbb{N}$ ist quadratischer Rest modulo rs genau dann, wenn a ein quadratischer Rest modulo r und modulo s ist.

Beweis. Es sei a ein quadratischer Rest modulo rs. Dann existiert ein $x \in \mathbb{N}$ mit $x^2 \bmod (rs) = a \bmod (rs)$. Offenbar folgt $x^2 \bmod r = a \bmod r$ und $x^2 \bmod s = a \bmod s$. Somit ist a sowohl ein quadratischer Rest modulo r als auch modulo s.

Umgekehrt seien $x_1, x_2 \in \mathbb{N}$ Zahlen mit $x_1^2 \bmod r = a \bmod r$ und $x_2^2 \bmod s = a \bmod s$. Wegen $\mathrm{ggT}(r, s) = 1$ existiert nach dem chinesischen Restesatz ein $x \in \{0, \dots, rs - 1\}$ mit $x \bmod r = x_1 \bmod r$ und $x \bmod s = x_2 \bmod s$. Es folgt $x^2 \bmod r = a \bmod r$ und $x^2 \bmod s = a \bmod s$. Nach Satz 3.17 erhalten wir dann $x^2 \bmod (rs) = a \bmod (rs)$. Somit ist a ein quadratischer Rest modulo rs. $\square$

9.2 Quadratwurzeln

In diesem Abschnitt berechnen wir für vorgegebene quadratische Reste modulo n die zugehörigen Quadratwurzeln. Wir betrachten zunächst den Fall, dass n eine Primzahl ist, anschließend sei n das Produkt zweier verschiedener Primzahlen.

Für eine Primzahl p gibt es nach Satz 9.1 genau zwei Quadratwurzeln. Gilt speziell $4|(p + 1)$, dann lassen sich diese sehr leicht berechnen. Wegen $a \in R_p$ folgt nach Satz 9.3

$$a^{\frac{p-1}{2}} \bmod p = 1.$$

Damit erhalten wir

$$\left(a^{\frac{p+1}{4}}\right)^2 \bmod p = a^{\frac{p+1}{2}} \bmod p = a \cdot a^{\frac{p-1}{2}} \bmod p = a.$$

Somit ist $x_1 = a^{\frac{p+1}{4}} \bmod p$ eine Lösung von $x^2 \bmod p = a$. Nach dem Beweis von Satz 9.1 wird durch $p - x_1$ die zweite Lösung gegeben.

Beispiel 9.2 Es sei $p = 23$. Durch Berechnung von $12^{\frac{23-1}{2}} \bmod 23 = 1$ überzeugen wir uns, dass $12 \in R_{23}$ gilt. Wegen $4|(23 + 1)$ erhalten wir die Wurzel

$$x_1 = 12^{\frac{23+1}{4}} \bmod 23 = 12^6 \bmod 23 = 9.$$

Die zweite Lösung ist $x_2 = p - x_1 = 23 - 9 = 14.$ $\square$

Die Berechnung der Quadratwurzeln modulo p ist im allgemeinen Fall komplizierter. Wir können den folgenden probabilistischen Algorithmus (siehe [87]) verwenden, der im Misserfolgsfall (Wahrscheinlichkeit $\frac{1}{2}$) wiederholt bis zur Berechnung der dann immer richtigen Quadratwurzel angewendet wird.

Algorithmus 9.1 (*Berechnung einer Quadratwurzel modulo p*)
Eingabe: Primzahl $p > 2$, $a \in R_p$.
Ausgabe: $x \in \mathbb{Z}_p^*$ mit $x^2 \bmod p = a$ (mit Wahrscheinlichkeit $\frac{1}{2}$).
begin wähle zufällig $b \in \mathbb{Z}_p^*$;
$\quad$ **if** $b^{\frac{p-1}{2}} \bmod p = p - 1$
$\quad$ **then** bestimme $l, m \in \mathbb{N}_0$, m ungerade, mit $p - 1 = m2^l$;
$\qquad a_1 := a$;
$\qquad$ suche das kleinste $k_1 \geq 0$ mit $a_1^{m2^{k_1}} \bmod p = 1$;
$\qquad n := 1$;
$\qquad$ **while** $k_n \neq 0$ **do**
$\qquad\quad a_{n+1} := a_n b^{2^{l-k_n}} \bmod p$;
$\qquad\quad$ suche das kleinste $k_{n+1} \geq 0$ mit $a_{n+1}^{m2^{k_{n+1}}} \bmod p = 1$;
$\qquad\quad n := n + 1$;
$\qquad$ **end**;
$\qquad n' := n$;
$\qquad r_{n'} := a_{n'}^{\frac{m+1}{2}} \bmod p$;
$\qquad$ **for** $i := n' - 1$ **downto** 1 **do**
$\qquad\quad r_i := r_{i+1} \left(b^{2^{l-k_i-1}} \right)^{-1} \bmod p$;
$\qquad$ **end**;
$\qquad x := r_1$;
$\quad$ **else** write(„kein Erfolg")
end $\square$

Für eine praktische Implementierung können die beiden Folgen der a_i und r_i durch jeweils eine Variable y bzw. r ersetzt werden. Die in der **while**-Schleife berechneten Werte k_i müssen jedoch gespeichert werden, da sie in der **for**-Schleife benötigt werden.

Satz 9.6 Es sei $p > 2$ eine Primzahl und $a \in R_p$. Algorithmus 9.1 liefert mit Wahrscheinlichkeit $\frac{1}{2}$ ein $x \in \mathbb{Z}_p^*$ mit $x^2 \bmod p = a$. Der Zeit- und Platzbedarf des Algorithmus ist polynomial in $\log_2 p$.

Beweis. Nach Satz 9.3 wird durch den ersten Test geprüft, ob b ein quadratischer Nichtrest ist. Nach Satz 9.2 ist dies mit Wahrscheinlichkeit $\frac{1}{2}$ der Fall. Die Existenz von k_1 mit $k_1 \leq l$ ist wegen

$$a^{p-1} \bmod p = a^{m2^l} \bmod p = 1$$

gesichert. Auch die Bestimmung von k_{n+1} mit $n \geq 1$ ist erfolgreich, wobei $k_{n+1} \leq k_n - 1 < k_n$ gilt, da sich mit dem unmittelbar zuvor berechneten a_{n+1}

$$a_{n+1}^{m2^{k_n-1}} \bmod p = \left(a_n b^{2^{l-k_n}} \right)^{m2^{k_n-1}} \bmod p$$

$$= a_n^{m2^{k_n-1}} b^{m2^{l-1}} \bmod p$$

$$= a_n^{m2^{k_n-1}} b^{\frac{p-1}{2}} \bmod p$$

$$= a_n^{\frac{m2^{k_n}}{2}} \cdot (-1) \bmod p$$

$$= (-1) \cdot (-1) \bmod p$$

$$= 1$$

ergibt. Dabei ist die vorletzte Gleichheit erfüllt, da k_n die kleinste Zahl mit $a_n^{m2^{k_n}} \bmod p = 1$ ist und bei Rechnungen modulo p nur 1 und $-1 \bmod p$ quadriert 1 liefern.

Aufgrund der vorstehenden Überlegungen ist

$$l \geq k_1 > k_2 > \ldots \geq 0.$$

Folglich existiert ein $n' \in \mathbb{N}$, $n' \leq l+1$, mit $k_{n'} = 0$. Nach der Bestimmung von $k_{n'}$ in Algorithmus 9.1 gilt dann

$$a_{n'}^{m \cdot 2^{k_{n'}}} \bmod p = a_{n'}^m \bmod p = 1.$$

Multiplikation mit $a_{n'}$ liefert

$$a_{n'}^{m+1} \bmod p = a_{n'}, \text{ also } \left(a_{n'}^{\frac{m+1}{2}}\right)^2 \bmod p = a_{n'}.$$

Es ist somit $r_{n'} = a_{n'}^{\frac{m+1}{2}} \bmod p$ eine Quadratwurzel von $a_{n'}$.

In der **for**-Schleife des Algorithmus werden die Werte

$$r_i = r_{i+1} \left(b^{2^{l-k_i-1}}\right)^{-1} \bmod p$$

für $i = n'-1, \ldots, 1$ durchlaufen. Zwischen den r_i und a_i bestehen die Beziehungen

$$r_i^2 \bmod p = a_i \text{ für } i = n', \ldots, 1.$$

Dies beweisen wir durch Induktion. Für $i = n'$ ist die Aussage erfüllt. Es sei nun die Aussage für $i+1$ mit $i < n'$ richtig. Dann folgt

$$\begin{aligned} r_i^2 \bmod p &= r_{i+1}^2 \left(\left(b^{2^{l-k_i-1}}\right)^{-1}\right)^2 \bmod p \\ &= a_{i+1} \left(b^{2^{l-k_i}}\right)^{-1} \bmod p \\ &= a_i \left(b^{2^{l-k_i}}\right) \left(b^{2^{l-k_i}}\right)^{-1} \bmod p \\ &= a_i. \end{aligned}$$

Insbesondere gilt $x^2 \bmod p = r_1^2 \bmod p = a_1 = a$, es ist also r_1 die gesuchte Quadratwurzel von a.

Während des Algorithmus müssen sich $n' - 1 \le l \le \log_2 p$ Variablen k_i der Größe $O(\log_2 p)$ gemerkt werden, so dass der Platzbedarf $O(\log_2^2 p)$ ist. Die beiden Schleifen werden $(n' - 1)$-mal durchlaufen. Die Exponentiationen benötigen jeweils $O(\log_2 p)$ Multiplikationen von Zahlen der Länge $O(\log_2 p)$, also jeweils $O(\log_2^3 p)$ Schritte. Auch die Bildung des Inversen, die mit Hilfe des Algorithmus 3.1 (siehe Bemerkung auf Seite 44) durchgeführt werden kann, hat dieselbe Komplexität. Das Suchen eines kleinsten k_{n+1} erfordert zunächst die Bildung von $a_{n+1}^m \bmod p$ in $O(\log_2^3 p)$ Schritten und anschließend höchstens $l = O(\log_2 p)$ Quadrierungen, zusammen also höchstens $O(\log_2^3 p)$ Schritte. Somit ist insgesamt der Zeitbedarf durch $O(\log_2^4 p)$ Bit-Operationen gegeben. $\square$

Endet Algorithmus 9.1 mit „kein Erfolg", so wird er wiederholt. Mit großer Wahrscheinlichkeit hat man nach wenigen Versuchen ein x mit $x^2 \bmod p = a \bmod p$ bestimmt.

Ist l klein, was zum Beispiel für sichere Primzahlen gilt, dann benötigt Algorithmus 9.1 nur $O(\log_2^3 p)$ Bit-Operationen. Für große l sind andere Algorithmen geeigneter, zum Beispiel der ebenfalls probabilistische Algorithmus 3.39 aus [98], der für alle l erwartete $O(\log_2^3 p)$ Bit-Operationen benötigt, jedoch für kleine l ein schlechteres Verhalten als Algorithmus 9.1 hat.

Wir kommen jetzt zur Berechnung der quadratischen Wurzel modulo n, falls $n = pq$ gilt mit zwei verschiedenen Primzahlen p und q.

Satz 9.7 Es sei $n \in \mathbb{N}$, $n = pq$ mit zwei Primfaktoren p und q, und $a \in \mathbb{Z}_n^*$. Dann besitzt $x^2 \bmod n = a$ für $a \in R_n$ genau vier Lösungen, für $a \notin R_n$ keine Lösung.

Beweis. Für $a \notin R_n$ kann es nach Definition 9.1 keine Lösung geben. Für $a \in R_n$ sei x eine Lösung der Gleichung $x^2 \bmod n = a$. Dann folgt

$$\begin{array}{llll} \text{(a)} & x^2 \bmod p & = & a \bmod p \text{ und} \\ \text{(b)} & x^2 \bmod q & = & a \bmod q. \end{array}$$

Es ist also $x \bmod p$ eine Lösung von (a) und $x \bmod q$ eine Lösung von (b). Nach Satz 9.1 besitzt (a) die zwei Lösungen $x_1, p - x_1 \in \mathbb{Z}_p^*$ und (b) die zwei Lösungen $x_2, q - x_2 \in \mathbb{Z}_q^*$. Gemeinsame Lösungen ergeben sich nach dem chinesischen Restesatz (Satz 3.18) durch

$$x \bmod p = x'$$
$$x \bmod q = x'',$$

wobei für x' die Lösungen x_1 und $p - x_1$ und für x'' die Lösungen x_2 und $q - x_2$ eingesetzt werden können. Die Kombination der jeweils zwei Lösungen ergibt vier Gleichungssysteme, die nach Satz 3.18 jeweils genau eine Lösung in $\mathbb{Z}_n$ besitzen, hier speziell aus $\mathbb{Z}_n^*$. Die Lösungen sind verschieden, da die rechten Seiten der vier Gleichungssysteme verschieden sind. $\square$

Aus dem Beweis von Satz 9.7 leiten wir sofort den folgenden Algorithmus ab.

Algorithmus 9.2 (*Berechnung der Quadratwurzeln modulo n*)
Eingabe: $n \in \mathbb{N}$, $n = pq$ mit zwei verschiedenen Primfaktoren p und q, $a \in R_n$.
Ausgabe: Die vier verschiedenen Lösungen $x \in \mathbb{Z}_n^*$ mit $x^2 \bmod n = a$.

(1) Mit Hilfe von Algorithmus 9.1 bestimme die beiden Quadratwurzeln x_1 und $p - x_1$ von a modulo p.
(2) Mit Hilfe von Algorithmus 9.1 bestimme die beiden Quadratwurzeln x_2 und $q - x_2$ von a modulo q.
(3) Stelle die vier Gleichungssysteme

$$x \bmod p = x'$$
$$x \bmod q = x''$$

mit $x' \in \{x_1, p - x_1\}$ und $x'' \in \{x_2, q - x_2\}$ auf.
(4) Löse diese Gleichungssysteme jeweils mit Hilfe des chinesischen Restesatzes (Algorithmus 3.4). $\square$

Es sei x eine Lösung der Gleichung $x^2 \bmod n = a$, für die $x \bmod p = x_1$ und $x \bmod q = x_2$ gilt. Die weitere Lösung $n - x$ erfüllt dann

$$(n - x) \bmod p \;=\; (p - x) \bmod p \;=\; p - x_1 \text{ und}$$
$$(n - x) \bmod q \;=\; (q - x) \bmod q \;=\; q - x_2.$$

Daher reicht es in Schritt 4 des Algorithmus aus, nur zwei der vier Gleichungen zu lösen, zum Beispiel diejenigen mit $(x', x'') = (x_1, x_2)$ und $(x', x'') = (x_1, q - x_2)$.

Beispiel 9.3 Es sei $p = 3$ und $q = 7$, also $n = 21$. Es sollen die Lösungen der Gleichung $x^2 \bmod 21 = 16$ bestimmt werden. Wegen $4|p + 1$ und $4|q + 1$ können die Schritte 1 und 2 von Algorithmus 9.2 statt mit Hilfe von Algorithmus 9.1 so wie in Beispiel 9.2 durchgeführt werden, es gilt also

$$x_1 \;=\; 16^{\frac{3+1}{4}} \bmod 3 = 1 \text{ bzw.}$$
$$x_2 \;=\; 16^{\frac{7+1}{4}} \bmod 7 = 4.$$

Mit dem chinesischen Restesatz werden die vier gemeinsamen Lösungen berechnet:

$$z_1 = 4 \qquad \text{(aus den rechten Seiten } x_1, x_2 \text{)},$$
$$z_2 = 10 \qquad \text{(aus den rechten Seiten } x_1, q - x_2 \text{,)}$$
$$z_3 = 11 \qquad \text{(aus den rechten Seiten } p - x_1, x_2 \text{,)}$$
$$z_4 = 17 \qquad \text{(aus den rechten Seiten } p - x_1, q - x_2 \text{)}.$$

Wegen der obigen Überlegungen können $z_4 = n - z_1$ und $z_3 = n - z_2$ direkt ohne Benutzung des chinesischen Restesatzes bestimmt werden. $\square$

Da Algorithmus 9.1 nach dem Beweis von Satz 9.6 einen Zeitbedarf der Ordnung $O(\log^4 p)$ hat und Algorithmus 3.4 einen von noch kleinerer Ordnung, erhalten wir

Satz 9.8 Algorithmus 9.2 berechnet die vier Quadratwurzeln modulo n mit $O(\log^4 n)$ Bit-Operationen. $\square$

Entsprechend den Überlegungen im Anschluss an den Beweis von Satz 9.6 können die Quadratwurzeln modulo n mit $O(\log^3 n)$ Bit-Operationen berechnet werden.

9.3 Rabin-Public-Key-Verschlüsselungsverfahren

Das Brechen des RSA-Verfahrens kann nicht schwieriger als die Faktorisierung sein, da ein schneller Faktorisierungsalgorithmus auch eine effiziente kryptoanalytische Prozedur liefert. *M. O. Rabin* hat ein Verfahren angegeben [118], bei dem bei bekanntem Modulus n die kryptoanalytische Prozedur, also die Gewinnung des Klartextes aus dem Chiffretext, äquivalent zur Faktorisierung ist.

Algorithmus 9.3 (*Schlüsselerzeugung für das Rabin-Kryptosystem*)
Zusammenfassung: Alice erzeugt sich einen öffentlichen und einen zugehörigen privaten Schlüssel.
(1) Alice erzeugt zwei große Primzahlen p und q, $p \neq q$, von ungefähr gleicher Länge.
(2) Sie berechnet $n = pq$.
(3) Der öffentliche Schlüssel von Alice ist n, der private (p, q). □

Algorithmus 9.4 (*Rabin-Public-Key-Verschlüsselung*)
Zusammenfassung: Bob chiffriert eine Nachricht M für Alice, die diese dechiffriert.
(1) Zur Chiffrierung führt Bob die folgenden Schritte aus:
  (a) Bob besorgt sich den authentischen öffentlichen Schlüssel n von Alice.
  (b) Er stellt M als Zahl in $\mathbb{Z}_n^*$ dar.
  (c) Er berechnet $C = M^2 \bmod n$.
  (d) Er übermittelt $E_A(M) = C$ an Alice.
(2) Zur Dechiffrierung führt Alice die folgenden Schritte aus:
  (a) Mit Hilfe von Algorithmus 9.2 berechnet Alice die vier Wurzeln m_1, m_2, m_3, m_4 der Gleichung

$$m^2 \bmod n = C.$$

  (b) Die gesendete Nachricht ist eine dieser Wurzeln. Alice kann geeignet entscheiden, welche von ihnen M ist. (Es muss sich z. B. ein vernünftiger Klartext ergeben, siehe auch Überlegungen von Seite 174.) □

Die Rabin-Public-Key-Verschlüsselung arbeitet außerordentlich schnell, da nur ein modulares Quadrieren durchgeführt wird. Die Dechiffrierung ist langsamer als die Chiffrierung, jedoch vergleichbar zur RSA-Dechiffrierung.

Wenn jemand den Klartext aus dem Chiffretext C bestimmen will, dann muss er die Quadratwurzel bestimmen können. Die Sicherheit des Verfahrens beruht also auf der Schwierigkeit, bei unbekannter Faktorisierung von n die quadratischen Wurzeln modulo n zu berechnen. Wir zeigen zunächst die Gleichwertigkeit dieser Berechnung mit der Faktorisierung von n.

Satz 9.9 Es sei n das Produkt zweier Primzahlen p und q. Bei unbekannten Zahlen p und q ist das Problem, eine Quadratwurzel modulo n zu einer Zahl aus R_n zu bestimmen, berechnungsmäßig äquivalent zu dem Problem, die Primfaktoren p und q von n zu berechnen.

Beweis. Berechnungsmäßige Äquivalenz bedeutet, dass jedes der beiden Probleme unter Benutzung eines Polynomialzeit-Lösungsalgorithmus für das jeweils andere Problem selbst in polynomialer Zeit gelöst werden kann.

Zunächst können bei bekannten Primfaktoren p und q von n mit Hilfe von Algorithmus 9.2 in polynomialer Zeit die vier Quadratwurzeln gefunden werden. Es sei umgekehrt A ein Polynomialzeitalgorithmus, der eine Quadratwurzel bestimmt. Mit Hilfe von A kann n wie folgt faktorisiert werden. Wir wählen zufällig ein $x \in \mathbb{Z}_n^*$ und berechnen $a = x^2 \bmod n$. Dann lassen wir den Algorithmus A mit a und n laufen und erhalten in polynomialer Zeit eine Quadratwurzel y von a modulo n. Falls $y = x$ oder $y = n - x$ gilt, so ist dies ein Fehlversuch, da wir keine neue Information erhalten haben, und die Prozedur wird mit einem neuen zufälligen x wiederholt. Anderenfalls gilt $y \neq x$ und $y \neq n - x$. Es folgt

$$(x^2 - y^2) \bmod n = 0$$

und daher

$$n = pq | (x + y)(x - y).$$

Würde $n | (x + y)$ gelten, so erhielten wir wegen $0 \leq x + y < 2n$ die Gleichungen $x = y = 0$ oder $x + y = n$, im Widerspruch zu $y \neq x$ und $y \neq n - x$. Für $n | (x - y)$ ergäbe sich $x - y = 0$. Wir schließen, dass

$$p | (x + y), q | (x - y) \quad \text{oder} \quad q | (x + y), p | (x - y)$$

und damit

$$\mathrm{ggT}(x + y, n) = p \text{ oder } q$$

gilt. Da a vier Quadratwurzeln modulo n hat, ist die Erfolgswahrscheinlichkeit für jeden Versuch $\frac{1}{2}$. Die erwartete Anzahl von Versuchen, bis ein Faktor von n gefunden wird, ist 2. Folglich erhalten wir in erwarteter polynomialer Zeit das Ergebnis. $\square$

Wir erinnern noch einmal an Satz 5.5, nach dem beim RSA-Verfahren die Faktorisierung von n äquivalent zur Berechnung des Dechiffrierschlüssels d aus dem öffentlichen Schlüssel (n, e) ist. Wenn man beim RSA-Verfahren allein aus der Kenntnis des Modulus n jeden Chiffretext in polynomialer Zeit entziffern kann, dann ist es nicht klar, ob man dadurch auch eine Faktorisierung von n in polynomialer Zeit berechnen kann. Beim Rabin-Public-Key-Verfahren ist dagegen die Sicherheit äquivalent zur praktischen Unmöglichkeit, eine Zahl in ihre Primfaktoren zu zerlegen.

Das Rabin-Verfahren ist jedoch nicht sicher gegenüber einem Angriff mit gewähltem Chiffretext. Wir stellen uns vor, dass Oskar eine zufällige Zahl $m \in \mathbb{Z}_n^*$ wählt und $C = m^2 \bmod n$ berechnet. Er veranlasst Alice, C zu dechiffrieren, und erhält einen Klartext y. Da Alice m nicht kennt, ist y nicht notwendig gleich m. Mit Wahrscheinlichkeit $\frac{1}{2}$ ist $y \neq m$ und $y \neq n - m$. In diesem Fall ist wie im Beweis von Satz 9.9

$$\mathrm{ggT}(m + y, n) = p \text{ oder } q.$$

Im anderen Fall wird der Angriff mit einem neuen m wiederholt.

Die Rabin-Public-Key-Verschlüsselung ist auch anfällig gegenüber einigen Angriffen, die schon beim RSA-Verfahren genannt wurden. So sollte man dieselbe Nachricht nicht an viele Benutzer schicken, da sonst Oskar den Klartext gewinnen kann. Die Vorgehensweise ist dieselbe wie auf Seite 88, es wird nur der Exponent 3, der dort als Beispiel verwendet wurde, durch 2 ersetzt. Auch hier kann durch Salzen der Nachricht, wie auf Seite 88 geschildert, der Angriff verhindert werden. Zu kleine Nachrichten stellen ebenfalls ein Problem dar, da dann sehr einfach die ganzzahlige Quadratwurzel berechnet werden kann. Wiederum kann durch Salzen das Problem gelöst werden.

Ein Nachteil des Verfahrens ist, dass Alice, die Empfängerin der Nachricht, den korrekten Klartext unter vier Möglichkeiten auswählen muss. Diese Mehrdeutigkeit bei der Dechiffrierung kann in der Praxis leicht beseitigt werden, indem man dem Klartext vor Chiffrierung eine zuvor gemeinsam verabredete Redundanz zufügt. Man kann zum Beispiel die letzten 64 Bits der Nachricht wiederholen. Dann wird mit hoher Wahrscheinlichkeit nur einer der möglichen Klartexte m_1, m_2, m_3 und m_4 diese Redundanz besitzen. Alice wird genau diesen als den gesendeten Klartext identifizieren. Wenn keine der Quadratwurzeln diese Eigenschaft hat, wird sie C als Fälschung ablehnen.

Wenn die eben geschilderte Redundanz verwendet wird, ist das Rabin-Verfahren auch nicht mehr gegenüber dem zuvor genannten Angriff mit gewähltem Chiffretext anfällig. Wenn Oskar eine Nachricht m mit der verabredeten Redundanz wählt und $C = m^2$ mod n an Alice übermittelt, dann wird sie mit hoher Wahrscheinlichkeit den Klartext m an Oskar zurückgeben, weil die drei anderen Wurzeln die Redundanzeigenschaft wahrscheinlich nicht erfüllen. Somit erhält Oskar keine neue Information und kann p und q nicht bestimmen. Wenn Oskar dagegen eine Nachricht m wählt, die nicht die Redundanzeigenschaft erfüllt, dann wird mit großer Wahrscheinlichkeit auch keine der drei anderen Quadratwurzeln von $C = m^2$ mod n diese Eigenschaft erfüllen. In diesem Fall wird Alice Oskars Betrugsversuch bemerken und keine Antwort geben.

Wenn man das Rabin-Public-Key-Verschlüsselungsverfahren durch Hinzufügen einer geeigneten Redundanz ändert, dann ist es in der Praxis sehr gut zu verwenden.

Beispiel 9.4 Zur Schlüsselerzeugung wählt Alice die Primzahlen $p = 179$ und $q = 191$ und berechnet $n = pq = 34189$. Der öffentliche Schlüssel ist $n = 34189$, der private ist $(p, q) = (179, 191)$.

Wir verlangen, damit Redundanz gewährleistet ist, dass die letzten 5 Bits der Originalnachricht wiederholt werden. Bob möchte die 10-Bit-Nachricht $\bar{M} = 1000011001$ verschlüsseln. Folglich bildet er die 15-Bit-Nachricht $M = 100001100111001$, die in dezimaler Notation den Wert $M = 17209$ hat. Er berechnet

$$C = M^2 \text{ mod } n = 17209^2 \text{ mod } 34189 = 4563$$

und sendet diesen Wert an Alice.

Alice bestimmt mit Hilfe von Algorithmus 9.2 unter Kenntnis der Faktoren p und q von n, für die 4 sowohl $p+1$ als auch $q+1$ teilt, die vier Quadratwurzeln von C mod n. Zunächst berechnet sie Quadratwurzeln modulo p und q durch

$$x_1 = 4563^{\frac{180}{4}} \text{ mod } 179 = 25 \text{ und}$$
$$x_2 = 4563^{\frac{192}{4}} \text{ mod } 191 = 172.$$

Für die Anwendung des chinesischen Restesatzes (siehe Algorithmus 3.4) benötigt sie

$$y_1 = q^{-1} \bmod p = 191^{-1} \bmod 179 = 15 \text{ und}$$
$$y_2 = p^{-1} \bmod q = 179^{-1} \bmod 191 = 175.$$

Damit erhält sie

$$m_1 = (qy_1x_1 + py_2x_2) \bmod n = 23474 \text{ und}$$
$$m_2 = (qy_1x_1 + py_2(q - x_2)) \bmod n = 17209$$

und die verbleibenden Lösungen

$$m_3 = n - m_2 = 16980 \quad \text{und} \quad m_4 = n - m_1 = 10715.$$

In Binärdarstellung sind die Lösungen durch

$$m_1 = 101101110110010, \quad m_2 = 100001100111001,$$
$$m_3 = 100001001010100, \quad m_4 = 010100111011011$$

gegeben. Nur m_2 erfüllt die geforderte Redundanzeigenschaft, Alice setzt also $M = m_2$ und erhält nach Entfernung der letzten 5 Bits die ursprüngliche Nachricht $\bar{M} = 1000011001$. $\square$

9.4 Rabin-Public-Key-Signaturverfahren

Wir kommen nun zum Rabin-Public-Key-Signaturverfahren, das im Wesentlichen eine Umkehrung des Rabin-Public-Key-Verschlüsselungsverfahrens ist. Daher ist klar, dass die zu signierenden Nachrichten aus R_n stammen müssen, also aus der Menge der quadratischen Reste modulo n. Signaturen sind entsprechende Quadratwurzeln. Da Nachrichten nicht von vornherein in R_n liegen, wird eine öffentlich bekannte Redundanzfunktion $R : \mathcal{M} \to \mathcal{M}_R$ gewählt, die die Nachrichten des Klartextraums $\mathcal{M}$ in eine Teilmenge $\mathcal{M}_R = Im(R) \subseteq R_n$ abbildet. Damit wird auch ein Angriff abgewehrt, der im Anschluss an die Beschreibung des Verfahrens genannt wird. In [98], Abschnitt 11.3.5, wird eine solche Redundanzfunktion angegeben, die als internationaler Standard akzeptiert ist und sowohl beim Rabin- als auch beim RSA-Verfahren verwendet wird.

Algorithmus 9.5 (*Rabin-Public-Key-Signierung*)
Zusammenfassung: Alice signiert eine Nachricht M für Bob, die dieser verifiziert und dadurch M erhält.
(1) Zur Signierung führt Alice die folgenden Schritte aus:
    (a) Alice berechnet $\bar{M} = R(M)$.
    (b) Sie berechnet eine Lösung C von $x^2 \bmod n = \bar{M}$ (Quadratwurzel) mit Hilfe von Algorithmus 9.2.
    (c) Sie übermittelt die Signatur C von M an Bob.
(2) Zur Verifizierung und zum Erhalt der Nachricht führt Bob die folgenden Schritte aus:
    (a) Bob besorgt sich den authentischen öffentlichen Schlüssel n von Alice.

(b) Er berechnet $\bar{M} = C^2 \bmod n$. Wenn $C^2 \bmod n \notin \mathcal{M}_R$ gilt, lehnt er die Signatur ab.

(c) Er verschafft sich den Klartext M durch $R^{-1}(\bar{M})$.   □

Beispiel 9.5 Alice wählt die Primzahlen $p = 5$ und $q = 7$ und berechnet $n = 35$. Ihr öffentlicher Schlüssel ist $n = 35$, ihr privater $(p, q) = (5, 7)$. Es ist

$$R_{35} = \{1, 4, 9, 11, 16, 29\}.$$

Zur Vereinfachung wählen wir $\mathcal{M} = \mathcal{M}_\mathcal{R}$ und R als Identitätsfunktion.

Um eine Nachricht $M = 29$ zu signieren, berechnet Alice $\bar{M} = R(29) = 29$. Anschließend findet sie die Quadratwurzeln $x = \pm 2 \bmod 5$ und $x = \pm 1 \bmod 7$. Daraus gewinnt sie $x = 8, 13, 22$ oder 27. Als Signatur für M wählt sie $C = 27$.

Bob berechnet $\bar{M} = C^2 \bmod 35 = 27^2 \bmod 35 = 29$. Da $\bar{M} \in \mathcal{M}_R$ gilt, akzeptiert Bob die Signatur und gewinnt daraus $M = R^{-1}(\bar{M}) = 29$.   □

Die Wahl einer geeigneten Redundanzfunktion ist sehr wichtig für die Sicherheit der Rabin-Public-Key-Signierung. Wenn wie im Beispiel R einfach als Identitätsfunktion gewählt wird, dann kann Oskar eine beliebige Zahl $x \in \mathbb{Z}_n^*$ wählen, durch Quadrieren $M = x^2 \bmod n$ bilden und $C = x$ als gültige Signatur von M ausgeben. Oskar hat also eine gefälschte Signatur auf triviale Weise erzeugt, er hat jedoch wenig Kontrolle über die zugehörige Nachricht M.

10 Kryptographische Protokolle

Ein Protokoll besteht aus einer Folge von Aktionen, bei denen zwei oder mehr Parteien Nachrichten austauschen, um eine gewisse Aufgabe zu lösen. Wir haben bereits verschiedene Protokolle kennen gelernt, die einige kryptographische Grundaufgaben wie beispielsweise die Erzeugung einer Signatur oder den Schlüsselaustausch bewirkt haben. In diesem Kapitel betrachten wir kryptographische Protokolle für Probleme der „Alltagswelt", die normalerweise ohne Rechner ablaufen und dabei häufig mit persönlichem Treffen der Teilnehmer stattfinden. Dabei gehen wir auch auf Protokolle ein, die überraschend Lösungen für Aufgaben liefern, die ohne den Einsatz von Kryptographie gar nicht lösbar zu sein scheinen. Als Erstes stellen wir in Abschnitt 10.1 ein Protokoll zum mentalen Pokern dar, das ein Modell für ein System ist, in dem Benutzer nur partielle Informationen über die dynamische Zuordnung der Resourcen haben. In Abschnitt 10.2 besprechen wir Oblivious-Transfer-Protokolle, die mit einer gewissen Wahrscheinlichkeit die übertragene Information oder einen Teil davon vergessen. Diese werden benutzt, um Probleme wie die elektronische Unterzeichnung eines Vertrags oder das elektronische Versenden von Einschreiben zu lösen. Praktisch unlösbar scheint die Aufgabe, wie zwei Personen feststellen können, wer von ihnen älter ist, ohne ihr Alter zu verraten. Eine kryptographische Lösung dieses Problems wird in Abschnitt 10.3 vorgestellt. Dieses Protokoll findet dann im folgenden Abschnitt in Protokollen für Auktionen Verwendung. Elektronisches Geld wird in Abschnitt 10.5 behandelt. In Abschnitt 10.6 geht es um die elektronische Durchführung von Wahlen.

10.1 Mentales Pokern

Beim mentalen Pokern gelten dieselben *Regeln* wie beim normalen Pokerspiel, jedoch existieren keine Karten, und die Kommunikation zwischen den Spielern findet ausschließlich durch die Übertragung von Nachrichten, also zum Beispiel durch Austausch von E-Mails statt. Jegliche verbale Kommunikation ist untersagt. Den Spielern ist es nicht verboten, die anderen Spieler zu betrügen. Jedoch müssen gewisse *Fairplay-Regeln* eingehalten werden.

(1) Das Spiel beginnt mit dem fairen Austeilen der „Karten". Wenn dies durch den Austausch einer Folge von Nachrichten erreicht ist, muss gelten:

    (a) Die Spieler sollten ihre eigenen, aber nicht die Karten der anderen Spieler kennen.

    (b) Jede Hand (die Karten, die ein Spieler in der Hand hält) muss zu den anderen Händen disjunkt sein. Das bedeutet, dass jede Karte nur einmal vergeben wird.

© Springer Fachmedien Wiesbaden GmbH, ein Teil von Springer Nature 2018
D. Wätjen, *Kryptographie*, https://doi.org/10.1007/978-3-658-22474-5_10

(c) Alle möglichen Hände müssen für jeden Spieler gleichwahrscheinlich sein.

(2) Die Verteilung neuer Karten während des Spiels muss ebenso fair erfolgen wie unter (1) beschrieben. Die Spieler müssen ihre Karten aufdecken können, ohne die Sicherheit der übrigen Karten zu gefährden.

(3) Am Ende jedes Spiels müssen die Spieler prüfen können, ob das Spiel fair verlaufen ist und ihre Gegner nicht betrogen haben.

R. L. Rivest, A. Shamir und *L. Adleman* ([124], [134]) haben 1978 ein Protokoll für mentales Pokern angegeben, das eine kommutative symmetrische Chiffre benutzt, wie z. B. eine Exponentiationschiffre, bei der die Spieler denselben Modulus n verwenden. Wir nehmen zunächst zur Vereinfachung an, dass nur zwei Spieler teilnehmen, und zwar Alice und Bob. Jeder der Spieler hat einen geheimen Schlüssel, der erst am Ende des Spiels aufgedeckt wird. Die geheimen Transformationen E_A bzw. D_A von Alice und E_B bzw. D_B von Bob liefern wegen der Kommutativität der Chiffre

$$E_A(E_B(M)) = E_B(E_A(M)).$$

Die 52 Karten werden durch Nachrichten dargestellt, nämlich

$$M_1: \text{„Karo 2“},$$
$$M_2: \text{„Karo 3“},$$
$$\cdots$$
$$M_{52}: \text{„Kreuz As“} .$$

Bob beginnt das Spiel mit der Verteilung der Karten.

Protokoll 10.1 (*Faires Austeilen von Karten bei mentalem Pokern*)
Gegeben: Karten $M_1, \dots, M_{52}$, geheime Transformationen (E_A, D_A) und (E_B, D_B) von Alice bzw. Bob für eine kommutative Chiffre.
Zusammenfassung: Alice und Bob erhalten jeweils fünf fair verteilte Karten.

(1) Bob chiffriert die 52 Nachrichten (Karten) durch

$$E_B(M_i), \ i = 1, 2, \dots, 52.$$

Anschließend mischt er den Stapel der chiffrierten Nachrichten und sendet ihn an Alice.

(2) Alice wählt zufällig fünf der chiffrierten Nachrichten aus und sendet sie an Bob zurück. Bob dechiffriert sie und erhält dadurch seine eigene Hand.

(3) Danach wählt Alice zufällig fünf weitere chiffrierte Nachrichten $C_1, C_2, \dots, C_5$. Sie bildet

$$C_i' = E_A(C_i), \ i = 1, 2, \dots, 5,$$

und sendet die C_i' an Bob.

(4) Bob dechiffriert jede der Nachrichten C_i' durch

$$D_B(C_i') = D_B(E_A(E_B(M_j))) = D_B(E_B(E_A(M_j))) = E_A(M_j)$$

für fünf durch Alice' Wahl bestimmte M_j und sendet das Ergebnis zurück an Alice.

(5) Alice dechiffriert sie mit D_A und erhält ihre eigene Hand. □

Während des Spiels können zusätzliche Karten ausgeteilt werden, indem Alice gemäß Schritt 2 Karten für Bob bzw. gemäß Schritt 3 Karten für sich auswählt. Am Ende des Spiels werden die Schlüssel aufgedeckt, und durch Nachrechnen kann bewiesen werden, ob jemand betrogen hat.

Als Chiffrierverfahren können Alice und Bob beispielsweise das Pohlig-Hellman-Verfahren (Algorithmus 5.2) verwenden. Sie einigen sich auf eine Primzahl p und berechnen jeweils ihr geheimes Paar (e, d) mit $ed \bmod (p-1) = 1$. Sie können auch das RSA-Verfahren (Algorithmus 5.4) wählen, wenn sie sich auf die Primzahlen p und q verständigen und jeweils ein Schlüsselpaar berechnen, wobei sie jedoch jeweils beide Teilschlüssel geheim halten müssen.

Das Protokoll kann leicht auf beispielsweise drei Spieler verallgemeinert werden. Ist Charles der dritte Spieler, so erhalten Alice und Bob ihre Karten wie in Protokoll 10.1. Alice wählt dann zusätzlich aus den verbleibenden 42 Karten fünf für Charles aus. Es sei $C = E_B(M)$ eine dieser Karten. Alice kann sie nicht direkt an Charles schicken, da Bob bei Abfangen der entsprechenden Nachricht die Karte M ermitteln kann. Daher berechnet sie $E_A(C)$ und leitet diesen Wert an Charles weiter. Charles schickt $E_C(E_A(C))$ an Alice zurück. Sie sendet $D_A(E_C(E_A(C))) = E_C(C)$ an Bob. Bob übergibt $D_B(E_C(E_B(M))) = E_C(M)$ an Charles, der daraus seine Karte M bestimmen kann. Es ist klar, dass sich bei drei Spielern zwei gegen den dritten verbünden können, indem sie sich etwa auf einem getrennten Kanal ihre Karten gegenseitig verraten.

R. J. Lipton [93] hat gezeigt, dass bei Wahl einer Exponentiationschiffre als Chiffrierverfahren auch bei Protokoll 10.1 ein Betrug möglich ist. Eine der Möglichkeiten benutzt quadratische Reste. Wir erinnern daran, dass R_n die Menge dieser Reste modulo n ist.

Satz 10.1 Es sei $n \in \mathbb{N}$ und $a \in \mathbb{Z}_n^*$. Für n seien e und d mit $(ed) \bmod \varphi(n) = 1$ bestimmt, und es gelte $E_K(a) = a^e \bmod n$. Dann gilt

$$a \in R_n \Longleftrightarrow E_K(a) \in R_n.$$

Beweis. Es gelte $a \in R_n$. Nach Definition 9.1 existiert ein $x \in \mathbb{N}$ mit $x^2 \bmod n = a$. Wegen

$$E_K(a) = a^e \bmod n = \left(x^2\right)^e \bmod n = (x^e)^2 \bmod n$$

folgt $E_K(a) \in R_n$.

Umgekehrt sei $E_K(a) \in R_n$. Dann existiert ein $y \in \mathbb{N}$ mit $y^2 \bmod n = E_K(a)$. Wegen

$$a = (E_K(a))^d \bmod n = \left(y^2\right)^d \bmod n = \left(y^d\right)^2 \bmod n$$

erhalten wir $a \in R_n$. $\square$

Beispiel 10.1 Es sei $n = 11$. Wegen $5^2 \bmod 11 = 3$ ist 3 ein quadratischer Rest modulo 11. Für $e = 3$ ist $3^3 \bmod 11 = 5$ nach Satz 10.1 ebenfalls ein quadratischer Rest. In der Tat gilt $4^2 \bmod 11 = 5$. $\square$

Alice kann nach Satz 9.3 und Satz 9.5 sehr einfach feststellen, welche der Karten M_1 bis M_{52} Nachrichten aus R_n sind. Nachdem Bob die Nachrichten chiffriert und gemischt hat, kann Alice sie zwar nicht dechiffrieren, nach Satz 10.1 weiß sie jedoch, welche der Nachrichten bzw. der chiffrierten Nachrichten aus R_n stammen. Falls der Modulus n prim ist, also das Pohlig-Hellman-Verfahren verwendet wird, ist die Wahrscheinlichkeit, dass eine Nachricht in R_n liegt, nach Satz 9.2 gleich $\frac{1}{2}$. Dieses Ergebnis liefert Alice ein zusätzliches Bit an Information pro Karte, das dazu beitragen kann, das Spiel zu gewinnen. Falls sie beispielsweise feststellt, dass die Klartextnachrichten für alle vier Asse ein quadratischer Rest sind, wählt sie natürlich quadratische Reste für sich und quadratische Nichtreste für Bob.

Eine Exponentiationschiffre kann auch andere Informationen über eine Nachricht $M = a$ bewahren. Setzen wir zum Beispiel $R_n^t = \{a \mid x^t \bmod n = a\}$, dann gilt

$$a \in R_n^t \iff a^e \bmod n \in R_n^t.$$

Lipton [94] hat Modifikationen vorgeschlagen, die erzwingen, dass alle Nachrichten quadratische Reste sind. Eine erste Methode besteht darin, weitere Bits an jede Nachricht M anzuhängen, die sie zu einem quadratischen Rest machen. Die ursprüngliche Nachricht wird durch Streichen dieser Bits zurückgewonnen. Bei der zweiten Methode, die anwendbar ist, wenn n eine Primzahl ist, wird jede Nichtrestnachricht mit einem festen Nichtrest w multipliziert. Das Produkt zweier Nichtreste modulo einer Primzahl ist nach Satz 9.4 ein quadratischer Rest. Die ursprüngliche Nachricht wird durch Multiplikation mit w^{-1} zurückgewonnen.

Das Protokoll zum mentalen Pokern zeigt, dass es Anwendungen gibt, für die es nicht ausreicht, dass der Chiffrieralgorithmus schwer berechenbar ist. Es müssen nicht nur die Nachrichten, sondern auch deren mathematische Eigenschaften verborgen werden. Aber auch *Liptons* Methoden bieten keine Garantie für die Sicherheit des Verfahrens.

S. Goldwasser und *S. Micali* [66] haben 1982 ein Protokoll für mentales Pokern veröffentlicht, das beweisbar sicher ist. Allerdings funktioniert ihr Protokoll nur für zwei Spieler. *C. Crépeau* [39] stellte 1986 ein Protokoll vor, das mit beliebig vielen Spielern arbeitet und vollständige Sicherheit gewährleistet. Auch in den folgenden Jahren hat man sich mit entsprechenden Protokollen beschäftigt. Aufbauend auf [39] hat z. B. *C. Schindelhauer* [127] eine *Toolbox for Mental Card Games* angegeben, wobei die verschiedenen Protokolle auf quadratischen Resten basieren und auch Zero-Knowledge-Beweise (siehe Kapitel 11) zum Einsatz kommen. *H. Stamer* beschreibt 2005 in [140] eine Implementierung für diese Toolbox, speziell kann damit auch Skat gespielt werden. Eine andere Vorgehensweise für mentales Pokern wird von *P. Golle* verfolgt [68], bei der Karten erst bei Bedarf aus Zufallszahlen generiert werden. Da beim Poker im Allgemeinen nur ein geringer Teil der 52 Karten zum Einsatz kommt, wird dadurch der Berechnungsaufwand drastisch verringert. Die Karten können mit dem ElGamal-Verfahren chiffriert werden.

10.2 Vergessliche Übertragung (Oblivious Transfer)

Praktisch unmöglich scheint es zu sein, dass zwei Personen durch E-Mail-Kommunikation Münzen werfen können. Eine Lösung dieses Problems ergibt sich jedoch mit Hilfe eines Protokolls, das 1981 von *M. O. Rabin* [120] vorgeschlagen wurde. Dabei kann Alice an Bob, falls beide sich an das Protokoll halten, ein beliebiges Geheimnis mit der Wahrscheinlichkeit $\frac{1}{2}$ übermitteln. Mit der Wahrscheinlichkeit $\frac{1}{2}$ empfängt also Bob das Geheimnis und mit derselben Wahrscheinlichkeit empfängt er es nicht. Alice weiß dabei nicht, ob Bob das Geheimnis erhalten hat. Diese Unsicherheit muss von beiden akzeptiert werden.

Für solche Protokolle hat *Rabin* den Begriff *Oblivious Transfer* eingeführt, der im Deutschen ungefähr durch „Vergessliche Übertragung" oder „Übertragung ohne Gedächtnis" ausgedrückt werden kann. Die Frage stellt sich, wie man mit Protokollen, die eine solche Unsicherheit ihres Ausgangs haben, ein vernünftiges Problem lösen kann. Das Ziel von *Rabin* war der gegenseitige Austausch von Geheimnissen, etwa von Passwörtern oder Schlüsseln von Daten oder Dateien, die bei der jeweils anderen Partei entsprechend gesichert vorliegen. Dabei soll vermieden werden, dass eine Partei in den Besitz des Passwortes oder Schlüssels gelangt, die andere aber nicht oder erst sehr viel später. Ein solches Protokoll, wie auch die zum Abschluss dieses Abschnitts behandelten Protokolle 10.9 zur Vertragsunterzeichnung und 10.10 zur Versendung von Einschreiben, benutzen als Bausteine solche „unsicheren" Oblivious-Transfer-Protokolle. Diese werden im Folgenden zunächst betrachtet.

Protokoll 10.2 (*Rabins Oblivious-Transfer-Protokoll*)
Gegeben: Zwei Alice bekannte Primzahlen p, q, $p \neq q$, $p, q > 2$.
Zusammenfassung: Bob erfährt mit Wahrscheinlichkei $\frac{1}{2}$ die Primfaktorisierung von $n = pq$.
  (1) Alice sendet $n = pq$ an Bob.
  (2) Bob wählt zufällig ein $x \in \mathbb{Z}_n^*$ und sendet Alice

$$a = x^2 \bmod n.$$

  (3) Alice, die p und q kennt, berechnet nach Algorithmus 9.2 die vier Wurzeln von a, nämlich

$$x, n - x, y, n - y.$$

  Danach wählt sie zufällig eine der Wurzeln aus und sendet sie an Bob.
  (4) Falls Bob y oder $n - y$ empfängt, kann er p und q aus x und y (x hat er selber in Schritt 2 gewählt) durch

$$\mathrm{ggT}(x + y, n) = p \text{ oder } q$$

  berechnen. Falls er x oder $n - x$ empfängt, erhält er keine neue Information. □

Im Beweis von Satz 9.9 haben wir gesehen, wie man bei Kenntnis einer Quadratwurzel y von a mit $y \neq x$ und $y \neq n - x$ durch Berechnung von $\mathrm{ggT}(x + y, n)$ die Primzahlen p oder q berechnen kann. Falls Bob in Schritt 4 dagegen eine der Zahlen x

oder $n - x$ empfängt, dann kann er ohne Kenntnis von p und q die anderen Lösungen y und $n - y$ von $a = x^2$ mod n, die gemäß Algorithmus 9.2 zu berechnen sind, nicht ermitteln. Mit Wahrscheinlichkeit $\frac{1}{2}$ kann Bob also in Schritt 4 die Primfaktoren von n bestimmen. Würde er zufällig x als ein Vielfaches von p oder q wählen, so wäre zwar $x \in \mathbb{Z}_n^*$ nicht erfüllt, er könnte jedoch ggT$(x, n) = p$ (oder q) berechnen und damit auch die Faktorisierung von n bestimmen. Die Wahrscheinlichkeit einer solchen Wahl ist allerdings äußerst gering.

Protokoll 10.2 stellt keine Einschränkung des allgemeinen Problems dar. Mit Hilfe der geheimen Primzahlen p und q kann ja jede beliebige Nachricht verschlüsselt werden, die dann das eigentlich zu übermittelnde Geheimnis darstellt.

Beispiel 10.2 Es seien $p = 3$ und $q = 7$. Dann ergibt sich $n = pq = 21$. Bob wählt $x = 11$ und sendet $a = 11^2$ mod $21 = 16$ an Alice. Wie in Beispiel 9.3 berechnet Alice die vier Wurzeln

$$z_1 = 4, \ z_2 = 10, \ z_3 = 11, \ z_4 = 17.$$

Falls Alice nun $y = 17$ an Bob sendet, kann er p und q durch ggT$(x + y, n)$ ermitteln, nämlich

$$\text{ggT}(x + y, n) = \text{ggT}(11 + 17, 21) = \text{ggT}(28, 21) = 7.$$

Damit berechnet er

$$q = \frac{n}{p} = \frac{21}{7} = 3. \quad \square$$

Das Oblivious-Transfer-Protokoll kann, wie eingangs erwähnt, benutzt werden, um per E-Mail Münzen zu „werfen". Jeder der beiden Teilnehmer soll eine Gewinnchance von 50% haben. Die Münzen können selbstverständlich nicht unverschlüsselt geworfen werden, da sonst die Möglichkeit eines Betruges besteht. Aus [17] stammt das folgende Protokoll, das im Wesentlichen Protokoll 10.2 gleicht.

Protokoll 10.3 (*Münzwurf*)
Gegeben: Zwei Alice bekannte Primzahlen $p, q, p \neq q, p, q > 2$.
Zusammenfassung: Bob „gewinnt" bei Kenntnis von p und q.
  (1) Alice wählt zwei große Primzahlen p und q und sendet $n = pq$ an Bob.
  (2) Bob prüft, ob n eine Primzahl oder gerade ist. Ist dies der Fall, so hat Alice betrogen. Bob wählt ein $x \in \mathbb{Z}_n^*$ und sendet $a = x^2$ mod n an Alice.
  (3) Alice berechnet die vier Wurzeln von a, wählt zufällig eine aus und schickt sie an Bob.
  (4) Bob „gewinnt", wenn er n faktorisieren kann. Dies ist möglich, wenn er y oder $n - y$ empfängt.
Nach dem Spiel können p und q offengelegt werden. Damit kann man dann überprüfen, ob Alice betrogen hat. $\square$

Wir geben noch eine offensichtliche Erweiterung von Protokoll 10.2 an.

Protokoll 10.4 (*Offenlegung des geheimen Schlüssels des RSA-Verfahrens*)
Gegeben: (n, e_A) öffentlicher Schlüssel von Alice beim RSA-Verfahren, $n = pq$ mit Primzahlen $p, q, p \neq q, p, q > 2$.
Zusammenfassung: Bob erfährt den geheimen Schlüssel d_A von Alice.

(1) Alice veröffentlicht (n, e_A).

(2) Bob wählt k zufällige Zahlen $x_i \in \mathbb{Z}_n^*$, $i \in \{1, \ldots, k\}$, und berechnet

$$a_i = x_i^2 \bmod n, \ i \in \{1, \ldots, k\}.$$

Er schickt diese Werte an Alice.

(3) Alice berechnet für jedes $i \in \{1, \ldots, k\}$ die vier Wurzeln von a_i, nämlich

$$x_i, n - x_i, y_i, n - y_i, \ i \in \{1, \ldots, k\}.$$

Sie wählt jeweils eine der Wurzeln aus, nennt sie w_i und schickt die k Werte an Bob. Hat Bob zweimal dasselbe a_i geschickt, erhält er auch dasselbe w_i.

(4) Für jedes $i \in \{1, \ldots, k\}$ erhält Bob mit Wahrscheinlichkeit $\frac{1}{2}$ eine Wurzel w_i, mit deren Hilfe er $\mathrm{ggT}(x_i + w_i, n) = p$ oder q berechnen kann.

(5) Hat Bob p und q berechnen können, bestimmt er $\varphi(n) = (p - 1)(q - 1)$ und damit $d = e^{-1} \bmod \varphi(n)$. $\quad\Box$

Wir sehen sofort, dass Bob mit Wahrscheinlichkeit $1 - \left(\frac{1}{2}\right)^k$ den geheimen Schlüssel berechnen kann. Da er zufällig auch ein $x_i \notin \mathbb{Z}_n^*$ wählen kann, ist die Wahrscheinlichkeit sogar geringfügig größer. Anschließend können Alice und Bob einen geheimen Nachrichtenaustausch beginnen. Ein elektronischer Lauscher Oskar kann aus der Kenntnis von a_i und w_i mit $a_i = w_i^2 \bmod n$ nicht auf eine von w_i und $n - w_i$ verschiedene Wurzel schließen. Nach Schritt 3 des Protokolls werden solche Wurzeln auch nicht zufällig von Alice gesendet. Oskar kann somit n nicht faktorisieren.

S. Even, O. Goldreich und *A. Lempel* [55] verlangen von Daten, die mit einem Oblivious-Transfer-Protokoll übermittelt werden, dass sie „recognizable secret messages" sind. Wir verwenden hier eine, etwas informale, Verallgemeinerung dieses Begriffs, die von *J. Koslowski* stammt. Danach heißt eine Nachricht ein *erkennbares Geheimnis*, falls sie in vertretbarer Zeit nicht berechnet werden kann, aber nach Empfang durch ein Oblivious-Transfer-Protokoll risikolos durch Lösen eines vorgegebenen Problems authentifiziert werden kann, das heißt, der erfolglose Versuch der Lösung mit einem falschen Wert hat keine negativen Folgen für den Empfänger, sondern bestätigt nur den Betrug durch den Sender.

Es ist klar, dass die Übertragung eines einzelnen Bits nicht zum Begriff des erkennbaren Geheimnisses passt, da man die beiden möglichen Werte 0 oder 1 ausprobieren kann. Wenn man jedoch viele einzelne Bits nacheinander überträgt, kann ihre Gesamtheit ggf. ein vorgegebenes Problem lösen und so als erkennbares Geheimnis aufgefasst werden.

Als Beispiele erkennbarer Geheimnisse nennen wir:

* Alice' Signatur zu einer bekannten Nachricht, die durch Alice' öffentlichen Schlüssel überprüfbar ist.
* Ein Schlüssel K, der $E_K(M) = C$ erfüllt, ist bei Kenntnis von M und C ein erkennbares Geheimnis.
* Die Primfaktoren p und q von $n = p \cdot q$, die durch Berechnung ihres Produkts überprüfbar sind.

In Protokoll 10.2 werden p und q für den Ablauf des Protokolls benutzt. Gleichzeitig sind sie die übertragenen erkennbaren Geheimnisse. Wir erweitern das Protokoll so, dass neben p und q ein beliebiges erkennbares Geheimnis gesendet wird.

Protokoll 10.5 (*Erweitertes Oblivious-Transfer-Protokoll*)
Gegeben: Alice bekannte Werte: Primzahlen $p, q, p \neq q, p, q > 2$. $n = p \cdot q$, $M \in \mathbb{Z}_n$, $e \in \mathbb{Z}^*_{\varphi(n)}$.
Zusammenfassung: Bob erfährt mit Wahrscheinlichkei $\frac{1}{2}$ die Primfaktorisierung von $n = pq$ sowie das erkennbare Geheimnis M.
(1) Alice sendet $n = pq$ an Bob.
(2) Bob wählt zufällig ein $x \in \mathbb{Z}^*_n$ und sendet Alice

$$a = x^2 \bmod n.$$

(3) Alice berechnet $C = M^e \bmod n$. Außerdem bestimmt sie, da sie p und q kennt, nach Algorithmus 9.2 die vier Wurzeln von a, nämlich

$$x, n - x, y, n - y.$$

Danach wählt sie zufällig eine der Wurzeln aus und sendet sie, zusammen mit C und e, an Bob.
(4) Falls Bob y oder $n - y$ empfängt, kann er p und q aus x und y (x hat er selber in Schritt 2 gewählt) durch
$$\mathrm{ggT}(x + y, n) = p \text{ oder } q$$
berechnen. Dann kann er $d = e^{-1} \bmod \varphi(n)$ und damit $M = C^d \bmod n$ bestimmen. Falls er x oder $n - x$ empfängt, erhält er keine neue Information. $\square$

Falls Bob in Schritt 4 M erhält, kann er anschließend die Authentizität überprüfen, ob also M ein erkennbares Geheimnis ist, das heißt, ob mit M ein vorgegebenes Problem gelöst werden kann. Wir überlegen uns, welche Betrugsmöglichkeiten Alice hat:
* Sie sendet in Schritt 1 eine Primzahl n. Dann ist ihre Zufallswurzel entweder x oder $n - x$. In Schritt 4 erhält Bob daher keine neue Information. Er kann jedoch Algorithmus 5.6 (Rabin-Miller) anwenden, wobei er mit großer Wahrscheinlichkeit erfährt, dass n eine Primzahl ist.
* Sie überträgt in Schritt 3 eine falsche Wurzel w. Das kann Bob durch Berechnung von $w^2 \bmod n$ immer feststellen.
* Sie überträgt in Schritt 3 ein e mit $\mathrm{ggT}(e, \varphi(n)) \neq 1$. Dies erkennt Bob mit Wahrscheinlichkeit $\frac{1}{2}$, wenn er p und q erhält und vergeblich versucht, das Inverse von e zu bestimmen.
* Sie überträgt in Schritt 3 $C' \neq M^e \bmod n$. Dann erhält Bob mit Wahrscheinlichkeit $\frac{1}{2}$ die Primzahlen p und q und damit einen Wert $M' \neq M$, der kein erkennbares Geheimnis ist.

Die ersten beiden Fälle gelten auch für Protokoll 10.2. Das bedeutet, dass Alice in Protokoll 10.2 praktisch keine Betrugsmöglichkeit hat. In den letzten beiden Fällen ist die Wahrscheinlichkeit $\frac{1}{2}$, dass Bob x oder $n - x$ empfängt und daher keine neue Information erhält und somit ein Betrugsversuch nicht auffällt.

Ein Protokoll, das ein allgemeineres Problem als das oben angegebene Oblivious-Transfer-Protokoll 10.2 behandelt, beruht auf einem Vorschlag von *Micali* und wurde in [55] vorgestellt. Wir beschreiben zunächst seine Eigenschaften.

Alice sendet zwei Nachrichten an Bob, wobei die folgenden Bedingungen erfüllt sein sollen:

(1) Falls Alice das Protokoll richtig ausführt, dann kann Bob *genau eine* Nachricht lesen. Die Wahrscheinlichkeit für den Erhalt jeder dieser Nachrichten beträgt $\frac{1}{2}$. Falls Bob keine Nachricht lesen will, dann kann er bei der Ausführung des Protokolls auch keine Informationen über die Nachrichten herausfinden.

(2) Alice weiß jeweils mit Wahrscheinlichkeit $\frac{1}{2}$, dass Bob die erste (bzw. die zweite) Nachricht erhalten hat.

(3) Falls Alice versucht, diese Voraussagewahrscheinlichkeit über die von Bob erhaltene Nachricht zu erhöhen, dann kann Bob dieses mit einer Wahrscheinlichkeit von mindestens $\frac{1}{2}$ feststellen.

Da eine von zwei Nachrichten empfangen wurde, spricht man auch von einem „1-von-2-Oblivious-Transfer-Protokoll". Mit Hilfe eines solchen Protokolls kann das ursprüngliche Oblivious-Transfer-Protokoll simuliert werden. Dies ist sofort einzusehen. Eine der beiden von Alice gesendeten Nachrichten sei öffentlich, während die andere von Alice geheim gehalten wird. Diese geheime Nachricht empfängt Bob dann mit einer Wahrscheinlichkeit $\frac{1}{2}$. Wenn er stattdessen die öffentliche Nachricht empfängt, erfährt er nichts Neues. Es gilt auch die Umkehrung, die nicht so unmittelbar einzusehen ist. Sie wurde von *C. Crépeau* bewiesen [40].

Wir beschreiben das *1-von-2-Oblivious-Transfer-Protokoll*, wobei wir davon ausgehen, dass es auf dem RSA-Verschlüsselungsverfahren beruht. Man kann auch ein anderes Public-Key-Kryptosystem wählen, wobei einige leichte Anpassungen vorgenommen werden müssen. Die Nachrichten M_1 und M_2 im Protokoll werden als erkennbare Geheimnisse aufgefasst, damit sie authentifiziert werden können.

Protokoll 10.6 (*1-von-2-Oblivious-Transfer-Protokoll*)
Gegeben: E_A öffentliche und D_A geheime Transformation beim RSA-Verfahren mit Modulus n.

Zusammenfassung: Genau eine von 2 Nachrichten $M_0, M_1 \in \mathbb{Z}_n$ soll Bob von Alice durch Anwendung des Protokolls erhalten, ohne dass Alice erfährt, um welche es sich handelt.

(1) Alice wählt zufällig zwei weitere Nachrichten $m_0, m_1 \in \mathbb{Z}_n$ und sendet sie an Bob.

(2) Bob wählt zufällig ein $r \in \{0,1\}$ sowie ein $k \in \mathbb{Z}_n$ und sendet

$$q = (E_A(k) + m_r) \bmod n$$

an Alice.

(3) Alice berechnet

$$k'_i = D_A((q - m_i) \bmod n) \quad \text{für } i = 0, 1.$$

Anschließend wählt sie zufällig ein $s \in \{0,1\}$ und übermittelt Bob

$$((M_0 + k'_s) \bmod n, (M_1 + k'_{s \oplus 1}) \bmod n, s).$$

(4) Bob berechnet $M_{s\oplus r} = ((M_{s\oplus r} + k'_{s\oplus r\oplus s}) \bmod n - k) \bmod n$. $\square$

Wir zeigen, dass dieses Protokoll die zuvor angegebenen Eigenschaften erfüllt. Bob hat zufällig r und k gewählt und weiß, dass

$(\ast)$ $k'_{s\oplus r\oplus s} = k'_r = D_A(((E_A(k) + m_r) \bmod n - m_r) \bmod n) = D_A(E_A(k)) = k$

gelten muss. $k'_{r\oplus 1} = D_A((E_A(k) + m_r) - m_{r\oplus 1}) \bmod n$ kennt er nicht, da ihm D_A unbekannt ist. Bob kann also durch Subtraktion von $k = k'_{s\oplus r\oplus s}$ in Schritt 4 genau eine der beiden Nachrichten lesen, und zwar $M_{s\oplus r}$. Die andere Nachricht bleibt ihm aufgrund seiner Unkenntnis von $k'_{r\oplus 1}$ verborgen. Da M_1 und M_2 im Allgemeinen keine Klartexte sind, bedeutet „lesen" in diesem Zusammenhang, dass sie als erkennbare Geheimnisse authentifiziert werden können. Daher kann in Schritt 3 des Protokolls auf die Übermittlung von s verzichtet werden, da durch Ausprobieren Bob feststellen kann, welche der beiden Möglichkeiten die richtige ist. Wegen der zufälligen Wahlen von r und s erhält Bob jede der beiden Nachrichten mit Wahrscheinlichkeit $\frac{1}{2}$. Damit ist die erste geforderte Eigenschaft des Protokolls erfüllt.

Wenn beide das Protokoll richtig ausführen, ist die einzige Information, die Alice von Bob erhält, $q = (E_A(k) + m_r) \bmod n$. Alice kennt zwar k'_0 und k'_1, die sie selbst berechnet hat, sie weiß jedoch nicht, welcher dieser Werte gleich k ist. Somit hat sie auch keine Information über r, denn aus der Kenntnis von r würde sie aus der Gleichung $(\ast)$ auf die Gültigkeit von $k = k'_r$ schließen können. Alice weiß also nicht, welche der beiden Nachrichten $M_{s\oplus r}$ ist. Außerdem muss sie auch k'_0 und k'_1 in Schritt 3 benutzen, da sonst Bob in der Regel gar keine sinnvolle Nachricht, also kein erkennbares Geheimnis, erhält. Folglich ist auch die zweite geforderte Eigenschaft des Protokolls erfüllt.

Einen Betrug gemäß der dritten Forderung kann Alice nur erreichen, wenn sie für M_0 und M_1 dieselbe Nachricht wählt. Wir werden sehen, dass ein solcher Betrug jedoch mit Wahrscheinlichkeit 1 aufzudecken ist. Da Bob die Größen r, q, $M_{s\oplus r}$ sowie $(M_{s\oplus r\oplus 1} + k'_{s\oplus r\oplus 1\oplus s}) \bmod n$ bekannt sind, kann er immer

$$\bar{k}_{r\oplus 1} = ((M_{s\oplus r\oplus 1} + k'_{s\oplus r\oplus 1\oplus s}) \bmod n - M_{s\oplus r}) \bmod n$$

berechnen. Damit gilt

$$M_0 = M_1 \iff M_{s\oplus r} = M_{s\oplus r\oplus 1} \iff \bar{k}_{r\oplus 1} = k'_{r\oplus 1}.$$

Wegen der Äquivalenz von $k'_{r\oplus 1} = D_A((q - m_{r\oplus 1}) \bmod n)$ mit $E_A(k'_{r\oplus 1}) = (q - m_{r\oplus 1}) \bmod n$ folgt dann

$$M_0 = M_1 \iff E_A(\bar{k}_{r\oplus 1}) = (q - m_{r\oplus 1}) \bmod n,$$

so dass Bob durch Nachrechnen der rechten Gleichung sofort einen Betrugsversuch feststellen kann.

Als Beispiel für die Anwendung des 1-von-2-Oblivious-Transfer-Protokolls wollen wir den Austausch von Geheimnissen behandeln. Hierdurch kann beispielsweise der Austausch von geheimen Schlüsseln realisiert werden, die bei der Benutzung von Kryptosystemen benötigt werden.

Unsere Austauschprotokolle 10.7 oder 10.8 werden als Unterprotokolle in den Protokollen 10.9 und 10.10 dienen. Sie sollen potentiell unehrliche Partner zur Ehrlichkeit zwingen. Schritt für Schritt werden Nachrichten ausgetauscht, die nach und nach die Geheimnisse liefern. Dabei ist es wichtig, dass nicht eine Partei die Geheimnisse viel früher als die andere erhält und dadurch einen Vorteil gegenüber der anderen Partei erzielt.

Es werde vorausgesetzt, dass alle Geheimnisse in binär kodierter Form vorliegen. Wir können sie als erkennbare Geheimnisse annehmen. Die späteren Protokolle 10.9 und 10.10 erlauben ihre Authentifizierung.

Die beteiligten Parteien seien, wie üblich, mit Alice und Bob benannt. Alice besitze n Paare von Geheimnissen der Länge m Bits, die mit

$$(a_{1,1}, a_{1,2}), (a_{2,1}, a_{2,2}), \ldots, (a_{n,1}, a_{n,2})$$

bezeichnet sind. Analog besitze Bob n Paare von Geheimnissen der Länge m Bits

$$(b_{1,1}, b_{1,2}), (b_{2,1}, b_{2,2}), \ldots, (b_{n,1}, b_{n,2}).$$

Beide wollen die Geheimnispaare der Gegenseite herausfinden. Dabei wird vorausgesetzt, dass das „Berechnen" eines Geheimnisses, also die erfolgreiche Authentifizierung eines Kandidaten als erkennbares Geheimnis, nur durch eine vollständige Suche über der Menge aller Wörter von m Bits möglich ist. In [55] findet sich für einen solchen Geheimnisaustausch das folgende

Protokoll 10.7 (*Austausch von Geheimnissen*)
Gegeben: Geheimnisse $\mathbf{a}, \mathbf{b} \in (\{0,1\}^m \times \{0,1\}^m)^n$, $m > 1$, von Alice bzw. Bob.
Zusammenfassung: Alice und Bob erhalten fast gleichzeitige Kenntnis von Paaren von Geheimnissen der jeweils anderen Partei.
(1) Durch jeweils n-malige Anwendung des 1-von-2-Oblivious-Transfer-Protokolls 10.6 erhält Alice von jedem von Bobs Paaren $(b_{i,1}, b_{i,2})$ und Bob von jedem von Alice' Paaren $(a_{i,1}, a_{i,2})$, $i \in \{1, \ldots, n\}$, genau ein Geheimnis, wobei der Sender nicht weiß, welches bekannt wird.
(2) **for** $k := 1$ **to** m **do**
 Alice sendet das k-te Bit von jedem $a_{i,j}$, $i = 1, \ldots, n$, $j = 1, 2$ an Bob;
 Bob sendet das k-te Bit von jedem $b_{i,j}$, $i = 1, \ldots, n$, $j = 1, 2$ an Alice
 end □

In Schritt 1 ist die Reihenfolge der verschiedenen Anwendungen von Protololl 10.6 beliebig. Sofern keine Partei betrogen hat, besitzt jede Partei nach Schritt 1 von jedem Geheimnis-Paar entweder die erste oder die zweite Komponente der anderen Partei. In Schritt 2 erhalten sie dann die noch fehlende Komponente. In Protokoll 10.9 und 10.10 werden gewisse Verpflichtungen der Teilnehmer daran gebunden, dass die Gegenpartei eines der n Geheimnispaare kennt. Eine unehrliche Partei, die verhindern möchte, dass die Gegenseite irgendein Geheimnis erhält, muss unkorrekte Bits für mindestens ein Element eines jeden Paares senden. Die Wahrscheinlichkeit, dies mit Erfolg durchzuführen, ist allerdings nur $\frac{1}{2^n}$, da die Gegenseite ja ein Element eines jeden Paares kennt. Um sich vor Betrug zu schützen, sollte also jede Partei überprüfen, ob die Bits der Geheimnisse, die sie bereits durch Anwendung des 1-von-2-Oblivious-Transfer-Protokolls kennt, mit den jetzt gesendeten Werten übereinstimmen. Sie sollte sofort die weitere Ausführung des Protokolls beenden, sobald sie einen versuchten Betrug der anderen Partei entdeckt. Falls beide Parteien den Regeln folgen und keine die andere durch Senden von falschen Werten betrügt, kennen beide nach Ablauf des Protokolls alle Geheimnis-Paare der anderen Partei.

Damit ein ehrlicher Spieler sich gegen Betrugsversuche schützen und diese auch nachweisen kann, sollten alle Nachrichten des Protokolls signiert werden.

Protokoll 10.7 hat allerdings den Nachteil, dass es nicht gerecht ist. Falls nämlich Bob die Durchführung des Protokolls abbricht, nachdem Alice ihm die k-ten Bits gesendet hat, besitzt er einen 2-zu-1-Berechnungsvorteil: Um ein Paar „berechnen" zu können, muss er noch eine Teilmenge von 2^{m-k} möglichen Geheimnissen untersuchen, während Alice dagegen eine Teilmenge der Größe 2^{m+1-k} zu betrachten hat. Diese Menge ist aber gerade doppelt so groß wie Bobs Menge. Im Folgenden wird eine Methode von *T. Tedrick* [145] vorgestellt, bei der Bobs Berechnungsvorteil zu jedem Zeitpunkt durch einen vorgegebenen Wert beschränkt ist. Dieses Verfahren wird zunächst anhand eines Beispiels erläutert.

Beispiel 10.3 Bob und Alice einigen sich zuerst darauf, dass Bobs Berechnungsvorteil nur noch 5 zu 4 beträgt und nicht mehr 2 zu 1 wie in Protokoll 10.7. Dann speichert Alice für jedes $a_{i,j}$ die Folge der binären Wörter

$$000 \quad 001 \quad \underline{010} \quad 011 \quad 100 \quad 101 \quad 110 \quad 111$$

in aufsteigender Reihenfolge bezüglich des Zahlenwertes. Genau eines dieser Wörter stimmt exakt mit den ersten drei Bits von $a_{i,j}$ überein. Dieses Wort sei beispielsweise 010, das bereits durch Unterstreichung gekennzeichnet ist. Bob verfährt ebenso. Anschließend wird eine Reihe von Nachrichten ausgetauscht. Für jedes $a_{i,j}$ sendet Alice die Nachricht

„Die ersten drei Bits von $a_{i,j}$ werden nicht durch die y-te Bitfolge $(1 \leq y \leq 8)$ dargestellt."

Bob antwortet analog. Wir stellen fest, dass Bob, nachdem Alice ihre Mitteilungen an Bob gesendet hat, zunächst einen 8-zu-7-Vorteil besitzt. Das bedeutet, dass Alice, falls sie betrügen will, das Geheimnis unter 8 Wörtern suchen muss, Bob dagegen nur unter 7 Wörtern. Nach dem nächsten Durchgang hat Bob einen 7-zu-6-, dann einen 6-zu-5- und schließlich einen 5-zu-4-Vorteil. Wenn auch Bob seine Nachricht geschickt hat, stehen nur noch die Hälfte der Wörter zur Verfügung, und der Nachrichtenaustausch wird zunächst unterbrochen. Wir nehmen zum Beispiel an, dass nur noch die folgenden vier Wörter zur Auswahl stehen:

$$001 \quad \underline{010} \quad 110 \quad 111.$$

Aus diesen werden acht neue Wörter erzeugt, indem an jedes von ihnen 0 und 1 angehängt wird:

$$0010 \quad 0011 \quad 0100 \quad \underline{0101} \quad 1100 \quad 1101 \quad 1110 \quad 1111.$$

Genau eines von ihnen stimmt mit den ersten vier Bits von $a_{i,j}$ überein. Der obige Nachrichtenaustausch wird wiederholt, wobei „Die ersten drei ..." durch „Die ersten vier ..." ersetzt wird, bis für jedes $a_{i,j}$ wieder nur noch vier Wörter zur Auswahl stehen. Aus diesen werden wiederum acht neue Wörter gebildet, und das Verfahren wird wiederholt.

Bis einschließlich zur Wiederholung des Verfahrens mit Wörtern der Länge m Bits hat Bob immer nur einen maximalen Vorteil von 5 zu 4, so wie es vorher vereinbart wurde. Dann stehen noch vier Wörter zur Auswahl. Eine Berechnung des jeweiligen Geheimnisses ist für beide jetzt nicht mehr schwer. So können zum Abschluss noch ohne Bedenken wechselseitig die jeweils drei falschen Wörter ausgetauscht werden, obwohl sich dabei der Berechnungsvorteil zugunsten von Bob erhöht. □

In dem nachstehenden Protokoll wird das im Beispiel beschriebene Verfahren systematisiert.

Protokoll 10.8 (*Austausch von Geheimnissen mit gewähltem Berechnungsvorteil*)
Gegeben: Geheimnisse $\mathbf{a}, \mathbf{b} \in (\{0,1\}^m \times \{0,1\}^m)^n$, $m > 1$, von Alice bzw. Bob.
Zusammenfassung: Alice und Bob erhalten fast gleichzeitige Kenntnis von Paaren von Geheimnissen der jeweils anderen Partei mit maximalem Berechnungsvorteil $2^k + 1$ zu 2^k.

(1) Durch jeweils n-malige Anwendung des 1-von-2-Oblivious-Transfer-Protokolls 10.6 erhält Alice von jedem von Bobs Paaren $(b_{i,1}, b_{i,2})$ und Bob von jedem von Alice' Paaren $(a_{i,1}, a_{i,2})$, $i \in \{1, \ldots, n\}$, genau ein Geheimnis, wobei der Sender nicht weiß, welches bekannt wird.

(2) (a) Es wird ein für beide Teilnehmer akzeptabler Wert k festgelegt.
  (b) Für jedes $a_{i,j}$ und $b_{i,j}$, $i = 1, \ldots, n$, $j = 1, 2$, werden die der Größe nach geordneten Folgen aller 2^{k+1} Binärwörter der Länge $k + 1$ abgespeichert.
  (c) **while** noch nicht alle m Bits gesendet wurden
    do $M_{A,i,j} := M_{B,i,j} := \emptyset$;
    for $x := 1$ **to** 2^k
    do Alice sendet für jedes $a_{i,j}$ ein $y \in \mathbb{N}$, $y \notin M_{A,i,j}$, $1 \le y \le 2^{k+1}$,
      so dass das y-te Wort der Folge kein Präfix von $a_{i,j}$ ist,
      und bildet $M_{A,i,j} := M_{A,i,j} \cup \{y\}$;
      Bob sendet für jedes $b_{i,j}$ ein $y' \in \mathbb{N}$, $y' \notin M_{B,i,j}$, $1 \le y' \le 2^{k+1}$,
      so dass das y'-te Wort der Folge kein Präfix von $b_{i,j}$ ist,
      und bildet $M_{B,i,j} := M_{B,i,j} \cup \{y'\}$;
    end;
    Alice und Bob bilden 2^{k+1} Wörter für jedes $a_{i,j}$ und $b_{i,j}$,
    indem sie 0 und 1 an die nicht gesendeten Wörter anhängen
  end. □

In jedem der Schritte (a) bis (c) von Protokoll 10.8 muss jede Partei $n \cdot 2 \cdot 2^{k+1}$ Wörter von höchstens m Bits Länge speichern. Folglich ist der Platzbedarf des Protokolls $O(n \cdot m \cdot 2^k)$. Da nicht mehr als m Durchgänge durchgeführt werden, ist der Zeitbedarf $O(n \cdot m^2 \cdot 2^k)$.

Im Folgenden wollen wir die Anwendung der Protokolle 10.6 und 10.7 bzw. 10.8 für die Signierung von Verträgen sowie für die Simulierung des Sendens von „Einschreiben" betrachten.

Für Geschäftsbeziehungen ist es von großer Bedeutung, dass Verträge und Abkommen durch eine Unterschrift bestätigt werden. Bei der allgemeinen Nutzung des Internets ist man daran interessiert, dass solche Aufgaben auch auf elektronischem Weg erledigt werden können. Für dieses Problem werden wir ein sicheres Protokoll angeben, das S. Even, O. Goldreich und A. Lempel [55] beschrieben haben. Es sollte die folgenden Bedingungen erfüllen:

(1) Nach Beendigung der richtigen Ausführung des Protokolls muss jede Partei von dem Geschäftspartner eine Unterschrift unter dem Vertrag haben.

(2) Falls die Partei X das Protokoll richtig ausführt, dann kann die Gegenpartei Y die Unterschrift von X nicht erhalten, wenn sie selbst nicht gleichzeitig den Vertrag unterzeichnet.

Einfache Protokolle für die Unterzeichnung von Verträgen, die diese Bedingungen erfüllen, lassen sich schnell konzipieren, wenn eine dritte, vertrauenswürdige Partei, beispielsweise ein Notar, vorhanden ist. Die Geschäftspartner brauchen dann nur ihre unterschriebenen Verträge für die jeweils andere Partei an diese dritte Partei zu senden, die die Verträge erst dann entsprechend weiterleitet, wenn ihr beide Verträge vorliegen. Erhält sie dagegen von einem Teilnehmer keinen unterschriebenen Vertrag in einem gewissen Zeitraum, bekommt der andere seinen bereits unterzeichneten Vertrag zurück.

Wir wollen dagegen ein Protokoll vorstellen, das keine dritte Partei benötigt und trotzdem die beiden Bedingungen gewährleistet. Es sei C ein Vertrag, den Alice und Bob abschließen wollen. Sie haben den Vertrag bereits ausgehandelt und stehen vor seiner Unterzeichnung. Das unten angegebene Protokoll 10.9 garantiert ihnen den Austausch der Unterschriften zu diesem Vertrag. Das Wesentliche des Protokolls besteht darin, dass Alice zufällig eine Menge von Geheimnis-Paaren wählt und erklärt, dass sie selbst den Vertrag als von ihr unterzeichnet anerkennt, falls Bob eines ihrer Geheimnis-Paare kennt. Eine entsprechende Erklärung wird umgekehrt auch von Bob abgegeben. Die Menge der Geheimnis-Paare wird dann beispielsweise durch Anwendung eines der vorstehenden Protokolle 10.7 oder 10.8 ausgetauscht, je nach Wahl des Berechnungsvorteils.

Vorausgesetzt wird in diesem Protokoll ein sicheres Signaturverfahren, wie es beispielsweise durch das RSA-Signaturverfahren und eine Hashfunktion gegeben ist. Außerdem wird ein weiteres Kryptosystem E benötigt, bei der es eine geeignete Nachricht S gibt, so dass $E_{K_1}(S) \neq E_{K_2}(S)$ für beliebige Schlüssel $K_1, K_2, K_1 \neq K_2$, gilt. Dies Kryptosystem E kann das Pohlig-Hellman-Verfahren sein, wenn S als eine primitive Wurzel modulo p gewählt wird. Weiterhin seien die Rechnerkapazitäten beider Parteien ungefähr gleich. Wir sagen, der Schlüssel K ist die Lösung des S-Puzzles $\bar{C}$, falls $\bar{C} = E_K(S)$ gilt. Im Protokoll sind S und $\bar{C}$ bekannt, und K ist eine Komponente eines Geheimnispaares. Die Lösung des $\bar{C}$-Puzzles beweist die Authentizität des Schlüssels. Im Protokoll wird unterschieden zwischen der formalen Bezeichnung K' eines Schlüssels sowie seinem Wert K. Die formalen Bezeichnungen werden in den Erklärungen benötigt.

Protokoll 10.9 (*Vertragsunterzeichnungsprotokoll*)

Gegeben: Vertrag C, sicheres Signaturverfahren, Kryptosystem E und Nachricht S mit den zuvor angegebenen Eigenschaften, $n \in \mathbb{N}$ je nach gewünschter Sicherheit.

Zusammenfassung: Alice und Bob tauschen Nachrichten aus, wodurch es zu einer Unterzeichnung des Vertrags C durch beide Parteien kommt.

(1) Alice wählt zufällig n Paare von Schlüsseln $(A_{1,1}, A_{1,2}) \ldots, (A_{n,1}, A_{n,2})$ für E und berechnet

$$C_{A_{i,j}} = E_{A_{i,j}}(S) \text{ für alle } i \in \{1, \ldots, n\} \text{ und } j \in \{1, 2\}.$$

Anschließend gibt sie die folgende Erklärung ab:

„Die Symbole $A'_{i,j}$ bezeichnen Lösungen der zugehörigen S-Puzzles $C_{A_{i,j}}$, $i \in \{1, \ldots, n\}$, $j \in \{1, 2\}$. Der Vertrag C ist von mir unterzeichnet, wenn Bob für ein $i \in \{1, \ldots, n\}$ die beiden Schlüssel $A'_{i,1}$ und $A'_{i,2}$ nennen kann, d. h., wenn er die Lösung des $(i, 1)$-ten und $(i, 2)$-ten Puzzles kennt."

Alice unterzeichnet diese Erklärung mit dem gewählten Signaturverfahren und schickt sie an Bob.

Bob verfährt analog. Er erzeugt Paare $(B_{1,1}, B_{1,2}), \ldots, (B_{n,1}, B_{n,2})$ von Schlüsseln und bezeichnet die Lösung des S-Puzzles $E_{B_{i,j}}(S)$ als $B'_{i,j}$, $i \in \{1, \ldots, n\}$, $j \in \{1, 2\}$.

(2) Durch Anwendung von Protokoll 10.7 oder 10.8 mit den Geheimnispaaren

$$(A_{i,1}, A_{i,2}) \text{ bzw. } (B_{i,1}, B_{i,2}), i \in \{1, \ldots, n\}$$

von Alice bzw. Bob werden ihre jeweiligen Geheimnisse an die jeweils andere Partei übermittelt. $\square$

In der Erklärung sendet Alice den vollständigen Vertrag C und alle Werte $C_{A_{i,j}}$. Nach Ausführung von Schritt 1 besitzen beide Parteien eine unterzeichnete Erklärung der Gegenpartei, in der genau angegeben wird, wie deren Unterschrift zu dem Vertrag C zustande kommt. Wir wissen, dass niemand eine Unterschrift für diese Erklärungen fälschen kann, wenn ein sicheres Signaturverfahren verwendet wird.

Es soll kein exakter Beweis geführt werden, dass dieses Protokoll auch bei versuchtem Betrug das angegebene Problem zufriedenstellend lösen kann. Wir wollen jedoch einige Plausibilitätsbetrachtungen anstellen. Es wurde angenommen, dass Alice und Bob nur gleichartige Rechnerkapazitäten zur Verfügung haben. Auch sei die Zeit beschränkt, um die Lösung des $(i, 1)$-ten und $(i, 2)$-ten Puzzles zu nennen.

Wir erinnern daran, dass die $A_{i,j}$ und $B_{i,j}$ die erkennbaren Geheimnisse sind. Nach Anwendung des 1-von-2-Oblivious-Transfer-Protokolls innerhalb von Protokoll 10.7 oder 10.8 kann beispielsweise Bob mit den ihm dabei übersandten Schlüsseln die Gleichung $E_{A_{i,j}}(S) = C_{A_{i,j}}$, also die Authentizität der Schlüssel, überprüfen. Wegen der für das Kryptosystem E und die Nachricht S geforderten Eigenschaft sind für verschiedene Schlüssel $A_{i,j}$ auch die Werte $C_{A_{i,j}}$ voneinander verschieden. Daher entdeckt Bob mit Wahrscheinlichkeit $1 - \frac{1}{2^n}$ einen Betrugsversuch, in diesem Fall bricht er das Protokoll ab. Die Berechnung der fehlenden Schlüssel ist dann für Alice, aber auch für Bob, praktisch undurchführbar. Beim anschließenden Geheimnisaustausch entsprechend Schritt 2 von Protokoll 10.7 oder 10.8 wird ein Betrug immer entdeckt. Ein solcher Versuch kann, falls Alice die Betrügerin ist, nur so aussehen, dass Bob von Alice kein einziges gültiges Paar $(A_{i,1}, A_{i,2})$ erhält. Dann muss aber Alice in jedem Paar mindestens ein falsches Bit senden. Mit Wahrscheinlichkeit $\frac{1}{2}$ gehört dieses jedoch zu einem nach Anwendung des 1-von-2-Oblivious-Transfer-Protokolls schon bekannten Schlüssel, was sofort zum Abbruch des Protokolls führt. Eine andere Möglichkeit ist, dass ein falsches Bit für einen noch nicht bekannten Schlüssel übermittelt wird. Spätestens am Ende des Protokolls wird dies entdeckt, eventuell auch vorher, wenn man für alle Möglichkeiten von ausstehenden Bits jeweils einen Test durchführt. Nach Abbruch des Protokolls können beide Teilnehmer versuchen, durch Testen der fehlenden Bits das Geheimnis zu ergründen. Weiter untersucht werden müssen nur die Paare, bei denen vor Abbruch kein Betrug entdeckt wurde. Natürlich können darunter auch gefälschte Werte sein. Ein Betrüger darf aber nicht zu früh falsche Werte schicken, da sonst mit großer Wahrscheinlichkeit zu früh abgebrochen würde und dann die Schlüssel nicht berechnet werden könnten. Somit hat auch die andere Partei später gute Chancen, mindestens einen fehlenden Schlüssel zu berechnen, das heißt, für mindestens ein i die Lösung des $(i, 1)$-ten und $(i, 2)$-ten Puzzles anzugeben.

Nun betrachten wir noch die elektronische Versendung von Einschreiben. Alice möchte Bob eine Nachricht M als Einschreiben schicken. Sie möchte eine Bestätigung haben, dass diese Post bei Bob angekommen ist. Außerdem soll Bob den Inhalt von M nur genau dann lesen können, wenn Alice diese Empfangsbescheinigung erhalten hat. Ein Protokoll von *S. Even*, *O. Goldreich* und *A. Lempel* [55] erfüllt diese Eigenschaften. Dabei sendet Alice zunächst eine Chiffrierung der Post an Bob, und Bob bestätigt anschließend diese chiffrierte Mitteilung. Zeitgleich mit der Bestätigung erhält er den Schlüssel K, der für die Chiffrierung verwendet wurde. Um diesen gleichzeitigen Austausch zu erreichen, erzeugt auch hier jede Partei zufällig eine Menge von Geheimnissen. Die Kenntnis eines Geheimnis-Paares von Alice liefert den Schlüssel K, während das Wissen eines von Bobs Geheimnis-Paaren einen Teil der Bestätigung darstellt. Da gesichert sein muss, dass Bob tatsächlich die Nachricht lesen kann, wird der andere Teil der Bestätigung durch den Nachweis von Alice gegeben, dass alle ihre Geheimnis-Paare den Schlüssel spezifizieren.

Protokoll 10.10 (*Versenden von Einschreiben*)

Gegeben: Nachricht M als Einschreiben, sicheres Signaturverfahren, Kryptosystem E und Nachricht S mit den vor Protokoll 10.9 angegebenen Eigenschaften, $n \in \mathbb{N}$ je nach gewünschter Sicherheit.

Zusammenfassung: Alice und Bob tauschen Nachrichten aus, wodurch Alice die Nachricht M als Einschreiben an Bob schickt.

(1) Alice erzeugt zufällig $n + 1$ Schlüssel

$$(A_0, A_{1,1}, A_{2,1}, \ldots, A_{n,1})$$

für E und berechnet $A_{i,2} = A_0 \oplus A_{i,1}$ für alle $i \in \{1 \ldots, n\}$, wobei $\oplus$ das bitweise exklusive Oder bezeichnet. Anschließend berechnet sie

$$C_{A_{i,j}} = E_{A_{i,j}}(S) \text{ und } C = E_{A_0}(M) \text{ für alle } i \in \{1\ldots,n\} \text{ und } j \in \{1,2\}.$$

Alice übermittelt Bob durch ein sicheres Signaturverfahren alle Nachrichten $C_{A_{i,j}}$ sowie C.

(2) Bob wählt zufällig n Paare von Schlüsseln

$$(B_{1,1}, B_{1,2}), \ldots, (B_{n,1}, B_{n,2})$$

für E und berechnet $C_{B_{i,j}} = E_{B_{i,j}}(S)$ für alle $i \in \{1\ldots,n\}$ und $j \in \{1,2\}$. Bob übermittelt Alice durch ein sicheres Signaturverfahren alle Nachrichten $C_{B_{i,j}}$.

Bob erklärt:

„Die Symbole $A'_{i,j}$ und $B'_{i,j}$ bezeichnen Lösungen der zugehörigen S-Puzzles $C_{A_{i,j}}$ bzw. $C_{B_{i,j}}$, $1 \le i \le n$, $j = 1, 2$. Das Symbol A'_0 bezeichnet den Schlüssel zur Chiffrierung und Dechiffrierung von M. Ich bestätige den Empfang der Nachricht dadurch, dass C durch die Anwendung von A'_0 entschlüsselt wird und Alice zum Nachweis meiner Bestätigung folgende Bedingungen erfüllt:

(a) Alice kann $(B'_{i,1}, B'_{i,2})$ vorweisen für ein $i \in \{1\ldots,n\}$.

(b) Alice kann $A'_{i,j}$ für alle $i \in \{1\ldots,n\}$ und $j \in \{1,2\}$ vorweisen, so dass $A'_0 = A'_{i,1} \oplus A'_{i,2}$ für jedes $i \in \{1\ldots,n\}$ gilt.“

Bob unterzeichnet diese Erklärung und schickt sie Alice.

(3) Durch Anwendung von Protokoll 10.7 oder 10.8 mit den Geheimnispaaren

$$(A_{i,1}, A_{i,2}) \text{ bzw. } (B_{i,1}, B_{i,2}), i \in \{1, \ldots, n\}$$

von Alice bzw. Bob werden ihre jeweiligen Geheimnisse an die jeweils andere Partei übermittelt. $\square$

Nach Anwendung von Schritt 1 besitzt Bob mit C eine Verschlüsselung der Post. In Schritt 2 erhält Alice eine von Bob unterschriebene Erklärung, die eindeutig festlegt, wie Bob den Empfang der Post bestätigt. Diese Erklärung kann nicht gefälscht werden, da ein sicheres Signaturverfahren vorausgesetzt worden ist. Ist das 1-von-2-Oblivious-Transfer-Protokoll aus Protokoll 10.7 oder 10.8 in Schritt 3 ausgeführt worden, können beide Parteien durch Test von $E_{A_{i,j}}(S) = C_{A_{i,j}}$ bzw. $E_{B_{i,j}}(S) = C_{B_{i,j}}$ für alle $i \in \{1\ldots,n\}$ und jeweils ein $j \in \{1,2\}$ mit Wahrscheinlichkeit $1 - \frac{1}{2^n}$ entdecken, ob schon in diesem Schritt ein Betrug versucht wurde. Bob ist nach Ausführung dieses Schritts noch nicht in der Lage, A_0 zu bestimmen. Erst wenn er beide Teile eines Geheimnis-Paares $(A_{i,1}, A_{i,2})$ kennt, kann er A_0 sofort berechnen. Über die Betrugsmöglichkeiten bzw. deren Entdeckung in Schritt 3 haben wir bereits im Anschluss an Protokoll 10.9 gesprochen. Wir können davon ausgehen, dass nach Ausführung von Schritt 3 sowohl Alice als auch Bob jeweils mindestens ein Paar $(B_{i,1}, B_{i,2})$ bzw. $(A_{i',1}, A_{i',2})$ kennen. Dadurch ist Bob in der Lage, $A_0 = A_{i',1} \oplus A_{i',2}$ zu berechnen und damit C zu entschlüsseln. Da Alice $(B_{i,1}, B_{i,2})$ für mindestens ein i empfangen hat, ist sie sicher, dass auch Bob ein entsprechendes Paar erhalten hat und damit die Nachricht M lesen konnte. Würde Alice jedoch A_0 unabhängig von den $(A_{i,1}, A_{i,2})$ wählen, so könnte Bob A_0 nicht berechnen. Zu einer gültigen Bestätigung gehört deshalb auch, dass Alice die Bedingung (b) erfüllt. Mit den von Alice genannten Schlüsseln kann dann $C_{A_{i,j}} = E_{A_{i,j}}(S)$ mit den authentisch in Schritt 1 übermittelten Werten $C_{A_{i,j}}$ verglichen werden. Wenn dieser Vergleich positiv ausgeht, dann ist ein vorheriger Betrugsversuch von Alice praktisch ausgeschlossen, da dieser, wie wir schon zuvor gesehen haben, mit großer Wahrscheinlichkeit entdeckt worden wäre.

10.3 Protokoll zum Altersvergleich

Wir betrachten das scheinbar unlösbare Problem, dass zwei Personen, Alice und Bob, herausfinden möchten, wer von ihnen älter ist, ohne sich gegenseitig das Alter zu verraten. Zur Lösung wurde von *A. C.-C. Yao* [155] ein kryptographisches Protokoll vorgeschlagen. Ist Alice i und Bob j Jahre alt, so wissen am Ende beide, ob $i \geq j$ oder $i < j$ gilt, ohne jedoch weitere Eigenschaften von i bzw. j zu kennen. In [155] wird dies Problem als Millionärsproblem bezeichnet, da auf eine analoge Weise zwei Millionäre feststellen können, wer von ihnen reicher ist, ohne ihr genaues Vermögen aufzudecken.

Protokoll 10.11 (*Altersvergleich*)
Gegeben: Alter i und j von Alice bzw. Bob, $i, j \in \{1, \dots, 100\}$, (E_A, D_A) Paar aus
   öffentlicher und geheimer Transformation von Alice bei einem Public-Key-Kryptosystem, zwischen beiden vereinbarte ungefähre Größe einer großen Zahl x und einer Primzahl p, wobei die Anzahl der Bits von p etwas kleiner als die von x ist.
Zusammenfassung: Falls Alice und Bob sich an das Protokoll halten, stellen sie fest, wer von ihnen älter ist.
   (1) Bob wählt zufällig eine große Zahl x und berechnet $E_A(x) = k$.
   (2) Bob sendet Alice die Zahl $k - j$.
   (3) Alice berechnet

$$y_u = D_A(k - j + u), \ u = 1, 2, \dots, 100.$$

Falls nicht $y_u \neq 0$ für alle u gilt, muss das Protokoll mit einem neuen x von vorn begonnen werden. Alice wählt eine große Primzahl p, die die oben genannte Bedingung erfüllt, und berechnet

$$z_u = y_u \bmod p, \ u = 1, 2, \dots, 100.$$

Falls $|z_u - z_{u'}| \geq 2$ für $u \neq u'$ und $0 < z_u < p - 1$ ist, hat Alice ein richtiges p gewählt, andernfalls muss die Berechnung mit einem anderen p erneut durchgeführt werden.
   (4) Alice sendet Bob die Folge der Zahlen

$$z_1, z_2, \dots, z_i, z_{i+1} + 1, z_{i+2} + 1, \dots, z_{100} + 1, p.$$

   (5) Bob prüft, ob $f_j = x \bmod p$ für die j-te Zahl f_j der Folge gilt. In diesem Fall schließt Bob, dass $i \geq j$ gilt. Andernfalls ist $i < j$.

(6) Bob teilt Alice seinen Schluss mit.   □

Wir diskutieren dieses Protokoll. In Schritt 5 bezieht sich die Zahl f_j auf Bobs Alter. Für $j \leq i$ gilt

$$f_j = z_j = y_j \bmod p = D_A(k - j + j) \bmod p = D_A(E_A(x)) \bmod p$$
$$= x \bmod p.$$

Für $i < j$ gilt

$$f_j = z_j + 1 = (y_j + 1) \bmod p = (D_A(k - j + j) + 1) \bmod p$$
$$= (D_A(E_A(x)) + 1) \bmod p$$
$$= (x + 1) \bmod p \neq x \bmod p.$$

Damit ist gezeigt, dass Bob die richtigen Schlüsse gezogen hat.

Wir überlegen uns weiter, warum Alice in Schritt 3 die Reduktion $z_u = y_u \bmod p$ ausführt. Würde Alice Bob direkt die Folge

$$y_1, y_2, \ldots, y_i, y_{i+1} + 1, y_{i+2} + 1, \ldots, y_{100} + 1$$

mitteilen, dann erhielte Bob durch die Anwendung von E_A die Folge

$$k - j + 1, \ldots, k - j + i, \ldots.$$

Das Alter i von Alice ergäbe sich aus dem Index des Folgegliedes $k - j + i$, dessen Nachfolger sich erstmalig von $k - j + i + 1$ unterscheidet. Die Anwendung von E_A auf $z_1, z_2, \ldots$ liefert dagegen keine derartige Folge, da es wegen der Modulo-Bildung im Allgemeinen viele verschiedene Sprünge gibt.

Nach Schritt 3 gilt $|z_u - z_{u'}| \geq 2$ für $u \neq u'$ und $0 < z_u < p - 1$. Daher tritt in der in Schritt 4 gesendeten Folge kein Element modulo p zweimal auf. Außerdem kommt dann in dieser Folge für $i < j$ wegen

$$(D_A(E_A(x) - j + j) + 1) \bmod p = (x + 1) \bmod p$$

der Wert $x \bmod p$ nicht vor. Dadurch ist es Bob nicht möglich, das j' an der Stelle, die eventuell $x \bmod p$ liefern würde, als sein Alter anzugeben, was ihm nach Schritt 5 den falschen Schluss $i \geq j$ erlauben würde. Darüber hinaus ist es nicht sicher, ob Bob in Schritt 6 die Wahrheit sagt. Eine Verbesserung kann erreicht werden, wenn sie das Protokoll wechselseitig durchführen.

Das oben beschriebene Problem ist ein Spezialfall des folgenden allgemeinen Problems. Es gebe n Parteien $A_1, A_2, \ldots, A_n$, die alle die Definition einer Funktion f von n Variablen kennen, also $f(x_1, x_2, \ldots, x_n)$. Zur Vereinfachung nehmen wir an, dass alle Variablen und auch der Funktionswert aus der gleichen endlichen Menge stammen. Jeder der A_i, $i \in \{1, \ldots, n\}$, kennt nur den Wert von $x_i = a_i$, nicht aber $x_j = a_j$ mit $j \neq i$. Die Teilnehmer $A_1, A_2, \ldots, A_n$ möchten den Funktionswert $f(a_1, a_2, \ldots, a_n)$ berechnen, ohne dabei den anderen Parteien $A_j, j \neq i$, Informationen mitzuteilen, die den Wert a_i ihrer Variablen x_i betreffen. Ein solches Vorgehen ist verwandt mit dem der Secret-Sharing-Protokolle aus Kapitel 16. Das obige Beispiel mit Alice und Bob wird speziell durch

$$f(x_1, x_2), x_1, x_2 \in \{1, \ldots, 100\}, \text{ und } f(x_1, x_2) = \left\{ \begin{array}{l} 1 \ f\ddot{u}r \ x_1 \geq x_2 \\ 2 \ f\ddot{u}r \ x_1 < x_2 \end{array} \right.$$

dargestellt. Für den allgemeinen Fall kann ein recht kompliziertes Protokoll entworfen werden. Die notwendigen Maßnahmen zur Gewährleistung der Sicherheit sind schwierig zu formalisieren. Insbesondere sind die Maßnahmen zur Verhinderung eines kollektiven Betrugs, zu dem sich mehrere Parteien verbünden, schwer zu beschreiben. Auf jeden Fall eröffnen solche Protokolle weitere Ausblicke auf Möglichkeiten der vertraulichen Kommunikation. Im folgenden Abschnitt werden wir sehen, wie Protokoll 10.11 auf einige praktische Probleme des Wirtschaftslebens angewendet werden kann.

10.4 Protokolle für Auktionen und Geschäfte

Wir beginnen mit Auktionen. Im Wesentlichen sind zwei Typen von Auktionen bekannt. Bei der englischen Auktion rufen die Bieter ihre Gebote für ein angebotenes Objekt, beispielsweise alte Fahrräder, Schmuck, Kunstobjekte, Immobilien usw., laut in aufsteigender Ordnung des Wertes aus, und der Auktionator schlägt das Objekt dem Bieter zu, der am Ende das höchste Gebot abgegeben hat. Dies höchste Gebot stellt dann auch den Preis dar. Bei der holländischen Auktion, die oft bei Fisch- oder Tulpenversteigerungen angewendet wird, ruft der Auktionator den Preis in absteigender Ordnung aus, bis der erste Bieter den gerade genannten Preis akzeptiert. Dann erhält er das Objekt zu diesem Preis.

Über Auktionen gibt es verschiedene theoretische Untersuchungen. *W. Vickrey* [150] hat gezeigt, dass diese mündlich geführten Auktionen auch in versiegelter Form geführt werden können. Bei der versiegelten Form werden die Gebote innerhalb einer bestimmten Frist beim Auktionator versiegelt eingereicht. Man unterscheidet dabei zwischen einer *Erst-Preis-* und einer *Zweit-Preis-Auktion*.

Die Zweit-Preis-Auktion entspricht der englischen Auktion. Bei diesem Auktions-Typ erhält derjenige Bieter den Zuschlag, der das höchste Gebot abgegeben hat, und er muss als Preis den Betrag des zweithöchsten Gebots bezahlen. Die Erst-Preis-Auktion entspricht dagegen der holländische Auktion. Hier erhält der Meistbietende den Zuschlag zum Preis seines Gebots.

In welchem Sinn entsprechen die versiegelten Auktionen den mündlichen? Das Problem eines Bieters bei einer holländischen Auktion ist es, sich vorab festzulegen, zu welchem Preis er das Objekt erwerben möchte. Genau dasselbe Problem stellt sich ihm bei der Erst-Preis-Auktion. Unberücksichtigt bleibt dabei natürlich, dass man sich in der Atmosphäre eines Versteigerungssaales dazu hinreißen lassen kann, früher das Gebot anzunehmen als eigentlich geplant.

Bei einer englischen Auktion wird sich der Bieter im Voraus darüber klar sein müssen, welchen Wert das Objekt hat oder für ihn darstellt. Nur bis zu diesem Betrag wird er mitbieten, danach ist es für ihn sinnlos. Wenn nur noch zwei Bieter im Rennen sind und einer aufgibt, dann muss der Meistbietende also nur wenig über diesen Betrag gehen, um den Zuschlag zu erhalten. Im Wesentlichen erhält er das Objekt zu dem Preis des zweithöchsten Gebots. Er kann also unter Umständen weit unter dem Preis bleiben, den er zunächst gewillt war zu zahlen. Somit entspricht die englische Auktion der Zweit-Preis-Auktion. Bei der öffentlichen Version können jedoch eventuell Koalitionen von Bietern den Preis hochtreiben. In diesem Sinn sind die öffentliche und versiegelte Version doch nicht äquivalent.

Die versiegelten Auktionstypen werden auch in der Realität abgehalten. So vergibt beispielsweise die US-Regierung Schürfrechte auf Ländereien, die ihr gehören, durch Erst-Preis-Auktionen. Bei der Erst-Preis-Auktion ist es sicher nicht die Hauptstrategie, als Gebot den Preis anzugeben, den man für den wahren Wert des Objekts hält.

Gelegentlich werden Autographen oder Briefmarken durch Zweit-Preis-Auktionen verkauft. Es wurde gezeigt ([123],[150]), dass die Zweit-Preis-Auktion einige interessante Eigenschaften hat. Unter anderem ist es die beste Strategie, die ein Bieter verfolgen kann, ein ehrliches Gebot abzugeben, das heißt ein Gebot zu einem Preis, der dem Bieter angemessen für das angebotene Objekt erscheint. Dies gilt unabhängig davon, ob auch die anderen Bieter ebenso ehrlich verfahren. Die Voraussetzungen, unter denen dies gilt, sind:

1. Die Bieter verhalten sich rational.
2. Die Werte, die die Bieter den Objekten zuordnen, sind privat und statistisch unabhängig.
3. Die Bieter sind symmetrisch, das heißt voneinander ununterscheidbar.
4. Der Preis bestimmt sich nur aus den Geboten.

Abgesehen vom letzten und, schon mit Einschränkungen, vom ersten Punkt, charakterisieren diese Voraussetzungen selten Auktionen der realen Welt. Zur weiteren Information verweisen wir auf [106], wo weitere Literatur zu dieser Problematik genannt wird.

Im Folgenden werden wir zeigen, wie Erst-Preis- und Zweit-Preis-Auktionen mit Hilfe von Protokoll 10.11 implementiert werden können. Bei den traditionellen versiegelten Auktionen werden alle Gebote praktisch zur selben Zeit geöffnet. Die kryptographische Form besitzt demgegenüber den Vorteil, dass nur wenige Gebote den Bietern und dem Auktionator aufgedeckt werden müssen, die meisten Gebote werden nicht geöffnet. Dies hat viele Vorteile. Oftmals möchte man, wenn man schon nicht den Zuschlag erhalten hat, sein Gebot geheim halten, weil daraus eventuell Rückschlüsse auf die eigenen finanziellen Möglichkeiten gezogen werden könnten. Außerdem können bei der normalen versiegelten Zweit-Preis-Auktion die Bieter befürchten, dass der Auktionator sie betrügt. Das kann er dadurch erreichen, dass er zunächst die eingegangenen Gebote öffnet und dann einen Komplizen auffordert, ein möglichst hohes Gebot abzugeben, das nur knapp unter dem höchsten Gebot liegt. Diese Möglichkeit könnte die Bieter davon abhalten, ehrliche Gebote abzugeben. Dieser Nachteil entfällt bei der kryptographischen Version. Außerdem können die kryptographischen Erst- und Zweit-Preis-Auktionen über das Internet geführt werden, man benötigt weder die Post noch Kuriere.

Wir geben eine kryptographische Version der Erst-Preis-Auktion an (nach *H. Nurmi* [106]). Es sei A der Auktionator und $B_1, \ldots, B_n$ seien für $n \in \mathbb{N}$, $n \geq 2$, die Bieter. Es wird ein Public-Key-Verschlüsselungsverfahren verwendet.

Protokoll 10.12 (*Erst-Preis-Auktion*)

Gegeben: Paare (E_A, D_A) und (E_{B_l}, D_{B_l}) des Auktionators A bzw. der Bieter B_l, $l \in \{1, \dots, n\}$, aus öffentlicher und geheimer Transformation bei einem Public-Key-Verschlüsselungsverfahren, Gebote $p_l \in \{1, \dots, 100\}$ der Bieter B_l.

Zusammenfassung: Die Bieter geben ihre Gebote ab und ermitteln das höchste.

(1) Die Bieter melden sich beim Auktionator A an, der sie ohne Beschränkung der Allgemeinheit in der Reihenfolge $B_1, \dots, B_n$ anordnet. A informiert den Bieter B_l über die folgenden Bieter $B_{l+1}, \dots, B_n, l = 1, \dots, n-1$.

(2) Die Bieter B_1 bis B_n geben ihr Gebot bei A ab, indem sie A jeweils die Nachricht

$$(E_A(E_{B_l}(p_l s_l)), E_A(E_{B_l}(s_l))), l \in \{1, \dots, n\},$$

schicken. Dabei ist s_l eine von B_l geheim gewählte Zahl, die invertierbar ist (zum Beispiel $s \in \mathbb{Z}_p^*$ mit großer Primzahl p für Rechnungen modulo p, wobei p allen Beteiligten bekannt ist). Diese Nachrichten sind in ungeordneter Form allen Bietern zugänglich.

(3) „Bob":= B_1; $j := p_1$; „Alice":= B_2; $i := p_2$.

for $l := 1$ **to** $n-1$ **do**

(4) „Alice" und „Bob" führen Protokoll 10.11 aus. Dabei teilt „Bob" seinen Schluss $i < j$ „Alice" in der Form „ich gewinne" mit, den Schluss $i \geq j$ dagegen in der Form „du gewinnst".

(5) **if** $l \neq n-1$
then if „du gewinnst" **then** „Bob":= „Alice"; $j := i$ **end**;
    „Alice":= B_{l+2}; $i := p_{l+2}$
end

end.

(6) **if** „du gewinnst" **then** $G :=$ „Alice" **else** $G :=$ „Bob" **end**.

(7) Der Gewinner G sei B_m. B_m teilt sich A als Gewinner mit. A verlangt von B_m die geheime Transformation D_{B_m}, die zusammen mit D_A auch alle Bieter erhalten. Mit Hilfe von D_{B_m} und D_A kann der Auktionator A die Zahlen s_m und $p_m s_m$ und damit das Gebot p_m von B_m, also den Preis des Objekts, berechnen. □

Die Verwendung der Zahlen s_l in Schritt 2 verhindert, dass der Auktionator das Gebot p_l des Bieters B_l durch Anwendung der öffentlichen Transformation E_{B_l} auf alle 100 möglichen Gebote durch Vergleich mit dem Wert $E_{B_l}(p_l)$ von B_l ermittelt. Da D_A in Schritt 7 öffentlich gemacht wird, würden am Ende auch alle anderen Bieter die Gebote ihrer Konkurrenten erfahren.

Das Protokoll läuft so ab, dass ein Bieter, der einen Vergleich als „Alice" durchführt, aufgrund von Schritt 1 nicht die Identität von „Bob" kennt. Somit kennt für $n \geq 3$ nur der Auktionator A den Gewinner, eventuell auch der Bieter B_{n-1}. Damit der letzte Fall eintritt, muss allerdings B_{n-1} seinen ersten Vergleich gewonnen und den zweiten mit B_n verloren haben. Durch Anwendung der Transformationen D_A und D_{B_m} auf alle in Schritt 2 eingereichten Nachrichten kann man für genau einen der Bieter ein Gebot $p_l \in \{1, \dots, 100\}$ berechnen, das dann den Preis des Objektes bestimmt. Existieren mehrere Bieter, die dasselbe Gebot abgegeben haben, so wird durch Protokoll 10.12 genau derjenige mit dem höchsten Index als Gewinner bestimmt. Offensichtlich ist der kritische Punkt des Protokolls die Mitteilung von „Bob" jeweils in Schritt 4. Niemand kann den jeweiligen Bieter „Bob" daran hindern zu lügen. Von einer Lüge hat „Bob" jedoch keinen Vorteil. Behauptet er fälschlich, dass sein Gebot niedriger als das von „Alice" ist, so verzichtet er zu seinen Ungunsten auf eine weitere Beteiligung an der Auktion. Falls er fälschlich sagt, dass sein Gebot höher ist, kann jeder unterlegene Bieter durch Veröffentlichung seines geheimen Schlüssels diesen Betrugsversuch aufdecken. Andererseits möchte der Gewinner einen möglichst niedrigen Preis zahlen. Da das Gebot schon im Voraus sowohl dem Auktionator als auch allen anderen Bietern in verschlüsselter Form übergeben wurde, muss der Gewinner sich an sein Gebot halten, aber auch der Auktionator kann es z. B. nicht für einen Freund erniedrigen.

Für eine kryptographische Version der Zwei-Preis-Auktion sind dieselben Daten wie in Protokoll 10.12 gegeben.

Protokoll 10.13 (*Zwei-Preis-Auktion*)
Gegeben: Die Größen aus Protokoll 10.12.
Zusammenfassung: Die Bieter geben ihre Gebote ab und ermitteln das zweithöchste, das den Preis des Objekts festlegt.
(1) Es wird Protokoll 10.12 bis auf Schritt 7 durchgeführt.
(2) Der Gewinner G sei B_m. B_m teilt sich A als Gewinner mit.
(3) Protokoll 10.12 wird von Schritt 3 bis Schritt 6 wiederholt, wobei B_m sein Gebot in ein verlierendes Gebot $p_m = 1$ ändert.
(4) Der Gewinner sei $B_{m'}$. $B_{m'}$ übergibt A sowie allen anderen Bietern seine Transformation $D_{B_{m'}}$. Damit wird das zweithöchste Gebot und damit der Preis des Objekts bestimmt, für den B_m das Objekt erwirbt. $\square$

Die Überlegungen für die erste Runde (Schritt 1) sind dieselben wie in Protokoll 10.12. Für die zweite Runde soll angenommen werden, dass alle Bieter sich daran beteiligen, obwohl alle bis auf den Gewinner B_m wissen, dass sie nicht den Zuschlag erhalten. Sollte im Gegensatz zu dieser Annahme ein Bieter die Teilnahme sabotieren, so könnte durch die Verabredung, dass dann alle Schlüssel und Identitäten offengelegt werden, das zweithöchste Gebot herausgefunden werden. Dann wäre allerdings der Vorteil der kryptographischen Version verloren. Ist dabei jemand nicht zu der Offenlegung bereit, so kann er mit Hilfe der Anmeldeliste herausgefunden und von künftigen Auktionen ausgeschlossen werden. Diese Verabredung kann aber zur Folge haben, dass einige Bieter, die ihre Anonymität gewahrt wissen wollen, sich von vornherein nicht an der Auktion beteiligen. Deshalb könnte diese Offenlegung vielleicht gegenüber einer weiteren vertrauenswürdigen Partei erfolgen. Bei einer derartigen Verabredung werden in der Regel alle Bieter an der zweiten Runde teilnehmen.

Außerdem kann ein Bieter in der zweiten Runde lügen. Dadurch könnte es zu einer Erniedrigung des Preises kommen, also zu einem Nachteil für den Auktionator. Einem Konkurrenten das Objekt günstiger zukommen zu lassen, wird jedoch nicht im Interesse eines Bieters liegen. Außerdem kann dann jeder Bieter, der ein höheres Gebot abgegeben hat, diesen Betrugsversuch aufdecken. Es kann weiter versucht werden, beispielsweise durch Komplizen des Auktionators, einen Preis knapp unter dem Gebot des Hauptinteressenten zu erreichen, von dem vielleicht bekannt ist, dass er das Objekt unbedingt erwerben möchte. Dann müssten die Komplizen ihre Preise aber schon ganz am Anfang als Nachrichten an den Auktionator A senden. Das könnte dazu führen, dass sie selber aus der ersten Runde als Gewinner hervorgehen. Wir sehen also, dass es im Interesse aller Bieter liegt, sich an das Protokoll zu halten.

Als weitere Anwendung des Altersprotokolls wollen wir den Fall betrachten, dass ein potentieller Käufer K und ein Verkäufer V eines Objekts feststellen wollen, ob es zwischen ihnen überhaupt zu einem Geschäft kommen kann. Wir nehmen an, dass K höchstens bereit ist, den Betrag k zu zahlen, wohingegen V mindestens den Betrag v verlangen will. Nur für $k \geq v$ kann ein Geschäft stattfinden. Offenbar können sie das mit Hilfe von Protokoll 10.11 feststellen. Was sind ihre Anreize, sich an das Protokoll zu halten? Gilt $V = $ „Bob" und ist $v > k$, so kann ein Geschäft nicht zustande kommen und V hat kein Interesse daran, K darüber im Unklaren zu lassen. Ist $k \geq v$, so ist ein Geschäft möglich, warum sollte das K nicht wissen? Entsprechende Überlegungen gelten, wenn $K = $ „Bob" ist. Erst wenn so festgestellt wurde, dass ein Geschäft stattfinden könnte, gehen V und K in mühevollere Detailverhandlungen ein, um den genauen Preis des Objekts zu bestimmen.

10.5 Elektronisches Geld (E-Cash)

Mit der Verbreitung des Internets ist es immer üblicher geworden, Waren elektronisch zu bestellen. Man kann in diesem Sinn von einem elektronischen Markt sprechen. Dann ist es aber auch natürlich, dass die Zahlungsabwicklung elektronisch erfolgt. Dabei sollte es auch möglich sein, dass es wie bei der Bargeldzahlung in einem Geschäft nicht notwendig ist, seinen Namen anzugeben. Die Frage ist nun, wie man Bargeld elektronisch imitieren kann. *D. Chaum* hat 1985 [32] ein erstes System für elektronische Münzen angegeben.

Welche Forderungen müssen an Systeme für elektronisches Geld, an E-Cash-Systeme, gestellt werden? Die wichtigen Merkmale bei der Verwendung von physischem Geld, nämlich die Anonymität, Übertragbarkeit und der Wechsel von größeren Geldbeträgen in kleinere, sollten auch bei E-Cash-Systemen gelten. Doppelte Zahlungen mit derselben Münze müssen ausgeschlossen sein. Außerdem müssen die Systeme effizient sein.

Wenn bei einem Geldtransfer zwischen einem Kunden und dem Händler die elektronische Münze zunächst vom Händler zur Überprüfung und Gutschrift zur Bank geschickt wird, spricht man von einem Online-Zahlungssystem. Wenn dagegen der Händler die Münzen erst sammelt und dann alle gemeinsam bei seiner Bank einreicht, spricht man von einem Offline-Zahlungssystem. Es ist klar, dass Online-Zahlungssysteme eine hohe Netzlast erzeugen und auch verlangen, dass der Händler ständig mit der Bank verbunden ist. Die noch nicht abgeschlossene Forschung über E-Cash-Systeme ist so umfangreich, dass wir uns hier darauf beschränken werden, das ursprüngliche System von *D. Chaum* und ein verbessertes von *D. Chaum, A. Fiat* und *A. Naor* [33] vorzustellen. Beide besitzen typische Elemente, die auch in den anderen, zum Teil sehr viel komplizierteren Protokollen vorkommen.

Als erste praktische Versuche mit elektronischem Geld nennen wir zunächst *Ecash* von der Firma Digicash, an der auch *Chaum* beteiligt war. Ecash wurde unter anderem versuchsweise von der Deutschen Bank und der Bank Austria eingeführt. Weitere frühe Systeme zu elektronischem Geld sind *Cybercoin* von der Firma CyberCash Inc. sowie *Millicent* von der Digital Equipment Comp. Das zuletzt genannte System arbeitet mit sehr kleinen Geldbeträgen, mit einem Zehntel Cent als kleinstem Wert. Allerdings war die Akzeptanz der Kunden noch sehr gering, und die genannten Banken haben ihren entsprechenden Dienst wieder eingestellt. Inzwischen gibt es jedoch viele weitere Systeme für elektronisches Geld (auch „Kryptogeld" genannt). Am verbreitesten ist das *Bitcoin*-Zahlungssystem, das in der letzten Zeit viel Aufmerksamkeit in der Öffentlichkeit erfahren hat. Es wurde 2008 zum ersten Mal beschrieben [99]. Unter https://bitcoin.org/de/ kann man erste Informationen, aber auch genauere Einzelheiten zur Funktionsweise von Bitcoin erfahren.

Ein wichtiges Konzept, das bei vielen Protokollen für elektronisches Geld nötig, aber auch in anderen Zusammenhängen von Bedeutung ist, ist das der blinden Signatur. Die Grundidee solcher Protokolle wurde von *D. Chaum* entwickelt [31]. Der Unterzeichner unterschreibt dabei blind eine Nachricht, das heißt, er weiß nicht, welchen genauen Inhalt die von ihm signierte Nachricht hat. Er weiß jedoch, dass seine Signatur nur gültig ist, also dem gewünschten Zweck dienen kann, wenn sie eine vorher festgelegte Gestalt hat. Es gibt eine Reihe solcher Protokolle. Wir betrachten nur eines von ihnen. Es wurde in [32] verwendet und beruht auf dem RSA-Verfahren.

Protokoll 10.14 (*blinde Signatur*)
Gegeben: $n = pq$ mit zwei großen Primzahlen p und q, (e, n) öffentlicher und d privater Schlüssel von Bob, v geheime Nachricht von Alice.
Zusammenfassung: Alice erhält von Bob eine blinde Signatur auf v.
(1) Alice wählt einen Blendungsfaktor $k \in \mathbb{Z}_n^*$.
(2) Alice berechnet die geblendete Nachricht

$$v' = v \cdot k^e \bmod n$$

und sendet sie an Bob.
(3) Bob signiert v' durch

$$s' = v'^d \bmod n$$

und sendet s' an Alice.
(4) Alice entfernt die Blendung auf s' durch Berechnung von

$$s = k^{-1} \cdot s' \bmod n.$$

Bobs Signatur auf v ist s □

Satz 10.2 Durch Protokoll 10.14 wird eine Signatur s auf v erzeugt.

Beweis. Es gilt in der Tat

$$s^e \bmod n = (k^{-1} \cdot s')^e \bmod n = (k^e)^{-1} \cdot (v'^d)^e \bmod n = (k^e)^{-1} \cdot v \cdot k^e \bmod n$$
$$= v. \quad □$$

Bob signiert jede ihm vorgelegte Nachricht v' blind. Dazu ist er aber nur bereit, da er weiß, dass die Nachricht v in einem bestimmten Zusammenhang verwendet wird und dafür eine gewisse Redundanzbedingung erfüllen muss, etwa ein Palindrom oder ein Binärwort der Form $b\|b$ ist. Signiert er eine beliebige Nachricht v', die nicht aus einer richtigen Nachricht v gewonnen wurde, so wird $s^e \bmod n$ die Redundanzeigenschaft verfehlen. Bobs Signatur ist in diesem Fall ungültig.

Die zwei folgenden Protokolle beschreiben nun das Online-Zahlungssystem nach [32]. Es findet zwischen der Kundin Alice, der Bank und dem Händler statt. Die Bank verwendet das RSA-Verfahren mit öffentlichem Schlüssel (e, n) und geheimem Schlüssel d. Es gibt nur einen Typ von Münzen, zum Beispiel eine Münze von 1 €. Jede Münze ist ein signierter Wert von Alice, der eine bestimmte Redundanzeigenschaft erfüllt.

Protokoll 10.15 (Abhebung einer Münze vom Konto [32])

Gegeben: $n = pq$ mit zwei großen Primzahlen p und q, (e, n) öffentlicher und d privater Schlüssel der Bank.

Zusammenfassung: Alice erhält von der Bank eine Münze im Wert von 1 €.

  (1) Alice wählt eine Seriennummer r ihrer Münze, deren Bitdarstellung b eine Länge $\leq \frac{1}{2} \cdot \log_2 n$ hat. Sie bestimmt $v \in \mathbb{Z}_n$ durch Bildung des Binärworts $b\|b$.
  (2) Alice wählt einen Blendungsfaktor $k \in \mathbb{Z}_n^*$.
  (3) Alice berechnet die geblendete doppelte Seriennummer

$$v' = v \cdot k^e \bmod n$$

und sendet sie an die Bank.
  (4) Die Bank signiert v' durch

$$s' = v'^d \bmod n,$$

belastet das Konto von Alice mit 1 € und sendet s' an Alice.
  (5) Alice entfernt die Blendung auf s' durch Berechnung von

$$m = k^{-1} \cdot s' \bmod n$$

und erhält damit eine Münze im Wert von 1 €.   □

Wir sehen, dass Protokoll 10.15 im Wesentlichen dem Protokoll 10.14 entspricht. Wenn ein Angreifer Oskar v' oder s' abfängt, dann kann er dadurch an der Stelle von Alice keine gültige Münze erhalten, da er den Blendungsfaktor k nicht kennt. Damit die Bank auch überzeugt ist, dass sie vom richtigen Konto den Wert der Münze abbucht, müsste Alice eigentlich ihre Nachricht authentifizieren, was jedoch im ursprünglichen Protokoll von *Chaum* nicht vorgesehen ist. Wenn Alice die Zahl v nicht richtig wählt, wird von der Bank eine falsche Münze geprägt, da die Bank m nicht kennt. Sie bucht also auch 1 € von Alice' Konto ab. Eine Überprüfung der Münze, also ob $m^e \bmod n$ eine Binärdarstellung des Typs $b\|b$ hat, wird in diesem Fall im Allgemeinen negativ ausgehen.

Protokoll 10.16 (*Zahlungsvorgang* [32])

Gegeben: $n = pq$ mit zwei großen Primzahlen p und q, (e, n) öffentlicher und d privater Schlüssel der Bank.

Zusammenfassung: Alice sendet dem Händler eine Münze, die sich dieser von seiner Bank gutschreiben lässt.

(1) Alice sendet dem Händler zur Bezahlung ihre Münze $m = v^d \bmod n$.
(2) Der Händler überprüft, ob $m^e \bmod n$ eine Zahl mit Binärdarstellung $b\|b$ ist, m also eine gültige Münze darstellt.
(3) Im positiven Fall sendet er die Münze m an die Bank.
(4) Die Bank überprüft, ob $m^e \bmod n$ eine Zahl mit Binärdarstellung $b\|b$ ist.
(5) Im positiven Fall bestimmt sie daraus die Seriennummer r der Münze. Falls sie bisher noch keine Münze mit der Seriennummer r erhalten hat, schreibt sie dem Händler 1 € auf seinem Konto gut und notiert sich r. □

Damit die Münze in den Schritten 1 und 3 des Protokolls nicht in die falschen Hände gerät, könnten diese Schritte zum Beispiel mit dem RSA-Verfahren abgesichert werden, wobei die Münze jeweils mit dem öffentlichen Schlüssel des Empfängers verschlüsselt wird. Die Anonymität der Münze ist gewährleistet, da der Händler von der Münze nicht auf die Kundin Alice schließen kann. Man kann sich fragen, ob der Name der Kundin mit Hilfe der Bank zu erfahren ist, da diese zusammen mit Alice die Münze „geprägt" hat. Das ist aber nicht der Fall, denn die Bank kennt bei der Prägung zwar v' und s', jedoch nicht die Münze m selbst.

Ein Betrugsversuch von Alice könnte darin bestehen, eine beliebige Münze $\tilde{m}$ ohne Hilfe der Bank zu schaffen. Es müsste jedoch $\tilde{m}^e \bmod n$ wieder eine Binärdarstellung bb haben, was Alice nicht gelingen kann, dazu bräuchte sie den geheimen Schlüssel d der Bank.

Ein Problem ist, dass eine Münze beliebig oft kopiert und entsprechend beliebig oft verwendet werden kann. Die Bank speichert zwar die Seriennummern der Münzen, sie kann also durch Vergleich den Betrug entdecken. Allerdings kann sie den Namen des Betrügers nicht feststellen. Das Geld ist also nicht fälschungssicher. Ein weiterer, aber doch relativ unwahrscheinlicher Fall bei den verwendeten großen Zahlen ist, dass eine Seriennummer zufällig von mehreren Kunden gleichzeitig gewählt wird. Die Bank würde dann einen Betrug vermuten, der in Wirklichkeit gar nicht stattgefunden hat.

Im Folgenden stellen wir das System von *D. Chaum, A. Fiat* und *M. Naor* [33] vor, das auch die Anonymität bei der einmaligen Bezahlung gewährleistet, jedoch bei mehrfacher Bezahlung mit derselben Münze erlaubt, den Betrüger zu identifizieren. Das System beruht wieder auf dem RSA-Verfahren. Es sei (e, n) der öffentliche und d der geheime Schlüssel der Bank. Die Bank wählt Sicherheitsparameter k und N sowie zwei stark kollisionsfreie Hashfunktionen f und g, die jeweils auf zwei Argumente angewendet werden. Alice besitzt ein Bankkonto mit der Kontonummer u, für das die Bank einen Zähler v und Alice eine Kopie hält. Außerdem verwendet Alice ein Signaturverfahren mit zertifizierten Schlüsseln. Das speziell gewählte Verfahren haben wir im Protokoll nicht spezifiziert.

Protokoll 10.17 (*Abhebung einer Münze vom Konto* [33])
Gegeben: $n = pq$ mit zwei großen Primzahlen p und q, (e, n) öffentlicher und d privater Schlüssel der Bank, Sicherheitsparameter $k, N \in \mathbb{N}$, stark kollisionsfreie Hashfunktionen f und g, Nummer u von Alice' Bankkonto, Zähler v der Bank für dieses Konto (Alice hält eine Kopie von v), von Alice verwendetes Signaturverfahren mit zertifizierten Schlüsseln, $\oplus$ bitweises exklusives Oder.
Zusammenfassung: Alice hebt eine Münze von ihrem Konto ab.

(1) **for** j:=1 **to** N **do** {für jedes j werden die Daten D_j für eine potenzielle Münze erzeugt}

    (a) Für alle $i \in \{1, \dots, k\}$ wählt Alice zufällig ein $r_i \in \mathbb{Z}_n^*$ und sehr große Zahlen a_i, c_i, d_i sowie z_i', z_i'', mit deren Binärdarstellungen sie $u_i = u \| z_i' \| z_i''$ bestimmt. Die Bitlängen von u, z_i', z_i'' sind zuvor festgelegt.

    (b) Alice berechnet

$$x_i = g(a_i, c_i), \ y_i = g(a_i \oplus (u_i \| (v + i)), d_i), \ i \in \{1, \dots, k\},$$

und damit k geblendete Kandidaten

$$B_i = r_i^e \cdot f(x_i, y_i) \bmod n, \ i \in \{1, \dots, k\}.$$

Außerdem berechnet Alice

$$G = g(z_1', z_1'') \| g(z_2', z_2'') \| \dots \| g(z_k', z_k'').$$

Alice sendet G und die B_i sowie deren Signaturen $Sig(G)$ und $Sig(B_i)$ an die Bank. Dies sind die Daten D_j. Alice erhöht ihren Zähler v um k.

    (c) Die Bank überprüft die Signaturen $Sig(G)$ und $Sig(B_i)$ und speichert D_j.

    end

(2) Die Bank wählt $j_0 \in \{1, \dots, N\}$ als Index der künftigen Münze aus. Für die übrigen $N - 1$ Daten D_j fordert sie Alice auf, für diese jeweils alle zugehörigen Werte $r_i, a_i, c_i, d_i, z_i', z_i''$ zu schicken.

(3) Alice sendet die gewünschten Werte und deren Signaturen an die Bank.

(4) Die Bank überprüft, ob sich mit diesen Werten tatsächlich die Daten D_j ergeben.

(5) Im positiven Fall signiert die Bank die Werte B_i aus D_{j_0} durch

$$s' = \prod_{i=1}^{k} B_i^d \bmod n,$$

sendet s' an Alice und belastet Alice' Konto mit 1 €. Die Bank speichert im Folgenden nur noch G aus D_{j_0} mit den zugehörigen Werten des Zählers v. Der Zähler v wird um $k \cdot N$ erhöht.

(6) Alice berechnet die elektronische Münze

$$m = s' \cdot \prod_{i=1}^{k} r_i^{-1} \bmod n.$$

Sie speichert die zugehörigen Werte aus Schritt 1(a). □

In Schritt 6 erhält Alice die Münze m als eine blinde Signatur der Bank auf $\prod_{i=1}^{k} f(x_i, y_i) \bmod n$, denn es gilt

$$m = \prod_{i=1}^{k} B_i^d \cdot \prod_{i=1}^{k} r_i^{-1} \bmod n = \prod_{i=1}^{k} B_i^d \cdot r_i^{-1} \bmod n = \prod_{i=1}^{k} f(x_i, y_i)^d \bmod n.$$

Der Wert von a_i muss so groß gewählt werden, dass durch Bildung von $a_i \oplus (u_i \| (v+i))$ die Kontonummer u sowie z_i', z_i'' und $v+i$ unkenntlich gemacht werden. Durch den Zähler v wird jedes im Laufe der Zeit von Alice berechnete y_i mit Hilfe eines anderen Wertes $v+i$ bestimmt. Durch die Werte des Zählers sind die verschiedenen für Alice geprägten Münzen zu unterscheiden und können ggf. den gespeicherten Daten zugeordnet werden. Da in Schritt 4 genau $N-1$ der N Münzen überprüft werden, kann Alice höchstens mit Wahrscheinlichkeit $\frac{1}{N}$ eine Münze signieren lassen, die nicht wie verlangt aufgebaut ist, also auch nicht ihre Kontonummer enthält. Wählt man $N = 100$, so kann man davon ausgehen, dass niemand einen solchen Betrug riskieren wird, wenn er mit Sanktionen rechnen muss. Einen derartigen Betrugsversuch kann man leicht einem Richter beweisen, da die Daten aus Schritt 1(b) und Schritt 3 von Alice auch signiert werden. Eine Münze ohne Hilfe der Bank kann Alice nicht fälschen, da sie nicht den geheimen Schlüssel d der Bank kennt und daher auch nicht die zur Münze passenden Werte aus Schritt 1(a) bestimmen kann, deren Kenntnis im nächsten Protokoll notwendig ist.

Protokoll 10.18 (*Zahlungsvorgang* [33])
Gegeben: Daten aus Protokoll 10.17, Münze m.
Zusammenfassung: Alice sendet dem Händler Bob eine Münze, die sich dieser von der
Bank gutschreiben lässt.

(1) Alice sendet m an Bob.
(2) Bob wählt zufällig eine Bitfolge $b_1, \ldots, b_k$ und sendet diese an Alice.
(3) Für alle $i \in \{1, \ldots, k\}$ schickt Alice

$$\text{für } b_i = 1 \text{ die Werte } a_i, c_i \text{ und } y_i$$

und

$$\text{für } b_i = 0 \text{ die Werte } x_i, a_i \oplus (u_i \| (v+i)) \text{ und } d_i$$

an Bob.
(4) Bob kann x_i und y_i für alle $i \in \{1, \ldots, k\}$ bestimmen. Er überprüft, ob $m^e \bmod n = \prod_{i=1}^{k} f(x_i, y_i) \bmod n$ gilt. In diesem Fall akzeptiert er die Münze. Er speichert neben m auch die in Schritt 3 erhaltenen Werte.
(5) Später sendet Bob m und diese Werte der Bank, die die Münze überprüft und 1 € dem Konto von Bob gutschreibt (ggf. können auch mehrere erhaltene Münzen gleichzeitig eingereicht werden).
(6) Die Bank speichert m zusammen mit der Bitfolge $b_1, \ldots, b_k$ und den Werten

$$a_i \text{ (für } b_i = 1) \text{ bzw. } a_i \oplus (u_i \| (v+i)) \text{ (für } b_i = 0)$$

für alle $i \in \{1, \ldots, k\}$. $\square$

In Schritt 3 wird das Geheimnis u_i in a_i und $a_i \oplus (u_i \| (v+i))$ aufgeteilt (*secret splitting*). In Schritt 4 erhält Bob, falls der Test positiv ausgeht, $m^e \bmod n = \prod_{i=1}^{k} f(x_i, y_i) \bmod n$. Die rechte Seite dieser Gleichung kann er berechnen, da er für $b_i = 1$ den Wert y_i kennt und $x_i = g(a_i, c_i)$ bestimmen kann; für $b_i = 0$ kennt er x_i und kann (siehe Schritt 1(b) von Protokoll 10.17) $y_i = g(a_i \oplus (u_i \| (v+i)), d_i)$ berechnen. Wegen der Verwendung der Hashfunktionen ist niemand, der nicht schon die Paare (x_i, y_i)

kennt, in der Lage, für vorgegebenes m^e mod n solche Paare in akzeptabler Zeit zu konstruieren. Damit ist Bob von der Gültigkeit der Münze überzeugt.

Ein passiver Angreifer Oskar kann den Verkehr zwischen Alice und Bob belauschen und die Münze schneller als Bob bei der Bank einreichen. Daher muss der Datenverkehr zwischen Alice und Bob zusätzlich krytographisch abgesichert werden.

Nun ist es aber möglich, dass Alice dieselbe Münze m zweimal ausgibt, natürlich bei verschiedenen Händlern. Mit großer Wahrscheinlichkeit, nämlich $1 - \frac{1}{2^k}$, werden die Händler verschiedene Bitstrings $b_1, \ldots, b_k$ und $b'_1, \ldots, b'_k$ an Alice in Schritt 3 des Protokolls schicken. Wenn die Bank die Münze m zweimal erhält, stellt sie dies wie folgt sofort fest. Es sei i ein Index mit $b_i = 1$ und $b'_i = 0$. Dann hat die Bank wegen Schritt 6 des Protokolls Kenntnis von sowohl a_i als auch von $a_i \oplus (u_i || (v + i))$. Sie berechnet sofort $u_i || (v+i) = u || z'_i || z''_i || (v+i)$ und hat dadurch die Kontonummer u von Alice bestimmt und damit die Betrügerin entlarvt. Außerdem hat die Bank auch z'_i und z''_i erhalten, wegen des Wertes $v + i$ weiß sie auch, um welche Münze es sich handelt. Wählt man beispielsweise $k = 40$, so ist eine Doppelzahlung praktisch unmöglich.

Den eben besprochenen Betrug kann die Bank einem Richter beweisen. Sie legt (z'_i, z''_i) und den von Alice signierten Wert G dem Richter vor. Dieser kann $g(z'_i, z''_i)$ berechnen und überprüfen, ob $g(z'_i, z''_i)$ als Teilwort auch in G vorkommt. In diesem Fall hat Alice betrogen. Nur wegen einer Doppelzahlung der Münze m konnte die Bank das Paar (z'_i, z''_i) erhalten. Ohne Kenntnis von (z'_i, z''_i) hätte sie wegen Verwendung der stark kollisionsfreien Hashfunktion kein Paar (z', z'') mit $g(z', z'')$ als Teil von G finden können. Die Bank ist also nicht in der Lage, fälschlich zu behaupten, dass Alice eine Münze mehrfach ausgegeben hat.

Wenn man der Bank voll vertrauen will, kann man in Protokoll 10.17 auf z'_i, z''_i und G verzichten. Es gilt dann $u_i = u$.

Ein Problem ergibt sich, wenn Alice oder Bob und ein weiterer Händler Charles zusammenarbeiten. Nach der Ausführung des Protokolls 10.18 mit Bob teilt Alice oder Bob die dabei ausgetauschten Informationen Charles mit. Wenn Bob und Charles beide diese Informationen an die Bank schicken, bemerkt diese sofort die Doppelausgabe der Münze. Sie weiß, dass mit überwältigend großer Wahrscheinlichkeit mindestens zwei der drei Teilnehmer betrogen haben, sie kann die Betrüger jedoch nicht identifizieren. Wenn die Bank in jedem Fall eine zum zweiten Mal verwendete Münze nicht annimmt, dann würde die Partei, die dadurch geschädigt wird, ihre Geschäftsbeziehungen zu den anderen Parteien sicher überdenken.

Durch die Protokolle 10.17 und 10.18 haben wir ein elektronisches Offline-Zahlungssystem angegeben, das mit kleinen Einschränkungen die Anforderungen an ein solches System erfüllt. Hervorzuheben ist die Anonymität von Alice beim Bezahlen, die nur aufgehoben wird, wenn sie eine Münze doppelt ausgibt.

Die Menge des Datenverkehrs und der zu speichernden Werte stellt sicher ein großes praktisches Problem dar. Von Nachteil ist es auch, dass nur Münzen von einem einzigen Wert vorkommen. Wenn die Bank für jeden Münztyp einen anderen öffentlichen Schlüssel benutzt, lässt sich dieser Nachteil beheben. Besser wäre es jedoch, wenn sich eine bestehende Münze in kleinere Münzen aufteilen ließe. Eine Übertragbarkeit der Münzen ist nicht möglich. So kann Bob nicht mit der von Alice erhaltenen Münze bei Charles bezahlen, denn sonst wäre einem mehrfachen Ausgeben der gleichen Münze Tür und Tor geöffnet.

Es werden in der Literatur bis heute viele elektronische Zahlungssysteme untersucht. Es geht dabei vor allem um praktikable und sichere Systeme, die auch die eben genannten Bedingungen erfüllen. Unter den Bänden der *Lecture Notes of Computer Science* finden sich zum Beispiel immer wieder Proceedings von Krypto- und Sicherheitskonferenzen, auf denen unter anderem auch der elektronische Zahlungsverkehr mit einigen Beiträgen vertreten ist.

10.6 Ein Protokoll für Wahlen

Wir stellen in diesem Abschnitt ein Protokoll zur Durchführung von geheimen elektronischen Wahlen vor, das auf den Ideen von *A. Fujioka, T. Okamoto* und *K. Ohta* [62] sowie einer Weiterentwicklung von *L. F. Cranor* und *R. K. Cytron* [38] beruht. Das System erfüllt die folgenden Bedingungen:

(1) Die Stimmabgabe ist geheim in dem Sinne, dass nur der Wähler die von ihm ausgeübte Wahl kennt.
(2) Nur legitimierte Wähler können wählen.
(3) Jeder Wähler kann nur eine Stimme abgeben.
(4) Jeder Wähler kann überprüfen, ob seine Stimme richtig gezählt wurde.
(5) Jeder Wähler kann Fehler des Stimmenzählsystems bezüglich seiner eigenen Wahl korrigieren.

Da bei einer elektronischen Wahl ein Wähler anonym seine Stimme an das Zählsystem schicken muss, benötigen wir *anonymisierende Kommunikationskanäle* [30], die dem Empfänger einer Nachricht keinen Rückschluss auf die Identität des Senders erlauben. Die Idee dabei ist, dass eine Nachricht über mehrere vertrauenswürdige Server läuft, die so genannten *Mixe*. Die Reihenfolge der Mixe sei vorher festgelegt. Wir zeigen die Vorgehensweise bei zwei Mixen M_1 und M_2, über die A eine Nachricht m an B schickt. Sie kann leicht auf mehrere Mixe verallgemeinert werden. Es seien E_{M_1}, E_{M_2}, E_A und E_B die entsprechenden öffentlichen Transformationen bei einem Public-Key-Kryptosystem. Dann sendet A die Nachricht

$$E_{M_1}(r_1, E_{M_2}(r_2, B, E_B(r_3, m)))$$

an M_1, wobei B für die Adresse von B steht und r_1, r_2 und r_3 Zufallszahlen sind, damit bei kleinen Werten der übrigen Nachrichten die vollständige Suche erschwert wird. Nach Anwendung seiner geheimen Transformation D_{M_1} kann M_1

$$E_{M_2}(r_2, B, E_B(r_3, m))$$

an M_2 weiterleiten. M_2 entnimmt daraus die Adresse von B und sendet diesem

$$E_B(r_3, m),$$

woraus dieser die Nachricht erhält. Dabei werden bei jedem Mix die weiterzuleitenden Nachrichten der verschiedenen Sender gemischt, damit ein weiterer Rückschluss zusätzlich erschwert wird. Es reicht, wenn nur ein Mix tatsächlich vertrauenswürdig, das heißt vergesslich, arbeitet, um die Anonymität zu gewährleisten. Wenn A eine anonyme

Antwort von B auf seine Nachricht m haben möchte, dann muss A gleichzeitig mit m, und zwar auf dieselbe Weise, die Nachricht

$$(E_{M_2}(r_2', E_{M_1}(r_1', A)), E_A)$$

an B senden, wobei A für die Adresse von A steht. Die Zufallszahlen r_1' und r_2' werden hier auch als Schlüssel eines nicht notwendig asymmetrischen Kryptosystems verwendet. Seine Antwort a bringt B durch Zusendung von

$$(E_{M_2}(r_2', E_{M_1}(r_1', A)), E_A(r_3', a))$$

mit einer weiteren Zufallszahl r_3' an M_2 auf den Weg. Über M_2 und M_1 erhält dann A die Nachricht

$$E_{r_1'}(E_{r_2'}(E_A(r_3', a))),$$

die nur er entschlüsseln kann. Man kann die Vorgehensweise auch so abändern, dass A die Mixe und ihre Reihenfolge selbst bestimmt, wobei er für den Weg von A nach B die Adresse von M_2 für M_1 zusammen mit den anderen Daten mit Hilfe von E_{M_1} und für die Antwort die Adresse von M_1 für M_2 mit E_{M_2} verschlüsseln muss.

In unserem Protokoll zur elektronischen Wahl wird ein Public-Key-Kryptosystem benutzt, wir verwenden speziell das RSA-Verfahren. Dabei wird, wie üblich, für einen Benutzer A der öffentliche Schlüssel durch (e_A, n_A) gegeben, der geheime durch d_A. Die zugehörigen Transformationen werden mit E_A und D_A bezeichnet.

Teilnehmer an dem Protokoll sind die jeweiligen Wähler W_i, der Administrator A zur Überwachung des Wahlrechts und das Zählsystem Z. Bevor die Wahl beginnt, existiert bereits ein Wählerverzeichnis, das für jeden Wahlberechtigten W_i seine persönlichen Daten $\mathrm{Id}(W_i)$ und seinen authentifizierten öffentlichen Schlüssel enthält.

Die Stimme eines Wählers, also der Name eines Kandidaten, wird als Zahl kodiert. Die verschlüsselten Stimmen der Wähler werden durch den Administrator blind signiert (siehe auch Protokoll 10.14), wodurch die Gültigkeit der Stimmabgabe bescheinigt wird, andererseits aber die Geheimhaltung gewährleistet bleibt.

Protokoll 10.19 (*Elektronische Wahl*)

Gegeben: (e_A, n_A) und d_A öffentlicher und geheimer Schlüssel des Administrators A, E_A und D_A die zugehörigen Transformationen, E_i und D_i die öffentliche und geheime Transformation eines Wählers W_i und E_Z und D_Z die des Zählsystems Z, h Hashfunktion.

Ergebnisliste L mit Elementen $(\ell, m_i, y_i, d_i', n_i', v_i)$, wobei ℓ die laufende Nummer ist, m_i die verschlüsselte Stimme des anonymen Wählers W_i, y_i die Signatur des Administrators auf dieser Stimme, d_i' die zusätzliche Dechiffrierfunktion von W_i mit n_i' als zugehöriger Modulus und v_i die unverschlüsselte Stimme.

Registrierung

(1) Der Wähler W_i wählt ein zusätzliches Schlüsselpaar (e_i', n_i') und d_i', $n_i' < n_A$, und hält die Werte zunächst geheim. Er entscheidet sich für eine Stimme $v_i \in \mathbb{Z}_{n_i'}$ seiner Wahl (um kleine Zahlen für v_i zu vermeiden, wird die eigentliche Stimme mit Zufallbits aufgefüllt, die zusätzlich eine vereinbarte Redundanzeigenschaft erfüllen müssen).

(2) W_i berechnet die verschlüsselte Stimme $m_i = v_i^{e_i'} \bmod n_i'$ (den verschlossenen Stimmzettel).

(3) Er wählt zufällig einen Blendungsfaktor $k_i \in \mathbb{Z}_{n_A}$ mit $\mathrm{ggT}(k_i, n_A) = 1$, berechnet

$$b_i = k_i^{e_A} \cdot m_i \bmod n_A$$

und signiert diesen Wert durch Bildung von $D_i(h(\mathrm{Id}(W_i), b_i))$.

(4) Er sendet

$$E_A(\mathrm{Id}(W_i), b_i, D_i(h(\mathrm{Id}(W_i), b_i)))$$

an den Administrator A.

(5) Der Administrator A entschlüsselt die Nachricht und überprüft durch Test von

$$E_i(D_i(h(\mathrm{Id}(W_i), b_i))) = h(\mathrm{Id}(W_i), b_i)$$

die Signatur von W_i.

(6) Falls die Überprüfung positiv ausgeht, W_i wahlberechtigt ist und sich nicht schon zuvor zur Registrierung angemeldet hat, bildet A die blinde Signatur

$$s_i = b_i^{d_A} \bmod n_A$$

und sendet $E_i(s_i)$ an den Wähler W_i.

(7) Der Administrator bewahrt das Tripel $(\mathrm{ID}(W_i), b_i, D_i(h(\mathrm{Id}(W_i), b_i)))$ zur eventuellen Kontrolle durch einen Wahlprüfer auf.

Ausführung der Wahl

(8) Der Wähler W_i erhält durch Anwendung von D_i auf $E_i(s_i)$ die blinde Signatur s_i. Er berechnet seine durch den Administrator signierte verschlüsselte Stimme

$$y_i = k_i^{-1} s_i \bmod n_A = m_i^{d_A} \bmod n_A.$$

(9) Er überprüft die Signatur von A durch Test von

$$y_i^{e_A} \bmod n_A = m_i.$$

(10) Falls der Test positiv ausgeht, sendet W_i das Paar (m_i, y_i) über einen anonymisierenden Kanal an das Zählsystem Z (mit Aufforderung zur Quittierung).

Eintrag der verschlüsselten Stimme in L und Erzeugung einer Quittung

(11) Das Zählsystem Z überprüft durch Test von

$$y_i^{e_A} \bmod n_A = m_i$$

die Signatur des Administrators auf der Stimme.

(12) Wenn die Überprüfung positiv ausgeht, wird als Quittung

$$(\ell, D_Z(m_i))$$

erzeugt, wobei ℓ die laufende Nummer der Quittung ist. Die Ergebnisliste L wird um ℓ, m_i und y_i erweitert (d_i', n_i' und v_i werden in Schritt 16 eingetragen).

(13) Z schickt über denselben anonymisierenden Kanal die Rückantwort

$$(\ell, D_Z(m_i))$$

an den Wähler W_i.

Überprüfung der Quittung und Übersendung des Schlüssels zum Öffnen der Stimme

(14) Der Wähler W_i überprüft, ob

$$E_Z(D_Z(m_i)) = m_i$$

gilt.

(15) Im positiven Fall sendet er

$$(l, d_i', n_i')$$

über einen anonymisierenden Kanal an Z.

Öffnen des Stimmzettels und Eintrag des Ergebnisses

(16) Z berechnet die Stimme

$$v_i = m_i^{d_i'} \bmod n_i'$$

und aktualisiert L durch d_i', n_i' und v_i. $\qquad\square$

In Schritt 6 wird $s_i = b_i^{d_A} \bmod n_A = k_i^{e_A d_A} m_i^{d_A} \bmod n_A = k_i m_i^{d_A} \bmod n_A$ berechnet, so dass in Schritt 8 die Gleichung $y_i = m_i^{d_A} \bmod n_A$ erfüllt ist.

Mit einer verschwindend kleinen Wahrscheinlichkeit ist es möglich, dass zwei Wähler W_i und $W_{i'}$ dieselbe verschlüsselte Stimme $m_i = m_{i'}$ abgeben. In diesem Fall kann nur eine der beiden Stimmen gezählt werden.

Wenn sich alle Parteien an das Protokoll halten, ist das Ergebnis der Wahl korrekt. Wähler, deren Stimmen in der Ergebnisliste falsch zugeordnet oder weggelassen werden, können dies selber feststellen. Über einen anonymisierenden Kanal kann ein solcher Wähler W_i dann seine Quittung zusammen mit m_i, y_i und der Dechiffrierfunktion d_i' an das Zählsystem senden, damit dieses das Ergebnis korrigiert. Damit sind die zu Beginn dieses Abschnitts genannten Bedingungen 4 und 5 erfüllt.

Die Stimmabgabe ist wegen der blinden Signatur geheim, der Administrator kann keine Verbindung zwischen dem Stimmzettel m_i und dem Wähler W_i herstellen. Auch bei Verbesserungen von falschen Zuordnungen wird seine Identität nicht aufgedeckt.

Einem Wähler ist es nicht möglich, zweimal an der Registrierung teilzunehmen. Daher kann er auch nicht zweimal wählen, denn er müsste ein zweites gültiges Paar (m_i', y_i') besitzen. Dafür müsste, damit Schritt 11 positiv ausgeht, $y_i'^{e_A} \bmod n_A = m_i'$ mit $m_i' = v_i^{e_i'} \bmod n_i'$ für die feste Stimme v_i gelten, die zusätzlich eine vereinbarte Redundanzeigenschaft besitzt. Man kann davon ausgehen, dass der Wähler dieses nicht erreichen kann, da das sichere RSA-Signaturverfahren verwendet wird. Aus demselben Grund kann jemand, der nicht wahlberechtigt ist, keine gültige Stimme abgeben. Somit sind die Forderungen 2 und 3 erfüllt.

Die einzige Partei, die unter Umständen unrechtmäßig wählen kann, ist der Administrator, da alle Stimmen von ihm signiert werden. Er kann leicht ein Paar (m_i, y_i) mit einer verschlüsselten Stimme m_i seiner Wahl mit $y_i^{e_A} \bmod n_A = m_i$ erzeugen, da er d_A kennt. Der Wahlprüfer kann jedoch mit Hilfe der Liste der Tripel

$(\mathrm{ID}(W_i), b_i, D_i(h(\mathrm{ID}(W_i), b_i)))$ feststellen, wer an der Registrierung teilgenommen hat, insbesondere kann er die Anzahl dieser Personen feststellen. Wenn alle registrierten Wähler auch tatsächlich wählen, müsste ein korrupter Administrator für eine weitere, gefälschte Stimme ein Tripel $(\mathrm{ID}(W_i), b_i, D_i(h(\mathrm{ID}(W_i), b_i)))$ für einen Wähler W_i erzeugen, der sich nicht hat registrieren lassen. Da er den privaten Schlüssel D_i nicht kennt, kann ihm das nicht gelingen. Nimmt jedoch ein registrierter Wähler nicht an der Wahl teil, so kann er für diesen ein gefälschtes Paar (m_i, y_i) an das Zählsystem senden. Es müssen also alle registrierten Wähler eine Stimme abgeben, damit ein möglicher Betrug des Administrators verhindert wird.

Jeder kann in Schritt 15 einen ungültigen Schlüssel schicken. Dann wird eine unsinnige Stimme entschlüsselt. In diesem Fall kann man nicht zwischen einem unehrlichen Wähler und einem unehrlichen Zählsystem unterscheiden. Ein ehrlicher Wähler kann jedoch beispielsweise durch anonyme Übersendung der Quittung $D_Z(m_i)$ zusammen mit den Daten aus Schritt 15 an den Wahlprüfer veranlassen, dass das Zählsystem seine Stimme richtig zählt. Ein Problem des Verfahrens besteht jedoch gerade in den Quittungen. Damit kann man jedem Interessierten unter Aufgabe der Geheimhaltung beweisen, wie man gewählt hat. Dies lädt zum Stimmenkauf ein, was bei einer klassischen Wahl, sofern keine Briefwahl durchgeführt wird, gar nicht möglich ist. Bisher ist es nicht gelungen, ein praktisches elektronisches Wahlverfahren zu entwerfen, das eine Überprüfung des Wahlergebnisses ohne Quittung oder ähnliche Maßnahmen erlauben würde.

Inzwischen sind schon in verschiedenen Ländern Erfahrungen mit elektronischen Wahlen gesammelt worden. So bietet Estland sie seit 2005 zusätzlich neben der konventionellen Stimmabgabe an. Das war zum Beispiel bei der Parlamentswahl am 4. März 2007 der Fall, wobei 5,5 % der abgegebenen Stimmen auf die elektronische Wahl entfielen. Bei der Parlamentswahl vom 1. März 2015 waren es schon 30,5 % Die elektronische Wahl muss vom 10. bis zum 4. Tag vor dem eigentlichen Wahltermin stattfinden (Vorab-Wahl). In dieser Zeit kann auch jeder andere Wähler seine Stimme traditionell in einem für ihn bestimmten Wahllokal abgeben. Eine Besonderheit in Estland ist die Möglichkeit, seine elektronische Stimme mehrfach abzugeben. Nur die letzte dieser Stimmen zählt. Außerdem kann er während der Vorab-Wahl auch traditionell wählen. In diesem Fall zählt nur diese Stimme, seine elektronische Stimme wird ungültig und er kann auch nicht erneut traditionell wählen. Unter anderem wird durch diese Maßnahmen Stimmenkauf weitgehend vermieden. Beispielsweise wurden bei der Wahl am 4. März 2007 von 30275 Wählern 31061 elektronische Stimmen abgegeben.

Wir wollen hier kurz und vereinfacht die wesentlichen Grundzüge dieser elektronischen Wahl vorstellen (siehe auch [141]), die in Estland inzwischen als Internet-Voting (i-voting) bezeichnet wird. In Estland besitzt fast jeder wahlberechtigte Bürger eine ID-Karte, die als Personalausweis benutzt werden kann und neben entsprechenden Informationen auch den geheimen Signaturschlüssel eines Public-Key-Systems und ein Zertifikat für den entsprechenden öffentlichen Schlüssel enthält. Zur ID-Karte gehört eine 4-Ziffern-Pin (PIN1) für die Authentifizierung und eine 5-Ziffern-Pin (PIN2), mit der der geheime Schlüssel der Karte aktiviert wird. Für die landesweite elektronische Wahl ist es nun wichtig, dass es einen öffentlichen und einen geheimen Schlüssel des zentralen Wahlsystems gibt. Diese werden in einem *Hardware Security Module (HSM)* erzeugt, wobei der private Schlüssel in dem HSM bleibt. Vier von sieben Mitgliedern des nationalen Wahlkomitees müssen gemeinsam aktiv werden, um den geheimen Schlüssel verwenden zu können.

Zunächst muss der Wähler die spezielle Wahl-App der estnischen elektronischen Wahl auf seinen Computer herunterladen. Nach Eingabe seiner ID-Karte in ein Kartenlesegerät identifiziert sich der Wähler durch Eingabe der PIN1 beim System, das seine Wahlberechtigung überprüft und dann die entsprechende Kandidatenliste übermittelt. Nach Auswahl eines Kandidaten wird die ausgeübte Wahl nach Eingabe von PIN2 an das Wahlsystem gesendet.

Dies sehen wir uns etwas genauer an. Die Stimme eines Wählers wird vor der Übermittlung ähnlich Schritt 2 von Protokoll 10.19 verschlüsselt, die eigentliche Stimme wird also durch einen Zufallswert ergänzt. Die heruntergeladene Wahl-App verschlüsselt mit dem öffentlichen Schlüssel des Wahlsystems die Stimme. Nach der oben angegebenen Eingabe von PIN2 wird dieser „verschlossene" Stimmzettel mit Hilfe des geheimen Schlüssels der ID-Karte signiert und zusammen mit dem Zertifikat des Wählers an das Wahlsystem gesendet. Man kann sich vorstellen, dass durch die Signatur der verschlossene Stimmzettel in einen äußeren Umschlag gesteckt wird. Das Wahlsystem überprüft die Signatur des Wählers und bewahrt die signierte Stimme zunächst auf. Es sendet einen *vote identifier* dieser Stimme an die Wahl-App des Wählers, die den oben genannten Zufallswert kennt und ihn zusammen mit dem *vote identifier* als QR-Code darstellt. Auf einem Smartphone oder Tablet kann eine Verifizierungs-App installiert werden. Diese liest die Informationen des QR-Codes mit Hilfe der Kamera des Smartphones oder Tablets. Durch weitere Schritte der Verifizieruns-App im Nachrichtenaustausch mit dem Wahlsystem, die in [141], Abschnitt 7.5, dargestellt sind, kann dann der Wähler seine Stimme verifizieren.

Nach Ablauf der Frist für die elektronische Wahl werden bei mehrfacher Stimmabgabe durch eine Person alle bis auf den letzten ihrer signierten Wahlzettel entfernt. Falls sie auch an der konventionellen Vorab-Wahl teilgenommen hat, wird die entsprechende elektronische Stimme entfernt.

Danach werden durch Anwendung der öffentlichen Schlüssel der Wähler die äußeren Umschläge geöffnet und die verschlüsselten Stimmen und die Namen der Wähler in getrennten Listen aufbewahrt. Die verschlüsselten Stimmen werden dann auf einem externen Medium gespeichert und dem Zählsystem übergeben. Dort können, wie oben erwähnt, vier von sieben Personen die Stimmen dechiffrieren, den inneren Umschlag also öffnen.

Durch Verwendung des HSM besitzt kein Teilnehmer des Systems zu irgendeinem Zeitpunkt gleichzeitig eine signierte Stimme und den privaten Schlüssel des Systems. Dadurch ist die Geheimhaltung der Stimmabgabe gewährleistet.

Das Wahlsystem erzeugt im Laufe der Zeit mehrere Log-Dateien, zunächst über abgegebene, entfernte und zu zählende Stimmen. Die einzelnen Einträge enthalten den *Personal Identication Code* des Wählers (der ein Bestandteil des Zertifikats des Wählers ist) sowie den Hashwert der chiffrierten Stimme, ggf. auch den Grund für die Streichung einer Stimme. Am Ende werden vom Zählsystem auch noch Log-Dateien über die ungültigen und gültigen Stimmen erstellt, die nur aus den Hashwerten der chiffrierten Stimmen bestehen. Da die chiffrierten Stimmen jeweils einen Zufallswert enthalten, ist aus den Log-Dateien nirgends ein Rückschluss auf die spezielle Wahl eines bestimmten Wählers möglich. Die Log-Dateien dienen dazu, Beschwerden nachzugehen. Außerdem kann und sollte die Integrität der verschiedenen Log-Dateien überprüft werden, ob etwa die abgegebenen Stimmen mit den zu entfernenden und den zu zählenden Stimmen übereinstimmen.

11 Zero-Knowledge-Protokolle

Zero-Knowledge-Protokolle sind spezielle interaktive Beweissysteme mit zwei Teilnehmern, bei denen beispielsweise Alice Bob davon überzeugen kann, dass sie über ein bestimmtes geheimes Wissen verfügt, ohne dieses Wissen konkret preiszugeben. Es handelt sich also um Beweise ohne eigentliche Wissensvermittlung. In Abschnitt 11.1 werden wir uns ein einfaches einführendes Beispiel ansehen und mit seiner Hilfe anschließend die Begriffe definieren, die im Zusammenhang mit diesen Protokollen von Bedeutung sind. Ein Zero-Knowledge-Protokoll für den Beweis der Kenntnis einer Quadratwurzel modulo n wird in Abschnitt 11.2 ausführlich untersucht. Daneben werden darauf aufbauende Protokolle behandelt, die auch in der Praxis eingesetzt werden können, beispielsweise für die Identifikation einer Chipkarte bei einem elektronischen Geldautomaten. In Abschnitt 11.3 betrachten wir ein Zero-Knowledge-Protokoll zum Beweis der Kenntnis eines diskreten Logarithmus. Nach Einführung einiger komplexitätstheoretischer Begriffe in Abschnitt 11.4 geben wir schließlich in Abschnitt 11.5 noch Protokolle für einige graphentheoretische Probleme an.

11.1 Einführung und Definitionen

J.-J. Quisquater und *L. Guillou* [115] haben ein anschauliches Beispiel angegeben, mit dessen Hilfe die Idee eines Zero-Knowledge-Protokolls sehr gut verdeutlicht werden kann. Wir betrachten die unten stehende Abbildung, die eine Höhle zeigt, die ein Geheimnis birgt, und zwar eine geheime Tür zwischen A_1 und A_2. Alice kennt die Zauberformel zum Öffnen der Tür und will Bob dieses Wissen beweisen, ohne ihm jedoch

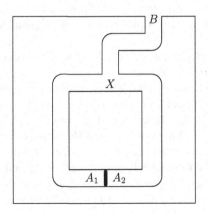

© Springer Fachmedien Wiesbaden GmbH, ein Teil von Springer Nature 2018
D. Wätjen, *Kryptographie*, https://doi.org/10.1007/978-3-658-22474-5_11

die Zauberformel sagen zu wollen. Am Anfang befindet sich Bob am Punkt B und Alice in der Höhle, entweder am Punkt A_1 oder A_2. Wenn Alice in der Höhle ist, geht Bob auch hinein, und zwar zum Punkt X. Bob ruft nun Alice zu, ob sie aus dem rechten oder linken Gang erscheinen soll. Dies ist für sie kein Problem, wobei sie mit Wahrscheinlichkeit $\frac{1}{2}$ die geheime Tür mit Hilfe ihrer Zauberformel öffnen muss. Wenn sie dieses Spiel zehnmal wiederholt haben, musste Alice mit einer Wahrscheinlichkeit von $(\frac{1}{2})^{10}$ ihre Zauberformel nicht benutzen. Das bedeutet, dass ein Betrug von Alice, also das Vortäuschen der Kenntnis der Zauberformel, bei zehn Versuchen nur mit einer Wahrscheinlichkeit von $\frac{1}{1024}$ möglich ist. Bei genügend vielen Versuchen ist daher Bob überzeugt, dass Alice das Geheimnis kennt, ohne es jedoch selbst zu erfahren.

Das Verhalten von Alice und Bob in dem Beispiel kann man offenbar in Form eines Protokolls notieren. Dieses Protokoll hat Eigenschaften, die es als ein *Challenge-and-Response-Protokoll* ausweisen. Allgemein tauschen in einem solchen System ein Beweiser (*prover*), hier Alice, und ein Prüfender (*verifier*), hier Bob, mehrere Nachrichten aus (Herausforderungen und Antworten), die typischerweise auf einigen zufällig gewählten Zahlen beruhen. Alice möchte mit Hilfe des Protokolls Bob von der Wahrheit einer Aussage überzeugen. Bob akzeptiert den Beweis oder lehnt ihn ab, je nachdem, ob Alice erfolgreich auf die Herausforderungen antworten kann oder nicht.

In unserem Beispiel wird aus einer Menge von zwei Zahlen gewählt, etwa 0 für den linken und 1 für den rechten Gang. Bob stellt Alice die Herausforderung, aus einem bestimmten Gang herauszukommen. Alice antwortet dadurch, dass sie dies tatsächlich macht. Das stellt ihren Beweis dar, dass sie die Zauberformel kennt.

In der folgenden Definition werden derartige Protokolle charakterisiert. Sie ist zwar etwas informal, macht aber die entscheidenden Begriffe deutlich. Dabei wollen wir ein Entscheidungsproblem Π, also ein Problem, für das es die Antwort „ja" oder „nein" gibt, durch die entsprechende Sprache L aller „ja"-Fälle angeben. Jeder Fall des Problems kann durch eine Folge von Symbolen eines geeigneten Alphabets Σ (durch ein Wort über Σ), zum Beispiel $\Sigma = \{0, 1\}$ oder $\{a, b, c\}$, kodiert werden. Auf diese Weise kann ein Entscheidungsproblem als eine Sprache L über einem Alphabet Σ aufgefasst werden. Für unser Beispiel können wir $L = \{a\}$ setzen, da die Existenz irgendeiner Zauberformel für die Tür der zu beweisende Fall des Entscheidungsproblems ist.

Definition 11.1   (1) Es sei L eine Sprache. Ein Challenge-and-Response-Protokoll heißt *interaktives Beweissystem für die Sprachzugehörigkeit zu L*, falls für ein beliebiges Wort x über dem Alphabet von L die folgenden Eigenschaften erfüllt sind:

    (a) Falls $x \in L$ gilt, dann akzeptiert Bob den Beweis der ehrlichen Alice (*Vollständigkeit, completeness*).

    (b) Falls $x \notin L$ gilt, dann ist die Wahrscheinlichkeit, dass Bob den Beweis von Alice akzeptiert, sehr klein (*Korrektkeit, soundness*).

(2) Es sei R eine zweistellige Relation und $L_R = \{w \mid \text{existiert } s \text{ mit } (w, s) \in R\}$ (s ist ein *Zeuge* für w). Ein Challenge-and-Response-Protokoll heißt *interaktives Wissensbeweis-System für L_R*, falls für einen sowohl Alice als auch Bob bekannten Wert $w \in L_R$ die folgenden Eigenschaften erfüllt sind:

    (a) Falls Alice einen Zeugen s mit $(w, s) \in R$ kennt, dann akzeptiert Bob den Beweis der ehrlichen Alice (*Vollständigkeit, completeness*).

(b) Es existiert ein in erwarteter Polynomialzeit arbeitenden Algorithmus A mit folgender Eigenschaft: Falls ein unehrlicher Beweiser (Oskar), der sich für die ehrliche Beweiserin (Alice) ausgibt, mit nicht vernachlässigbarer Wahrscheinlichkeit das Protokoll mit dem Prüfenden (Bob) erfolgreich durchführen kann, dann kann Oskar den Algorithmus A benutzen, um das Geheimnis der ehrlichen Beweiserin (einen Zeugen) zu gewinnen, was mit überwältigend großer Wahrscheinlichkeit Oskar erlaubt, das Protokoll anschließend erfolgreich im Namen von Alice mit Bob durchzuführen (*schwache Korrektheit, weak soundness*).

Es werde außerdem angenommen, dass Alice unbeschränkte, Bob und Oskar jedoch nur polynomial-beschränkte Rechenzeit haben. □

Die Forderung der polynomialen Rechenzeitbeschränkung von Bob ist erforderlich, da für die in Zero-Knowledge-Protokollen zu beweisenden Aussagen Bob bei unbeschränkter Rechenzeit selber einen Beweis finden würde.

In einer abgeschwächten Form der Definition kann man verlangen, dass in (a) Bob jeweils nur mit „überwältigend großer" Wahrscheinlichkeit akzeptiert. Die Misserfolgswahrscheinlichkeit ist dann von keiner praktischen Bedeutung.

Was ist nun der Unterschied zwischen den beiden Teilen der Definition 11.1? Bei einem Beweissystem für die Sprachzugehörigkeit kann sich Bob mit einer kleinen Fehlerwahrscheinlichkeit darauf verlassen, dass im Fall des Akzeptierens $x \in L$ gilt. Wie der Beweis der Aussage zustande kommt, interessiert ihn dabei nicht. Bei einem Wissensbeweis-System ist aber gerade die Kenntnis des Beweises für $w \in L_R$ das Entscheidende, davon soll Bob in dem Protokoll überzeugt werden. Elemente $w' \notin L_R$ werden gar nicht betrachtet. Wir kümmern uns nicht darum, ob Oskar vielleicht für einen solchen Wert einen Beweis liefern kann. Daher sprechen wir nur von schwacher Korrektheit. Ein solches Protokoll wird benutzt, wenn von vornherein klar ist, dass $w \in L_R$ gilt, was zum Beispiel durch eine dritte Partei gewährleistet werden kann (siehe Protokoll 11.2). Man beachte, dass im Allgemeinen aus der Korrektheit nicht die schwache Korrektheit folgt. Wenn bei einem Beweissystem beide Eigenschaften erfüllt sind, so nennt man das System *stark korrekt*.

In unserem einführenden Beispiel handelt es sich um ein interaktives Beweissystem zur Sprachzugehörigkeit. Wir hatten $L = \{a\}$ gesetzt. Die Eigenschaften (a) und (b) vom ersten Teil der Definition sind offenbar erfüllt.

Für $R = \{(a, z) \mid z \text{ Zauberformel zum Öffnen der Tür}\}$ ist z ein Zeuge für den Wert a. Die Eigenschaft (a) des zweiten Teils der Definition ist ebenfalls erfüllt. Wir betrachten nun den Teil (b). Dort wird recht vage von „nicht vernachlässigbarer Wahrscheinlichkeit" gesprochen. Wir wollen dies nicht formal spezifizieren. Falls Oskar n-mal in die Höhle hineingeht, muss diese Wahrscheinlichkeit jedenfalls größer als $\frac{1}{2^n}$ sein, zum Beispiel $\epsilon \geq \frac{1}{2^{n-1}}$. Dann kann er auf einen erwarteten Anteil ϵ der Herausforderungen von Bob richtig reagieren, also auf mindestens $\epsilon \cdot 2^n \geq 2$ der 2^n möglichen Folgen von Herausforderungen. Das bedeutet, dass er bei mindestens einem Fall über Informationen verfügt, aus denen er leicht („mit Hilfe des Algorithmus A") eine Zauberformel „berechnen" kann. Somit ist die Eigenschaft (b) erfüllt, es handelt sich bei unserem Beispiel also auch um ein Wissensbeweis-System.

Da die Sprache L unseres einführenden Beispiels sehr trivial ist, geben wir jetzt die Größen L, R und L_R aus Definition 11.1 für ein weniger einfaches Beispiel an, das wir in Abschnitt 11.2 genauer betrachten werden. Es ist ein Beweis- und Wissensbeweissystem für das Problem, ob eine Zahl w ein quadratischer Rest modulo n ist. Die zugehörigen Größen des Problems sind

$$L = \{(n,w) \mid n \in \mathbb{N}, w \in R_n\},$$
$$R = \{((n,w),s) \mid n \in \mathbb{N}, w \in R_n, s \in \mathbb{Z}_n \text{ mit } s^2 \bmod n = w\} \text{ und}$$
$$L_R = \{(n,w) \mid \text{existiert } ((n,w),s) \in R\} = L.$$

Als nächstes kommen wir zum Zero-Knowledge-Aspekt des einführenden Beispiels. Nehmen wir an, dass Bob mit einer Videokamera alles aufnimmt, was er sieht. Es wird also für alle Durchgänge aufgenommen, wie Alice in der Höhle verschwindet, was Bob Alice zuruft und aus welchem Gang Alice herauskommt. Kann er mit diesem Film, mit diesem *Transkript* des Ablaufs, einer weiteren Person, sagen wir Charles, beweisen, dass Alice die Zauberformel kennt? Sicherlich nicht, denn Alice und Bob könnten vorher abgesprochen haben, aus welchem Gang Alice jeweils erscheinen soll. Sie können somit ein Transkript fälschen. Es ist daher Bob unmöglich, eine dritte Person von der Richtigkeit des Beweises zu überzeugen. Eine echte Aufnahme und eine Fälschung sind voneinander nicht zu unterscheiden. Folglich kann auch Bob aus dem echten Beweis nichts über das Geheimnis erfahren. In diesem Sinn spricht man von einem *Zero-Knowledge-Beweis*.

Ein Transkript lässt sich für jedes interaktive Beweissystem angeben, indem die ausgetauschten Nachrichten in einer entsprechenden Liste notiert werden. Durch einen Fälschungsalgorithmus wird, ohne an einem interaktiven Beweis teilzunehmen, ein Transkript produziert, das wie ein „wirkliches Transkript" aussieht. Der Fälschungsalgorithmus wird oft als *Simulator* bezeichnet. In unserem Beispiel ist der Videofilm das gefälschte Transkript, der Film entsteht aufgrund eines Drehbuchs, wobei das Drehbuch als Fälschungsalgorithmus, also als Simulator aufgefasst werden kann. Ein Simulator kennt das auszuführende Protokoll und besitzt zu Beginn genau dieselben Informationen wie der Prüfende Bob.

Die folgende Definition fasst den Begriff *Zero-Knowledge* genauer. Dabei wollen wir durch die Bezeichnung interaktives Polynomialzeit-Beweissystem explizit deutlich machen, dass die Berechnungen des Prüfenden Bob in Polynomialzeit erfolgen, was wir allerdings schon in Definition 11.1 gefordert hatten.

Definition 11.2 Es sei ein interaktives Polynomialzeit-Beweissystem (nach Teil 1 oder 2 von Definition 11.1) gegeben. S sei ein Simulator, der in erwarteter Polynomialzeit arbeitet. Für jedes $x \in L$ bzw. $x \in L_R$ sei $\mathcal{T}_x$ die Menge aller möglichen Transkripte, die sich jeweils aus der richtigen Ausführung des Protokolls auf x durch Alice und Bob ergeben. Es sei $\mathcal{F}_x$ die Menge aller möglichen gefälschten Transkripte, die S erzeugen kann. Für $T \in \mathcal{T}_x$ sei $P_{\mathcal{T}_x}(T)$ die Wahrscheinlichkeit, mit der T als Transkript bei Ablauf des interaktiven Protokolls produziert wird. Entsprechend sei für $T \in \mathcal{F}_x$ die Wahrscheinlichkeit, dass T durch S erzeugt wird, durch $P_{\mathcal{F}_x}(T)$ gegeben. Wenn $\mathcal{T}_x = \mathcal{F}_x$ und $P_{\mathcal{T}_x}(T) = P_{\mathcal{F}_x}(T)$ für alle $T \in \mathcal{T}_x$ und alle $x \in L$ bzw. $x \in L_R$ gilt, dann hat das interaktive Beweissystem die *perfekte Zero-Knowledge-Eigenschaft für Bob*. $\square$

Die Menge der Transkripte des Simulators und die Menge, die man erhält, wenn Bob tatsächlich an dem interaktiven Beweissystem teilnimmt, haben dieselbe Wahrscheinlichkeitsverteilung. Was immer Bob nach Teilnahme an dem Protokoll tun kann, kann er daher auch ohne Teilnahme an dem Protokoll nach Benutzung des Simulators tun. Der Simulator liefert ihm ein gefälschtes Transkript, das von einem „richtigen" nicht zu unterscheiden ist. Die Information ist in beiden Fällen dieselbe. Irgendein zusätzliches Wissen über das Geheimnis erhält er durch die Teilnahme am Protokoll somit nicht. Intuitiv ist klar, dass unser einführendes Beispiel die perfekte Zero-Knowledge-Eigenschaft für Bob hat.

11.2 Beweissystem für quadratische Reste

Viele Zero-Knowledge-Verfahren beruhen auf der Schwierigkeit, eine Quadratwurzel modulo $n = pq$ berechnen zu können, wenn die Primfaktoren p und q nicht bekannt sind. Im folgenden Protokoll wird gezeigt, wie Alice Bob beweisen kann, dass sie zu einer vorgelegten Zahl $w \in R_n$ eine Quadratwurzel kennt, ohne diese nennen zu müssen. Wir erinnern daran, dass nach Satz 9.9 bei unbekanntem p und q das Berechnen der Quadratwurzel ebenso schwierig ist wie das Finden der Primfaktorzerlegung $n = pq$. Daher kann mit dem folgenden Protokoll Alice, falls sie von einer anderen Person ein beliebiges $w \in R_n$ vorgelegt bekommt, auch indirekt beweisen, dass sie eine Primfaktorzerlegung $n = pq$ kennt.

Protokoll 11.1 (*Beweissystem für quadratische Reste*)
Gegeben: Primzahlen p und q, Alice und Bob bekannte Zahlen $n = pq$ und $w \in R_n$, $k \in \mathbb{N}$ je nach gewünschter Sicherheit.
Zusammenfassung: Alice möchte Bob beweisen, dass sie ein s mit $s^2 \bmod n = w$ kennt.
for $i := 1$ **to** k **do**
(1) Alice wählt eine Zufallszahl $r \in \mathbb{Z}_n^*$ und sendet

$$v = r^2 \bmod n$$

an Bob.
(2) Bob wählt ein zufälliges Bit b und sendet es an Alice.
(3) Alice sendet
$$u = rs^b \bmod n$$

an Bob.
(4) Bob prüft, ob $u^2 \bmod n = vw^b \bmod n$ gilt.
end.
(5) Bob akzeptiert Alice' Beweis, wenn in jeder Runde der Test in Schritt 4 positiv ausgeht. $\square$

Die Rechnungen von Bob sind in polynomialer Zeit durchführbar. Wir werden im nächsten Satz zeigen, dass das Protokoll ein interaktives Wissensbeweis-System ist.

Es ist aber auch als ein interaktives Beweissystem für die Sprachzugehörigkeit aufzufassen, wobei dies so zu verstehen ist, dass nicht nur für $w \in R_n$ wie oben vorgegangen
wird, sondern für ein beliebiges $w \in \mathbb{Z}_n^*$ der Protokollablauf darin besteht, dass Alice
ein geeignetes $v \in \mathbb{Z}_n^*$ schickt, Bob eine Herausforderung $b \in \{0, 1\}$ stellt, auf die
Alice mit einem $u \in \mathbb{Z}_n^*$ zu antworten hat, für das $u^2 \bmod n = vw^b \bmod n$ gelten
muss.

Satz 11.1 Protokoll 11.1 ist vollständig, korrekt und schwach korrekt.

Beweis. Wenn sich Alice und Bob an das Protokoll halten, wird in Schritt 4 für $w \in R_n$

$$u^2 \bmod n = r^2(s^b)^2 \bmod n = r^2(s^2)^b \bmod n = vw^b \bmod n$$

berechnet. Bob akzeptiert also den Beweis. Damit ist die Vollständigkeit bewiesen.

Zur Korrektheit gehen wir von $w \notin R_n$ aus. Nach Satz 9.5 gilt dann

$$w \notin R_p \text{ oder } w \notin R_q.$$

In Schritt 1 bestimmt Alice ein v. Für den Fall $v \in R_n$ erhalten wir, ebenfalls nach
Satz 9.5,

$$v \in R_p \text{ und } v \in R_q.$$

Nach Satz 9.4 folgt insgesamt

$$vw \notin R_p \text{ oder } vw \notin R_q.$$

Daraus ergibt sich $vw \notin R_n$. Wählt jetzt Bob in Schritt 2 das Bit $b = 1$, so geht die
Überprüfung in Schritt 4 negativ aus, da die linke Seite der Gleichung aus R_n und die
rechte nicht aus R_n stammt. Für $b = 0$ ist der Test jedoch positiv. Wählt Bob für $v \notin R_n$
in Schritt 2 das Bit $b = 1$, so kann der Test positiv sein, für $b = 0$ ist er offenbar negativ.
Bei k Iterationen ist die Wahrscheinlichkeit $\leq \frac{1}{2^k}$, dass Bob den Beweis akzeptiert, bei
entsprechender Wahl von k also sehr klein.

Zum Beweis der schwachen Korrektheit stellen wir zunächst fest, dass ein Betrüger
Oskar, falls er ein korrektes Bit b rät, im Fall $b = 1$ ein beliebiges $u \in \mathbb{Z}_n^*$ für Schritt 3
und damit $v = u^2 w^{-1} \bmod n$ für Schritt 1 wählen kann, einen Betrug kann Bob dann
nicht entdecken. Im Fall $b = 0$ wählt Oskar ein beliebiges $u = r \in \mathbb{Z}_n^*$ für den Schritt 3
und $v = r^2 \bmod n$ für Schritt 1, wieder geht der Test in Schritt 4 positiv aus. Die
Wahrscheinlichkeit, dass in jeder der k Iterationen die richtige Wahl getroffen wird, ist
gleich $\frac{1}{2^k}$.

Wir gehen nun davon aus, dass Oskar die Betrugswahrscheinlichkeit erhöhen kann.
Dann muss er mit nicht vernachlässigbarer Wahrscheinlichkeit für ein falsch geratenes
Bit b ein passendes u' für Schritt 3 bestimmen können. Im ersten Fall kann er dann,
wenn Bob also entgegen seiner Vermutung $b = 0$ sendet, ein $u' \in \mathbb{Z}_n^*$ berechnen mit
$u'^2 \bmod n = v = u^2 w^{-1} \bmod n$. Folglich ermittelt Oskar durch $s = uu'^{-1} \bmod n$
einen Zeugen für $w \in R_n$. Im zweiten Fall, wenn Bob $b = 1$ wählt, bestimmt Oskar,
damit der Test positiv ausgeht, ein $u' \in \mathbb{Z}_n^*$ mit $u'^2 \bmod n = vw \bmod n = r^2 w \bmod$
n. Dann gilt $w = u'^2(r^{-1})^2 \bmod n$, und durch $s = u'r^{-1} \bmod n$ hat Oskar einen
Zeugen für $w \in R_n$ berechnet. □

Aus Satz 11.1 folgt auch, dass das Protokoll stark korrekt ist. Bevor wir beweisen, dass Protokoll 11.1 die perfekte Zero-Knowledge-Eigenschaft für Bob besitzt, geben wir den Simulator, also den Fälschungsalgorithmus an.

Algorithmus 11.1 (*Simulator*)
Eingabe: $w \in R_n$.
Ausgabe: gefälschtes Transkript als Liste L.
$L := w$;
for $i := 1$ **to** k **do**
    wähle zufällig $b \in \{0, 1\}$;
    wähle zufällig $u \in \mathbb{Z}_n^*$;
    berechne $v = u^2 (w^b)^{-1} \bmod n$;
    hänge (u, v, b) an L an
end $\square$

Wegen $w \in R_n$ gilt nach Definition 9.1 ggT$(w, n) = 1$, so dass im Algorithmus das Inverse $(w^b)^{-1} \bmod n$ gebildet werden kann. Es ist klar, dass für jedes Tripel der Liste $u^2 \bmod n = vw^b \bmod n$ gilt.

Satz 11.2 Protokoll 11.1 besitzt die perfekte Zero-Knowledge-Eigenschaft für Bob.

Beweis. Wir nehmen $w \in R_n$ an. Ein Transkript T enthält k Tripel der Form (u, v, b) mit $v \in R_n$, $b \in \{0, 1\}$ und $u \in \mathbb{Z}_n^*$ mit $u^2 \bmod n = vw^b \bmod n$. Wir nennen ein solches Tripel gültig. Bei festem u und b hat die Gleichung genau eine Lösung v, nämlich $v = u^2 (w^b)^{-1} \bmod n$. Folglich ist die Anzahl der gültigen Tripel durch die Anzahl der Paare (b, u) bestimmt, das heißt, es gibt $2 \cdot \varphi(n)$ gültige Tripel.

Wenn Alice und Bob sich an das Protokoll halten, dann wird zufällig ein $r \in \mathbb{Z}_n^*$ und ein Bit b gewählt. Dies sind wieder $2 \cdot \varphi(n)$ verschiedene Wahlmöglichkeiten. Diese Wahlen führen zu den gültigen Tripeln

$$(u = rs^b \bmod n, v = r^2 \bmod n, b).$$

Da $s \in \mathbb{Z}_n^*$ eine feste Zahl ist, gibt es wegen der Gruppeneigenschaft von $\mathbb{Z}_n^*$ genau $\varphi(n)$ Zahlen $u = rs \bmod n$. Es existieren also jeweils $\varphi(n)$ Paare $(0, r)$ und $(1, rs \bmod n)$. Folglich gibt es wieder $2 \cdot \varphi(n)$ Paare (b, u). Die zweite Komponente eines Tripels ist wie zuvor durch die beiden anderen Komponenten eindeutig bestimmt. Bei zufälliger Wahl von b und r kommt also genau jedes gültige Tripel vor, und zwar mit der Wahrscheinlichkeit $\frac{1}{2 \cdot \varphi(n)}$.

Der Simulator S (Algorithmus 11.1), der in Polynomialzeit arbeitet, erzeugt offenbar ebenfalls alle gültigen Tripel, jedes einzelne mit Wahrscheinlichkeit $\frac{1}{2 \cdot \varphi(n)}$. Die Mengen $\mathcal{T}_w$ und $\mathcal{F}_w$ stimmen somit überein.

Da ein Transkript aus der Konkatenation von k unabhängigen Tripeln besteht, erhalten wir

$$P_{\mathcal{T}_w}(T) = P_{\mathcal{F}_w}(T) = \frac{1}{(2\varphi(n))^k}$$

für alle Transkripte T. $\square$

Es handelt sich bei Protokoll 11.1 also für Bob sowohl um ein perfektes Zero-Knowledge-Wissensbeweis-System als auch um ein perfektes Zero-Knowledge-Beweissystem für die Sprachzugehörigkeit.

Wir haben im Beweis von Satz 11.2 angenommen, dass Bob dem Protokoll folgt, wenn er daran teilnimmt. Schwieriger wird es, wenn er davon abweicht. Das ist ihm allerdings nur möglich, wenn er die Bits b nicht zufällig wählt. Er kann diese Wahl von vorher gewählten Bits abhängig machen, oder er kann beispielsweise immer $b = 1$ wählen. Dann sehen die Transkripte, die von Bob produziert werden, verschieden von denen aus, die vom Simulator erstellt werden. Um dieses Problem zu lösen, wird ein Polynomialzeit-Simulator eingeführt, der gefälschte Transkripte produziert, die so aussehen wie ein „wirkliches Transkript" bei der Ausführung des interaktiven Protokolls durch Alice und den betrügenden Bob. Dies kann durch die folgende Definition ausgedrückt werden.

Definition 11.3 Es sei ein interaktives Polynomialzeit-Beweissystem (nach Teil 1 oder 2 von Definition 11.1) gegeben. B^* sei ein probabilistischer Polynomialzeitalgorithmus, den ein Prüfender benutzt, um seine Herausforderungen zu erzeugen. Für jedes $x \in L$ bzw. $x \in L_R$ und jedes B^* sei $\mathcal{T}_{B^*,x}$ die Menge aller möglichen Transkripte, die sich jeweils aus der Ausführung des Protokolls auf x durch Alice und B^* ergeben. Für jedes B^* existiere ein Simulator S^*, der ein probabilistischer Algorithmus ist und in erwarteter Polynomialzeit ein gefälschtes Transkript erzeugt. Es sei $\mathcal{F}_{B^*,x}$ die Menge aller möglichen durch S^* gefälschten Transkripte. Für $T \in \mathcal{T}_{B^*,x}$ sei $P_{\mathcal{T}_{B^*,x}}(T)$ die Wahrscheinlichkeit, mit der T als Transkript bei Ablauf des interaktiven Protokolls zwischen Alice und B^* produziert wird. Entsprechend sei für $T \in \mathcal{F}_{B^*,x}$ die Wahrscheinlichkeit, dass T durch S^* erzeugt wird, durch $P_{\mathcal{F}_{B^*,x}}(T)$ gegeben. Wenn $\mathcal{T}_{B^*,x} = \mathcal{F}_{B^*,x}$ und $P_{\mathcal{T}_x,B^*}(T) = P_{\mathcal{F}_x,B^*}(T)$ für alle $T \in \mathcal{T}_{B^*,x}$, alle B^* und alle $x \in L$ bzw. $x \in L_R$ gilt, dann hat das interaktive Beweissystem die *perfekte Zero-Knowledge-Eigenschaft ohne Qualifizierung*. □

Gilt $B^* = $ Bob, ist also Bob ehrlich, dann stimmen die Definitionen 11.2 und 11.3 überein. Um zu zeigen, dass das Protokoll 11.1 die perfekte Zero-Knowledge-Eigenschaft ohne Qualifizierung besitzt, benötigen wir jetzt einen Simulator S^*, der zu B^* konstruiert wird. Der Simulator spielt die Rolle von Alice mit B^* als Unterroutine, wobei B^* immer wieder neu gestartet werden kann. Die Unterroutine befindet sich jeweils in einem Zustand, der die Werte aller Variablen des entsprechenden Algorithmus ausdrückt. Nach einem Neustart wird der Zustand von B^* auf den Zustand zum Zeitpunkt des vorhergenden Neustarts zurückgesetzt.

Algorithmus 11.2 (*Simulator S^**)
Eingabe: $w \in R_n$.
Ausgabe: gefälschtes Transkript als Liste L.
$L := w$;
for $i := 1$ **to** k **do**
    alterZustand:= Zustand(B^*);
    repeat
        wähle zufällig $b \in \{0, 1\}$;
        wähle zufällig $u \in \mathbb{Z}_n^*$;

berechne $v = u^2 (w^b)^{-1} \bmod n$;
rufe B^* mit Eingabe v auf und erhalte Herausforderung $b' \in \{0, 1\}$;
if $b' = b$ **then** hänge (u, v, b) an L an
    else Zustand$(B^*) :=$ alterZustand
  until $b = b'$
end $\square$

Satz 11.3 Protokoll 11.1 besitzt die perfekte Zero-Knowledge-Eigenschaft ohne Qualifizierung.

Beweis. Wie immer B^* die Herausforderung wählt, die Wahrscheinlichkeit, dass das von S^* gewählte Bit b mit dem von B^* gewählten b' übereinstimmt, ist $\frac{1}{2}$. Im Mittel muss S^* für jedes Tripel, das an L angehängt wird, zwei Tripel erzeugen. Insgesamt arbeitet S^* daher in erwarteter Polynomialzeit.

Im Gegensatz zum Beweis von Satz 11.2 stehen wir nun vor der Situation, dass die erzeugten Tripel nicht voneinander unabhängig sind. Wir gehen so vor, dass wir die Wahrscheinlichkeitsverteilungen der jeweils möglichen Teil-Transkripte bestimmen, die zum einen zur Ausführung der Simulation und zum anderen zur Ausführung des normalen interaktiven Beweises gehören. Dazu führen wir eine Induktion über die Anzahl der Runden durch. Für $i = 0, \ldots, k$ seien $P_{\mathcal{T}_w, B^*, i}$ und $P_{\mathcal{F}_w, B^*, i}$ die Wahrscheinlichkeitsverteilungen auf der Menge der Teil-Transkripte $\mathcal{T}_i$ am Ende der Runde i. Speziell gilt $P_{\mathcal{T}_w, B^*, k} = P_{\mathcal{T}_w, B^*}$ und $P_{\mathcal{F}_w, B^*, k} = P_{\mathcal{F}_w, B^*}$. Wenn wir zeigen können, dass für alle $i \in \{0, \ldots, k\}$ die Verteilungen $P_{\mathcal{T}_w, B^*, i}$ und $P_{\mathcal{F}_w, B^*, i}$ gleich sind, sind wir fertig.

Der Fall $i = 0$ ist identisch mit dem Start des Simulators mit der Liste, die nur aus w besteht. Folglich sind die Wahrscheinlichkeitsverteilungen für $i = 0$ gleich. Dies ist der Induktionsbeginn.

Nach Induktionsannahme gelte $P_{\mathcal{T}_w, B^*, i-1} = P_{\mathcal{F}_w, B^*, i-1}$ auf $\mathcal{T}_{i-1}$ für ein $i \geq 1$. Wir überlegen, was während der Runde i des interaktiven Protokolls zwischen Alice und B^* passiert. Die Herausforderung $b' = 0$ von B^* werde von B^* mit der Wahrscheinlichkeit p_1, die Herausforderung $b' = 1$ mit der Wahrscheinlichkeit $1 - p_1$ gewählt. p_1 hängt von dem Zustand des Algorithmus B^* zu Beginn der Runde i ab. Wenn Alice sich an das Protokoll hält, dann wählt sie zufällig ein r aus $\varphi(n)$ Möglichkeiten. Folglich ist die Wahrscheinlichkeit für ein bestimmtes gültiges Tripel

$$(u = r s^{b'} \bmod n, v = r^2 \bmod n, b')$$

für $b' = 0$ durch $\frac{p_1}{\varphi(n)}$ gegeben und für $b' = 1$ durch $\frac{1 - p_1}{\varphi(n)}$.

Nun führen wir eine ähnliche Überlegung für die Simulation durch. Die Wahrscheinlichkeit, dass $b = b' = 0$ in der Runde i gilt, ist $\frac{p_1}{2}$, entsprechend ist die für $b = b' = 1$ gleich $\frac{1 - p_1}{2}$. In beiden Fällen, also insgesamt mit der Wahrscheinlichkeit $\frac{1}{2}$, wird das Tripel (u, v, b) an die Liste L angehängt. Dagegen wird mit Wahrscheinlichkeit $\frac{1}{2}$ in jeder Iteration der **repeat**-Schleife die Liste L nicht verlängert, der Zustand von B^* wird zurückgesetzt und die nächste Iteration gestartet, wobei B^* wieder mit derselben Wahrscheinlichkeit seine Herausforderung b' wählt.

Die Runde i läuft also für ein geeignetes $t \geq 1$ so ab, dass zunächst in $t - 1$ Iterationen der **repeat**-Schleife die Liste L nicht verlängert wird, und zwar jedes Mal mit

Wahrscheinlichkeit $\frac{1}{2}$. In der Iteration t werden dann mit den Wahrscheinlichkeiten $\frac{p_1}{2}$ bzw. $\frac{1-p_1}{2}$ die Herausforderungen $b = b' = 0$ bzw. $b = b' = 1$ gestellt. Außerdem wird, wie in jeder Iteration, $u \in \mathbb{Z}_n^*$ mit Wahrscheinlichkeit $\frac{1}{\varphi(n)}$ gewählt. Speziell für $b' = 0$ ist daher insgesamt die Wahrscheinlichkeit, dass $(u, v, 0)$ als i-tes Tripel des Transkripts in genau der t-ten Iteration geschrieben wird, gleich

$$\frac{p_1}{2^t \varphi(n)}.$$

Da jede Anzahl von Iterationen in Betracht gezogen werden muss, ist die Wahrscheinlichkeit, dass $(u, v, 0)$ das i-te Tripel des Transkripts ist, gleich

$$\frac{p_1}{2\varphi(n)} \cdot \left(1 + \frac{1}{2} + \frac{1}{4} + \dots\right) = \frac{p_1}{\varphi(n)}.$$

Entsprechend ist $\frac{1-p_1}{\varphi(n)}$ die Wahrscheinlichkeit, dass $(u, v, 1)$ das i-te Tripel des Transkripts ist. Daher sind die Wahrscheinlichkeitsverteilungen $P_{\mathcal{T}_w, B^*, i}$ und $P_{\mathcal{F}_w, B^*, i}$ der Teil-Transkripte am Ende der Runde i gleich. Damit ist der Induktionsbeweis beendet. $\square$

Anstatt den Dialog k-mal zu wiederholen, kann Alice auch parallel für k verschiedene Zahlen w_j nachweisen, dass sie eine Quadratwurzel modulo n kennt. Davon wird ähnlich bei dem im Folgenden beschriebenen *Feige-Fiat-Shamir-Verfahren* [56] Gebrauch gemacht, das auf einem etwas einfacheren Verfahren von *Fiat* und *Shamir* [59] beruht. Dieses Verfahren kann zur interaktiven Identifikation benutzt werden, also beispielsweise zur gegenseitigen Identifikation von Rechnern oder zur Benutzeridentifikation mit leistungsfähigen Chipkarten.

Zunächst müssen noch kurz einige zahlentheoretische Begriffe eingeführt werden. Für eine Primzahl $p > 2$ und ein $a \in \mathbb{N}$ mit $\mathrm{ggT}(a, p) = 1$ definieren wir (siehe auch Definition 9.1 und Satz 9.3) das *Legendre-Symbol*

$$\left(\frac{a}{p}\right) = \begin{cases} 1, & \text{falls } a \text{ ein quadratischer Rest modulo } p \text{ ist,} \\ -1, & \text{falls } a \text{ ein quadratischer Nichtrest modulo } p \text{ ist.} \end{cases}$$

Nach Satz 9.4 gilt für Zahlen $a, b \in \mathbb{N}$ mit $\mathrm{ggT}(a, p) = 1$ und $\mathrm{ggT}(b, p) = 1$ die Gleichung

$$\left(\frac{a}{p}\right) \cdot \left(\frac{b}{p}\right) = \left(\frac{ab}{p}\right).$$

Es gelte $n = p_1^{\alpha_1} \cdots p_l^{\alpha_l}$ mit Primzahlen $p_i > 2$ und $\alpha_i \in \mathbb{N}$, $i \in \{1, \dots, l\}$. Für ein $a \in \mathbb{N}$ mit $\mathrm{ggT}(a, n) = 1$ definieren wir mit Hilfe des Legendre-Symbols das *Jacobi-Symbol*

$$\left(\frac{a}{n}\right) = \left(\frac{a}{p_1}\right)^{\alpha_1} \cdots \left(\frac{a}{p_l}\right)^{\alpha_l}.$$

Ist n eine Primzahl, dann stimmen das Legendre- und das Jacobi-Symbol überein. Im Folgenden betrachten wir den Fall $n = pq$ mit zwei verschiedenen Primzahlen, für die

$p \bmod 4 = q \bmod 4 = 3$ gilt. Wir erhalten dann $\left(\frac{-1 \bmod p}{p}\right) = -1$, da $-1 \bmod p$ wegen $(-1)^{\frac{p-1}{2}} \bmod p = \left((-1)^{\frac{p-3}{4}}\right)^2 \cdot (-1) \bmod p = -1 \bmod p$ ein quadratischer Nichtrest modulo p ist. Die entsprechende Gleichung ist auch für q erfüllt. Ein quadratischer Rest modulo n hat nach Satz 9.5 immer das Jacobi-Symbol 1. Wir erhalten den Wert 1 des Jacobi-Symbols unter den hier angenommenen Voraussetzungen über n außerdem auch immer dann, wenn a ein quadratischer Nichtrest modulo n mit $\left(\frac{a}{p}\right) = \left(\frac{a}{q}\right) = -1$ ist. Es folgt $\left(\frac{-a \bmod p}{p}\right) = \left(\frac{-a \bmod q}{q}\right) = 1$, so dass $-a \bmod n$ ein quadratischer Rest modulo n ist. Daher gilt hier $\left(\frac{a}{n}\right) = 1$ genau dann, wenn a oder $-a \bmod n$ ein quadratischer Rest modulo n ist.

Wir nehmen an, dass ein Vertrauenszentrum (Trust Center) existiert, dass für alle registrierten Benutzer die Identifikationsinformationen öffentlich bereithält.

Algorithmus 11.3 (*Bestimmung der Identifikationsinformationen von Alice*)
  (1) Das Vertrauenszentrum bestimmt zwei verschiedene geheime Primzahlen p und q mit $p \bmod 4 = q \bmod 4 = 3$ und veröffentlicht für alle Benutzer $n = pq$ und eine Konstante $k \in \mathbb{N}$ je nach gewünschter Sicherheit.
  (2) Alice bestimmt zufällig k Elemente $s_1, \ldots, s_k \in \mathbb{Z}_n^*$.
  (3) Sie wählt zufällig einen binären Vektor $(c_1, \ldots, c_k)$.
  (4) Sie berechnet
  $$w_j = (-1)^{c_j}(s_j^2)^{-1} \bmod n$$
  für alle $j \in \{1, \ldots, k\}$.
  (5) Das Vertrauenszentrum erhält von Alice die Werte $w_1, \ldots w_k$ und überprüft ihre persönlichen Angaben ID(Alice), beispielsweise anhand eines Personalausweises. Falls $\left(\frac{w_j}{n}\right) = 1$ für alle $j \in \{1, \ldots, k\}$ gilt, registriert sie ID(Alice) und die Zahlen $w_1, \ldots, w_k$ in einem öffentlichen Verzeichnis. $\square$

Die Zahlen w_j können alle Zahlen mit Jacobi-Symbol 1 annehmen. Die s_j existieren somit unabhängig davon, ob w_j ein quadratischer Rest oder Nichtrest ist.

Die persönlichen Angaben ID(Alice) sowie die Zahlen $s_1, \ldots, s_k$ und n kann man auch zusammen mit den im nächsten Protokoll von Alice benötigten Algorithmen auf einer leistungsfähigen Chipkarte unterbringen. Falls man dem Vertrauenszentrum voll vertraut, kann man auch diesem die Herstellung einer entsprechenden Chipkarte überlassen.

Protokoll 11.2 (*Feige-Fiat-Shamir-Verfahren zur Identifikation*)
Gegeben: Die Zahlen $s_1, \ldots, s_k, w_1, \ldots, w_k, n \in \mathbb{N}$ und k wie in Algorithmus 11.3 bestimmt, $t \in \mathbb{N}$ je nach gewünschter Sicherheit.
Zusammenfassung: Alice identifiziert sich bei Bob.
  (1) Alice sendet Bob ihre persönlichen Angaben ID(Alice).
  (2) Bob besorgt sich aus dem öffentlichen Verzeichnis des Vertrauenszentrums die Werte $w_1, \ldots, w_k$.
  for $i := 1$ **to** t **do**
  (3) Alice wählt eine Zufallszahl $r_i \in \mathbb{Z}_n^*$ und ein Zufallsbit b_i und sendet
  $$v_i = (-1)^{b_i} r_i^2 \bmod n$$

an Bob.

(4) Bob wählt k Zufallbits $b_{i1}, \dots, b_{ik}$ und sendet Alice den Vektor $(b_{i1}, \dots, b_{ik})$.

(5) Alice übermittelt

$$u_i = r_i \cdot \prod_{\substack{j \\ b_{i,j}=1}} s_j \bmod n$$

an Bob.

(6) Bob berechnet

$$v'_i = u_i^2 \cdot \prod_{\substack{j \\ b_{i,j}=1}} w_j \bmod n$$

und überprüft, ob $v'_i = \pm v_i \bmod n$ gilt.

end.

(7) Bob akzeptiert die Identifizierung, wenn alle Überprüfungen positiv aus-gehen. $\square$

Im Protokoll und auch im Folgenden bedeutet $\pm$, dass eine von zwei Möglichkeiten gelten soll.

Beispiel 11.1 Das Vertrauenszentrum wählt zwei Primzahlen $p = 19$ und $q = 23$, für die offenbar $19 \bmod 4 = 23 \bmod 4 = 3$ gilt, und veröffentlicht $n = 19 \cdot 23 = 437$ sowie die Sicherheitsparameter $k = 4$ und $t = 1$. Alice bestimmt die zufälligen Zahlen

$$s_1 = 53, \ s_2 = 100, \ s_3 = 104, \ s_4 = 303$$

aus $\mathbb{Z}_{437}^*$ sowie den Binärvektor $(c_1, c_2, c_3, c_4) = (1, 0, 0, 1)$. Diese Daten hält sie geheim. Sie berechnet $w_j = (-1)^{c_j} (s_j^2)^{-1} \bmod 437$ für $j \in \{1, 2, 3, 4\}$, also

$$\begin{aligned}
w_1 &= -(53^2)^{-1} \bmod 437 = -187^{-1} \bmod 437 = -215 \bmod 437 = 222, \\
w_2 &= \ (100^2)^{-1} \bmod 437 = \ \ 386^{-1} \bmod 437 = 377, \\
w_3 &= \ (104^2)^{-1} \bmod 437 = \ \ 328^{-1} \bmod 437 = 4, \\
w_4 &= -(303^2)^{-1} \bmod 437 = \ -39^{-1} \bmod 437 = -381 \bmod 437 = \ 56.
\end{aligned}$$

Diese Werte w_1, w_2, w_3, w_4 werden in das öffentliche Verzeichnis eingetragen. Da vereinfachend $t = 1$ gewählt wurde, lassen wir die entsprechenden Indizes i aus Protokoll 11.2 fort. Alice wählt $r = 200 \in \mathbb{Z}_{437}^*$ und ein Zufallsbit $b = 0$ und sendet

$$v = r^2 \bmod 437 = 200^2 \bmod 437 = 233$$

an Bob. Bob schickt die Herausforderung $(b_1, b_2, b_3, b_4) = (0, 1, 0, 1)$ an Alice. Alice übermittelt

$$u = r \cdot s_2 \cdot s_4 \bmod 437 = 200 \cdot 100 \cdot 303 \bmod 437 = 121$$

an Bob. Bob berechnet

$$v' = u^2 \cdot w_2 \cdot w_4 \bmod 437 = 121^2 \cdot 377 \cdot 56 \bmod 437 = 204.$$

Er stellt fest, dass $v' = 204 = -233 \bmod 437 = -v \bmod 437$ gilt und akzeptiert daher die Identifizierung. $\square$

Satz 11.4 Protokoll 11.2 ist vollständig und schwach korrekt.

Beweis. Sind Alice und Bob dem Protokoll korrekt gefolgt, so berechnet Bob in Schritt 6

$$v'_i = u_i^2 \cdot \prod_{\substack{j \\ b_{i,j}=1}} w_j \bmod n = r_i^2 \cdot \prod_{\substack{j \\ b_{i,j}=1}} s_j^2 w_j \bmod n = \pm r_i^2 \bmod n = \pm v_i,$$

das Protokoll ist also vollständig. Der Beweis der schwachen Korrektheit kann in [56] nachgelesen werden. $\square$

Wenn wir hier auch nicht den Beweis für die schwache Korrektheit geführt haben, so wollen wir doch einige Überlegungen zur Sicherheit anstellen. Wenn Oskar betrügen will, sich also als Alice ausgeben möchte, dann muss er sich die zugehörigen Werte $w_1, \ldots, w_k$ besorgen und in jeder Iteration bereits in Schritt 3 einen korrekten Vektor $(b_{i1}, \ldots, b_{ik})$ von Bits raten und

$$v_i = \pm r_i^2 \prod_{\substack{j \\ b_{i,j}=1}} w_j \bmod n \quad \text{und} \quad u_i = r_i$$

für ein beliebiges $r_i \in \mathbb{Z}_n^*$ für die Schritte 3 und 5 des Protokolls wählen. Mit diesen Werten stellt Bob in Schritt 6 keinen Betrug fest. Die Wahrscheinlichkeit für solche Wahlen ist bei t Runden $\frac{1}{2^{kt}}$. Wenn er diese Wahrscheinlichkeit merkbar erhöhen will, muss er mit einer nicht vernachlässigbaren Wahrscheinlichkeit für zwei falsch geratene Bit-Vektoren $(b_{i,j})$ und $(b'_{i,j})$ zu einem angegebenen v_i die Wurzeln $u_i \bmod n$ von

$$\pm v_i \cdot \Big(\prod_{\substack{j \\ b_{i,j}=1}} w_j \Big)^{-1} \bmod n \text{ sowie } u'_i \bmod n \text{ von } \pm v_i \cdot \Big(\prod_{\substack{j \\ b'_{i,j}=1}} w_j \Big)^{-1} \bmod n \text{ bestimmen}$$

können. Aus u_i und u'_i berechnet er dann $u'_i(u_i)^{-1} \bmod n$, das ein Produkt einiger der Werte s_j und $s_j^{-1} \bmod n$ ist. Er hat damit zwar nicht die Geheimnisse $s_1, \ldots, s_k$ von Alice bestimmt, jedoch einen Wert, von dem wir ausgehen, dass er ihn ebenso wenig wie die einzelnen s_j berechnen kann.

Das Vertrauenszentrum wird nur zur Registrierung gebraucht, anschließend kann sich Alice gegenüber jedem anderen, z. B. gegenüber Bob, ausweisen. Bob akzeptiert Alice' Identität nur dann, wenn alle t Protokolldurchläufe erfolgreich waren. Die Wahrscheinlichkeit, dass Oskar (bei Kenntnis von $w_1, \ldots, w_k$) behauptet, Alice zu sein und so Bob betrügen kann, ist, wie wir gesehen haben, $\frac{1}{2^{kt}}$. Ein Wert von $\frac{1}{2^{20}}$ wird bei den meisten Anwendungen als ausreichend angesehen. Dazu genügt es, $k = 5$ und $t = 4$ zu wählen. Damit brauchen sowohl Alice als auch Bob durchschnittlich $\frac{t(k+2)}{2} = 14$ Multiplikationen, um ein solches Identifikationsprotokoll t-mal zu durchlaufen. Zum Vergleich geben wir an, dass eine digitale Signatur mit dem RSA-Verfahren 768 Multiplikationen benötigt.

Auch hier kann die perfekte Zero-Knowledge-Eigenschaft ohne Qualifizierung nachgewiesen werden. Bob oder ein anderer Angreifer Oskar hat nämlich die Möglichkeit, ein solches Protokoll mit Hilfe der Daten $w_1, \ldots, w_k$ von Alice vorzutäuschen. Er kann einen Simulator ähnlich dem von Algorithmus 11.2 konstruieren. Für jedes $i \in \{1, \ldots, t\}$ wählt er zufällig den Vektor $(b_{i1}, \ldots, b_{ik})$ sowie u_i und berechnet damit $v_i = \pm u_i^2 \cdot \prod\limits_{\substack{j \\ b_{i,j}=1}} w_j \bmod n$. Damit lässt sich dann die perfekte Zero-

Knowledge-Eigenschaft beweisen (siehe [56]). Das bedeutet, dass durch die Aktionen des Protokolls keine Informationen bekannt werden, mit denen sich Oskar irgend jemandem gegenüber als Alice identifizieren kann. Nur Alice hat diese Möglichkeit. Man spricht bei diesem Protokoll daher von einem *Identifikationsverfahren* (siehe auch Kapitel 15).

Aus dem ursprünglichen Protokoll von *Fiat* und *Shamir* zur Identifikation [59], das sich von Protokoll 11.2 dadurch unterscheidet, dass die mit den Jacobi-Zahlen zusammenhängenden Rechnungen fehlen, gewinnen wir jetzt einen Algorithmus für digitale Signaturen. Im ursprünglichen Protokoll sowie in Protokoll 11.2 wählt Bob zufällige Werte $b_{i,j}$, $i \in \{1, \dots, t\}$, $j \in \{1 \dots, k\}$. Diese Werte werden im Wesentlichen durch gewisse Bits ersetzt, die sich durch Alice' Anwendung einer Hashfunktion h auf die Nachricht M ergeben.

Algorithmus 11.4 (*Schlüsselerzeugung für das Feige-Fiat-Shamir-Signaturverfahren*)
Zusammenfassung: Alice erzeugt sich einen öffentlichen und einen zugehörigen geheimen Schlüssel.
(1) Alice bestimmt zwei verschiedene geheime Primzahlen p und q und eine Konstante $k \in \mathbb{N}$ und berechnet $n = pq$.
(2) Sie bestimmt zufällig k Elemente $s_1, \dots, s_k \in \mathbb{Z}_n^*$ als ihren privaten Schlüssel und berechnet
$$w_j = (s_j^2)^{-1} \bmod n$$
für alle $j \in \{1, \dots, k\}$.
(3) Alice' öffentlicher Schlüssel ist durch $(w_1, \dots, w_k)$ und n gegeben. □

Algorithmus 11.5 (*Signaturverfahren nach Feige-Fiat-Shamir*)
Gegeben: Nachricht M, Hashfunktion h, Alice' geheimer Schlüssel $(s_1, \dots, s_k)$ und öffentlicher Schlüssel $(w_1, \dots, w_k)$ mit $n \in \mathbb{N}$, $t \in \mathbb{N}$ je nach gewünschter Sicherheit.
Zusammenfassung: Alice signiert die Nachricht M, die Bob verifiziert.
(1) (a) Alice wählt für alle $i \in \{1, \dots, t\}$ zufällige Zahlen $r_i \in \mathbb{Z}_n^*$ und berechnet
$$v_i = r_i^2 \bmod n, \quad i \in \{1, \dots, t\}.$$

(b) Alice berechnet den Hashwert $h(M\|v_1\|v_2\|\dots\|v_t)$. Für $b_{i,j}$, $i \in \{1, \dots, t\}$, $j \in \{1 \dots, k\}$, verwendet sie die ersten $k \cdot t$ Bits des Hashwertes.
(c) Für alle $i \in \{1, \dots, t\}$ berechnet Alice
$$u_i = r_i \cdot \prod\limits_{\substack{j \\ b_{i,j}=1}} s_j \bmod n.$$

(d) Alice sendet die Nachricht M, die Werte $b_{i,j}$ und alle u_i, $i \in \{1, \dots, t\}$, an Bob.

(2) (a) Bob besorgt sich Alice' öffentlichen Schlüssel $(w_1, \ldots, w_k)$ und n.

(b) Bob berechnet

$$v_i = u_i^2 \cdot \prod_{\substack{j \\ b_{i,j}=1}} w_j \bmod n$$

für alle $i = 1, \ldots, t$.

(c) Bob überprüft, ob die ersten $k \cdot t$ Bits von $h(M\|v_1\|v_2\|\ldots\|v_t)$ mit den Elementen $b_{i,j}$, $i \in \{1, \ldots, t\}$, $j \in \{1 \ldots, k\}$, übereinstimmen. In diesem Fall akzeptiert Bob die Signatur. $\square$

Wenn der Algorithmus korrekt ausgeführt wird, berechnet Bob in Schritt 2(b) tatsächlich die von Alice in Schritt 1(a) bestimmten Werte v_i. Dann entsprechen die ersten $k \cdot t$ Bits des Hashwerts $h(M\|v_1\|v_2\|\ldots\|v_t)$ den Werten $b_{i,j}$, $i \in \{1, \ldots, t\}$, $j \in \{1, \ldots, k\}$. Die Wahrscheinlichkeit, einen Klartext M' und Werte $v_1', \ldots, v_t'$ zu finden, die zu einem Hashwert mit genau denselben ersten $k \cdot t$ Bits führen, ist $\frac{1}{2^{kt}}$. Das ist derselbe Wert, mit dem Oskar diesen Algorithmus im Namen von Alice durchführen kann. In der Praxis hängt die Wahl von k und t davon ab, welche Sicherheit gewünscht wird. Wegen der Möglichkeit, außerhalb des Ablaufs des Algorithmus einen Angriff durchzuführen, muss kt wesentlich größer als in Protokoll 11.2 sein. Auf jeden Fall ist die Anzahl der mathematischen Operationen bei diesem Signaturverfahren jedoch geringer als zum Beispiel bei der Signatur mit Hilfe des RSA- oder des ElGamal-Verfahrens.

11.3 Beweissystem für diskrete Logarithmen

Wir geben jetzt ein Zero-Knowledge-Protokoll für ein Entscheidungsproblem an, das mit dem Problem des diskreten Logarithmus zusammenhängt. Zunächst formulieren wir das Entscheidungsproblem.

Definition 11.4 Das *Untergruppenelementproblem* ist wie folgt definiert: Es seien $n \in \mathbb{N}$ und $\alpha, \beta \in \mathbb{Z}_n^*$. Die Ordnung von α in $\mathbb{Z}_n^*$ sei l. Ist β ein Element derjenigen Untergruppe von $\mathbb{Z}_n^*$, die von α erzeugt wird? (In anderen Worten: gilt $\beta = \alpha^s \bmod n$ für ein $s \in \mathbb{Z}_l$?) $\square$

Es ist klar, dass die Zahl s, falls sie existiert, der diskrete Logarithmus $\log_\alpha \beta$ ist.

Protokoll 11.3 (*Beweis für diskrete Logarithmen*)
Gegeben: $n \in \mathbb{N}$, $\alpha, \beta \in \mathbb{Z}_n^*$, l Ordnung von α in $\mathbb{Z}_n^*$, $k \in \mathbb{N}$ je nach gewünschter Sicherheit.
Zusammenfassung: Alice beweist Bob, dass sie ein $s \in \mathbb{Z}_l$ kennt mit $\beta = \alpha^s \bmod n$.
for $i := 1$ **to** k **do**

(1) Alice wählt eine Zufallszahl $r \in \mathbb{Z}_l$ und sendet

$$\gamma = \alpha^r \bmod n$$

an Bob.

(2) Bob wählt ein zufälliges Bit b und sendet es an Alice.

(3) Alice berechnet

$$h = (r + bs) \bmod l,$$

wobei $s = \log_\alpha \beta$ ist, und sendet h an Bob.

(4) Bob prüft, ob

$$\alpha^h \bmod n = \beta^b \gamma \bmod n$$

gilt.

end.

Bob akzeptiert Alice' Beweis, wenn in jeder Runde der Test in Schritt 4 positiv ausgeht. □

Satz 11.5 Protokoll 11.3 ist vollständig, korrekt und schwach korrekt.

Beweis. Der Beweis ist ähnlich wie der von Satz 11.1. Wenn Alice wirklich ein s wie angegeben kennt, berechnet Bob in Schritt 4 mit Hilfe von Satz 7.6

$$\alpha^h \bmod n = \alpha^{r+bs} \bmod n = \alpha^r (\alpha^s)^b \bmod n = \gamma \beta^b \bmod n.$$

Das ist die Vollständigkeit.

Zur Korrektheit gehen wir von einem Element $\beta \in \mathbb{Z}_n^*$ aus, das kein Element der von α erzeugten Untergruppe U ist. Zunächst überlegen wir uns allgemein, dass für ein beliebiges $\gamma \in U$ wegen der Untergruppeneigenschaft von U die Relation $\gamma\beta \bmod n \notin U$ folgt. Wählt Alice jetzt in Schritt 1 ein solches $\gamma \in U$, so geht der Test in Schritt 4 des Protokolls für $b = 1$ negativ aus. Wählt sie $\gamma \notin U$, so schlägt der Test für $b = 0$ fehl. Bei k Durchläufen des Protokolls ist die Wahrscheinlichkeit $\leq \frac{1}{2^k}$, dass Bob den Beweis akzeptiert.

Zur schwachen Korrektheit überlegen wir uns zunächst, dass Oskar, falls er ein korrektes Bit errät, im Fall $b = 0$ ein beliebiges $h = r$ für Schritt 3 und damit $\gamma = \alpha^r \bmod n$ für Schritt 1 wählen kann. Der Test in Schritt 4 geht offenbar positiv aus. Rät Oskar richtig $b = 1$, wählt er ein beliebiges $h \in \mathbb{Z}_l$ für Schritt 3 und berechnet dazu $\gamma = \alpha^h \beta^{-1} \bmod n$. Auch hier ist der Test positiv. Die Wahrscheinlichkeit, dass Oskar in jeder Iteration das richtige Bit rät, ist $\frac{1}{2^k}$.

Wir nehmen an, dass Oskar für ein falsch geratenes Bit mit nicht vernachlässigbarer Wahrscheinlichkeit ein passendes $\bar{h}$ für Schritt 3 bestimmen kann. Ist er fälschlich von $b = 0$ ausgegangen, so kann er in diesem Fall ein $\bar{h} \in \mathbb{Z}_l$ mit $\alpha^{\bar{h}} \bmod n = \beta\alpha^r \bmod n$ berechnen, also mit $\alpha^{\bar{h}-r} \bmod n = \beta$. Damit hat er den diskreten Logarithmus $(\bar{h} - r) \bmod l$ von β ermittelt. Hat er zunächst $b = 1$ angenommen, Bob jedoch das Bit $b = 0$ gesendet, so kann er in diesem Fall ein $\bar{h} \in \mathbb{Z}_l$ mit $\alpha^{\bar{h}} \bmod n = \alpha^h \beta^{-1} \bmod n$ oder gleichwertig mit $\alpha^{h-\bar{h}} \bmod n = \beta$ berechnen. In diesem Fall hat er mit $(h-\bar{h}) \bmod l$ den diskreten Logarithmus von β bestimmt. In beiden Fällen erhält er einen Zeugen für $\beta \in U$. □

Ohne Beweis, der ähnlich wie der Beweis von Satz 11.3 verläuft, nennen wir

Satz 11.6 Protokoll 11.3 besitzt die perfekte Zero-Knowledge-Eigenschaft ohne Qualifizierung. □

11.4 NP-Vollständigkeit

Es gibt viele Zero-Knowledge-Beweise für Probleme, deren Sicherheit auf der NP-Vollständigkeit der entsprechenden Probleme beruht. Im nächsten Abschnitt werden wir auf solche Beweise zu sprechen kommen. Daher wollen wir jetzt die nötigen Begriffe der Komplexitätstheorie kurz erläutern.

In den vergangenen Kapiteln hatten wir schon oft über den Zeitaufwand verschiedener Algorithmen gesprochen. Damit sie „schnell" durchgeführt werden konnten, durfte höchstens ein polynomialer Zeitaufwand erforderlich sein.

In der Komplexitätstheorie werden Probleme vor allem bezüglich der Rechenzeit oder des Speicherplatzes klassifiziert, die oder den ein Algorithmus für die ungünstigsten Fälle des Problems zur Lösung benötigt. Wir wollen hier die Klassen P und NP betrachten. Es ist

$P :=$ Klasse aller Entscheidungsprobleme, die durch deterministische Algorithmen in polynomialer Zeit lösbar sind.

Dabei hat ein Entscheidungsproblem, wie wir schon zuvor angegeben haben, als Lösung für jeden speziellen Fall, also für jede Eingabe des Problems, die möglichen Antworten „ja" oder „nein". Der Zeitbedarf des Algorithmus für die ungünstigsten Fälle des Problems, also seine Zeitkomplexität, ist durch ein Polynom in der Länge der Eingabe nach oben beschränkt. Ein solcher Algorithmus hält immer und liefert für jeden Fall des Problems die Antwort „ja" oder „nein". Weiter ist

$NP :=$ Klasse aller Entscheidungsprobleme, die durch nichtdeterministische Algorithmen in polynomialer Zeit lösbar sind.

Ein nichtdeterministischer Algorithmus, der allerdings nur ein theoretisches Konzept darstellt, hat nach jedem Schritt mehrere Zwischenergebnisse zur Verfügung. Er kann diejenigen Zwischenergebnisse „erraten", die ihn zu einer Lösung des Problems führen. Er hält für jeden Fall, der die Antwort „ja" liefert, in polynomialer Zeit. Der Zeitbedarf richtet sich nach der kürzesten möglichen Rechnung, die zu dieser Lösung führt. In anderen Fällen braucht der Algorithmus nicht zu halten. Die Begriffe eines deterministischen bzw. nichtdeterministischen Algorithmus können auch durch die mathematischen Modelle einer deterministischen bzw. nichtdeterministischen Turingmaschine formalisiert werden.

Offenbar gilt $P \subseteq NP$. Außerdem kann ein nichtdeterministischer Algorithmus für ein Problem aus NP mit Hilfe eines deterministischen Algorithmus mit exponentiellem Zeitbedarf simuliert werden. Dieser deterministische Algorithmus ist im Allgemeinen sehr ineffizient und kaum handhabbar. Wir betrachten das *Rucksackproblem (Knapsack-Problem)*:

Beispiel 11.2 Gegeben sei $A = \{a_1, \ldots, a_n\}$ mit $a_i \in \mathbb{N}$, $i \in \{1, \ldots, n\}$, und $S \in \mathbb{N}$. Es wird die Frage gestellt, ob ein $A' \subseteq A$ mit

$$\sum_{a' \in A'} a' = S$$

existiert. Jedes der a_i repräsentiert einen Gegenstand mit dem Volumen a_i. Es wird somit gefragt, ob ein Rucksack des Volumens S, ohne Platz zu verschenken, gefüllt werden kann. Da für jedes $A' \subseteq A$ die Überprüfung

$$\sum_{a' \in A'} a' = S$$

in polynomialer Zeit durchgeführt werden kann, gehört das Problem in die Klasse NP. Ein deterministischer Algorithmus für dieses Problem kann alle 2^n Möglichkeiten $A' \subseteq A$ durchprobieren. Seine Zeitkomplexität ist exponentiell. $\square$

Die Probleme aus P sind für vernünftig große Eingaben in absehbarer Zeit lösbar, sofern nicht der Grad der Polynome zu groß wird. Sie werden daher auch als *handhabbar (tractable)* bezeichnet. Probleme aus $NP - P$ werden dagegen *unhandhabbar (untractable)* oder *schwer (hard)* genannt.

Die Frage, ob $P = NP$ oder $P \neq NP$ gilt, ist offen. Allgemein wird angenommen, dass $P \neq NP$ ist. Diese Annahme wird durch die Existenz von mehr als 1000 NP-vollständigen Problemen gestützt. Ein Problem Π (oder formaler eine entsprechende Sprache) heißt NP-*vollständig*, wenn es zur Klasse NP gehört und sich jedes andere Problem Π' aus NP in polynomialer Zeit auf Π reduzieren lässt, das heißt, wenn ein Polynomialzeitalgorithmus f existiert, der jede Eingabe x von Π' in eine Eingabe $f(x)$ von Π transformiert, so dass

$$x \text{ liefert die Antwort „ja"} \iff f(x) \text{ liefert die Antwort „ja"}$$

gilt. Wenn für ein einziges NP-vollständiges Problem nachgewiesen wird, dass es sich in polynomialer Zeit durch einen deterministischen Algorithmus lösen lässt, so gilt dies offenbar für alle Probleme aus NP. Dann würde $P = NP$ gelten. Ein NP-vollständiges Problem ist also mindestens genauso schwer wie jedes andere Problem aus NP.

Um zu zeigen, dass ein Problem Π NP-vollständig ist, ist es ausreichend zu zeigen, dass ein bekanntes NP-vollständiges Problem in polynomialer Zeit auf das Problem Π zurückgeführt werden kann. Das oben erwähnte Rucksack-Problem ist NP-vollständig.

Weitere Informationen über NP-vollständige Probleme kann man dem Buch von *C. H. Papadimitriou* [110] entnehmen.

11.5 Zero-Knowledge-Protokolle für graphentheoretische Probleme

Zunächst geben wir eine allgemeine Idee an, die für Zero-Knowledge-Beweise NP-vollständiger Probleme benutzt werden kann, aber auch für Probleme aus NP, für die nicht bekannt ist, ob sie zu P gehören. Die Hauptidee der Konstruktion besteht in der von abschließbaren Schachteln (*lockable boxes*), in die Alice, die den Beweis führt, entsprechende Informationen einschließt. Bob, der von der Richtigkeit des Beweises überzeugt werden soll, kann die Schachteln nicht öffnen, da Alice den Schlüssel besitzt. Alice ist jedoch dem Inhalt der Schachteln gegenüber verpflichtet, das heißt, sie kann durch Öffnen der Schachteln ihren Inhalt nicht ändern. Bob kann Alice beim Öffnen beobachten.

Die Schachteln können mit Hilfe des RSA-Verfahrens oder mit diskreten Logarithmen konstruiert werden. Wir werden darauf nach der Besprechung des folgenden Protokolls eingehen.

Ein Problem, bei dem diese Ideen zur Anwendung kommen, ist das der 3-Färbbarkeit eines (ungerichteten) Graphen G. Ein *ungerichteter Graph* $G = (V, E)$ besteht aus einer endlichen Menge V von *Knoten* und einer Menge E von zweielementigen Teilmengen von V, den (ungerichteten) *Kanten*.

Beispiel 11.3 Es sei $G = (\{1, 2, 3, 4\}, \{\{1, 2\}, \{1, 4\}, \{2, 4\}, \{2, 3\}, \{3, 4\}\})$ ein Graph. Er kann bildlich durch

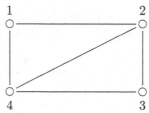

dargestellt werden. $\square$

Eine *3-Färbung* von G besteht in einer Färbung der Knoten von G mit den Farben B (blau), R (rot) und W (weiß), so dass Knoten, die durch eine Kante verbunden sind, nicht dieselbe Farbe haben. Die 3-Färbbarkeit ist ein *NP*-vollständiges Problem. Das folgende Protokoll stammt von *S. Goldwasser, S. Micali* und *A. Wigderson* [67]. Zu seinem besseren Verständnis verweisen wir schon jetzt auf Beispiel 11.4.

Protokoll 11.4 (*Beweis der 3-Färbung eines Graphen*)
Gegeben: Graph G mit t Knoten $1, \ldots, t$.
Zusammenfassung: Alice überzeugt Bob, dass sie eine 3-Färbung von G kennt.
for s:=1 **to** k **do**
(1) Alice bereitet folgende abgeschlossene Schachteln vor: B_i, B_i^C, $B_{i,j}$, $i, j \in \{1, \ldots, 3t\}$, $i < j$. Jede der Schachteln B_i enthält genau einen Knoten und jede der Schachteln B_i^C genau eine Farbe, und zwar so, dass für jedes Paar (k, c), bestehend aus einem Knoten $k \in \{1, \ldots, t\}$ und einer Farbe $c \in \{B, R, W\}$, ein i existiert mit k aus B_i und c aus B_i^C. Dabei treten die Paare (k, c) in den Paaren (B_i, B_i^C) von Schachteln in zufälliger Ordnung auf.
Jede der Schachteln $B_{i,j}$ enthält entweder 0 oder 1. Sie enthält 1 genau dann, wenn *beide* der folgenden Bedingungen erfüllt sind:
(a) Ist k aus B_i und l aus B_j, so existiert eine Kante zwischen k und l in G.
(b) Die Farben, die in Alice' 3-Färbung dabei dem Knoten k bzw. l zugeordnet werden, sind die in B_i^C bzw. B_j^C.
Die Schachteln B_i, B_i^C und $B_{i,j}$ werden als Knoten-, Farb- bzw. Kantenschachteln bezeichnet.
Alice übermittelt Bob diese Schachteln.

(2) Bob wählt zufällig ein Bit b und teilt es Alice mit.

(3) (a) Ist $b = 1$, so öffnet Alice alle Knoten- und Kantenschachteln.

  (b) Ist $b = 0$, so öffnet Alice alle Farbschachteln und alle diejenigen Kantenschachteln $B_{i,j}$, für die die Farben aus B_i^C und B_j^C übereinstimmen.

(4) Bob überprüft, ob im Fall

  (a) er eine Kopie von G sowie $2t$ isolierte Punkte erhalten hat (ist dies nicht der Fall, so bricht er das Protokoll ab),

  (b) alle geöffneten $\frac{3t(t-1)}{2}$ Kantenschachteln 0 enthalten, ob die Farben entsprechend Schritt 3(b) übereinstimmen und ob jede Farbe t-mal in den Farbschachteln vorkommt (ist dies nicht der Fall, so bricht er das Protokoll ab).

end.

Bob ist überzeugt, dass Alice eine 3-Färbung der Knoten kennt, wenn alle Überprüfungen positiv ausgehen. □

Beispiel 11.4 Der Graph ist der aus Beispiel 11.3, wobei in der folgenden Darstellung die Knoten neben ihren Namen mit den Farben gemäß Alice' bekannter 3-Färbung markiert sind.

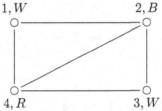

Alice bereitet die folgenden Knoten- und Farbschachteln vor:

i	1	2	3	4	5	6	7	8	9	10	11	12
B_i	2	1	1	4	2	4	3	3	4	1	2	3
B_i^C	W	R	W	B	R	W	B	R	R	B	B	W

Alice konstruiert weiter $\binom{3 \cdot 4}{2} = 66$ Kantenschachteln $B_{i,j}$, und zwar so, dass die 5 Schachteln

$$B_{3,11}, B_{3,9}, B_{9,11}, B_{9,12} \text{ und } B_{11,12}$$

den Wert 1 enthalten und alle anderen 61 Schachteln den Wert 0. Wird gemäß (a) vorgegangen, so erhält Bob den Graphen

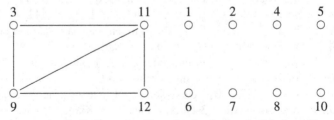

Hierbei benutzen wir die Indizes der Knotenschachteln als Marken. Den geöffneten Knotenschachteln kann Bob entnehmen, dass die Marken 3, 11, 12, 9 in dieser Reihenfolge den Knoten 1, 2, 3, 4 entsprechen. Somit erhält Bob den originalen Graphen ohne Färbung der Knoten. Außerdem erhält er 8 isolierte Knoten.

Wird gemäß (b) vorgegangen, so werden alle Farbschachten und $\frac{3 \cdot 4(4-1)}{2} = 18$ Kantenschachteln

$$B_{1,3}, B_{1,6}, B_{1,12}, B_{2,5}, B_{2,8}, B_{2,9}, B_{3,6}, B_{3,12}, B_{4,7},$$

$$B_{4,10}, B_{4,11}, B_{5,8}, B_{5,9}, B_{6,12}, B_{7,10}, B_{7,11}, B_{8,9}, B_{10,11}$$

geöffnet. Alle diese Kantenschachteln enthalten 0. $\square$

Zunächst überlegen wir uns, warum in Schritt 4(b) von Protokoll 11.4 genau $\frac{3t(t-1)}{2}$ Kantenschachteln geöffnet werden. Nach der Konstruktion der Schachteln müssen jeweils t Farbschachteln B_i^C dieselbe Farbe enthalten. Bei einer festen Farbe bestimmen die Indizes dieser Schachteln die jeweils $\binom{t}{2} = \frac{t(t-1)}{2}$ zu öffnenden Kantenschachteln, da jeder der t Knoten einer festen Farbe mit jedem anderen Knoten derselben Farbe verbunden werden muss. Da wir 3 Farben haben, müssen insgesamt $\frac{3t(t-1)}{2}$ Kantenschachteln geöffnet werden. Daher können die Knoten, die zu den nicht geöffneten Kantenschachteln gehören, jeweils nur verschieden gefärbt sein.

Die folgenden Überlegungen sind nun leicht einzusehen. Die Schachteln müssen in jeder Runde des Protokolls neu konstruiert werden, da sonst Bob in der ersten Runde $b = 1$ wählt und damit eine Kopie von G erhält und ihm in der zweiten Runde bei Wahl von $b = 0$ die zugehörige Färbung bekannt wird. Werden die Schachteln immer neu konstruiert, so empfängt er im Fall (b) nach den vorstehenden Überlegungen die Information, dass zwei benachbarte Knoten (durch einige der nicht geöffneten Kantenschachteln repräsentiert) verschieden gefärbt sind und folglich Alice' 3-Färbung korrekt sein muss. Wenn Alice eine 3-Färbung von G kennt, gehen die Überprüfungen des Protokolls immer positiv aus. Das Protokoll ist also vollständig. Alice (oder ein Betrüger Oskar) kann auf zwei verschiedene Arten betrügen.

(1) Oskar verschließt in den Schachteln nicht eine Beschreibung von G, sondern die eines anderen Graphen mit derselben Anzahl von Knoten t, dessen 3-Färbung er kennt. Falls Bob $b = 1$ wählt, stellt Bob diesen Betrug in Schritt 4(a) sofort fest. Wählt er dagegen das Bit $b = 0$, so kann er diesen Täuschungsversuch nicht erkennen.

(2) Ein anderer Betrugsversuch ist möglich, wenn Oskar zwar den richtigen Graphen angibt, aber eine falsche 3-Färbung benutzt, indem er eine falsche Anzahl von Farben wählt oder aber benachbarte Knoten gleich färbt. Stellt in diesem Fall Bob die Herausforderung $b = 0$, so entdeckt er in Schritt 4(b) sofort eine falsche Anzahl von Farben. Bei einer falschen Färbung müsste Oskar bei dieser Herausforderung entweder Kantenschachteln mit Inhalt 1 öffnen, damit er die passende Übereinstimmung der Farben erreicht, oder anderenfalls, falls alle Kantenschachteln den Wert 0 enthalten sollen, müssten einige der zugeordneten Farbschachteln verschieden gefärbt sein. Auch dieser Betrug wäre von Bob in Schritt 4(b) unmittelbar zu erkennen.

Die Wahrscheinlichkeit, dass Oskar ohne Entdeckung eine falsche 3-Färbung des Graphen behaupten kann, ist somit $\leq \frac{1}{2^k}$. Das Protokoll ist somit korrekt. Wenn Oskar diese Wahrscheinlichkeit erhöhen will, dann muss er mit nicht vernachlässigbarer Wahrscheinlichkeit in der Lage sein, wie die vorstehenden Überlegungen zeigen, eine 3-Färbung für den Graphen zu bestimmen. Insgesamt erhalten wir

Satz 11.7 Protokoll 11.4 ist vollständig, korrekt und schwach korrekt. □

Die perfekte Zero-Knowledge-Eigenschaft gilt nicht, sondern nur eine abgeschwächte Form, nämlich die *berechnungsmäßige Zero-Knowledge-Eigenschaft* (*computational zero-knowledge*). Bei der berechnungsmäßigen Zero-Knowledge-Eigenschaft sind die Wahrscheinlichkeitsverteilungen aus den Definitionen 11.2 und 11.3 in polynomialer Zeit nicht zu unterscheiden. Auf einen Nachweis dieser Eigenschaft wollen wir verzichten.

Jetzt wollen wir auf die Konstruktion der abschließbaren Schachteln eingehen. Die erste Methode verwendet das RSA-Verfahren, indem das Geheimnis mit der öffentlichen Transformation E_A von Alice verschlossen wird. Dabei muss man jedoch darauf achten, dass beispielsweise bei den Schachteln $B_{i,j}$ die einzigen Inhalte 0 und 1 durch Zusatzinformation so chiffriert werden, dass verschiedene Schachteln immer verschiedene chiffrierte Werte haben. Durch Anwendung der geheimen Transformation D_A kann Alice die Schachteln für Bob öffnen. Auf das Ergebnis kann Bob E_A anwenden, um zu überprüfen, ob Alice die richtige Schachtel geöffnet hat. Eine andere Methode beruht auf der Annahme, dass die Berechnung diskreter Logarithmen modulo p praktisch undurchführbar ist. Es handelt sich hier um ein so genanntes *Bit-Commitment-Verfahren*. Ohne Beschränkung der Allgemeinheit kann dabei angenommen werden, dass jede Schachtel nur ein Bit enthält. Wenn sie eigentlich mehr Information enthalten soll, kann sie durch mehrere Schachteln ersetzt werden, die gleichzeitig zu öffnen sind.

Protokoll 11.5 (*Bit-Commitment-Verfahren*)
Gegeben: p Primzahl, g primitive Wurzel modulo p, beide zwischen Alice und Bob
   verabredet.
Zusammenfassung: Alice verschließt ein Bit b in einer Schachtel und öffnet sie später
   für Bob.
(1) Bob wählt zufällig ein $r \in \mathbb{Z}_p^*$ und schickt es an Alice.
(2) Alice wählt zufällig ein $y \in \mathbb{Z}_{p-1}$ und übermittelt an Bob die „Schachtel"

$$x = r^b g^y \bmod p.$$

(3) Später öffnet Alice die Schachtel für Bob, indem sie ihm den Schlüssel y schickt.
(4) Bob überprüft, ob

$$x = g^y \bmod p \quad \text{oder} \quad x = r g^y \bmod p$$

gilt. Im ersten Fall ist $b = 0$ das Bit, im zweiten $b = 1$. □

Wir gehen davon aus, dass es Alice praktisch unmöglich ist, den diskreten Logarithmus von r zu berechnen, also ein $e \in \mathbb{Z}_{p-1}$ mit $g^e \bmod p = r$ zu bestimmen. Jedes Element $a \in \mathbb{Z}_p^*$ ist wegen $r \in \mathbb{Z}_p^*$ und der Gruppeneigenschaft von $\mathbb{Z}_p^*$ für geeignete Elemente $y, y' \in \mathbb{Z}_{p-1}$ sowohl von der Form $g^y \bmod p$ als auch von der Form $r g^{y'} \bmod p$. Daher wird bei der Übermittlung von x in Schritt 2 des Protokolls nichts über das Geheimnis b verraten. Bei der Öffnung der Schachtel in Schritt 3 ist Alice auf das Geheimnis verpflichtet. Sie kann die Schachtel nicht wunschweise als 0 oder 1 öffnen. Anderenfalls könnte sie nämlich zwei Zahlen y und y' wählen mit

$$g^y \bmod p = r \cdot g^{y'} \bmod p.$$

Später könnte sie, je nach gewünschtem Resultat 0 oder 1, y oder y' als Schlüssel nennen. Aus dieser Gleichung folgt

$$r = g^{y-y'} \bmod p.$$

Damit kann Alice den diskreten Logarithmus $(y - y') \bmod (p - 1)$ von r berechnen. Wir haben jedoch angenommen, dass dies praktisch undurchführbar ist.

Aus der Existenz eines berechnungsmäßigen Zero-Knowledge-Beweises für ein konkretes NP-vollständiges Problem können wir allgemein den folgenden Satz herleiten.

Satz 11.8 Für jede „ja"-Lösung eines Problems aus NP gibt es einen berechnungsmäßigen Zero-Knowledge-Beweis.

Beweis. Es sei x ein Fall des betrachteten Problems. Nach Abschnitt 11.4 existiert ein deterministischer Algorithmus f, der x auf einen Fall $f(x)$ des NP-vollständigen 3-Färbbarkeitsproblems in polynomialer Zeit reduziert, also auf einen Graphen $f(x)$. Dabei gilt

$$x \text{ „ja"-Fall} \iff f(x) \text{ 3-färbbar.}$$

Wir können annehmen, dass Alice und Bob beide den Algorithmus f kennen. Somit stehen beiden x und $f(x)$ zur Verfügung. Wenn Alice eine Lösung für x kennt, dann kennt sie auch eine für den Graphen $f(x)$. Ein Zero-Knowledge-Beweis für $f(x)$ ist daher aufgrund der Äquivalenz auch einer für x. $\square$

Ein Zero-Knowledge-Beweis für das folgende Problem kann gemäß Satz 11.8 auf einen entsprechenden Beweis für das 3-Färbbarkeit-Problem zurückgeführt werden. Dann gilt jedoch nur die berechnungsmäßige Zero-Knowledge-Eigenschaft. Wir wollen jedoch einen direkten Beweis angeben (siehe [67]), der nicht auf der Zahlentheorie beruht, sondern unmittelbar auf der Graphentheorie. Dafür gilt dann auch die perfekte Zero-Knowledge-Eigenschaft. Es sei $G = (V, E)$ ein ungerichteter Graph mit der Knotenmenge V und der Kantenmenge E. Zwei Graphen $G_0 = (V_0, E_0)$ und $G_1 = (V_1, E_1)$ heißen *isomorph*, wenn eine Bijektion $\pi : V_0 \to V_1$ existiert mit

$$(u, v) \in E_0 \iff (\pi(u), \pi(v)) \in E_1.$$

Das *Graphisomorphismus-Problem* besteht darin zu entscheiden, ob zwei vorgegebene Graphen G_0 und G_1 isomorph sind. Es ist bekannt, dass dieses Problem aus NP stammt, jedoch ist ungeklärt, ob es NP-vollständig ist.

Protokoll 11.6 (*Beweis eines Graphisomorphismus*)
Gegeben: Graphen G_0, G_1, für die Alice einen Isomorphismus kennt.
Zusammenfassung: Alice möchte Bob beweisen, dass sie einen Isomorphismus zwischen G_0 und G_1 kennt.
for i:=1 **to** k **do**
    (1) Alice berechnet einen Zufallsgraphen H, der isomorph zu G_0 ist, und teilt ihn Bob mit.
    (2) Bob wählt ein zufälliges Bit b und sendet es an Alice.

(3) Alice teilt Bob einen Isomorphismus zwischen G_b und H mit.

(4) Bob überprüft diese Isomorphie.

end.

Bob ist überzeugt, dass Alice einen Isomorphismus zwischen G_0 und G_1 kennt, wenn alle Überprüfungen positiv ausgehen. □

Satz 11.9 Protokoll 11.6 ist vollständig, korrekt und schwach korrekt.

Beweis. Wenn Alice tatsächlich einen Isomorphismus zwischen den beiden Graphen G_0 und G_1 kennt, dann kennt sie eine Bijektion $\pi : V_0 \to V_1$ mit

$$(u, v) \in E_0 \iff (\pi(u), \pi(v)) \in E_1.$$

Außerdem hat sie in Schritt 1 eine Bijektion $\mu : V_0 \to V_H$ erzeugt und damit einen Isomorphismus zwischen den Graphen G_0 und $H = (V_H, E_H)$ mit

$$(u, v) \in E_0 \iff (\mu(u), \mu(v)) \in E_H$$

hergestellt. Wenn $b = 0$ in Schritt 2 gewählt wird, so teilt Alice in Schritt 3 Bob einfach $\mu : V_0 \to V_H$ mit. Ist $b = 1$, so übermittelt sie ihm $\mu \circ \pi^{-1} : V_1 \to V_H$, wobei $\circ$ die Verknüpfung der Abbildungen ist. Die Überprüfungen gehen also positiv aus, das Protokoll ist somit vollständig.

Für die Korrektheit gehen wir davon aus, dass es keinen Isomorphismus zwischen G_0 und G_1 gibt. Hat Alice für Schritt 1 einen Zufallsgraphen berechnet, der zu G_0 (bzw. G_1) isomorph ist, dann hat sie nur Erfolg, wenn Bob in Schritt 2 das Bit $b = 0$ (bzw. $b = 1$) sendet. Nur mit Wahrscheinlichkeit $\frac{1}{2^k}$ gelingt es Alice, bei k Iterationen immer den richtigen Zufallsgraphen anzugeben.

Wenn ein Betrüger Oskar das Protokoll mit nicht vernachlässigbarer Wahrscheinlichkeit mit Bob durchführen kann, dann kann er, falls er das Bit b von Bob falsch geraten hat, jeweils einen Isomorphismus zwischen G_0 und G_1 berechnen. Dies beweist die schwache Korrektheit. □

Die Sicherheit von Protokoll 11.6 beruht auf der Tatsache, dass bis jetzt kein polynomialer Algorithmus für das Graph-Isomorphismus-Problem bekannt ist. Zum Beweis des folgenden Satzes verweisen wir auf Theorem 13.2 in [142].

Satz 11.10 Protokoll 11.6 besitzt die perfekte Zero-Knowledge-Eigenschaft ohne Qualifizierung. □.

12 Der Advanced Encryption Standard

Der Data Encryption Standard (DES), der 1977 vom National Institute of Standards and Technology (NIST) in den USA als Verschlüsselungsstandard für Bundesbehörden eingeführt wurde, wird inzwischen als nicht mehr sicher genug angesehen. Deshalb hat das NIST am 12. September 1997 international aufgefordert, Vorschläge für einen neuen Standard, den *Advanced Encryption Standard (AES)*, einzureichen. Von zunächst 15 Vorschlägen blieben 5 übrig, die internationale Kryptologengemeinschaft wurde eingeladen, sie zu knacken. Allen 5 Kandidaten wurde ein hoher Grad an Sicherheit bescheinigt. Schließlich wurde der Rijndael-Algorithmus von *Joan Daemen* und *Vincent Rijmen* von der Katholieke Universiteit Leuven ausgewählt, am 26. November 2001 als neuer Standard angekündigt und spezifiziert (siehe [102]) und am 26. Mai 2002 eingeführt. Die Autoren haben 2002 eine ausführliche Beschreibung ihres Vorschlags in Buchform vorgelegt [42]. Im Folgenden werden wir die Chiffre mit AES bezeichnen. In der Terminologie orientieren wir uns zum Teil an den oben genannten Beschreibungen und Spezifikationen.

Der AES chiffriert Blöcke von 128 Bits mit Hilfe von Schlüsseln von 128, 192 und 256 Bits. Je nach Schlüssellänge spricht man auch von AES-128, AES-192 oder AES-256. Zunächst müssen wir auf einige mathematische Grundlagen eingehen, die im AES Verwendung finden.

12.1 Mathematische Grundlagen

In Kapitel 7 haben wir bereits (siehe Seite 125) die Körper $GF(2^n)$ der Charakteristik 2 betrachtet. Speziell für den AES wählen wir $GF(2^8) = \mathbb{Z}_2[x]/(m(x))$ mit dem zugehörigen irreduziblen Polynom

$$m(x) = x^8 + x^4 + x^3 + x + 1$$

des Grades 8. Es ist also

$$GF(2^8) = \{a(x) \mid a(x) = a_7 x^7 + \ldots + a_1 x + a_0, a_i \in \mathbb{Z}_2, i = 0, \ldots, 7\}.$$

Die Elemente werden auch als Binärstrings $(a_7 a_6 a_5 a_4 a_3 a_2 a_1 a_0)$, also als Bytes, oder in hexadezimaler Notation als $(h_1 h_0)$ geschrieben. So gilt etwa

$$x^7 + x^6 + 1 = (11000001) = (c1).$$

Für unser Kryptoverfahren ist von Bedeutung, dass jedes Element aus $GF(2^8)$ und jedes Byte sich umkehrbar eindeutig entsprechen. Wir erinnern daran, dass die Addition

© Springer Fachmedien Wiesbaden GmbH, ein Teil von Springer Nature 2018
D. Wätjen, *Kryptographie*, https://doi.org/10.1007/978-3-658-22474-5_12

$\oplus$ komponentenweise erfolgt und die Multiplikation $\bullet$ modulo $m(x)$ durchgeführt wird. Das multiplikative Einselement ist durch die Konstante 1 gegeben, also durch (01) in Hexadezimalschreibweise. Das multiplikative Inverse eines Elementes $a(x) \in GF(2^8)$ wird mit der Verallgemeinerung des erweiterten euklidischen Algorithmus 3.3 berechnet (siehe Seite 126).

Beispiel 12.1 Als Beispiel für eine Multiplikation in $GF(2^8)$ betrachten wir (57) $\bullet$ (83). Für die entsprechenden Polynome über dem Körper $\mathbb{Z}_2$ gilt zunächst

$$(x^6 + x^4 + x^2 + x + 1)(x^7 + x + 1) = x^{13} + x^{11} + x^9 + x^8 + x^6 + x^5 + x^4 + x^3 + 1.$$

Durch Reduktion modulo $m(x)$ (Anwendung des üblichen Divisionsalgorithmus für Polynome) erhalten wir

$$(x^{13} + x^{11} + x^9 + x^8 + x^6 + x^5 + x^4 + x^3 + 1) \bmod (x^8 + x^4 + x^3 + x + 1) = x^7 + x^6 + 1,$$

also (57) $\bullet$ (83) = (c1). $\square$

Eine Operation, die für den AES wichtig ist, ist die Multiplikation eines Polynoms $a(x) \in GF(2^8)$ mit dem Polynom x. Ist $a(x) = a_7 x^7 + \ldots + a_1 x + a_0$, so gilt

$$x \bullet a(x) = (a_7 x^8 + a_6 x^7 + a_5 x^6 + a_4 x^5 + a_3 x^4 + a_2 x^3 + a_1 x^2 + a_0 x) \bmod m(x).$$

Für $a_7 = 0$ ist keine Reduktion durchzuführen. Für $a_7 = 1$ ist das Polynom $m(x)$ abzuziehen, was der komponentenweisen Bildung des exklusiven Oder entspricht. Das liefert das Polynom

$$x \bullet a(x) = a_6 x^7 + a_5 x^6 + a_4 x^5 + (a_3 \oplus 1)x^4 + (a_2 \oplus 1)x^3 + a_1 x^2 + (a_0 \oplus 1)x + 1.$$

Betrachten wir die Bytedarstellungen von $a(x)$ und $x \bullet a(x)$, so erkennen wir, dass sich im Fall $a_7 = 1$ das Polynom $x \bullet a(x)$ aus $a(x)$ durch einen Linksshift sowie anschließende komponentenweise Addition mit (00011011) ergibt (bzw. (1b) hexadezimal). Ist jedoch $a_7 = 0$, so erhalten wir $x \bullet a(x)$ aus genau einem Linksshift. Diese Byteoperation wird mit $xtime$ bezeichnet. In [102] wird für diese Funktion $xtime()$ geschrieben. Die Klammern sollen das einzusetzende Argument andeuten. Wir verzichten auf die Klammern. Dasselbe gilt für später zu definierende Funktionen. Multiplikation mit höheren Potenzen von x kann durch wiederholte Anwendung von $xtime$ erreicht werden. Durch Addition von Zwischenresultaten kann auch die Multiplikation mit irgendeinem anderen Polynom realisiert werden.

Beispiel 12.2 Wir wollen (57) $\bullet$ (13) mit Hilfe von $xtime$ berechnen. Zur Verdeutlichung der einzelnen Schritte wird neben der Hexadezimaldarstellung auch die Bytedarstellung verwendet. Die Linksshiftoperation wird dabei mit LS bezeichnet. Zunächst berechnen wir die Zwischenergebnisse

$$
\begin{aligned}
(57) \bullet (02) &= xtime(57) = LS(01010111) & &= (10101110) = (ae), \\
(57) \bullet (04) &= xtime(ae) = LS(10101110) \oplus (00011011) &= (01000111) &= (47), \\
(57) \bullet (08) &= xtime(47) = LS(01000111) & &= (10001110) = (8e), \\
(57) \bullet (10) &= xtime(8e) = LS(10001110) \oplus (00011011) &= (00000111) &= (07).
\end{aligned}
$$

Damit erhalten wir

$$(57) \bullet (13) = (57) \bullet ((01) \oplus (02) \oplus (10))$$
$$= (01010111) \oplus (10101110) \oplus (00000111) = (11111110) = (\textit{fe}). \quad \square$$

Der AES verwendet Polynome über dem Körper $GF(2^8)$, aber nur solche der Form

$$a(x) = a_3 x^3 + a_2 x^2 + a_1 x + a_0, \ a_i \in GF(2^8), i = 0, 1, 2, 3.$$

Daher müssen Reduktionen modulo einem Polynom über $GF(2^8)$ vom Grade 4 durchgeführt werden. Es wird

$$x^4 + 1 \in GF(2^8)[x]$$

gewählt. Wir bilden also den Ring

$$GF(2^8)[x]/(x^4 + 1).$$

Da x^4+1 kein irreduzibles Polynom über $GF(2^8)$ ist, erhalten wir keinen Körper. Somit muss ein Element dieses so gebildeten Rings nicht unbedingt ein Inverses besitzen.

Wir wollen nun die Addition und die Multiplikation in diesem Ring konkret beschreiben. Ist

$$b(x) = b_3 x^3 + b_2 x^2 + b_1 x + b_0$$

neben einem $a(x)$ in der obigen Darstellung ein weiteres Polynom, dann gilt

$$a(x) + b(x) = (a_3 \oplus b_3)x^3 + (a_2 \oplus b_2)x^2 + (a_1 \oplus b_1)x^1 + (a_0 \oplus b_0),$$

wobei $\oplus$ die Addition in $GF(2^8)$ ist, also das bitweise exklusive Oder auf den entsprechenden Bytes. Für die Multiplikation $\otimes$ berechnen wir zunächst $c(x) = a(x) \bullet b(x)$ als Polynom über $GF(2^8)$. Das liefert offenbar

$$c(x) = c_6 x^6 + c_5 x^5 + c_4 x^4 + c_3 x^3 + c_2 x^2 + c_1 x + c_0$$

mit

$$
\begin{aligned}
&c_0 = a_0 \bullet b_0, && c_1 = a_1 \bullet b_0 \oplus a_0 \bullet b_1, \\
&c_2 = a_2 \bullet b_0 \oplus a_1 \bullet b_1 \oplus a_0 \bullet b_2, && c_3 = a_3 \bullet b_0 \oplus a_2 \bullet b_1 \oplus a_1 \bullet b_2 \oplus a_0 \bullet b_3, \\
&c_4 = a_3 \bullet b_1 \oplus a_2 \bullet b_2 \oplus a_1 \bullet b_3, && c_5 = a_3 \bullet b_2 \oplus a_2 \bullet b_3, \\
&c_6 = a_3 \bullet b_3.
\end{aligned}
$$

Nun muss $c(x)$ modulo $(x^4 + 1)$ reduziert werden. Wir beachten dabei, dass für jedes Polynom $x^i \in GF(2^8)[x]$, $i \geq 4$, die Gleichung

$$x^i = (x^4 + 1) \bullet x^{i-4} + x^{i-4}$$

gilt. Dieser Reduktionsprozess kann fortgesetzt werden, so dass sich insgesamt

$$x^i \bmod (x^4 + 1) = x^{i \bmod 4}$$

ergibt. Wir erhalten damit das (modulare) Produkt

$$d(x) = a(x) \otimes b(x) = c(x) \bmod (x^4 + 1) = d_3 x^3 + d_2 x^2 + d_1 x + d_0$$

mit

$$d_0 = (a_0 \bullet b_0) \oplus (a_3 \bullet b_1) \oplus (a_2 \bullet b_2) \oplus (a_1 \bullet b_3),$$
$$d_1 = (a_1 \bullet b_0) \oplus (a_0 \bullet b_1) \oplus (a_3 \bullet b_2) \oplus (a_2 \bullet b_3),$$
$$d_2 = (a_2 \bullet b_0) \oplus (a_1 \bullet b_1) \oplus (a_0 \bullet b_2) \oplus (a_3 \bullet b_3),$$
$$d_3 = (a_3 \bullet b_0) \oplus (a_2 \bullet b_1) \oplus (a_1 \bullet b_2) \oplus (a_0 \bullet b_3).$$

Wenn $a(x)$ ein festes Polynom ist, kann dieses Produkt durch die Matrizengleichung (Matrizen über $GF(2^8)$)

$$\begin{pmatrix} d_0 \\ d_1 \\ d_2 \\ d_3 \end{pmatrix} = \begin{pmatrix} a_0 & a_3 & a_2 & a_1 \\ a_1 & a_0 & a_3 & a_2 \\ a_2 & a_1 & a_0 & a_3 \\ a_3 & a_2 & a_1 & a_0 \end{pmatrix} \begin{pmatrix} b_0 \\ b_1 \\ b_2 \\ b_3 \end{pmatrix}$$

dargestellt werden. Die Matrix repräsentiert eine lineare Abbildung des Vektorraums $(GF(2^8))^4$ über dem Körper $GF(2^8)$ in sich selbst. Für ein beliebiges Polynom $a(x)$ gibt es zwar kein Inverses, jedoch wird im AES durch Definition 12.4 ein Polynom festgelegt, das ein Inverses besitzt, und zwar

$$a(x) = (03)x^3 + (01)x^2 + (01)x + (02)$$

mit

$$a^{-1}(x) = (0b)x^3 + (0d)x^2 + (09)x + (0e).$$

Der elementare, aber ohne Rechnernutzung aufwändige Nachweis, dass $a^{-1}(x)$ tatsächlich das Inverse ist, soll hier nicht durchgeführt werden.

Im AES-Algorithmus wird auch das Polynom $x^3 \in GF(2^8)[x]$ verwendet (siehe die Transformation **RotWord** aus Definition 12.6). Die Koeffizienten sind also $a_0 = a_1 = a_2 = (00)$ und $a_3 = (01)$. Die Matrix wird zu

$$\begin{pmatrix} (00) & (01) & (00) & (00) \\ (00) & (00) & (01) & (00) \\ (00) & (00) & (00) & (01) \\ (01) & (00) & (00) & (00) \end{pmatrix}.$$

Wird sie auf den Vektor (b_0, b_1, b_2, b_3) angewandt, ergibt sich (b_1, b_2, b_3, b_0), d. h., die Bytes des Eingabewortes werden einem zyklischen Linksshift unterworfen.

12.2 Bezeichnungen

Die Ein- und Ausgaben des AES-Algorithmus werden durch Blöcke von 128 Bits gegeben. Ein Schlüssel besitzt entweder 128, 192 oder 256 Bits. Andere Eingabe-, Ausgabe- oder Schlüssellängen sind im AES nicht erlaubt. Bemerkt werden soll jedoch, dass im ursprünglichen Vorschlag der Autoren *Daemen* und *Rijmen* vom 3.9.1999 auch für Ein- und Ausgabe Blocklängen von 192 oder 256 Bits vorgesehen sind, diese Möglichkeiten im Standard jedoch nicht aufgenommen wurden.

Die Ein- und Ausgaben sowie die Schlüssel werden als Vektoren von Bytes bearbeitet. Ist ein solcher Vektor durch a bezeichnet, dann wird mit a_n das Byte an der n-ten

Stelle bezeichnet, wobei entsprechend den obigen Überlegungen die folgenden Werte für n möglich sind:

$$\begin{aligned}
\text{Blocklänge} &= 128\,\text{Bits: } 0 \le n < 16, \\
\text{Schlüssellänge} &= 128\,\text{Bits: } 0 \le n < 16, \\
\text{Schlüssellänge} &= 192\,\text{Bits: } 0 \le n < 24, \\
\text{Schlüssellänge} &= 256\,\text{Bits: } 0 \le n < 32.
\end{aligned}$$

Die Vektoren aus Bytes werden für Wörter oder Schlüssel von 128 Bits in der Form $a_0 a_1 \ldots a_{15}$ oder $(a_0, a_1, \ldots, a_{15})$ dargestellt. Die Ordnung der Bits und Bytes wird aus der Ordnung der 128-Bit-Eingabe wie folgt abgeleitet. Ist beispielsweise

$$input_0\, input_1 \ldots input_{126}\, input_{127}$$

die Eingabefolge, dann gilt für den entsprechenden Vektor $in = (in_0, \ldots, in_{15})$ der Bytes

$$in_n = (input_{8n}, input_{8n+1}, \ldots, input_{8n+7}), n \in \{0, \ldots, 15\}.$$

Für Schlüssel der Länge 192 oder 256 läuft n bis 23 bzw. 31. In einem Byte gehört das ganz rechts stehende Bit zu x^0 und erhält entsprechend den Index 0. Das ganz links stehende gehört zu x^7 und hat den Index 7. Die Indizierung der Bytes und Bits ist also durch die folgende Tabelle gegeben.

Folge der Eingabebits	0	1	2	3	4	5	6	7	8	9	10	11	12	13	14	15	...
Index des Bytes				0									1				...
Index des Bits im Byte	7	6	5	4	3	2	1	0	7	6	5	4	3	2	1	0	...

Ein wichtiges Konzept ist das eines *Zustands*, auf dem die Operationen des AES-Algorithmus ausgeführt werden. Ein Zustand wird als zweidimensionale $4 \times \text{Nb}$-Matrix definiert, deren Elemente Bytes sind. Nb ist dabei die Blocklänge, dividiert durch 32, so dass $\text{Nb} = 4$ gelten muss. Für andere Blocklängen, die aber in der aktuellen Version von AES nicht zugelassen sind, würden sich andere Werte ergeben. Trotzdem werden wir im Folgenden häufig Nb statt 4 schreiben, um die Erweiterungsmöglichkeiten anzudeuten. Der Zustand ist jedenfalls für den AES eine 4×4-Matrix. Die Menge der Zustände bezeichnen wir auch mit *States*. Ist s ein Zustand, so werden durch $s_{r,c}$, $r, c \in \{0, 1, 2, 3\}$, die jeweiligen Bytes gekennzeichnet. Wie üblich ist r der Zeilen- und c der Spaltenindex. Die Zeilen und Spalten eines Zustands sind Vektoren aus jeweils 4 Bytes. Die Menge solcher Vektoren wird auch als *4Bytes* geschrieben; *4Bytes* kann mit $(GF(2^8))^4$ gleichgesetzt werden.

Zu Beginn der Arbeit des AES-Algorithmus (siehe Algorithmus 12.1) wird die Eingabe *in* in den Zustand kopiert, und zwar in der Ordnung der Bytes, die durch das folgende Bild gegeben ist. Dann werden die Operationen der Chiffre oder der inversen Chiffre auf dem Zustand ausgeführt, am Ende wird schließlich die Ausgabe in den Vektor $out_0\, out_1 \ldots out_{15}$ kopiert.

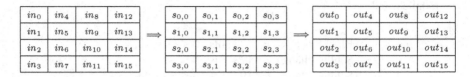

Eingabe-Bytes	Zustandsmatrix	Ausgabe-Bytes

Das Bild zeigt, dass

$$s_{r,c} = in_{r+4c} \text{ und } out_{r+4c} = s_{r,c} \text{ für } r, c \in \{0, 1, 2, 3\}$$

gilt. Die vier Bytes in jeder Spalte eines Zustands bilden ein 32-Bit-Wort. In diesem Sinn kann ein Zustand als ein Vektor $w_0 w_1 w_2 w_3$ von 32-Bit-Wörtern dargestellt werden. Mit den Werten aus der vorstehenden Abbildung gilt dann

$$w_0 = s_{0,0} s_{1,0} s_{2,0} s_{3,0},$$
$$w_1 = s_{0,1} s_{1,1} s_{2,1} s_{3,1},$$
$$w_2 = s_{0,2} s_{1,2} s_{2,2} s_{3,2},$$
$$w_3 = s_{0,3} s_{1,3} s_{2,3} s_{3,3}.$$

12.3 Beschreibung der Chiffrierfunktion

Wie wir schon zuvor festgestellt haben, bestehen im Fall $\mathbf{Nb} = 4$ der Ein- und Ausgabeblock sowie ein Zustand jeweils aus 128 Bits. $\mathbf{Nb} = 4$ gibt die Anzahl der Spalten in einem Zustand an. Die Schlüssellänge ist 128, 192 oder 256, was durch $\mathbf{Nk} = 4, 6$ oder 8 ausgedrückt wird. $\mathbf{Nk}$ stellt die Anzahl der 32-Bit-Wörter im Schlüssel dar. Der AES-Algorithmus führt nun mehrere Runden durch. Diese Anzahl wird mit $\mathbf{Nr}$ bezeichnet und hängt von der Schlüsselgröße ab. Es gilt:

	Nk	Nb	Nr
AES-128	4	4	10
AES-192	6	4	12
AES-256	8	4	14

Das Vorhandensein der Spalte für $\mathbf{Nb}$ soll daran erinnern, dass bei anderen Blockgrößen, in der ursprünglichen Arbeit von *Daemen* und *Rijmen* war auch $\mathbf{Nb} = 6$ oder 8 erlaubt, andere Rundenzahlen zu wählen sind. In jeder Runde benutzt AES, sowohl für Chiffrierung als auch für Dechiffrierung, eine Rundenfunktion, die sich aus vier verschiedenen Byte-orientierten Transformationen zusammensetzt, nämlich aus

(1) der Byte-Substitution **SubBytes**, die eine Substitutionstafel oder S-Box benutzt,

(2) der Verschiebung **ShiftRows**, die innerhalb des Zustands die Zeilenvektoren verschieden weit verschiebt,

(3) dem Vermischen **MixColumns** der Daten innerhalb der Spalten eines Zustands und

(4) dem Addieren **AddRoundKey** des Rundenschlüssels zum Zustand.

Diese Transformationen werden später genauer beschrieben.

Die Rundenfunktion benutzt ein so genanntes Key-Schedule w, eine Schlüsselerweiterung. Dies ist ein eindimensionaler Vektor aus 4-Byte-Wörtern, der in Algorithmus 12.2 aus dem gegebenen Schlüssel berechnet wird. Ein Teilvektor von der Stelle i zur Stelle j wird durch $w[i : j]$ bezeichnet. Speziell interessiert der Fall, dass die Schlüsselerweiterung in Teilvektoren aufgeteilt ist, die jeweils **Nb** (hier also 4) Komponenten zu 4 Bytes haben. Die Menge dieser Teilvektoren wird auch mit *RoundKey* bezeichnet.

Insgesamt kann nun, unter Verwendung der noch genauer zu definierenden oben angegebenen Funktionen, der AES-Algorithmus zur Chiffrierung durch den folgenden Algorithmus dargestellt werden.

Algorithmus 12.1 (*AES-Chiffrierung*)
Eingabe: Eingabevektor *in* aus $4 \cdot$ **Nb** $= 16$ Bytes, Schlüsselerweiterung w gemäß Algorithmus 12.2 als ein Vektor aus **Nb**$\cdot$(**Nr**$+1$) $= 4\cdot$(**Nr**$+1$) Wörtern zu 4 Bytes; außerdem der jeweilige Zustand *state*, eine $4 \times$ **Nb** $= 4 \times 4$-Byte-Matrix.
Ausgabe: Ausgabevektor *out* aus $4 \cdot$ **Nb** $= 16$ Bytes.

begin *state* := *in*; {wie auf Seite 243 beschrieben}
    state := **AddRoundKey**(*state*, $w[0 : (\mathbf{Nb} - 1)]$);
    for round := 1 *to* **Nr** $- 1$ **do**
    state := **SubBytes**(*state*);
    state := **ShiftRows**(*state*);
    state := **MixColumns**(*state*);
    state := **AddRoundKey**(*state*, $w[\text{round} \cdot \mathbf{Nb} : ((\text{round} + 1) \cdot \mathbf{Nb} - 1)]$)
    end;
    state := **SubBytes**(*state*);
    state := **ShiftRows**(*state*);
    state := **AddRoundKey**(*state*, $w[\mathbf{Nr} \cdot \mathbf{Nb} : ((\mathbf{Nr} + 1) \cdot \mathbf{Nb} - 1)]$);
    out := *state* {wie auf Seite 243 beschrieben}
end □

Wir sehen, dass die letzte Runde von den vorhergehenden **Nr** $- 1$ Runden abweicht, da die Transformation **MixColumns** nicht mehr benutzt wird. Im Folgenden müssen wir die vier Transformationen sowie die Schlüssel-Expansions-Routine beschreiben.

Wir definieren zunächst die S-Box, die auf einzelne Bytes, also auf Elemente von $GF(2^8)$ wirkt.

Definition 12.1 Es sei $b = b_7 b_6 b_5 b_4 b_3 b_2 b_1 b_0$ ein Byte. Dann wird eine Abbildung $SBox : GF(2^8) \to GF(2^8)$ in zwei Schritten definiert:
(1) Für $b \neq (00)$ wird das multiplikative Inverse $b' = b^{-1}$ von b in $GF(2^8)$ berechnet, für $b = (00)$ wird $b' = (00)$ gesetzt.

(2) Auf b' wird die folgende affine Transformation angewendet:

$$
\begin{pmatrix} b_0'' \\ b_1'' \\ b_2'' \\ b_3'' \\ b_4'' \\ b_5'' \\ b_6'' \\ b_7'' \end{pmatrix} =
\begin{pmatrix}
1 & 0 & 0 & 0 & 1 & 1 & 1 & 1 \\
1 & 1 & 0 & 0 & 0 & 1 & 1 & 1 \\
1 & 1 & 1 & 0 & 0 & 0 & 1 & 1 \\
1 & 1 & 1 & 1 & 0 & 0 & 0 & 1 \\
1 & 1 & 1 & 1 & 1 & 0 & 0 & 0 \\
0 & 1 & 1 & 1 & 1 & 1 & 0 & 0 \\
0 & 0 & 1 & 1 & 1 & 1 & 1 & 0 \\
0 & 0 & 0 & 1 & 1 & 1 & 1 & 1
\end{pmatrix}
\begin{pmatrix} b_0' \\ b_1' \\ b_2' \\ b_3' \\ b_4' \\ b_5' \\ b_6' \\ b_7' \end{pmatrix} +
\begin{pmatrix} 1 \\ 1 \\ 0 \\ 0 \\ 0 \\ 1 \\ 1 \\ 0 \end{pmatrix}.
$$

Dann gilt $SBox(b) = b''$. $\square$

Man kann offenbar $SBox = f \circ g$ schreiben, wobei g die Bildung des Inversen in $GF(2^8)$ ist und f die affine Transformation. Zu beachten ist, dass der konstante Summandenvektor wegen der Art unserer Indizierung dem Byte (63) entspricht. Die hier angegebene affine Transformation ist eine Bijektion, da die Matrix über $\mathbb{Z}_2$ invertierbar ist. Die inverse Matrix ist

$$
\begin{pmatrix}
0 & 0 & 1 & 0 & 0 & 1 & 0 & 1 \\
1 & 0 & 0 & 1 & 0 & 0 & 1 & 0 \\
0 & 1 & 0 & 0 & 1 & 0 & 0 & 1 \\
1 & 0 & 1 & 0 & 0 & 1 & 0 & 0 \\
0 & 1 & 0 & 1 & 0 & 0 & 1 & 0 \\
0 & 0 & 1 & 0 & 1 & 0 & 0 & 1 \\
1 & 0 & 0 & 1 & 0 & 1 & 0 & 0 \\
0 & 1 & 0 & 0 & 1 & 0 & 1 & 0
\end{pmatrix},
$$

die die Matrix in Definition 12.1 ersetzen muss, damit wir die inverse affine Transformation erhalten.

Da die Abbildung $SBox$ aus Definition 12.1 für alle 256 Bytes die Bilder berechnet, kann ihre Wirkung auch in der Tabelle von Seite 247, der S-Box, dargestellt werden.

Beispiel 12.3 Wir verdeutlichen die Berechnung der S-Box an zwei Fällen. Zunächst ein trivialer Fall: Unmittelbar klar ist, dass das Byte (00) auf (63) fällt.

Als einen komplizierteren Fall betrachten wir das Byte (80), das dem Polynom x^7 entspricht. Das Inverse von x^7 muss modulo dem Polynom $m(x) = x^8 + x^4 + x^3 + x + 1$ berechnet werden. Mit Hilfe der entsprechenden Verallgemeinerung des erweiterten euklidischen Algorithmus 3.3 erhalten wir $x^7 + x + 1$. Die Probe zeigt in der Tat

$$x^{14} + x^8 + x^7 = (x^8 + x^4 + x^3 + x + 1)(x^6 + x^2 + x + 1) + 1.$$

Das Inverse ist also durch das Byte (83) gegeben, das durch den Vektor (als Zeilenvektor geschrieben) $b' = (1,1,0,0,0,0,0,1)$ in Punkt 2 von Definition 12.1 ausgedrückt wird. Die Anwendung der affinen Transformation liefert dann

$$(0,1,1,1,0,1,0,1) + (1,1,0,0,0,1,1,0) = (1,0,1,1,0,0,1,1).$$

Das Ergebnis entspricht dem Byte (cd). Dies Ergebnis finden wir auch in der Tabelle der S-Box. $\square$

		0	1	2	3	4	5	6	7	8	9	a	b	c	d	e	f
	0	63	7c	77	7b	f2	6b	6f	c5	30	01	67	2b	fe	d7	ab	76
	1	ca	82	c9	7d	fa	59	47	f0	ad	d4	a2	af	9c	a4	72	c0
	2	b7	fd	93	26	36	3f	f7	cc	34	a5	e5	f1	71	d8	31	15
	3	04	c7	23	c3	18	96	05	9a	07	12	80	e2	eb	27	b2	75
	4	09	83	2c	1a	1b	6e	5a	a0	52	3b	d6	b3	29	e3	2f	84
	5	53	d1	00	ed	20	fc	b1	5b	6a	cb	be	39	4a	4c	58	cf
	6	d0	ef	aa	fb	43	4d	33	85	45	f9	02	7f	50	3c	9f	a8
	7	51	a3	40	8f	92	9d	38	f5	bc	b6	da	21	10	ff	f3	d2
x	8	cd	0c	13	ec	5f	97	44	17	c4	a7	7e	3d	64	5d	19	73
	9	60	81	4f	dc	22	2a	90	88	46	ee	b8	14	de	5e	0b	db
	a	e0	32	3a	0a	49	06	24	5c	c2	d3	ac	62	91	95	e4	79
	b	e7	c8	37	6d	8d	d5	4e	a9	6c	56	f4	ea	65	7a	ae	08
	c	ba	78	25	2e	1c	a6	b4	c6	e8	dd	74	1f	4b	bd	8b	8a
	d	70	3e	b5	66	48	03	f6	0e	61	35	57	b9	86	c1	1d	9e
	e	e1	f8	98	11	69	d9	8e	94	9b	1e	87	e9	ce	55	28	df
	f	8c	a1	89	0d	bf	e6	42	68	41	99	2d	0f	b0	54	bb	16

S-Box, Substitutionswerte für das Byte (xy)

Nun können wir die Transformation **SubBytes** angeben, eine nicht-lineare Byte-Substitution, die unabhängig auf jedem Byte des Zustands arbeitet.

Definition 12.2 Die Transformation **SubBytes** : *States* $\to$ *States* ist für einen Zustand $s \in$ *States* durch

$$\mathbf{SubBytes}(s) = s' \text{ mit } s'_{r,c} = SBox(s_{r,c})$$

für alle $r, c \in \{0, 1, 2, 3\}$ definiert. $\square$

Als nächste Transformation betrachten wir **ShiftRows**, die die Bytes der letzten drei Zeilen des Zustands zyklisch verschiebt. Diese Verschiebewerte $shift(r, \mathbf{Nb})$ (man beachte, dass $\mathbf{Nb} = 4$ ist) werden durch

$$shift(0, 4) = 0 \text{ (keine Verschiebung)}, \ shift(1, 4) = 1, \ shift(2, 4) = 2, \ shift(3, 4) = 3$$

festgelegt.

Definition 12.3 Die Transformation **ShiftRows** : *States* $\to$ *States* ist für einen Zustand $s \in$ *States* durch

$$\mathbf{ShiftRows}(s) = s' \text{ mit } s'_{r,c} = s_{r,(c+shift(r,4)) \bmod 4}$$

für alle $r, c \in \{0, 1, 2, 3\}$ definiert. $\square$

Die Wirkung von **ShiftRows** wird durch das folgende Bild verdeutlicht.

s

$s_{0,0}$	$s_{0,1}$	$s_{0,2}$	$s_{0,3}$
$s_{1,0}$	$s_{1,1}$	$s_{1,2}$	$s_{1,3}$
$s_{2,0}$	$s_{2,1}$	$s_{2,2}$	$s_{2,3}$
$s_{3,0}$	$s_{3,1}$	$s_{3,2}$	$s_{3,3}$

s'

$s_{0,0}$	$s_{0,1}$	$s_{0,2}$	$s_{0,3}$
$s_{1,1}$	$s_{1,2}$	$s_{1,3}$	$s_{1,0}$
$s_{2,2}$	$s_{2,3}$	$s_{2,0}$	$s_{2,1}$
$s_{3,3}$	$s_{3,0}$	$s_{3,1}$	$s_{3,2}$

Die Transformation **MixColumns** wirkt auf den Spalten eines Zustands und sorgt dort jeweils für eine Vermischung.

Definition 12.4 Die Transformation **MixColumns** : $States \rightarrow States$ wird für einen Zustand $s \in States$ durch $\mathbf{MixColumns}(s) = s'$ definiert, wobei sich s' wie folgt ergibt: Die Elemente einer jeden Spalte s_c von s für $c \in \{0,1,2,3\}$ werden als Koeffizienten eines Polynoms $s_c(x) \in GF(2^8)[x])/(x^4 + 1)$ aufgefasst. Mit dem festen Polynom

$$a(x) = (03)x^3 + (01)x^2 + (01)x + (02) \in GF(2^8)[x]/(x^4 + 1)$$

wird $s'_c(x) = a(x) \otimes s_c(x)$ berechnet, dessen Koeffizienten die Spalte s'_c von s' ergeben. □

Auf den Seiten 241/242 wurde die Berechnung des Produkts in $GF(2^8)[x])/(x^4 + 1)$ angegeben. Entsprechend gilt für jeden Spaltenindex $c \in \{0,1,2,3\}$ aus Definition 12.4

$$\begin{pmatrix} s'_{0,c} \\ s'_{1,c} \\ s'_{2,c} \\ s'_{3,c} \end{pmatrix} = \begin{pmatrix} (02) & (03) & (01) & (01) \\ (01) & (02) & (03) & (01) \\ (01) & (01) & (02) & (03) \\ (03) & (01) & (01) & (02) \end{pmatrix} \begin{pmatrix} s_{0,c} \\ s_{1,c} \\ s_{2,c} \\ s_{3,c} \end{pmatrix}.$$

Wird die Matrix mit A bezeichnet, so können wir auch die vier Gleichungen zu einer Matrizengleichung $s' = As$ zusammenfassen. In diesem Sinn gilt $\mathbf{MixColumns}(s) = As$. Ausmultipliziert erhalten wir für eine Spalte c

$$s'_{0,c} = ((02) \bullet s_{0,c}) \oplus ((03) \bullet s_{1,c}) \oplus s_{2,c} \oplus s_{3,c},$$
$$s'_{1,c} = s_{0,c} \oplus ((02) \bullet s_{1,c}) \oplus ((03) \bullet s_{2,c}) \oplus s_{3,c},$$
$$s'_{2,c} = s_{0,c} \oplus s_{1,c} \oplus ((02) \bullet s_{2,c}) \oplus ((03) \bullet s_{3,c}),$$
$$s'_{3,c} = ((03) \bullet s_{0,c}) \oplus s_{1,c} \oplus s_{2,c} \oplus ((02) \bullet s_{3,c}).$$

Definition 12.5 Es sei $s \in States$ ein Zustand und $w \in RoundKey$ (siehe Seite 245 oben). Dabei habe w die Komponenten w_c, $c \in \{0,1,2,3\}$, zu jeweils 4 Bytes. Dann wird die Transformation **AddRoundKey** : $States \times RoundKey \rightarrow States$ durch $\mathbf{AddRoundKey}(s,w) = s'$ mit

$$(s'_{0,c}, s'_{1,c}, s'_{2,c}, s'_{3,c}) = (s_{0,c}, s_{1,c}, s_{2,c}, s_{3,c}) \oplus w_c$$

definiert. □

Die Abbildung **AddRoundKey** wird in Algorithmus 12.1 benutzt, die dabei verwendeten Rundenschlüssel (z. B. $w[0 : 3]$ für die Runde 0) sind Teilvektoren der Schlüsselerweiterung, die durch die Schlüssel-Expansions-Routine berechnet wird. Bevor wir diese Routine angeben können, benötigen wir die Definition von zwei weiteren Funktionen sowie einem Vektor von Rundenkonstanten.

Definition 12.6 Für alle $(a, b, c, d) \in$ *4Bytes* werden die Abbildungen **SubWord** : *4Bytes* → *4Bytes* und **RotWord** : *4Bytes* → *4Bytes* durch

$$\textbf{SubWord}(a, b, c, d) = (SBox(a), SBox(b), SBox(c), SBox(d)) \text{ und}$$
$$\textbf{RotWord}(a, b, c, d) = (b, c, d, a)$$

definiert. Für jedes $i \in \{1, \dots, \textbf{Nr}\}$ wird

$$\textbf{Rcon}[i] = (x^{i-1}, (00), (00), (00)) \in \textit{4Bytes}$$

als Rundenkonstante gesetzt. $\square$

Man beachte, dass die Bytes in **Rcon**$[i]$ Elemente aus $GF(2^8)$ sind und entsprechend $x^{i-1} \bmod m(x)$ berechnet werden muss. Das Polynom x entspricht dem Byte (02), Multiplikationen mit diesem Polynom haben wir auch als *xtime* bezeichnet (siehe Seite 240).

Algorithmus 12.2 (*Schlüsselexpansion*)
Eingabe: Wert **Nk**, der die Schlüssellänge bestimmt, der Schlüssel *key* mit $4 \cdot \textbf{Nk}$ Bytes.
Ausgabe: die Schlüsselerweiterung w als Vektor aus $\textbf{Nb} \cdot (\textbf{Nr} + 1) = 4 \cdot (\textbf{Nr} + 1)$ Wörtern zu 4 Bytes.
begin $i := 0$;
    while $(i < \textbf{Nk})$ **do**
        $w_i := (key_{4 \cdot i}, key_{4 \cdot i + 1}, key_{4 \cdot i + 2}, key_{4 \cdot i + 3})$; $\{w_i \in \textit{4Bytes}\}$
        $i := i + 1$
    end;
    $i := \textbf{Nk}$;
    while $(i < \textbf{Nb} \cdot (\textbf{Nr} + 1))$ **do**
        $temp := w_{i-1}$;
        if $(i \bmod \textbf{Nk} = 0)$ **then**
            $temp := \textbf{SubWord}(\textbf{RotWord}(temp)) \oplus Rcon[i/\textbf{Nk}]$
        else if $(\textbf{Nk} > 6) \wedge (i \bmod \textbf{Nk} = 4)$ **then**
            $temp := \textbf{SubWord}(temp)$
        end;
        $w_i := w_{i-\textbf{Nk}} \oplus temp$;
        $i := i + 1$
    end
end $\square$

Für **Nk** sind nach Seite 244 die Werte 4, 6 und 8 möglich. Wir sehen, dass die Schlüsselexpansions-Routine für beliebige Schlüssellängen arbeitet. Der **else-if**-Zweig wird nur für **Nk** = 8 durchlaufen, also für die Schlüssellänge 256.

12.4 Beschreibung der Dechiffrierfunktion

Die Dechiffrierfunktion erhalten wir dadurch, dass wir in Algorithmus 12.1 die Reihenfolge der Transformationen umdrehen und dabei außer für **AddRoundKey** die jeweiligen inversen Transformationen verwenden. Dabei werden die Teilschlüssel in der umgekehrten Reihenfolge benutzt.

Algorithmus 12.3 (*AES-Dechiffrierung*)
Eingabe: Eingabevektor *in* aus $4 \cdot \mathbf{Nb} = 16$ Bytes, Schlüsselerweiterung w als ein Vektor aus $\mathbf{Nb} \cdot (\mathbf{Nr} + 1) = 4 \cdot (\mathbf{Nr} + 1)$ Wörtern zu 4 Bytes; außerdem der jeweilige Zustand *state*, eine $4 \times \mathbf{Nb} = 4 \times 4$-Byte-Matrix.
Ausgabe: Ausgabevektor *out* aus $4 \cdot \mathbf{Nb} = 16$ Bytes.
begin *state* := *in*; {wie auf Seite 243 beschrieben}
    state := **AddRoundKey**(*state*, $w[\mathbf{Nr} \cdot \mathbf{Nb} : ((\mathbf{Nr} + 1) \cdot \mathbf{Nb} - 1)]$);
    for round := $\mathbf{Nr} - 1$ **downto** 1 **do**
    state := **ShiftRows**$^{-1}$(*state*);
    state := **SubBytes**$^{-1}$(*state*);
    state := **AddRoundKey**(*state*, $w[\text{round} \cdot \mathbf{Nb} : ((\text{round} + 1) \cdot \mathbf{Nb} - 1)]$);
    state := **MixColumns**$^{-1}$(*state*)
    end;
    state := **ShiftRows**$^{-1}$(*state*);
    state := **SubBytes**$^{-1}$(*state*);
    state := **AddRoundKey**(*state*, $w[0 : (\mathbf{Nb} - 1)]$);
    out := *state* {wie auf Seite 243 beschrieben}
end □

Das Inverse von **AddRoundKey** wird in Algorithmus 12.3 nicht benutzt, nach der Definition 12.5 kann es auch kein Inverses geben. Wir betrachten sich entsprechende Aufrufe dieser Transformation in Algorithmus 12.1 und in Algorithmus 12.3. Mit demselben Teilschlüssel w mit den Komponenten w_c, $c \in \{0, 1, 2, 3\}$, wird bei der Chiffrierung **AddRoundKey**$(s, w) = s'$ für jedes c durch

$$(s'_{0,c}, s'_{1,c}, s'_{2,c}, s'_{3,c}) = (s_{0,c}, s_{1,c}, s_{2,c}, s_{3,c}) \oplus w_c$$

berechnet. Bei der Dechiffrierung wird dann

$$(s'_{0,c}, s'_{1,c}, s'_{2,c}, s'_{3,c}) \oplus w_c = (s_{0,c}, s_{1,c}, s_{2,c}, s_{3,c}) \oplus w_c \oplus w_c$$
$$= (s_{0,c}, s_{1,c}, s_{2,c}, s_{3,c})$$

gebildet. Man gelangt also wegen der Bildung des exklusiven Oder vom Zustand s' zum Zustand s zurück.

    Die Inversen der anderen Transformationen sollen im Folgenden angegeben werden. **ShiftRows**$^{-1}$ macht die Zeilenverschiebungen von **ShiftRows** rückgängig. Es gilt also (mit der in Definition 12.3 benutzten Funktion *shift*)

$$\mathbf{ShiftRows}^{-1}(s) = s' \text{ mit } s'_{r,c} = s_{r,(c-shift(r,4)) \bmod 4} \text{ für alle } r, c \in \{0, 1, 2, 3\}.$$

								y								
	0	1	2	3	4 .	5	6	7	8	9	a	b	c	d	e	f
0	52	09	6a	d5	30	36	a5	38	bf	40	a3	9e	81	f3	d7	fb
1	7c	e3	39	82	9b	2f	ff	87	34	8e	43	44	c4	de	e9	cb
2	54	7b	94	32	a6	c2	23	3d	ee	4c	95	0b	42	fa	c3	4e
3	08	2e	a1	66	28	d9	24	b2	76	5b	a2	49	6d	8b	d1	25
4	72	f8	f6	64	86	68	98	16	d4	a4	5c	cc	5d	65	b6	92
5	6c	70	48	50	fd	ed	b9	da	5e	15	46	57	a7	8d	9d	84
6	90	d8	ab	00	8c	bc	d3	0a	f7	e4	58	05	b8	b3	45	06
x 7	d0	2c	1e	8f	ca	3f	0f	02	c1	af	bd	03	01	13	8a	6b
8	3a	91	11	41	4f	67	dc	ea	97	f2	cf	ce	f0	b4	e6	73
9	96	ac	74	22	e7	ad	35	85	e2	f9	37	e8	1c	75	df	6e
a	47	f1	1a	71	1d	29	c5	89	6f	b7	62	0e	aa	18	be	1b
b	fc	56	3e	4b	c6	d2	79	20	9a	db	c0	fe	78	cd	5a	f4
c	1f	dd	a8	33	88	07	c7	31	b1	12	10	59	27	80	ec	5f
d	60	51	7f	a9	19	b5	4a	0d	2d	e5	7a	9f	93	c9	9c	ef
e	a0	e0	3b	4d	ae	2a	f5	b0	c8	eb	bb	3c	83	53	99	61
f	17	2b	04	7e	ba	77	d6	26	e1	69	14	63	55	21	0c	7d

Inverse S-Box, Substitutionswerte für das Byte (xy)

Die Anwendung der Abbildung $SBox^{-1}$, der Inversen zur Funktion $SBox$ aus Definition 12.1, geschieht offensichtlich so, dass zunächst die inverse Transformation der affinen Transformation aus Definition 12.1 angewendet wird, also die in der Definition angegebene Matrix durch ihr Inverses ersetzt wird, und anschließend das Ergebnis im Körper $GF(2^8)$ invertiert wird, wobei allerdings zusätzlich (00) auf (00) fällt. Die Tabelle der inversen S-Box, die auch aus der Tabelle von Seite 247 direkt gewonnen werden kann, haben wir oben dargestellt. Damit ergibt sich dann sofort die Abbildung **SubBytes**$^{-1}$, und zwar durch die Anwendung von $SBox^{-1}$ auf jedes einzelne Byte des Zustands.

Auf Seite 242 haben wir festgestellt, dass das Polynom

$$a(x) = (03)x^3 + (01)x^2 + (01)x + (02)$$

das Inverse

$$a^{-1}(x) = (0b)x^3 + (0d)x^2 + (09)x + (0e)$$

hat. Folglich erhalten wir das Inverse der Transformation **MixColumns** aus Definition 12.4 durch Berechnung der Polynome $s'_c(x) = a^{-1}(x) \otimes s_c(x)$, $c \in \{0, 1, 2, 3\}$, deren Koeffizienten die Spalten von s' ergeben. Diese Gleichungen lassen sich nach den Überlegungen von Seite 242 wieder als Matrizengleichung schreiben, nämlich als

$$\begin{pmatrix} s'_{0,c} \\ s'_{1,c} \\ s'_{2,c} \\ s'_{3,c} \end{pmatrix} = \begin{pmatrix} (0e) & (0b) & (0d) & (09) \\ (09) & (0e) & (0b) & (0d) \\ (0d) & (09) & (0e) & (0b) \\ (0b) & (0d) & (09) & (0e) \end{pmatrix} \begin{pmatrix} s_{0,c} \\ s_{1,c} \\ s_{2,c} \\ s_{3,c} \end{pmatrix}$$

für jeden Spaltenindex $c \in \{0, 1, 2, 3\}$. Die Matrix, nennen wir sie B, repräsentiert eine lineare Abbildung.

Wir wollen noch einen äquivalenten Algorithmus zur Dechiffrierung angeben. Dazu sind einige zusätzliche Überlegungen erforderlich. Die Abbildung $\mathbf{MixColumns}^{-1}$ wird innerhalb der **for**-Schleife von Algorithmus 12.3 jeweils auf das Ergebnis von **AddRoundKey** angewendet, also auf $(s_{0,c}, s_{1,c}, s_{2,c}, s_{3,c}) \oplus w_c$, wobei w_c die Komponente c des zugehörigen Rundenschlüssels ist, $c \in \{0, 1, 2, 3\}$. Werden die 4 Komponenten des Rundenschlüssels als Spalten einer Matrix w aufgefasst, so erhalten wir durch elementweise Addition $\oplus$ mit s die Matrix $s \oplus w$. Auf dem entsprechenden Zustand wird $\mathbf{MixColumns}^{-1}$ angewendet, liefert also wegen der Linearität

$$\begin{aligned} \mathbf{MixColumns}^{-1}(s \oplus w) &= B(s \oplus w) = Bs \oplus Bw \\ &= \mathbf{MixColumns}^{-1}(s) \oplus \mathbf{MixColumns}^{-1}(w). \end{aligned}$$

Das bedeutet, dass wir in der Schleife von Algorithmus 12.3 die Anwendung von $\mathbf{MixColumns}^{-1}$ mit der von **AddRoundKey** vertauschen können, sofern der Algorithmus 12.2 zur Schlüsselerweiterung im Falle der Dechiffrierung entsprechend angepasst wird, also noch die Anwendung von $\mathbf{MixColumns}^{-1}$ auf die zunächst berechnete Schlüsselerweiterung enthält (siehe Algorithmus 12.4).

Weiter stellen wir fest, dass die Anwendung von $\mathbf{SubBytes}^{-1}$ die Anwendung von $SBox^{-1}$ auf jedes einzelne Byte des Zustands bedeutet, eine Vermischung der Bytes dabei aber nicht stattfindet. Das heißt, dass innerhalb von Algorithmus 12.3 die Anwendung von $\mathbf{ShiftRows}^{-1}$, die ja nur ganze Bytes verschiebt, auch mit der von $\mathbf{SubBytes}^{-1}$ vertauscht werden kann. Mit Hilfe dieser Vertauschungen werden wir aus Algorithmus 12.3 einen äquivalenten Algorithmus gewinnen. Zunächst muss jedoch der Algorithmus zur Schlüsselerweiterung entsprechend angepasst werden.

Algorithmus 12.4 (*geänderte Schlüsselexpansion*)
Eingabe: Wert $\mathbf{Nk}$, der die Schlüssellänge bestimmt, der Schlüssel *key* mit $4 \cdot \mathbf{Nk}$ Bytes.
Ausgabe: die Schlüsselerweiterung dw als ein Vektor aus $\mathbf{Nb} \cdot (\mathbf{Nr} + 1) = 4 \cdot (\mathbf{Nr} + 1)$ Wörtern zu 4 Bytes.
Beginn des Algorithmus wie Algorithmus 12.2 mit Ausnahme des letzten **end**, dann weiter mit:

> **for** $i := 0$ **to** $(\mathbf{Nr} + 1) \cdot \mathbf{Nb} - 1$ **do**
> > $dw_i := w_i$
>
> **end**;
> **for** *round* $:= 1$ **to** $\mathbf{Nr} - 1$ **do**
> > $\mathbf{MixColumns}^{-1}(dw[round \cdot \mathbf{Nb}, (round + 1) \cdot \mathbf{Nb} - 1])$
> > > $\{ dw[\ldots] \text{ als Matrix der 4 Komponenten von } w[\ldots] \text{ aufgefasst} \}$
> >
> **end**
>
end $\quad \square$

Die Abbildung $\mathbf{MixColumns}^{-1}$ muss nach ihrer Definition auf Zustände angewendet werden, also auf Matrizen aus 4 Spalten zu je 4 Bytes. Um dies in Algorithmus 12.4 zu erreichen, wird $dw[round \cdot \mathbf{Nb}, (round + 1) \cdot \mathbf{Nb} - 1]$ als eine Matrix aufgefasst, deren Spalten aus den 4 Komponenten zu 4 Bytes des entsprechenden Vektors bestehen. Da in der zweiten **for**-Schleife *round* weder den Wert 0 noch $\mathbf{Nr}$ annimmt, werden die ersten $\mathbf{Nb}$ und die letzten $\mathbf{Nb}$ Rundenschlüssel nicht verändert. Mit Hilfe der geänderten Schlüsselerweiterung dw erhalten wir jetzt

Algorithmus 12.5 *(AES-Dechiffrierung (äquivalente Version))*
Eingabe: Eingabevektor *in* aus $4 \cdot \mathbf{Nb} = 16$ Bytes, Schlüsselerweiterung dw gemäß
    Algorithmus 12.4 als Vektor aus $\mathbf{Nb} \cdot (\mathbf{Nr} + 1) = 4 \cdot (\mathbf{Nr} + 1)$ Wörtern zu 4 Bytes;
    außerdem der jeweilige Zustand *state*, eine $4 \times \mathbf{Nb} = 4 \times 4$-Byte-Matrix.
Ausgabe: Ausgabevektor *out* aus $4 \cdot \mathbf{Nb} = 16$ Bytes.
begin *state* := *in*; {wie auf Seite 243 beschrieben}
    state := **AddRoundKey**(*state*, $dw[\mathbf{Nr} \cdot \mathbf{Nb} : ((\mathbf{Nr} + 1) \cdot \mathbf{Nb} - 1)]$);
    for round := $\mathbf{Nr} - 1$ **downto** 1 **do**
      state := $\mathbf{SubBytes}^{-1}$(*state*);
      state := $\mathbf{ShiftRows}^{-1}$(*state*);
      state := $\mathbf{MixColumns}^{-1}$(*state*);
      state := **AddRoundKey**(*state*, $dw[\text{round} \cdot \mathbf{Nb} : ((\text{round} + 1) \cdot \mathbf{Nb} - 1)]$)
    end;
    state := $\mathbf{SubBytes}^{-1}$(*state*);
    state := $\mathbf{ShiftRows}^{-1}$(*state*);
    state := **AddRoundKey**(*state*, $dw[0 : (\mathbf{Nb} - 1)]$);
    out := *state* {wie auf Seite 243 beschrieben}
end $\square$

Wir erkennen, dass vom äußeren Aufbau her Algorithmus 12.5 im Wesentlichen dem Algorithmus 12.1 zur Verschlüsselung entspricht.

In [102] finden sich für alle Schlüssellängen, also für die Längen 128, 192 und 256, verschiedene Beispiele zur Schlüsselerweiterung, ebenso für Chiffrierung und Dechiffrierung, wobei die einzelnen Schritte der Algorithmen verfolgt werden. In [42] werden unter anderem noch Implementierungsaspekte besprochen und auf den Zeitbedarf eingegangen. Der Zeitbedarf ist relativ gering, allerdings wird für die Dechiffrierung etwas mehr Zeit benötigt, vor allem, weil für das Polynom $a^{-1}(x)$ aus $\mathbf{MixColumns}^{-1}$ die Rechnungen länger dauern als für das Polynom $a(x)$ aus $\mathbf{MixColumns}$, das für zwei Koeffizienten den Wert 1 hat. Das Polynom $a^{-1}(x)$ hat rechenintensivere Koeffizienten. Dieser größere Zeitbedarf für die Dechiffrierung ist häufig ohne Bedeutung, etwa bei der Anwendung des AES im CFB- oder OFB-Modus (siehe Algorithmus 4.3 bzw. Algorithmus 4.4), weil dort die Dechiffrierfunktion gar nicht benutzt wird.

Auf den AES sind inzwischen einige Angriffsversuche unternommen worden. So ist es *N. Ferguson*, *R. Schroeppel* und *D. Whiting* [58] im Mai 2001 gelungen, den AES-Algorithmus als eine geschlossene Formel darzustellen, und zwar mit etwa 2^{50} Termen. Damit ist zwar noch kein Angriff konstruierbar, aber es könnte sich daraus vielleicht einer ergeben. *N. Courtois* und *J. Pieprzyk* [37] ist es jedoch gelungen, eine ganze Klasse von Chiffrieralgorithmen, wozu auch der AES gehört, jeweils durch ein System von quadratischen Gleichungen zu beschreiben, beim AES zum Beispiel mit

8000 Gleichungen in 1600 Unbekannten. Darüber hinaus konnten in diesem Fall starke Vereinfachungen vorgenommen werden (mit der „XSL"-Methode), da die Gleichungssysteme mehr Gleichungen als Unbekannte enthalten, die meisten Koeffizienten Null sind und außerdem eine besonders reguläre Struktur vorliegt. Aufgrund der Weiterentwicklung der XSL-Methode könnte es inzwischen möglich sein, einen Angriff auf AES mit 2^{87} Rechenschritten durchzuführen, also mit deutlich weniger Schritten, als es beim Durchprobieren aller Schlüssel erforderlich ist (im Mittel 2^{127} Tests). Dennoch ist die Zahl der Operationen viel zu groß. so dass der AES hierdurch nicht gebrochen werden kann. Auf AES mit veränderten Rundenzahlen, beispielsweise AES-256 mit 11 statt 14 Runden, gibr es erfolgreichere Angriffe. Vielleicht kann dies auch mit noch mehr Runden klappen. Daher hat *Bruce Schneier* empfohlen, im Standard die Rundenzahlen zu erhöhen, und zwar für AES-128 auf 16, für AES-192 auf 20 und für AES-256 auf 28 Runden. Bis jetzt scheint es allerdings keinen praktikablen Angriff auf den jetzigen Standard von AES zu geben.

Eine ganz andere Art von Angriffen zielt nicht auf die eigentliche Chiffre, sondern auf ihre Implementierung im Rechner, z. B. auf dadurch gegebene datenabhängige Tabellenzugriffe. Man spricht in diesem Fall von *Side-Channel-Angriffen*. Die Struktur eines Memory-Caches in einer modernen CPU verursacht indirekte Wechselwirkungen zwischen den auf dem Rechner gleichzeitig laufenden Prozessen. Die Daten sind zwar geschützt, aber Metadaten wie zeitliche Zugriffsmuster auf den Cache nicht. In [108] wird davon ausgegangen, dass ein Angreifer Programme auf demselben Rechner laufen lassen kann, auf dem auch die AES-Chiffrierung stattfindet. Es werden verschiedene Methoden beschrieben, wie ein Angreifer durch Beobachtung, welche Auswirkungen der kryptographische Prozess auf den Cache hat, solche Zugriffsmuster erhalten und zur Kryptoanalyse von AES ausnutzen kann. Durch einen der Angriffe gewinnt er den vollständigen AES-Schlüssel mit 65 Millisekunden für Messungen und zusätzlichen 3 Sekunden für Analysearbeiten. Auf andere symmetrische Chiffrierverfahren sind diese Methoden ebenfalls anwendbar. In [108] wird eine Reihe von Gegenmaßnahmen beschrieben, die aber nicht immer leicht zu implementieren sind.

13 Der Galois-Counter-Modus (GCM)

In Abschnitt 4.3 haben wir verschiedene Betriebsarten wie etwa den Cipher-Block-Chaining-Modus (CBC-Modus) oder den Counter-Modus (CTR-Modus) betrachtet. In diesem Kapitel stellen wir den *Galois-Counter-Modus (GCM)* als eine weitere Betriebsart vor. Der GCM wurde von *David A. McGrew* und *John Viega* vorgeschlagen [97] und in [52] als Quasi-Standard festgelegt. Der GCM wird mit einer symmetrischen Chiffre von 128-Bit-Blöcken konstruiert, wie beispielsweise dem AES. Dabei wird zum einen mit einer Variation des Counter-Modus (siehe Algorithmus 4.5) die Vertraulichkeit der Daten garantiert und zum anderen wird die Authentizität der vertraulichen (verschlüsselten) Daten durch eine universelle Hashfunktion gewährleistet, die mit Hilfe des Galoiskörpers $GF(2^{128})$ konstruiert wird. Außerdem kann auch die Authentizität von zusätzlichen unverschlüsselten Daten gewährleistet werden, die ggf. neben den verschlüsselten Daten notwendig sein können. Es kann sich dabei beispielsweise um Adressen und Parameter eines Netzwerkprotokolls oder auch um Informationen handeln, wie der übertragene Klartext bearbeitet werden soll. Wenn der GCM beschränkt wird auf Daten, die nicht verschlüsselt werden, wird er *GMAC* genannt und liefert einfach einen MAC auf der Eingabe.

13.1 Der Körper $GF(2^{128})$

Wie schon in den Überlegungen von Abschnitt 12.1 betrachten wir einen Körper $GF(2^n)$ der Charakteristik 2, hier speziell $GF(2^{128}) = \mathbb{Z}_2[x]/m(x)$ mit dem irreduziblen Polynom

$$m(x) = 1 + x + x^2 + x^7 + x^{128}$$

des Grades 128. Es ist also

$$GF(2^{128}) = \{a(x) \mid a(x) = a_0 + a_1 x + a_2 x^2 + \ldots + a_{127} x^{127}, a_i \in \mathbb{Z}_2. i = 0, \ldots, 127\}.$$

Die Elemente werden auch als Blöcke oder Binärstrings $a_o a_1 a_2 \ldots a_{127}$ geschrieben. Jeder Datenblock der Länge von 128 Bit kann also als ein Element von $GF(2^{128})$ aufgefasst werden. Die Darstellung ist „little endian" im Gegensatz zu der entsprechenden Darstellung beim AES, die „big endian" ist. Die Addition erfolgt komponentenweise durch das exklusive Oder $\oplus$ (die Subtraktion ist gleich der Addition) und die Multiplikation $\bullet$ wird modulo $m(x)$ durchgeführt. Die Bildung des Inversen benötigen wir für den GCM nicht. Wir betrachten die Multiplikation jetzt genauer.

© Springer Fachmedien Wiesbaden GmbH, ein Teil von Springer Nature 2018
D. Wätjen, *Kryptographie*, https://doi.org/10.1007/978-3-658-22474-5_13

Zunächst zeigen wir, wie ein beliebiges $a(x) = a_0 + a_1x + a_2x^2 \ldots + a_{127}x^{127} \in GF(2^{128})$ mit $x \in GF(2^{128})$ multipliziert wird. Es gilt

$$x \bullet (a_0 + a_1x + \ldots + a_{127}x^{127}) = (a_0x + a_1x^2 + \ldots + a_{127}x^{128}) \bmod m(x).$$

Falls $a_{127} = 0$ gilt, ist das Produkt vom Grad ≤ 127, und eine Reduktion modulo $m(x)$ entfällt. Falls $a_{127} = 1$ gilt, müssen wir das Ergebnis durch $m(x)$ teilen, um den Rest zu bekommen. Um den Rest eines Polynoms $x^{128} + b(x)$ mit $b(x) = b_0 + b_1x + b_2x^2 + \ldots + b_{127}x^{127}$ zu erhalten, berechnen wir

$$x^{128} + b(x) = (1 + x + x^2 + x^7 + x^{128}) \bullet 1 + r(x) \text{ mit } r(x) = b(x) + 1 + x + x^2 + x^7.$$

Um das Produkt $y(x) = x \bullet a(x)$ mit Hilfe von Bitoperationen darzustellen, stellen wir fest, dass $1 + x + x^2 + x^7$ durch den Block $R = 11100001 \| 0^{120}$ repräsentiert wird, wobei $\|$ die Konkatenation der beiden Bitstrings bedeutet. Weiter nehmen wir an, dass die zu $y(x)$ und $a(x)$ gehörigen Blöcke durch y bzw. a bezeichnet sind. Wegen der vorhergehenden Überlegungen wird das Produkt $x \bullet a(x)$ durch

if $a_{127} = 0$
   then $y := \mathrm{SHR}^1(a)$
   else $y := R \oplus \mathrm{SHR}^1(a)$
end

berechnet. Dabei ist $\mathrm{SHR}^1(a)$ ein Rechtsshift von a um eine Position, wobei das rechteste Bit von a entfällt und links ein 0-Bit eingefügt wird. Das exklusive Oder $\oplus$ wird komponentenweise durchgeführt.

Das Polynom $x^i \in GF(2^{128})$, $i = 0, 1, \ldots, 127$, ist das i-fache Produkt des Polynoms x mit sich selbst. Für beliebige Elemente $a(x), b(x) \in GF(2^{128})$, wobei wir $b(x) = b_0 + b_1x + b_2x^2 + \ldots + b_{127}x^{127}$ setzen, erhalten wir für ihr Produkt die Darstellung

$$y(x) = b(x) \bullet a(x) = b_0a(x) + b_1x \bullet a(x) + b_2x^2 \bullet a(x) + \ldots + b_{127}x^{127} \bullet a(x).$$

Diese Summendarstellung wird im folgenden Algorithmus (wieder in Blockdarstellung) durch die **for**-Schleife dargestellt, wobei die Variable v über a, $x \bullet a$, $x^2 \bullet a$, $\ldots, x^{127} \bullet a$ läuft.

$y := 0^{128}; v := a;$
for $i := 0$ **to** 127
   do if $b_i = 1$ **then** $y := y \oplus v$ **end**;
     $v := x \bullet v$
   end;
gib y aus   {entspricht $y(x) = b(x) \bullet a(x)$}

Zusammenfassend erhalten wir

Algorithmus 13.1 (*Berechnung des Produkts in* $GF(2^{128})$)
Eingabe: Polynome a und b in Blockdarstellung.
Ausgabe: Produkt $y = b \bullet a$ in Blockdarstellung.

begin $y := 0^{128}; v := a;$
> **for** $i := 0$ **to** 127
> > **do if** $b_i = 1$ **then** $y := y \oplus v$ **end**;
> > > **if** $v_{127} = 0$
> > > > **then** $v := \text{SHR}^1(v)$
> > > > **else** $v := R \oplus \text{SHR}^1(v)$ $\{R = 11100001 \| 0^{120}\}$
> > > > **end**
> > **end**;
> > gib y aus $\{$entspricht $y(x) = b(x) \bullet a(x)\}$

end $\square$

13.2 Weitere GCM-Funktionen

Es sei X ein Bitstring, dann verstehen wir unter $lg(X)$ seine Bitlänge. Für $s \in \mathbb{N}$ besteht $\text{LSB}_s(X)$ aus den s letzten (rechten) Bits von X (least significant bits), $\text{MSB}_s(X)$ aus den s ersten (linken) Bits von X (most significant bits). Die Zahl mit der binären Darstellung von X wird als $\text{int}(X)$ geschrieben. Für $n \in \mathbb{N}_0$, $n < 2^s$, bezeichnet $[n]_s$ die binäre Dartellung von n mit s Bits. Die Inkrementfunktion der nächsten Definition erhöht die durch die letzten s Bits von X gegebene Zahl um 1 modulo 2^s und lässt die übrigen Bits von X unverändert.

Definition 13.1 Es sei $s \in \mathbb{N}$ und X ein Bitstring mit $lg(X) \geq s$. Durch

$$\text{inc}_s(X) = \text{MSB}_{lg(X)-s}(X) \| [\text{int}(\text{LSB}_s(X)) + 1 \bmod 2^s]_s$$

wird die *s-Bit-Inkrementfunktion* definiert. $\square$

Wir definieren jetzt die GHASH-Funktion durch den folgenden Algorithmus.

Algorithmus 13.2 $(\text{GHASH}_H(X))$
Gegeben: Block H von 128 Bits, der Hash-Teilschlüssel.
Eingabe: Bitstring X mit $lg(X) = 128m$ für ein $m \in \mathbb{N}$. Es seien $X_1, X_2, \ldots, X_m$ die 128-Bit-Blöcke mit $X = X_1 \| X_2 \| \ldots \| X_{m-1} \| X_m$.
Ausgabe: Block $\text{GHASH}_H(X)$.
begin
$Y_0 := 0^{128};$
for $i := 1$ **to** m
> **do** $Y_i := (Y_{i-1} \oplus X_i) \bullet H$
> **end**;
gib Y_m aus
end $\square$

Für den Block H aus 128 Bits setzen wir $H^2 = H \bullet H$, $H^3 = H \bullet H \bullet H$, usw. Offenbar erhalten wir damit (es gelten die Distributivgesetze)

$$
\begin{aligned}
Y_1 &= X_1 \bullet H \\
Y_2 &= ((X_1 \bullet H) \oplus X_2) \bullet H = X_1 \bullet H^2 \oplus X_2 \bullet H \\
Y_3 &= ((X_1 \bullet H^2 \oplus X_2 \bullet H) \oplus X_3) \bullet H = X_1 \bullet H^3 \oplus X_2 \bullet H^2 \oplus X_3 \bullet H \\
&\vdots \quad ,
\end{aligned}
$$

so dass der Algorithmus schließlich

$$
X_1 \bullet H^m \oplus X_2 \bullet H^{m-1} \oplus \ldots \oplus X_{m-1} \bullet H^2 \oplus X_m \bullet H
$$

berechnet.

Wir kommen nun zur GCTR-Funktion, die im Wesentlichen mit der Chiffrierung beim Counter-Modus (siehe Algorithmus 4.5) übereinstimmt. Hier wird jedoch, im Gegensatz zur etwas vereinfachten Darstellung von Algorithmus 4.5, berücksichtigt, dass die Bitlänge des Eingabestrings X kein Vielfaches der Blockgröße der verwendeten symmetrischen Chiffre sein muss.

Algorithmus 13.3 (GCTR$_K(ICB, X)$)
Gegeben: Symmetrische Chiffre E der Blocklänge 128 Bits sowie Schlüssel K.
Eingabe: Initialer Zählerblock ICB („initial counter block") und Bitstring X beliebiger Länge.
Ausgabe: Bitstring Y mit $lg(Y) = lg(X)$.
  (1) **if** $X = \emptyset$ **then** $Y := \emptyset$; **goto** ENDE **end**; {leerer String}
  (2) für $n = \lceil lg(X)/128 \rceil$ bilde $X = X_1 \| X_2 \ldots \| X_{n-1} \| X_n^*$, wobei $X_1, \ldots X_{n-1}$ vollständige Blöcke der Länge 128 sind und X_n^* ggf. ein unvollständiger Block der Länge mindestens 1;
  (3) $CB_1 := ICB$;
  (4) **for** $i := 2$ **to** n
        do $CB_i := \mathrm{inc}_{32}(CB_{i-1})$
        end;
  (5) **for** $i := 1$ **to** $n - 1$
        do $Y_i := X_i \oplus E_K(CB_i)$
        end;
  (6) $Y_n^* := X_n^* \oplus \mathrm{MSB}_{lg(X_n^*)}(E_K(CB_n))$;
  (7) $Y := Y_1 \| Y_2 \| \ldots \| Y_n^*$;
  (8) ENDE: gib Y aus **end**. $\square$

Wie üblich verstehen wir für eine nicht-negative relle Zahl r unter $\lceil r \rceil$ die kleinste Zahl aus $\mathbb{N}_0$, die nicht kleiner als r ist. Im Algorithmus wird zunächst der Eingabestring X in eine Folge von vollständigen Blöcken aufgeteilt, so dass höchstens der letzte (am weitesten rechts stehende) Block unvollständig sein kann. In Schritt 4 wird eine Folge von Zählerblöcken erzeugt, wobei der Eingabeblock ICB der erste Block dieser Folge ist. In Schritt 5 wird die symmetrische Chiffre E mit dem Schlüssel K auf die entsprechenden Zählerblöcke CB_i angewendet und dann dieses Ergebnis mit X_i durch exklusives Oder verknüpft. Anschließend geschieht dies dann noch mit dem eventuell unvollständigen Block X_n^*, wobei $E_K(CB_n)$ auf die $lg(X_n^*)$ ersten Bits beschränkt wird. Falls

$lg(X_n^*) = 128$ gilt, wird auch hier ein vollständiger Block bearbeitet. Im letzten Schritt wird Y als eine Folge chiffrierter Teilblöcke ausgegeben.

Man beachte, dass sich der Algorithmus leicht parallelisieren lässt, da

$$Y_i = X_i \oplus E_K(\mathrm{inc}_{32}^{i-1}(ICB))$$

gilt (inc_{32}^{i-1} bedeutet die $(i-1)$-fache Anwendung der Inkrementfunktion) und dieser Wert unabhängig von $X_{i'}$ und $Y_{i'}$, $i \neq i'$, berechnet werden kann.

Nimmt man das berechnete Y aus Algorithmus 13.3 als Eingabe für denselben Algorithmus, so erhält man in Schritt 5

$$Y_i \oplus E_K(CB_i) = X_i \oplus E_K(CB_i) \oplus E_K(CB_i) = X_i$$

und entsprechend X_n^* in Schritt 6. Insgesamt reproduziert dies also den ursprünglichen String X.

13.3 Ein- und Ausgabedaten von GCM

Wir listen jetzt die Ein- und Ausgabedaten von GCM auf und geben dabei ihre nach [52] erlaubten Größen an.

(1) Klartext M mit $lg(M) \leq 2^{39} - 256$.
(2) Chiffretext C mit jeweils $lg(C) = lg(M)$.
(3) String A, die „additional authenticated data" (AAD) mit $lg(A) \leq 2^{64} - 1$.
(4) Initialer Vektor IV mit $1 \leq lg(IV) \leq 2^{64} - 1$.
(5) Authentifizierungsmarke T („authentication tag"). In [52] werden für $t = lg(T)$ die Werte 128, 120, 112, 104 und 96 vorgeschlagen.
(6) Error Code FAIL.

Der Klartext M und die AAD A werden durch GCM geschützt. GCM schützt die Authentizität von M und A und zusätzlich die Vertrtaulichkeit von M, verschlüsselt also M. A wird dagegen nicht verschlüsselt. Der Schlüssel K der symmetrischen Chiffre und der initiale Vektor müssen einmalig sein innerhalb des spezifizierten Kontextes. Die Werte von T sind Sicherheitsparameter von GCM.

13.4 Authentifizierte Verschlüsselung

In diesem Abschnitt benutzen wir die Funktionen GHASH$_H$ und GCTR$_K$ sowie verschiedene Bezeichnungen, die zu Beginn des Abschnitts 13.2 aufgeführt worden sind.

Algorithmus 13.4 (GCM-AE$_K(IV, M, A)$, *authentifizierte Verschlüsselung*)
Gegeben: Symmetrische Chiffre E der Blocklänge 128 Bits sowie Schlüssel K.
Eingabe: Initialer Vektor IV, Klartext M und zusätzliche Daten A (AAD).
Ausgabe: Chiffretext C und Authentifizierungsmarke T.

(1) $H := E_K(0^{128})$;
(2) **if** $lg(IV) = 96$
    then $J_0 := IV \| 0^{31} \| 1$
    else $s := 128 \cdot \lceil lg(IV)/128 \rceil - lg(IV)$;
       $J_0 := \text{GHASH}_H(IV \| 0^{s+64} \| [lg(IV)_{64})$
    end;
(3) $C := \text{GCTR}_K(\text{inc}_{32}(J_0), M)$;
(4) $u := 128 \cdot \lceil lg(C)/128 \rceil - lg(C)$:
    $v := 128 \cdot \lceil lg(A)/128 \rceil - lg(A)$:
(5) $S := \text{GHASH}_H(A \| 0^v \| C \| 0^u \| [lg(A)]_{64} \| [lg(C)]_{64})$;
(6) $T := \text{MSB}_t(\text{GCTR}_K(J_0, S))$;
(7) gib (C, T) aus. $\quad\square$

In Schritt 1 wird mit Hilfe der symmetrischen Chiffre E der Hash-Teilschlüssel H für die GHASH-Funktion (Algorithmus 13.2) durch Anwendung auf den „Nullblock" 0^{128} berechnet. In Schritt 2 wird der Prä-Zählerblock J_0 für die GCTR-Funktion (siehe Algorithmus 13.3) bestimmt. Er besteht aus 128 Bits. Falls $lg(IV) = 96$ gilt, ist er einfach durch $J_0 = IV \| 0^{31} \| 1$ gegeben. Für $lg(IV) \neq 96$ ist s die Anzahl der 0-Bits, die an IV angehängt werden müssen, um ein Vielfaches von 128 als Bitlänge zu erhalten (ggf. ist $s = 0$). Außerdem wird dieser Bitstring durch weitere 64 0-Bits sowie die 64 Bits der Zahldarstellung von $lg(IV)$ verlängert (man beachte: $1 \leq lg(IV) \leq 2^{64} - 1$). Mit der GHASH-Funktion kann dann der Prä-Zählerblock J_0 bestimmt werden. Durch Bildung von $\text{inc}_{32}(J_0)$ erhalten wir den ICB für die Anwendung der GCTR-Funktion in Schritt 3, wodurch die Verschlüsselung von M zu C erfolgt.

In Schritt 4 wird berechnet, ob 0-Bits, und wenn ja wieviele, an C bzw. A angehängt werden müssen, damit ihre Bitlänge ein Vielfaches von 128 ist. Diese Bitstrings werden zusammen mit den 64-Bitdarstellungen der Längen von A und C konkateniert und liefern die Eingabe der GHASH-Funktion in Schritt 5. Der so gewonnene Ausgabeblock S wird mit dem Prä-Zählerblock J_0 in Schritt 6 durch die GCTR-Funktion bearbeitet. Da S aus genau einem Block besteht, gilt $S = X_1^*$, und die GCTR-Funktion berechnet einfach $S \oplus E_K(J_0)$ als Ausgabe. Das Ergebnis wird nun in Algorithmus 13.4 auf die ersten (linken) t Bits beschränkt, womit dann die Authentifizierungsmarke T bestimmt ist. T und der Chiffretext C werden in Schritt 7 des Algorithmus ausgegeben.

Algorithmus 13.4 liefert A nicht als Ausgabe, aber es ist klar, dass Alice, wenn sie an Bob eine authentifizierte verschlüsselte Nachricht schickt, auch A als Bestandteil dieser Nachricht übermitteln muss, falls es eine solche Nachricht gibt.

Ist A leer, so erhalten wir in Schritt 4 $v = 0$, außerdem gilt $[lg(A)]_{64} = 0^{64}$, so dass in Schritt 5 $S = \text{GHASH}_H(C \| 0^u \| 0^{64} \| (lg(C))_{64})$ berechnet wird.

Wird der GCM nur auf zusätzliche Daten (AAD) angewendet, ist also kein Klartext zu verschlüsseln, so wird er als GMAC bezeichnet. Bei der Berechnung von GCM-$\text{AE}_k(IV, \emptyset, A)$ wird in Schritt 3 $C = \emptyset$ gemäß Algorithmus 13.3 bestimmt. S in Schritt 5 ergibt sich dann aus $\text{GHASH}_H(A \| 0^v \| [lg(A)]_{64} \| 0^{64})$. Damit bestimmt T aus Schritt 6 den MAC auf A.

Die authentifizierte Verschlüsselung wird in Abbildung 13.1 durch ein einfaches Beispiel illustriert. Dabei gelte $A = A_1 \| A_2$ und $M = M_1 \| M_2$ mit jeweils vollständigen Blöcken A_i und M_i. In der Darstellung wird die Berechnung des Prä-Zählerblock J_0

aus IV und des Hash-Teilschlüssels H durch Berechnung von $H = E_K(0^{128})$ nicht ausgeführt.

13.5 Authentifizierte Entschlüsselung

Algorithmus 13.5 (GCM-AD$_K(IV, M, A)$, *authentifizierte Entschlüsselung*)
Gegeben: Symmetrische Chiffre E der Blocklänge 128 Bits sowie Schlüssel K, Länge t der Authentifizierungsmarke.
Eingabe: Initialer Vektor IV, Chiffretext C, zusätzliche Daten A (AAD) und Authentifizierungsmarke T.
Ausgabe: Klartext M oder Anzeige FAIL, dass die Authentifizierung misslungen ist.

(1) **if** $lg(T) \neq t$ **then** gib FAIL aus; **goto** ENDE **end**;
(2) $H := E_K(0^{128})$;
(3) **if** $lg(IV) = 96$
  then $J_0 := IV\,\|\,0^{31}\,\|\,1$
  else $s := 128 \cdot \lceil lg(IV)/128 \rceil - lg(IV)$;
  $J_0 := \text{GHASH}_H(IV\,\|\,0^{s+64}\,\|\,[lg(IV)_{64}])$
  end;
(4) $M := \text{GCTR}_K(\text{inc}_{32}(J_0), C)$;
(5) $u := 128 \cdot \lceil lg(C)/128 \rceil - lg(C)$:
  $v := 128 \cdot \lceil lg(A)/128 \rceil - lg(A)$:
(6) $S := \text{GHASH}_H(A\,\|\,0^v\,\|\,C\,\|\,0^u\,\|\,[lg(A)]_{64}\,\|\,[lg(C)]_{64})$;
(7) $T' := \text{MSB}_t(\text{GCTR}_K(J_0, S))$;
(8) **if** $T = T'$ **then** gib M aus **else** gib FAIL aus **end**;
  ENDE: $\square$

Algorithmus 13.4 und Algorithmus 13.5 unterscheiden sich hinsichtlich der GCTR-Funktion in Schritt 3 bzw, Schritt 4. Einmal wird sie mit dem Klartext M, das andere Mal mit dem Chiffretext C ausgeführt. In Algorithmus 13.5 wird der ursprüngliche Klartext M zurückgewonnen (siehe Bemerkung vor Abschnitt 13.3). Die authentifizierte Entschlüsselung ist erfolgreich, wenn die übermittelte Authentifizierungsmarke T mit dem in Algorithmus 13.5 berechneten Wert übereinstimmt. Damit sind A und C und damit auch M authentisch.

Die Berechnung des Klartextes kann man auch hinter die Überprüfung von $T = T'$ verschieben und nur bei positivem Ausgang durchführen.

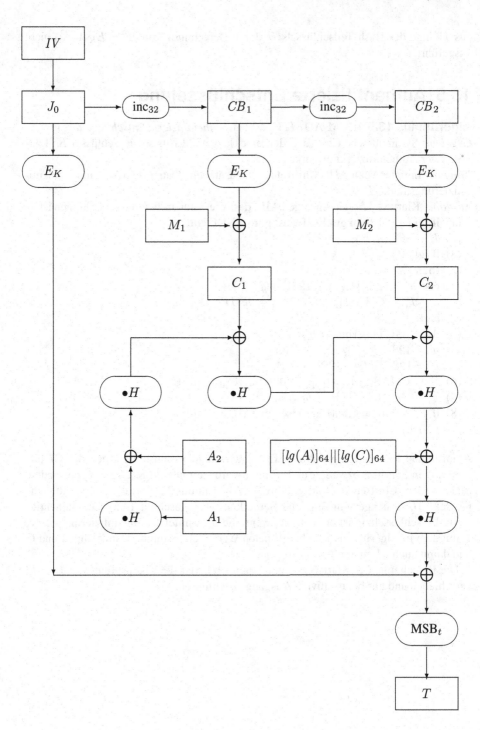

Abbildung 13.1: Authentifizierte Verschlüsselung

14 Kryptosysteme mit elliptischen Kurven

In Kapitel 7 wurde schon die Gruppe der Punkte auf einer elliptischen Kurve über einem endlichen Körper genannt, die bei den verallgemeinerten ElGamal-Public-Key-Systemen verwendet werden kann. Zunächst werden wir in Abschnitt 14.1 elliptische Kurven über den reellen Zahlen einführen, um eine anschauliche Vorstellung von ihnen und von den Operationen auf der Gruppe der Punkte einer Kurve über einem beliebigen Körper zu erhalten. Danach betrachten wir die entsprechenden Gruppen über endlichen Körpern, die für die Kryptographie von besonderer Bedeutung sind. In Abschnitt 14.2 behandeln wir die zugehörigen ElGamal-Kryptosysteme.

14.1 Elliptische Kurven

Zunächst betrachten wir *diophantische Gleichungen* des Typs

$$y^2 = x^3 + ax + b$$

(auch die später definierten elliptische Gleichungen sind von diesem Typ) und überlegen uns, wie wir aus zwei bekannten (eventuell gleichen) Lösungen einer solchen Gleichung eine neue Lösung konstruieren können. Es wird sich zeigen, dass die neue Lösung als das Resultat der Anwendung einer Gruppenoperation auf die beiden bekannten Lösungen interpretiert werden kann. Wir beginnen mit einem Beispiel.

Beispiel 14.1 Wir suchen Lösungen der Gleichung $y^2 = x^3 - 2x$, die im Reellen durch die ebene Kurve des folgenden Bildes dargestellt wird:

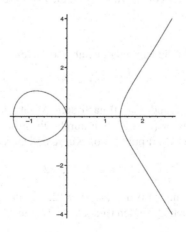

© Springer Fachmedien Wiesbaden GmbH, ein Teil von Springer Nature 2018
D. Wätjen, *Kryptographie*, https://doi.org/10.1007/978-3-658-22474-5_14

Durch Probieren finden wir die Lösungen

$$(x, y) = (0, 0), \ (-1, \pm 1).$$

Wie bekommen wir weitere Lösungen? Wir erinnern uns, dass eine Gerade durch zwei Punkte $(x_1, y_1), (x_2, y_2)$ durch die Gleichung

$$(y_2 - y_1)(x - x_1) - (x_2 - x_1)(y - y_1) = 0$$

ausgedrückt werden kann, wobei $m = \dfrac{(y_2 - y_1)}{(x_2 - x_1)}$ für $x_1 \neq x_2$ die Steigung dieser Geraden ist. Durch Auflösen der Gleichung nach y gilt also auch $y = m(x - x_1) + y_1$.

Zum Finden weiterer Punkte der gegebenen Kurve bilden wir zunächst die Gerade (Sekante) durch die Punkte $(x_1, y_1) = (-1, 1)$ und $(x_2, y_2) = (0, 0)$ und bestimmen ihren Schnittpunkt mit der Kurve. Im folgenden Bild ist diese Konstruktion, zusammen mit einer weiteren Konstruktion dieses Beispiels, dargestellt.

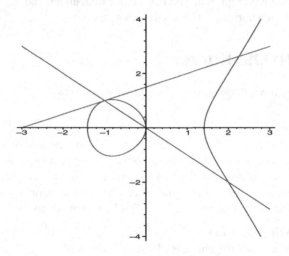

Wir erkennen unmittelbar, dass die Gerade durch die Gleichung

$$y = -x$$

ausgedrückt wird, die wir in die Kurvengleichung einsetzen:

$$0 = x^3 - 2x - y^2 = x^3 - 2x - x^2 = x(x + 1)(x - 2).$$

Man beachte, dass $x = -1$ und $x = 0$ nach dem Ansatz Nullstellen des kubischen Polynoms sind und der Faktor $(x - 2)$ sich durch Division des kubischen Polynoms durch $x(x + 1)$ ergibt. Die Schnittpunkte von Kurve und Gerade sind somit

$$(-1, 1), \ (0, 0), \ (2, -2).$$

Das bedeutet, dass wir eine neue Lösung $(x, y) = (2, -2)$ der Gleichung $y^2 = x^3 - 2x$ erhalten haben. Aus Symmetriegründen ist auch $(2, 2)$ eine Lösung.

Eine weitere Lösung erhalten wir, wenn wir die Tangente der Kurve im Punkt $(-1, 1)$ betrachten. Die Steigung der Tangente ergibt sich, indem wir die Kurvengleichung (lokal) nach x differenzieren, also

$$2yy' = 3x^2 - 2$$

bilden und dann $(x, y) = (-1, 1)$ einsetzen, was zu $y'(-1, 1) = \frac{1}{2}$ führt. Die Tangentengleichung ist also durch

$$\frac{1}{2} = \frac{(y - y_1)}{(x - x_1)} \iff y = \frac{1}{2}x + \frac{3}{2}$$

bestimmt. Einsetzen in die Kurvengleichung liefert

$$0 = x^3 - 2x - y^2 = x^3 - 2x - \left(\frac{1}{2}x + \frac{3}{2}\right)^2 = (x + 1)^2 \left(x - \frac{9}{4}\right).$$

Nach dem Ansatz ist $x = -1$ eine doppelte Nullstelle des kubischen Polynoms (dies lässt sich mit Hilfe der Taylorentwicklung der ebenen Kurve $f(x, y) = 0$ beweisen). Wir erhalten einen weiteren Punkt $(x, y) = (\frac{9}{4}, \frac{21}{8})$ als Lösung der diophantischen Gleichung $y^2 = x^3 - 2x$. Dann ist auch $(\frac{9}{4}, -\frac{21}{8})$ eine Lösung. $\square$

Wir kommen nun zu der allgemeinen

Definition 14.1 Es sei K ein Körper der Charakteristik $\neq 2, 3$. Eine *elliptische Kurve* E *über* K wird durch eine Gleichung

$$y^2 = x^3 + ax + b$$

mit $a, b \in K$ und $\Delta = 4a^3 + 27b^2 \neq 0$ gegeben. $\square$

Die *Charakteristik* eines Körpers K ist die kleinste Zahl p mit $\sum_{i=1}^{p} 1 = 0$, falls sie existiert. Sie ist dann immer eine Primzahl. Anderenfalls hat der Körper unendliche Charakteristik. Die Bedingung $\Delta \neq 0$ sagt aus, dass die Kurve $x^3 + ax + b = 0$ keine mehrfachen Lösungen besitzt. Um eine elliptische Kurve zu skizzieren, zeichnet man zumeist das reelle Bild. Die erste Abbildung aus Beispiel 14.1 stellt die Kurve für $y^2 = x^3 - 2x$ dar, für $y^2 = x^3 + 2x + 1$ erhalten wir den linken und für $y^2 = x^3 - 3x + 3$ den rechten Graphen der folgenden Darstellung:

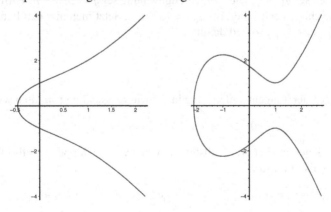

Um auf elliptischen Kurven Gruppengesetze definieren zu können, führen wir die Konstruktionen aus Beispiel 14.1 allgemein durch, wir bilden also die Schnitte von elliptischen Kurven mit Sekanten und Tangenten. Bei dem Sekantenschnitt wird aus zwei Punkten ein neuer Punkt konstruiert. Dies kann in geeigneter Weise als Verknüpfung in der Gruppe aufgefasst werden. Für den Tangentenschnitt gilt eine ähnliche Interpretation. Die elliptische Kurve E sei durch $y^2 = x^3 + ax + b$ gegeben.

Für die Sekantenschnitte betrachten wir die Kurvenpunkte $P_1 = (x_1, y_1)$ und $P_2 = (x_2, y_2)$ mit $P_1 \neq P_2$. Es gilt also $y_i^2 = x_i^3 + ax_i + b$ für $i = 1$ und $i = 2$. Die Fälle $x_1 = x_2$ und $x_1 \neq x_2$ sind zu unterscheiden.

Für $x_1 = x_2$ gilt wegen $P_1 \neq P_2$ die Gleichung $y_1 = -y_2$. Die Sekante ist durch die Gerade $x = x_1$ gegeben und schneidet E nur in den Punkten P_1 und P_2.

Für $x_1 \neq x_2$ ist die Sekante durch

$$y = m(x - x_1) + y_1 \quad \text{mit} \quad m = \frac{y_2 - y_1}{x_2 - x_1}$$

gegeben, wir schreiben auch $y = mx + n$ mit $n = y_1 - mx_1$. Durch Einsetzen von y in die Kurvengleichung erhalten wir

$$0 = x^3 + ax + b - y^2 = x^3 + ax + b - (mx + n)^2 = x^3 - m^2x^2 + (a - 2mn)x + (b - n^2).$$

Zwei der drei Nullstellen des kubischen Polynoms kennen wir bereits, nämlich x_1 und x_2, die dritte sei x_3. Dann gilt

$$x^3 - m^2x^2 + (a - 2mn)x + (b - n^2) = (x - x_1)(x - x_2)(x - x_3) = x^3 - (x_1 + x_2 + x_3)x^2 + \dots,$$

so dass sich durch Koeffizientenvergleich bei x^2 die Gleichung $x_1 + x_2 + x_3 = m^2$ und damit der Schnittpunkt (x_3, y_3) mit

$$x_3 = m^2 - x_1 - x_2, \quad y_3 = m(x_3 - x_1) + y_1$$

ergibt.

Zur Bestimmung der Tangentenschnitte sei $P_1 = (x_1, y_1)$ ein Kurvenpunkt, das heißt $y_1^2 = x_1^3 + ax_1 + b$. Wieder gibt es zwei Fälle.

Für $y_1 = 0$ ist die Tangentengleichung offenbar $x = x_1$. In diesem Fall schneidet die Tangente die Kurve nur im Punkt P_1.

Im Folgenden sei $y_1 \neq 0$. Die Tangentengleichung sei $y = mx + n$. Differenzieren der Kurvengleichung nach x liefert $2yy' = 3x^2 + a$. Setzt man hier den Punkt P_1 ein, ergibt sich $2y_1 m = 3x_1^2 + a$ und damit

$$m = \frac{3x_1^2 + a}{2y_1}.$$

Durch Einsetzen der Tangentengleichung in die Kurvengleichung erhalten wir

$$0 = x^3 + ax + b - (mx + n)^2.$$

Die kubische Gleichung hat drei Nullstellen, wobei wir die doppelte Nullstelle $x = x_1$ bereits kennen. Es gilt also

$$x^3 + ax + b - (mx + n)^2 = (x - x_1)^2(x - x_3) = x^3 - (2x_1 + x_3)x^2 + \dots,$$

so dass sich durch Koeffizientenvergleich ein weiterer Punkt der Kurve ergibt, nämlich

$$x_3 = m^2 - 2x_1, \; y_3 = m(x_3 - x_1) + y_1.$$

Wir haben gesehen, dass die Verbindungsgerade zweier Punkte der elliptischen Kurve für einige spezielle Fälle die Kurve nicht in einem weiteren Punkt schneidet. Wir führen daher als „Schnittpunkt" einen zusätzlichen „Punkt im Unendlichen" ein.

Definition 14.2 Es sei E eine elliptische Kurve über einem Körper K, die durch die Gleichung $y^2 = x^3 + ax + b$ mit $a, b \in K$ gegeben ist. Die *Menge der K-rationalen Punkte von E* (oder die Menge der über K definierten Punkte von E) ist

$$E(K) = \{(x,y) \in K \times K \mid y^2 = x^3 + ax + b\} \cup \{\mathcal{O}\},$$

wobei $\mathcal{O}$ ein zusätzlicher Punkt ist, der *unendlich ferne Punkt* oder *Punkt im Unendlichen*. $\quad\square$

Falls die durch zwei Punkte P_1, P_2 einer elliptischen Kurve bestimmte Gerade einen weiteren Kurvenpunkt $P_3 = (x_3, y_3)$ liefert, dann definieren wir eine „Addition" $P_1 + P_2 = (x_3, -y_3)$, das Ergebnis der Addition ist also der an der x-Achse gespiegelte Punkt P_3. Vollständig ergibt sich

Definition 14.3 Es sei durch $y^2 = x^3 + ax + b$ eine elliptische Kurve über dem Körper K gegeben. Wir definieren eine Verknüpfung $+$ auf $E(K)$ wie folgt:
 (a) Für alle $P \in E(K)$ setzen wir $P + \mathcal{O} = \mathcal{O} + P = P$.
 (b) Für $P_1 = (x_1, y_1), P_2 = (x_2, y_2) \in E(K)$ mit $x_1 = x_2$ und $y_1 + y_2 = 0$ setzen wir $P_1 + P_2 = \mathcal{O}$.
 (c) Anderenfalls sei

$$m = \begin{cases} \dfrac{y_2 - y_1}{x_2 - x_1} & \text{für } x_1 \neq x_2, \\[2mm] \dfrac{3x_1^2 + a}{2y_1} & \text{für } x_1 = x_2, \, y_1 = y_2 \neq 0 \end{cases}$$

Wir setzen dann $P_1 + P_2 = P_3$ mit

$$x_3 = m^2 - x_1 - x_2 \text{ und } y_3 = -m(x_3 - x_1) - y_1. \quad\square$$

In Punkt (c) von Definition 14.3 spiegeln sich die oben durchgeführten Konstruktionen wider. Dabei bezieht sich die obere Alternative von m auf die Addition zweier verschiedener Punkte, also auf die erste Konstruktion. Die untere Alternative ergibt sich aus der Tangentenkonstruktion, was als Addition des Punktes P mit sich selbst aufgefasst wird.

Satz 14.1 Es sei durch $y^2 = x^3 + ax + b$ eine elliptische Kurve über dem Körper K gegeben. Mit der in Definition 14.3 gegebenen Verknüpfung $+$ ist $(E(K), +)$ eine kommutative Gruppe.

Beweis. Wegen Definition 14.3(a) ist $\mathcal{O}$ offenbar das Nullelement von $E(K)$. Nach (b) ist das (additive) Inverse eines beliebigen Punktes $P = (x, y)$ der an der x-Achse gespiegelte Punkt, nämlich $-P = (x, -y)$. Die Kommutativität ist für zwei Punkte, die (a) oder (b) erfüllen, sofort zu sehen, sie muss nur noch für Punkte gemäß (c) nachgewiesen werden. Ist $x_1 \neq x_2$, so betrachten wir entsprechend der Definition $P_1 + P_2 = P_3$ und $P_2 + P_1 = P_3'$. Dabei gilt $m' = \dfrac{y_1 - y_2}{x_1 - x_2} = m$ und damit

$$x_3' = m^2 - x_2 - x_1 = x_3$$

sowie

$$
\begin{aligned}
y_3' &= -m(x_3 - x_2) - y_2 \\
&= -mx_3 + mx_2 - y_2 \\
&= -mx_3 + m(x_2 - x_1) + mx_1 - y_2 \\
&= -mx_3 + \tfrac{y_2 - y_1}{x_2 - x_1}(x_2 - x_1) + mx_1 - y_2 \\
&= -mx_3 + mx_1 - y_1 \\
&= -m(x_3 - x_1) - y_1 \\
&= y_3.
\end{aligned}
$$

Ist $x_1 = x_2$ und $y_1 = y_2 \neq 0$, so folgt die Kommutativität trivialerweise.

Zu beweisen bleibt die Assoziativität. Falls einer der Summanden $\mathcal{O}$ ist, ist sie offensichtlich erfüllt. Ansonsten ist eine Reihe von Fallunterscheidungen erforderlich. Dafür sind umfangreiche Rechnungen notwendig, die hier nicht durchgeführt werden sollen. □

Wir betrachten jetzt den Fall des Körpers $K = \mathbb{Z}_p$ mit einer Primzahl $p > 3$. Damit ist auch die Bedingung aus Definition 14.1 erfüllt, dass die Charakteristik des Körpers $\neq 2, 3$ sein soll. Zunächst geben wir ein einfaches Beispiel an.

Beispiel 14.2 Es sei E die elliptische Kurve $y^2 = x^3 + 3x + 9$ über $\mathbb{Z}_{11}$. In der Tat gilt $(4a^3 + 27b^2) \bmod 11 = (4 \cdot 27 + 27 \cdot 81) \bmod 11 = 7 \neq 0$. Als Erstes bestimmen wir die Elemente von $E(\mathbb{Z}_{11})$. Dafür betrachten wir alle möglichen Zahlen $x \in \mathbb{Z}_{11}$, berechnen $z = (x^3 + 3x + 9) \bmod 11$ und versuchen, die Gleichung $y^2 \bmod 11 = z$ zu lösen. Ist $z = 0$, so ist $(x, 0)$ eine Lösung. In den anderen Fällen wird nach Satz 9.3 getestet, ob z ein quadratischer Rest modulo 11 ist, ob also $z^{\frac{11-1}{2}} \bmod 11 = z^5 \bmod 11 = 1$ gilt. Da 4 die Zahl $11 + 1$ teilt, können für quadratische Reste, also für die Elemente aus R_{11}, nach den Überlegungen zu Beginn von Abschnitt 9.2 sehr leicht die Quadratwurzeln berechnet werden, nämlich durch

$$\pm z^{\frac{11+1}{4}} \bmod 11 = \pm z^3 \bmod 11.$$

Wäre die Bedingung $4 | (p+1)$ nicht erfüllt gewesen, so hätte man unter Benutzung von Algorithmus 9.1 zwar mühsamer, jedoch trotzdem recht schnell die Quadratwurzeln bestimmen können. Die Ergebnisse werden in der folgenden Tabelle zusammengefasst.

x	$(x^3 + 3x + 9) \bmod 11$	in R_{11}?	y
0	9	ja	3,8
1	2	nein	
2	1	ja	1,10
3	1	ja	1,10
4	8	nein	
5	6	nein	
6	1	ja	1,10
7	10	nein	
8	6	nein	
9	6	nein	
10	5	ja	4,7

Die Tabelle liefert 10 Elemente von $E(\mathbb{Z}_{11})$. Dazu kommt der unendlich ferne Punkt $\mathcal{O}$. Folglich hat $E(\mathbb{Z}_{11})$ insgesamt 11 Elemente. Da jede Gruppe von Primzahlordnung zyklisch ist, sind $E(\mathbb{Z}_{11})$ und $\mathbb{Z}_{11}$ isomorph und jeder Punkt $\neq \mathcal{O}$ ist ein erzeugendes Element von $E(\mathbb{Z}_{11})$.

Wir wählen $g = (2, 1)$ und bestimmen die von g erzeugte Untergruppe. Es werden also die „Potenzen" von g berechnet, die wir als Vielfache von g schreiben, da die Gruppenoperation additiv ist. Wir beginnen mit $2g = (2, 1) + (2, 1)$. Nach Definition 14.3 berechnen wir zunächst

$$m = (3 \cdot 2^2 + 3) \cdot (2 \cdot 1)^{-1} \bmod 11 = 4 \cdot 6 \bmod 11 = 2.$$

Damit folgt

$$x_3 = (2^2 - 2 - 2) \bmod 11 = 0$$

und

$$y_3 = (-2(0 - 2) - 1) \bmod 11 = 3,$$

also $2g = (0, 3)$.

Das nächste Vielfache ist $3g = g + 2g = (2, 1) + (0, 3)$. Wir beginnen wieder mit der Berechnung von m, also

$$m = (3 - 1)(0 - 2)^{-1} \bmod 11 = 2 \cdot 9^{-1} \bmod 11 = 2 \cdot 5 \bmod 11 = 10.$$

Damit erhalten wir

$$x_3 = (10^2 - 2 - 0) \bmod 11 = (1 - 2) \bmod 11 = 10$$

und

$$y_3 = (-10(10 - 2) - 1) \bmod 11 = 7,$$

also $3g = (10, 7)$.

Wenn wir in dieser Weise fortfahren, erhalten wir alle Vielfachen von g:

$g = (2, 1)$	$2g = (0, 3)$	$3g = (10, 7)$
$4g = (3, 1)$	$5g = (6, 10)$	$6g = (6, 1)$
$7g = (3, 10)$	$8g = (10, 4)$	$9g = (0, 8)$
$10g = (2, 10)$	$11g = \mathcal{O}$	

Wir sehen, dass $g = (2, 1)$ tatsächlich ein erzeugendes Element von $E(\mathbb{Z}_{11})$ ist. $\square$

Das Beispiel hat gezeigt, wie man für eine gegebene elliptische Kurve über einem Körper $\mathbb{Z}_p$ sehr schnell Elemente von $E(\mathbb{Z}_p)$ erhalten kann. Als andere Beispiele von elliptischen Kurven über $\mathbb{Z}_{11}$ erwähnen wir $y^2 = x^3 + x + 6$ und $y^2 = x^3 + 2x + 2$, deren Gruppen isomorph zu $\mathbb{Z}_{13}$ bzw. $\mathbb{Z}_9$ sind. Wir geben ohne Beweis den folgenden Satz von *Hasse* an, der eine Aussage über die möglichen Größen dieser Gruppen macht.

Satz 14.2 Es sei E eine elliptische Kurve über $\mathbb{Z}_p$ mit einer Primzahl $p > 3$. Die Anzahl N der Elemente von $E(\mathbb{Z}_p)$ erfüllt

$$p + 1 - 2\sqrt{p} \leq N \leq p + 1 + 2\sqrt{p}. \quad \square$$

Das bedeutet, dass eine elliptische Kurve ungefähr p Punkte besitzt. Die genaue Berechnung der Zahl N ist im Allgemeinen schwieriger, aber es gibt einen effizienten Algorithmus von *R. Schoof* [131], der eine Laufzeit von $O((\log p)^8)$ Bitoperationen hat und für Primzahlen p mit einigen hundert Stellen praktisch anwendbar ist. Später haben darauf aufbauend andere Autoren noch verfeinerte Algorithmen entwickelt. Es gibt jedoch viele elliptische Kurven, für die die Zahl N leicht berechnet werden kann, ohne dass die eben genannten, etwas komplizierten Algorithmen verwendet werden müssten. Dies ist insbesondere für $p \bmod 4 = 1$ der Fall. Um das einzusehen, müssen wir zunächst einige zusätzliche Überlegungen durchführen.

Als Erstes geben wir an, wie Algorithmus 3.2 zur Bestimmung des größten gemeinsamen Teilers zweier Zahlen auf den Ring der Gauß'schen Zahlen $\mathbb{G} = \{a + bi \mid a, b \in \mathbb{Z}, i^2 = -1\}$ erweitert werden kann. Wir erinnern an einige Rechenregeln in $\mathbb{C}$, dem Körper der komplexen Zahlen. Eine komplexe Zahl wird durch $a + bi$ mit $a, b \in \mathbb{R}$ dargestellt, wobei $i^2 = -1$ angenommen wird. Es gilt $(a+bi)(a-bi) = a^2 + b^2$, wodurch die Division als $(c+di)/(a+bi) = (c+di)(a-bi)/(a^2+b^2)$ geschrieben werden kann. Für Zahlen aus $\mathbb{C}$ wie aus $\mathbb{G}$ wird der absolute Wert durch $|a + bi| = \sqrt{a^2 + b^2}$ definiert, der in der Gauß'schen Zahlenebene den Abstand der Zahl $a + bi$ vom Nullpunkt darstellt. Der absolute Wert erfüllt offenbar $|(a + bi)(c + di)| = |a + bi| \cdot |c + di|$. Ein größter gemeinsamer Teiler von zwei Zahlen $\alpha, \beta \in \mathbb{G}$ ist ein $\delta \in \mathbb{G}$ mit maximalem absoluten Wert $|\delta|$, das α und β in $\mathbb{G}$ teilt. Ein größter gemeinsamer Teiler ist bis auf einen Faktor ± 1 oder $\pm i$ eindeutig. Wir betrachten weiter eine Abbildung $\{\cdot\} : \mathbb{C} \to \mathbb{G}$, die für $a, b \in \mathbb{R}$ durch $\{a + bi\} = c + di$ mit $c = \lceil a - \frac{1}{2} \rceil$ und $d = \lceil b - \frac{1}{2} \rceil$ gegeben ist. Sie liefert also einen nächsten Gitterpunkt zu $a + bi$. Dann erhalten wir den folgenden

Algorithmus 14.1 (*euklidischer Algorithmus für Gauß'sche Zahlen*)
Eingabe: $a, b \in \mathbb{G}$.
Ausgabe: $d = \text{ggT}(a, b)$.
begin {es wird $|b| > |a|$ angenommen}
$g_0 := b; g_1 := a; i := 1;$
while $g_i \neq 0$ **do**
    berechne $c_i := g_{i-1}/g_i$ in $\mathbb{C}$;
    $g_{i+1} := g_{i-1} - g_i \cdot \{c_i\};$
    $i := i + 1$
    end;
$d := g_{i-1}$
end $\square$

Für jedes $z \in \mathbb{C}$ gilt $|z - \{z\}| \leq \frac{\sqrt{2}}{2} < 1$. Wegen $g_{i+1} = g_i c_i - g_i \cdot \{c_i\}$ folgt $|g_{i+1}| = |g_i| \cdot |c_i - \{c_i\}| < |g_i|$. Da die Werte g_i Gauß'sche Zahlen, also Gitterpunkte sind, muss wegen dieser Ungleichung irgendwann die Bedingung $g_i = 0$ erfüllt sein. Dass wir dann mit g_{i-1} den größten gemeinsamen Teiler erhalten, ergibt sich mit ähnlichen Argumenten wie beim ursprünglichen Algorithmus 3.2 (siehe auch Satz 3.14).

Algorithmus 14.1 können wir benutzen, um gewisse große Primzahlen als Summe von zwei Quadraten zu schreiben. Falls wir einen nichttrivialen Faktor $c + di$ von p in $\mathbb{G}$ finden, dann liefert der Ansatz $(c+di)(x+yi) = cx - dy + (cy + dx)i = p$ zunächst $c = \frac{-dx}{y}$ und damit $\frac{-dx^2}{y} - dy = \frac{-d}{y}(x^2 + y^2) = p$. Da p eine Primzahl ist, muss $d|y$, also $y = -dr$ für ein geeignetes $r \in \mathbb{N}$ gelten. Aus $c = \frac{-dx}{y} = \frac{dx}{dr}$ folgt dann $r|x$. Wegen $r|x$, $r|y$ und p prim ist $r = 1$ und damit $x = c$ und $y = -d$. Wir haben so die Faktorisierung $p = (c + di)(c - di)$ bestimmt, woraus $p = c^2 + d^2$ folgt.

Ein nichttrivialer Faktor ist sehr leicht zu finden, wenn $p \bmod 4 = 1$ gilt. Zunächst suchen wir eine Quadratwurzel von $-1 \bmod p$ wie folgt. Wir wählen zufällig ein $x \in \mathbb{Z}_p^*$ und bilden $x^{\frac{p-1}{4}} \bmod p$. Wegen der Sätze 9.2 und 9.3 folgt jeweils mit Wahrscheinlichkeit $\frac{1}{2}$ die Gültigkeit von $\left(x^{\frac{p-1}{4}} \right)^2 \bmod p = 1$ (für $x \in R_p$) oder $\left(x^{\frac{p-1}{4}} \right)^2 \bmod p = -1$. Im zweiten Fall ist $y = x^{\frac{p-1}{4}} \bmod p$ offenbar eine Quadratwurzel von $-1 \bmod p$, so dass damit

$$p | (y^2 + 1) = (y + i)(y - i)$$

gilt. Mit Hilfe von Algorithmus 14.1 bestimmen wir dann den größten gemeinsamen Teiler von p und $y + i$, der das gewünschte $c + di$ liefert.

Beispiel 14.3 Wir betrachten die Primzahl $p = 73$, für die $73 \bmod 4 = 1$ gilt, wählen „zufällig" $x = 5$ und berechnen $5^{\frac{73-1}{2}} \bmod 73 = 5^{36} \bmod 73 = -1$. Folglich ist

$$y = 5^{\frac{73-1}{4}} \bmod 73 = 5^{18} \bmod 73 = 27$$

eine quadratische Wurzel von $-1 \bmod 73$. Die Berechnung von $\mathrm{ggT}(73, 27 + i)$ in $\mathbb{G}$ wird in der folgenden Tabelle dargestellt:

i	g_i	$c_i = g_{i-1}/g_i$	$\{c_i\}$
0	73		
1	$27 + i$	$\frac{73}{27+i} = \frac{1971-73i}{730}$	3
2	$-8 - 3i$	$\frac{(27+i)(-8+3i)}{73} = \frac{-219+73i}{73}$	$-3 + i$
3	0		

Wir erhalten also $\mathrm{ggT}(73, 27 + i) = -8 - 3i$. Damit ergibt sich mit $73 = 8^2 + 3^2$ die gewünschte Darstellung von 73 als Summe zweier Quadrate. $\square$

Jetzt betrachten wir die elliptische Kurve $y^2 = x^3 - x$ über $\mathbb{Z}_p$, wobei $p \bmod 4 = 1$ gelten soll. Die Primzahl p kann nach den vorhergehenden Überlegungen als $p = c^2 + d^2$ geschrieben werden. In dem Buch von N. Koblitz [85] wird in §2 von Chapter 2 gezeigt, dass die Anzahl $N = p + 1 - a$ der Elemente von $E(\mathbb{Z}_p)$ gefunden wird, indem

$a = 2c$ mit dem c der Quadratdarstellung gesetzt wird. Da der größte gemeinsame Teiler in $\mathbb{G}$ nicht eindeutig ist, wird c dadurch eindeutig bestimmt, dass die Kongruenz $c + di = 1 \bmod (2 + 2i)$ in $\mathbb{G}$ zu gelten hat. Somit muss also c ungerade und d gerade sein. Außerdem ist c durch $-c$ zu ersetzen, wenn entweder $4|d$ und $c \bmod 4 = 3$ oder $4 \nmid d$ und $c \bmod 4 = 1$ gilt.

Beispiel 14.4 Für die elliptische Kurve $y^2 = x^3 - x$ berechnen wir den Wert N für $p = 5, 13, 17$ und $p = 73$.

(a) Es gilt $5 = 1^2 + 2^2$. Wegen $4 \nmid 2$ und $1 \bmod 4 = 1$ wird $c = -1$ gesetzt. Es folgt
$N = 5 + 1 - 2(-1) = 8$.

(b) Weiter ist $13 = 3^2 + 2^2$. Hier muss direkt $c = 3$ genommen werden. Wir erhalten
$N = 13 + 1 - 2 \cdot 3 = 8$.

(c) Für $17 = 1^2 + 4^2$ ergibt sich entsprechend $N = 17 + 1 - 2 \cdot 1 = 16$.

(d) Nach Beispiel 14.3 gilt $73 = 3^2 + 8^2$. Es gilt $4|8$ und $3 \bmod 4 = 3$. Folglich muss 3 durch -3 ersetzt werden. Damit berechnen wir $N = 73 + 1 - 2(-3) = 80$. $\square$

Wenn wir die Zahl N der Elemente von $E(\mathbb{Z}_p)$ berechnet haben, suchen wir eine zyklische Untergruppe von $E(\mathbb{Z}_p)$, in der das Problem des diskreten Logarithmus praktisch nicht lösbar ist. Eine solche kann ggf. als Basis für ein ElGamal-Kryptosystem verwendet werden. Daher müssen wir etwas über die Struktur der Gruppe $E(\mathbb{Z}_p)$ wissen. Dazu betrachten wir

Satz 14.3 Es sei E eine elliptische Kurve über $\mathbb{Z}_p$ mit einer Primzahl $p > 3$. Dann existieren $n_1, n_2 \in \mathbb{N}$, so dass $E(\mathbb{Z}_p)$ isomorph zu $\mathbb{Z}_{n_1} \times \mathbb{Z}_{n_2}$ ist. Außerdem gilt $n_2 | n_1$ und $n_2 | (p - 1)$. $\square$

Wenn also n_1 und n_2 berechnet werden können, dann wissen wir, dass $E(\mathbb{Z}_p)$ eine zyklische Untergruppe isomorph zu $\mathbb{Z}_{n_1}$ besitzt. Man beachte, dass $E(\mathbb{Z}_p)$ für $n_2 = 1$ eine zyklische Gruppe ist. Dieser Fall trat in Beispiel 14.2 ein. Wenn N eine Primzahl oder das Produkt von verschiedenen Primzahlen ist, dann muss $E(\mathbb{Z}_p)$ eine zyklische Gruppe sein.

Da die Gruppe $E(\mathbb{Z}_p)$ additiv geschrieben ist, ist für eine zyklische Untergruppe H von $E(\mathbb{Z}_p)$ und ein festes erzeugendes Element g von H der diskrete Logarithmus eines Elementes $y \in H$ zur Basis g durch die Zahl $k \in \mathbb{Z}_{|H|}$ gegeben, für die $y = kg$ gilt. Die Algorithmen von *Shanks* und *Pohlig-Hellman* (Algorithmus 7.1 bzw. Algorithmus 7.2) sind auch hier zur Berechnung der Logarithmen anwendbar. Außerdem gibt es eine Methode, die den expliziten Isomorphismus zwischen elliptischen Kurven und endlichen Körpern ausnutzt, um für gewisse Klassen von elliptischen Kurven effiziente Algorithmen für die Berechnung zu erhalten. Diese Technik kann auf einige Beispiele innerhalb der speziellen Klasse der supersingulären Kurven angewendet werden, die als Basis für Kryptosysteme vorgeschlagen wurden. Eine elliptische Kurve über $\mathbb{Z}_p$ heißt supersingulär, wenn $N = p + 1$ gilt. Die Fälle der elliptischen Kurve $y^2 = x^3 - x$ mit $p \bmod 4 = 1$ sind, wie die Überlegungen vor Beispiel 14.4 zeigen, nicht supersingulär, da hier immer $N = p + 1 - a \neq p + 1$ gilt. Wenn supersinguläre Kurven vermieden werden, dann scheinen elliptische Kurven, die eine Untergruppe einer Größe von etwa

2^{160} haben, eine sichere Basis für ein Kryptosystem darzustellen, vorausgesetzt natürlich (wegen des Pohlig-Hellman-Angriffs nach Algorithmus 7.2), dass die Ordnung der Untergruppe durch mindestens einen großen Primfaktor teilbar ist.

14.2 Kryptosysteme mit elliptischen Kurven

Beispiel 14.5 Mit der elliptischen Kurve $y^2 = x^3 + 3x + 9$ über $\mathbb{Z}_{11}$ aus Beispiel 14.2 betrachten wir das ElGamal-Kryptosystem zur Verschlüsselung. Wir müssen also nach den Algorithmen 7.6 zur Schlüsselerzeugung und 7.7 zur Verschlüsselung vorgehen.

Die Gruppe $E(\mathbb{Z}_{11})$ hat hier die Ordnung 11. Sie ist mit ihren Multiplikationsregeln Alice und Bob bekannt. Als erzeugendes Element wählt Alice $g = (2,1)$. Als geheimen „Exponenten" wählt sie $x = 7$. Der öffentliche Schlüssel wird durch E und $(g, y) = (g, xg) = ((2,1), 7 \cdot (2,1)) = ((2,1), (3,10))$ gegeben.

Wir nehmen an, dass Bob die Nachricht $M = (10,4)$ verschlüsseln will, die ein Punkt der elliptischen Kurve ist. Er wählt zufällig k mit $1 \leq k \leq 10$, etwa $k = 3$, und berechnet

$$a = kg = 3 \cdot (2,1) = (10,7)$$

sowie

$$b = M + ky = (10,4) + 3 \cdot (3,10) = (10,4) + (2,10) = (3,10).$$

Folglich ist der Chiffretext

$$C = ((10,7), (3,10)),$$

den Bob an Alice schickt. Alice berechnet zunächst

$$z = -xa = -7 \cdot (10,7) = -(2,10) = (2, -10 \bmod 11) = (2,1)$$

und dechiffriert damit C zu

$$M = z + b = (2,1) + (3,10) = (10,4).$$

Sie erhält also den korrekten Klartext. □

Für das ElGamal-Kryptosystem über $\mathbb{Z}_p$ (Algorithmus 7.7) haben wir eine Verdoppelung des Chiffretextes beobachtet. Bei der Implementierung über elliptischen Kurven erhalten wir ungefähr eine Vervierfachung, weil es nach Satz 14.2 annähernd p Klartexte gibt, jeder Chiffretext jedoch aus vier Körperelementen besteht. Ein ernsteres Problem ist jedoch, dass der Klartextraum aus Punkten der Kurve E besteht und keine geeignete Methode bekannt ist, wie man deterministisch Punkte von E erzeugt, die man zur Klartextkodierung braucht.

Effizienter ist eine Vorgehensweise, die von *A. Menezes* und *S. Vanstone* stammt. Hierbei wird die elliptische Kurve zur „Maskierung" benutzt, Klar- und Chiffretext können beliebige Paare von Körperelementen ungleich 0 sein, sie müssen also keine Punkte von E sein. So kommt es auch hier nur zu einer Verdoppelung des Chiffretextes, genauso wie es im ursprünglichen ElGamal-Verfahren der Fall ist.

Algorithmus 14.2 (*Schlüsselerzeugung für die ElGamal-Public-Key-Verschlüsselung von Menezes-Vanstone*)

Zusammenfassung: Alice erzeugt sich einen öffentlichen Schlüssel und einen zugehörigen privaten Schlüssel.

(1) Alice wählt eine elliptische Kurve E über $\mathbb{Z}_p$ ($p > 3$ prim), so dass $E(\mathbb{Z}_p)$ eine zyklische Untergruppe H enthält, in der das Problem des diskreten Logarithmus praktisch nicht lösbar ist. Sie wählt ein erzeugendes Element $g \in H \subseteq E(\mathbb{Z}_p)$.

(2) Alice wählt zufällig ein $x \in \mathbb{Z}_{|H|}$ und berechnet das Gruppenelement $y = xg \in E(\mathbb{Z}_p)$.

(3) Der öffentliche Schlüssel von Alice ist (E, g, y), der private Schlüssel ist x. $\square$

In verschiedenen Standards (z. B. FIPS 186-4 [103]) werden Verfahren beschrieben, wie man für die Praxis geeignete elliptische Kurven konstruieren kann. Da die Ordnung q des erzeugenden Elements g der zyklischen Untergruppe H die Gruppenordnung $\#E(\mathbb{Z}_p) = N$ teilt (siehe z. B. [144], Satz 8.20(d)), gilt $N = f \cdot q$. Dabei wird f als Kofaktor bezeichnet. Es wird empfohlen, die Größen aus Schritt 1 von Algorithmus 14.2 so zu wählen, dass q eine Primzahl ist mit $f \in \{1, 2, 3, 4\}$. FIPS 186-4 listet einige elliptische Kurven über den Körpern der Form $\mathbb{Z}_p$ bzw. $GF(2^m)$ auf sowie passende erzeugende Elemente g, die US-amerikanische Regierungsstellen benutzen sollen. Speziell werden für jeweils eine Primzahl p der Längen 192, 224, 256, 348 bzw. 521 Bits je eine elliptische Kurve $y^2 = x^3 - 3x + b$ über $\mathbb{Z}_p$ durch Angabe des Wertes b spezifiziert und außerdem die Zahlen N angegeben, die hier Primzahlen sind und mehr als die ersten 25 Dezimalstellen mit p gemeinsam haben. Weiter wird jeweils ein erzeugendes Element g der Ordnung $q = N$ (also ist der Kofaktor jeweils 1) festgelegt. Die Kurve mit 521 Bits heißt in [103] P-521, wobei $p = 2^{521} - 1$ gilt. Offensichtlich ist es kein Problem, sich auch andere erzeugende Elemente zu beschaffen, da q eine Primzahl und daher jeder Punkt $\neq \mathcal{O}$ von $E(\mathbb{Z}_p)$ ein solches Element ist.

Algorithmus 14.3 (*ElGamal-Public-Key-Verschlüsselung von Menezes-Vanstone*)

Zusammenfassung: Bob chiffriert eine Nachricht M für Alice, die diese dechiffriert.

(1) Zur Chiffrierung führt Bob die folgenden Schritte aus:

(a) Bob besorgt sich den authentischen öffentlichen Schlüssel (E, g, y) von Alice.

(b) Er stellt M als ein Element $M = (m_1, m_2) \in \mathbb{Z}_p^* \times \mathbb{Z}_p^*$ dar.

(c) Er wählt zufällig ein $k \in \mathbb{Z}_{|H|}$ mit $k \neq 0$ und berechnet $(c_1, c_2) = ky \in E(\mathbb{Z}_p)$. Falls $c_1 = 0$ oder $c_2 = 0$ gilt, wählt er ein anderes k.

(d) Er berechnet $a = kg \in E(\mathbb{Z}_p)$ und $b_1 = c_1 m_1 \bmod p$, $b_2 = c_2 m_2 \bmod p$.

(e) Bob übermittelt $C = E_A(M) = (a, b_1, b_2)$ an Alice.

(2) Zur Dechiffrierung führt Alice die folgenden Schritte aus:

(a) Mit ihrem privaten Schlüssel x berechnet sie den Wert $xa = (c_1, c_2)$.

(b) Alice erhält den Klartext M durch

$$D_A(C) = M = (b_1 c_1^{-1} \bmod p, b_2 c_2^{-1} \bmod p). \quad \square$$

In Punkt 1(c) von Algorithmus 14.3 wird angenommen, dass Bob $|H|$ kennt. Der Algorithmus funktioniert natürlich auch, wenn Bob eine beliebige Zahl $k < N$ wählt, die dann im Algorithmus dieselbe Wirkung wie $k \bmod |H|$ hat. Für $k = |H|$ würde Bob allerdings wie mit $k = 0$ den Wert $a = \mathcal{O}$ erhalten.

Beispiel 14.6 Wir verdeutlichen das Verfahren von *Menezes-Vanstone* wieder mit Hilfe der elliptischen Kurve $y^2 = x^3 + 3x + 9$ über $\mathbb{Z}_{11}$. Wie in Beispiel 14.5 wird der geheime Schlüssel $x = 7$ und der öffentliche Schlüssel (E, g, y) mit $g = (2, 1)$ und $y = xg = (3, 10)$ gewählt. Wir nehmen an, dass Bob den Klartext $M = (m_1, m_2) = (10, 1)$ verschlüsseln will. Man beachte, dass $(10, 1)$ kein Punkt von $E(\mathbb{Z}_{11})$ ist. Bob wählt einen zufälligen Wert $k = 9$. Er berechnet

$$(c_1, c_2) = ky = 9 \cdot (3, 10) = (10, 4) \quad \text{und} \quad a = kg = 9 \cdot (2, 1) = (0, 8).$$

Damit erhält er

$$b_1 = c_1 m_1 \bmod p = 10 \cdot 10 \bmod 11 = 1 \text{ und}$$
$$b_2 = c_2 m_2 \bmod p = 4 \cdot 1 \bmod 11 = 4.$$

Er sendet

$$C = (a, b_1, b_2) = ((0, 8), 1, 4)$$

an Alice. Wenn Alice C erhält, berechnet sie zunächst

$$(c_1, c_2) = xa = 7 \cdot (0, 8) = (10, 4)$$

und kann durch

$$M = ((b_1 c_1^{-1} \bmod p, b_2 c_2^{-1} \bmod p) = (1 \cdot 10^{-1} \bmod 11, 4 \cdot 4^{-1} \bmod 11)$$
$$= (1 \cdot 10, 4 \cdot 3 \bmod 11) = (10, 1)$$

den korrekten Klartext bestimmen. $\square$

Zum Abschluss dieses Kapitels gehen wir auf die Signatur mit Hilfe von elliptischen Kurven ein, und zwar beschreiben wir eine Verallgemeinerung des DSA (siehe Abschnitt 7.4) auf elliptische Kurven, den ECDSA, der auch von *D. Johnson, A. Menezes* und *S. Vanstone* in [76] ausführlich dargestellt wurde.

Algorithmus 14.4 (*Schlüsselerzeugung für den ECDSA*)
Zusammenfassung: Alice erzeugt sich einen öffentlichen Schlüssel und einen zugehörigen privaten Schlüssel.
 (1) Alice wählt eine Primzahl p, eine elliptische Kurve E über $\mathbb{Z}_p$ und eine zyklische Untergruppe H von $E(\mathbb{Z}_p)$, die ein erzeugendes Element g der Primzahlordnung q hat. Das Problem des diskreten Logarithmus in H sei praktisch nicht lösbar.
 (2) Alice wählt zufällig ein $x \in \mathbb{Z}_q$ und berechnet $y = xg \in E(\mathbb{Z}_p)$.
 (3) Der öffentliche Schlüssel von Alice ist (E, p, q, g, y), der private ist x. $\square$

Im Folgenden wird eine Hashfunktion h benutzt, wobei die Bitlänge l ihres Hashwerts gleich der Bitlänge von q sein soll. Falls l größer als die Bitlänge von q ist, dann werden nur die l linkesten Bits des Hashwerts benutzt. Der Wert l sollte jedenfalls nicht kleiner als die Bitlänge von q sein (siehe [18], Note in Abschnitt 4.2). Bei den elliptischen Kurven für Primzahlen der Länge 224, 256 oder 384 Bits aus [103] kommen in dieser Reihenfolge beispielsweise die Hashfunktionen SHA-256, SHA-256 und SHA-384 in Frage.

Algorithmus 14.5 (*Elliptic Curve Digital Signature Algorithm*)
Zusammenfassung: Alice signiert eine Nachricht M, die Bob verifiziert.
(1) Zur Signierung führt Alice die folgenden Schritte aus:
   (a) Alice wählt eine zufällige Zahl $k \in \mathbb{Z}_q^*$.
   (b) Sie berechnet $(u, v) = kg \in E(\mathbb{Z}_p)$ und damit $r = u \bmod q$.
   (c) Sie berechnet $k^{-1} \bmod q$.
   (d) Sie berechnet $s = (h(M) + xr)k^{-1} \bmod q$.
   (e) Falls $r = 0$ oder $s = 0$ gilt, geht Alice zurück zu (a). Anderenfalls übermittelt sie Bob den Klartext M sowie die zugehörige Signatur (r, s).
(2) Um Alice' Signatur (r, s) auf M zu überprüfen, führt Bob die folgenden Schritte durch:
   (a) Bob besorgt sich den authentischen öffentlichen Schlüssel (E, p, q, g, y) mit $y = xg \in E(\mathbb{Z}_p)$ von Alice.
   (b) Er berechnet $w = s^{-1} \bmod q$ und $h(M)$.
   (c) Er berechnet $u_1 = w \cdot h(M) \bmod q$ und $u_2 = rw \bmod q$.
   (d) Er berechnet $(u', v') = u_1 g + u_2 y \in E(\mathbb{Z}_p)$.
   (e) Er akzeptiert die Signatur genau für $u' \bmod q = r$. $\square$

Satz 14.4 Beim Vorgehen nach Algorithmus 14.4 und Algorithmus 14.5 gilt die Gleichung $u' \bmod q = r$, wenn die Signatur (r, s) zu M gehört.

Beweis. Es sei (r, s) eine legitime Signatur von M. Für das in Schritt 2(d) von Algorithmus 14.5 von Bob bestimmte Element aus $E(\mathbb{Z}_p)$ gilt unter Beachtung der in den Schritten 1 und 2 durchgeführten Rechnungen

$$(u', v') = u_1 g + u_2 y = (wh(M) \bmod q)g + (rwx \bmod q)g$$
$$= (s^{-1}(h(M) + rx) \bmod q)g = (s^{-1}sk \bmod q)g = kg = (u, v).$$

Daraus folgt $u' \bmod q = u \bmod q = r$. $\square$

Beispiel 14.7 Alice wählt die elliptische Kurve $y^2 = x^3 + 3x + 9$ über $\mathbb{Z}_{11}$ aus Beispiel 14.2. Dann ist nur $p = q = 11$ möglich. Die anderen Daten des öffentlichen Schlüssels werden wie in Beispiel 14.5 gewählt, so dass Alice $(E, p, q, g, y) = (E, 11, 11, (2, 1), (3, 10))$ als öffentlichen und $x = 7$ als privaten Schlüssel erhält. Sie wählt zufällig $k = 5$ und berechnet damit

$$(u, v) = 5g = 5 \cdot (2, 1) = (6, 10) \quad \text{sowie} \quad r = u \bmod 11 = 6 \bmod 11 = 6.$$

Wir nehmen an, dass ihre Nachricht M den Hashwert $h(M) = 6$ hat. Dann bestimmt Alice das Inverse $5^{-1} \bmod 11 = 9$ und anschließend

$$s = (6 + 7 \cdot 6) \cdot 9 \bmod 11 = 3.$$

Sie sendet $(r, s) = (6, 3)$ sowie M an Bob.
  Bob berechnet $w = 3^{-1} \bmod 11 = 4$ und $h(M) = 6$. Damit ermittelt er

$$u_1 = 4 \cdot 6 \bmod 11 = 2 \quad \text{und} \quad u_2 = 6 \cdot 4 \bmod 11 = 2.$$

Jetzt kann er

$$(u', v') = 2g + 2 \cdot (3, 10) = (6, 10)$$

bestimmen. Der Test $6 \bmod 11 = r$ geht positiv aus. $\square$

Neben den elliptischen Kurven aus [103] können weitere Kurven für die kryptographischen Algorithmen dieses Kapitels in [95] (Brainpool Standard Curves) oder [28] (Standards for efficient Cryptography 2 (SEC 2)) gefunden werden. Abschließend weisen wir noch einmal darauf hin, dass auch elliptische Kurven über den Körpern $GF(2^m)$ als Basis für Kryptosysteme dienen können. Entsprechende Kurven finden sich in [103] und [28].

15 Identifikationsverfahren

Wir haben bereits in den vorhergehenden Kapiteln verschiedene Probleme kennen gelernt, die zunächst als völlig unlösbar erschienen. Als Beispiele nennen wir hier die
Vereinbarung eines geheimen Schlüssels über einen öffentlichen Kanal oder die Frage, ob zwei Personen ohne Angabe ihres Alters herausfinden können, wer von ihnen
älter ist. Mit kryptographischen Methoden wurde das erste Problem durch das Diffie-
Hellman-Verfahren in Protokoll 8.1 gelöst, das zweite durch Protokoll 10.11. Auch
Zero-Knowledge-Protokolle haben solche Eigenschaften. Speziell haben wir in Protokoll 11.2 den Fall betrachtet, dass sich Alice einem Identifizierungsgerät gegenüber mit
Hilfe einiger geheimer Zahlen ausweist, ohne jedoch diese Zahlen zu verraten. Wir haben in diesem Zusammenhang den Begriff Identifikationsverfahren verwendet. In diesem Kapitel werden wir nach einer kurzen Einführung in die allgemeine Problematik
von Identifikationen in den Abschnitten 15.2 und 15.3 zwei Identifikationsverfahren
besprechen, deren Sicherheit auf der praktischen Schwierigkeit beruht, den diskreten
Logarithmus zu berechnen. Ein auf dem RSA-Verfahren beruhendes Identifikationsprotokoll betrachten wir dann in Abschnitt 15.4. Zertifikate spielen in diesen Protokollen wieder eine Rolle. Schließlich wird in Abschnitt 15.5 darauf eingegangen, wie ein
Identifikationsverfahren in ein Signaturverfahren umgewandelt werden kann.

15.1 Einführung

Wir kennen viele Alltagssituationen, in denen es notwendig ist, elektronisch die eigene
Identität zu „beweisen". Will man beispielsweise Geld von einem Geldautomaten abheben, so wird eine Giro-Karte (häufig noch EC-Karte genannt) zusammen mit einer
vierstelligen Zahl (PIN) benutzt. Um Käufe über Telefon einer Kreditkarte anzulasten,
genügt die Kreditkartennummer und die Gültigkeitsdauer der Kreditkarte. Möchte man
sich über das Internet in einem Rechner einloggen, muss man einen gültigen Benutzernamen an dem entsprechenden Rechner und das zugehörige Passwort kennen. In
der Praxis sind diese Verfahren häufig nicht sicher implementiert. Werden etwa über
Telefon die Kreditkarteninformationen weitergegeben, so kann jeder Abhörer die Informationen für seine eigenen Zwecke benutzen. Noch schlimmer ist es, dass das sogar die
Person tun kann, die legal die Informationen erhält. Viele Kreditkartenbetrügereien laufen entsprechend ab. Die Benutzung einer Giro-Karte dagegen ist sicherer, aber es gibt
immer noch Schwächen. Ein Angreifer, der die Datenverbindung vom Geldautomaten
zur Bank überwacht, kann möglicherweise Informationen, die auf dem Microchip kodiert sind, erhalten, vielleicht sogar die PIN. Damit kann er sich illegal Zugang zu einem
Bankkonto verschaffen. Auch das Einloggen über das Internet in einen Rechner kann
problematisch sein, da zum Beispiel bei Benutzung des sehr alten Telnet-Dienstes die
User-ID und das Passwort unverschlüsselt über das Netzwerk geschickt werden. Man

© Springer Fachmedien Wiesbaden GmbH, ein Teil von Springer Nature 2018
D. Wätjen, *Kryptographie*, https://doi.org/10.1007/978-3-658-22474-5_15

sollte daher Telnet nicht mehr verwenden.

Das Ziel von Identifikationsverfahren ist, dass nicht jemand, der sich gegenüber Bob fälschlich als Alice ausgibt, etwa durch eine entsprechende E-Mail, sich im Folgenden tatsächlich als Alice darstellen kann. Eine einfache E-Mail reicht zur Identifizierung nicht. Ein weiteres Ziel ist es zu verhindern, dass Bob selbst in die Rolle von Alice schlüpft, nachdem sie sich ihm gegenüber identifiziert hat.

Es ist klar, dass das Zero-Knowledge-Protokoll 11.2 zur Identifizierung benutzt werden kann. Wichtig ist, dass man Protokolle findet, und das gilt auch für Protokoll 11.2, die einfach genug sind, um beispielsweise auf einer Smartcard implementiert zu werden. Eine Smartcard kann zum Beispiel eine Kreditkarte sein, die mit einem Chip für arithmetische Berechnungen ausgerüstet ist. Dabei sollen Berechnungs- und Speicheranforderungen möglichst gering sein. In Wirklichkeit identifiziert sich natürlich die Karte einem Gerät gegenüber, nicht die tatsächliche Person. Die Person kann allerdings die Karte verlieren, dagegen gibt es keinen Schutz. Deswegen ist auch noch eine PIN erforderlich, um abzusichern, dass der tatsächliche Besitzer der Karte das Identifikationsprotokoll startet.

Zunächst geben wir ein sehr einfaches Protokoll an, mit dessen Hilfe man Geld von seinem Konto bei einem Geldautomaten per Karte abheben kann. Es beruht auf einem beliebigen symmetrischen Kryptosystem, z. B. auf dem Pohlig-Hellman-Verfahren. Der Kundin Alice ist eine Identifikationsnummer ID_A zugeordnet, die sogar auf der Karte aufgedruckt sein kann. Die Bank besitzt für das verwendete Verfahren einen Hauptschlüssel H, mit dessen Hilfe sie durch $E_H(ID_A)$ den Schlüssel K von Alice berechnet und auf deren Karte unterbringt. Der Schlüssel H befindet sich in jedem Geldautomaten, was in der Praxis ein großes Sicherheitsrisiko ist. Im folgenden Challenge-and-Response-Protokoll wird der Geldautomat durch Bob dargestellt.

Protokoll 15.1 (*Identifikation mit symmetrischem Verfahren*)
Gegeben: symmetrisches Verfahren E, Alice kennt Schlüssel K und Identifikationsnummer ID_A, Bob kennt den Hauptschlüssel H.
Zusammenfassung: Alice identifiziert sich bei Bob.
  (1) Alice sendet ID_A an Bob.
  (2) Bob berechnet $K = E_H(ID_A)$. Bob wählt zufällig eine Zahl r mit einer Bitlänge entsprechend der Blockgröße des Verfahrens als Herausforderung und sendet sie an Alice.
  (3) Alice berechnet $y = E_K(r)$ und sendet y als Antwort an Bob.
  (4) Bob berechnet $y' = E_K(r)$ und überprüft, ob $y' = y$ gilt. $\square$

Es ist klar, dass der Test nur dann positiv ausgehen kann, wenn Alice den gemeinsamen Schlüssel $K = E_H(ID_A)$ kennt. Im Folgenden werden wir geeignetere Identifikationsverfahren besprechen.

15.2 Das Schnorr-Identifikationsverfahren

Wir beginnen mit dem Schnorr-Identifikationsverfahren, das ein sehr attraktives praktisches Verfahren ist. Es wird ein Vertrauenszentrum oder eine vertrauenswürdige Instanz

TA (*trusted authority*) benötigt. Die TA wählt die Parameter für das Protokoll nach dem folgenden Algorithmus aus.

Algorithmus 15.1 (*Wahl der Parameter für das Schnorr-Identifikationsverfahren*)
(1) Die TA wählt eine große Primzahl p, für die das Problem des diskreten Logarithmus in $\mathbb{Z}_p^*$ praktisch unlösbar ist.
(2) Die TA wählt einen großen Primteiler q von $p - 1$.
(3) Die TA wählt nach Schritt 4 von Algorithmus 7.10 ein $g \in \mathbb{Z}_p^*$ der Ordnung q.
Das bedeutet, dass für ein geeignetes $\alpha \in \mathbb{Z}_p^*$ die Gleichung $g = \alpha^{\frac{p-1}{q}} \bmod p$ gilt.
(4) Die TA wählt einen Sicherheitsparameter t mit $q > 2^t$ (Für die meisten praktischen Zwecke liefert $t = 50$ ausreichende Sicherheit).
(5) Die TA richtet ein sicheres Signaturverfahren ein mit einer geheimen Transformation D_{TA} zur Signatur und einer öffentlichen Transformation E_{TA} zur Verifizierung. Als Signaturverfahren können das RSA- oder ElGamal-Verfahren oder auch der DSA verwendet werden.
(6) Die TA spezifiziert eine sichere Hashfunktion h.
(7) Die Parameter p, q und g sowie die Transformation E_{TA} und die Hashfunktion h werden veröffentlicht. □

Zur Zeit sollte es reichen, wenn p mindestens 2048 und q mindestens 256 Bits besitzt.

Auf alle Informationen wird vor ihrer Signierung die Hashfunktion angewendet. Um die Protokolle leichter lesbar zu machen, lassen wir bei ihren Beschreibungen in diesem Kapitel (mit Ausnahme von Abschnitt 15.5) die Schritte weg, die mit der Hashfunktion zusammenhängen,

Protokoll 15.2 (*Ausgabe eines Zertifikats an Alice durch die TA*)
Gegeben: Parameter (p, q, g), Hashfunktion h und die geheime Transformation D_{TA} aus Algorithmus 15.1.
(1) Die TA überzeugt sich von Alice' Identität durch konventionelle Formen der Identifizierung, z. B. Geburtsurkunde, Personalausweis usw. Dann bildet die TA einen String ID(Alice), der Alice' Identifikationsinformationen enthält.
(2) Alice wählt geheim ein zufälliges $a \in \mathbb{Z}_q$. Sie berechnet

$$v = g^{-a} \bmod p$$

und übergibt v an die TA.
(3) Die TA erzeugt die Signatur

$$s = D_{TA}(\text{ID}(\text{Alice}), v).$$

Das Zertifikat

$$\mathbf{Z}(\text{Alice}) = (\text{ID}(\text{Alice}), v, s)$$

wird an Alice übergeben. □

Man beachte, dass wegen $(p-1) \bmod q = 0 = q \bmod q$ nach Satz 7.6 die Gleichung

$$g^{-a} \bmod p = g^{p-1-a} \bmod p = g^{q-a} \bmod p$$

gilt.

Will Alice später Bob ihre Identität beweisen, so wird das folgende Protokoll ausgeführt.

Protokoll 15.3 (*Schnorr-Identifikationsverfahren*)
Gegeben: Parameter (p, q, g), Hashfunktion h, Sicherheitsparameter t und die öffentliche Transformation E_{TA} aus Algorithmus 15.1.
Zusammenfassung: Alice identifiziert sich bei Bob.

(1) Alice wählt eine zufällige Zahl $k \in \mathbb{Z}_q$ und berechnet

$$\gamma = g^k \bmod p.$$

(2) Alice sendet ihr Zertifikat $\mathbf{Z}(\text{Alice}) = (\text{ID}(\text{Alice}), v, s)$ und γ an Bob.
(3) Bob verifiziert die Signatur der TA, indem er

$$E_{TA}(s) = (\text{ID}(\text{Alice}), v)$$

überprüft.
(4) Bob wählt eine zufällige Zahl r mit $1 \le r \le 2^t$ und übergibt sie an Alice.
(5) Alice berechnet

$$y = (k + ar) \bmod q$$

und schickt y an Bob.
(6) Bob überprüft, ob

$$\gamma = (g^y v^r) \bmod p$$

gilt. Im positiven Fall akzeptiert Bob die Identifizierung von Alice. $\square$

Der Sicherheitsparameter t verhindert, dass sich ein Betrüger, etwa Oskar, als Alice ausgibt, indem er Bobs Herausforderung r richtig errät. Falls er nämlich das korrekte r wüsste, könnte er mit irgendeinem y sofort

$$\gamma = (g^y v^r) \bmod p$$

berechnen. Er würde in Schritt 1 diesen Wert γ an Bob senden und auf die Herausforderung r mit dem Wert y antworten, den er bereits zuvor gewählt hat. Dann würde in Schritt 6 die Überprüfung positiv ausgehen. Die Wahrscheinlichkeit, dass Oskar den richtigen Wert von r errät, ist jedoch $\frac{1}{2^t}$. Somit sollte $t = 50$ für die meisten Anwendungen ausreichen. Wichtig ist, dass Bob die Herausforderung r jedes Mal neu wählt, wenn sich Alice ihm gegenüber identifizieren will. Anderenfalls könnte Oskar sich im Protokoll zunächst den Wert r schicken lassen, dann das Protokoll abbrechen, um es noch einmal zu starten und dabei wie zuvor beschrieben vorzugehen.

In Schritt 3 von Protokoll 15.3 überzeugt sich Bob, dass das Zertifikat von Alice authentisch ist, also durch die TA signiert wurde. Das restliche Protokoll bezieht sich auf die geheime Zahl a, die in Protokoll 15.2 gewählt wurde und ähnlich wie eine PIN wirkt, indem sie Bob überzeugt, dass die Person, die das Protokoll ausführt, tatsächlich Alice ist. Die Zahl a wird jedoch nicht aufgedeckt. Alice „beweist" die Kenntnis von a dadurch, dass sie den Wert y als Antwort auf die Herausforderung r von Bob berechnet. Da a nicht aufgedeckt wird, bezeichnet man diese Technik als *Wissensbeweis* (*proof of knowledge*).

Wir geben zunächst die folgende, formal allerdings etwas unpräzise, Definition an.

Definition 15.1 Ein Identifikationsverfahren heißt *vollständig* (*complete*), wenn es mit einem ehrlichen Beweiser und einem ehrlichen Prüfenden mit überwältigend großer Wahrscheinlichkeit erfolgreich ausgeht, d. h., wenn der Prüfende die Antwort des Beweisers akzeptiert. □

Der Begriff „überwältigend groß" bedeutet, dass die Misserfolgswahrscheinlichkeit von keiner praktischen Bedeutung ist.

Satz 15.1 Protokoll 15.3 ist vollständig.

Beweis. Wenn Alice und Bob ehrlich sind, berechnet Bob in Schritt 6 mit Hilfe von Satz 7.6

$$g^y v^r \bmod p = g^{k+ar} v^r \bmod p = g^{k+ar} g^{-ar} \bmod p = g^k \bmod p = \gamma \bmod p = \gamma.$$

Dadurch ist Bob von Alice' Identität überzeugt. □

Beispiel 15.1 Wir geben ein Beispiel zu Protokoll 15.3 an. Dabei betrachten wir allerdings nur den Challenge-and-Response-Aspekt. Es sei $p = 283$, $q = 47$ und t= 5. Es gilt $\frac{p-1}{q} = 6$. Wir wählen ein Element $\alpha = 77 \in \mathbb{Z}_p^*$ und bilden, wie in Algorithmus 7.10 beschrieben, $g = \alpha^{\frac{p-1}{q}} \bmod p = 77^6 \bmod 283 = 86$. Wegen $86 \neq 1$ ist g ein Element der Ordnung $q \in \mathbb{Z}_p^*$. Alice' zufälliger Exponent sei $a = 35$. Dann folgt nach Protokoll 15.2

$$v = g^{-a} \bmod p = 86^{47-35} \bmod 283 = 86^{12} \bmod 283 = 51.$$

Wählt nun Alice in Protokoll 15.3 den Wert $k = 14$, so berechnet sie

$$\gamma = g^k \bmod p = 86^{14} \bmod 283 = 240$$

und sendet γ an Bob. Bob schickt die Herausforderung $r = 28$ an Alice. Sie antwortet mit

$$y = (k + ar) \bmod q = (14 + 35 \cdot 28) \bmod 47 = 7.$$

Bob überprüft, dass

$$240 = 86^7 \cdot 51^{28} \bmod 283$$

gilt. Folglich ist er überzeugt, dass er mit Alice kommuniziert. □

Jetzt wollen wir uns überlegen, welche Möglichkeiten ein Betrüger Oskar hat, sich als Alice auszugeben. Er würde versuchen, ein Zertifikat

$$\mathbf{Z}'(\text{Alice}) = (\text{ID}(\text{Alice}), v', s')$$

zu erzeugen, wobei allerdings $v \neq v'$ gilt, da Oskar den Wert a nicht kennt. Der Wert s' muss jedoch die Signatur von $(\text{ID}(\text{Alice}), v')$ sein, da diese Eigenschaft in Schritt 3 des Protokolls überprüft wird. Da das Signaturverfahren als sicher angenommen wird, kann Oskar einen solchen Wert s' nicht bestimmen.

In einem anderen Ansatz würde Oskar das korrekte Zertifikat von Alice benutzen. Dies ist möglich, da bei jeder Ausführung von Protokoll 15.3 in Schritt 2 das Zertifikat aufgedeckt wird. Auf die Herausforderung r hin muss Oskar in Schritt 5 ein y berechnen, das von a abhängt. Die Berechnung von a aus $v = g^{-a} \bmod p$ setzt jedoch das Berechnen des diskreten Logarithmus voraus, was wir als praktisch undurchführbar ansehen.

Um die Sicherheit des Protokolls genauer zu fassen, führen wir den Begriff der Korrektheit ein, der dem der schwachen Korrektheit aus Definition 11.1 für ein interaktives Wissensbeweis-System entspricht.

Definition 15.2 Ein Identifikationsverfahren heißt *korrekt* (*sound*), wenn es einen in erwarteter Polynomialzeit arbeitenden Algorithmus A gibt mit folgender Eigenschaft: Falls ein unehrlicher Beweiser (Oskar), der sich für die ehrliche Beweiserin (Alice) ausgibt, mit nicht vernachlässigbarer Wahrscheinlichkeit das Protokoll mit dem Prüfenden (Bob) erfolgreich durchführen kann, dann kann der Algorithmus A benutzt werden, um die Geheimnisse der ehrlichen Beweiserin zu gewinnen. □

Wenn es also Oskar einmal gelingt, die Geheimnisse von Alice zu ergründen, dann kann er im Folgenden das Protokoll mit überwältigend großer Wahrscheinlichkeit anstelle von Alice erfolgreich durchführen. Der folgende Satz beweist die Korrektheit von Protokoll 15.3.

Satz 15.2 Falls Oskar einen Wert γ kennt, mit dem er sich mit einer Wahrscheinlichkeit $\epsilon \geq \frac{1}{2^{t-1}}$ erfolgreich als Alice in Protokoll 15.3 ausgeben kann, dann kann er in polynomialer Zeit a berechnen.

Beweis. Für einen Anteil ϵ der 2^t möglichen Herausforderungen r kann Oskar den Wert y berechnen, der in Schritt 6 von Bob akzeptiert wird. Wegen $\epsilon \geq \frac{1}{2^{t-1}}$ sind dies $\epsilon \cdot 2^t \geq$ 2 Fälle. Wenn Oskar diese Fälle findet, dann kann er Werte y_1, y_2, r_1 und r_2 bestimmen mit

$$y_1 \bmod q \neq y_2 \bmod q$$

und

$$\gamma = g^{y_1} v^{r_1} \bmod p = g^{y_2} v^{r_2} \bmod p.$$

Es folgt

$$g^{y_1 - y_2} \bmod p = v^{r_2 - r_1} \bmod p.$$

Wegen $v = g^{-a} \bmod p$ und der Tatsache, dass g eine Untergruppe der Ordnung q erzeugt, schließen wir auf die Gültigkeit von

$$(y_1 - y_2) \bmod q = a(r_1 - r_2) \bmod q.$$

Aus $|r_2 - r_1| < 2^t$ und $q > 2^t$ prim folgt $\text{ggT}(r_2 - r_1, q) = 1$. Daher kann Oskar

$$a = (y_1 - y_2)(r_1 - r_2)^{-1} \bmod q$$

in Polynomialzeit berechnen. $\square$

Der Satz sagt aus, dass jeder, der eine hinreichend große Chance hat, erfolgreich das Identifikationsprotokoll von Schnorr durchzuführen, Alice' geheimen Exponenten kennen muss bzw. in polynomialer Zeit berechnen kann. Das ist die Korrektheit.

Beispiel 15.2 Wir verwenden dieselben Parameter wie in Beispiel 15.1, also

$$p = 283, \ q = 47, \ t = 5, \ g = 86, \ a = 35 \text{ und } v = 51.$$

Wir nehmen an, dass Oskar Werte $y_1 = 6, y_2 = 13, r_1 = 40$ und $r_2 = 12$ kennt, für die tatsächlich

$$g^{y_1} v^{r_1} \bmod p = 86^6 \cdot 51^{40} \bmod 283 = 64 = 86^{13} \cdot 51^{12} \bmod 283 = g^{y_2} v^{r_2} \bmod p$$

gilt. Dann kann er durch

$$a = (6 - 13)(40 - 12)^{-1} \bmod 47 = 40 \cdot 28^{-1} \bmod 47 = 35$$

den geheimen Exponenten von Alice bestimmen. $\square$

Wir haben bewiesen, dass Protokoll 15.3 korrekt und vollständig ist. Das genügt jedoch nicht, damit das Protokoll sicher ist. Wenn zum Beispiel Alice ihren Exponenten a aufgedeckt hätte, um Oskar ihre Identität zu beweisen, würde das Protokoll immer noch korrekt und vollständig sein. Es wäre jedoch unsicher, weil sich natürlich Oskar unter Benutzung von a als Alice ausgeben könnte.

Es konnte von *M. Bellare* und *A. Palacio* [6] gezeigt werden, dass das Protokoll gegenüber einem aktiven Angriff sicher ist, bei dem zunächst Oskar einige Male das Protokoll anstelle von Bob durchführt, um sich danach als Alice auszugeben.

Wir betrachten kurz die Speicherplatzanforderungen und die benötigte Rechenzeit des Schnorr-Verfahrens. Wenn wir annehmen, dass ID(Alice) ebenso wie v eine Länge von 2048 Bits besitzt und der Digital-Signature-Algorithmus verwendet wird, bei dem die Signatur (siehe Algorithmus 7.10 und Algorithmus 7.11 mit $(L, N) = (2048, 256)$) die Größe 512 Bits hat, dann müssen auf der Smartcard für das Zertifikat **Z**(Alice) insgesamt 4608 Bits gespeichert werden.

Alice, die ja die Smartcard repräsentiert, führt in Schritt 1 eine modulare Exponentiation und in Schritt 5 eine modulare Multiplikation sowie eine modulare Addition durch. Der Rechenaufwand ist also für die Smartcard ziemlich gering. Der größte Aufwand ist dabei für die modulare Exponentiation nötig, die man ggf. offline durchführen könnte. Der Aufwand der Rechnungen von Bob ist zwar größer, sie werden aber von einem normalen Rechner schnell durchgeführt.

In Schritt 2 werden 4608+2048= 6656 Bits von Alice an Bob geschickt, in Schritt 4 sendet Bob t Bits an Alice, etwa $t = 50$, und schließlich erhält Bob in Schritt 5 noch einmal $\log_2 q$ Bits von Alice, wobei wir 256 Bits dafür annehmen wollen. Insgesamt werden also 6962 Bits ausgetauscht. Der Kommunikationsaufwand ist also nicht zu groß. Insgesamt kann man sagen, dass das Schnorr-Verfahren sehr schnell und effizient ist.

15.3 Das Okamoto-Identifikationsverfahren

Die Parameter des Okamoto-Verfahrens werden bis auf Punkt 3 wie beim Schnorr-Verfahren bestimmt.

Algorithmus 15.2 (*Wahl der Parameter für das Okamoto-Identifikationsverfahren*)
   (1) Die TA wählt eine große Primzahl p, für die das Problem des diskreten Logarithmus in $\mathbb{Z}_p^*$ praktisch unlösbar ist.
   (2) Die TA wählt einen großen Primteiler q von $p - 1$.
   (3) Die TA wählt $g_1, g_2 \in \mathbb{Z}_p^*$ jeweils von der Ordnung q.
   (4) Die TA wählt einen Sicherheitsparameter t mit $q > 2^t$.
   (5) Die TA richtet ein sicheres Signaturverfahren ein mit einer geheimen Transformation D_{TA} zur Signatur und einer öffentlichen Transformation E_{TA} zur Verifizierung.
   (6) Die TA spezifiziert eine sichere Hashfunktion h.
   (7) Die Parameter p, q und g_1, g_2 sowie die Transformation E_{TA} und die Hashfunktion h werden veröffentlicht, der Wert $c = \log_{g_1} g_2$ ist allen Teilnehmern (einschließlich Alice) unbekannt. $\square$

Wir gehen davon aus, dass es für jeden praktisch unmöglich ist, den Wert $c = \log_{g_1} g_2$ zu berechnen, auch für eine Koalition aus Alice und Oskar.

Protokoll 15.4 (*Ausgabe eines Zertifikats an Alice durch die TA*)
Gegeben: Parameter (p, q, g_1, g_2), Hashfunktion h und die geheime Transformation D_{TA} aus Algorithmus 15.2.
   (1) Die TA überzeugt sich von Alice' Identität durch konventionelle Formen der Identifizierung, z. B. Geburtsurkunde, Personalausweis usw. Dann bildet die TA einen String ID(Alice), der Alice' Identifikationsinformationen enthält.
   (2) Alice wählt geheim zwei zufällige Exponenten $a_1, a_2 \in \mathbb{Z}_q$. Sie berechnet

$$v = g_1^{-a_1} g_2^{-a_2} \bmod p$$

und übergibt v an die TA.
   (3) Die TA erzeugt die Signatur

$$s = D_{TA}(\text{ID(Alice)}, v).$$

Das Zertifikat

$$\mathbf{Z}(\text{Alice}) = (\text{ID(Alice)}, v, s)$$

wird an Alice übergeben. $\square$

Wir sehen, dass der Unterschied zu Protokoll 15.2 nur im Punkt 2 besteht, wo zwei zufällige Exponenten statt einem gewählt werden. Das bedeutet auch, dass das Okamoto-Identifikationsverfahren etwas langsamer als das Schnorr-Identifikationsverfahren ist.
   Alice beweist ihre Identität Bob gegenüber durch

Protokoll 15.5 (*Okamoto-Identifikationsverfahren*)
Gegeben: Parameter (p, q, g_1, g_2), Hashfunktion h, Sicherheitsparameter t und die öffentliche Transformation E_{TA} aus Algorithmus 15.2.
Zusammenfassung: Alice identifiziert sich bei Bob.
(1) Alice wählt zufällige Zahlen $k_1, k_2 \in \mathbb{Z}_q$ und berechnet

$$\gamma = g_1^{k_1} g_2^{k_2} \bmod p.$$

(2) Alice sendet ihr Zertifikat $\mathbf{Z}(\text{Alice}) = (\text{ID}(\text{Alice}), v, s)$ und γ an Bob.
(3) Bob verifiziert die Signatur der TA, indem er

$$E_{TA}(s) = (\text{ID}(\text{Alice}), v)$$

überprüft.
(4) Bob wählt eine zufällige Zahl r mit $1 \leq r \leq 2^t$ und übergibt sie an Alice.
(5) Alice berechnet

$$y_1 = (k_1 + a_1 r) \bmod q \quad \text{und} \quad y_2 = (k_2 + a_2 r) \bmod q$$

und schickt y_1 und y_2 an Bob.
(6) Bob überprüft, ob

$$\gamma = (g_1^{y_1} g_2^{y_2} v^r) \bmod p$$

gilt. Im positiven Fall akzeptiert Bob die Identifizierung von Alice. □

Satz 15.3 Protokoll 15.5 ist vollständig.

Beweis. Es gilt

$$g_1^{y_1} g_2^{y_2} v^r \bmod p = g_1^{k_1 + a_1 r} g_2^{k_2 + a_2 r} g_1^{-a_1 r} g_2^{-a_2 r} \bmod p = g_1^{k_1} g_2^{k_2} \bmod p = \gamma,$$

wobei wieder zu beachten ist, dass in den Exponenten modulo q gerechnet wird. □

Als nächstes zeigen wir, dass das Okamoto-Verfahren korrekt ist.

Satz 15.4 Falls Oskar einen Wert γ kennt, mit dem er sich mit einer Wahrscheinlichkeit $\epsilon \geq \frac{1}{2^{t-1}}$ erfolgreich als Alice in Protokoll 15.5 ausgeben kann, dann kann er in polynomialer Zeit Werte b_1, b_2 mit

$$v = g_1^{-b_1} g_2^{-b_2} \bmod p$$

berechnen.

Beweis. Für einen Anteil ϵ der 2^t möglichen Herausforderungen r, also für $\epsilon \cdot 2^t \geq 2$ Fälle, kann Oskar passende Werte angeben. Falls er sie findet, kann er $x_1, x_2, y_1, y_2, r_1, r_2$ mit $r_1 \neq r_2$, $|r_1 - r_2| < 2^t < q$ und

$$\gamma = g_1^{x_1} g_2^{x_2} v^{r_1} \bmod p = g_1^{y_1} g_2^{y_2} v^{r_2} \bmod p$$

bestimmen. In polynomialer Zeit kann er dann die Werte

$$b_1 = (x_1 - y_1)(r_1 - r_2)^{-1} \bmod q \quad \text{und} \quad b_2 = (x_2 - y_2)(r_1 - r_2)^{-1} \bmod q$$

berechnen. Aus der Gleichung für γ folgt

$$v^{r_1 - r_2} \bmod p = g_1^{y_1 - x_1} g_2^{y_2 - x_2} \bmod p.$$

Durch Exponentiation mit $(r_1 - r_2)^{-1} \bmod q$ ergibt sich, da die Rechnungen in den Exponenten modulo q durchgeführt werden,

$$v = g_1^{-b_1} g_2^{-b_2} \bmod p. \quad \square$$

Unter den Voraussetzungen des Satzes kann Oskar in polynomialer Zeit zwar nicht das Geheimnis (a_1, a_2) von Alice berechnen, aber ein äquivalentes Paar (b_1, b_2), mit dem er anschließend das Protokoll anstelle von Alice durchführen kann.

Wenn diese Situation gegeben ist, dann können aber, wie der folgende Satz zeigt, Alice und Oskar gemeinsam $\log_{g_1} g_2$ bestimmen. Das steht im Widerspruch dazu, dass dieser Logarithmus allen Teilnehmern unbekannt ist und wir annehmen, dass es praktisch unmöglich ist, den diskreten Logarithmus zu berechnen. Dies bedeutet die Sicherheit von Protokoll 15.5.

Satz 15.5 Falls Oskar einen Wert γ kennt, mit dem er sich mit einer Wahrscheinlichkeit $\epsilon \geq \frac{1}{2^{t-1}}$ erfolgreich als Alice in Protokoll 15.5 ausgeben kann, dann können mit Wahrscheinlichkeit $1 - \frac{1}{q}$ Alice und Oskar gemeinsam $\log_{g_1} g_2$ in polynomialer Zeit berechnen.

Beweis. Wir nehmen an, dass es Oskar nach dem Beweis von Satz 15.4 gelingt, Werte b_1, b_2 mit $v = g_1^{-b_1} g_2^{-b_2} \bmod p$ zu bestimmen. Außerdem teilt Alice die in Protokoll 15.4 gewählten Werte a_1, a_2 mit $v = g_1^{-a_1} g_2^{-a_2} \bmod p$ Oskar mit. Dann gilt

$$g_1^{a_1 - b_1} \bmod p = g_2^{b_2 - a_2} \bmod p.$$

Wir nehmen $(a_1, a_2) \neq (b_1, b_2)$ an. Dann muss, da g_1 und g_2 die Ordnung q haben, $a_1 \neq b_1$ und $a_2 \neq b_2$ erfüllt sein. Durch Exponentiation mit $(b_2 - a_2)^{-1} \bmod q$ erhalten wir

$$g_1^{(a_1 - b_1)(b_2 - a_2)^{-1}} \bmod p = g_2.$$

Folglich kann in polynomialer Zeit

$$c = \log_{g_1} g_2 = (a_1 - b_1)(b_2 - a_2)^{-1} \bmod q$$

berechnet werden.

Diese Berechnung ist für $(a_1, a_2) = (b_1, b_2)$ nicht möglich. Wenn wir zeigen können, dass dieser Fall nur mit einer Wahrscheinlichkeit $\frac{1}{q}$ auftritt, dann ist der Satz bewiesen. Wir definieren die Menge

$$M = \{(a_1', a_2') \in \mathbb{Z}_q \times \mathbb{Z}_q \mid g_1^{-a_1'} g_2^{-a_2'} \bmod p = g_1^{-a_1} g_2^{-a_2} \bmod p\},$$

also die Menge aller Paare, die Alice' geheime Exponenten darstellen könnten. Mit $c = \log_{g_1} g_2$ ist die Gleichung aus der Definition von M äquivalent zu

$$g_1^{a_1 - a_1'} \bmod p = g_2^{a_2' - a_2} \bmod p = g_1^{c(a_2' - a_2)} \bmod p,$$

woraus mit $s = (a_2' - a_2) \bmod q$ die Gleichung $(a_1 - a_1') \bmod q = cs \bmod q$ folgt. Somit ergibt sich

$$M = \{((a_1 - cs) \bmod q, (a_2 + s) \bmod q) \mid s \in \mathbb{Z}_q\}.$$

M besitzt also genau q Elemente.

Oskars Paar (b_1, b_2) gehört zu M. Zu zeigen ist, dass dieses Paar von dem von Alice gewählten $(a_1, a_2) \in M$ unabhängig ist. Dann ist ja die Wahrscheinlichkeit, dass $(a_1, a_2) = (b_1, b_2)$ gilt, gleich $\frac{1}{q}$.

Damit diese Unabhängigkeit gilt, darf durch das Protokoll keine Information an Oskar geliefert werden, die einen Rückschluss auf das „korrekte" Paar (a_1, a_2) zuließe. Wir betrachten also die im Protokoll 15.5 ausgetauschten Informationen. Diese können wir durch das Quadrupel

$$(\gamma, r, y_1, y_2)$$

angeben. Die zufälligen Werte k_1, k_2, a_1, a_2 werden dagegen von Alice nicht aufgedeckt. y_1 und y_2 scheinen zunächst nach der Art ihrer Berechnung in Schritt 5 des Protokolls von a_1 und a_2 abzuhängen. Wir zeigen jedoch, dass das Quadrupel auch von jedem anderen Element $(a_1', a_2') \in M$ auf dieselbe Art erzeugt werden kann. Mit einem geeigneten $s \in \mathbb{Z}_q$ gilt $(a_1', a_2') = ((a_1 - cs) \bmod q, (a_2 + s) \bmod q)$ und damit

$$y_1 = (k_1 + a_1 r) \bmod q = (k_1 + (a_1' + cs)r) \bmod q = ((k_1 + rcs) + a_1' r) \bmod q$$

sowie

$$y_2 = (k_2 + a_2 r) \bmod q = (k_2 + (a_2' - s)r) \bmod q = ((k_2 - rs) + a_2' r) \bmod q.$$

Mit den zufälligen Wahlen $k_1' = (k_1 + rcs) \bmod q$ und $k_2' = (k_2 - rs) \bmod q$ lässt sich dasselbe Quadrupel (γ, r, y_1, y_2) erzeugen, das jetzt von (a_1', a_2') abzuhängen scheint. Da k_1, k_2 nicht aufgedeckt werden, liefert das Quadrupel folglich keine Information über die geheimen Exponenten a_1 und a_2 von Alice. $\square$

Wir geben ein Beispiel an, wie Alice und Oskar unter den Voraussetzungen von Satz 15.5 den diskreten Logarithmus $\log_{g_1} g_2$ berechnen.

Beispiel 15.3 Wir wählen zunächst dieselben Werte wie in Beispiel 15.1, das heißt $p = 283$, $q = 47$ und $t = 5$. Entsprechend wird auch $g_1 = 86$ und der erste geheime Exponent $a_1 = 35$ von Alice angenommen. Zusätzlich wird $g_2 = 216$ (es gilt $266^6 \bmod 283 = 216 \neq 1$) und als zweiter geheimer Exponent $a_2 = 20$ gewählt. Alice berechnet dann nach Protokoll 15.4

$$\begin{aligned} v &= g_1^{-a_1} g_2^{-a_2} \bmod p \\ &= 86^{47-35} \cdot 216^{47-20} \bmod 283 = 86^{12} \cdot 216^{27} \bmod 283 \\ &= 51 \cdot 60 \bmod 283 = 230 \end{aligned}$$

als Teil ihres Zertifikats. Wir nehmen an, dass es Oskar nach dem Beweis von Satz 15.4 gelungen ist, Werte $x_1 = 17$, $x_2 = 31$, $y_1 = 20$, $y_2 = 24$, $r_1 = 16$, $r_2 = 22$ mit

$$g_1^{x_1} g_2^{x_2} v^{r_1} \bmod p = g_1^{y_1} g_2^{y_2} v^{r_2} \bmod p$$

zu bestimmen, also mit

$$86^{17} \cdot 216^{31} \cdot 230^{16} \bmod 283 = 111 = 86^{20} \cdot 216^{24} \cdot 230^{22} \bmod 283.$$

Mit diesen Werten berechnet er

$$
\begin{aligned}
b_1 &= (x_1 - y_1)(r_1 - r_2)^{-1} \bmod q \\
&= (17 - 20)(16 - 22)^{-1} \bmod 47 = 44 \cdot 41^{-1} \bmod 47 = 44 \cdot 39 \bmod 47 \\
&= 24
\end{aligned}
$$

sowie

$$
\begin{aligned}
b_2 &= (x_2 - y_2)(r_1 - r_2)^{-1} \bmod q \\
&= (31 - 24)(16 - 22)^{-1} \bmod 47 = 7 \cdot 39 \bmod 47 = 38.
\end{aligned}
$$

Alice deckt $a_1 = 35$ und $a_2 = 20$ auf. Damit kann Oskar den diskreten Logarithmus

$$
\begin{aligned}
c &= \log_{86} 216 = (a_1 - b_1)(b_2 - a_2)^{-1} \bmod 47 \\
&= 11 \cdot 18^{-1} \bmod 47 = 11 \cdot 34 \bmod 47 = 45
\end{aligned}
$$

ermitteln. In der Tat gilt

$$g_1^c \bmod p = 86^{45} \bmod 283 = 216 = g_2. \qquad \square$$

15.4 Das Guillou-Quisquater-Identifikations- verfahren

In diesem Abschnitt geben wir ein Identifikationsverfahren an, das auf dem RSA-Verfahren beruht.

Algorithmus 15.3 (*Wahl der Parameter für das Guillou-Quisquater-Identifikations-verfahren*)

(1) Die TA wählt zwei große Primzahlen p und q und bildet das Produkt $n = pq$. Die Zahlen müssen so groß sein, dass die Faktorisierung von n praktisch nicht möglich ist.

(2) Die TA wählt eine große Primzahl b als Sicherheitsparameter (Für die meisten praktischen Zwecke liefert $b = 50$ ausreichende Sicherheit).

(3) Die TA richtet ein sicheres Signaturverfahren ein mit einer geheimen Transformation D_{TA} zur Signatur und einer öffentlichen Transformation E_{TA} zur Verifizierung.

(4) Die TA spezifiziert eine sichere Hashfunktion h.

(5) Die Zahlen n und b sowie die Transformation E_{TA} und die Hashfunktion h werden veröffentlicht, die Primzahlen p und q bleiben geheim. $\qquad \square$

Protokoll 15.6 (*Ausgabe eines Zertifikats an Alice durch die TA*)

Gegeben: Parameter n und b, Hashfunktion h und die geheime Transformation D_{TA} aus Algorithmus 15.3.

(1) Die TA überzeugt sich von Alice' Identität durch konventionelle Formen der Identifizierung, z. B. Geburtsurkunde, Personalausweis usw. Dann bildet die TA einen String ID(Alice), der Alice' Identifikationsinformationen enthält.

(2) Alice wählt geheim eine Zahl $u \in \mathbb{Z}_n^*$ und berechnet

$$v = (u^{-1})^b \bmod n$$

und übergibt v an die TA.

(3) Die TA erzeugt die Signatur

$$s = D_{TA}(\text{ID(Alice)}, v).$$

Das Zertifikat
$$\mathbf{Z}(\text{Alice}) = (\text{ID(Alice)}, v, s)$$

wird an Alice übergeben. □

Protokoll 15.7 (*Guillou-Quisquater-Identifikationsverfahren*)

Gegeben: Parameter n, b, Hashfunktion h und die öffentliche Transformation E_{TA} aus Algorithmus 15.3.

Zusammenfassung: Alice identifiziert sich bei Bob.

(1) Alice wählt eine zufällige Zahl $k \in \mathbb{Z}_n$ und berechnet

$$\gamma = k^b \bmod n.$$

(2) Alice sendet ihr Zertifikat $\mathbf{Z}(\text{Alice}) = (\text{ID(Alice)}, v, s)$ und γ an Bob.

(3) Bob verifiziert die Signatur der TA, indem er

$$E_{TA}(s) = (\text{ID(Alice)}, v)$$

überprüft.

(4) Bob wählt eine zufällige Zahl r mit $r \in \mathbb{Z}_b^*$ und übergibt sie an Alice.

(5) Alice berechnet
$$y = ku^r \bmod n$$

und schickt y an Bob.

(6) Bob überprüft, ob
$$\gamma = v^r y^b \bmod n$$

gilt. Im positiven Fall akzeptiert Bob die Identifizierung von Alice. □

Satz 15.6 Protokoll 15.7 ist vollständig.

Beweis. Die Vollständigkeit ergibt sich wieder sehr leicht aus

$$v^r y^b \bmod n = (u^{-b})^r (ku^r)^b \bmod n = u^{-br} k^b u^{br} \bmod n = k^b \bmod n = \gamma. \quad \Box$$

Für den Beweis, dass das Guillou-Quisquater-Verfahren korrekt ist, zeigen wir, dass es praktisch unmöglich ist, den Wert u aus v zu berechnen.

Satz 15.7 Falls Oskar einen Wert γ kennt, mit dem er sich mit einer Wahrscheinlichkeit $\epsilon > \frac{1}{b}$ erfolgreich als Alice in Protokoll 15.7 ausgeben kann, dann kann er in polynomialer Zeit den Wert u berechnen.

Beweis. Für einen Anteil von $\epsilon > \frac{1}{b}$ der b möglichen Herausforderungen r, also für mindestens zwei, ist Oskar nach Voraussetzung in der Lage, mit einem richtigen y zu antworten. Dann kann er $y_1, y_2, r_1, r_2, r_1 \neq r_2$, bestimmen mit

$$\gamma = v^{r_1} y_1^b \bmod n = v^{r_2} y_2^b \bmod n.$$

Es sei ohne Beschränkung der Allgemeinheit $r_1 > r_2$. Dann gilt

$$v^{r_1 - r_2} \bmod n = (y_2 y_1^{-1})^b \bmod n.$$

Wegen $r_1 - r_2 \in \mathbb{Z}_b^*$ und b prim kann Oskar nach Algorithmus 3.3

$$t = (r_1 - r_2)^{-1} \bmod b$$

in polynomialer Zeit berechnen. Er kann dann sofort ein $i \in \mathbb{N}$ mit $(r_1 - r_2)t = ib + 1$ bestimmen. Offensichtlich gilt

$$v^{(r_1 - r_2)t} \bmod n = (y_2 y_1^{-1})^{bt} \bmod n,$$

woraus

$$v^{ib+1} \bmod n = (y_2 y_1^{-1})^{bt} \bmod n$$

und damit

$$v = (y_2 y_1^{-1})^{bt} (v^{-1})^{ib} \bmod n$$

folgt. Durch Exponentiation mit $b^{-1} \bmod \varphi(n)$ (Oskar kann und muss diesen Wert nicht berechnen) und unter Berücksichtigung der Gleichung $v = (u^{-1})^b \bmod n$ aus Schritt 2 von Protokoll 15.6 erhalten wir

$$u^{-1} \bmod n = v^{b^{-1}} \bmod n = (y_2 y_1^{-1})^t (v^{-1})^i \bmod n.$$

Durch Bildung des Inversen modulo n auf beiden Seiten folgt

$$u = (y_1 y_2^{-1})^t v^i \bmod n.$$

Diesen geheimen Wert von Alice kann Oskar in polynomialer Zeit berechnen. $\Box$

Zu Satz 15.7 geben wir ein Beispiel an.

Beispiel 15.4 Es seien $p = 13$ und $q = 23$ die „geheimen" Parameter, so dass sich die öffentliche Zahl $n = 299$ ergibt. Außerdem sei der Sicherheitsparameter $b = 41$ bekannt. Mit der geheimen Zahl $u = 205$ berechnet Alice in Protokoll 15.6 den Wert $v = (205^{-1})^{41} \bmod 299 = 264^{41} \bmod 299 = 153$. Wir nehmen an, dass es Oskar gelingt, Werte $y_1 = 269, y_2 = 165, r_1 = 39$ und $r_2 = 15$ mit

$$v^{r_1} y_1^b \bmod n = 153^{39} \cdot 269^{41} \bmod 299 = 166 = 153^{15} \cdot 165^{41} \bmod 299$$
$$= v^{r_2} y_2^b \bmod n$$

zu erhalten. Dann berechnet er

$$t = (r_1 - r_2)^{-1} \bmod b = (39 - 15)^{-1} \bmod 41 = 24^{-1} \bmod 41 = 12$$

und damit

$$i = \frac{(r_1 - r_2)t - 1}{b} = \frac{24 \cdot 12 - 1}{41} = 7.$$

Alice' geheimer Exponent wird nun durch

$$u = (y_1 y_2^{-1})^t v^i \bmod n = (269 \cdot 165^{-1})^{12} \cdot 153^7 \bmod 299$$
$$= (269 \cdot 29)^{12} \cdot 153^7 \bmod 299 = 27^{12} \cdot 153^7 \bmod 299 = 27 \cdot 218 \bmod 299$$
$$= 205$$

bestimmt. □

15.5 Umwandlung von Identifikations- in Signaturverfahren

Ein Identifikationsverfahren kann leicht in ein Signaturverfahren umgewandelt werden. Die Idee ist dabei, dass der Prüfende Bob keine Herausforderung r an Alice schickt, sondern dass eine Zahl an die Stelle von r tritt, die mit Hilfe einer Hashfunktion aus dem Klartext M sowie indirekt auch aus dem von Alice zufällig gewählten Wert k berechnet wird. Ähnlich sind wir bereits in Kapitel 11 vorgegangen, wo wir aus dem Zero-Knowledge-Protokoll 11.2 (oder genauer aus dem Fiat-Shamir-Identifikationsprotokoll) das Signaturverfahren von Algorithmus 11.5 gewonnen haben. Eine solche Umwandlung wollen wir hier für das Schnorr-Identifikationsverfahren betrachten.

Als Hashfunktion h wählen wir SHA-512 (siehe Algorithmus 6.5). SHA-512 erzeugt Werte von 512 Bit Länge.

Algorithmus 15.4 (*Schlüsselerzeugung für das Schnorr-Signaturverfahren*)
Zusammenfassung: Alice erzeugt sich einen öffentlichen und einen zugehörigen privaten Schlüssel.
  (1) Alice erzeugt eine große Primzahl q (von 512 Bits).
  (2) Alice wählt eine Primzahl p (von 2048 Bits) mit der Eigenschaft $q|(p-1)$.
  (3) {Alice wählt ein erzeugendes Element g der eindeutigen zyklischen Untergruppe der Ordnung q in $\mathbb{Z}_p^*$}
    (a) Alice wählt ein Element $\alpha \in \mathbb{Z}_p^*$ und berechnet $g = \alpha^{(p-1)/q} \bmod p$.

(b) Falls $g = 1$, geht sie zurück nach Schritt (a).

(4) Alice wählt eine Zufallszahl $a \in \mathbb{Z}_q^*$.

(5) Alice berechnet $v = g^{-a} \bmod p$.

(6) Der öffentliche Schlüssel von Alice ist (p, q, g, v), der private ist a. $\square$

Algorithmus 15.5 (*Schnorr-Signaturverfahren*)

Gegeben: Nachricht M, Hashfunktion h = SHA-512, öffentlicher und geheimer Schlüssel gemäß Algorithmus 15.4.

Zusammenfassung: Alice signiert die Nachricht M, die Bob verifiziert.

(1) Zur Signierung führt Alice die folgenden Schritte aus:

(a) Alice wählt eine zufällige Zahl $k \in \mathbb{Z}_q^*$.

(b) Alice berechnet $\gamma = g^k \bmod p$, $e = h(M\|\gamma)$ und $y = (ae + k) \bmod q$.

(d) Alice übermittelt die Signatur (y, e) der Nachricht M zusammen mit M an Bob.

(2) Zur Verifizierung führt Bob die folgenden Schritte aus:

(a) Bob besorgt sich den authentischen öffentlichen Schlüssel (p, q, g, v) von Alice.

(b) Bob berechnet

$$x = g^y v^e \bmod p \quad \text{und} \quad e' = h(M\|x).$$

(c) Bob akzeptiert die Signatur genau dann, wenn $e' = e$ gilt. $\square$

Satz 15.8 Beim Vorgehen nach Algorithmus 15.4 und Algorithmus 15.5 gilt $e' = e$, wenn die Signatur (y, e) zu M gehört.

Beweis. Unter der Voraussetzung des Satzes gilt

$$x = g^y v^e \bmod p = g^y (g^{-a})^e \bmod p = g^{ae+k} g^{q-ae} \bmod p = g^k \bmod p = \gamma,$$

da g ein Element der Ordnung q in $\mathbb{Z}_p^*$ ist und wir nach Satz 7.6 modulo q rechnen können, wenn die Basis g ist. Es folgt, dass $e' = h(M\|x) = h(M\|\gamma) = e$ gelten muss. $\square$

Entgegen Protokoll 15.3 kann Bob nicht direkt $\gamma = (g^y v^e) \bmod p$ überprüfen, da er γ nicht erfährt, sondern nur den, allerdings auch von γ abhängigen, Wert e.

16 Secret-Sharing und gruppenorientierte Kryptographie

Beim Secret-Sharing wird ein Geheimnis auf mehrere Personen einer Gruppe verteilt. Keiner von ihnen kennt das gesamte Geheimnis, sondern nur einen Teil davon. Aus diesen Teilen (Shares) kann dann das vollständige Geheimnis zurückgewonnen werden. Eine typische, wenn auch nicht sehr aktuelle Anwendung ist eine Karte, die den Weg zu einem Piratenschatz beschreibt. Sie wird von dem Kapitän in einzelne Stücke zerrissen und an die Besatzung verteilt, so dass sich der Schatz nur von allen gemeinsam finden lässt. Heute kann man Secret-Sharing in der Geschäftswelt nutzen. So bedürfen besonders wichtige Aktionen in Unternehmen oft der Zustimmung mehrerer Personen. Beispielsweise ist der Zugriff auf bestimmte Konten nur möglich, wenn mehrere berechtigte Personen zustimmen. Dabei ist es nicht nötig, dass alle Berechtigten mitwirken, sondern nur eine gewisse Mindestanzahl von ihnen. Es ist immer möglich, dass Angestellte aus Krankheits- oder anderen Gründen abwesend sind.

Einige grundlegende Secret-Sharing-Verfahren wollen wir in diesem Kapitel vorstellen. Wir betrachten in Abschnitt 16.1 vor allem das Schwellenwertverfahren von *Shamir*. Hierbei verteilt eine vertrauenswürdige Person an n Mitglieder einer Gruppe Teilgeheimnisse. Anschließend fügen $t \leq n$ von ihnen ihre Shares zusammen, um das Geheimnis wiederherzustellen. Mit diesen Shares kann das zugehörige Verfahren im Prinzip nur einmal benutzt werden, da alle Beteiligten durch seine Anwendung das Geheimnis kennen lernen. Für ein neues Geheimnis muss das Verfahren erneut eingerichtet werden, auch bei Kompromittierung eines Shares ist dies nötig. Anders ist es bei den bedingt sicheren Schwellenwertverfahren aus Abschnitt 16.2, bei denen die Shares niemals direkt aufgedeckt werden. Sie sind durch die Schwierigkeit geschützt, den diskreten Logarithmus zu berechnen. Deshalb erfordert ein neues Geheimnis keinen vollständigen Neubeginn, sondern nur die Anwendung der Schritte, die zum Aufdecken des Geheimnisses notwendig sind. In Abschnitt 16.3 betrachten wir den Fall, dass die Person, die die Teilgeheimnisse verteilt, nicht als vertrauenswürdig bekannt ist. Dann ist es wünschenswert, dass jeder Teilnehmer überprüfen kann, ob sein Share zu den Shares der anderen Teilnehmer konsistent ist. In Abschnitt 16.4 werden Schwellenwert- und Public-Key-Verschlüsselungsverfahren miteinander verknüpft. Hier sind die öffentlichen (und damit die geheimen) Schlüssel der verwendeten Verschlüsselungsverfahren längerfristig gültig, was mit ähnlichen Methoden wie in Abschnitt 16.2 erreicht wird. Schließlich gehen wir in Abschnitt 16.5 auf die Kombination von Schwellenwert- mit Signaturverfahren ein.

Neben diesen Schwellenwertverfahren gibt es allgemeinere Secret-Sharing-Verfahren, bei denen berechtigte Teilgruppen konkret festgelegt werden, die verschieden viele

© Springer Fachmedien Wiesbaden GmbH, ein Teil von Springer Nature 2018
D. Wätjen, *Kryptographie*, https://doi.org/10.1007/978-3-658-22474-5_16

Mitglieder besitzen können. Mit einer berechtigten Teilgruppe müssen auch alle Ober-
mengen berechtigt sein. Es werden Zugangsstrukturen (*access structures*) konstruiert,
die den Zugang zu den Geheimnissen regeln. Die entsprechenden Überlegungen sollen hier nicht dargestellt werden, zur Einführung verweisen wir auf die Bücher von
Pieprzyk, Hardjono und *Seberry* [113] und *Stinson* [142].

16.1 Geheimnisaufteilung mit Schwellenwert (Threshold-Secret-Sharing)

Threshold-Secret-Sharing-Verfahren wurden bereits 1979 von *Adi Shamir* [133] eingeführt. Für $t \leq n$ wird bei ihrer Anwendung ein Geheimnis auf eine Gruppe von n
Personen verteilt, und zwar so, dass eine beliebige Teilgruppe von t Personen das Geheimnis rekonstruieren kann, $t - 1$ oder weniger jedoch nicht mehr dazu in der Lage
sind. Die Information, die jeder einzelne Teilnehmer kennt, nennt man *Teil (Share) des
Geheimnisses*. Die Verfahren werden normalerweise von vertrauenswürdigen Instanzen
eingerichtet, die die Teilgeheimnisse berechnen und an die Teilnehmer über einen sicheren Kanal senden. Eine solche vertrauenswürdige Instanz wird *Verteiler (Dealer)*
genannt. Die Mitglieder der Gruppe bewahren ihre Teile auf, bis einige von ihnen entscheiden, diese zusammenzusetzen und das Geheimnis zu rekonstruieren. Diese Rekonstruktion wird durch den *Zusammensetzer (Combiner)* ausgeführt, der im Namen
der entsprechenden Teilgruppe das Geheimnis berechnet. Im Folgenden werden wir,
sprachlich etwas uneinheitlich, von Shares, dem Verteiler und dem Combiner sprechen.
Der Combiner kann nur erfolgreich sein, wenn die Teilgruppe mindestens t Mitglieder
hat. Wenn sich alle Mitglieder einer Teilgruppe gegenseitig ihre Shares mitteilen, kann
jedes von ihnen das Geheimnis berechnen. In diesem Fall ist der Combiner das Kollek-
tiv der Teilgruppe. Er kann auch ein vertrauenswürdiges Mitglied der Gruppe sein, dem
die anderen Mitglieder ihre Shares zusenden und der dann das Geheimnis berechnet
und geheim auf alle Mitglieder der Gruppe verteilt.

Wir nehmen an, dass die Menge aller Teilnehmer durch $\{P_1, \ldots, P_n\}$, $n \in \mathbb{N}$, gegeben ist. Weiter sollen die Geheimnisse zur Menge $\mathcal{K}$ gehören. Der Schlüsselraum
wurde zuvor ebenfalls mit dem Buchstaben $\mathcal{K}$ bezeichnet. Diese Übereinstimmung
ist vernünftig, da man sich vorstellen kann, dass die Geheimnisse jeweils mit verschiedenen Schlüsseln chiffriert vorliegen und sie mit den Schlüsseln identifiziert werden können, die zu ihrer Dechiffrierung notwendig sind. Die Teilgeheimnisse stam-
men aus der Menge $\mathcal{S}$. Dabei sei $\mathcal{S}_i \subseteq \mathcal{S}$ die Menge der Teilgeheimnisse für den
Teilnehmer P_i, $i \in \{1, \ldots, n\}$. Mit $\mathrm{pr}_i : \mathcal{S}_1 \times \ldots \times \mathcal{S}_n \rightarrow \mathcal{S}_i$ bezeichnen wir
die i-te Projektionsfunktion. Dann definieren wir für eine Teilfolge $(i_1, \ldots, i_j)$ von
$(1, \ldots, n)$ die Abbildung $(\mathrm{pr}_{i_1}, \ldots, \mathrm{pr}_{i_j}) : \mathcal{S}_1 \times \ldots \times \mathcal{S}_n \rightarrow \mathcal{S}_{i_1} \times \ldots \times \mathcal{S}_{i_j}$ durch
$(\mathrm{pr}_{i_1}, \ldots, \mathrm{pr}_{i_j})(y_1, \ldots, y_n) = (y_{i_1}, \ldots, y_{i_j})$ für alle $y_i \in \mathcal{S}_i$, $i \in \{1, \ldots, n\}$.

Definition 16.1 Es sei $t, n \in \mathbb{N}$. Ein (t, n)-*Schwellenwertverfahren* $((t, n)$-
Threshold-Verfahren) besteht aus einer Abbildung (einem Algorithmus)

$$D : \mathcal{K} \rightarrow \mathcal{S}_1 \times \ldots \times \mathcal{S}_n \quad (\textit{Dealer bzw. Verteiler})$$

sowie einer partiellen Abbildung (einem Algorithmus)

$$C : \bigcup_{\substack{(i_1,\ldots,i_j) \text{ Teilfolge} \\ \text{von } (1,\ldots,n)}} \mathcal{S}_{i_1} \times \ldots \times \mathcal{S}_{i_j} \to \mathcal{K} \quad (Combiner),$$

die nur für $j \geq t$ definiert ist und dann

$$C((\mathrm{pr}_{i_1}, \ldots, \mathrm{pr}_{i_j})(D(k))) = k$$

für alle $k \in \mathcal{K}$ liefert. $\square$

Zu einem Geheimnis $k \in \mathcal{K}$ berechnet der Verteiler die Teilgeheimnisse $s_i = \mathrm{pr}_i(D(k)) \in \mathcal{S}_i$, die er über einen sicheren Kanal an alle Teilnehmer $P_i, i \in \{1, \ldots, n\}$, übermittelt. Der Combiner stellt die Geheimnisse nur für $j \geq t$ wieder her, anderenfalls scheitert er. Ein (t, n)-Schwellenwertverfahren heißt *perfekt*, wenn eine beliebige Menge von $t - 1$ Teilgeheimnissen keine Information über das Geheimnis verrät. Mit den gegebenen Teilgeheimnissen wird das Verfahren in der Regel nur einmal benutzt. Ist das Geheimnis in diesem Fall wiederhergestellt, muss es für ein neues Geheimnis mit anderen Werten erneut begonnen werden.

Als einen Spezialfall betrachten wir das (t, t)-Schwellenwertverfahren von *Karnin*, *Greene* und *Hellman* [78].

Protokoll 16.1 *((t, t)-Schwellenwertverfahren)*
Gegeben: Geheimnis $k \in \mathbb{N}$, Teilnehmer $\{P_1, \ldots, P_t\}$, $t \in \mathbb{N}$.
Zusammenfassung: Das Geheimnis k soll auf die t Teilnehmer so verteilt werden, dass sie nur gemeinsam k rekonstruieren können.
(1) Der Verteiler Don wählt einen Modulus $p \in \mathbb{N}$, $p > k$.
(2) Don wählt zufällig $t - 1$ Elemente $s_1, \ldots, s_{t-1} \in \mathbb{Z}_p$ als Shares der Teilnehmer $P_1, \ldots, P_{t-1}$. Danach berechnet er das Share

$$s_t = \left(k - \sum_{i=1}^{t-1} s_i \right) \bmod p$$

für den Teilnehmer P_t.
(3) Don verteilt die Shares sicher an die Teilnehmer $P_1, \ldots, P_t$.
(4) Der Combiner Carl erhält auf sicherem Wege die Shares $s_1, \ldots, s_t$ von den jeweiligen Teilnehmern $P_1, \ldots, P_t$.
(5) Carl berechnet das Geheimnis

$$k = \left(\sum_{i=1}^{t} s_i \right) \bmod p,$$

das er allen Teilnehmern geeignet mitteilt. $\square$

Mit $t-1$ (oder weniger) Teilnehmern kann man das Geheimnis k nicht berechnen, da für das fehlende s_i, je nach dem Wert von k, jede Zahl aus $\mathbb{Z}_p$ denkbar ist. Das Geheimnis müsste also geraten werden, das Verfahren ist damit perfekt. Die Zusammenarbeit aller t Teilnehmer stellt jedoch gelegentlich ein Problem dar, z. B. bei Abwesenheit oder Boykott eines Teilnehmers. Ein betrügerischer Teilnehmer P_j (Oskar) kann sogar ein falsches Share s'_j an Carl übermitteln, der das falsche Geheimnis $k' = ((\sum_{i=1}^{t} s_i) - s_j + s'_j)$ mod p berechnet und an alle Teilnehmer verteilt. Oskar bestimmt dann sofort $k = k' - s'_j + s_j$ mod p, die anderen Teilnehmer sind dazu nicht in der Lage. Wenn Don jedoch die Shares zusätzlich signiert, werden weder Carl noch ein anderer Teilnehmer falsche Shares akzeptieren.

Wir kommen nun zu dem (t, n)-Schwellenwertverfahren, das 1979 von *Adi Shamir* [133] vorgestellt wurde und vielen anderen Verfahren als Grundlage dient.

Protokoll 16.2 *((t, n)-Schwellenwertverfahren nach Shamir)*
Gegeben: Primzahl $p \in \mathbb{N}$, $\mathcal{K} = \mathcal{S} = \mathbb{Z}_p$, Geheimnis $k \in \mathbb{Z}_p$, Teilnehmer $\{P_1, \ldots, P_n\}$, $n \in \mathbb{N}$, $p \geq n + 1$, Schwellenwert $t \in \mathbb{N}$ mit $t \leq n$.
Zusammenfassung: Das Geheimnis k soll auf die n Teilnehmer so verteilt werden, dass t von ihnen gemeinsam k rekonstruieren können, $t - 1$ oder weniger jedoch nicht.
(1) Der Verteiler Don wählt n verschiedene Elemente $x_i \in \mathbb{Z}_p^*$, $i \in \{1, \ldots, n\}$.
(2) Don teilt dem Teilnehmer P_i, $i \in \{1, \ldots, n\}$, seinen Wert x_i mit. Außerdem sind alle Werte x_i öffentlich.
(3) Don möchte das Geheimnis k verteilen. Er wählt zufällig und geheim $t - 1$ Elemente $a_1, \ldots, a_{t-1} \in \mathbb{Z}_p$.
(4) Don bestimmt damit ein Polynom

$$f(x) = k + \sum_{i=1}^{t-1} a_i x^i \in \mathbb{Z}_p[x]$$

von einem Grad höchstens $t - 1$.
(5) Er berechnet

$$y_i = f(x_i), \ i \in \{1, \ldots, n\},$$

und übermittelt jedem Teilnehmer P_i, $i \in \{1, \ldots, n\}$, auf einem sicheren Kanal sein Share y_i.
(6) Der Combiner Carl erhält auf sicherem Wege die Shares $y_{i_1}, \ldots, y_{i_t}$ von t Teilnehmern $P_{i_1}, \ldots, P_{i_t}$.
(7) Carl stellt mit Hilfe der Shares $y_{i_1}, \ldots, y_{i_t}$ das Polynom wieder her (siehe unten). Der konstante Summand des Polynoms bestimmt das Geheimnis k, das Carl allen Teilnehmern $P_{i_1}, \ldots, P_{i_t}$ geeignet mitteilt. $\square$

Wir beschreiben jetzt, wie Carl das Geheimnis bestimmen kann. Er weiß, dass

$$y_{i_j} = f(x_{i_j}), \ 1 \leq j \leq t,$$

gilt, wobei $f(x) \in \mathbb{Z}_p[x]$ das in Schritt 4 von Protokoll 16.2 geheim bestimmte Polynom ist. Der Grad dieses Polynoms ist höchstens $t - 1$, so dass es in der Form

$$f(x) = a_0 + a_1 x + \ldots + a_{t-1} x^{t-1}$$

geschrieben werden kann, wobei die a_i, $i \in \{0, \ldots, t-1\}$, Carl unbekannt sind und speziell $a_0 = k$ gelten muss. Da Carl die Paare $(x_{i_1}, y_{i_1}), \ldots (x_{i_t}, y_{i_t})$ kennt und

$$y_{i_j} = f(x_{i_j}), \ j \in \{1, \ldots, t\},$$

gilt, kann er das folgende System von linearen Gleichungen über dem Körper $\mathbb{Z}_p$ aufstellen:

$$a_0 + a_1 x_{i_1} + a_2 x_{i_1}^2 + \ldots + a_{t-1} x_{i_1}^{t-1} = y_{i_1}$$
$$a_0 + a_1 x_{i_2} + a_2 x_{i_2}^2 + \ldots + a_{t-1} x_{i_2}^{t-1} = y_{i_2}$$
$$\vdots \qquad\qquad\qquad \vdots$$
$$a_0 + a_1 x_{i_t} + a_2 x_{i_t}^2 + \ldots + a_{t-1} x_{i_t}^{t-1} = y_{i_t}.$$

In Matrizenschreibweise ist dies

$$\begin{pmatrix} 1 & x_{i_1} & x_{i_1}^2 & \cdots & x_{i_1}^{t-1} \\ 1 & x_{i_2} & x_{i_2}^2 & \cdots & x_{i_2}^{t-1} \\ \vdots & \vdots & \vdots & & \vdots \\ 1 & x_{i_t} & x_{i_t}^2 & \cdots & x_{i_t}^{t-1} \end{pmatrix} \begin{pmatrix} a_0 \\ a_1 \\ \vdots \\ a_{t-1} \end{pmatrix} = \begin{pmatrix} y_{i_1} \\ y_{i_2} \\ \vdots \\ y_{i_t} \end{pmatrix}.$$

Die Koeffizientenmatrix A ist die sogenannte *Vandermonde'sche Matrix*, deren Determinante den Wert

$$\det A = \prod_{1 \leq j < k \leq t} (x_{i_k} - x_{i_j}) \bmod p$$

hat. Ein Beweis dieser Gleichung kann durch vollständige Induktion über die Anzahl der Zeilen (bzw. Spalten) der Matrix gewonnen werden. Da in Schritt 1 von Protokoll 16.2 die x_{i_j} paarweise verschieden gewählt wurden, sind alle Terme $(x_{i_k} - x_{i_j}) \bmod p \neq 0$. Sie gehören daher zur Gruppe $\mathbb{Z}_p^*$, ihr Produkt, also die Determinante, gehört ebenfalls dazu und ist folglich verschieden von 0. Das bedeutet, dass das Gleichungssystem einen eindeutigen Lösungsvektor $(a_0, a_1, \ldots, a_{t-1}) \in \mathbb{Z}_p^t$ besitzt. Carl kann also nach bekannten Methoden der linearen Algebra das Polynom und damit das Geheimnis $k = a_0$ rekonstruieren.

Das Polynom $f(x)$ kann auch mit Hilfe der Interpolationsformel von *Lagrange* bestimmt werden. Sie lautet mit den hier gegebenen Daten als Gleichung über dem Körper $\mathbb{Z}_p$

$$f(x) = \sum_{j=1}^{t} y_{i_j} \prod_{1 \leq k \leq t, k \neq j} (x - x_{i_k})(x_{i_j} - x_{i_k})^{-1}.$$

Zum Beweis der Korrektheit betrachten wir ein festes, aber beliebiges $j \in \{1, \ldots, t\}$. Wir setzen $x = x_{i_j}$ in die Gleichung für $f(x)$ ein. In einem Summanden für $j' \neq j$ wird das Produkt über alle $k \neq j'$ gebildet, insbesondere wird ein Faktor $(x_{i_j} - x_{i_j}) = 0$ berücksichtigt, so dass der entsprechende Summand 0 ist. In dem Summanden für j haben wir im Produkt die Faktoren $(x_{i_j} - x_{i_k})(x_{i_j} - x_{i_k})^{-1} \bmod p = 1$ für $k \neq j$, so dass der entsprechende Summand y_{i_j} ist. Insgesamt erhalten wir also $f(x_{i_j}) = y_{i_j}$ für alle $j \in \{1, \ldots, t\}$. Wir haben jedoch bereits zuvor festgestellt, dass es genau ein

Polynom $f(x)$ des Grades höchstens $t-1$ gibt, das diese Gleichungen erfüllt. Folglich liefert die Interpolationsformel das korrekte Polynom.

Um das Geheimnis $k = a_0$ zu erhalten, muss Carl das Polynom gar nicht bestimmen, sondern es reicht, wenn er

$$k = f(0) = \sum_{j=1}^{t} y_{i_j} \prod_{1 \le k \le t, k \ne j} x_{i_k}(x_{i_k} - x_{i_j})^{-1} \bmod p$$

berechnet. Da alle Werte x_i öffentlich sind, kann

$$b_j = \prod_{1 \le k \le t, k \ne j} x_{i_k}(x_{i_k} - x_{i_j})^{-1} \bmod p, \; j \in \{1, \dots, t\},$$

vorausberechnet werden. Folglich ist das Geheimnis die Linearkombination

$$k = \sum_{j=1}^{t} b_j y_{i_j} \bmod p$$

der Shares der Teilnehmer $P_{i_1}, \dots, P_{i_t}$.

Beispiel 16.1 Es werden $p = 19$ und $n = 6$ gewählt, und das Geheimnis sei $k = 4$. Mit $\{P_1, \dots, P_6\}$ bezeichnen wir die Menge der Teilnehmer. Der Schwellenwert sei $t = 4$. Der Verteiler Don wählt die öffentlichen Werte

$$x_1 = 1, \; x_2 = 2, \; x_3 = 3, \; x_4 = 16, \; x_5 = 17, x_6 = 18,$$

die er an die jeweiligen Teilnehmer versendet und veröffentlicht. Danach wählt Don $t - 1 = 3$ zufällige Werte

$$a_1 = 1, \; a_2 = 0, \; a_3 = 2$$

und bestimmt damit das Polynom

$$f(x) = 4 + x + 2x^3.$$

Dann berechnet er die Shares

$$\begin{aligned}
y_1 &= f(1) = & (4 + 1 + 2 \cdot 1^3) \bmod 19 &= 7 \\
y_2 &= f(2) = & (4 + 2 + 2 \cdot 2^3) \bmod 19 &= 3 \\
y_3 &= f(3) = & (4 + 3 + 2 \cdot 3^3) \bmod 19 &= 4 \\
y_4 &= f(16) = & (4 + 16 + 2 \cdot 16^3) \bmod 19 &= 4 \\
y_5 &= f(17) = & (4 + 17 + 2 \cdot 17^3) \bmod 19 &= 5 \\
y_6 &= f(18) = & (4 + 18 + 2 \cdot 18^3) \bmod 19 &= 1
\end{aligned}$$

und übermittelt diese an die jeweiligen Teilnehmer. Wir nehmen jetzt an, dass P_1, P_2, P_5 und P_6 das Geheimnis wiederherstellen wollen. Der Combiner Carl stellt mit Hilfe der entsprechenden Paare $(x_1, y_1), (x_2, y_2), (x_5, y_5)$ und (x_6, y_6) das Gleichungssystem

$$\begin{aligned}
a_0 + a_1 \cdot 1 \; + a_2 \cdot 1^2 \; + a_3 \cdot 1^3 &= 7 \\
a_0 + a_1 \cdot 2 \; + a_2 \cdot 2^2 \; + a_3 \cdot 2^3 &= 3 \\
a_0 + a_1 \cdot 17 + a_2 \cdot 17^2 + a_3 \cdot 17^3 &= 5 \\
a_0 + a_1 \cdot 18 + a_2 \cdot 18^2 + a_3 \cdot 18^3 &= 1
\end{aligned}$$

in $\mathbb{Z}_{19}$ auf, das nach Vereinfachung und Reduktion durch

$$
\begin{aligned}
a_0 + a_1 + a_2 + a_3 &= 7 \\
a_0 + 2a_1 + 4a_2 + 8a_3 &= 3 \\
a_0 + 17a_1 + 4a_2 + 11a_3 &= 5 \\
a_0 + 18a_1 + a_2 + 18a_3 &= 1
\end{aligned}
$$

gegeben ist. Durch einige lineare Umformungen erhält man daraus das lineare Gleichungssystem

$$
\begin{aligned}
a_0 + a_1 + a_2 + a_3 &= 7 \\
a_1 + 3a_2 + 7a_3 &= 15 \\
6a_2 + 12a_3 &= 5 \\
7a_3 &= 14
\end{aligned}
$$

und daraus der Reihe nach

$$a_3 = 2,\ a_2 = 0,\ a_1 = 1 \text{ und } a_0 = 4.$$

Damit ist das Geheimnis $k = a_0 = 4$ bestimmt.

Einfacher ist es, wenn Carl zunächst die Formel für die b_j benutzt. Mit $x_{i_1} = x_1$, $x_{i_2} = x_2$, $x_{i_3} = x_5$ und $x_{i_4} = x_6$ berechnet er

$$
\begin{aligned}
b_1 &= x_2(x_2 - x_1)^{-1}x_5(x_5 - x_1)^{-1}x_6(x_6 - x_1)^{-1} \bmod 19 \\
&= 2 \cdot 17 \cdot 18(1 \cdot 16 \cdot 17)^{-1} \bmod 19 \\
&= 4 \cdot 6^{-1} \bmod 19 \\
&= 4 \cdot 16 \bmod 19 \\
&= 7
\end{aligned}
$$

und entsprechend

$$
\begin{aligned}
b_2 &= x_1(x_1 - x_2)^{-1}x_5(x_5 - x_2)^{-1}x_6(x_6 - x_2)^{-1} \bmod 19 \\
&= 1 \cdot 17 \cdot 18(18 \cdot 15 \cdot 16)^{-1} \bmod 19 = 3, \\
b_3 &= x_1(x_1 - x_5)^{-1}x_2(x_2 - x_5)^{-1}x_6(x_6 - x_5)^{-1} \bmod 19 \\
&= 1 \cdot 2 \cdot 18(3 \cdot 4 \cdot 1)^{-1} \bmod 19 = 3, \\
b_4 &= x_1(x_1 - x_6)^{-1}x_2(x_2 - x_6)^{-1}x_5(x_5 - x_6)^{-1} \bmod 19 \\
&= 1 \cdot 2 \cdot 17(2 \cdot 3 \cdot 18)^{-1} \bmod 19 = 7.
\end{aligned}
$$

Dann ergibt sich das Geheimnis

$$k = b_1 y_1 + b_2 y_2 + b_3 y_5 + b_4 y_6 \bmod 19 = (7 \cdot 7 + 3 \cdot 3 + 3 \cdot 5 + 7 \cdot 1) \bmod 19 = 4. \quad \square$$

Satz 16.1 Das (t, n)-Schwellenwertverfahren nach Shamir ist perfekt.

Beweis. Wir nehmen an, dass $t - 1$ Shares, ohne Beschränkung der Allgemeinheit etwa $y_1, \ldots, y_{t-1}$, bekannt geworden sind. Dann erhalten wir das folgende System linearer Gleichungen in $\mathbb{Z}_p$:

$$
\begin{aligned}
a_0 + a_1 x_1 + a_2 x_1^2 + \ldots + a_{t-1} x_1^{t-1} &= y_1 \\
a_0 + a_1 x_2 + a_2 x_2^2 + \ldots + a_{t-1} x_2^{t-1} &= y_2 \\
&\vdots \\
a_0 + a_1 x_{t-1} + a_2 x_{t-1}^2 + \ldots + a_{t-1} x_{t-1}^{t-1} &= y_{t-1}
\end{aligned}
$$

Dies sind $t - 1$ lineare Gleichungen mit t Unbekannten $a_0, \ldots, a_{t-1}$. Bei Erweiterung durch eine Gleichung für ein weiteres Share würde man die Vandermonde'sche Matrix als Koeffizientenmatrix erhalten, deren Rang den Wert t hat, da die zugehörige Determinante nicht 0 ist. Folglich hat die Koeffizientenmatrix des Gleichungssystems den Rang $t - 1$. Dann hat nach bekannten Sätzen der linearen Algebra das System Lösungen der Form

$$(a_0, \ldots, a_{t-1}) = (\bar{a}_0, \ldots, \bar{a}_{t-1}) + s \cdot (c_0, \ldots, c_{t-1}) \text{ für alle } s \in \mathbb{Z}_p$$

mit einer festen Lösung $(\bar{a}_0, \ldots, \bar{a}_{t-1})$ des inhomogenen Systems (rechte Seiten wie im obigen Gleichungssystem) und einem Basisvektor $(c_0, \ldots, c_{t-1})$ des Lösungsraums (hier der Dimension 1) des homogenen Systems (rechte Seiten alle 0). Für a_0 kommen somit alle p Werte von $\mathbb{Z}_p$ in Betracht. Das ist gleichbedeutend damit, dass man das Geheimnis raten muss, also keinerlei Information über das Geheimnis erhält. □

Trotz der Perfektheit des Verfahrens kann ein betrügerischer Teilnehmer P_{i_r}, der an Carl das falsche Share y'_{i_r} schickt, ähnlich Seite 298 aus dem von Carl falsch berechneten Geheimnis k' durch $k = k' + b_r(y_{i_r} - y'_{i_r}) \bmod p$ das richtige berechnen. Abhilfe schafft auch hier die Signatur der Shares durch Don. Eine andere Vorgehensweise zur Lösung dieses Problems findet man in [147].

Wir stellen jetzt noch das (t, n)-Schwellenwertverfahren von *Asmuth* und *Bloom* [4] vor.

Protokoll 16.3 *((t, n)-Schwellenwertverfahren von Asmuth und Bloom)*
Gegeben: Teilnehmer $\{P_1, \ldots, P_n\}$, $n \in \mathbb{N}$, Schwellenwert $t \in \mathbb{N}$ mit $t \leq n$, Moduli $p_0, p_1, \ldots, p_n$ mit Primzahl p_0 und $\mathrm{ggT}(p_i, p_j) = 1$ für $i \neq j$, $p_0 < p_1 < \ldots < p_n$ sowie $p_0 \cdot \prod_{i=1}^{t-1} p_{n-i+1} < \prod_{i=1}^{t} p_i$, so dass die Differenz der letzten beiden Werte groß genug ist (je nach gewünschter Sicherheit) .
Zusammenfassung: Ein Geheimnis $k \in \mathbb{Z}_{p_0}$ soll so von Don auf die n Teilnehmer verteilt werden, dass t von ihnen gemeinsam k rekonstruieren können, $t - 1$ oder weniger jedoch nicht.
(1) Der Verteiler Don wählt zum Geheimnis $k \in \mathbb{Z}_{p_0}$ zufällig ein $r \in \mathbb{N}_0$ mit $y = k + r \cdot p_0 \in \mathbb{Z}_{p_1 \cdots p_t}$.
(2) Don berechnet die Teilgeheimnisse (Shares)

$$y_i = y \bmod p_i, \ i \in \{1, \ldots, n\},$$

und verteilt sie über einen sicheren Kanal an die jeweiligen Teilnehmer $P_1, \ldots, P_n$.
(3) Der Combiner Carl erhält auf eine sichere Weise die Shares $y_{i_1}, \ldots, y_{i_t}$ und stellt das Kongruenzsystem

$$y \bmod p_{i_1} = y_{i_1}$$
$$\vdots$$
$$y \bmod p_{i_t} = y_{i_t}$$

auf.
(4) Gemäß dem chinesischen Restesatz (siehe Satz 3.18 und Algorithmus 3.4) erhält Carl eine eindeutige Lösung $y \in \mathbb{Z}_{p_1 \cdots p_t}$.

(5) Carl bestimmt das Geheimnis $k = y \bmod p_0$. □

Da das von Don in Schritt 1 gewählte y mit $y < \prod_{i=1}^{t} p_i \leq \prod_{j=1}^{t} p_{i_j}$ wegen der Bestimmung der y_i in Schritt 2 ebenfalls das Kongruenzsystem aus Schritt 3 erfüllt, stimmt wegen der Eindeutigkeit der Lösung in Schritt 4 diese berechnete Lösung mit dem von Don gewählten Wert y überein. Folglich wird in Schritt 5 auch das Geheimnis rekonstruiert. Wir nehmen nun an, dass $t - 1$ Teilnehmer $P_{i_1'}$ bis $P_{i_{t-1}'}$ das Geheimnis wiederherstellen möchten. wobei wir annehmen dürfen, dass $\{i_1', \ldots, i_{t-1}'\}$ eine Teilmenge von $\{i_1, \ldots, i_t\}$ ist. Wir setzen zur Abkürzung $M = \prod_{j=1}^{t} p_{i_j}$ und $M' = \prod_{j=1}^{t-1} p_{i_j'}$. Die $t - 1$ Teilnehmer können das eindeutig bestimmte $y' \in \mathbb{Z}_{M'}$ bestimmen mit $y' \bmod p_{i_j'} = y_{i_j'}$ für $j \in \{1, \ldots, t - 1\}$. Da auch y diese Gleichungen erfüllt, muss $y \bmod M' = y'$ gelten, also $y = y' + s \cdot M'$ für ein geeignetes $s \in \mathbb{N}_0$. Wegen der speziellen Wahl der p_i im Protokoll gilt $\frac{M}{M'} > p_0$ und damit $y' + j \cdot M' < M$ für alle $j \in \mathbb{Z}_{p_0}$. Aus $\mathrm{ggt}(p_0, M') = 1$ und Satz 3.5 folgt, dass die $(y' + j \cdot M') \bmod p_0$, $j \in \mathbb{Z}_{p_0}$, unterschiedlich sind. Jeder dieser p_0 Werte könnte für $k = y \bmod p_0$ in Frage kommen, so dass Raten keinen Erfolg verspricht.

Bei der oben angegebene Wahl von y ist es möglich, dass die Shares schon direkt das Geheimnis liefern. Um das zu vermeiden, kann man beispielsweise $y > p_n$ fordern.

Beispiel 16.2 Wir betrachten ein $(3, 5)$-Schwellenwertverfahren. Es seien die Moduli

$$p_0 = 7, \ p_1 = 11, \ p_2 = 13, \ p_3 = 17, \ p_4 = 18 \text{ und } p_5 = 19$$

festgelegt. Dann ist $p_0 \cdot \prod_{i=4}^{5} p_i = 7 \cdot 18 \cdot 19 = 2394 < 2431 = \prod_{i=1}^{3} p_i = 11 \cdot 13 \cdot 17$. Die Bedingungen an die p_i gemäß Protokoll 16.3 sind damit erfüllt. Don wählt als Geheimnis $k = 6$ und berechnet mit $r = 342$ den Wert $y = 6 + 342 \cdot 7 = 2400$. Die Shares werden zu

$$y_1 = 2400 \bmod 11 = 2, \quad y_2 = 2400 \bmod 13 = 8, \quad y_3 = 2400 \bmod 17 = 3,$$
$$y_4 = 2400 \bmod 18 = 6, \quad y_5 = 2400 \bmod 19 = 6$$

bestimmt. Die Teilnehmer P_1, P_2 und P_5 wollen das Geheimnis wiederherstellen. Carl stellt das Kongruenzsystem

$$\begin{aligned} y \bmod 11 &= 2 \\ y \bmod 13 &= 8 \\ y \bmod 19 &= 6 \end{aligned}$$

auf und erhält mit dem chinesischen Restesatz die eindeutige Lösung

$$\begin{aligned} y &= \left(\tfrac{2717}{11} \cdot \left(\tfrac{2717}{11} \bmod 11 \right)^{-1} \cdot 2 + \tfrac{2717}{13} \cdot \left(\tfrac{2717}{13} \bmod 13 \right)^{-1} \cdot 8 \right. \\ &\quad \left. + \tfrac{2717}{19} \cdot \left(\tfrac{2717}{19} \bmod 19 \right)^{-1} \cdot 6 \right) \bmod 2717 \\ &= (247 \cdot (5 \bmod 11)^{-1} \cdot 2 + 209 \cdot (1 \bmod 13)^{-1} \cdot 8 \\ &\quad + 143 \cdot (10^{-1} \bmod 19) \cdot 6) \bmod 2717 \\ &= (247 \cdot 9 \cdot 2 + 209 \cdot 8 + 143 \cdot 2 \cdot 6) \bmod 2717 \\ &= (4446 + 1672 + 1716) \bmod 2717 = 7834 \bmod 2717 = 2400 \in \mathbb{Z}_{2717}. \end{aligned}$$

Damit berechnet Carl das Geheimnis $y \bmod 7 = 2400 \bmod 7 = 6$. □

Das Schwellenwertverfahren nach *Asmuth* und *Bloom* ist nicht perfekt. Falls $y \in \mathbb{Z}_{p_1 \cdots p_t}$ beliebig gewählt wurde und $t - 1$ Shares bekannt sind, dann sind nicht alle Schlüsselkandidaten gleich wahrscheinlich. Es wurden verschiedene Verbesserungen vorgeschlagen (siehe etwa [80], [116]).

Beispiel 16.3 Um zu zeigen, dass Protokoll 16.3 nicht perfekt ist, betrachten wir ein $(2, 2)$-Schwellenwertverfahren mit $p_0 = 3$, $p_1 = 4$ und $p_2 = 5$. Es gilt $p_0 \cdot p_2 = 15 < 20 = p_1 \cdot p_2$. Es sei sei $y \in \mathbb{Z}_{20}$ beliebig gewählt. Wir nehmen an, dass der Teilnehmer P_2 sein Share $y_2 = 0$ kennt, jedoch nicht das Share y_1 vom Teilnehmer P_1. Das Share $y_2 = 0$ kann in Schritt 1 des Algorithmus nur aus y-Werten 0, 5, 10 oder 15 erzeugt worden sein. Die zugehörigen Geheimnisse sind in dieser Reihenfolge 0, 2, 1 bzw. 0. Dann gelten die bedingten Wahrscheinlichkeiten

$$p(k = 0|y_2 = 0) = \frac{1}{2}, \ p(k = 1|y_2 = 0) = p(k = 2|y_2 = 0) = \frac{1}{4}.$$

Der Schlüssel $k = 0$ ist also hier wahrscheinlicher als die beiden anderen Schlüssel. $\quad\square$

16.2 Bedingt sicheres Schwellenwertverfahren

Das (t, n)-Schwellenwertverfahren von Shamir aus dem vorhergehenden Abschnitt ist perfekt. Die Sicherheit des Verfahrens, das in diesem Abschnitt vorgestellt wird, ist dagegen eingeschränkt, und zwar bedingt durch die Sicherheit der unterliegenden zahlentheoretischen Probleme. Das perfekte Verfahren aus Abschnitt 16.1 kann bei Verlust einiger Shares unbrauchbar werden, bei Kompromittierung einiger Shares muss es ebenfalls neu eingerichtet werden. Wir haben weiter auf Seite 297 festgestellt, dass nach Wiederherstellung des Geheimnisses das Verfahren mit denselben Shares in der Regel auch nicht mehr benutzt werden sollte. Wenn wir das Schema mit Exponentiation im $GF(2^m)$, $m \in \mathbb{N}$, kombinieren, werden diese Einschränkungen insoweit vermieden, als keine neuen Shares bestimmt werden müssen und auch die berechneten b_j weiter verwendet werden können. Wir stellen fest (siehe z. B. [144], Satz 9.40), dass die multiplikative Gruppe dieses Körpers $2^m - 1$ Elemente hat, zyklisch ist und $\varphi(2^m - 1)$ erzeugende Elemente besitzt. Ist $p = 2^m - 1$ eine Primzahl (d. h. eine Mersenne'sche Primzahl; in diesem Fall ist m prim, siehe auch Seite 127), dann hat die zyklische Gruppe mit p Elementen $p - 1$ erzeugende Elemente.

Protokoll 16.4 (*bedingt sicheres (t, n)-Shamir-Schwellenwertverfahren*[29])
Gegeben: Mersenne'sche Primzahl $p = 2^m - 1$, g erzeugendes Element der zyklischen
    Gruppe von $GF(2^m)$, Teilnehmer $\{P_1, \ldots, P_n\}$, $n \in \mathbb{N}$, $p \geq n + 1$, Schwellenwert
    $t \in \mathbb{N}$ mit $t \leq n$. Diese Werte sind öffentlich.
Zusammenfassung: Aus transienten (vorübergehenden) Shares von t Teilnehmern wird
    ein Geheimnis (Schlüssel) k berechnet, mit $t - 1$ oder weniger transienten Shares
    gelingt dies nicht.
    (1) Der Verteiler Don wählt n verschiedene Elemente $x_i \in \mathbb{Z}_p^*$, $i \in \{1, \ldots, n\}$.
    (2) Don teilt dem Teilnehmer P_i, $i \in \{1, \ldots, n\}$, seinen Wert x_i mit. Außerdem sind
        alle Werte x_i öffentlich.
    (3) Er wählt zufällig und geheim t Elemente $a_0, a_1, \ldots, a_{t-1} \in \mathbb{Z}_p$.

(4) Don bestimmt damit ein Polynom

$$f(x) = a_0 + \sum_{i=1}^{t-1} a_i x^i \in \mathbb{Z}_p[x]$$

von einem Grad höchstens $t - 1$.

(5) Er berechnet

$$y_i = f(x_i), \ i \in \{1, \ldots, n\},$$

und übermittelt jedem Teilnehmer P_i, $i \in \{1, \ldots, n\}$, auf einem sicheren Weg sein permanentes Share y_i.

(6) Das Geheimnis (der Schlüssel) ist $k = g^{a_0} = g^{f(0)} \in GF(2^m)$.

(7) Jeder Teilnehmer P_i, $i \in \{1, \ldots, n\}$, berechnet sein transientes Share $c_i = g^{y_i} = g^{f(x_i)} \in GF(2^m)$.

(8) Der Combiner Carl erhält auf sicherem Wege die transienten Shares $c_{i_1}, \ldots, c_{i_t}$ von t Teilnehmern $P_{i_1}, \ldots, P_{i_t}$.

(9) Carl berechnet das Geheimnis k durch

$$k = \prod_{j=1}^{t} (c_{i_j})^{b_j} \in GF(2^m) \ \text{mit} \ b_j = \prod_{\substack{1 \leq k \leq t, \\ k \neq j}} x_{i_k} (x_{i_k} - x_{i_j})^{-1} \bmod p. \quad \square$$

Das Geheimnis $k = g^{a_0} = g^{f(0)} \in GF(2^m)$ ist als ein Polynom des Grades $m-1$ über $\mathbb{Z}_2$ darstellbar. Folglich ist k als eine Bitfolge der Länge m auffassbar, die als Schlüssel eines geeigneten Kryptosystems dienen kann.

Für die Werte aus Protokoll 16.4 gilt das folgende Gleichungssystem in der multiplikativen Gruppe von $GF(2^m)$:

$$g^{a_0}(g^{a_1})^{x_{i_1}} \ldots (g^{a_{t-1}})^{x_{i_1}^{t-1}} = g^{f(x_{i_1})} = c_{i_1}$$
$$g^{a_0}(g^{a_1})^{x_{i_2}} \ldots (g^{a_{t-1}})^{x_{i_2}^{t-1}} = g^{f(x_{i_2})} = c_{i_2}$$
$$\vdots$$
$$g^{a_0}(g^{a_1})^{x_{i_t}} \ldots (g^{a_{t-1}})^{x_{i_t}^{t-1}} = g^{f(x_{i_t})} = c_{i_t}.$$

Man beachte, dass Carl die Koeffizienten $a_0, \ldots, a_{t-1}$ des Polynoms $f(x)$ nicht kennt. Die Werte $g^{a_0}, \ldots, g^{a_{t-1}}$ sind als Unbekannte des Gleichungssystems aufzufassen. Dabei bestimmt Carl in Schritt 9 einen eindeutigen Wert $k = g^{a_0}$ für dieses Gleichungssystem (siehe Satz 16.2). Alle Elemente der multiplikativen Gruppe von $GF(2^m)$ bis auf das Einselement sind erzeugende Elemente und haben so die Ordnung p. Nach Satz 7.6 wird daher bei Rechnungen in $GF(2^m)$ in den Exponenten modulo p gerechnet.

Satz 16.2 In Schritt 9 von Protokoll 16.4 ergibt sich die eindeutige Lösung $k = g^{a_0}$ für das obige Gleichungssystem. Mit $t - 1$ oder weniger transienten Shares ist k nicht zu bestimmen.

Beweis. Da die Basis in dem oben stehenden Gleichungssystem immer das erzeugende Element g ist, ergibt sich das äquivalente Gleichungssystem

$$
\begin{aligned}
a_0 + a_1 x_{i_1} + a_2 x_{i_1}^2 + \ldots + a_{t-1} x_{i_1}^{t-1} &= f(x_{i_1}) = y_{i_1} \\
a_0 + a_1 x_{i_2} + a_2 x_{i_2}^2 + \ldots + a_{t-1} x_{i_2}^{t-1} &= f(x_{i_2}) = y_{i_2} \\
&\vdots \\
a_0 + a_1 x_{i_t} + a_2 x_{i_t}^2 + \ldots + a_{t-1} x_{i_t}^{t-1} &= f(x_{i_t}) = y_{i_t}
\end{aligned}
$$

in $\mathbb{Z}_p$. Man beachte, dass Carl dieses Gleichungssystem nicht lösen kann, da er die Shares y_{i_j} nicht kennt. Es entspricht dem Gleichungssystem von Seite 299. Gemäß den daran anschließenden Ausführungen berechnen wir daraus eindeutig

$$
a_0 = \sum_{j=1}^{t} b_j y_{i_j} \bmod p \text{ mit } b_j = \prod_{1 \le k \le t, k \neq j} x_{i_k} (x_{i_k} - x_{i_j})^{-1} \bmod p, \ j \in \{1, \ldots, t\}.
$$

Dies ist äquivalent zu

$$
k = g^{a_0} = g^{\sum_{j=1}^{t} b_j y_{i_j}} = \prod_{j=1}^{t} (g^{y_{i_j}})^{b_j} = \prod_{j=1}^{t} (c_{i_j})^{b_j}
$$

mit den oben stehenden b_j. Daher ist k eindeutig bestimmt.

Mit $t - 1$ oder weniger transienten Shares ist wegen der eben genannten Äquivalenz der Gleichungssysteme und dem Beweis von Satz 16.1 das Geheimnis k nicht zu bestimmen. $\square$

Unter der Annahme, dass das Lösen des diskreten Logarithmus in $GF(2^m)$ praktisch unmöglich ist, kann der Combiner Carl weder die permanenten Shares y_i noch das Polynom $f(x)$ bestimmen.

Vorausgesetzt, dass die permanenten Shares nur den jeweiligen Besitzern und dem Verteiler bekannt sind (siehe dazu auch Seite 316), kann das Verfahren mit denselben Shares mehrfach benutzt werden. Für ein neues Geheimnis wählt und veröffentlicht der Verteiler Don (oder eine andere befugte Instanz) ein neues erzeugendes Element g'. Danach muss das Protokoll nur ab Schritt 7 durchgeführt werden, wobei das neue Geheimnis $g'^{f(0)}$ ist.

Bei Kompromittierung einiger transienter Shares vor Bestimmung des Geheimnisses durch den Combiner Carl gibt es ein Verfahren, wie die Teilnehmer mit Hilfe von Carl neue derartige Shares bestimmen können, ohne ihre permanenten Shares zu ändern. Da Carl die permanenten Shares oder das Polynom nicht kennt, kann er die transienten Shares der Teilnehmer nicht berechnen.

Protokoll 16.5 (*Erneuerung des bedingt sicheren Verfahrens*)
Gegeben: Daten wie in Protokoll 16.4. Die permanenten Shares bleiben geheim, solange das spezielle bedingte Schwellenwertverfahren benutzt wird.
Zusammenfassung: Bei Kompromittierung eines transienten Shares werden neue transiente Shares erzeugt. Das Geheimnis k bleibt unverändert.

(1) Ein Teilnehmer P_i benachrichtigt den Combiner Carl, dass sein transientes Share c_i kompromittiert wurde.

(2) Carl nimmt keine Anfragen mehr zur Wiederherstellung des Schlüssels k entgegen.

(3) Carl wählt zufällig ein $r \in \mathbb{Z}_p^*$, $r \neq 1$, und berechnet $\hat{g} = g^r \in GF(2^m)$. Dies ist ein erzeugendes Element der multiplikativen Gruppe von $GF(2^m)$.

(4) Carl sendet jedem Teilnehmer P_i, $i \in \{1, \ldots, n\}$, über einen öffentlichen Kanal den Wert $\hat{g}$ und bewahrt $(r, r^{-1} \bmod p)$ für den späteren Gebrauch auf.

(5) Carl akzeptiert wieder Anfragen, den Schlüssel zu rekonstruieren.

(6) Jeder Teilnehmer P_i, $i \in \{1, \ldots, n\}$, berechnet das neue transiente Share $\hat{c}_i = \hat{g}^{y_i}$.

(7) Carl verfährt zur Wiederherstellung des Geheimnisses wie in den Schritten 8 und 9 von Protokoll 16.4. Er erhält so zunächst $\hat{k} = \hat{g}^{f(0)}$. Damit berechnet er das Geheimnis

$$k = g^{f(0)} = (\hat{k})^{r^{-1} \bmod p}. \qquad \square$$

Da es $\varphi(2^m - 1) = \varphi(p) = p - 1$ erzeugende Elemente der (zyklischen) multiplikativen Gruppe von $GF(2^m)$ gibt, sind alle Elemente dieser Gruppe der Ordnung p bis auf das Einselement erzeugende Elemente. Folglich wird durch die zufällige Wahl in Schritt 3 wieder ein erzeugendes Element konstruiert. Die letzte Rechnung in Schritt 7 liefert wegen

$$(\hat{k})^{r^{-1} \bmod p} = (\hat{g}^{f(0)})^{r^{-1} \bmod p} = g^{rf(0)r^{-1} \bmod p} = g^{f(0)}$$

das richtige Geheimnis.

Beispiel 16.4 Wir betrachten den Körper $GF(2^3)$, der mit Hilfe des irreduziblen Polynoms $x^3 + x + 1 \in \mathbb{Z}_2[x]$ konstruiert wurde. Offensichtlich ist $p = 2^3 - 1 = 7$ eine Mersenne'sche Primzahl. Mit dem erzeugenden Element $g = x \in GF(2^3)$ erhalten wir

$$
\begin{aligned}
x^0 &= 1, \\
x^1 &= x, \\
x^2 &= x^2, \\
x^3 &= x + 1, \\
x^4 &= x^2 + x, \\
x^5 &= x^2 + x + 1, \\
x^6 &= x^2 + 1.
\end{aligned}
$$

Zusätzlich enthält $GF(2^3)$ noch das Nullelement.

Wir stellen ein $(3, 4)$-Schwellenwertverfahren gemäß Protokoll 16.4 auf. Als öffentliche Werte wählt der Verteiler Don

$$x_i = i \in \mathbb{Z}_7, \ i \in \{1, 2, 3, 4\},$$

für die jeweiligen Teilnehmer P_i. Dann wählt er zufällig ein Polynom

$$f(x) = 5 + x + 6x^2 \in \mathbb{Z}_7[x]$$

des Grades $t-1 = 2$. In Schritt 5 des Protokolls berechnet Don die permanenten Shares

$$y_1 = f(1) = 5,$$
$$y_2 = f(2) = 3,$$
$$y_3 = f(3) = 6,$$
$$y_4 = f(4) = 0$$

und sendet sie den jeweiligen Teilnehmern. Das Geheimnis ist

$$k = g^{f(0)} = x^5 = x^2 + x + 1.$$

Die Teilnehmer berechnen ihre transienten Shares

$$c_1 = x^5 = x^2 + x + 1,$$
$$c_2 = x^3 = x + 1,$$
$$c_3 = x^6 = x^2 + 1,$$
$$c_4 = x^0 = 1.$$

In Schritt 8 des Protokolls erhält der Combiner Carl von den drei Teilnehmern P_2, P_3 und P_4 ihre transienten Shares, also

$$c_{i_1} = x + 1, \; c_{i_2} = x^2 + 1, \; c_{i_3} = 1$$

(das heißt auch $i_1 = x_{i_1} = 2$, $i_2 = x_{i_2} = 3$ und $i_3 = x_{i_3} = 4$). Gemäß Schritt 9 stellt Carl das Geheimnis wieder her, indem er zunächst

$$b_j = \prod_{\substack{1 \le k \le 3, \\ k \ne j}} x_{i_k}(x_{i_k} - x_{i_j})^{-1} \bmod 7, \; j \in \{1, 2, 3\},$$

bestimmt, also

$$b_1 = 3 \cdot (3 - 2)^{-1} \cdot 4 \cdot (4 - 2)^{-1} \bmod 7 = 3 \cdot 1 \cdot 4 \cdot 4 \bmod 7 = 6,$$
$$b_2 = 2 \cdot (2 - 3)^{-1} \cdot 4 \cdot (4 - 3)^{-1} \bmod 7 = 2 \cdot 6 \cdot 4 \cdot 1 \bmod 7 = 6,$$
$$b_3 = 2 \cdot (2 - 4)^{-1} \cdot 3 \cdot (3 - 4)^{-1} \bmod 7 = 2 \cdot 3 \cdot 3 \cdot 6 \bmod 7 = 3.$$

Damit wird das Geheimnis

$$k = \prod_{j=1}^{3} (c_{i_j})^{b_j} = (x + 1)^6 (x^2 + 1)^6 1^3 = x^2 + x + 1$$

berechnet. Man beachte, dass Carl, der die diskreten Logarithmen der transienten Shares nicht kennt, die Polynommultiplikationen explizit durchführen muss, also nicht kurz

$$(x + 1)^6 (x^2 + 1)^6 1^3 = (x^3)^6 (x^6)^6 = x^{54} = x^5 = x^2 + x + 1$$

rechnen kann.

Wir nehmen jetzt weiter an, dass das transiente Share eines Teilnehmers kompromittiert wurde. Es wird dann Protokoll 16.5 ausgeführt. Carl wählt zufällig $r = 3 \in \mathbb{Z}_7^*$ und berechnet damit $\hat{g} = g^3 = x^3 = x + 1$ als neues erzeugendes Element der multiplikativen Gruppe von $GF(2^3)$. Dieser Wert wird allen 4 Teilnehmern zugesandt. Carl merkt sich $(r, r^{-1} \bmod 7) = (3, 5)$. In Schritt 6 berechnen die Teilnehmer ihre neuen transienten Shares

$$\hat{c}_1 = (x+1)^5 = x,$$
$$\hat{c}_2 = (x+1)^3 = x^2,$$
$$\hat{c}_3 = (x+1)^6 = x^2 + x,$$
$$\hat{c}_4 = (x+1)^0 = 1.$$

Erhält Carl von P_2, P_3 und P_4 die neuen transienten Shares

$$\hat{c}_{i_1} = x^2, \ \hat{c}_{i_2} = x^2 + x, \ \hat{c}_{i_3} = 1,$$

dann bestimmt er mit denselben Werten b_j wie zuvor zunächst

$$\hat{k} = \prod_{j=1}^{3} (\hat{c}_{i_j})^{b_j} = (x^2)^6 (x^2 + x)^6 1^3 = x$$

und damit

$$k = \hat{k}^{r^{-1} \bmod 7} = x^5 = x^2 + x + 1. \quad \square$$

16.3 Nicht-interaktive Verifizierung von Shares

Es ist wünschenswert, dass die Teilnehmer eines Secret-Sharing-Verfahrens überprüfen können, ob ihre Shares konsistent mit den Shares der anderen Teilnehmer sind, ob also mit Hilfe dieser Shares immer das richtige Geheimnis berechnet werden kann. Eine solche Überprüfung ist notwendig, wenn einige Teilnehmer dem Verteiler nicht voll vertrauen.

In diesem Abschnitt wollen wir annehmen, dass p und q große Primzahlen sind, so dass q ein Teiler von $p - 1$ ist. Mit G_q bezeichnen wir die eindeutige zyklische Untergruppe von $\mathbb{Z}_p^*$ der Ordnung q, und es sei g ein erzeugendes Element von G_q. Wegen $\varphi(q) = q - 1$ sind alle Elemente von G_q bis auf das Einselement erzeugende Elemente (siehe auch Seite 304).

Wir haben schon in Protokoll 11.5 ein Commitment-Verfahren kennen gelernt, in dem sich Alice auf ein Bit b verpflichtet hat. In dem hier verwendeten Protokoll legt sie sich auf einen geheimen Wert $s \in \mathbb{Z}_q$ fest.

Protokoll 16.6 (*Commitment-Verfahren*)
Gegeben: p und q prim mit q teilt $p - 1$, G_q eindeutige zyklische Untergruppe der Ordnung q von $\mathbb{Z}_p^*$, öffentliche erzeugende Elemente $g, h \in G_q$, so dass kein Teilnehmer $\log_g h$ kennt.
Zusammenfassung: Alice legt sich auf eine Zahl $s \in \mathbb{Z}_q$ fest.
(1) Alice wählt $s \in \mathbb{Z}_q$ als festzulegende Zahl.
(2) Sie wählt zufällig $t \in \mathbb{Z}_q$ und übermittelt

$$E(s, t) = g^s h^t \bmod p$$

an Bob.

(3) Später öffnet Alice ihr Commitment durch Übersendung von (s, t) an Bob.

(4) Bob überprüft mit diesen Werten die Gleichung aus Schritt 2. Im positiven Fall erkennt er an, dass sich Alice zuvor auf s festgelegt hat. $\quad\square$

Satz 16.3 Für ein beliebiges $s \in \mathbb{Z}_q$ und ein zufälliges $t \in \mathbb{Z}_q$ ist das Commitment $E(s, t)$ gleichmäßig über G_q verteilt.

Beweis. Da h ein erzeugendes Element ist, gilt $\{h^t \mid t \in \mathbb{Z}_q\} = G_q$ und damit, da G_q eine endliche Gruppe ist, $\{E(s, t) \mid t \in \mathbb{Z}_q\} = \{g^s a \mid a \in G_q\} = G_q.$ $\quad\square$

Die Aussage des Satzes bedeutet, dass aus dem Wert von $E(s, t)$, den Bob in Schritt 2 des Protokolls erhält, nicht auf das Commitment s geschlossen werden kann.

Satz 16.4 Es seien $s, s' \in \mathbb{Z}_q$, und es gelte $s \neq s'$ und $E(s, t) = E(s', t')$ für $t, t' \in \mathbb{Z}_q$. Dann folgt $t \neq t'$ und $\log_g h = (s - s')(t' - t)^{-1} \bmod q$.

Beweis. Die Gleichung $E(s, t) = E(s', t')$ ist äquivalent zu

$$g^s h^t \bmod p = g^{s'} h^{t'} \bmod p$$

und somit zu

$$g^{s-s'} \bmod p = h^{t'-t} \bmod p.$$

Wegen $s \neq s'$ ist die linke Seite dieser Gleichung verschieden von 1. Folglich ist auch die rechte verschieden von 1, so dass notwendig $t \neq t'$ und damit $(t' - t) \bmod q \neq 0$ gelten muss. Daher existiert $(t' - t)^{-1} \bmod q$. Exponentiation der letzten Gleichung mit diesem Wert liefert

$$g^{(s-s')(t'-t)^{-1}} \bmod p = h.$$

Wir erhalten daraus

$$\log_g h = (s - s')(t' - t)^{-1} \bmod q. \quad\square$$

Wegen dieses Satzes und der Annahme über $\log_g h$ im Protokoll ist Alice auf die Zahl s festgelegt. Sie kann das Commitment nicht für eine andere Zahl s' öffnen.

Wir wollen jetzt das (t, n)-Schwellenwertverfahren von Shamir (Protokoll 16.2) so zu einem *Verifikationsprotokoll* erweitern, dass t Teilnehmer, die ihre Shares in dem Protokoll auf ehrliche Weise akzeptiert haben, jeweils dasselbe Geheimnis rekonstruieren können.

Definition 16.2 Ein *Secret-Sharing-Verifikations-Protokoll* erfüllt folgende Bedingungen:

(a) Falls alle Beteiligten dem Protokoll folgen, akzeptiert ein Teilnehmer P_i sein Share y_i mit Wahrscheinlichkeit 1.

(b) t oder mehr Teilnehmer, die ihre Shares mit Hilfe des Protokolls akzeptiert haben, bestimmen mit vernachlässigbarer Fehlerwahrscheinlichkeit dasselbe Geheimnis k.

Ein Share heißt *korrekt*, wenn es im Rahmen dieses Protokolls akzeptiert wird. □

Bei einem Secret-Sharing-Verifikations-Protokoll ist es nach der Definition einem Verteiler praktisch nicht möglich, inkonsistente Shares zu verteilen. Wir betrachten das folgende Protokoll von *T. B. Pedersen* [111].

Protokoll 16.7 (*Secret-Sharing-Verifikations-Protokoll*)
Gegeben: p und q prim mit q teilt $p - 1$, G_q eindeutige zyklische Untergruppe der Ordnung q von $\mathbb{Z}_p^*$, öffentliche erzeugende Elemente $g, h \in G_q$, so dass kein Teilnehmer aus $\{P_1, \ldots, P_n\}$, $n \in \mathbb{N}$, den Wert $\log_g h$ kennt, Geheimnis $k \in \mathbb{Z}_q$, $q \geq n + 1$, Schwellenwert $t \in \mathbb{N}$ mit $t \leq n$.
Zusammenfassung: Verteilung des Geheimnisses k auf n Teilnehmer, so dass der Versuch, inkonsistente Shares zu verteilen, entdeckt wird.
(1) Der Verteiler Don richtet ein (t, n)-Schwellenwertverfahren nach Shamir (Protokoll 16.2) ein mit einem Polynom

$$f(x) = a_0 + a_1 x + \ldots + a_{t-1} x^{t-1} \in \mathbb{Z}_q[x]$$

vom Grad höchstens $t - 1$ mit Shares $y_i = f(x_i)$ für die öffentlichen, paarweise verschiedenen Werte $x_i \in \mathbb{Z}_q^*$ der Teilnehmer P_i, $i \in \{1, \ldots, n\}$. Das Geheimnis ist $k = f(0) = a_0 \in \mathbb{Z}_q$.
(2) Don berechnet das Commitment $E_0 = E(k, l)$ des Geheimnisses k mit einem zufällig gewählten $l \in \mathbb{Z}_q$ (er legt sich auf das Geheimnis k fest).
(3) Er wählt zufällig $t - 1$ Elemente $b_m \in \mathbb{Z}_q$, $m \in \{1, \ldots, t - 1\}$, und berechnet die Commitments $E_m = E(a_m, b_m)$ der Koeffizienten des Polynoms $f(x)$.
(4) Die Commitments aus den Schritten 2 und 3 werden veröffentlicht.
(5) Don erzeugt das Polynom

$$b(x) = b_0 + b_1 x + \cdots + b_{t-1} x^{t-1} \in \mathbb{Z}_q[x]$$

mit $b_0 = l$ und berechnet

$$l_i = b(x_i), \ i \in \{1, \ldots, n\}.$$

(6) Don sendet das Paar (y_i, l_i) auf einem sicheren Kanal an den Teilnehmer P_i, $i \in \{1, \ldots, n\}$.
(7) Jeder Teilnehmer P_i überprüft, ob

$$E(y_i, l_i) = \prod_{m=0}^{t-1} (E_m)^{x_i^m} \mod p$$

gilt. Im positiven Fall akzeptiert P_i das Share. □

Man beachte, dass die Commitments E_m auf der rechten Seite der Gleichung in Schritt 7 öffentlich bekannt sind, wohingegen die linke Seite nur von dem jeweiligen

Teilnehmer P_i berechnet werden kann. Dass die Überprüfung positiv ausgeht, wenn sich alle Teilnehmer an das Protokoll halten, werden wir in Satz 16.6 beweisen.

Das Protokoll ist nicht interaktiv, da nur der Verteiler Nachrichten schickt. Die anderen Teilnehmer kommunizieren bei der Überprüfung der Shares in Schritt 7 weder miteinander noch mit Don.

Satz 16.5 Es sei $P_{i_1}, \ldots, P_{i_t}$ eine beliebige Menge von t Teilnehmern, so dass für jeden von ihnen die Gleichung aus Schritt 7 von Protokoll 16.7 erfüllt ist. Dann können diese Teilnehmer gemeinsam $k', l' \in \mathbb{Z}_q$ mit $E_0 = g^{k'} h^{l'} \bmod p$ bestimmen.

Beweis. Nach den Überlegungen im Anschluss an Protokoll 16.2 können die t Teilnehmer, die auch durch Carl repräsentiert werden, zwei eindeutige Polynome $f'(x), b'(x) \in \mathbb{Z}_q[x]$ des Grades höchstens $t - 1$ bestimmen mit

$$f'(x_{i_j}) = y_{i_j}, \ b'(x_{i_j}) = l_{i_j}, \ j \in \{1, \ldots, t\}.$$

Damit sind auch $k' = f'(0), l' = b'(0) \in \mathbb{Z}_q$ bekannt, für die $E_0' = g^{k'} h^{l'} \bmod p$ berechnet werden kann. Es fragt sich, ob die Werte y_{i_j} und l_{i_j} vom Verteiler Don auch tatsächlich mit den richtigen Polynomen $f(x)$ und $b(x)$ gebildet wurden, ob also $E_0 = E_0'$ gilt.

Es sei $d = \log_g h$, also $h = g^d \bmod p$. Man beachte, dass die Teilnehmer nach Voraussetzung des Protokolls d nicht bestimmen können. Wir betrachten jedoch das Polynom $f'(x) + d \cdot b'(x)$. Dieses Polynom lässt sich, sofern d bekannt ist, auch analog zu $f'(x)$ und $b'(x)$ mit Hilfe derselben Vandermonde'schen Matrix (die mit denselben x_{i_j} bestimmt wird) als das eindeutige Polynom konstruieren, das an den Stellen x_{i_j} die Werte $y_{i_j} + d l_{i_j}, \ j \in \{1, \ldots, t\}$, hat.

Die Commitments E_m können mit dem erzeugenden Element $g \in G_q$ als $E_m = g^{e_m} \bmod p$ mit einem geeigneten $e_m \in \mathbb{Z}_q, m \in \{0, 1, \ldots, t-1\}$, geschrieben werden. Es gilt also

$$g^{e_m} \bmod p = E_m = g^{a_m} h^{b_m} \bmod p = g^{a_m + d b_m} \bmod p, \ m \in \{0, 1, \ldots, t-1\},$$

und damit, da g ein erzeugendes Element von G_q ist,

$$e_m = (a_m + d b_m) \bmod q, \ m \in \{0, 1, \ldots, t-1\}.$$

Wir definieren das Polynom

$$e(x) = \sum_{m=0}^{t-1} e_m x^m \in \mathbb{Z}_q[x].$$

Wir werden zeigen, dass die Polynome $e(x)$ und $f'(x) + d \cdot b'(x)$ übereinstimmen. Mit Hilfe der Gleichung aus Schritt 7 erhalten wir für $j \in \{1, \ldots, t\}$

$$\begin{aligned} g^{e(x_{i_j})} \bmod p &= \prod_{m=0}^{t-1} (g^{e_m})^{x_{i_j}^m} \bmod p = \prod_{m=0}^{t-1} (E_m)^{x_{i_j}^m} \bmod p = E(y_{i_j}, l_{i_j}) \\ &= g^{y_{i_j}} h^{l_{i_j}} \bmod p = g^{y_{i_j} + d l_i} \bmod p. \end{aligned}$$

Es folgt

$$e(x_{i_j}) = (y_{i_j} + dl_{i_j}) \bmod q, \ j \in \{1, \dots, t\}.$$

Diese Zuordnungen bestimmen jedoch auch das Polynom $f'(x) + d \cdot b'(x)$ eindeutig, also gilt $f'(x) + d \cdot b'(x) = e(x)$ und somit

$$
\begin{aligned}
E_0 = E(k,l) &= g^k h^l \bmod p = g^{f(0)} h^{b(0)} \bmod p = g^{a_0 + db_0} \bmod p \\
&= g^{e(0)} \bmod p = g^{f'(0) + db'(0)} \bmod p = g^{f'(0)} h^{b'(0)} \bmod p \\
&= g^{k'} h^{l'} \bmod p = E_0'. \quad \square
\end{aligned}
$$

Wegen der Gültigkeit der Gleichung aus Schritt 7 des Algorithmus 16.7 sind die Teilnehmer $P_{i_1}, \dots, P_{i_t}$ nach Satz 16.5 sicher, dass sie den Wert E_0 berechnen, mit dem sich der Verteiler in Schritt 2 des Protokolls auf das Geheimnis festgelegt hat. Es ist klar, dass sie gemeinsam das Geheimnis k, ebenso wie im Anschluss an Protokoll 16.2 auf Seite 300 ausgeführt, durch $k = \sum_{j=1}^{t} c_j y_{i_j} \bmod q$ mit $c_j = \prod_{1 \le k \le t, k \ne j} x_{i_k} (x_{i_k} - x_{i_j})^{-1} \bmod q, j \in \{1, \dots, t\}$, berechnen können. Entsprechend erhalten sie $l = \sum_{j=1}^{t} c_j l_{i_j} \bmod q$.

Ein Betrug des Verteilers Don könnte darin bestehen, dass er zwei disjunkten Gruppen von t Teilnehmern verschiedene Geheimnisse übermittelt. Damit er das erreichen kann, muss er verschiedene Polynome für die Gruppen verwenden, die sich zumindest im Koeffizienten für x^0, dem jeweiligen Geheimnis, unterscheiden. Dass ihm das nicht gelingen kann, liegt an seiner Festlegung auf das Geheimnis durch das Commitment E_0 und wird im Beweis des folgenden Satzes noch einmal deutlich.

Satz 16.6 Falls der Verteiler Don $\log_g h$ nicht berechnen kann, erfüllt Protokoll 16.7 die Definition 16.2 und ist damit ein Secret-Sharing-Verifikations-Protokoll.

Beweis. Für die Eigenschaft (a) von Definition 16.2 müssen sich alle Teilnehmer an das Protokoll halten. Dann gilt für jedes $i \in \{1, \dots, n\}$ die Gleichung

$$
\begin{aligned}
\prod_{m=0}^{t-1} E_m^{x_i^m} \bmod p &= E_0 \cdot \prod_{m=1}^{t-1} (g^{a_m} h^{b_m})^{x_i^m} \bmod p \\
&= g^k h^l \cdot \prod_{m=1}^{t-1} (g^{a_m} h^{b_m})^{x_i^m} \bmod p \\
&= g^{k + a_1 x_i + \dots + a_{t-1} x_i^{t-1}} h^{l + b_1 x_i + \dots + b_{t-1} x_i^{t-1}} \bmod p \\
&= g^{f(x_i)} h^{b(x_i)} \bmod p \\
&= g^{y_i} h^{l_i} \bmod p \\
&= E(y_i, l_i)
\end{aligned}
$$

aus Schritt 7 des Protokolls. Für die Eigenschaft (b) wird vorausgesetzt, dass alle Teilnehmer ihre Shares gemäß Schritt 7 akzeptieren. Wir nehmen nun an, dass es Don gelingt, zwei disjunkten Gruppen von Teilnehmern Shares y_i so zuzuteilen, dass sie verschiedene Geheimnisse k und k' berechnen. Außerdem erhalten sie auch Werte l_i, aus denen sie l bzw. l' bestimmen können. E_0 ist öffentlich bekannt, nach Satz 16.5 müssen daher beide Gruppen von Teilnehmern denselben Wert $E_0 = E(k,l) = E(k',l')$

ermitteln. Wegen Satz 16.4 ist dann $l \neq l'$, und Don, der die Werte k, k', l und l' kennt, kann $\log_g h = (k - k')(l' - l)^{-1} \bmod q$ berechnen. Dies ist ihm jedoch nach unserer Voraussetzung nur mit vernachlässigbar kleiner Wahrscheinlichkeit möglich. $\square$

Entsprechend Satz 16.1 kann man mit $t - 1$ Shares das Geheimnis nicht berechnen. Nun kennen aber die Teilnehmer die Commitments $E_0, E_1, \ldots, E_{t-1}$. Der folgende Satz, dessen Beweis in [111] gefunden werden kann, sagt aus, dass auch unter diesen Bedingungen keine Information über das Geheimnis bekannt wird.

Satz 16.7 Protokoll 16.7 ist perfekt. $\square$

Wenn bei der Rekonstruktion des Geheimnisses die Teilnehmer $P_{i_1}, \ldots, P_{i_t}$ sich ihre jeweiligen Werte (y_{i_k}, l_{i_k}) zusenden, so kann jeder von ihnen die Gleichung aus Schritt 7 des Protokolls 16.7 für alle Beteiligten überprüfen und sich damit von der Authentizität dieser Werte überzeugen. Ein Betrug durch Senden eines falschen Shares y_{i_k}, wie er im Shamir-Verfahren möglich ist (siehe Seite 302), kann durch diesen zusätzlichen Aufwand vermieden werden.

16.4 Schwellenwertverschlüsselung

In diesem Abschnitt betrachten wir (t, n)-Schwellenwertverschlüsselung. Dabei kann eine Gruppe von Mitgliedern einer Organisation einen Chiffretext entschlüsseln, wenn t oder mehr Mitglieder sich daran beteiligen. Kleinere Gruppen können dies nicht. Der Chiffretext wird von nur einem Absender erzeugt und ist allen Mitgliedern bekannt.

Eine einfache Lösung wäre, den Schlüssel gemäß Protokoll 16.2 auf mehrere Personen zu verteilen, um ihn später wiederherzustellen. Dann besitzt jedes Mitglied der Gruppe oder aber der Combiner Carl den Schlüssel und kann daher auch alle weiteren Nachrichten entschlüsseln, die mit demselben Schlüssel chiffriert worden sind. In der Regel ist das nicht wünschenswert. Es ist besser, wenn wieder mindestens t Teilnehmer zum erneuten Dechiffrieren erforderlich sind, jedoch ohne zuvor einen neuen Schlüssel verteilen zu müssen. Wir werden in diesem Abschnitt entsprechende Verfahren vorstellen. Bei den Protokollen 16.8 und 16.9 besitzt jede Organisation nur einen öffentlichen Schlüssel, der längerfristig gültig bleibt und mit dessen Hilfe sie jederzeit Nachrichten erhalten kann. In Protokoll 16.10 hat jeder Teilnehmer seinen eigenen festen öffentlichen Schlüssel, wobei eine Nachricht an die Organisation mit Hilfe dieser öffentlichen Schlüssel chiffriert wird. Bei den Protokollen dieses Abschnitts sind zum Dechiffrieren einer Nachricht jedoch jeweils mindestens t Teilnehmer erforderlich.

Wir betrachten zunächst ein Verfahren von *Desmedt* und *Frankel* [43], das auf dem ElGamal-Verfahren beruht.

Protokoll 16.8 ((t, n)-*ElGamal-Schwellenwertverschlüsselung*)
  Gegeben: Mersenne'sche Primzahl $p = 2^m - 1$, Teilnehmer $\{P_1, \ldots, P_n\}$, $n \in \mathbb{N}$, $p \geq n + 1$, Schwellenwert $t \in \mathbb{N}$ mit $t \leq n$. Diese Werte sind öffentlich.
  Zusammenfassung: Mit Hilfe der transienten Shares von t Teilnehmern kann ein von Bob chiffrierter Text entschlüsselt werden, mit $t - 1$ oder weniger transienten Shares gelingt dies nicht.
  Chiffrierung

(1) Der Verteiler Don wählt ein erzeugendes Element g der multiplikativen Gruppe von $GF(2^m)$ sowie ein Geheimnis (einen privaten Schlüssel) $k \in \mathbb{Z}_p$. Er berechnet

$$y = g^k \in GF(2^m)$$

und veröffentlicht

$$(g, p, y)$$

als öffentlichen Schlüssel.

(2) Don richtet ein (t, n)-Schwellenwertverfahren nach Shamir (Protokoll 16.2) ein mit einem Polynom

$$f(x) = a_0 + a_1 x + \ldots + a_{t-1} x^{t-1} \in \mathbb{Z}_p[x]$$

vom Grad höchstens $t - 1$ mit Shares $y_i = f(x_i)$ für die öffentlichen, paarweise verschiedenen Werte $x_i \in \mathbb{Z}_p$ der Teilnehmer P_i, $i \in \{1, \ldots, n\}$. Dabei wird der private Schlüssel $a_0 = f(0) = k \in \mathbb{Z}_p$ verwendet.

(3) Don sendet die Shares y_i über einen sicheren Kanal an die jeweiligen Teilnehmer P_i, $i \in \{1, \ldots, n\}$.

(4) Zur Chiffrierung besorgt sich Bob den öffentlichen Schlüssel (g, p, y) und stellt die Nachricht M als ein Element von $GF(2^m)$ dar.

(5) Bob wählt eine zufällige Zahl $r \in \mathbb{Z}_p$ und sendet den Chiffretext

$$(\alpha, \beta) = (g^r, My^r) \in GF(2^m) \times GF(2^m)$$

an alle Teilnehmer P_i, $i \in \{1, \ldots, n\}$.

Dechiffrierung

(6) Jeder Teilnehmer P_i berechnet sein transientes Share

$$\alpha^{y_i} \in GF(2^m).$$

(7) Der Combiner Carl erhält auf einem sicheren Weg die Werte $\alpha^{y_{i_j}}$ der t Teilnehmer P_{i_j}, $j \in \{1, \ldots, t\}$.

(8) Carl bestimmt

$$b_j = \prod_{1 \leq k \leq t, k \neq j} x_{i_k} (x_{i_k} - x_{i_j})^{-1} \bmod p, \quad j \in \{1, \ldots, t\},$$

und berechnet damit

$$z = \prod_{j=1}^{t} (\alpha^{y_{i_j}})^{b_j}.$$

(9) Carl erhält den Klartext durch

$$M = \beta z^{-1}. \quad \square$$

Satz 16.8 Beim Vorgehen nach Protokoll 16.8 ergibt sich in Schritt 9 der ursprüngliche Klartext M.

Beweis. Nach den Überlegungen von Seite 300 gilt auch hier

$$k = f(0) = \sum_{j=1}^{t} b_j y_{i_j} \bmod p.$$

Da die multiplikative Gruppe von $GF(2^m)$ die Ordnung p hat, erhalten wir

$$z = \prod_{j=1}^{t} (\alpha^{y_{i_j}})^{b_j} = \alpha^{\sum_{j=1}^{t} y_{i_j} b_j} = \alpha^k = (g^r)^k = (g^k)^r = y^r.$$

Es folgt

$$\beta z^{-1} = M y^r (y^r)^{-1} = M. \quad \Box$$

Die Chiffrierung und Dechiffrierung erfolgt wie im verallgemeinerten ElGamal-Verschlüsselungsverfahren (wobei das von Carl in Schritt 8 von Protokoll 16.8 ermittelte z dem z^{-1} aus Algorithmus 7.7 entspricht). Die Sicherheit des Verfahrens beruht also auf der Schwierigkeit, den diskreten Logarithmus in der multiplikativen Gruppe von $GF(2^m)$ zu berechnen. Außerdem darf aber z nur durch die Zusammenarbeit von mindestens t Teilnehmern bekannt werden. Wenn man von den Schritten absieht, die mit dem ElGamal-Verfahren zusammenhängen, kann man Protokoll 16.8 im Wesentlichen mit Protokoll 16.4 vergleichen. Wegen der Primzahleigenschaft von $p = 2^m - 1$ ist mit g auch $\alpha = g^r$ ein erzeugendes Element der multiplikativen Gruppe von $GF(2^m)$. An die Stelle von g, g^{y_i} und $k = g^{a_0}$ in Protokoll 16.4 tritt daher hier α, α^{y_i} und $z = \alpha^k = \alpha^{a_0}$. Folglich können wir Satz 16.2 entsprechend übernehmen.

Satz 16.9 In Schritt 8 von Protokoll 16.8 wird eine eindeutige Lösung für z berechnet. Mit $t-1$ oder weniger transienten Shares $\alpha^{y_{i_j}}$ ist z nicht zu bestimmen. $\quad \Box$

Unter der Annahme, dass das Lösen des diskreten Logarithmus in $GF(2^m)$ praktisch nicht möglich ist, kann Carl weder den privaten Schlüssel k noch die Shares y_i bestimmen und so auch nicht die Koeffizienten des Polynoms $f(x)$ oder das Polynom selbst. Dasselbe gilt natürlich erst recht für die Teilnehmer $P_1, \ldots, P_n$. Daher kann das Verfahren mit den gleichen Shares ab Schritt 5 mehrfach durchgeführt werden. Dies ist schon deshalb nötig, damit Bob Nachrichten, die mehrere Blöcke lang sind, chiffrieren kann. Dabei muss er für jeden Block ein anderes $r \in \mathbb{Z}_p$ wählen, damit ein Klartext-Chiffretext-Angriff entsprechend Seite 123 nicht möglich ist.

Ein Problem besteht jedoch darin (entsprechende Überlegungen gelten auch für Protokoll 16.4 und für einige folgende Protokolle), dass sich t oder mehr Teilnehmer verleiten lassen könnten, sich gegenseitig ihre privaten Shares y_i mitzuteilen. Dann wäre jeder von ihnen in der Lage, den geheimen Schlüssel k zu berechnen und damit jede folgende Nachricht allein zu dechiffrieren. Bei geeignetem t mag bei vielen Organisationen die Korrumpierung von t Mitarbeitern nicht zu befürchten sein. Um die Sicherheit zu erhöhen, kann die Organisation die Teilnehmer anonym halten, wobei Carl die Nachrichten in Schritt 7 von Protokoll 16.8 über einen anonymisierenden Kommunikationskanal (siehe Seite 207) erhält. Nur der Verteiler, der den privaten Schlüssel ohnehin bestimmt hat, kennt die Teilnehmer P_i. In diesem Fall muss Bob in Schritt 5 die chiffrierte Nachricht an die Organisation schicken, die sie in ihrem Bereich veröffentlicht und damit allen Teilnehmern bekannt macht.

Beispiel 16.5 Wie in Beispiel 16.4 betrachten wir den Körper $GF(2^3)$, der mit Hilfe des irreduziblen Polynoms $x^3 + x + 1 \in \mathbb{Z}_2[x]$ konstruiert wurde. Es ist $p = 2^3 - 1 = 7$. Don wählt in Schritt 1 das Polynom $x \in GF(2^m)$ als erzeugendes Element und $k = 5 \in \mathbb{Z}_7$ als privaten Schlüssel. Er berechnet

$$y = x^5 = x^2 + x + 1$$

und veröffentlicht den Schlüssel

$$(x, 7, x^2 + x + 1).$$

Don richtet in Schritt 2 ein $(3, 4)$-Schwellenwert-Verfahren wie in Beispiel 16.4 ein, das heißt, er wählt die öffentlichen Werte $x_i = i, i \in \{1, 2, 3, 4\}$, der Benutzer, er bestimmt geheim ein Polynom

$$f(x) = 5 + x + 6x^2 \in \mathbb{Z}_7[x]$$

und berechnet damit die Shares

$$y_i = f(x_i), \text{ also } y_1 = 5, \ y_2 = 3, y_3 = 6, \ y_4 = 0,$$

die er in Schritt 3 an die jeweiligen Teilnehmer P_1, P_2, P_3 und P_4 sendet.

Zur Chiffrierung besorgt sich Bob in Schritt 4 den öffentlichen Schlüssel und stellt seine Nachricht zum Beispiel als

$$M = x^2 + x \in GF(2^m)$$

dar. Dann wählt er in Schritt 5 zufällig $r = 3 \in \mathbb{Z}_7$ und sendet den Chiffretext

$$(\alpha, \beta) = (x^3, (x^2 + x)(x^2 + x + 1)^3) = (x + 1, (x^2 + x)x) = (x + 1, x^2 + x + 1)$$

an alle Teilnehmer P_1 bis P_4. In Schritt 6 berechnen die jeweiligen Teilnehmer ihre transienten Shares α^{y_i}, also

$$\alpha^{y_1} = (x + 1)^5 = x, \ \alpha^{y_2} = (x + 1)^3 = x^2, \ \alpha^{y_3} = (x + 1)^6 = x^2 + x,$$
$$\alpha^{y_4} = (x + 1)^0 = 1.$$

Nachdem Carl in Schritt 7 die entsprechenden Werte einer Teilgruppe, etwa von den Teilnehmern P_2, P_3 und P_4, erhalten hat, bestimmt er in Schritt 8 wie in Beispiel 16.4

$$b_1 = 6, \ b_2 = 6 \text{ und } b_3 = 3$$

und berechnet damit

$$z = (x^2)^6 \cdot (x^2 + x)^6 \cdot 1^3 = (x^2 + x + 1)(x + 1) = x.$$

In Schritt 9 erhält er unter Verwendung der Verallgemeinerung des erweiterten euklidischen Algorithmus (siehe Seite 126)

$$z^{-1} = x^{-1} = x^2 + 1$$

und damit den Klartext

$$M = \beta z^{-1} = (x^2 + x + 1)(x^2 + 1) = x^2 + x. \quad \square$$

In Protokoll 16.8 kann der Körper $GF(2^m)$ auch durch den Körper $\mathbb{Z}_q$ für eine sichere Primzahl q (d. h. $q = 2p + 1$ für p Primzahl) oder allgemeiner für eine Primzahl q, bei der $q - 1$ von einer anderen großen Primzahl p geteilt wird, ersetzt werden (siehe ähnlich auch Protokoll 16.7). Dann muss in Schritt 1 der Wert g als ein erzeugendes Element von G_p gewählt werden, der zyklischen Untergruppe der Ordnung p von $\mathbb{Z}_q^*$. Die Rechnungen, die in Protokoll 16.8 in der multiplikativen Untergruppe von $GF(2^m)$ stattfinden, müssen nun in G_p durchgeführt werden. Wir erinnern daran, dass jedes von 1 verschiedene Element von G_p ein erzeugendes Element ist.

Im Folgenden beschreiben wir ähnlich wie in [44] die Verbindung des RSA-Verfahrens mit dem (t, n)-Schwellenwertverfahren von Shamir. Um die Anzahl der Teilnehmer n nicht mit dem Modulus des RSA-Verfahrens zu verwechseln, wird der Modulus in diesem Kapitel mit m bezeichnet. Alle öffentlichen Operationen des RSA-Verfahrens erfolgen also modulo m, wobei $m = pq$ mit zwei großen sicheren Primzahlen $p = 2p' + 1$ und $q = 2q' + 1$ gilt. Nach Satz 8.2 ist die maximale Ordnung eines Elements in $\mathbb{Z}_m^*$ durch das kleinste gemeinsame Vielfache von $p - 1$ und $q - 1$ gegeben, das in dem hier betrachteten Fall den Wert

$$\lambda(m) = 2p'q'$$

liefert ($\lambda(m)$ wird auch als Carmichael-Zahl von m bezeichnet). Damit erhalten wir die folgende Variante des RSA-Verfahrens. Zu einem öffentlichen Exponenten e, $1 < e < \lambda(m)$ mit $\text{ggT}(e, \lambda(m)) = 1$, wird der geheime Schlüssel d durch $d = e^{-1} \bmod \lambda(m)$ bestimmt. Es ist $ed = k\lambda(m) + 1$ für ein geeignetes $k \in \mathbb{N}$. Allgemeiner betrachten wir Zahlen r_1, r_2 mit $r_1 \bmod \lambda(m) = r_2 \bmod \lambda(m)$, $r_2 \geq r_1$. Unter Beachtung von $r_2 = k\lambda(m) + r_1$ für ein $k \in \mathbb{N}$ erhalten wir wegen Satz 3.17 für jedes $x \in \mathbb{Z}_m$ die Äquivalenz

$$x^{r_2} \bmod m = x^{r_1} \bmod m \iff \begin{array}{l} x^{k(p-1)q'+r_1} \bmod p = x^{r_1} \bmod p \text{ und} \\ x^{k(q-1)p'+r_1} \bmod q = x^{r_1} \bmod q. \end{array}$$

Die rechte Seite ist für alle $x \in \mathbb{Z}_m$ erfüllt (siehe ähnlich Seite 5.2). Damit gilt auch die linke Seite. Bei Rechnungen modulo m können wir Exponenten, die modulo $\lambda(m)$ gleich sind, austauschen. Insbesondere gilt $(x^e)^d \bmod m = x$ für alle $x \in \mathbb{Z}_m$.

Das Polynom $f(x)$ des Schwellenwertverfahrens wird im folgenden Protokoll für Berechnungen des Exponenten benutzt. Daher müssen die entsprechenden Rechnungen modulo $\lambda(m)$ stattfinden. Es ist jedoch $\mathbb{Z}_{\lambda(m)}$ kein Körper, da gerade Zahlen aus diesem Bereich nicht zu $\lambda(m)$ teilerfremd und daher nicht invertierbar sind. Das Lagrange-Polynom

$$f(x) = \sum_{j=1}^{t} y_{i_j} \prod_{1 \leq k \leq t, k \neq j} (x - x_{i_k})(x_{i_j} - x_{i_k})^{-1},$$

das aus den Stützstellen (x_{i_j}, y_{i_j}) mit $y_{i_j} = f(x_{i_j})$ in Abschnitt 16.1 bestimmt wird, kann hier daher im Allgemeinen nicht berechnet werden. Bei Verwendung von mindestens drei x_i ist mindestens eine der Differenzen, die in der obigen Gleichung vorkommen, gerade. Um diese Schwierigkeit zu umgehen, werden alle Werte x_i,

$i \in \{1, \ldots, n\}$, ungerade gewählt, so dass die zugehörigen Differenzen jeweils gerade sind. Außerdem müssen die x_i sowohl modulo p' als auch modulo q' paarweise verschieden sein, so dass ihre Differenzen modulo p' und q' verschieden von 0 sind. Daher können die Inversen dieser Differenzen und ihrer Produkte modulo $p'q'$, p' und q' berechnet werden. Weiter muss das Polynom $f(x) = a_0 + a_1 x + \ldots + a_{t-1} x^{t-1}$ so gewählt werden, dass alle $f(x_i)$ gerade sind. Wegen der ungeraden x_i ist das genau dann der Fall, wenn eine gerade Anzahl der Koeffizienten a_i ungerade ist. Zusätzlich wird für das Polynom verlangt, dass die Gleichung $f(-1) = d - 1$ mit dem geheimen Schlüssel d gilt. Auch hier ist $-1 \bmod \lambda(m) = \lambda(m) - 1$ ungerade und $d - 1$ gerade.

Protokoll 16.9 ((t, n)-*RSA-Schwellenwertverschlüsselung*)
Gegeben: Teilnehmer $\{P_1, \ldots, P_n\}$, $n \in \mathbb{N}$, Schwellenwert $t \in \mathbb{N}$ mit $t \leq n$. Diese Werte sind öffentlich.
Zusammenfassung: Der Combiner Carl kann mit Hilfe von t autorisierten Benutzern $P_{i_1}, \ldots, P_{i_t}$ einen von Bob chiffrierten Text $M \in \mathbb{Z}_m^*$ entschlüsseln.
Chiffrierung
(1) Der Verteiler Don wählt zwei große sichere Primzahlen $p = 2p' + 1$ und $q = 2q' + 1$ (p' und q' prim mit $p'q' \geq n + 1$), bildet $m = pq$, wählt e mit $1 < e < \lambda(m) = 2p'q'$ und $\mathrm{ggT}(e, \lambda(m)) = 1$, berechnet $d = e^{-1} \bmod \lambda(m)$ und veröffentlicht (m, e). Der geheime Schlüssel ist d.
(2) Don richtet ein (t, n)-Schwellenwertverfahren ein. Er wählt modulo p' und modulo q' paarweise verschiedene und ungerade öffentliche Werte $x_i \in \mathbb{Z}_{\lambda(m)}$, $i \in \{1, \ldots, n\}$. Außerdem wählt er ein Polynom $f(x)$ des Grades höchstens $t - 1$ über $\mathbb{Z}_{\lambda(m)}$, so dass alle $f(x_i)$ gerade sind und $f(-1) = d - 1$ gilt.
(3) Don berechnet die Shares

$$y_i = f(x_i) \left(\prod_{1 \leq j \leq n, j \neq i} (x_i - x_j) \right)^{-1} \bmod p'q'$$

und übermittelt jedem Teilnehmer P_i über einen sicheren Kanal sein Share y_i, $i \in \{1, \ldots, n\}$.
(4) Um eine Nachricht $M \in \mathbb{Z}_m^*$ zu chiffrieren, besorgt sich Bob den öffentlichen Schlüssel (e, m) und berechnet

$$C = M^e \bmod m.$$

Er sendet diese Nachricht an Carl und die Teilnehmer $P_{i_1}, \ldots, P_{i_t}$.
Dechiffrierung
(5) Jeder Teilnehmer P_{i_j}, $j \in \{1, \ldots, t\}$, berechnet

$$c_{i_j} = C^{y_{i_j}} \bmod m.$$

(6) Der Combiner Carl erhält auf sicherem Wege die Werte c_{i_j} und berechnet

$$\hat{c}_{i_j} = c_{i_j}^{\prod_{1 \leq i \leq n, i \notin \{i_1, \ldots, i_t\}} (x_{i_j} - x_i) \prod_{1 \leq k \leq t, k \neq j} (-1 - x_{i_k})} \bmod m.$$

(7) Carl ermittelt die Nachricht M durch

$$M = C \cdot \prod_{j=1}^{t} \hat{c}_{i_j} \bmod m. \quad \square$$

Die Bedingung $M \in \mathbb{Z}_m^*$ bedeutet keine wirkliche Einschränkung. Fände Bob ein $M \in \mathbb{Z}_m$ mit $\mathrm{ggT}(M, m) \neq 1$, so könnte er bereits den geheimen RSA-Schlüssel von Don bestimmen.

Satz 16.10 In Schritt 7 von Protokoll 16.9 berechnet Carl den Klartext M.

Beweis. Wir müssen

$$\prod_{j=1}^{t} \hat{c}_{i_j} \bmod m = C^{d-1} \bmod m = C^{f(-1)} \bmod m$$

beweisen. Zunächst sind einige Vorüberlegungen notwendig. Wir betrachten dafür das Polynom

$$g(x) = \sum_{j=1}^{t} y_{i_j} \prod_{1 \le i \le n, i \notin \{i_1, \dots, i_t\}} (x_{i_j} - x_i) \prod_{1 \le k \le t, k \neq j} (x - x_{i_k}) \in \mathbb{Z}_{\lambda(m)}[x]$$

mit den in Schritt 3 von Protokoll 16.9 bestimmten Werten

$$y_{i_j} = f(x_{i_j}) \Big(\prod_{1 \le i \le n, i \neq i_j} (x_{i_j} - x_i) \Big)^{-1} \bmod p' q'.$$

Diese letzte Gleichung bleibt bei weiterer Reduzierung modulo p' oder modulo q' bestehen, wobei die Inversen zu Inversen modulo p' bzw. q' werden. Setzen wir nun die rechte Seite in die Gleichung für $g(x)$ ein und führen gleichzeitig die Reduktionen durch, so erhalten wir

$$g(x) \bmod p' = \sum_{j=1}^{t} f(x_{i_j}) \prod_{1 \le k \le t, k \neq j} (x - x_{i_k})(x_{i_j} - x_{i_k})^{-1} \bmod p' \in \mathbb{Z}_{p'}[x],$$

$$g(x) \bmod q' = \sum_{j=1}^{t} f(x_{i_j}) \prod_{1 \le k \le t, k \neq j} (x - x_{i_k})(x_{i_j} - x_{i_k})^{-1} \bmod q' \in \mathbb{Z}_{q'}[x].$$

Einsetzen der Werte $x_{i_{j'}}, j' \in \{1, \dots, t\}$, liefert offensichtlich

$$g(x_{i_{j'}}) \bmod p' = f(x_{i_{j'}}) \bmod p',$$
$$g(x_{i_{j'}}) \bmod q' = f(x_{i_{j'}}) \bmod q'.$$

Die Polynome $f(x)$ und $g(x)$ vom Grad höchstens $t - 1$ über dem Körper $\mathbb{Z}_{p'}$ (bzw. $\mathbb{Z}_{q'}$) stimmen also an t Stellen überein und sind daher gleich. Insgesamt gilt dann auch

$$g(-1) \bmod p' = f(-1) \bmod p',$$
$$g(-1) \bmod q' = f(-1) \bmod q',$$
$$g(-1) \bmod 2 = f(-1) \bmod 2 = 0,$$

wobei die letzte Gleichung erfüllt ist, da $(x_i - x_j)$ immer gerade ist. Nach Satz 3.17 folgt

$$g(-1) \bmod \lambda(m) = f(-1) \bmod \lambda(m) = d - 1.$$

Unter Berücksichtigung der Gleichungen aus den Schritten 5 und 6 des Protokolls 16.9 und den vorhergehenden Überlegungen erhalten wir jetzt

$$\prod_{j=1}^{t} \hat{c}_{i_j} \bmod m = \prod_{j=1}^{t} C^{y_{i_j} \prod_{1 \le i \le n, i \notin \{i_1, \ldots, i_t\}} (x_{i_j} - x_i) \prod_{1 \le k \le t, k \ne j} (-1 - x_{i_k})} \bmod m$$

$$= C^{\sum_{j=1}^{t} y_{i_j} \prod_{1 \le i \le n, i \notin \{i_1, \ldots, i_t\}} (x_{i_j} - x_i) \prod_{1 \le k \le t, k \ne j} (-1 - x_{i_k})} \bmod m$$

$$= C^{g(-1)} \bmod m$$

$$= C^{f(-1)} \bmod m. \quad \square$$

Bei Korrumpierung von t Teilnehmern können diese gemeinsam aus ihren t Shares y_{i_j} das Polynom $g(x)$ aus dem Beweis von Satz 16.10 bestimmen und damit auch den Wert $g(-1) = f(-1) = d - 1$. Anschließend ist jeder von ihnen allein in der Lage, beliebige von Bob mit e verschlüsselte Nachrichten zu dechiffrieren. Mit $t - 1$ Shares kann $d - 1$ nicht berechnet werden. Vielleicht werden jedoch andere Informationen als der Schlüssel unbeabsichtigt aufgedeckt, zum Beispiel, dass $t - 1$ Shares Informationen über den Wert von $\lambda(m)$ liefern. Bislang ist die Sicherheit des Verfahrens nicht vollständig geklärt.

Beispiel 16.6 Don wählt die sicheren Primzahlen $p = 2 \cdot 5 + 1 = 11$ und $q = 2 \cdot 11 + 1 = 23$. Dann ist $m = 253, p' = 5, q' = 11$ und $\lambda(253) = 110$. Er wählt $e = 3$ und berechnet dazu

$$d = 3^{-1} \bmod 110 = 37.$$

Der öffentliche Schlüssel ist $(253, 3)$, der geheime ist $d = 37$.

Don wählt die öffentlichen Werte

$$x_1 = 1, \ x_2 = 3, \ x_3 = 5, \ x_4 = 7,$$

die ungerade und modulo 5 und 7 paarweise verschieden sind, sowie den Schwellenwert $t = 3$. Er muss jetzt ein Polynom

$$f(x) = a_0 + a_1 x + a_2 x^2 \in \mathbb{Z}_{110}[x]$$

mit $f(-1) = d - 1 = 36$ bestimmen. Er wählt $a_1 = 3$ und $a_2 = 29$ vor. Der Ansatz $36 = f(-1) = a_0 - 3 + 29$ liefert $a_0 = 10$. Damit erhält er das Polynom

$$f(x) = 10 + 3x + 29x^2 \in \mathbb{Z}_{110}[x].$$

Als nächstes berechnet Don die Shares

$$y_1 = f(x_1)((x_1 - x_2)(x_1 - x_3)(x_1 - x_4))^{-1} \bmod 55$$
$$= 42 \cdot ((-2)(-4)(-6))^{-1} \bmod 55 = 42 \cdot 7^{-1} \bmod 55 = 42 \cdot 8 \bmod 55 = 6,$$
$$y_2 = f(x_2)((x_2 - x_1)(x_2 - x_3)(x_2 - x_4))^{-1} \bmod 55$$
$$= 5 \cdot (2(-2)(-4))^{-1} \bmod 55 = 5 \cdot 16^{-1} \bmod 55 = 5 \cdot 31 \bmod 55 = 45,$$
$$y_3 = f(x_3)((x_3 - x_1)(x_3 - x_2)(x_3 - x_4))^{-1} \bmod 55$$
$$= 35 \cdot ((4 \cdot 2 \cdot (-2))^{-1} \bmod 55 = 35 \cdot 39^{-1} \bmod 55 = 35 \cdot 24 \bmod 55 = 15,$$
$$y_4 = f(x_4)((x_4 - x_1)(x_4 - x_2)(x_4 - x_3))^{-1} \bmod 55$$
$$= 22 \cdot (6 \cdot 4 \cdot 2)^{-1} \bmod 55 = 22 \cdot 48^{-1} \bmod 55 = 22 \cdot 47 \bmod 55 = 44$$

und schickt sie auf eine sichere Weise an die jeweiligen Teilnehmer.

Bob möchte die Nachricht $M = 211$ chiffrieren. Er berechnet

$$C = 211^3 \bmod 253 = 41$$

und sendet diesen Wert an Carl und an die Teilnehmer P_1, P_2, P_4. Jeder dieser Teilnehmer bestimmt $c_i = C^{y_i} \bmod m$, $i \in \{1, 2, 4\}$, also

$$c_1 = 41^6 \bmod 253 = 146,$$
$$c_2 = 41^{45} \bmod 253 = 87,$$
$$c_4 = 41^{44} \bmod 253 = 70,$$

und sendet diesen Wert an Carl. Carl ermittelt zunächst für $i \in \{1, 2, 4\}$ die Werte $\hat{c}_i = c_i^{(x_i - x_3) \prod_{k \in \{1,2,4\}, k \neq i}(-1 - x_k)} \bmod 253$, also

$$\hat{c}_1 = 146^{-4 \cdot (-4)(-8)} \bmod 253 = (146^{128})^{-1} \bmod 253 = 104^{-1} \bmod 253 = 163,$$
$$\hat{c}_2 = 87^{-2 \cdot (-2)(-8)} \bmod 253 = 133,$$
$$\hat{c}_4 = 70^{2 \cdot (-2)(-4)} \bmod 253 = 70.$$

Man beachte, dass Carl $\lambda(m) = 110$ nicht kennt, so dass er bei Berechnung von $\hat{c}_1$ nicht $128 \bmod 110$ bilden kann. Mit den Werten $\hat{c}_1$, $\hat{c}_2$ und $\hat{c}_4$ bestimmt er dann

$$M = C \cdot \hat{c}_1 \cdot \hat{c}_2 \cdot \hat{c}_4 = 41 \cdot 163 \cdot 133 \cdot 70 \bmod 253 = 211. \quad \square$$

Es ist vorstellbar, dass sich die Teilnehmer nicht auf einen vertrauenswürdigen Verteiler einigen können. In diesem Fall ist es möglich, dass der Sender Bob einer Nachricht das Verfahren einrichtet und auch die Teilnehmergruppe zusammenstellt, sobald er eine chiffrierte Nachricht schicken möchte. Durch Wahl des Schwellenwertparameters t kann er außerdem die Sicherheit des Systems beeinflussen. Eine solche Vorgehensweise findet sich in dem folgenden Protokoll von *H. Ghodosi, J. Pieprzyk* und *Safavi-Naini* [64], das auch Elemente aus Protokoll 16.3 enthält.

Protokoll 16.10 (*(t, n)-RSA-Schwellenwertverschlüsselung ohne Verteiler*)

Gegeben: Menge von mindestens n Teilnehmern P_i mit öffentlichen RSA-Schlüsseln (e_i, m_i) und geheimen Schlüsseln d_i, ohne Beschränkung der Allgemeinheit gelte $m_i < m_{i+1}$, $i \in \{1, \ldots, n-1\}$, sowie $\prod_{i=n-t+2}^{n} m_i < \prod_{i=1}^{t} m_i$.

Zusammenfassung: Bob chiffriert eine Nachricht M, $\prod_{i=n-t+2}^{n} m_i < M < \prod_{i=1}^{t} m_i$, und sendet sie an eine von ihm gewählte Gruppe von n Benutzern $P_1, \ldots, P_n$, von denen $t \leq n$ sie entschlüsseln können.

Chiffrierung

(1) Bob wählt eine Gruppe von n Teilnehmern $P_1, \ldots, P_n$. Er besorgt sich die öffentlichen Schlüssel dieser Teilnehmer.

(2) Bob wählt eine Primzahl $p < m_1$. Er richtet ein (t, n)-Schwellenwertverfahren ein mit einem Polynom $f(x)$ des Grades höchstens $t - 1$ über $\mathbb{Z}_p$.

(3) Er berechnet das Geheimnis

$$e = f(0)$$

und die Shares

$$y_i = f(x_i), \ i \in \{1, \ldots, n\},$$

mit öffentlichen Werten $x_i \in \mathbb{Z}_p^*$.

(4) Er berechnet

$$c_i = y_i^{e_i} \bmod m_i, \ i \in \{1, \ldots, n\}.$$

Mit Hilfe des chinesischen Restesatzes 3.18 berechnet er die eindeutige Zahl

$$C_1 \in \mathbb{Z}_{m_1 \cdots m_n} \text{ mit } C_1 \bmod m_i = c_i, \ i \in \{1, \ldots, n\}.$$

(5) Für die Nachricht M mit $\prod_{i=n-t+2}^{n} m_i < M < \prod_{i=1}^{t} m_i$ berechnet Bob

$$M_i = M \bmod m_i \text{ und ihre Verschlüsselungen } M_i^e \bmod m_i, \ i \in \{1, \ldots, n\},$$

für die er die eindeutige Zahl

$$C_2 \in \mathbb{Z}_{m_1 \cdots m_n} \text{ mit } C_2 \bmod m_i = M_i^e \bmod m_i, \ i \in \{1, \ldots, n\},$$

bestimmt.

(6) Bob veröffentlicht den Chiffretext $C = (\{P_1, \ldots, P_n\}, p, t, C_1, C_2)$.

Dechiffrierung

(7) Jeder Teilnehmer $P_i, i \in \{1, \ldots, n\}$, ermittelt

$$c_i = C_1 \bmod m_i \text{ und } M_i^e \bmod m_i = C_2 \bmod m_i.$$

(8) Jeder Teilnehmer P_i berechnet sein Share

$$y_i = c_i^{d_i} \bmod m_i$$

und teilt es den anderen Teilnehmern der Gruppe auf eine sichere Weise mit.

(9) Nachdem ein Teilnehmer $t - 1$ weitere Shares erhalten hat, kann er wie Carl in Protokoll 16.2 das Geheimnis $e \in \mathbb{Z}_p$ bestimmen. Da er die Faktorisierung von m_i kennt, berechnet er $e^{-1} \bmod \varphi(m_i)$ (oder auch $e^{-1} \bmod \lambda(m_i)$) und damit

$$M_i = (M_i^e)^{e^{-1}} \bmod m_i.$$

Er schickt dem Combiner Carl den Wert M_i auf einem sicheren Kanal.

(10) Wenn Carl von t Teilnehmern $P_{i_1}, \ldots, P_{i_t}$ die jeweilige Nachricht M_{i_j} erhalten hat, kann er mit Hilfe des chinesischen Restesatzes die eindeutige Nachricht $M' \in \mathbb{Z}_{m_{i_1} \cdots m_{i_t}}$ mit $M' \bmod m_{i_j} = M_{i_j}, j \in \{1, \ldots, t\}$, berechnen, die mit der gegebenen Nachricht M übereinstimmt. $\square$

Wir können davon ausgehen, dass die Moduli m_i paarweise teilerfremd sind (anderenfalls kennen zwei Teilnehmer schon ihre gegenseitigen geheimen Schlüssel). Unter dieser Voraussetzung ist der chinesische Restesatz anwendbar. Die Übereinstimmung der gegebenen Nachricht M mit der in Schritt 10 berechneten Nachricht M' ergibt sich daraus, dass nach Schritt 5 auch die Gleichungen $M \bmod m_{i_j} = M_{i_j}, j \in \{1, \ldots, t\}$, gelten. Wegen $M \leq m_{i_1} \cdots m_{i_t} - 1$ folgt $M = M'$ aus der Eindeutigkeit in Schritt 10.

Erhält Carl in Schritt 9 genau $t - 1$ Teilnachrichten M_{i_j}, so kann er nur durch das Raten einer weiteren Teilnachricht, etwa M_{i_t}, eine Nachricht M berechnen (siehe auch Bemerkungen im Anschluss an Protokoll 16.3). Wenn weniger als t Teilnehmer ihre Shares veröffentlichen, ist nach Satz 16.1 kein Teilnehmer in der Lage, das Geheimnis e zu rekonstruieren. Auch dann kann die Nachricht M nicht bestimmt werden.

Der Chiffretext C muss von Bob in Schritt 6 nicht geheim gehalten werden, da die Shares y_i durch die öffentlichen Schlüssel der Teilnehmer chiffriert sind. Will Bob eine weitere Nachricht an dieselbe Teilnehmergruppe senden, reicht es aus, nur das neue C_2 zu schicken, da das vorhergehende e weiter verwendet werden kann. Zur Dechiffrierung müssen wieder mindestens t Teilnehmer ihre Werte M_{i_j} dem Combiner mitteilen.

16.5 Schwellenwertsignaturen

In diesem Abschnitt betrachten wir den Fall, dass eine Gruppe von Benutzern gemeinsam eine Nachricht signieren will. Man spricht in diesem Zusammenhang auch von einer *Gruppensignatur* oder *Multisignatur*.

Zunächst behandeln wir den Ansatz von *Desmedt* und *Frankel* [44]. Er beruht auf denselben Überlegungen wie die (t, n)-RSA-Schwellenwertverschlüsselung aus Protokoll 16.9. Die dortigen Überlegungen zur Sicherheit (siehe Seite 321) gelten entsprechend auch hier. Es können beliebige t von n Teilnehmern ein Dokument signieren, während $t - 1$ oder weniger Teilnehmer damit wohl keinen Erfolg haben. Jede Person, die das Dokument, die Signatur und einige weitere öffentliche Informationen kennt, kann die Signatur überprüfen. In dem folgenden Protokoll stimmen die Schritte 1 bis 3 mit denen von Protokoll 16.9 überein.

Protokoll 16.11 $((t, n)$-*RSA-Schwellenwertsignaturverfahren*)
Gegeben: Teilnehmer $P_1, \ldots, P_n$, $n \in \mathbb{N}$, Schwellenwertparameter $t \leq n$. Diese Werte sind öffentlich.
Zusammenfassung: Eine Gruppe $\{P_{i_1}, \ldots P_{i_t}\}$ von t Teilnehmern signiert mit Hilfe des Combiners Carl eine Nachricht $M \in \mathbb{Z}_m^*$. Die Signatur wird von Alice überprüft.
  (1) Der Verteiler Don wählt zwei große sichere Primzahlen $p = 2p' + 1$ und $q = 2q' + 1$ (p' und q' prim mit $p'q' \geq n + 1$), bildet $m = pq$, wählt e mit $1 < e < \lambda(m) = 2p'q'$ und $\mathrm{ggT}(e, \lambda(m)) = 1$, berechnet $d = e^{-1} \bmod \lambda(m)$ und veröffentlicht (m, e). Der geheime Schlüssel ist d.
  (2) Don richtet ein (t, n)-Schwellenwertverfahren ein. Er wählt modulo p' und modulo q' paarweise verschiedene und ungerade öffentliche Werte $x_i \in \mathbb{Z}_{\lambda(m)}$, $i \in \{1, \ldots, n\}$. Außerdem wählt er ein Polynom $f(x)$ des Grades höchstens $t - 1$ über $\mathbb{Z}_{\lambda(m)}$, so dass alle $f(x_i)$ gerade sind und $f(-1) = d - 1$ gilt.
  (3) Don berechnet die Shares

$$y_i = f(x_i) \left(\prod_{1 \leq j \leq n, j \neq i} (x_i - x_j) \right)^{-1} \bmod p'q'$$

und übermittelt jedem Teilnehmer P_i über einen sicheren Kanal sein Share y_i, $i \in \{1, \ldots, n\}$.

(4) Jeder Teilnehmer der Gruppe $\{P_{i_1}, \ldots P_{i_t}\}$ berechnet seine partielle Signatur

$$c_{i_j} = M^{y_{i_j}} \bmod m, \ j \in \{1, \ldots, t\}.$$

(5) Der Combiner Carl erhält von jedem Teilnehmer dieser Gruppe die partielle Signatur und berechnet

$$\hat{c}_{i_j} = c_{i_j}^{\prod_{1 \leq i \leq n, i \notin \{i_1, \ldots, i_t\}} (x_{i_j} - x_i) \prod_{1 \leq k \leq t, k \neq j} (-1 - x_{i_k})} \bmod m, \ j \in \{1, \ldots, t\}.$$

(6) Carl bestimmt die Signatur

$$S = \prod_{j=1}^{t} \hat{c}_{i_j} \bmod m.$$

(7) Alice erhält die Signatur S der Nachricht M. Sie überprüft, ob

$$(S \cdot M)^e \bmod m = M$$

gilt. Im positiven Fall akzeptiert sie die Signatur. $\square$

Satz 16.11 Falls sich alle Teilnehmer an Protokoll 16.11 halten, geht der Test in Schritt 7 positiv aus.

Beweis. Wenn wir im Beweis von Satz 16.10 den Wert C durch M ersetzen, so erhalten wir entsprechend

$$S = \prod_{j=1}^{t} \hat{c}_{i_j} \bmod m = M^{f(-1)} \bmod m = M^{d-1} \bmod m.$$

Dann folgt

$$(SM)^e \bmod m = (M^{d-1}M)^e \bmod m = M^{ed} \bmod m = M. \ \square$$

Beispiel 16.7 Wir wählen die Werte wie in Beispiel 16.6, also

$$n = 4, \ t = 3, \ p = 11, \ q = 23, \ m = 253, \ e = 3, \ d = 37,$$
$$x_1 = 1, x_2 = 3, \ x_3 = 5, \ x_4 = 7$$

sowie $f(x) = 10 + 3x + 29x^2 \in \mathbb{Z}_{110}[x]$. Die Shares berechneten sich dort zu

$$y_1 = 6, \ y_2 = 45, \ y_3 = 15, \ y_4 = 44.$$

Jetzt wollen die Teilnehmer P_1, P_2 und P_4 die Nachricht $M = 101$ signieren. Jeder Teilnehmer dieser Gruppe bestimmt seine partielle Signatur, also

$$c_1 = 101^6 \bmod 253 = 141,$$
$$c_2 = 101^{45} \bmod 253 = 32,$$
$$c_4 = 101^{44} \bmod 253 = 93.$$

Carl berechnet daraus die Werte $\hat{c}_i = c_i^{(x_i - x_3)\prod_{k \in \{1,2,4\}, k \neq i}(-1 - x_k)}$ mod 253 für $i \in \{1, 2, 4\}$, also

$$\hat{c}_1 = ((((141)^4)^4)^8)^{-1} \bmod 253 = (141^{128})^{-1} \bmod 253 = 25^{-1} \bmod 253 = 81,$$
$$\hat{c}_2 = ((((32)^2)^2)^8)^{-1} \bmod 253 = 78,$$
$$\hat{c}_4 = \qquad (((93)^2)^2)^4 \bmod 253 = 93.$$

Damit ergibt sich die Signatur

$$S = \prod_{i \in \{1,2,4\}} \hat{c}_i \bmod 253 = (81 \cdot 78 \cdot 93) \bmod 253 = 108.$$

Alice erhält das Paar $(M, S) = (101, 108)$ und überprüft

$$(S \cdot M)^e \bmod m = (108 \cdot 101)^3 \bmod 253 = 29^3 \bmod 253 = 101. \quad \square$$

Zum Abschluss betrachten wir ein Schwellenwert-Signaturverfahren, das von *Li, Hwang* und *Lee* [92] stammt und dessen Sicherheit auf der Schwierigkeit beruht, den diskreten Logarithmus zu berechnen.

Protokoll 16.12 ((t, n)-*Schwellenwertsignaturverfahren von Li, Hwang und Lee*)
Gegeben: Teilnehmer $P_1, \ldots, P_n$, $n \in \mathbb{N}$, Schwellenwertparameter $t \leq n$. Diese Werte sind öffentlich.
Zusammenfassung: Eine aktive Gruppe $\{P_{i_1}, \ldots P_{i_t}\}$ von t Teilnehmern signiert mit Hilfe des Combiners Carl eine Nachricht M. Die Signatur wird von Alice überprüft.

(1) Der Verteiler Don wählt eine stark kollosionsfreie Hashfunktion h, eine Primzahl p (mit 1024 Bits oder mehr) und einen großen Primteiler q von $p - 1$ (mit mindestens 160 Bits). Er bestimmt ein erzeugendes Element g der eindeutigen zyklischen Untergruppe G_q der Ordnung q von $\mathbb{Z}_p^*$. Er wählt ein Polynom

$$f(x) = a_0 + a_1 x + \ldots + a_{t-1} x^{t-1} \in \mathbb{Z}_q[x]$$

sowie für die jeweiligen Benutzer P_i paarweise verschiedene öffentliche Werte $x_i \in \mathbb{Z}_q^*$, $i \in \{1, \ldots, n\}$.

(2) Er berechnet das Geheimnis

$$k = f(0)$$

und den öffentlichen Schlüssel

$$y = g^k \bmod p.$$

Er wählt für $i \in \{1, \ldots, n\}$ zufällige Werte $u_i \in \mathbb{Z}_q^*$ und bestimmt die Shares

$$s_i = (u_i + f(x_i)) \bmod q,$$

die er auf einem sicheren Kanal an die jeweiligen Teilnehmer schickt.

(3) Don berechnet für jeden Teilnehmer P_i, $i \in \{1, \ldots, n\}$, die zugehörigen Werte

$$y_i = g^{s_i} \bmod p \text{ und } z_i = g^{u_i} \bmod p.$$

Er veröffentlicht

$$(h, p, q, g, y) \text{ sowie } \{(y_i, z_i) \mid i \in \{1, \ldots, n\}\}.$$

(4) Jeder Teilnehmer P_{i_j}, $j \in \{1, \ldots, t\}$, wählt zufällig einen geheimen Schlüssel $k_{i_j} \in \mathbb{Z}_q^*$ (für jede Nachricht M neu) und bestimmt

$$r_{i_j} = g^{k_{i_j}} \bmod p.$$

Er veröffentlicht r_{i_j}.

(5) Jeder Teilnehmer P_{i_j}, $j \in \{1, \ldots, t\}$, berechnet

$$R = \prod_{j=1}^{t} r_{i_j} \bmod p = g^{\sum_{j=1}^{t} k_{i_j}} \bmod p \text{ und } E = h(M, R) \bmod q.$$

(6) Jeder Teilnehmer P_{i_j}, $j \in \{1, \ldots, t\}$, ermittelt die partielle Signatur

$$c_{i_j} = \left(\left(s_{i_j} \cdot \prod_{1 \leq k \leq t, k \neq j} (-x_{i_k})(x_{i_j} - x_{i_k})^{-1} \right) + k_{i_j} E \right) \bmod q$$

und sendet (M, c_{i_j}) an den Combiner Carl.

(7) Carl kennt die öffentlichen r_{i_j} und kann so R und damit E bestimmen. Mit den öffentlichen y_{i_j} überprüft er, ob

$$g^{c_{i_j}} \bmod p = y_{i_j}^{\prod_{1 \leq k \leq t, k \neq j} (-x_{i_k})(x_{i_j} - x_{i_k})^{-1}} \cdot r_{i_j}^{E} \bmod p, \; j \in \{1, \ldots, t\},$$

gilt. Ist diese Gleichung für alle j erfüllt, sind die partiellen Signaturen gültig. Dann berechnet Carl

$$S = \sum_{j=1}^{t} c_{i_j} \bmod q \text{ und damit die Signatur } (\{P_{i_1}, \ldots, P_{i_t}\}, R, S) \text{ von } M.$$

(8) Alice bestimmt unter Verwendung der öffentlichen Werte z_{i_j}

$$T = \prod_{j=1}^{t} z_{i_j}^{\prod_{1 \leq k \leq t, k \neq j} -x_{i_k}(x_{i_j} - x_{i_k})^{-1}} \bmod p \text{ und } E = h(M, R) \bmod q.$$

(9) Mit Hilfe des öffentlichen Schlüssels y überprüft Alice, ob

$$g^S \bmod p = T y R^E \bmod p$$

gilt. Im positiven Fall akzeptiert sie die Signatur. $\square$

In der Berechnung von c_{i_j} signiert ein Teilnehmer P_{i_j} durch die Verwendung von E mit $E = h(M, R)$ partiell bereits die Nachricht M. Die unterzeichnenden Teilnehmer werden in der Signatur genannt. Im Unterschied zu Protokoll 16.11, in dem Alice die Unterzeichner nicht kennen muss, ist die Signatur hier nicht anonym. Ein Unterzeichner trägt daher die Verantwortung für das von ihm signierte Dokument. Auch wenn er bei Protokoll 16.11 korrumpierbar wäre, also sein Share $t-1$ anderen Teilnehmern verraten würde, um zusammen mit ihnen den geheimen Signaturschlüssel d zu berechnen, so wird er hier dagegen kaum bereit sein, sein Share, das für eine partielle Signatur nötig ist, anderen Teilnehmern mitzuteilen.

Satz 16.12 Falls sich alle Teilnehmer an Protokoll 16.12 halten, akzeptiert Alice in Schritt 9 die Signatur.

Beweis. Es gilt

$$
\begin{aligned}
g^S \bmod p &= g^{\sum_{j=1}^{t} c_{i_j}} \bmod p \\
&= g^{\sum_{j=1}^{t}\left(\left(s_{i_j}\cdot\prod_{1\le k\le t, k\ne j}(-x_{i_k})(x_{i_j}-x_{i_k})^{-1}\right)+k_{i_j}E\right)} \bmod p \\
&= g^{\sum_{j=1}^{t}(u_{i_j}+f(x_{i_j}))\cdot\prod_{1\le k\le t, k\ne j}(-x_{i_k})(x_{i_j}-x_{i_k})^{-1}} \cdot g^{\sum_{j=1}^{t} k_{i_j}E} \bmod p \\
&= g^{\sum_{j=1}^{t} u_{i_j}\cdot\prod_{1\le k\le t, k\ne j}(-x_{i_k})(x_{i_j}-x_{i_k})^{-1}} \\
&\qquad \cdot g^{\sum_{j=1}^{t} f(x_{i_j})\cdot\prod_{1\le k\le t, k\ne j}(-x_{i_k})(x_{i_j}-x_{i_k})^{-1}} \cdot \prod_{j=1}^{t} r_{i_j}^E \bmod p \\
&= \prod_{j=1}^{t} z_{i_j}^{\prod_{1\le k\le t, k\ne j}(-x_{i_k})(x_{i_j}-x_{i_k})^{-1}} \cdot g^{f(0)} \cdot R^E \bmod p \\
&= T y R^E \bmod p,
\end{aligned}
$$

wobei sich das zweitletzte Gleichheitszeichen wegen

$$
f(0) = \sum_{j=1}^{t} f(x_{i_j}) \cdot \prod_{1\le k\le t, k\ne j} (-x_{i_k})(x_{i_j}-x_{i_k})^{-1} \bmod q
$$

ergibt. $\square$

Wir sehen, dass in der vorletzten Zeile der obigen Ableitung bei $t-1$ oder weniger Teilnehmern nicht $f(0) = k$ als Exponent von g gewonnen wird und so keine gültige Signatur entsteht.

Wegen der Schwierigkeit, den diskreten Logarithmus zu berechnen, ist es praktisch nicht möglich, das Geheimnis k aus y und weiter s_i aus y_i, u_i aus z_i und k_{i_j} aus r_{i_j} zu gewinnen. Aus der (linearen) Gleichung in Schritt 6 kann s_i (speziell s_{i_j}) ebenfalls nicht berechnet werden, da diese die zwei Unbekannten s_{i_j} und k_{i_j} hat. Es scheint zunächst denkbar, dass man bei Signatur einer weiteren Nachricht M', bei der sich P_{i_j} wieder beteiligt, genügend Informationen zur Berechnung von s_{i_j} erhält. Das ist aber nicht der Fall, da man dann insgesamt zwei Gleichungen mit drei Unbekannten hat, die auch nicht lösbar sind. Entsprechende Überlegungen gelten, wenn noch mehr Signaturen berücksichtigt werden.

Mit dem erzeugenden Element $g \in G_q$ ist eine Gleichung $g^a \bmod p = g^b \bmod p$ äquivalent zu $a \bmod q = b \bmod q$. Daher bedeutet die Gültigkeit der Gleichung in

Schritt 7 für alle $j \in \{1, \ldots, t\}$, dass die c_{i_j} durch die P_{i_j} in Schritt 6 korrekt bestimmt wurden. Wenn sich Oskar an die Stelle eines Teilnehmers P_{i_j} setzen will, dann muss er in Schritt 4 ein k'_{i_j} wählen und damit $r'_{i_j} = g^{k'_{i_j}} \bmod p$ berechnen. Das führt zu neuen Werten R' und E' in Schritt 5, für die Oskar in Schritt 6 ein zu s_{i_j} gehöriges c_{i_j} ermitteln müsste, was ihm, da er s_{i_j} nicht kennt, praktisch nicht möglich ist.

Kann auf der Basis der Gleichung in Schritt 9 eine Signatur gefälscht werden? Oskar könnte versuchen, zufällig R zu wählen und damit den Wert $E = h(M, R) \bmod q$ zu berechnen. Um ein passendes S zu bestimmen, stünde er vor der praktisch nicht lösbaren Aufgabe, einen diskreten Logarithmus zu berechnen. Eine andere Möglichkeit wäre es, S und E vorzuwählen und ein passendes R zu bestimmen, was jedoch unter anderem deswegen keinen Erfolg hat, weil h eine stark kollisionsfreie Hashfunktion ist.

Jeder, der das geheime Polynom kennt, kann gültige Shares berechnen und sich so als beliebigen Teilnehmer ausgeben, sofern es ihm gelingt, dass Carl und Alice die entsprechenden Werte y_i und z_i akzeptieren. Aus t Werten $f(x_i)$ kann das Polynom rekonstruiert werden. Wenn t Teilnehmer dies gemeinsam erreichen wollen, müssen sie versuchen, aus den Gleichungen $s_i = (u_i + f(x_i)) \bmod q$ die Werte $f(x_i)$ zu gewinnen. Da jedoch die Werte u_i zufällig durch den Verteiler Don gewählt wurden, ist ihnen das nicht möglich.

Abschließend bemerken wir, dass in [92] eine Variante des Verfahrens angegeben ist, die ohne Verteiler auskommt.

17 Kryptographie-Infrastruktur im Internet

Die Anwendung der Kryptographie findet heute überwiegend im Internet statt. Wenn zwei Parteien über das Internet sicher und authentisch Nachrichten austauschen wollen, dann schreiben sie dafür nicht selber Programmsysteme, sondern sie greifen auf vorhandene Systeme oder Internetprotokolle zurück, die diese Sicherheit gewährleisten. Diese Systeme verwenden einige der kryptographischen Konzepte, die wir in den vorangegangenen Kapiteln eingeführt haben. In Abschnitt 17.1 beschreiben wir „Pretty Good Privacy" (PGP), ein System, bei dem die Internetsicherheit unter Verzicht auf irgendwelche zentralen Instanzen erreicht werden kann. Auf die rechtlichen Regelungen zur Kryptographie-Infrastruktur gehen wir in Abschnitt 17.2 ein. Diese legen beispielsweise fest, wie und von wem Zertifikate zur Signatur in einer rechtlich verbindlichen Form ausgestellt werden können. Mit dem Transport-Layer-Security-Protokoll TLS für die Sicherheit im World Wide Web (WWW) beschäftigen wir uns in Abschnitt 17.3. Außerdem streifen wir das System IPSec zum sicheren Datenverkehr im Internet. Schließlich wird in Abschnitt 17.4 ein Versuch zur staatlichen Kontrolle der im Internet versandten Nachrichten beschrieben. Das soll dadurch geschehen, dass alle Nachrichten mit einem speziellen Chip verschlüsselt werden, der Behörden das Mitlesen der Nachrichten, allerdings erst nach richterlicher Anordnung, erlaubt.

17.1 Pretty Good Privacy (PGP)

Anfang der Neunzigerjahre wurde von der US-amerikanischen Regierung versucht, gesetzlich zu erreichen, dass Verschlüsselungssoftware eine Hintertür für den staatlichen Zugriff enthalten muss. Wie so etwas erreicht werden kann, werden wir in Abschnitt 17.4 behandeln. Dies veranlasste *Philip Zimmermann*, eine für den privaten Gebrauch frei erhältliche Software für die sichere elektronische Post ohne jede Hintertür zu schreiben, nämlich Pretty Good Privacy (PGP). Dadurch handelte sich *Zimmermann* 1993 eine Anklage wegen eines Verstoßes gegen das Verbot des Waffenexports ein, die erst Anfang 1996 fallen gelassen wurde.

Die Sicherheit der versandten Daten wird in PGP durch ein *hybrides Verfahren* erreicht. In seinen ersten Versionen wurde dabei das RSA-Verfahren zur Chiffrierung der Sitzungsschlüssel verwendet. Ebenso wurde es zur Überprüfung und Erzeugung digitaler Signaturen eingesetzt, und zwar zusammen mit der Hashfunktion MD4 in PGP 1.0 und dann ab PGP 2.0 mit der sichereren Hashfunktion MD5. Als symmetrisches Verfahren für die Verschlüsselung diente in PGP 1.0 die von *Zimmermann* selbst entwickelte Chiffre Bass-O-Matic, die sich aber als unsicher erwies und ab PGP 2.0 durch IDEA ersetzt wurde. In der Folgezeit gab es weitere Versionen von PGP, die sich unter an-

© Springer Fachmedien Wiesbaden GmbH, ein Teil von Springer Nature 2018
D. Wätjen, *Kryptographie*, https://doi.org/10.1007/978-3-658-22474-5_17

derem auch in den verwendeten Kryptosystemen unterschieden. Außerdem entstanden
Versionen für Windows oder Macintosh, die nicht mehr im Kommandozeilenmodus wie
die ersten Versionen arbeiteten. Neben den Freeware- wurden kommerzielle Versionen
entwickelt, bei denen teilweise, entgegen der ursprünglichen Absicht, wieder Hintertüren eingeführt wurden, mit deren Hilfe beispielsweise ein Beauftragter einer Firma alle
dort verschlüsselten Nachrichten mitlesen kann. PGP 8 für Windows und Macintosh
aus dem Jahr 2002 ist eine Freeware-Version, wohingegen PGP 9.6 aus dem Jahre 2006
nicht mehr kostenlos war. In PGP 9.6 wird als Public-Key-Verschlüsselungsverfahren
zum einen das ElGamal-Verfahren mit einem Modulus von 1024 bis 4096 Bits Länge verwendet. Zur Signatur dient dann der DSA mit einem Modulus von 1024 Bits.
Zum anderen kann man das RSA-Verfahren mit einem Modulus von 1024 bis 4096
Bits für beide Aufgaben benutzen. In beiden Fällen wird bei der Signatur die Hashfunktion SHA-256 empfohlen. Möglich sind aber auch SHA-384 und SHA-512 sowie
die schwächeren Hashfunktionen MD5, SHA-1 und RIPEMD-160, um die Kompatibi-
lität mit älteren PGP-Versionen zu gewährleisten. Als symmetrische Verfahren stehen
AES, CAST, Triple-DES mit drei verschiedenen Schlüsseln, IDEA und Twofish zur
Auswahl, die alle im CFB-Modus (siehe Algorithmus 4.3) angewendet werden. Von
diesen Verfahren wurden CAST und Twofish in diesem Buch nicht besprochen. CAST
scheint eine außerordentlich gut entworfene Chiffre zu sein, die aller Voraussicht nach
nur durch eine vollständige Suche über alle Schlüssel gebrochen werden kann. Twofish war ein anderer Kandidat zum Advanced Encryption Standard. Die Blockgröße bei
CAST, Triple-DES und IDEA beträgt 64 Bits, die zugehörigen Schlüsselgrößen 128,
168 bzw. 128 Bits. Die effektive Schlüsselstärke bei Triple-DES kann mit wenigstens
112 Bits angenommen werden (siehe Seite 59). AES und Twofish verwenden Blöcke
von 128 Bits, AES benutzt Schlüssel mit 256, 192 oder 128 Bits, Twofish mit 256 Bits.
Empfohlen wird AES-256. In allen Fällen werden die zu verschlüsselnden Daten zunächst komprimiert. PGP 9.6 kann im Unterschied zu PGP 8 auch Laufwerke oder die
ganze Festplatte verschlüsseln. Als frei erhältliche Version von PGP soll GnuPG (Gnu
Privacy Guard, auch als GPG bezeichnet) genannt werden, das eine Implementierung
des OpenPGP-Standards RFC4880 [27] ist und damit auf PGP 5.x aufbaut.

Wir werden hier nur die wichtigsten Konzepte von PGP vorstellen. Wir beziehen
uns in unserer Beschreibung auf [27] und das Handbuch von GnuPG [146], denen man
weitere Eionzelheiten, auch zur Bedienung, entnehmen kann. Auch in dem Buch von
J. Schwenk [132] wird auf weitere Details eingegangen. Unter dem Stichwort PGP findet man bei einer Suchmaschine mehrere Links, von denen man sich eine Freeware-
Version von PGP (auch von GnuPG) besorgen kann.

Für jeden öffentlichen Schlüssel, der auf einem bestimmten Rechner gehalten
wird, existiert ein Schlüsselzertifikat. Es enthält den öffentlichen Schlüssel mit seiner
Schlüssel-ID, die das zugehörige Paar aus öffentlichem und privatem Schlüssel kenn-
zeichnet, außerdem eine oder mehrere Benutzer-IDs für den Schlüsselerzeuger bzw.
-besitzer (normalerweise der Name der Person und ihre E-Mail-Adresse), das Datum
der Schlüsselerzeugung und seine Gültigkeitsdauer, das zu verwendende symmetrische
Chiffrierverfahren und optional eine Liste von digitalen Signaturen des Schlüssels, zusammen mit der Liste der Namen der Personen, die diesen Schlüssel signiert (zertifiziert) haben.

PGP bewahrt die Schlüssel der Personen, mit denen ein Benutzer kommuniziert, in einer Datei auf, die Schlüsselring genannt wird. Der eigene oder die eigenen privaten Schlüssel befinden sich in einem speziellen geheimen Schlüsselring. Daneben gibt es PGP-Schlüsselserver, denen man seine oder auch andere öffentliche Schlüssel zusenden kann.

Wenn Alice an Bob unter Benutzung von PGP eine E-Mail M schickt, dann wird das folgende hybride Verfahren durchgeführt (siehe auch [27], Abschnitt 2.1).

Protokoll 17.1 (*Geheime E-Mail-Kommunikation mit PGP*)
Zusammenfassung: Mit Hilfe von PGP schickt Alice eine geheime E-Mail-Nachricht M an Bob.

(1) Alice wählt ein Schlüsselzertifikat von Bob aus, wodurch die zu verwendenden Kryptoverfahren bestimmt sind.

(2) Alice' PGP-System erzeugt einen zufälligen symmetrischen Schlüssel K für diese Sitzung.

(3) Mit Hilfe von Bobs öffentlichem Schlüssel E_B aus Bobs Schlüsselzertifikat wird der Sitzungsschlüssel K zu $E_B(K)$ chiffriert.

(4) PGP komprimiert die Nachricht M mit einem Kompressionsalgorithmus zu einem Text M' und erzeugt daraus im CFB-Modus die chiffrierte Nachricht $E_K(M')$.

(5) Alice' PGP-System fasst den chiffrierten Sitzungsschlüssel $E_B(K)$, die chiffrierte Nachricht $E_K(M')$ und die Schlüssel-ID zusammen und sendet sie an Bob.

(6) Bobs PGP-System entnimmt der E-Mail den chiffrierten Text $E_K(M')$, den chiffrierten Sitzungsschlüssel $E_B(K)$ und die Schlüssel-ID.

(7) Aus der Schlüssel-ID bestimmt PGP die zu verwendenden Verfahren. Mit Hilfe von Bobs privatem Schlüssel D_B ermittelt PGP den Sitzungsschlüssel $K = D_B(E_B(K))$.

(8) PGP berechnet im CFB-Modus $M' = D_K(E_K(M'))$ und daraus durch Dekompression M. □

Neben dieser Verschlüsselungsmöglichkeit können mit Hilfe von PGP auch Nachrichten digital signiert werden. Dies geschieht in der üblichen Weise nach Protokoll 6.1.

Immer, wenn ein Benutzer seinen öffentlichen oder privaten Schlüssel verwenden will, verlangt PGP die Eingabe einer Passphrase. Mit Hilfe der verwendeten Hashfunktion wird daraus ein symmetrischer Schlüssel berechnet, mit dem die Schlüssel im geheimen Schlüsselring verschlüsselt sind. Die gesamte Sicherheit von PGP beruht also auf einer einzigen Passphrase. Somit ist dringend davon abzuraten, die Passphrase in irgendeiner Datei abzulegen.

PGP steckt viel Aufwand in die sichere Zufallserzeugung bei der Suche nach großen Primzahlen, die man bei allen verwendeten Public-Key-Verfahren benötigt. Bei älteren Versionen musste der Anwender, wenn er für sich ein Schlüsselpaar erzeugen lassen wollte, so lange zufällig irgendwelche Tastatureingaben machen, bis ihn das Programm zum Beenden aufforderte. Die Zeitabstände zwischen dem wiederholten Drücken der Tasten wurden zusammen mit der rechnerinternen Zeit sowie den Codes der gedrückten Zeichen zur Zufallserzeugung benutzt. Bei neueren Versionen läuft diese Suche ohne direkten Einfluss des Anwenders ab.

PGP behandelt die Sitzungsschlüssel automatisch, ohne dass die Benutzer zu ihrer Erzeugung direkt aktiv werden müssen. Sie werden auf eine pseudo-zufällige Weise erzeugt. Es wird noch nicht einmal mitgeteilt, wie diese Werte lauten.

Wir kommen noch einmal auf die öffentlichen Schlüssel zurück. Die verteilte Schlüsselverwaltung ist ein sehr interessantes Konzept von PGP, das auch von GnuPG verwendet wird. Man benötigt keine Zentren zur Schlüsselverwaltung, obwohl auch Schlüsselserver (beispielsweise http://keyserver.pgp.com der Firma Symantec Corporation oder http://pgp.mit.edu vom MIT) unterstützt werden. Diese besitzen jedoch nur die öffentlichen Schlüssel ihrer Benutzer. Ohne solche Zentren können jedoch mögliche Zugriffe von staatlichen Organen oder anderen Organisationen selbst auf die öffentlichen Schlüssel weitestgehend vermieden werden. Stattdessen wird ein so genanntes *Web of Trust* (Vertrauensgeflecht oder Netz des Vertrauens) aufgebaut. Jeder Benutzer erzeugt und verteilt seinen eigenen öffentlichen Schlüssel. Es geht darum zu beweisen, dass der öffentliche Schlüssel von Alice tatsächlich von Alice stammt und nicht von Oskar untergeschoben wurde, um die Identität von Alice vorzutäuschen. Die Benutzer unterzeichnen ihre öffentlichen Schlüssel gegenseitig. Es wird dadurch eine Gemeinschaft von PGP-Benutzern geschaffen. Wie dies geschieht und welches Vertrauen dabei herrschen kann, soll im Folgenden beschrieben werden.

Bob könnte zum Beispiel Alice seinen öffentlichen Schlüssel direkt auf einem USB-Stick aushändigen. Zu Hause möchte Alice diesen Schlüssel ihrem Schlüsselring zufügen. Damit der Schlüssel gültig wird, muss Alice ihn unterzeichnen. Vor der Signierung überprüft Alice zunächst den Fingerabdruck des Schlüssels, den PGP aus den Schlüsseldaten von Bob berechnet. Diesen hat Alice vielleicht auf einer Visitenkarte von Bob erhalten, auch kann sie sich bei ihm danach noch einmal telefonisch erkundigen. Im positiven Fall fragt PGP, ob Alice wirklich sicher ist, dass der zu unterzeichnende Schlüssel tatsächlich zu Bob gehört, und ob Alice ihn zertifizieren will. Wird dies bestätigt, dann wird nach Eingabe der Passphrase mit Hilfe von Alice' privatem Schlüssel Bobs öffentlicher Schlüssel (zusammen mit der Schlüssel-ID) unterzeichnet. Das bedeutet, dass die Signatur Bobs öffentlichem Schlüssel zugefügt wird. Wenn später Alice Bobs Schlüssel an andere Personen weitergeben will, dann übergibt sie das gesamte Zertifikat, zu dem auch ihre Signatur des Schlüssels gehört. Daneben kann Alice Bob noch eine Stufe des Vertrauens zuordnen, die darüber Auskunft gibt, ob sie Bob zutraut, andere öffentliche Schlüssel für sie zu beglaubigen. Darauf kann Alice nur eine der folgenden vier Antworten geben:

(1) Nicht vertrauenswürdig (no trust).
(2) Begrenzt vertrauenswürdig (marginal trust).
(3) Vollständig vertrauenswürdig (complete trust).
(4) Absolut vertrauenswürdig (ultimate trust).

Die absolute Vertrauenswürdigkeit sollte man normalerweise nur sich selbst zuordnen. Diese Antworten werden in einem Feld des Schlüsselzertifikats im Schlüsselring aufbewahrt, jedoch nicht an andere Personen weitergegeben. Gelegentlich kann es auch gute Gründe geben, später die Stufe des Vertrauens für eine bestimmte Person zu ändern. Diese Möglichkeit wird von PGP unterstützt. Ein von einer absolut vertrauenswürdigen Person signierter Schlüssel gilt als überprüft (gültig), außerdem auch ein Schlüssel, der von einer vollständig vertrauenswürdigen Person signiert wurde. Dasselbe gilt standardmäßig für einen Schlüssel, wenn er von drei begrenzt vertrauenswürdigen Personen unterzeichnet ist. Der Status der Überprüfung hat jedoch keinen Einfluss auf die Möglichkeit der Verwendung. Zunächst ist jeder importierte Schlüssel aktiviert, das heißt, er kann bereits zum Verschlüsseln, Verifizieren und ggf. Entschlüsseln und Signieren benutzt werden. Er muss eigens deaktiviert werden, damit er nicht verwendet werden kann.

Wir sehen also, dass jeder Teilnehmer Zertifikate, das heißt öffentliche Schlüssel zusammen mit ihren Signaturen, an weitere Benutzer weitergeben kann. Ob die Empfänger diese Schlüssel für authentisch halten, hängt davon ab, wer sie signiert hat. Wenn Alice von Bob einen von ihm signierten Schlüssel von Charles erhält und sie Bob voll vertraut, so trägt PGP diesen Schlüssel als überprüft (gültig) in Alice' Schlüsselring ein. Alice kann, wenn sie es möchte und von der Authentizität des Schlüssels überzeugt ist, ihn ebenfalls signieren und Charles eine Vertrauensstufe zuordnen. Wenn der Schlüssel von unbekannten oder von nicht vertrauenswürdigen Personen oder gar nicht beglaubigt wurde, so gilt der Schlüssel natürlich zunächst nicht als gültig. Alice hat aber die Möglichkeit, ihn selber zu signieren und ihn so als gültig zu erklären. Ein Schlüssel kann also eine ganze Reihe von Signaturen besitzen. Trotzdem sollte man sich von einer Vielzahl von Signaturen unbekannter Benutzer nicht beeindrucken lassen. Man kann sie nicht verifizieren. Sie könnten auch gefälscht sein.

Ein Schwachpunkt dieses Systems ist die Schlüsselrücknahme. Man kann nicht sicherstellen, dass ein kompromittierter Schlüssel von jemandem nicht doch verwendet wird. Falls Alice' privater Schlüssel gestohlen wird, kann sie zwar ein *Schlüsselrücknahmezertifikat* losschicken, aber ob dies auch alle Personen erreicht, die ihr Schlüsselzertifikat in ihrem Schlüsselring haben, ist fraglich. Somit kann es zu, allerdings nur lokalen, Störungen in dem System kommen.

17.2 Rechtliche Regelungen zur Kryptographie-Infrastruktur

Am 28. Juli 2017 trat das

> *Gesetz zur Durchführung der Verordnung (EU) Nr. 910/2014 des Europäischen Parlaments und des Rates vom 23. Juli 2014 über elektronische Identifizierung und Vertrauensdienste für elektronische Transaktionen im Binnenmarkt und zur Aufhebung der Richtlinie 1999/93/EG (eIDAS-Durchführungsgesetz)*

in Kraft (siehe [25]). Das Kürzel eIDAS steht für *electronic identification and authentication service*. Kern des Gesetzes ist das *Vertrauensdienstegesetz – VDG*, das das am selben Tag aufgehobene *Signaturgesetz* (Gesetz über Rahmenbedingungen für elektronische Signaturen) sowie die zugehörige Verordnung zur elektronischen Signatur ablöst. Es regelt die wirksame Durchführung der Vorschriften über Vetrauensdienste aus der EU-Verordnung Nr. 910/2014 [54]. Der bekannteste Vertrauensdienst ist die schon im Signaturgesetz geregelte als „digitale Unterschrift" verwendetre elektronische Signatur. Mit eIDAS kommen weitere Dienste dazu: Das elektronische Siegel, der elektronische Zeitstempel, elektronische Zustelldienste und Webseitenzertifikate.

Wir wollen kurz auf einige Bestimmungen des VDG bzw. der entsprechenden Regelungen der eIDAS-Verordnung der EU eingehen. Die Aufgaben der Aufsichtsstelle gemäß der EU-Verordnung werden durch das VDG auf die *Bundesnetzagentur* und auf das *Bundesamt für Sicherheit in der Informationstechnik (BSI)* übertragen. Die Bundesnetzagentur ist als Aufsichtsstelle für die Bereiche Erstellung, Überprüfung und Validierung elektronischer Signaturen, elektronischer Siegel oder elektronischer Zeitstempel und Dienste für die Zustellung elektronischer Einschreiben sowie zugehörige Zertifikate zuständig. Dem BSI obliegt die Aufsicht über den Bereich Erstellung, Überprüfung und Validierung von Zertifikaten für die Website-Authentifizierung. Außerdem ist sie zuständig für die Erstellung technischer Standards, für die Bewertung von Algorithmen und zugehörigen Parametern und die Erstellung technischer Vorgaben sowie die Bewertung technischer Standards für den Einsatz von Vertrauensdiensten in Digitalisierungsvorhaben.

Im Rahmen dieser Aufgaben haben die Bundesnetzagentur bzw. das BSI das Recht, Vertrauensdiensteanbieter zu überprüfen. ob sie also insbesondere die Bestimmungen des VDG und der eIDAS-Verordnung der EU einhalten. Beispielsweise müssen sie geeignete technische und organisatorische Maßnahmen ergreifen zur Beherrschung der Sicherheitsrisiken im Zusammenhang mit den von ihnen erbrachten Vertrauensdiensten, und zwar unter Berücksichtigung des jeweils neuesten Standes der Technik. Die Vertrauensdiensteanbieter können einem Kunden, nachdem sie dessen Identität beispielsweise durch seinen Personalausweis überprüft haben, Zertifikate für die von ihnen angebotenen Vertrauensdienste ausstellen. Diese Zertifikate enthalten unter anderem den Namen des Inhabers des Zertifikats, den zugeordneten öffentlichen Schlüssel mit Angabe des zugehörigen Algorithmus, einen eindeutigen Identitätscode des Zertifikats, der eindeutig den Vertrauensdiensteanbieter bezeichnet, die Signatur oder das elektronische Siegel des Vertrauensdiensteanbieters sowie Beginn und Ende der Gültigkeit des Zertifikats. Die Aufsichtsstelle kann ggf. einem Vertrauensdiensteanbieter den Betrieb untersagen. Einem Vertrauensdiensteanbieter kann auf Antrag und nach entsprechender Überprüfung der Status eines qualifizierten Vertrauensdiensteanbieters verliehen werden. Die *D-Trust GmbH*, eine Tochter der Bundesdruckerei, hat europaweit als erste diesen Qualifikationsstatus als Vertrauensdienstanbieter für die Website-Authentifizierung durch das BSI erhalten. Diese qualifizierten Vertrauensdiensteanbieter sind berechtigt, *qualifizierte Zertifikate* zu vergeben. Sie haben Antragstellern, die einen qualifizierten Vertrauensdienst nutzen wollen, über seine Nutzungsbedingungen zu unterrichten, auch über die Rechtswirkung der angebotenen qualifizierten Vertrauensdienste, also beispielsweise, dass eine qualifizierte elektronische Signatur im Rechtsverkehr die gleiche Wirkung wie eine eigenhändige Unterschrift hat. Die Bundesnetzagentur ist für die Führung und Veröffentlichung von Vertrauenslisten der qualifizierten Vertrauensdiensteanbieter zuständig. Entsprechende Listen gibt es auch von den anderen EU-Staaten.

Die Bundesnetzagentur musste nach dem Signaturgesetz regelmäßig im Bundesanzeiger eine Übersicht über die zu dem jeweiligen Zeitpunkt geeigneten Algorithmen und ihre Parameter veröffentlichen und angeben, wie lange diese Eignung jeweils gilt. Mit dem eIDAS-Durchführungsgesetz entfiel diese Aufgabe, stattdessen ist das BSI zuständig (s.o.), Dokumente herauszugeben, die aktuelle Empfehlungen für kryptographische Verfahren und ihre Schlüssellängen enthalten (siehe [20, 21, 22, 23, 19]). Als Blockchiffren werden in [20] AES-128, AES-192 und AES-256 empfohlen. Als Hashalgorithmen werden zur Zeit SHA-256, SHA-512/SHA-256, SHA-384, SHA-512 sowie SHA3-256, SHA3-384 und SHA3-512 genannt, die nach heutigem Kenntnisstand als kryptographisch stark gelten. Als Signaturalgorithmen werden unter anderen das RSA-Verfahren, der DSA und der ECDSA vorgeschlagen. Für den Modulus n beim RSA-Verfahren und die Primzahl p beim DSA-Verfahren wird bis Ende 2022 eine Bitlänge von mindestens 2000 Bits, danach (bis auf weiteres) von mindestens 3000 Bits empfohlen. Außerdem soll beim DSA der Primfaktor q von $p - 1$ mindestens 250 Bits besitzen und die Bitlänge der Hashfunktion sollte der Bitlänge von q entsprechen. Weiter wird empfohlen, die Parameter für ECDSA nicht selbst zu wählen, sondern die Kurven brainpoolP256r1, brainpoolP320r1, brainpoolP384r1 oder brainpoolP512r1 aus [95] zu wählen, falls diese nicht verfügbar sind (siehe [21]), auch secp256r1 oder secp384r1 aus [28]. Auch für das Schlüsselaustauschverfahren von *Diffie* und *Hellman* werden für die Primzahl p wieder mindestens 2000 Bits und danach mindestens 3000 Bits verlangt. In [19] werden kryptographische Vorgaben für Projekte der Bundesregierung gemacht, dabei unter anderen auch Vorgaben für OpenPGP. Dabei wird neben den eben erwähnten Verfahren auch das ElGamal-Verfahren für die asymmetrische Verschlüsselung der Sitzungsschlüssel erwähnt. Dabei sollte die Primzahl p des ElGamal-Verfahrens mindestens 2048 Bits bis 2022 und 3072 Bits darüber hinaus haben. Für die elliptischen Kurven beim ECDSA werden hier P-256, P-384 und P-521 aus [103] genannt.

Bei der Deutschen Telekom, speziell bei T-Systems International (siehe www.telesec.de), die Signaturkarten mit qualifiziertem Zertifikat ausstellt, werden zwei Verzeichnisse geführt, einmal das *Public-Key-Directory (PKD)*, wo Zertifikate für öffentliche Schlüssel vollständig abrufbar sind, sofern die Teilnehmer zustimmen. Daneben wird eine *Revocation List (RL)* geführt, die zum Nachprüfen aller ausgestellten und gesperrten Zertifikate dient. Entsprechende Verzeichnisse haben auch die anderen Vertrauensdiensteanbieter.

Obwohl dies nicht unter die eIDAS-Verordnung bzw. unter das eIDAS-Durchführungsgesetz fällt, können für die zusätzliche Chiffrierung von Texten, zumindest bei der Deutschen Telekom, Karten mit einem nicht-qualifizierten Zertifikat für Verschlüsselung, Authentisierung und Signatur erworben werden.

17.3 TLS und IPSec

Wir gehen zunächst auf das *Transport-Layer-Security-Protokoll (TLS)* ein, dessen Vorgänger unter dem Namen *Secure-Sockets-Layer-Protokoll (SSL)* bekannt ist. Es ist ein Protokoll zur sicheren Datenübertragung im Internet. Wir können nicht alle Einzelheiten besprechen, sondern nur den prinzipiellen Ablauf von TLS deutlich machen. Für weitergehende Informationen verweisen wir auf [45] und [21]. Wenn Alice als Kundin einen Internetserver, nennen wir ihn Bob, kontaktiert, indem sie eine gesicherte URL (*uniform resource locator*) schickt (die mit „https:" statt mit „http:" beginnt), dann wird zwischen Alice und Bob ein Handshake-Protokoll ausgeführt, das zunächst die Parameter initialisiert, die für die weitere sichere Verbindung zwischen Alice und Bob nötig sind. Wir gehen davon aus, dass (e_B, d_B) das Paar aus öffentlichem und geheimem Schlüssel von Bob für die Geheimhaltung ist und (e_{CA}, d_{CA}) das entsprechende Paar eines Vertraunsdiensteanbieters (hier kurz mit CA bezeichnet) für die Signatur. Mit

E_B, D_B, E_{CA} und D_{CA} sind die entsprechenden Transformationen gemeint. Es sei $(\text{ID(Bob)}, e_B, \text{Sig}_{CA}(\text{ID(Bob)}, e_B))$ das Zertifikat des öffentlichen Schlüssels e_B von Bob, das von der CA ausgestellt ist, wobei $\text{Sig}_{CA} = D_{CA} \circ \hat{h}$ mit einer Hashfunktion $\hat{h}$ gilt. ID(Bob) enthält auch den Domainnamen von Bob. Konkret handelt es sich bei der CA häufig um die Symantec Corporation, die zum Beispiel die Zertifikate der Deutschen Bank beim Online-Banking oder von T-Online beim Zugang zum E-Mail-Dienst signiert hat. Das Zertifikat der CA ist auf dem Rechner von Alice vorhanden, es wird in der Regel bei jedem Internetbrowser mitgeliefert. Außerdem wird eine Hashfunktion h benutzt, die häufig SHA-256 oder SHA-384 ist. Als asymmetrische Chiffre wird zumeist das RSA-Verfahren verwendet. Wir definieren zunächst eine Pseudo-Random-Funktion PRF, die, je nach ausgewähltem Kryptoverfahren, unterschiedlich sein kann.

Die folgenden Überlegungen gelten für $h \in \{\text{SHA-256}, \text{SHA-384}\}$. Zunächst benennen wir den nach Definition 6.6 bezeichneten Ausdruck $h_K(x)$ mit Hashfunktion h um zu HMAC-$h(K, x)$. Damit definieren wir

$$\begin{aligned}&\text{P-}h(K, x)\\ &= \text{HMAC-}h(K, A_1\|x) \; \| \; \text{HMAC-}h(K, A_2\|x) \; \| \; \text{HMAC-}h(K, A_3\|x) \; \| \; \dots\end{aligned}$$

($\|$ ist die Konkatenation der entsprechenden Byte- bzw. Bitstrings), wobei die Iteration nach s Schritten abgebrochen wird, wenn $256 \cdot s$ Bits bei $h = \text{SHA-256}$ bzw. $384 \cdot s$ Bits bei $h = \text{SHA-384}$ reichen, um die nötige Menge von Daten (siehe Schritt 6 des Protokolls) zu produzieren. Dabei gilt

$$A_0 = x \text{ und } A_i = \text{HMAC-}h(K, A_{i-1}) \text{ für } i \geq 1.$$

Damit definieren wir

$$\text{PRF}(K, \text{label}, y) = \text{P-}h(K, \text{label}\|y),$$

wobei label ein ASCII-String ist.

Protokoll 17.2 *(Handshake-Protokoll bei TLS (vereinfacht))*

(1) Alice sendet eine „Hallo, ich bin Alice"-Nachricht an Bob. Damit erhält Bob unter anderem eine Liste der Chiffrier- und Hashfunktionen (Liste der *cipher suits*), die nach Präferenzen geordnet sind und auf Alice' Rechner zur Verfügung stehen, außerdem ihren Domainnamen sowie einen Zufallswert A_R von 32 Bytes.

(2) Bob sendet eine „Hallo, ich bin Bob"-Nachricht an Alice. Damit erhält Alice unter anderem den Domainnamen von Bobs Rechner und einen Zufallswert B_R von 32 Bytes. Nach diesem Datenaustausch ist bestimmt, welches Public-Key-Verschlüsselungsverfahren und welche Hashfunktion h (hier SHA-256 oder SHA-384) benutzt werden soll. Danach schickt Bob das passende Zertifikat

$$(\text{ID(Bob)}, e_B, D_{CA}(\hat{h}(\text{ID(Bob)}, e_B)))$$

an Alice.

(3) Alice überprüft das Zertifikat durch Berechnung von

$$E_{CA}(D_{CA}(\hat{h}(\text{ID(Bob)}, e_B))) \quad \text{sowie} \quad \hat{h}(\text{ID(Bob)}, e_B)$$

und Vergleich der beiden Werte. Alice überprüft auch, ob der in ID(Bob) vorkommende Domainname mit dem Domainnamen von Bob übereinstimmt.

(4) Alice bestimmt zufällig ein Geheimnis *PMS* (*premaster secret*) von 48 Bytes. Mit Hilfe des öffentlichen Schlüssels aus Bobs Zertifikat berechnet sie $E_B(PMS)$ und sendet es an Bob.

(5) Sie berechnet aus *PMS* ein weiteres Geheimnis (*master secret*)

$$MS = \text{PRF}(PMS, \text{"master secret"}, A_R \| B_R)$$

von genau 48 Bytes (man beachte, dass PRF von h abhängig ist; nach 2 Iterationsschritten bei SHA-256 bzw. 1 Schritt bei SHA-384 wird PRF abgebrochen).

(6) Sie berechnet

$$\text{Schlüsselblock} = \text{PRF}(MS, \text{"key expansion"}, R_B \| R_A),$$

bis genug Ausgabe erzeugt ist. Zur Bestimmung der Schlüssel teilt sie den Schlüsselblock von links nach rechts wie folgt auf:
MAC-Schlüssel K_A von Alice $\|$ MAC-Schlüssel K_B von Bob $\|$
Chiffrierschlüssel K_A' von Alice $\|$ Chiffrierschlüssel K_B' von Bob.
Das Geheimnis *PMS* wird gelöscht.

(7) Durch Schritt 4 des Protokolls erhält Bob $E_B(PMS)$ und damit *PMS*. Dann bestimmt er wie Alice *MS*, K_A, K_B, K_A' und K_B' und löscht *PMS*.

(8) Alice schickt Bob eine „Finished"-Meldung, die aus den ersten 12 Bytes von

$$\text{PRF}(MS, \text{"client finished"}, h(\text{Handshake-Nachrichten}))$$

besteht (PRF wird nach 1 Schritt abgebrochen), sofern in der *cipher suite* für die „Finished"-Meldung nicht eine andere Größe bestimmt wurde. Handshake-Nachrichten besteht aus einigen durch den Protokollablauf beiden bekannte Daten.

(9) Bob überprüft den übermittelten Wert und schickt dann Alice eine entsprechende „Finished"-Meldung, wobei "client finished" durch "server finished" ersetzt wird.

(10) Alice überprüft diesen Wert.

(11) Der geheime Datenaustausch zwischen Alice und Bob mit Hilfe der berechneten Schlüssel kann beginnen. $\square$

Der Schritt 7 des Protokolls kann sich offensichtlich zeitlich mit den Schritten 5 und 6 überschneiden. Wenn die durch die Schritte 1 und 2 bestimmte symmetrische Chiffre AES-256 und die Hashfunktion SHA-256 ist, dann besteht das in Schritt 6 bestimmte Schlüsselmaterial aus 1024 Bits bzw. 128 Bytes. Nach 4 Iterationsschritte würde PRF abgebrochen, sofern nicht zusätzlich noch initiale Vektoren, etwa für den CBC-Modus, gebraucht werden.

Der Austausch der Daten erfolgt anschließend dadurch, dass zum Beispiel Alice eine Nachricht M mit ihrem Chiffrierschlüssel K_A' und ihrem MAC-Schlüssel K_A durch

$$E_{K_A'}(M, \text{HMAC}(M)) \text{ mit } \text{HMAC}(M) = \text{HMAC}\text{-}h(K_A, M)$$

verschlüsselt, wobei die Berechnung des hash-basierten MACs gemäß Definition 6.6) erfolgt, also abhängig von der durch das Protokoll festgelegten Hashfunktion ist Durch

Anwendung der Dechiffrierfunktion $D_{K'_A}$ von Alice erhält Bob M und HMAC(M). Zur Sicherheit überprüft Bob HMAC(M) um auszuschließen, dass der Chiffretext von einem Angreifer Oskar manipuliert wurde. Erwähnt werden soll noch, dass die Nachrichten zusätzlich komprimiert werden, und zwar mit Hilfe eines Verfahrens, das in den Schritten 1 und 2 zu verabreden ist.

Durch die Überprüfung des Domainnamens in Schritt 3 stellt Alice sicher, dass das Zertifikat tatsächlich zu dem Rechner gehört, den sie angewählt hat. Anderenfalls wäre hier ein Man-in-the-Middle-Angriff denkbar, bei dem Oskar zum einen Alice ein gültiges Zertifikat schickt, das jedoch nicht zu dem angewählten Server Bob gehört, und zum anderen an der Stelle von Alice das Handshake-Protokoll mit Bob ausführt. Oskar erhielte so schließlich die für Bob bestimmten Daten von Alice (und umgekehrt) und könnte sie geeignet manipuliert an Bob (bzw. Alice) weitersenden.

Das Geheimnis PMS, das zur Berechnung der Schlüssel K und K' erforderlich ist, ist in unverschlüsselter Form nur auf den Rechnern von Alice und Bob vorhanden und wird aus Sicherheitsgründen nach Benutzung gelöscht.

In den Schritten 8 und 9 sind die zweiten Argumente von PRF für Alice und Bob verschieden, weil sonst Oskar die „Finished"-Nachricht von Alice abfangen und dann als „Finished"-Nachricht an der Stelle von Bob an Alice zurücksenden kann.

Als symmetrische Chiffren im TLS-Protokoll werden in [21] nur AES-128 und AES-256 empfohlen, als Hashfunktion nur SHA-256 und SH-384. Bei dem oben angeführten Verkehr mit der Deutschen Bank wird zur Zeit (2018) AES-256 und SHA-384 benutzt, bei T-Online sind es AES-128 und SHA-256.

TLS lässt zusätzlich zu, dass auch Alice ein Zertifikat besitzt. Dann muss Bob entsprechende Zertifikatsüberprüfungen vornehmen. Ein Online-Banking auf dieser Basis, wobei das Zertifikat von Alice auf einer Chipkarte gespeichert ist, wird bereits in der Praxis benutzt. Beim Online-Banking mit PIN und TANs (Transaktionsnummern) hat Alice allerdings kein Zertifikat. Bob (die Bank) weiß nicht, wer Alice tatsächlich ist. Nur durch die richtige PIN, die sie natürlich verschlüsselt schickt, erhält sie Zugang auf das Konto und nur durch richtige TANs kann sie dann Kontobewegungen durchführen.

Zum Abschluss dieses Abschnitts wollen wir kurz auf IPSec zu sprechen kommen. Dieses Kürzel bedeutet *Internet Protocol Security* und steht für eine Reihe von Internet-Protokoll-Standards, die von der IPSec Working Group der IETF (The Internet Engineering Task Force) in den letzten Jahren erarbeitet wurden und weiter verbessert werden. Wir erwähnen, dass große Dateien, die über das Internet verschickt werden, durch die Internetprotokolle in einzelne IP-Pakete zerlegt werden, die unter Umständen auf verschiedenen Wegen vom Sender zum Empfänger gelangen. Sie müssen anschließend in der richtigen Reihenfolge wieder zusammengesetzt werden. IPSec besteht nun aus verschiedenen Internetprotokollen mit unterschiedlichen Aufgaben. Die zwei Übertragungsprotokolle sind:

(1) *Authentication Header (AH)*: AH dient zur Transportabsicherung. Das Protokoll garantiert die Authentitität des Senders sowie die Integrität der gesendeten IP-Pakete, indem es eine „Prüfsumme" an die Pakete hängt. Diese beinhaltet unter anderem einen MAC-Wert, der aus dem gesendeten Paket mit Hilfe eines von Sender und Empfänger geteilten Schlüssels berechnet wird. Dadurch können IP-

Pakete unterwegs nicht verändert werden. AH bietet jedoch keine Verschlüsselung der Pakete.

(2) *Encapsulating Security Payload (ESP)*: Zusätzlich zur Authentizität des Senders und der Integrität der Datenpakete verschlüsselt ESP die Pakete mit Hilfe eines gemeinsamen symmetrischen Schlüssels des Senders und des Empfängers.

Diese Protokolle benötigen verschiedene Algorithmen und Schlüssel, die im folgenden Protokoll ausgehandelt werden.

(3) *Internet Key Exchange (IKE)*: IKE baut einen verschlüsselten und integritätsgesicherten Kanal zwischen zwei Parteien auf, die im Internet über ein nicht vertrauenswürdiges Netz kommunizieren möchten. Dazu gehört auch die Aushandlung der entsprechenden Kryptoalgorithmen und -parameter. Unter dem Schutz dieses aufgebauten Kanals können die für IPSec benötigten kryptographischen Algorithmen, Betriebsmodi, Schlüssellängen sowie die Auswahl des IPSec–Protokolls (AH oder ESP) vereinbart und die IPSec-Schlüssel erzeugt werden.

In [22] werden für IPSec empfohlene Algorithmen mit ihren voraussichtlichen Verwendungsdauern angegeben.

AH und ESP können sowohl im *Tunnelmodus* als auch im *Transport-Modus* verwendet werden. Im Tunnelmodus werden auf das gesamte IP-Paket (einschließlich der Adressen des eigentlichen Empfängers) die IPSec-Schutzmechanismen angewandt. Die Verbindung wird zwischen zwei Servern (Tunnelenden) hergestellt, die jeweils ein lokales Netzwerk repräsentieren. Dadurch wird ein (beschränkter) Schutz vor Verkehrsflussanalyse erreicht. Beim Transportmodus jedoch zielen die IPSec-Schutzmaßnahmen nur auf das eigentliche Datenpaket, die Adressen der kommunizierenden Parteien werden nicht verborgen.

Die genaue Darstellung von IPSec ist sehr aufwändig und kann hier nicht durchgeführt werden. Einen tieferen Einblick in IPSec gewährt das Buch von J. Schwenk [132].

17.4 Key-Escrow-Systeme

Durch die Anwendung sicherer Verschlüsselungsmechanismen ergibt sich als unerwünschter Nebeneffekt, dass Kriminelle diese selbstverständlich ebenfalls benutzen. Staatlichen Behörden ist es praktisch unmöglich, den Datenverkehr dieser Personen zu überwachen (Wir wollen annehmen, dass sie dafür eine richterliche Anordnung haben). Um dies doch erreichen zu können, müssten die Schlüssel der beteiligten Parteien wieder hergestellt werden. Eine Möglichkeit dazu bieten Verfahren zur *Schlüsselhinterlegung (Key Escrow)*. Forschung auf diesem Gebiet wurde vor allem in den 90er-Jahren vorangetrieben. Die damit verbundenen Probleme, insbesondere die Bedrohung der Freiheitsrechte des einzelnen Bürgers, wurden intensiv diskutiert.

In den USA startete im April 1993 der damalige Präsident *Clinton* eine Technologie-Initiative, die unter anderem mit den Namen *Escrowed Encryption Standard* (EES) sowie *Clipper-* und *Capstone-Chip* verbunden ist. Diese Initiative sollte eine kryptographisch sichere Sprachen- und Datenübertragung ermöglichen, jedoch mit der Einschränkung, dass bei Bedarf Behörden Zugriff zu den geheimen Schlüsseln haben. Die zugehörige Schlüsselhinterlegung geschieht durch einen für den Chip spezifischen Schlüssel, mit dem der jeweilige Sitzungsschlüssel dechiffriert werden kann. Bevor wir darauf im Einzelnen eingehen, betrachten wir kurz den zugrunde liegenden symmetrischen Verschlüsselungsalgorithmus *Skipjack*. Eine genauere Beschreibung befindet sich in [82].

Skipjack ist eine iterative Blockchiffrierung, wobei die Klar- und Chiffretextblöcke eine Länge von 64 Bits haben. Die Schlüssellänge beträgt 80 Bits. Der Algorithmus kann in den Modi ECB, CBC, OFB oder 1-, 8-, 16- oder 32-Bit-CFB verwendet werden (siehe Abschnitt 4.3). Eine einzelne Ver- oder Entschlüsselungsoperation besteht aus 32 Runden.

Über den Aufbau von Skipjack war bis zum 23.6.1998 weiter nichts bekannt. Skipjack wurde nämlich von der NSA entwickelt und unterlag zunächst der Geheimhaltung. Der Algorithmus durfte nur in „nicht-analysierbarer" Hardware (*tamper-proof-chips*) untergebracht werden, und zwar zum einen im *Clipper-Chip* für Telefon und Fax und zum anderen im *Capstone-Chip* für den Datenverkehr (eingebaut in die *Fortezza*-Karte für Notebooks). Es soll (angeblich) nicht möglich sein, die Geheimnisse des Chips auszulesen oder auf andere Weise an sie heranzukommen. Eine Gruppe von bekannten Kryptoanalytikern erhielt Einsicht in den Algorithmus, ihre Ergebnisse ergaben keine Angriffspunkte. Das ist jedoch für die allgemeine Öffentlichkeit wenig überzeugend, falls nicht jeder den Algorithmus einsehen darf. Diese restriktive Politik wurde heftig kritisiert. Schließlich wurde dieser Kritik nachgegeben und der Algorithmus vom US-Verteidigungsministerium „deklassifiziert" und im Internet veröffentlicht. Dies war aber nicht so überraschend, da bereits 1994 einige Schwachstellen der Chips aufgedeckt wurden, auf die wir später noch eingehen werden, und die Chips ab 1996 praktisch nicht mehr benutzt wurden. Ein anderer Grund für die Aufgabe war sicher auch die unaufhaltsame weltweite Verbreitung von PGP und anderen privat nutzbaren Verschlüsselungssystemen.

Im Folgenden wollen wir näher auf die Chips eingehen. Im Jahre 1994 veröffentlichte das US-amerikanische *National Institute for Standards and Technology* (NIST) den EES [101], der den Skipjack-Algorithmus benutzt und im Clipper- oder Capstone-Chip implementiert wurde. Jeder EES-Chip erhält bei seiner Fertigung

(1) eine eindeutige Identifikationsnummer ID_i mit einer Länge von 32 Bits, mit der jedem Benutzer der entsprechende EES-Chip zugeordnet werden kann,

(2) einen *Familienschlüssel* K_F mit einer Länge von 80 Bits, der für jeden Chip in miteinander kommunizierenden Geräten gleich ist und von der NIST geheim gehalten wird,

(3) einen speziellen *Chipschlüssel* K_i der Länge 80 Bits, der in Abhängigkeit von zwei zufällig gewählten Schlüsselkomponenten $K_{i,1}$ und $K_{i,2}$ mit $K_i = K_{i,1} \oplus K_{i,2}$ erzeugt wird.

Der Chip wird so gefertigt, dass alle Daten und Algorithmen zerstört werden, wenn jemand versucht, den Chip auf irgendeine Weise auszulesen.

Wenn nun das NIST einen EES-Chip an einen Benutzer vergibt, werden dessen Personalien zusammen mit der Identifikationsnummer ID_i des Chips und jeweils einer der beiden Schlüsselkomponenten an zwei Treuhänder übergeben, bei denen es sich um das NIST selbst und das *US Department of Treasure* (Finanzministerium) handelt. Wenn durch einen Gerichtsbeschluss autorisierte Ermittler an die Treuhänder herantreten, um zum Beispiel den Telefonverkehr einer verdächtigten Person zu überwachen, dann geben die Treuhänder die entsprechenden Schlüsselkomponenten heraus, so dass die Ermittler daraus den Chipschlüssel berechnen können.

Will nun Alice (mit der Identifikationsnummer ID_i) mit Bob eine vertrauliche Kommunikation beginnen, dann vereinbaren sie zunächst einen speziellen Sitzungsschlüssel K_S. Dies kann beispielsweise unter Benutzung eines asymmetrischen Verfahrens geschehen. Alice' Chip verschlüsselt K_S mit Hilfe des Chipschlüssels K_i und bringt ihn in einem Feld von 128 Bits unter, dem *Law Enforcement Access Field* (LEAF). Dieses LEAF wird zusammen mit dem Initialisierungsvektor IV zu Beginn der Kommunikation erzeugt und übertragen. *Blaze* [16] hat durch allgemein zugängliche Informationen und Experimente herausgefunden, dass das LEAF für die Benutzerin Alice die Form

$$\mathrm{LEAF}_A = \mathrm{Skip}_{K_F}(\mathrm{ID}_i, \mathrm{Skip}_{K_i}(K_S), f(K_S, \mathrm{IV}, ?))$$

besitzt. Dabei ist

(1) ID_i die 32-Bit-Identifikationsnummer des Chips von Alice,
(2) $\mathrm{Skip}_{K_i}(K_S)$ die Skipjackverschlüsselung des Sitzungsschlüssels K_S mit Hilfe des Chipschlüssels K_i (80 Bits),
(3) $f(K_S, \mathrm{IV}, ?)$ eine 16-Bit-Prüfsumme, die durch eine geheime Funktion berechnet wird und vom Sitzungsschlüssel K_S, dem Initialisierungsvektor IV und wahrscheinlich auch von $\mathrm{Skip}_{K_i}(K_S)$ abhängt,
(4) Skip_{K_F} die Skipjackverschlüsselung unter Benutzung des Familienschlüssels K_F.

Wie läuft nun eine geheime Kommunikation zwischen Alice und Bob ab?

Protokoll 17.3 (*EES-Kommunikation*)
Zusammenfassung: Mit Hilfe eines EES-Chips schickt Alice an Bob eine geheime Nachricht M (sie will z. B. ein Telefongespräch mit ihm führen).

(1) Alice handelt mit Bob einen Sitzungsschlüssel K_S aus.
(2) Alice gibt K_S in ihren Chip ein. Der Chip berechnet einen initialen Vektor (Alice kann nicht selbst IV erzeugen, dies wird durch die Arbeitsweise des Chips verhindert) und schließlich ein LEAF_A wie oben angegeben.
(3) Alice sendet das LEAF_A zusammen mit dem IV an Bob.
(4) LEAF_A und IV werden in Bobs EES-Chip eingegeben. Das Programm des Chips berechnet mit Hilfe des Familienschlüssels K_F das Tripel

$$(\mathrm{ID}_i, \mathrm{Skip}_{K_i}(K_S), f(K_S, \mathrm{IV}, ?)).$$

(5) Bob gibt den Schlüssel K_S in seinen Chip ein.
(6) Bobs Chip berechnet die Prüfsumme $f(K_S, \mathrm{IV}, ?)$. Sie wird mit der dritten Komponente des Tripels verglichen. Bei Nichtübereinstimmung bricht Bobs Chip die Arbeit ab.
   {Stimmen beide Werte überein, wird LEAF_A als korrekt akzeptiert. Bobs Chip darf dann mit dem Schlüssel K_S Nachrichten dechiffrieren.}
(7) Alice' Chip chiffriert die Nachricht M zu $C = \mathrm{Skip}_{K_S}(M)$.
(8) Bobs Chip berechnet den Klartext $M = \mathrm{Skip}_{K_S}^{-1}(C)$. □

Protokoll 17.4 (*Abhörung des EES-Datenverkehrs*)
Zusammenfassung: Staatlich autorisierte Ermittler können mit Hilfe der Schlüsselkomponenten der Treuhänder den Nachrichtenverkehr zwischen Alice und Bob abhören.

(1) Die Ermittler erwirken eine richterliche Verfügung, den Datenverkehr zwischen Alice und Bob abzuhören.
(2) Die Ermittler legen diese Verfügung den Treuhändern vor, die ihnen daraufhin die zu Alice gespeicherten Informationen und insbesondere die Schlüsselkomponenten $K_{i,1}$ und $K_{i,2}$ aushändigen.
(3) Die Ermittler berechnen den Chipschlüssel $K_i = K_{i,1} \oplus K_{i,2}$.
(4) Die Ermittler fangen LEAF$_A$, IV und $C = \mathrm{Skip}_{K_S}(M)$ ab.
(5) Die Ermittler berechnen mit dem Familienschlüssel das Tripel

$$(\mathrm{ID}_i, \mathrm{Skip}_{K_i}(K_S), f(K_S, \mathrm{IV}, ?)).$$

Mit Hilfe des Chipschlüssels K_i bestimmen sie anschließend den Sitzungsschlüssel

$$K_S = \mathrm{Skip}_{K_i}^{-1}(\mathrm{Skip}_{K_i}(K_S)).$$

(6) Die Ermittler berechnen den Klartext durch $M = \mathrm{Skip}_{K_S}^{-1}(C)$. □

Seit der Einführung des *Escrowed Encryption Standard* wurde dieses Verfahren in der Öffentlichkeit heftig und kontrovers diskutiert. Schwerwiegende Kritik an der Technik stammt von *Blaze* [16], auf die wir hier zum Teil eingehen wollen. Beim ersten von Blaze angegebenen Angriff (LEAF-Rückkopplung) sind sich Alice und Bob einig, die Ermittler auszutricksen. Bevor Bob ein LEAF$_A$ von Alice erhält, ist seinem Chip der bereits zuvor ausgehandelte Sitzungsschlüssel bekannt. Bobs Chip kann mit diesem Sitzungsschlüssel ein LEAF$_B$ erzeugen, wobei er allerdings einen anderen initialen Vektor erhält als Alice. Bob bricht die Aktion ab und geht auf Empfang über.

Alice sendet LEAF$_A$ nicht mit, und Bob bietet seinem Chip das von ihm selbst erzeugte LEAF$_B$ an. Es ist ein gültiges LEAF mit dem Sitzungsschlüssel K_S, das einen von Bobs Chip berechneten Initialisierungsvektor IV benutzt hat. Folglich kann Bobs Chip mit der Dechiffrierung beginnen. Dabei ist es jedoch ein Problem, dass die initialen Vektoren von Alice' und Bobs Chip verschieden sind. Je nach verwendetem Chiffriermodus (siehe Abschnitt 4.3) gibt es verschiedene Lösungen, einen erfolgreichen Datenverkehr durchführen zu können.

(1) Wenn Alice und Bob im ECB-Modus arbeiten, spielt der IV keine Rolle. Dieser Modus wird jedoch im Allgemeinen als zu unsicher angesehen.
(2) Benutzen beide den CBC-Modus, so wird durch einen falschen IV nur der erste 64-Bit-Block falsch dechiffriert, da der CBC-Modus selbstsynchronisierend ist (siehe Seite 66). Alice und Bob vereinbaren, dass der erste Block keine Bedeutung hat. Die eigentliche Kommunikation beginnt erst mit dem zweiten Block.
(3) Ein ähnliches Verhalten ergibt sich bei Verwendung des CFB-Modus (siehe auch Seite 67).
(4) Nur im OFB-Modus bewirkt ein falscher IV ein völliges Durcheinander (siehe Seite 69). Falls Bob seinen Chip nur im OFB-Modus betreiben kann, sendet er seinen IV an Alice, die ihren Chip im ECB-Modus betreibt und die OFB-Chiffrierung extern per Software realisiert.

Dieser Angriff kann zunächst sehr einfach unterbunden werden, wenn die Chips so programmiert sind, dass sie nach Ausführung von Schritt 5 von Protokoll 17.3 zunächst unter Benutzung des eigenen Chipschlüssels K_i den Sitzungsschlüssel K_S aus dem LEAF zu berechnen versuchen. Ein Gelingen dieser Rechnung bedeutet, dass das LEAF von dem Chip selbst erzeugt wurde. Falls der Chip diesen Sachverhalt feststellt, beendet er aufgrund seiner Programmierung seine Arbeit. In diesem Fall kauft sich Bob einen zweiten Chip und bietet dem zweiten das von dem ersten Chip berechnete LEAF$_{B'}$ an. Da der zweite Chip nichts von dem ersten weiß, ist der Angriff erfolgreich.

Der zweite Angriff geht von der Situation aus, dass Bob unter fremder Kontrolle arbeitet und daher den Chip nicht mit LEAF-Rückkopplung verwenden kann. Ein richtiges LEAF, das ja den Sitzungsschlüssel enthält, kann Alice nicht senden. Sie muss unabhängig von dem tatsächlich verwendeten Sitzungsschlüssel ein LEAF erzeugen, das von Bobs Chip in Schritt 6 von Protokoll 17.3 als korrekt akzeptiert wird. Dieser Chip kann dabei weder auf Alice' Identifikationsnummer ID$_i$ noch auf ihren Chipschlüssel K_i zurückgreifen. Es wird jedoch ausgenutzt, dass die Prüfsumme nur 16 Bits lang ist. Der Betrug geschieht nach dem folgenden Protokoll.

Protokoll 17.5 (*Betrug bei der EES-Kommunikation*)
Zusammenfassung: Mit Hilfe eines falschen LEAFs eröffnen Alice und Bob eine abhörsichere Kommunikation.
(1) Alice und Bob handeln einen Sitzungsschlüssel K_S aus.
(2) Alice gibt K_S in ihren Chip ein und erhält einen initialen Vektor IV. Sie bricht die Arbeit des Chips ab.
(3) Alice schaltet ihren Chip auf Empfang und bietet ihm K_S, IV und ein zufälliges LEAF an.
(4) Alice' Chip berechnet $Z = \text{Skip}_{K_F}^{-1}(\text{LEAF})$.
(5) Der Chip berechnet die Prüfsumme $f(K_s, \text{IV}, ?)$ und vergleicht sie mit den letzten 16 Bits von Z.
(6) Bei Nichtübereinstimmung wird die Arbeit des Chips abgebrochen und mit Schritt 3 erneut gestartet.
(7) Bei akzeptiertem LEAF schickt Alice dieses anstelle des richtigen an Bob.
(8) Bobs Chip akzeptiert nach Eingabe von K_S das LEAF, und Alice' Nachricht wird dechiffriert. $\square$

Wenn hier Ermittler Nachrichten abfangen wollen, so erzeugen sie aus dem falschen LEAF mit Hilfe von K_i einen zufälligen Sitzungsschlüssel, mit dem sie die Nachricht nicht dechiffrieren können.

Da die Prüfsumme nur 16 Bits lang ist, gibt es insgesamt $2^{16} = 65536$ verschiedene mögliche Prüfsummen. Im Mittel geht die Überprüfung in Schritt 5 nach 32768 Versuchen positiv aus. Ein Capstone-Chip benötigt etwa 38ms für die Überprüfung eines LEAFs. Im Mittel dauert es damit 42 Minuten, bis ein zufälliges, aber gültiges LEAF gefunden wird. Soviel Zeit vergeht also zwischen dem Aushandeln des Sitzungsschlüssels und dem Beginn der Kommunikation. Für ein Telefongespräch ist dies normalerweise zu viel.

Neben der zu kleinen Prüfsumme in einem EES-Chip gibt es noch weitere Einwände. Aus rechtlichen Gründen ist es nicht akzeptabel, dass die Ermittler jede weitere Nachricht von einem Absender abhören und entschlüsseln können, wenn sie einmal durch richterliche Anordnung seine Schlüsselkomponenten und damit den Chipschlüssel erhalten haben, denn die Legitimation zum Abhören wird im Allgemeinen zeitlich begrenzt sein. Ein weiterer Nachteil, diesmal aus der Sicht der Ermittler, ist es, dass der Empfänger einer Nachricht nicht identifiziert werden kann. *He* und *Dawson* [72] haben ein Verfahren vorgeschlagen, bei dem diese Nachteile beseitigt werden. Ein entsprechender Chip erhält bei seiner Herstellung unter anderem den Skipjackalgorithmus und eine Ein-Weg-Funktion F (siehe Definition 6.4), die Werte der Länge von 80 Bits liefert und öffentlich bekannt sein sollte, um das Vertrauen in das Verfahren zu vergrößern. Diese Ein-Weg-Funktion wird unter anderem benutzt, um die Prüfsumme zu berechnen. Wie bei Verwendung des Clipper- oder Capstone-Chips in Algorithmus 17.3 wird auch hier ein LEAF benutzt. Die Schlüsselkomponenten werden von den Treuhändern niemals ausgegeben oder direkt kombiniert, sondern sie führen damit einige Rechnungen durch, deren Resultate sie an die Ermittler weitergeben. Jedoch ist auch bei dem Verfahren nach *He* und *Dawson* eine LEAF-Rückkopplung ähnlich den Überlegungen von Seite 345 möglich. Für Einzelheiten verweisen wir auf [72].

Wenn so auch einige Schwachstellen des ursprünglichen Key-Escrow-Verfahrens ausgebessert werden könnten, so bleiben doch viele prinzipielle Probleme bestehen. Die Anwender müssten sich auf die Sicherheit der Verfahren verlassen können. Da sie jedoch die Funktionsweise dieser „manipulationssicheren" Chips nicht analysieren und überprüfen können, müssen sie ganz der Integrität der Chip-Hersteller und der NSA vertrauen. Daneben kann man nicht ausschließen, dass es mit einigem Aufwand doch gelingt, die Chips auszulesen. Wenn dies von den entsprechenden Personen, seien es nun Kriminelle oder staatliche Stellen, geheim gehalten wird, so können sie mit entsprechenden Chips verschlüsselte Nachrichten lesen. Außerdem muss man ganz den Treuhändern vertrauen. Da es sich dabei beim Clipper- oder Capstone-Chip um US-Behörden handelt, die sich möglicherweise den Wünschen von Polizei oder Geheimdienst zur Herausgabe der Schlüsselkomponenten für eine bestimmte Person nicht immer widersetzen wollen, ist hier eine weitere Gefahr zu sehen. Durch eine Erhöhung der Anzahl der Treuhänder, vielleicht auch durch zusätzliche Einsetzung von unabhängigen Stellen wie Notaren oder Bürgerrechtsbewegungen als Treuhänder, ließe sich vielleicht das Vertrauen erhöhen. Die Verteilung der Schlüsselkomponenten könnte dabei durch *Secret-Sharing-Verfahren* erfolgen (siehe Kapitel 16). Trotzdem könnten in einem entsprechenden politischen Umfeld auch diese Treuhänder direkt oder aufgrund willkürlicher richterlicher Anordnungen gezwungen werden, die Schlüsselkomponenten herauszugeben.

Für Privatpersonen bringt die Benutzung eines Key-Escrow-Verfahrens überhaupt keinen Vorteil. Es sind im Gegenteil bedrohliche Gefährdungen der Privatsphäre zu befürchten. Jeder kann ja einen EES-Chip ohne Gefahr verwenden, wenn er zunächst mit einem sicheren Verfahren, wie sie hier im Buch beschrieben wurden, seinen Text chiffriert, und ihn erst danach mit dem EES-Chip chiffriert. Auf der Empfängerseite muss nach der Dechiffrierung mit dem Chip der so gewonnene Text noch einmal mit dem sicheren Verfahren dechiffriert werden. Es ist also völlig überflüssig, den Chip zu verwenden. Wenn also der Staat die Benutzung von Key-Escrow-Chips durchsetzen will, dann muss er jede andere sichere Art der Chiffrierung verbieten. Jede abgehörte Nachricht, die nicht lesbar ist, steht somit im Verdacht, zusätzlich anderweitig verschlüsselt worden zu sein, so dass hier der Staatsanwalt schon in Aktion tritt. Nun sind aber genug unverschlüsselte Daten vorstellbar, die nicht von vornherein einen klar lesbaren Text ergeben. Damit gäbe es in dieser Situation viele Probleme.

Aus diesen Gründen ist die Debatte über Key-Escrow-Systeme zunächst ruhiger geworden. Gelegentlich flammte sie jedoch wieder auf, etwa nach dem 11. September 2001, wo insbesondere in den USA von Politikern wieder eine Hintertür für staatliche Stellen bei Verwendung kryptographischer Verfahren verlangt wurde. Heute, unter der gewachsenen Bedrohung durch den weltweiten Terrrorismus, ist der Wunsch nach Kontrolle verschlüsselter Nachrichten wieder stärker geworden.

Im Jahr 2016 kündigte *David Chaum* das *Privategrity*-System an, das zur anonymen verschlüsselten Kommunikation dienen soll, aber gleichzeitig, unter sehr beschränkten Bedingungen, den gemeinsamen Zugang mehrerer staatlicher Stellen über eine Hintertür auf gewisse Kommunikationen erlaubt. Das System verwendet ein cMix-Netzwerk, das er und mehrere Co-Autoren [35] beschrieben haben. Das cMix-Netzwerk ist deutlich schneller als die Mix-Netzwerke aus Abschnitt 10.6, da unter anderem Public-Key-Kryptographie nur in einer Vorberechnungsphase benutzt wird. Bei PrivaTegrity wird von neun Servern in neun verschiedenen Ländern ausgegangen, über die eine Nachricht von einer Senderin Alice (die zum Beispiel durch ein Smartphone vertreten wird) zu einem Empfänger Bob läuft. Alice teilt mit jedem Server einen Schlüssel und chiffriert ihre Nachricht mit dem Produkt dieser Schlüssel. Jeder Server entfernt den mit Alice geteilten Schlüssel und chiffriert stattdesen den verbleibenden Text mit einem vorberechneten Zufallswert. Erhielte Bob nach dem neunten Server die entsprechend geänderte Nachricht, so könnte er sie nicht dechiffrieren. Um sie für ihn lesbar zu machen, sind noch zwei weitere Durchgänge über alle neun Server nötig. Wenn acht oder weniger Server zusammenarbeiten, kann keiner von ihnen die Nachricht entziffern. Dafür sind alle neun erforderlich. *Chaum* schlägt vor, dass die neun Server unter der Gesetzgebung von demokratischen Regierungen stehen müssen. Die neun Server-Administratoren können gemeinsam, unter rechtlich klar geregelten Bedingungen, einen Nutzer identifizieren und seine Kommunikationen entschlüsseln. Dies wäre dann ein verteiltes Key-Escrow-System. *Chaum* spricht von einer „Hintertür mit neun verschiedenen Vorhängeschlössern". Neben der offensichtlichen Schwierigkeit, dass in Verdachtsfällen in neun verschiedenen Staaten rechtlich abgesichert eine gemeinsame Abhörmaßnahme genehmigt werden muss, wurde von vielen bekannten Kryptographie-Experten darauf hingewiesen, dass Kriminelle oder Geheimdienste an die neun Schlüssel gelangen könnten, wenn auch der Aufwand ziemlich groß ist.

Dagegen sind beispielsweise die in den anderen Abschnitten dieses Kapitels besprochenen Protokolle und Programmpakete als sicher anzusehen, und ihre weltweite Verbreitung spricht gegen die allgemeine Verwendung von Key-Escrow-Verfahren. Man kann jedoch nicht ausschließen, dass in vermeintlich sicheren Programmsystemen Hintertüren eingebaut werden, vor allem dann nicht, wenn der Programmcode nicht offen gelegt wird.

Wenn die allgemeine Einführung von Key-Escrow-Systemen also zur Zeit als sehr unwahrscheinlich anzusehen ist, so scheint ihre Nutzung im kommerziellen Umfeld eher denkbar. Da sensible Daten einer Firma verschlüsselt werden sollten, muss eine Möglichkeit bestehen, an die Daten zu gelangen, wenn der Dechiffrieralgorithmus nicht direkt erreichbar ist. Dies kann der Fall sein, wenn der Schlüssel verloren wurde oder der entsprechende Angestellte nicht anwesend ist. Neben dieser legitimen Anwendung möchte eine Firma vielleicht auch, und das ist sicherlich bedenklicher, den Datenverkehr ihrer Angestellten daraufhin überwachen, ob sie gegen die Firmenpolitik verstoßen. Für die dafür nötige Schlüsselrekonstruktion können vertrauenswürdige dritte Parteien, unter Umständen im Zusammenhang mit Secret-Sharing-Verfahren, verwendet werden. In der Literatur wurden einige entsprechende Systeme angegeben (siehe z. B. [69], [126]).

Anhang: Häufigkeitstabellen

Buchstabe	Häufigkeit in %			
	Deutsch		Englisch	
		mit Satz- und Leerzeichen		mit Satz- und Leerzeichen
a	6,43	5,14	8,17	6,60
b	1,85	1,48	1,49	1,21
c	3,26	2,61	2,78	2,25
d	5,12	4,09	4,25	3,43
e	17,74	14,19	12,70	10,26
f	1,56	1,25	2,23	1,80
g	2,69	2,15	2,02	1,63
h	5,22	4,17	6,09	4,92
i	7,60	6,08	6,97	5,63
j	0,23	0,19	0,15	0,12
k	1,40	1,12	0,77	0,62
l	3,49	2,79	4,03	3,25
m	2,75	2,20	2,41	1,94
n	10,01	8,01	6,75	5,45
o	2,39	1,92	7,51	6,06
p	0,64	0,51	1,93	1,56
q	0,01	0,01	0,08	0,10
r	6,98	5,58	5,99	4,84
s	6,88	5,51	6,33	5,11
t	5,94	4,75	9,06	7,31
u	4,27	3,41	2,76	2,23
v	0,64	0,51	0,98	0,79
w	1,73	1,39	2,36	1,91
x	0,02	0,01	0,15	0,12
y	0,04	0,03	1,97	1,59
z	1,10	0,88	0,07	0,06
∗	-	20,01	-	19,25

Tabelle 1:
Häufigkeit der einzelnen Buchstaben
(ä = ae, ö = oe, ü = ue, ß = ss, ∗ steht für weitere Zeichen (s.u.))

Die Daten für die englische Sprache stammen aus [5]. Die Daten für Deutsch wurden hier wie auch in den weiteren Tabellen aus jeweils denselben überwiegend literarischen Texten berechnet, wobei Ziffern in jedem Fall überlesen wurden. In der dritten und fünften Spalte wurden dagegen auch Leer- und Satzzeichen, Zeilenwechselzeichen

© Springer Fachmedien Wiesbaden GmbH, ein Teil von Springer Nature 2018
D. Wätjen, *Kryptographie*, https://doi.org/10.1007/978-3-658-22474-5

usw. gezählt und unter ∗ zusammengefasst. Durch die verschiedenen Arten der Zählung wurden für die zweite Spalte 224826 Symbole und für die dritte 281052 Symbole berücksichtigt.

Buchstabengruppen

Gruppe	Anteil der Buchstaben dieser Gruppe an einem Text
e, n	27,75%
i, r, s, a, t	33,83%
h, d, u, l, c, m, g, o, b, w, f, k, z	36,84%
p, v, j, y, x, q	1,58%

Tabelle 2
Buchstabengruppen im Deutschen

Gruppe	Anteil der Buchstaben dieser Gruppe an einem Text
e, t	21,76%
a, o, i, n, s, h, r	47,81%
d, l, c, u, m, w, f, g, y, p, b	28,23%
v, k, j, x, q, z	2,20%

Tabelle 3
Buchstabengruppen im Englischen

Die Tabellen beruhen auf der zweiten bzw. vierten Spalte von Tabelle 1. Die Buchstaben sind gemäß ihrem Auftreten in vier Gruppen eingeteilt. In der ersten Gruppe sind die sehr häufigen Buchstaben e und n bzw. t, in der zweiten befinden sich die Buchstaben, deren Häufigkeit noch relativ groß (jeweils um 7%) ist; in der dritten Gruppe sind die Buchstaben zusammengefasst, die eine kleine, aber noch merkliche Häufigkeit haben, während in der letzten Gruppe die sehr seltenen Buchstaben aufgeführt sind.

Di- und Trigrammtabellen für Deutsch

In den beiden folgenden Tabellen wurden Umlaute und ß wie üblich ersetzt. Leerzeichen, Satzzeichen, Ziffern, Zeilenwechselzeichen usw. wurden überlesen. So kann z. B. ein Paar aus dem letzten Buchstaben eines Wortes mit dem ersten Buchstaben des folgenden Wortes entstehen.

Paar	Häufigkeit	Paar	Häufigkeit	Paar	Häufigkeit	Paar	Häufigkeit
er	3,89	ng	0,70	ll	0,41	oe	0,28
en	3,74	ha	0,67	rt	0,40	ef	0,28
ch	2,97	eh	0,67	eu	0,39	ck	0,28
te	2,21	ni	0,64	ru	0,39	rg	0,28
nd	2,11	ed	0,64	ac	0,37	ew	0,27
ei	2,07	nn	0,62	ee	0,36	mm	0,26
de	2,06	rs	0,62	tt	0,35	tz	0,26
ie	1,87	em	0,62	td	0,35	hl	0,26
in	1,87	na	0,60	on	0,35	um	0,26
es	1,45	et	0,55	ti	0,35	ho	0,25
ge	1,41	rd	0,55	or	0,35	ea	0,25
ne	1,26	al	0,55	mi	0,35	ka	0,25
un	1,24	me	0,54	at	0,34	im	0,24
ic	1,19	wa	0,54	ab	0,34	nm	0,24
st	1,11	ar	0,53	rn	0,34	rw	0,24
an	1,09	it	0,53	hi	0,33	gt	0,24
se	1,08	ae	0,53	ig	0,32	tr	0,24
re	1,00	ma	0,52	ts	0,32	nh	0,23
be	0,96	ri	0,51	lt	0,32	nz	0,23
he	0,95	is	0,51	nk	0,32	sd	0,23
di	0,90	li	0,50	hn	0,31	rm	0,23
ns	0,86	we	0,49	vo	0,31	ls	0,23
au	0,85	eb	0,48	ke	0,31	nb	0,22
ss	0,85	ta	0,47	ag	0,31	ve	0,22
sc	0,84	nt	0,45	fe	0,31	ze	0,22
si	0,84	us	0,44	uf	0,31	am	0,22
el	0,79	hr	0,44	nw	0,31	ro	0,22
ue	0,75	eg	0,44	ih	0,31	oc	0,22
le	0,75	nu	0,43	tu	0,30	rk	0,21
da	0,74	wi	0,42	ur	0,30	ol	0,21
ht	0,73	la	0,42	ec	0,30	ut	0,20
as	0,73	zu	0,42	so	0,29	du	0,20
ra	0,71	sa	0,41				

Tabelle 4

Digrammhäufigkeiten in Prozenten (Deutsch)

Tripel	Häufigkeit	Tripel	Häufigkeit	Tripel	Häufigkeit	Tripel	Häufigkeit
ein	1,14	nic	0,30	ben	0,21	nsi	0,18
ich	1,12	ber	0,30	mit	0,21	eni	0,18
der	0,92	nen	0,29	uer	0,21	ung	0,18
sch	0,84	ebe	0,29	man	0,21	cha	0,17
und	0,81	ndi	0,29	enw	0,21	chs	0,17
die	0,74	nun	0,28	enu	0,21	wei	0,17
nde	0,70	ass	0,26	sta	0,20	eng	0,17
cht	0,67	rde	0,26	ren	0,20	ist	0,17
ine	0,57	auf	0,26	ess	0,20	nei	0,17
den	0,55	rei	0,26	tes	0,20	ndd	0,17
end	0,54	sic	0,26	wie	0,20	tun	0,17
che	0,52	ern	0,26	est	0,20	nsc	0,17
ens	0,51	war	0,25	esi	0,20	mme	0,17
ers	0,51	tte	0,25	eri	0,20	tde	0,17
ten	0,50	ner	0,25	ese	0,20	enk	0,17
ter	0,44	enn	0,25	lte	0,19	ing	0,16
gen	0,42	sen	0,25	rau	0,19	rge	0,16
ste	0,38	ene	0,25	eit	0,19	ehr	0,16
nge	0,37	aus	0,24	hre	0,19	erh	0,16
das	0,37	ert	0,24	och	0,19	ang	0,16
sie	0,37	ena	0,24	dem	0,19	erk	0,16
ere	0,35	lic	0,23	erw	0,19	nds	0,16
ach	0,34	abe	0,23	tei	0,19	nst	0,16
erd	0,34	era	0,22	ied	0,18	chw	0,16
sse	0,34	ege	0,22	ges	0,18	ier	0,15
hen	0,31	ann	0,22	chd	0,18	hat	0,15
ede	0,31	nte	0,22	uch	0,18	ted	0,15
and	0,31	hte	0,22	rst	0,18	men	0,15
ies	0,30	lle	0,22	lei	0,18	ger	0,15
ind	0,30	her	0,22	erg	0,18	ige	0,15
sei	0,30	ver	0,22	nda	0,18		

Tabelle 5

Trigrammhäufigkeiten in Prozenten (Deutsch)

Literaturverzeichnis

[1] *Adleman, L. M. und Huang, M. A.:* Function field sieve method for discrete logarithms over finite fields. Information and Computation **151**(1999), 5–16.

[2] *Adleman, L. M., Pomerance, C. und Rumely, R. S.:* On distinguishing prime numbers from composite numbers. Ann. Math. **117**(1983), 173–206.

[3] *Agrawal, M., Kayal, N. und Saxena, N.:* PRIMES is in P. Annals of Mathematics **160** (2004), 789–793.

[4] *Asmuth, C. und Bloom, J.:* A modular approach to key safeguarding. IEEE Transactions on Information Theory **IT-29**(1983), 208–211.

[5] *Beker, H. und Piper, F.:* Cipher systems. Northwood Books, London 1982.

[6] *Bellare, M. und Palacio, A.:* GQ and Schnorr identification schemes: proofs of security against impersonation under active and concurrent attacks. In: Advances in Cryptology – CRYPTO 2002. Lecture Notes in Computer Science **2442**, Springer, Berlin 2002, 162–177.

[7] *Bennett, C. H, Brassard, G., Breidbart, S. und Wiesner, S.:* Quantum cryptography, or unforgeable subway tokens. In: Advances in Cryptology – CRYPTO '82. Plenum Press, New York 1982, 267–275.

[8] *Bennett, C. H. und Brassard, G.:* An update on quantum cryptography. In: Advances in Cryptology – CRYPTO '84. Lecture Notes in Computer Science **196**, Springer, Berlin 1985, 475–480.

[9] *Bennett, C. H., Brassard, G. und Ekert, A.:* Quanten-Kryptographie. Spektrum der Wissenschaft, Dezember 1992, 96–104.

[10] *Beutelspacher, A., Schwenk, J. und Wolfenstetter, K.-D.:* Moderne Verfahren der Kryptographie, 8. Auflage. Springer Spektrum, Wiesbaden 2015.

[11] *BigTwin^{TM}:* TOP500. https://www.top500.org.

[12] *Biham, E. und Shamir, A.:* Differential cryptanalysis of the full 16-round DES. In: Advances of Cryptology CRYPTO '92. Lecture Notes in Computer Science **740**, Springer, Berlin 1992, 487–496.

[13] *Biryukov, A., Nakahara Jr, J., Preneel, B. und Vandewalle, J.:* New weak-key classes of IDEA. In: Information and Communications Security, 4th International Conference, ICICS 2002. Lecture Notes in Computer Science **2513**, Springer, Berlin 2002, 315–326.

© Springer Fachmedien Wiesbaden GmbH, ein Teil von Springer Nature 2018
D. Wätjen, *Kryptographie*, https://doi.org/10.1007/978-3-658-22474-5

[14] *Blakley, B. und Blakley, G. R.:* Security of number theoretic public key crypto-systems against random attack. Cryptologia **2** (1978), 305–321, **3** (1979), 29–42, **3** (1979), 105–118.

[15] *Blakley, G. R. und Borosh, I.:* Rivest-Shamir-Adleman public key cryptosystems do not always conceal messages. Comp. & Math. with Applic. **5** (1979), 169–178.

[16] *Blaze, M.:* Protocol failure in the escrowed encryption standard, 2nd ACM Conference on Computer and Communications Security, ACM Press 1994, 59–67.

[17] *Blum, M. und Rabin, M. O.:* How to send certified electronic mail. Dept. EECS, Univ. of California, Berkeley, Calif. 1981.

[18] *Bundesamt für Sicherheit in der Informationstechnik:* BSI – Technical Guideline. Elliptic curve cryptography. Version 2.0. BSI TR-03111, 2012.

[19] *Bundesamt für Sicherheit in der Informationstechnik:* BSI – Technische Richtlinie. Kryptographische Vorgaben für Projekte der Bundesregierung. Teil 4: Kommunikationsverfahren in Anwendungen. BSI TR-03116-4, März 2017.

[20] *Bundesamt für Sicherheit in der Informationstechnik:* BSI – Technische Richtlinie. Kryptographische Verfahren: Empfehlungen und Schlüssellängen. BSI TR-02102-1, Januar 2018.

[21] *Bundesamt für Sicherheit in der Informationstechnik:* BSI – Technische Richtlinie. Kryptographische Verfahren: Empfehlungen und Schlüssellängen. Teil 2 – Verwendung von Transport Layer Security (TLS). BSI TR-02102-2, Januar 2018.

[22] *Bundesamt für Sicherheit in der Informationstechnik:* BSI – Technische Richtlinie. Kryptographische Verfahren: Empfehlungen und Schlüssellängen. Teil 3 – Verwendung von Internet Protocol Security (IPsec) und Internet Key Exchange (IKEv2). BSI TR-02102-3, Januar 2018.

[23] *Bundesamt für Sicherheit in der Informationstechnik:* BSI – Technische Richtlinie. Kryptographische Verfahren: Empfehlungen und Schlüssellängen. Teil 4 – Verwendung von Secure Shell (SSH). BSI TR-02102-4, Januar 2018.

[24] *Buchmann, J.:* Einführung in die Kryptographie, 6. Auflage. Springer, Berlin 2016.

[25] *Bundesrepublik Deutschland:* Gesetz zur Durchführung der Verordnung (EU) Nr. 910/2014 des Europäischen Parlaments und des Rates vom 23. Juli 2014 über elektronische Identifizierung und Vertrauensdienste für elektronische Transaktionen im Binnenmarkt und zur Aufhebung der Richtlinie 1999/93/EG (eIDAS-Durchführungsgesetz). Bundesgesetzblatt 2017, Teil I Nr. 52. Bonn, Juli 2017, 2745–2756.

[26] *Burmester, M. und Desmedt, Y.:* A secure and efficient conference key distribution system. In: Advances in Cryptology – EUROCRYPT '94. Lecture Notes in Computer Science **839** , Springer, Berlin 1994, 308–317.

[27] *Callas, J., Donnerhacke, L., Finney, H., Shaw, D. und Thayer, R.:* OpenPGP Message Format. RFC **4880**, November 2007.
https://tools.ietf.org/pdf/rfc4880.

[28] *Certicom Research:* SEC 2: Recommended elliptic curve domain parameters. Certicom Corp. 2010.
www.secg.org/sec2-v2.pdf.

[29] *Charnes, C., Pieprzyk, J. und Safavi-Naini, R.:* Conditionally secure secret sharing schemes with disenrollment capability. In: Proceedings of the 2nd ACM Conference on Computer and Communication Security 1994, 89–95.

[30] *Chaum, D.:* Untraceable electronic mail, return addresses, and digital pseudonyms. Communications of the ACM **24**(1981), 84–88.

[31] *Chaum, D.:* Blind signatures for untraceable payments. In: Advances in Cryptology – CRYPTO '82. Plenum Press, New York 1983, 199 – 203.

[32] *Chaum, D.:* Security without identification: transaction systems to make big brother obsolete. Communications of the ACM **28**, 1030–1044.

[33] *Chaum, D., Fiat, A. und Naor, M.:* Untraceable electronic cash. In: Advances in Cryptology – CRYPTO '88. Lecture Notes in Computer Science **403**. Springer, Berlin 1990, 319–327.

[34] *Chaum, D., van Heijst, E. und Pfitzmann, B.:* Cryptographically strong undeniable signatures, unconditionally secure for the signer. In: Advances in Cryptology – CRYPTO '91. Lecture Notes in Computer Science **576**, Springer, Berlin 1992, 470–484.

[35] *Chaum, D., Das, D., Javani, F., Kate, A., Krasnova, A. de Ruiter, J. und Sherman, A. T.:* cMix: Mixing with Minimal Real-Time Asymmetric Cryptographic Operations.
https://eprint.iacr.org/2016/008.pdf.

[36] COPACOBANA. A Codebreaker for DES and other Ciphers.
http://www.copacobana.org/.

[37] *N. Courtois, und J. Pieprzyk:* Cryptanalysis of block ciphers with overdefined systems of equations. In: Advances in Cryptology – ASIACRYPT 2002. Lecture Notes in Computer Science **2501**, Springer, Berlin 2002, 267–287.

[38] *Cranor, L. F.:* Sensus: A security-conscious electronic polling system for the internet. In: Proc. of the 30th Hawaii Int. Conf. on System Sciences, volume 3, IEEE Computer Society Press, Los Alamos 1997, 561–570.

[39] *Crépeau, C.:* A zero-knowledge poker protocol that achieves confidentiality of the players' strategy, or how to achieve an electronic poker face. In: Advances in Cryptology – CRYPTO '86. Lecture Notes in Computer Science, Springer, Berlin 1987, 239–247.

[40] *Crépeau, C.:* Equivalence between two flavours of oblivious transfer. In: Advances in Cryptology – CRYPTO '87. Lecture Notes in Computer Science, Springer, Berlin 1988, 350–354.

[41] *Daemen, J., Govaerts, R. und Vandewalle, J.:* Weak keys for IDEA. In: Advances in Cryptology – CRYPT0 '93. Lecture Notes in Computer Science **773**, Springer, Berlin 1994. 224–231.

[42] *Daemen, J. und Rijmen, V.:* The Design of Rijndael. AES – The Advanced Encryption Standard. Springer, Berlin 2002.

[43] *Desmedt, Y. und Frankel, Y.:* Threshold cryptosystems. In: Advances in Cryptology – CRYPTO '89. Lecture Notes in Computer Science **435**, Springer, Berlin 1990, 307–315.

[44] *Desmedt, Y. und Frankel, Y.:* Shared generation of authenticators and signatures. In: Advances in Cryptology – CRYPTO '91. Lecture Notes in Computer Science **576**, Springer, Berlin 1992, 457–469.

[45] *Dierks, T. und Rescorla, E.:* The transport layer security (TLS) protocol, Version 1.2. RFC **5246**, August 2008.
https://tools.ietf.org/pdf/rfc5246.pdf.

[46] *Dickson, L. E.:* Einführung in die Zahlentheorie. Teubner, Leipzig 1931.

[47] *Diffie, W.:* Cryptograhic technology: fifteen year forecast. BNR Inc., Mountain View, Calif. 1981.

[48] *Diffie, W. und Hellman, M.:* New Directions in Cryptography. IEEE Trans. on Info. Theory **IT-22** (1976), 644–654.

[49] *Diffie, W. und Hellman, M.:* Exhaustive cryptanalysis of the NBS Data Encryption Standard. Computer **10** (1977), 74–84.

[50] *Diffie, W., Strawczynski, L., O'Higgins, B. und Steer, D.:* An ISDN secure telephone unit. In: Proceedings, National Communications Forum 1987, Rosemont, IL, Sept. 28–30, **41**, book 1, National Engineering Consortium, Chicago 1987, 473–477.

[51] *Diffie, W., van Oorschot, P. C. und Wiener, M. J.:* Authentication and authenticated key exchanges. Designs, Codes and Cryptography **2**(1992), 107–125.

[52] *Dworkin, M.:* Recommendation for Block Cipher Modes of Operation: Galois/Counter Mode (GCM) and GMAC. NIST Special Publication **SP 800-38D**. U.S. Department of Commerce, November 2007.
https://csrc.nist.gov/publications/detail/sp/800-38d/final.

[53] *ElGamal, T.:* A public key cryptosystem and a signature scheme based on discrete logarithms. IEEE Transactions on Information Theory **31**(1985), 469–472.

[54] Europäische Union: Verordnung (EU) Nr. 910/2014 des europäischen Parlaments und des Rates vom 23. Juli 2014 über elektronische Identifizierung und Vertrauensdienste für elektronische Transaktionen im Binnenmarkt und zur Aufhebung der Richtlinie 1999/93/EG. Amtsblatt der Europäischen Union vom 28.8.2014, DE, L 257, 73–114.

[55] *Even, S., Goldreich, O. und Lempel, A.:* A Randomized Protocol for Signing Contracts. Comm. ACM **28** (1985), 637–647.

[56] *Feige, U., Fiat, A. und Shamir, A.:* Zero-knowledge proofs of identity. Journal of Cryptology **1**(1988), 77–94.

[57] *Feistel, H.:* Cryptography and computer privacy. Scientific America **228**(1973), Heft 5, 15–23.

[58] *Ferguson, N., Schroeppel, R. und Whiting, D.:* A simple algebraic representation of Rijndael. In: Selected Areas in Cryptography – SAC 2001. Lecture Notes in Computer Science **2259**, Springer, Berlin 2001, 103–111.

[59] *Fiat, A. und Shamir, A.:* How to prove yourself: practical solutions to identification and signature problems. In: Advances in Cryptology – CRYPTO '86. Lecture Notes in Computer Science **263**, Springer, Berlin 1987, 186–194.

[60] *Friedman, W. F.:* Methods for the solution of running key ciphers. Riverbank Publication **16**, Riverbanks Labs, Geneva, Ill. 1918.

[61] *Friedman, W. F.:* The index of coincidence and its applications in cryptography. Riverbank Publication **22**, Riverbank Labs, Geneva, Ill. 1920.

[62] *Fujioka, A., Okamoto, T. und Ohta, K.:* A practical secret voting scheme for large scale elections. In: Advances in Cryptology – AUSCRYPT '92. Lecture Notes in Computer Science **718**, Springer, Berlin 1992, 244–251.

[63] *Gaines, H. F.:* Cryptanalysis. Dover, New York 1956.

[64] *Ghodosi, H., Pieprzyk, J. und Safavi-Naini:* Dynamic threshold cryptosystem: a new scheme in group oriented cryptography. In: Proceedings of PRAGO-CRYPT'96, CTU, Prag 1996, 370–379.

[65] *Girault, M.:* Self-certified public keys. In: Advances in Cryptology – EUROCRYPT '91. Lecture Notes in Computer Science **547**, Springer, Berlin 1991, 490–497.

[66] *Goldwasser, S. und Micali, S.:* Probabilistic encryption & how to play mental poker keeping secret all partial information. In: Proc. 14th Annual ACM Symp. on Theory of Computing 1982, 365–377.

[67] *Goldwasser, S., Micali, S. und Wigderson, A.:* Proofs that yield nothing but their validity and a methodology of cryptographic protocol design. In: Proceedings of Foundations of Computer Science 1986, 174–187.

[68] *Golle, P.:* Dealing Cards in Poker Games. International Conference on Information Technology: Coding and Computing (ITCC'05) - Volume I, 2005, 506–511.

[69] *Gonzáles Nieto, J. M., Viswanathan, K., Boyd, C., Clark, A. und Dawson, E.:* Key recovery for the commercial environment. Int. J. Inf. Sec. 1(2002), 161–174.

[70] *Gordon, D. M.:* Discrete logarithms in $GF(p)$ using the number field sieve. SIAM Journal of Discrete Mathematics 6(1993), 124–138.

[71] *Hammer, C.:* High order homophonic ciphers. Cryptologia 5 (1981), 231–242.

[72] *He, J., Dawson, E.:* A new key escrow cryptosystem. In: Cryptography: Policy and Algorithms. Lecture Notes in Computer Science 1029, Springer, Berlin 1996, 105–114.

[73] *Hellman, M. E.:* An extension of the Shannon theory approach to cryptography. IEEE Trans. on Info. Theory IT-23 (1977), 289–294.

[74] *Hill, L. S.:* Cryptography in an algebraic alphabet. Am. Math. Monthly 36 (1929), 306–312.

[75] *Hoffman, L. J.:* Modern methods for computer security and privacy. Prentice-Hall, Englewood Cliffs 1977.

[76] *Johnson, D., Menezes, A. und Vanstone, S.:* The elliptic curve digital signature algorithm (ECDSA). International Journal on Information Security 1(2001), 36–63.

[77] *Kahn, D.:* The code breakers. Macmillan, New York 1967.

[78] *Karnin, E. D., Greene, J. W., Hellman, M. E..:* On secret sharing systems. IEEE Transactions on Information Theory IT-29(1983), 35–41.

[79] *Kasiski, F. W.:* Die Geheimschriften und die Dechiffrirkunst. Mittler & Sohn 1863.

[80] *Kaya, K., Selçuk, A. A.:* Threshold cryptography based on Asmuth-Bloom secret sharing. Information Sciences 177(2007), 4148–4160.

[81] *Klima, V.:* Tunnels in Hash Functions. MD5 Collisions within a Minute. Cryptology ePrint Archive. Report 2006/105.
http://eprint.iacr.org/2006/105.pdf.

[82] *Knudsen, L. R., Robshaw, M. und Wagner, D.:* Truncated Differentials and Skipjack. In: Advances in Cryptology – CRYPTO' 99, Lecture Notes in Computer Science 1666, Springer, Berlin 1999, 165–180.

[83] *Knuth, D.:* The Art of Computer Programming, Volume B / Seminumerical Algorithms, Second Edition. Addison-Wesley, Reading 1980.

[84] *Koblitz, N.:* A course in number theory and cryptography. Springer, New York 1987.

[85] *Koblitz, N.:* Introduction to elliptic curves and modular forms, 2nd Edition. Springer, New York 1993.

[86] *Kohl, J. und Neuman, C.:* The Kerberos network authentification service. RFC **1510**, September 1993.

[87] *Kranakis, E.:* Primality and cryptography. Teubner - Wiley, Stuttgart - Chichester 1986.

[88] *Krawczyk, M., Bellare, M. und Canetti, R.:* HMAC: Keyed-hashing for message authentication. RFC 2104, 1997.
https://tools.ietf.org/pdf/rfc2104.

[89] *Kumar, S., Paar, C., Pelzl, J., Pfeiffer, G. und Schimmler, M.:* Breaking Ciphers with COPACOBANA – A Cost-Optimized Parallel Code Breaker. In: CHES 2006. Lecture Notes in Computer Science **4249**, Springer, Berlin 2006, 101–118.

[90] *Lai, X. und Massey, J. L.:* A proposal for a new block encryption standard. In: Advances in Cryptology – EUROCRYPT' 90. Lecture Notes in Computer Science **473**, Springer, Berlin 1990, 389–404.

[91] Lenstra, H. W. und Pomerance, C.: Primality testing with Gaussian periods. Preprint, August 2017.
https://www.math.dartmouth.edu/~carlp/aks240817.pdf.

[92] *Li, C. M., Hwang, T. und Lee, N. Y.:* Threshold-multisignature schemes where suspected forgery implies traceability of adversarial shareholders. In: Advances in Cryptology – EUROCRYPT'94, Lecture Notes in Computer Science **950**, Springer, Berlin 1995, 194–204.

[93] *Lipton, R. J.:* How to cheat at mental poker. Comp. Sci. Dept., Univ. of Calif., Berkeley, Calif. 1979.

[94] *Lipton, R. J.:* An improved power encryption method. Comp. Sci. Dept., Univ. of Calif., Berkeley, Calif. 1979.

[95] *Lochter, M. und Merkle, J.:* Elliptic curve cryptography (ECC): Brainpool standard curves and curve generation. RFC 5639, 2010.
https://tools.ietf.org/html/rfc5639.

[96] *Matsumoto, T., Takashima, Y. und Imai, H.:* On seeking smart public-key distribution systems. Transactions of the IECE (Japan) **69**(1986), 99–106.

[97] *McGrew, D. A. und Viega, J.:* The Galois/Counter Mode of Operation (GCM). 2004.
Suche durch Autorennamenangabe über https://www.semanticscholar.org.

[98] *Menezes, A. J., van Oorschot, P. C. und Vanstone, S. A.:* Handbook of applied cryptography. CRC Press, Boca Raton 1997.

[99] *Nakamoto, S. (Pseudonym):* Bitcoin: A peer-to-peer electronic cash system. Oktober 2008.
https://bitcoin.org/bitcoin.pdf.

[100] *National Bureau of Standards:* Data Encryption Standard. FIPS PUB **46**, National Bureau of Standards, Washington, D.C. 1977.

[101] *National Institute for Standards and Technology:* Escrowed Encryption Standard. FIPS PUB **185**, U.S. Department of Commerce, Febr. 1994.

[102] *National Institute of Standards and Technology:* Announcing the Advanced Encryption Standard (AES), FIPS PUB **197**. U.S. Department of Commerce, November 26, 2001.
http://csrc.nist.gov/publications/fips/fips197/fips-197.pdf.

[103] *National Institute for Standards and Technology:* Digital Signature Standard (DSS). FIPS PUB **186-4**, U.S. Department of Commerce, Juli 2013.

[104] *National Institute of Standards and Technology:* Secure Hash Standard (SHS). FIPS PUB **180-4**. U.S. Department of Commerce, August 2015.

[105] *National Institute of Standards and Technology:* SHA-3 Standard: Permutation-based hash and extendable-output functions. FIPS PUB **202**. U.S. Department of Commerce, May 2014.

[106] *Nurmi, H.:* Cryptographic protocols for auctions and bargaining. In: Results and Trends in Theoretical Computer Science. Lecture Notes in Computer Science **812**, Springer, New York 1994, 317–324.

[107] *O'Higgins, B., Diffie, W., Strawczynski, L. und de Hoog, R.:* Encryption and ISDN — a natural fit. In: Proceedings International Switching Symp., Phoenix, AZ, March 16–20, 1987, A11.4.1–7.

[108] *Osvik, A., Shamir, A. und Tromer, E.:* Cache Attacks and Countermeasures: The Case of AES. In: CT-RSA 2006. Lecture Notes in Computer Science **3860**, Springer, Berlin 2006, 1–20.

[109] *Paar, C und Pelzl, J.:* Kryptografie verständlich. Springer, Berlin 2016.

[110] *Papadimitriou, C. H.:* Computational complexity. Addison-Wesley, Reading 1995.

[111] *Pedersen, T. B.:* Non-Interactive and Information-Theoretic Secure Verifiable Secret Sharing. In: Advances in Cryptology – CRYPTO '91. Lecture Notes in Computer Science **576**, Springer, Berlin 1992, 129–140.

[112] *Peleg, S. und Rosenfeld, A.:* Breaking substitution ciphers using a relaxation algorithm. CACM **22** (1979), 598–605.

[113] *Pieprzyk, J., Hardjono, T. und Seberry, J.:* Fundamentals of computer security. Springer, Berlin 2003.

[114] *Pollard, J. M.:* Theorems on factorization and primality testing. Proceedings of the Cambridge Philosophical Society **76**(1974), 521–528.

[115] *Quisquater, J.-J., M., M., M., Guillou, L., M., A., G., A., G., S.:* How to explain zero-knowledge protocols to your children. In: Advances in Cryptology – CRYPTO '89. Lecture Notes in Computer Science **435**, Springer, Berlin 1989, 628–631.

[116] *Quisquater, M., Preneel, B., Vandewalle,J.:* On the security of the threshold scheme based on the Chinese remainder theorem. In: Public-Key Cryptography 2002, Lecture Notes in Computer Science **2274**, Springer, Berlin 2002, 199–210.

[117] *Rabin, M. O.:* Probabilistic algorithms. In: Algorithms and complexity - New Directions and Recent Results. New York 1976. 21–39.

[118] *Rabin, M. O.:* Digitalized signatures and public-key functions as intractable as factorization. MIT/LCS/TR-212, MIT Lab. for Computer Science, Cambridge, Mass., 1979.

[119] *Rabin, M. O.:* Probabilistic algorithms for primality testing. Journal of Number Theory **12** (1980), 128–138.

[120] *Rabin, M. O.:* Exchange of secrets. Dept. of Applied Physics, Harvard Univ., Cambridge, Mass. 1981.

[121] *Rivest, R. L.:* Remarks on a proposed crytanalytic attack of the M.I.T. Public Key Cryptosystem. Cryptologia **2** (1978), 62–65.

[122] *Rivest, R. L., Shamir, A. und Adleman, L.:* A method for obtaining digital signatures and public-key cryptosystems. Comm. ACM **21** (1978), 120–126.

[123] *Rothkopf, M. H., Teisberg, Th. J. und Kahn, E. P.:* Why Are Vickrey auctions rare? Journal of Political Economy **98** (1990), 94–109.

[124] *Rivest, R. L., Shamir, A. und Adleman, L.:* Mental poker. MIT Technical Report 1978.

[125] *Salomaa, A.:* Public-key cryptography, second edition. Springer, Berlin 1996.

[126] *Schaffer, M. und Schartner, P.:* Key Escrow with Tree-Based Access Structure. In: MMM-ACNS 2005. Lecture Notes in Computer Science **3685**, Springer, Berlin 2005, 454–459.

[127] *Schindelhauer, C.:* A Toolbox for Mental Card Games. Technical Report A-98-14, Universität Lübeck, 1998.

[128] *Schmeh, K.:* Kryptografie. Verfahren. Protokolle. Infrastrukturen. 6., aktualisierte Auflage. dpunkt.verlag, Heidelberg 2016.

[129] *Schneier, B.:* Angewandte Kryptographie. Protokolle, Algorithmen und Source-code in C. Addison-Wesley, Bonn 1996.

[130] *Schneier, B.:* Applied Cryptography, Second Edition: Protocols, Algorithms, and Source Code in C. 20th Anniversary Edition, Wiley, Hoboken 2015.

[131] *Schoof, R.:* Elliptic curves over finite fields and the computation of square roots mod p. Math. Comp. **44**, 483–494.

[132] *Schwenk, J.:* Sicherheit und Kryptographie im Internet. 4. Auflage, Springer Vieweg, Wiesbaden 2014.

[133] *Shamir, Adi:* How to share a secret. Communications of the ACM **22**(1979), 612–613.

[134] *Shamir, A., Rivest, R. L. und Adleman, L.:* Mental poker. In: Mathematical Gardner, Wadsworth International 1981, 37–43.

[135] *Shannon, C. E.:* A mathematical theory of communication. Bell Syst. Tech. J. **27** (1948), 379–423 und 623–656.

[136] *Shannon, C. E.:* Communication theory of secrecy systems. Bell Syst. Tech. J. **28** (1949), 656–715.

[137] *Simmons, G. J. (Ed.):* Contemporary cryptology. The science of information integrity. IEEE Press, New York 1992.

[138] *Singh, S.:* Geheime Botschaften, Die Kunst der Verschlüsselung von der Antike bis in die Zeiten des Internets. Carl Hanser Verlag, München 2000.

[139] *Sinkov, A.:* Elementary cryptanalysis. Math. Assoc. Am. 1966.

[140] *Stamer, H.:* Efficient Electronic Gambling: An Extended Implementation of the *Toolbox for Mental Card Games*. Lecture Notes in Informatics P-74 (2005), 1–12.

[141] *State Electorial Office of Estonia:* General Framework of Electronic Voting and Implementation thereof at National Elections in Estonia.Tallinn 2017. https://www.valimised.ee/sites/default/files/uploads/eng/IVXV-UK-1.0-eng.pdf.

[142] *Stinson, D. R.:* Cryptography: Theory and practice. CRC Press, Boca Raton 1995.

[143] *Stinson, D. R.:* Cryptography: Theory and practice, third edition. CRC Press, Boca Raton 2006.

[144] *Struckmann, W. und Wätjen, D.:* Mathematik für Informatiker. Grundlagen und Anwendungen, 2. Auflage. Springer, Berlin 2016.

[145] *Tedrick, T.:* Fair exchange of secrets (extended abstract). In: Advances in Cryptology – CRYPTO '84. Lecture Notes in Computer Science **196**, Springer, Berlin 1984, 434–438.

[146] *The GnuPG Project:* Using the GNU Privacy Guard. The GNU Privacy Guard Manual. Version 2.2.6, April 2018.
https://www.gnupg.org/documentation/manuals/gnupg.pdf.

[147] *Tompa, M. und Woll, H.:* How to Share a Secret with Cheaters. J. Cryptology **1**(1988), 133-138.

[148] *Tuchman, W.:* Hellman presents no shortcut solution to the DES. IEEE Spectrum **16** (1979), 40–41.

[149] *van Tilborg, H. C. A.:* Fundamentals of cryptology. Kluwer, Boston 2000.

[150] *Vickrey, W.:* Counter speculation, auctions and competitive sealed tenders. Journal of Finance **16**, 8–37.

[151] *Wang, X., Yin, Y. I. und Yu, H.:* Finding collisions in the full SHA-1. In: Crypto 2005, Lecture Notes in Computer Science **3621**, Springer, Berlin 2005, 17–36.

[152] *Wiener, M. J.:* Cryptanalysis of short RSA secret exponents. IEEE Transactions on Information Theory **36**(1990), 553–558.

[153] *Williams, H. C.:* A $p+1$ method of factoring. Mathematics of Computation **39**(1982), 225–234.

[154] *Wobst, R.:* Abenteuer Kryptologie. Methoden, Risiken und Nutzen der Datenverschlüsselung, 3. Auflage. Addison-Wesley, München 2001.

[155] *Yao, A. C.-C:* Protocols for secure computations. Proc. of the 23rd IEEE Symp. on Found. of Computer Science 1982, 160–164.

Index

Printed in the United States
By Bookmasters